ISBN 978-0-282-45040-3
PIBN 10512958

This book is a reproduction of an important historical work. Forgotten Books uses
state-of-the-art technology to digitally reconstruct the work, preserving the original format
whilst repairing imperfections present in the aged copy. In rare cases, an imperfection in
the original, such as a blemish or missing page, may be replicated in our edition. We do,
however, repair the vast majority of imperfections successfully; any imperfections that
remain are intentionally left to preserve the state of such historical works.

1 MONTH OF
FREE
READING

at
www.ForgottenBooks.com

By purchasing this book you are eligible for one month membership to ForgottenBooks.com, giving you unlimited access to our entire collection of over 700,000 titles via our web site and mobile apps.

To claim your free month visit:

www.forgottenbooks.com/free512958

MEMORIAL HISTÓRICO ESPAÑOL

COLECCIÓN

DE DOCUMENTOS, OPÚSCULOS Y ANTIGÜEDADES

QUE PUBLICA

LA REAL ACADEMIA DE LA HISTORIA

TOMO XXXII

MADRID

EST. TIP. VIUDA É HIJOS DE MANUEL TELLO

IMPRESOR DE CÁMARA DE S. M.

C. de San Francisco, 4

1894

MEMORIAL HISTÓRICO ESPAÑOL

COLECCIÓN

DE DOCUMENTOS, OPÚSCULOS Y ANTIGÜEDADES

QUE PUBLICA

LA REAL ACADEMIA DE LA HISTORIA

———

TOMO XXXII

MADRID
EST. TIP. VIUDA É HIJOS DE MANUEL TELLO
IMPRESOR DE CÁMARA DE S. M.
C. de San Francisco, 4

1894

Ticknor
Sept. 16. 1895.
6,

3 v. = 1 cont.

r ^ D. 123. 2

J. 22-24

HISTORIA DE CARLOS IV

POR

D. ANDRÉS MURIEL

TOMO CUARTO

za del Vaticano.—Es conducido á Siena.—El Directorio quiere que el Papa fije su residencia en los dominios del Rey de España.—Carlos IV se resiste á ello, fundado en buenas razones; pero el Directorio le obligó á consentir en la ida de Pío VI á Mallorca.—Acontecimientos posteriores frustraron este pensamiento.—La Corte de Madrid aprueba la destitución de Pío VI de su soberanía temporal, y pone la mira en las Legaciones romanas para aumentar los Estados del Infante-Duque de Parma.—De la separación del Príncipe de la Paz de la primera Secretaría de Estado.—Causas que la motivaron.—El Directo- rio francés creyó que el Gabinete de Madrid no le era afecto. —Para desvanecer las sospechas del Gobierno de la República, el Príncipe de la Paz envió á París al Conde de Cabarrús como Embajador del Rey.—La Francia se niega á admitirle por representante de España, por haber nacido francés.—Carta de Cabarrús al Príncipe de la Paz sobre la situación política de Francia y España.—Arresto de D. Eugenio Izquierdo en Francia.—El Almirante Truguet nombrado por el Directorio Embajador en Madrid.—Salida de la escuadra de Cádiz mandada por el General Mazarredo.—Truguet pide que mude de mano la dirección de los negocios.—Un decreto del Rey acepta la dimisión del Príncipe de la Paz.—Carlos IV se muestra irritado contra su favorito.—Jovellanos y Saavedra pueden perderle, pero se contentan con que el Rey expidiese un decreto de separación honrosa.—Los dos Ministros irritan á la Reina y á su protegido.—Se tiene por cierto que Saavedra y Jovellanos fueron envenenados.—La persecución rigurosa que Jovellanos sufrió después fué obra de la Reina y del Príncipe de la Paz.—Azara nombrado á la Embajada de París.—Su arenga en el momento de ser presentado al Directorio.—Los emigrados franceses arrojados de Madrid.—Renuévanse las negociaciones de paz entre Francia y Portugal.—El Almirante Truguet se indispone con el Directorio y pierde la Embajada de Madrid.— Por la salida del Príncipe de la Paz del Ministerio, no variaron en nada las relaciones entre los Gabinetes de Madrid y de París.—Proyecto del Ministro Jovellanos sobre reforma de los estudios de la Universidad de Salamanca y de las demás del reino.—Un decreto del Rey confiere el encargo de la reforma al sabio Prelado D. Antonio Tavira, Obispo de Osma.—Biografía de este sabio.—Jovellanos salió del Ministerio algún tiempo después y el proyecto de reforma de estudios no llegó á ponerse por obra.—Este Ministro quiere también reformar el Santo Oficio.—Causa formada por la Inquisición al Príncipe de la Paz.—Instituto asturiano.—*Depósito hidrográfico.*—*Observatorio astronómico* de Cádiz.—Expedición de Bonaparte contra Egipto.—Miras de la Francia.—Precauciones tomadas por el Directorio de antemano para apoderarse de Malta.—Suspéndese la partida de la expedición francesa por el alboroto sucedido en Viena contra Bernardotte, Embajador de la República.—Cálmanse por fin los temores de rompimiento con el Emperador y la expedición da la vela de las costas de Francia.—Rendición de la isla de Malta.—El Emperador de Rusia se proclama protector de la Orden de San Juan de Jerusalén.—El Rey de España pone á las encomiendas de esta Orden en el mismo pie y bajo las mismas reglas que las de las Ordenes militares españolas.—Bonaparte da la vela de Malta para Egipto.—Movimientos del Almirante inglés Nelson en busca de la expedición francesa.—Desembarco de ésta en Alejandría. —Batalla naval de Abukir.—Oféndese la Puerta Otomana de la agresión de los franceses contra Egipto.—Esfuerzos de Bouligny, Ministro del Rey de España en Constantinopla, para sosegar al Gobierno turco.—Avisos del Embajador Azara al Directorio sobre la coalición que se comenzaba á formar contra la Francia.—Los Directores no creen que las Potencias se armen otra vez contra la República.—Bloqueo de Malta por los ingleses.—Apodéranse éstos de la isla de Menorca.—Tentativas de la Francia para levantar á los irlandeses contra el Rey de la Gran Bretaña.

De Portugal y de la política errada que Carlos IV siguió acerca de esta Potencia.

Entre los negocios políticos que llamaron más vivamente la atención y solicitud del Gobierno de Carlos IV, uno fué la protección de Portugal, la cual vino á serle sumamente embarazosa, porque, después de declarada la guerra entre España é Inglaterra, Portugal mantenía con esta Potencia los mismos tratos y amistades que antes, lo cual equivalía á ponerse en hostilidad abierta con nuestro Soberano. En vano las escuadras españolas intentarían ya salir de Cádiz con el fin de maniobrar contra los buques ingleses. Abrigados éstos en Gibraltar, y con mayor seguridad en Lisboa ó en otros puertos menores de la Lusitania, tendrian todas cuantas provisiones hubiesen menester, acecharían desde allí los movimientos de los navíos españoles y se harían al mar prontamente para combatirlos. En el caso, ya de un descalabro que pudiese sufrir la escuadra inglesa, ó ya de que ésta tuviese necesidad de reparar sus averías, podía contar con todos los recursos que los puertos de un Rey aliado le ofrecían. Además, los planes concertados entre el Rey Católico y la República francesa para dominar el Canal de la Mancha con las escuadras de las dos naciones reunidas, venían á ser ilusorios del todo, ó de ejecución difícil en gran manera. La consecuencia natural de este estado de cosas era que España y Francia debiesen obligar á la Reina de Portugal, por medio de negociaciones ó por la fuerza de las armas, á cerrar sus puertos á las naos enemigas.

En vez de haberlo hecho así, el Rey Carlos IV se mantuvo aliado con Portugal, del mismo modo que antes de la declaración de guerra á la Gran Bretaña, posponiendo de este modo los verdaderos intereses del reino al amor de sus hijos. ¡Situación singular por cierto! ¡Éramos enemigos de los ingleses y al mismo tiempo llevábamos estrecha amistad con el más íntimo de sus aliados! Tal política, que era falsa de suyo, no podía menos de ser origen de muchos males y compromisos para España, porque no proponiéndose la República francesa más objeto que vencer á Inglaterra, insistiría sin cesar en que el Rey obligase á Portugal á separarse de aquella Potencia. Con efecto, fueron tan repetidas las quejas y tan vivas las instancias de los franceses, que el Rey, después de haber recurrido en vano á todos los subterfugios y temperamentos imaginables para evitar el rompimiento, hubo de acceder por fin á él más adelante, aunque muy mal de su grado, y solamente por temor de los republicanos.

Conviene observar que, supuesto el desacierto cometido por nuestro Gabinete de la alianza entre España y la República francesa, era gran ventura para nosotros que Portugal continuase unido con Inglaterra, porque así había motivo para que un ejército español, atravesando el territorio lusitano, hubiese sometido algunas de sus provincias, y aun Lisboa y el reino todo; compensación preciosa por otras pérdidas que España pudiese experimentar en la guerra, si ya no era que conviniese mejor al Monarca español hacerse dueño de todo Portugal, como se lo proponía la Francia. Otro Gobierno menos preocupado ó más advertido que el de Madrid en esta ocasión, habría sacado provecho de tan favorable momento, porque la agresión era justa y los resultados hubieran sido ventajosos verosímilmente. ¿Qué más se podía desear para el bien de la España? El afecto de Carlos IV á sus hijos, prevaleciendo sobre los intereses nacionales, malogró este momento, que era tan oportuno.

De este error nacieron otros. Cuando el Gabinete de Madrid, requerido ó más bien amenazado por la República, consintió por fin á veces en hacer guerra á Portugal, nunca tomó la noble y patriótica resolución de mover sólo sus tropas contra este reino. Cual si no fuese posible al Rey dar cima á la empresa por sí mismo sin la cooperación de los franceses, en lugar de rehusar ésta cuando se la proponían, estipulaba siempre la entrada de un cuerpo auxiliar de 20 ó 30.000 hombres franceses en sus Estados para el expresado objeto. Por manera que por una parte Carlos IV se privaba sin razón de la ventaja nunca bastantemente apreciada de ser dueño de sus voluntades, acciones y movimientos, y de coger solo también el fruto de sus esfuerzos, y por otra parte abría las puertas de su reino á un ejército extraño, que entonces era un foco verdadero de ideas republicanas, ó por mejor decir subversivas. ¿Qué necesidad tenía España de traerle á su territorio? Se maquinaba ya un alzamiento revolucionario en España por los que se llamaban entonces la *propaganda* francesa, y la imprevisión del Gobierno del Rey iba hasta favorecer el mismo pensamiento por la entrada de las tropas francesas. Los trastornos ocurridos en varios Estados de Italia presentaban á los perturbadores las mismas probabilidades de revueltas en España. «Los italianos, decían estos tramoyistas, eran también tenidos por buenos creyentes; y con todo, para abrazar las reformas francesas con entusiasmo, no les había detenido la *superstición* (voz familiar á los jacobinos de París para designar la fe ortodoxa). ¿Por qué no sucedería así también en España? En el reinado de Carlos IV, añadían, ha decaído visiblemente en la Monarquía española aquel antiguo amor al Rey que hizo proverbial la lealtad castellana. La privanza del amante de la Reina ha indispuesto con el Gobierno á las clases poderosas; los principios de igualdad democrática agradan al pueblo. ¿No será quizá difícil que se alce para defenderlos? ¿Qué no debería, pues, temerse si se

presentase en el interior del país un ejército republicano que apoyase á los descontentos, y sin dejar ver
mira ambiciosa de la República ni deseo de dominar-
le, diese auxilios á los naturales para que ellos mismos
hiciesen su revolución y estableciesen el Gobierno
que fuese más de su agrado?» Tales eran las intenciones de los propagandistas franceses, y entre ellos de
algunos de los que componían el Gobierno directorial.
Solamente en Madrid eran ignorados al parecer tan
perversos designios ó se desatendían, puesto que
siempre que se trató de acometer á Portugal, en vez
de encargarse el Rey solo de esta guerra y de coger
también solo el fruto de ella, prestó su consentimiento á la venida de un ejército francés á España, venida
peligrosa realmente para la quietud del reino y para
la seguridad del Soberano y de su familia. En este
asunto hubo á la vez falta de prudencia y de energía
por parte del Gobierno de Carlos IV. A medida que la
relación histórica vaya adelantando, se hallarán otras
pruebas convincentes de ello. Referiremos ahora las
negociaciones entre la Reina de Portugal y la República francesa.

El Rey Carlos IV, deseoso de conciliar el bienestar
de sus hijos con las pretensiones de la República francesa, encargó á su Embajador en París que procurase
llegar al ajuste de un Tratado entre Francia y Portugal. La Corte de Lisboa envió al caballero Araujo de
Acevedo á París para que tratase con el Directorio.
La Francia puso por condiciones que Portugal cediese
el territorio que poseía en la orilla septentrional del
río de las Amazonas; que la navegación de este río
fuese libre, y, por fin, que S. M. Fidelísima pagase á
la República 12 millones de libras tornesas. Aunque
Portugal rehusaba tanto la cesión propuesta como la

navegación libre del río de las Amazonas, la negociación se hubiera continuado todavía con el caballero Araujo, si el Directorio no se hubiese ofendido del proceder del Gobierno portugués y de la protección que había dado abiertamente á la escuadra del Almirante Jervis después del combate desgraciado del cabo de San Vicente. Pero el Gobierno francés, no pudiendo aguantar por más tiempo las hostilidades de la Corte de Lisboa, declaró á su Negociador en 27 de Abril de 1797 que no habiendo accedido su Gabinete á las condiciones propuestas, y viendo su conducta más parcial cada día por Inglaterra, quedaba cerrada la negociación. El Ministro Delacroix señaló al caballero Araujo el término de veinticuatro horas para que saliese de París. Resuelto el Directorio á castigar al Gobierno portugués por su tenaz adhesión á la política de los ingleses, veía bien que el Rey Carlos IV no se determinaría nunca á acometer él solo al reino de Portugal: por tanto, pensó enviar 50.000 hombres de guerra que pusiesen por obra su designio. El Rey de España, que velaba con la solicitud más tierna por los intereses de sus hijos y por disipar también la tormenta que se iba formando contra ellos, aprovechándose de los preliminares de paz firmados en Leoben entre la República francesa y el Emperador, propuso que, para arreglar la paz definitiva, concurriesen á las conferencias los Plenipotenciarios portugueses y que se abriese otra vez así la negociación. El Directorio se negó á ello, si bien el Congreso de Berna no llegó á reunirse, como queda dicho. El Rey se vió, pues, en necesidad de entrar en guerra, para lo cual convino con el Directorio en que la campaña contra Portugal se abriese en el mes de Agosto, debiendo hallarse ya en España un ejército auxiliar francés para

ese tiempo. La única dificultad que hubo para la ejecución de este convenio fué que los franceses quisieron cargar al Rey con el mantenimiento y paga de
dichas tropas auxiliares, que debían ser de cuenta de
la Potencia requerida, según el artículo del Tratado
de alianza. Por lo demás, los Gobiernos estaban de
acuerdo. «Estaremos prontos, decía el Príncipe de la
Paz el 17 de Mayo de 1797, para empezar á fines de
Agosto contra Portugal en los términos pactados, si
las ocurrencias no hiciesen variar el sistema político
en Europa en el entretanto, no pudiendo adelantarse
tampoco en este intervalo, porque los rigores de la
estación no dejarían soldado sano en aquella provincia; bien que los Generales emprenderán al punto sus
tareas para organizar el ejército según el último plan
y disponerle á la fatiga, sin cuya preparación no podria obrar sino con grave riesgo de su subsistencia (1).»

El Directorio hacía cuanto estaba de su parte para
que èl Rey de España entrase francamente en la guerra, y le ponía delante de los ojos ventajas tales, que
en verdad no se alcanza por qué Carlos IV malogró
tan feliz momento. El Embajador Pérignon, avisando
al Príncipe de la Paz que la República había resuelto
enviar 30.000 soldados como auxiliares contra Portugal, sacados del *valeroso é ilustre ejército de Italia,*
le decía: «Se me pregunta también por V. E. si en
caso de conquistar una parte de Portugal ó todo él,
pedirá la Francia alguna compensación. Príncipe: el
fin, el único fin de la República francesa ha sido humillar á la Inglaterra y ponerla en imposibilidad de
hacer daño. Conquistado que sea Portugal, S. M. Ca—

(1) Carta al Marqués del Campo.

tólica no deberá dar compensaciones por él. Su grande y generosa aliada no quiere ninguna. Se contenta con que se la otorguen las condiciones que Portugal no ha querido aceptar: V. E. sabe cuáles son.

»S. M. Católica, habiendo, pues, de coger todo el fruto de tan grande empresa, es muy justo que España se encargue de pagar el sueldo del ejército auxiliar y de mantenerle luego que haya atravesado los Pirineos, ó desde que se verifique su embarco si se tuviese por útil enviarle por mar. Con todo, el Directorio ejecutivo, observador siempre fiel de sus principios de desinterés, y procediendo de buena fe con su íntimo aliado, me autoriza para tratar acerca de esto, y me dice que todos los gastos del sueldo del ejército francés se saquen de aquella parte de contribuciones de guerra que nos toquen por la conquista.

»Príncipe: me glorio de ser el órgano de mi patria en tan propicias circunstancias, y creo, con el Directorio ejecutivo, que S. M. Católica sacará provecho de ellas para terminar la grande obra política en que tanto se interesa la seguridad de Méjico, quiero decir, la retrocesión á la República francesa de la Luisiana y la Florida.

»Príncipe: ésta es la respuesta que da mi Gobierno á la nota de V. E. de 6 de Febrero de este año. Quedo con vivos deseos de que V. E. me llame á firmar.

»Ahora, Príncipe, voy á repetir á V. E. lo que le tengo ya dicho. Aceche V. E. el momento en que se halle libre el camino de las islas Azores, Madera y Cabo Verde; aproveche V. E. y haga guarnecer dichos puntos con tropas españolas. Venga después la entrada en Lisboa y Oporto por tierra, y habrá V. E. comenzado á incomodar mucho á los ingleses en sus viajes á las Indias y confinarlos en su nebuloso país.

Quedarán arrojados del Mediterráneo para siempre; Gibraltar abrirá sus puertas, y gracias á nuestra triple y sólida alianza, seremos árbitros de conceder ó prohibir á los isleños de Albión la entrada en todos los puertos de Europa, por decirlo asi.—*Pérignon.*—13 de Mayo de 1797.»

El Marqués del Campo, por su parte, no dudaba de que la conquista de Portugal se aviniese con los designios del Gabinete de Madrid; fijaba ya su vista en el porvenir, y hacía preguntas en esta hipótesis: «¿Cuál habrá de ser, decía, la suerte de las colonias que pertenecen á este reino? (Portugal). ¿Quién las ha de poseer? ¿Enteras ó divididas? No se descuidará Inglaterra en caer sobre ellas, añadía, como lo hizo con las holandesas, ya por vía de depósito, de conquista, ó con otro cualquier pretexto.»

La República no se negó á los deseos del Gabinete portugués, si bien sospechó á los principios que la solicitud de éste, así como la apertura de las condiciones, pudiesen tener por objeto ganar tiempo y adormecer al Gobierno francés con proposiciones de paz hasta tanto que conviniese á la Gran Bretaña romper otra vez las hostilidades; desconfianza que el Príncipe de la Paz hizo cuanto pudo por desvanecer por lo que tocaba á Portugal, fundado en las protestaciones pacíficas de la Corte de Lisboa. Al cabo se firmó la paz en París entre S. M. Fidelísima y la República francesa. La prontitud de la conclusión del Tratado y las condiciones ventajosas conseguidas por Portugal, llenaron de alborozo al Embajador del Rey en París, Marqués del Campo, quien atribuía el impensado feliz resultado de las negociaciones á los buenos oficios hechos por él con la República á nombre del Rey su amo. Como la carta que escribió al Príncipe de la Paz dé idea cabal de lo ocurrido en esta ocasión, pondremos algunos fragmentos de ella. La fecha es de 12 de Agosto de 1797.

«Apenas este Ministro (Araujo) hizo saber su llegada tanto á M. Delacroix como á M. de Talleyrand de Perigord, le citó el primero á una sesión en paraje neutro ó casa desconocida, y casi á la primera conferencia lo dejaron todo arreglado para extender y firmar el Tratado, manifestándole francamente que tenían aquí interés inmediato en que se ganasen instantes para poder presentar á los Consejos la paz hecha con Portugal, separada é independiente de la Inglaterra.

»De este plan, que se tenía ya formado anteriormente, y del ahinco con que se ha puesto por obra, resulta que el ajuste de paz es cual ni el mismo Araujo ni yo habríamos jamás imaginado, pues no solamente han desistido de algunos puntos, cuyo empeño hizo romper la negociación pocos meses há, sino que aun en otros se han venido á buenas, desentendiéndose de lo que ya casi les estaba concedido.

»Aunque esta negociación haya sido solamente de horas, puede decirse con verdad que el buen éxito es debido á la mediación del Rey nuestro Señor, así por lo que intervinimos en los precedentes trámites, como por lo actuado en el caso presente, pues al recibir el correo de Lisboa, que vino un mes há, comuniqué yo á estos Ministros y al Director Barthélemy las órdenes que me venían de apoyar aquí cuanto hiciese el caballero Araujo.

»Me tenía inquieto el empeño que anteriormente había tomado este Gobierno en exigir la libre navegación del río de las Amazonas y una extensión considerable de territorio por aquella parte. Teniendo dicho río comunicación cón varios otros que de lo interior del país vienen á nuestras posesiones, aquella concesión habría sido de malísimas resultas, no sólo para Portugal, sino también para España; y haciendo igual concesión á Inglaterra, hubiera sido inmenso el contrabando que los ingleses hubieran introducido por allí.

»Estableciéndose en otro artículo que la marina británica no puede tener arriba de seis navíos de línea en los puertos de Portugal, resulta igualmente que no viene á quedar al resto de las escuadras otro asilo que el fondeadero de Gibraltar. De suerte que en los meses de invierno y de huracanes deben experimentar daños notables si se ven forzados á mantenerse en el mar, pues se verán lejos de todo fondeadero. En todo caso, la marina española podrá mostrar superioridad en dichos mares y obrar en consecuencia de ella.

»España debe sacar también provecho de otro artículo: la inadmisión de corsarios y de sus presas en los puertos de Portugal.

»En los artículos comerciales se establece, á favor de los frutos y mercancías francesas, un trato igual al de la nación más favorecida.

»Finalmente, el Tratado es honroso para Portugal, sobre todo porque se estipula reciprocidad perfecta y se confirma la alternativa, en cuyo artículo hicieron fuerte dificultad estos Ministros; pero el Directorio ha declarado noblemente que es conforme á derecho.»

Con la misma solicitud y actividad con que la Corte de Madrid había trabajado hasta allí en la conclusión del Tratado, se dedicó entonces á obtener su ratificación por el Gòbierno portugués. Pero los manejos del Gabinete británico; la presencia de 6 ú 8.000 ingleses en Lisboa; la ocupación del fuerte de Belén; en fin, el temor de que poniéndose éstos de acuerdo con las fuerzas marítimas pudieran turbar la paz pública, retrajeron á la Corte de Lisboa de ratificar lo convenido en París.

En los últimos días del mes de Noviembre llegó á Madrid el correo portugués que llevaba á París la nota del Ministro Pinto, en que decía que la ratificación del Tratado con la República francesa no era posible. Sabedor el Príncipe de la Paz de esta determinación, y conociendo que debían seguirse de ello malas consecuencias y peligros, puesto que un ejército francés entraria en España para acometer á Portugal en unión con los soldados españoles, detuvo el correo que iba á París, y con la mayor prontitud hizo presente al Ministro D. Luis Pinto que, si quería preservar á Portugal de los males que le amenazaban, convenía que otorgase la ratificación.

No parece que el Ministro portugués agradeciese la intervención oficiosa del Príncipe de la Paz, y por lo menos es cierto que, desestimando sus razones, expidió otro correo á París sin la ratificación deseada. Pero la Corte de Madrid, aunque desairada por la de Lisboa, cuidó de prevenir los malos efectos del proceder del Ministro Pinto y de acallar las quejas del Directorio, el cual era de temer que volviese á sus proyectos hostiles, transcurrido ya el término de dos meses que había sido señalado para la ratificación. Por otra parte, las nuevas condiciones del Ministro Pinto eran inadmisibles, en especial la que extendía á 22 navíos de línea ingleses los seis de esta nación que el Tratado permitía fondear en los puertos de Portugal, pues con número tan crecido de navíos la nación portuguesa no era ya neutral, sino aliada de Inglaterra. No obstante, por los buenos oficios del

Marqués del Campo, y más principalmente por ocultos manejos y promesas de dinero, se logró prolongar el término de la ratificación del Tratado. «Sé positivamente, decía el Marqués del Campo al Príncipe de la Paz en 5 de Diciembre, que cuando se comenzó á hablar á los Directores de este asunto, aparentaron hallarse muy ocupados en cosas más esenciales y le dejaron para otra ocasión, con la mira de tomarse tiempo para que se madurase la breva y ciertas labores secretas en que se emplean algunos agentes que se aparecen. Así va el mundo. Se hace indispensable valerse de tales medios para evitar otros mayores males; y por lo mismo, ahora aspiramos á contentar en particular á algunos individuos, reduciéndolo á un sacrificio moderado, á fin de que se ratifique el Tratado tal como está, porque si se hubiese de concluir otro y se nos pidiesen nuevos dones, ascenderían á muchos millones.

«La consecuencia de todo es que quedamos en la persuasión y confianza de que se aceptará la ratificación pura y simple, y que para ello se trata de contentar á unos y á otros lo más barato que se pueda.»

Por desgracia estos manejos trajeron un resultado funesto y estrepitoso. Parece que el caballero Araujo quiso ganar por dádivas á algunos de los que andaban cerca del Director Barrás y del Ministro Talleyrand, y que, por falta de la reserva necesaria en esta clase de negocios, llegó á saberse el soborno de una manera indubitable. El Directorio se mostró vivamente ofendido. So pretexto de que el Enviado portugués no tenía ya ningún carácter diplomático, dió orden de prenderle y de llevarle á la cárcel del *Temple*, en donde estuvo tres meses. La circunstancia de haber sido hecho el arresto hallándose Araujo enfermo y en cama, puso en manos de los agentes de policía papeles importantes que revelaban los medios de que se había valido para el logro de sus fines (1). Se deliberó muy seriamente sobre formarle ó no causa criminal; pero al fin se abandonó toda idea de persecución judicial.

Era frecuente en aquel tiempo el soborno y la corrupción tratándose de negocios públicos. Un enjambre de manipulantes andaban en torno del Directorio y ofrecían sus buenos oficios por recompensas convenidas con anticipación. Al noble Quirini, Ministro de la República de Venecia en París, le había sucedido poco tiempo antes un contratiempo parecido al del caballero Araujo. Temeroso de los males que amenazaban á su República, y deseando hallar medios de evitarlos, movido de buen celo, dió oídos á las propuestas de algunos que, aparentando tener influjo en los negocios de Estado, le propusieron cuidar de los intereses de Venecia si consentía en hacer sacrificios oportunamente. No pudiendo hacer desembolsos efectivos, firmó varias letras de cambio á cargo de su Gobierno. Pero venidas dichas letras á poder de los agentes del Directorio y descubiertas estas estafas ocultas, fueron arrestadas varias personas, entre ellas el mismo Quirini. La mediación del General Bonaparte con el Directorio libertó al noble veneciano de los vejámenes que hubiera padecido sin tan poderoso protector. El caballero Araujo logró por fin salir también del *Temple*, para lo cual medió muy eficazmente el Marqués del Campo en unión con otros miembros del Cuerpo diplomático.

---

(1) Araujo confesó que había dado dinero para Barrás. (Carta del Conde de Cabarrús al Príncipe de la Paz: París 16 de Enero de 1798.)

Después de tan ruidoso incidente, la Corte de Lisboa no pudo ya obtener la ratificación del Tratado. Lo único que consiguió fué que el Directorio consintiese en ajustar un nuevo Tratado en Madrid.

Agradecida quedó la Corte de Lisboa á la tierna solicitud de Carlos IV por preservar á Portugal de la invasión francesa. No dudando de que seria grato á este Monarca ver recompensado el celo con que el Principe de la Paz llevaba á cabo sus paternales intentos, le nombró Conde de Evora-Monte. Quizá contribuiría también para esta distinción el parentesco que el favorito de Carlos IV acababa de contraer entonces con la Familia Real de España y Portugal por su casamiento con la hija mayor del Infante D. Luis, motivo suficiente para que el Príncipe Regente le concediese esta honra.

El Rey Carlos IV no se contentó con buenos oficios para el arreglo de los negocios de Portugal, sino que se manifestó dispuesto á hacer algunos desembolsos por el buen éxito de la negociación, y con efecto los hizo. El Conde de Cabarrús empezó á clamar desde París que el Directorio estaba decidido á enviar un fuerte ejército contra Portugal, atravesando nuestras provincias, á las cuales pondría en combustión con su apoyo y sus máximas. A su vuelta á Madrid repitió la misma especie, que, en efecto, cuadraba con otras noticias, y añadió que él había hallado, sin embargo, disposición en algunos miembros de ese Gobierno para evitar el fatal golpe que amenazaba á España, con una convulsión espantosa, tal vez antes que á Portugal. El tiempo urgía, porque se tuvieron avisos positivos de que iba á hacérsenos la intimación para el paso de las tropas. Así, pues, fué necesario aprovechar los momentos y ver si se podía parar el golpe, logrando que se renovase el antiguo Tratado con algún aumento de dinero, y se dijo á Cabarrús que procurase cultivar la buena disposición de los que debían contribuir á su logro, dándole seguridad de que se les haría una decente expresión á su tiempo. Con este fin se pusieron en París dos millones de libras. El Directorio se negó constantemente á la ratificación del Tratado, y no llegó el caso de hacer uso de dádivas ni de sacrificios pecuniarios para este objeto.

No anduvo la Corte de Madrid menos cuidadosa de proveer al bienestar del Infante-Duque de Parma, que de evitar los peligros que rodeaban á la Casa de Braganza.

Solicitud del Rey Carlos IV por el Duque de Parma.

La suerte del Duque de Parma era incierta. Hallábase en paz y buena inteligencia con el Directorio francés; pero sus Estados eran muy vecinos de la nueva República cisalpina, creada por la Francia, y era de temer que el contagio de las máximas democráticas se comunicase á sus fieles vasallos. Es cierto que el Infante había procedido con tal prudencia durante las vicisitudes de la guerra de Italia, que Bonaparte le había escrito dándole el parabién de su conducta juiciosa y pacífica en medio de los levantamientos que la proximidad del ejército imperial ocasionó en otros Estados de Italia contra la dominación republicana.

Pero el empeño del Directorio era revolucionar á todos los Estados: su monomanía era tal acerca de esto, que ni el parentesco del Infante Duque de Parma con el Rey Carlos IV, ni la alianza de S. M. con la República, no podían ofrecer seguridad al Infante.

Bonaparte había declarado en vano al Directorio en diversas ocasiones que convenía mantener á los Estados del Infante en plena sumisión á la autoridad de este Príncipe. Los Directores, cuyo ardor por las innovaciones era verdadera fiebre, podían caer de un instante á otro en tal paroxismo que les hiciese olvidar las relaciones con su aliado.

Este riesgo no era el solo. Se sucedían unos tras otros todos los días proyectos para la organización definitiva de los Estados de Italia. Nada podía tenerse por estable mientras que durase tal manía de mudanzas y trastornos.

Apenas se supo en Madrid que los preliminares de paz entre el Emperador y la República francesa habían sido firmados en Leoben, cuando el Ministro de Estado hizo presente al Directorio, de orden del Rey, la necesidad de evitar en lo sucesivo las querellas, frecuentes hasta allí, entre los Estados del Infante Duque de Parma y los que confinaban con ellos, y pidió que se incorporasen al Infante dos pequeños sotos que eran la causa de continuas disputas, quedando así en su poder todo el Ducado de Plasencia, el uso de la pesca y navegación del Po. Así se vería también cubierto con el Ducado de Mantua. «Los pueblos de Gualtieri y Burcello, decía, con sus dependencias pertenecientes al Ducado de Módena, fijarían la propiedad de S. A. R. sobre el Ducado de Guastalla, de modo que con estos pequeños puntos, unidos al Condado de Novellara, el Principado de Caspi y Correggio y el Ducado de la Mirandola, pequeños Estados del Duque de Módena; el Lodesano y Cremona, que pertenecían á la Casa de Austria antes de la conquista de Italia por las armas francesas, quedarían destruídas las disputas y reunidos los Estados de S. A. R., cuya soberanía en esta parte no perjudica á la Francia, y antes bien le asegura de su constancia para lo sucesivo.»

El Directorio prometió cooperar al logro de las intenciones del Rey; pero valiéndose del interés que Carlos IV manifestaba en favor del Infante-Duque de Parma, y alegando también que el Papa estaba gravemente enfermo y convenía hacerse respetar en Italia para la elección del nuevo Pontífice si Pío VI fallecía, oponiéndose eficazmente á la influencia de las Cortes de Viena y Nápoles, pidió que España enviase á Parma 6.000 soldados, es á saber, 5.000 hombres de infantería y 1.200 de caballería. Con dichas tropas quedarían guarnecidos los Estados del Infante-Duque de Parma. Solamente, en caso que las circunstancias lo exigiesen, el General Bonaparte entreveraría los soldados españoles con los republicanos. Pedía también el Directorio cuatro navíos de línea para vigilar el puerto de Nápoles, fuerza que tenía por bastante, habiéndose retirado la escuadra inglesa de aquellas aguas. La España manifestó que consentía en enviar 6.000 hombres para la defensa de los Estados de Parma; pero observó, en cuanto á unirlos al ejército de la República, que, no hallándose en guerra con el Emperador ni con el Rey de Nápoles, no tenía por conveniente provocar por este medio un rompimiento con estas Potencias. Por lo que respecta á los cuatro navíos, hizo presente que no era cuerdo destacar tan pequeña fuerza, comprometiéndose y debilitando por su separación la escuadra de S. M., que debía emprender operaciones de suma importancia.

Pensamiento de dar la isla de Cerdeña al Duque de Parma; España dejó entender que cedería la Luisiana y la Florida á la Francia.

Para obviar éste y otros inconvenientes, volvió el Rey á pensar en el proyecto presentado anteriormente por la Francia de trasladar á S. A. R. á la isla de Cerdeña, cuya posición le alejaba de sus continuos compromisos en Italia. Una de las instrucciones dadas por el Príncipe de la Paz al Marqués del Campo y al Conde de Cabarrús, Embajadores nombrados por el Rey para asistir á las conferencias del Congreso de Berna, tenía por objeto lograr que el Infante-Duque de Parma fuese establecido en la isla de Cerdeña. El Rey había dado esperanza á la Francia de que le cedería la Luisiana y la Florida, siempre que el Duque de Parma fuese tratado con la consideración debida y que sus Estados se engrandeciesen. «Como las cosas de Italia, añadía, quedarán tan escabrosas y difíciles de reducir al orden, preferirían SS. MM. que en compensación de las pérdidas y cambio de los Estados del Infante-Duque de Parma, se le diesen las islas de Cerdeña y de Córcega; y si también se entregaba á S. M. la plaza de Gibraltar, haría el sacrificio de las provincias Luisiana y Florida.» Había grandes obstáculos para realizar esta idea. No era, por cierto, el menor de ellos la firme resolución que mostraba el Duque de Parma de no separarse por ningún motivo de sus vasallos y de vivir como simple particular si por combinación de política se le quería obligar á abandonar la soberanía de sus Estados. Para no perder, pues, tiempo, se encargó á los dichos Embajadores, Marqués del Campo y Conde de Cabarrús, que hiciesen entender el proyecto á S. A. R.

El Duque de Parma se niega á separarse de sus vasallos.—El Marqués del Campo y el Conde de Cabarrús tuvieron orden de persuadir al Infante á ceder y adoptar el plan propuesto.

En virtud de esta orden, el Marqués del Campo y el Conde de Cabarrús pasaron inmediatamente al Conde Ventura, Secretario de Estado del señor Infante-Duque de Parma, un escrito que contenía las observaciones siguientes:

«Nada hay hasta el día más indeciso, decían, que la suerte de la Italia, y todo nos hace creer que la paz de la Francia con el Emperador depende esencialmente del resultado de las conferencias que se han abierto en Lila con la Inglaterra. Suponiendo, pues, que otras conferencias no produzcan una paz inmediata entre estas dos Potencias, nada es más verosímil que el que la Corte de Viena, unida con la de Saint-James y de San Petersburgo, intentará nuevos esfuerzos, y en tal caso no se puede pensar sin dolor en los medios que dictará al General francés la necesidad de no dejarle á las espaldas nada de cuanto pueda estorbar su retirada á Roma, en caso de derrota. Roma, Nápoles, la Toscana y el Piamonte mismo serán invadidos por los ejércitos franceses, al mismo tiempo que el fermento revolucionario obre en su apoyo; la destrucción de todos estos Gobiernos se realizará, y entonces por más respeto que tenga el General francés á los derechos de S. A. R., cualesquiera que sean las órdenes del Directorio, no es fácil concebir cómo, en medio de una convulsión general, los Estados de Parma habrán de ser los únicos que la eviten y conserven su forma antigua.

»Si llega á concluirse la paz, como es más lisonjero esperarlo, el peligro, aunque menos inminente, parece no menos cierto; y, por de contado, el Directorio acogerá con dificultad toda pretensión que se dirija á dar á S. A. R. los aumentos que desea y que habrían de tomarse de las nuevas Repúblicas de Italia. S. A. R. ha tenido la prueba de esto en la proposición que se le ha hecho de cambiar sus Estados por un establecimiento en la Romaña; esto es, que lejos de cercenar las nuevas Repúblicas para aumentar el patrimonio de S. A. R., el General Bonaparte procure redondearlas.

»Ningún aumento hay, pues, que esperar del Tratado de paz; pero ¿consolidará ésta á lo menos la propiedad y seguridad de S. A. R.? No lo creemos, pues miramos como incompatibles con los Príncipes vecinos, más endebles que ellas, á las nuevas Repúblicas de Italia. Sus emisarios han ido ya á predicar la insurrección en los feudos imperiales. El trastorno del Gobierno de Génova ha sido efecto de sus maniobras; éstas agitan el Piamonte, y sus clubs incendiarios deben propagar necesariamente en la circunferencia su doctrina de desorganización.

»Nos persuadimos que S. A. R., amado de sus pueblos, que hace felices, podrá defenderse más tiempo de los progresos funestos de la democracia; pero por más sacrificios que haga, no podrá suprimir ni todas las contribuciones, ni los derechos de señorío, ni los diezmos; no puede tampoco evitar que haya descontentos y desgraciados, y basta un corto número de éstos bien atrevidos y desesperados para seducir al populacho, presentándole exenciones y franquicias siempre atractivas para él. La propiedad seguida de las comodidades, está en todas partes repartida entre un pequeño número de personas; la mayor parte de la población sufre y nada posee: basta, pues, esto para adivinar cuál será la suerte de una guerra entre estos dos partidos tan desiguales, y para prever que el pueblo, que sólo debía aspirar á mejorar de suerte por un trabajo honrado y legítimo, preferirá, luego que se intente excitarlo, los medios que más lisonjeen su impaciencia, por más tumultuosos que sean.

»Rodeado, pues, de peligros continuos, S. A. R. tendrá siempre que estar en alarma, tomar precauciones y mantenerse armado contra sus vasallos; y prescindiendo de lo aflictiva que debe ser para su corazón generoso semejante situación y sistema, los gastos de un cuerpo militar permanente no podrán nunca convenir al estado de su Erario, fuera de que aumentaría el riesgo si establecía nuevos impuestos y nuevas vejaciones para su alojamiento, subsistencia, etc.; y aunque el Rey nuestro amo esté muy inclinado á volar en favor de S. A. R., le es muy fácil convencerse de los embarazos, lentitudes, y, por consiguiente, de la insuficiencia de este socorro, que sólo podría pasar por el territorio de las Repúblicas mismas que suponemos ser instigadoras de los movimientos que nuestras tropas iban á reprimir.

»La alianza de estas Repúblicas con la de Francia suscitaría una dificultad más, pues constituyéndose á ésta por árbitro de sus diferencias, debe sernos permitido temer que sus decisiones se resentirían siempre de los principios que profesa ella misma.

»Esto es, señor Conde, lo que hemos visto y vemos con respecto á la situación de S. A. R.; y lejos de tranquilizarnos las expresiones del Directorio, éste no nos ha disimulado el embarazo en que se halla para conciliar los empeños contraídos por Bonaparte, con la justa consideración que deseaba tener por S. A. R. y por las eficaces recomendaciones de S. M. Católica. Los individuos del Directorio, con quienes hemos hablado sobre este punto repetidas veces, nos han hecho entender que solamente fuera de Italia podría Su Alteza Real encontrar la seguridad que la República desea procurarle.

»Sí, señor Conde: fuera de Italia ha de ser, pues el establecimiento en la Romaña presentaría los mismos riesgos; y esto es lo que prueba que el Directorio no había intervenido de modo alguno en la proposición del General Bonaparte á S. A. R.

»La isla de Cerdeña solamente presenta á S. A. R. esta seguridad, y una compensación ventajosa de todos sus Estados. Sus rentas son cuando menos iguales, y pueden aumentar fácilmente por la protección de S. M. Católica, no menos eficaz para hacer florecer la Cerdeña por medio de concesiones de comercio, que para proteger á S. A. R. contra toda invasión exterior y hacer respetar interiormente su autoridad. Por otra parte, ¿con qué entusiasmo estos isleños, oprimidos desde tiempo inmemorial por sus Virreyes, y que ven pasar el fruto de su sudor á manos extranjeras, no recibirán á un Soberano que irá á vivir en medio de ellos, que les distribuirá lo que perciba, y que, ocupándose exclusivamente de su felicidad, deberá por necesidad encontrar allí la suya?

»En esta perspectiva agradable debe hallar Su Alteza Real el consuelo del sacrificio doloroso que le impone la necesidad imperiosa de los sucesos. Nos hacemos bien cargo de lo que debe costarle abandonar el patrimonio de sus padres, su cuna y la de sus hijos, un pueblo fiel y honrado, y los lugares en que reconcentró todas sus inclinaciones y hábitos; pero ¿qué pesar no experimentaría, por otra parte, si por no haber cedido oportunamente se viese reducido á sufrir las mismas pérdidas sin poder obtener las mismas compensaciones? ¿No se arrepentiría entonces de haber dejado perder la ocasión de procurarse á sí y á su hijo un establecimiento ventajoso?

»Los sucesos de que hemos sido testigos son tan nuevos, que en vano buscaríamos consejos en la antigua política aplicables á ellos, y sólo alejándose del peligro y aislándose con oportunidad puede evitarse aquél. Así lo hizo España por medio de una paz ventajosa y oportuna; así debieron hacerlo en la misma época los Príncipes de Italia, apartando el torrente que ya les ha destrozado bastantemente, y que les amenaza con una total destrucción.

»Aún es tiempo para el Sermo. Sr. Infante: el Directorio está en las mejores disposiciones hacia S. A. para facilitarle el establecimiento de que se trata; y si las consideraciones que hemos tenido el honor de exponer á V. E., fruto del celo más puro, deciden á S. A. á honrarnos con sus órdenes, entablaremos desde luego una negociación con el Directorio, que la hará admitir á la Corte de Turín, con tanta mayor facilidad cuanto debe mirar este trueque como ventajoso.»

El Duque de Parma persiste en su resolución de no separarse de sus súbditos.

Para afianzar mejor el efecto de estas amonestaciones, escribió el Marqués del Campo una carta muy afectuosa al P. Quiñones, su·pariente, General de la

Orden de Santo Domingo, residente en Roma, instruyéndole de los motivos en que se fundaban los ruegos
hechos al señor Infante, y pidiéndole que hiciese las
convenientes advertencias y prevenciones á un religioso dominico á quien el Infante-Duque veía con mucho afecto y confianza, á fin de que explayase el ánimo
de aquel Príncipe y le trajese al punto que el Rey deseaba. Pero ni las consideraciones expuestas por los
Plenipotenciarios, ni las gestiones indirectas, encaminadas á que el Infante mudase de resolución, bastaron á doblegar su ánimo. De propio puño escribió el
Duque de Parma al Marqués del Campo, dando gracias á los Embajadores por el interés que tomaban en
su suerte; pero declarando su intención de no separarse de sus amados vasallos,. «intención, decía, que
me ha sido dictada por la religión y por el honor, de
la cual no podría yo apartarme sin faltar á estas dos
cosas.» Añadía «que si para aumentar sus Estados era
menester renunciar á los que tenía, no quería nada.
A la fuerza no hay resistencia. Si se recurre, pues, á
la fuerza para desposeerme de mis Estados, estoy resuelto á dejar la autoridad y fijarme en donde Dios
me dé á entender. El mundo me tendrá entonces por
un desgraciado; mas lo seré tan sólo en la apariencia,
quedando en mi corazón el consuelo inefable de tener
después de mi muerte la recompensa que un Dios justo no puede menos de conceder á quien lo ha abandonado todo por cumplir con sus obligaciones. Tal es
mi resolución invariable, la cual no nace de fines ocultos ni del hábito de vivir en el país de mi nacimiento,
puesto que estoy pronto á abandonarlo todo, cierto de
la aprobación de Dios y de los hombres, mucho más
de lo que lo estuviera si trabajase por adquirir y ad-
quiriese, con efecto, el imperio del mundo.» El Conde

Ventura respondió á la carta de los Plenipotenciarios, diciendo que sentía vivamente la resolución del Duque, pero que no podía mudarla.

El Directorio muda de opinión acerca del proyecto.

Por más nobles que fuesen los sentimientos del Infante, la Corte de Madrid no vió con gusto tan obstinada resistencia, si bien no influyó ésta en manera alguna en sus deliberaciones ulteriores, pues aunque el Infante-Duque hubiera cedido á los consejos de la Corte de Madrid, habría sido imposible mejorar su suerte. La República hizo saber al Príncipe de la Paz con fecha del 18 de Julio, por el ciudadano Pérignon, su Embajador en Madrid, que las circunstancias eran ya totalmente diversas; que en otro tiempo hubiera sido fácil al Directorio obtener para el Duque de Parma la posesión de la isla de Cerdeña; pero que la respuesta del Gobierno del Rey (la en que se negó á ceder la Luisiana y la Florida) había variado la política del Directorio ejecutivo; que los países vecinos de los Estados de Parma que hubieran podido servir para los Convenios propuestos, habían proclamado su independencia, y que todo lo que el Directorio podía hacer en favor de S. A. R. con respecto á la navegación del Po y á otros objetos, sobre los cuales la República ofrecía emplear su mediación con todo el celo posible. Prometía también que así las nuevas Repúblicas como los Generales franceses obrarían en tal manera que los Estados del Infante-Duque de Parma viviesen en plena confianza y seguridad.

El Directorio consiente en volver á abrir la negociación, ó, por mejor decir, en que continúe.

No por esto cerraba el Directorio la puerta á la negociación. Fija siempre su vista en la Luisiana y la Florida, proponía la conclusión de un Tratado en que el Rey prometiese la cesión de estas posesiones ultramarinas á la República, á condición que ésta procurase al Duque de Parma una existencia política en Italia tal que pudiese servir de compensación por los dominios que el Rey cedía. El Embajador francés instaba, sobre todo, porque el Tratado se concluyese sin pérdida de tiempo, dando por razón que la parte de los Estados de Italia que pudiese ser cedida á S. A. R. se hallaba en una crisis peligrosa, cuyas resultas impedirían quizá toda negociación si no se hacía prontamente el convenio, y que S. A. R. quedaría reducido á sus propios dominios.

Por la respuesta del Príncipe de la Paz á la nota del Embajador francés, se echa de ver que estaba poco satisfecho de la amistad de la República. Quéjase, entre otras cosas, de la reserva con que procedía el Directorio con España, así en punto á las negociaciones con el Emperador, como en cuanto á los proyectos que tenían sobre Italia y otras cosas. «Nada ha ignorado la Francia de la España, dice, y nada ha sabido la España de la Francia. Hasta ahora no ha recibido aquélla ventaja alguna de su alianza, y la Francia no ha proyectado especulación á que España no haya concurrido.

»He dicho lo que siento, concluía, y cuanto me parece que conviene en el día. S. M. Católica no cederá aquellas provincias (la Luisiana y la Florida) mientras no asegure su reino y resarza á sus vasallos. Su honor se compromete, y yo sería un débil Ministro si no me interesase en darle todo el lustre de que es merecedor. El señor Infante se contentará con sus Estados si no pueden extendérsele. Todo viene á quedar como se estaba, menos la España, que se halla despojada de una posesión la más esencial de sus Américas (1). Día vendrá en que la recobre, y el Gobierno francés pudiera adelantarle esta feliz época si fuese menos reservado con las Cortes que son sus amigas.»

Posteriormente iban ocurriendo todos los días nuevos sucesos que desvanecieron las esperanzas de mejorar la suerte del Duque de Parma. En virtud de las determinaciones del Directorio, los Estados de Bolonia, Ferrara y la Romaña propusieron que sería conveniente unirse á la República cisalpina, cuya propuesta, habiendo sido aceptada, se verificó solemnemente la incorporación á aquel nuevo Gobierno republicano; y como la Romaña hubiese sido siempre el objeto de compensación para los proyectos relativos al Duque de Parma, era menester ya apelar á otra nueva idea. Poco tiempo después los Estados mismos del Infante, situados á la orilla izquierda del Po, fueron invadidos de repente por las tropas de la República cisalpina, en medio de la paz y buena armonía que reinaba entre ambos Gobiernos, y sin que hubiese dado el Infante motivo alguno para tan impensada agresión. El ciudadano Pino, Comandante de la segunda legión de dicha República, tuvo orden de su Ministro de la Guerra para ocupar aquellos territorios,

(1) La isla de la Trinidad, que habían tomado los ingleses.

pretendiendo que le pertenecían, y previniéndole que
publicase en todos aquellos pueblos su independencia
de la autoridad del Infante. Se le mandaba también
que plantara en ellos el árbol de la libertad, apode-
rándose de las rentas y efectos pertenecientes á S. A.
Real ᵞ á su Cámara, y que hiciese quitar de todos los
parajes públicos las insignias y señales de su soberanía. El Ministro le ordenaba además que hiciese cesar
en el desempeño de sus cargos á los Ministros del Gobierno parmesano, nombrando en su lugar á otros
para que administrasen provisionalmente. Por último,
exigía que todos aquellos habitantes usasen de la escarapela de tres colores como testimonio de que ya
pertenecían al Gobierno cisalpino.

**El Infante-Duque de Parma, cansado de las vejaciones que sus
vasallos sufrían y deseoso de mejorar su suerte, conviene,
por fin, en aceptar la isla de Cerdeña. Las circunstancias habían variado; su deseo fué inútil.**

Agresión hecha de propósito tan deliberado, no dejaba la menor duda de que la República recién nacida estaba apoyada por la República madre. Por tanto, el Infante solicitó sin pérdida de tiempo la intervención del Rey de España y de su Embajador en París. El Ministro Talleyrand contestó friamente á las
notas del Marqués del Campo, diciendo que se habían
pedido noticias acerca de los hechos de que se quejaba
el Infante, y que en todo caso el asunto podría com-
ponerse sin ruido, explicándose ambas partes y conviniendo en compensarse mutuamente sus pérdidas. Entre tanto decayó de ánimo el Infante con las inquietudes que le ocasionaba el Gobierno vecino. Aquella

magnánima resolución que mostró anteriormente de
no separarse nunca de sus amados vasallos, se convirtió de repente en vivo deseo de salir de Parma y
de admitir, ya las compensaciones propuestas, ó ya
otras que se tuviesen por convenientes, á trueque de
no vivir expuesto á los atropellamientos de la República cisalpina. Por desgracia no había ya posibilidad
de satisfacer su deseo. Para colmo de desventura,
11.000 hombres de tropas francesas llegaron á los Estados del Infante, y exigieron que, durante el tiempo
de su permanencia en ellos, fuese su manutención de
cargo del Gobierno parmesano, contra el tenor de lo
tratado con la República francesa. Arrepintióse entonces todavía más el Infante de su pasada inflexibili-
dad, sin que su estéril dolor bastase á proporcionarle
medios para salir de su embarazosa situación: El Rey
Carlos IV, afanoso siempre por atender á los intereses de su hermano, continuó sus instancias con la República, su aliada, en favor del Infante; pero sin lograr más fruto de ellas que vanas protestaciones de
amistad y manifestación de buenos deseos de complacer á S. M.

El Maestrazgo de Malta propuesto por los franceses al Príncipe de la Paz.—Su respuesta.

Hacia aquel tiempo propusieron los franceses al
Príncipe de la Paz que se hiciese soberano de la isla
de Malta. El motivo de esta proposición fué el siguiente: Bonaparte, en el momento mismo en que, favorecido por la fortuna, acababa de enseñorearse de
Italia, fijaba ya la vista en Egipto, cuya conquista le
ofrecía nuevos laureles. La Francia, desposeída de

sus colonias, había menester buscar la adquisición de nuevos establecimientos marítimos, y el Egipto, así por su posición geográfica como por la fertilidad de su suelo, llamaba la atención de la República. Trataba Bonaparte con los Ministros del Directorio sobre los medios que convendría emplear para llevar_á cabo tan importante empresa, y señaladamente observaba que, ante todas cosas, era menester ser dueños de Malta. El Ministro de Relaciones exteriores, Delacroix, le respondió de esta manera en 16 de Julio de 1797: «Hace ya bastante tiempo que estamos informados de que el Príncipe de la Paz desea ser Gran Maestre de Malta. No cabe duda en ello. Estamos ciertos que hará las más vivas diligencias para lograrlo. El Rey de España no tendrá reparo en darle 500 ó 600.000 francos, y cuando no, él mismo sacrificará esta cantidad. En cuanto á la expedición militar, si es indispensable hacerla, convendrá que la haga España. Por otra parte, nosotros no podemos intentarla. Habiendo Malta observado puntualmente su neutralidad, y aun socorrido muchas veces á nuestros marinos, carecemos de pretexto para declarar la guerra á su Gobierno. Estoy cierto de que el Cuerpo legislativo no consentiría en romper con él. España podrá hacer lo que habéis propuesto, y lo hará con empeño, puesto que el que gobierna este reino habrá de sacar provecho de ello. Tengo orden del Directorio para escribir sobre el particular á nuestro Embajador en Madrid.»

Con efecto, en virtud de las órdenes del Directorio, el ciudadano Pérignon, Embajador de la República en Madrid, hizo presente al Príncipe de la Paz que debía pensar seriamente en Malta; que el Gran Maestre estaba moribundo y se hablaba de darle por sucesor un alemán; que convendría mucho más que un español

obtuviese esta dignidad, y, en fin, que si el Príncipe
de la Paz tuviese en ello miras personales, el Directorio ejecutivo le apoyaría con todo esfuerzo. El General Bonaparte es de parecer, decía, que con 500 ó
600.000 libras habría lo bastante para hacer á un español Gran Maestre de la Orden. El Gobierno francés
no podía hacer tal sacrificio en aquellas circunstancias, teniendo su Erario atenciones de tanta urgencia
y gravedad. El Príncipe de la Paz pudiera hacer dicho
desembolso, ó bien intentar la operación por cualquier otro medio que le pareciese seguro y de fácil
ejecución. Sería muy importante apoderarse de la
V alette, porque si España no toma medidas prontas y
eficaces, Malta caerá en poder del Rey de Nápoles, lo
cual sería perjudicial para Francia y mucho más para
el Rey de España. Al comunicar el Embajador al Príncipe de la Paz las instrucciones de su Gobierno, no se
olvidó de llamar la atención del Ministro español sobre lo grande y honorífico de la empresa que se le
proponía.

Los franceses tenían por cierto que siendo el Príncipe de la Paz Gran Maestre de Malta, la República
tendría en realidad la soberanía de aquella isla, y por
eso lisonjeaba la ambición del Valido de Carlos IV con
la perspectiva de tan alta dignidad. Como el Directorio fuese de antemano sabedor de los deseos del Príncipe de la Paz, no dudó de que aceptaría el partido
que le proponía. El protegido del Rey de España respondió así:

«Sobre Malta diré á V. E. que desde los principios
de la guerra entre España y Francia, procuró la Emperatriz difunta (Catalina II) aprovechar la ocasión y
hacerse reconocer por la lengua de Polonia, que conservaría cuando fuese poseedora absoluta de aquellos

países. La Inglaterra, á pesar de los perjuicios que resultaban á su codicia por la proximidad de la Rusia á las Potencias meridionales, y de los que sufriría su comercio de Levante, ofreció sus buenos oficios, lo cual, sin duda, movió también á la Emperatriz á prestarse á la guerra contra Francia. No será, pues, extraño que sugieran al Emperador esta misma idea. ¿Quién sabe si la Corte de Viena no habrá dado su consentimiento con el fin de disimular su separación de la Liga?

»Si así no fuese, me inclino á creer que la Corte de Nápoles habrá sido promovedora de la especie. En el grande saqueo de caudales y efectos que han hecho en Nápoles para surtir á los ingleses, han llevado la mira de esta presa. De todos modos, sería perjudicial á nuestro comercio recíproco que cayese la isla en poder de alguna de estas Potencias.

»Mi estado, mis obligaciones á los Reyes y mi cortedad de talentos *para manejar los negocios desde aquel punto*, me deciden á renunciar el título de Gran Maestre, á menos que sin separarme de mi destino, sin contraer un voto solemne de castidad renunciando al matrimonio y sin que los objetos del establecimiento varíen, puedan conciliarse las ideas de la República con las de S. M., que son las mismas. La Orden necesita de la España, de la Italia y de la Polonia. La existencia de la Religión depende de la voluntad del Rey mi amo y de la Francia. Carlos V le dió el lugar que ocupa. ¿Sería, pues, impropia la alteración que se anuncia? V. E. sabe ya que no es el tratamiento ni los intereses los motivos de mi explicación: me sobran éstos, y no admito aquél con otras condecoraciones de alguna más consideración que me proporcionaba el Rey mi amo, como he dicho á V. E.

V. E. conocerá, pues, que sólo me mueve á tomar este partido el interés de los dos países; pero mi satisfacción será completa y *suficiente*, siempre que mis sentimientos merezcan la aprobación del Gobierno francés y que quede éste persuadido de la generosidad con que correspondo á sus insinuaciones.

»Aranjuez 5 de Mayo de 1797.»

Se ve, por la respuesta del Ministro español, que la negativa no era absoluta, sino condicional.

D. Manuel Godoy alega en sus *Memorias* (1) otra razón que le determinó para no abrazar francamente la propuesta. «Se imaginó que la intención del Directorio era solamente apartarle de la dirección de los negocios en España, y sin duda, dice, hubo de entrar también esta mira en su política; pero un año después ví el motivo potísimo que dominó en aquella intriga, y noté bien el lazo que me había sido preparado en la suerte del Gran Bailío de Brandemburgo, Barón de Hompech, último Gran Maestre en ejercicio de la soberanía de los caballeros sanjuanistas.» Lo que la Francia quería, con efecto, era apoderarse de la isla de Malta para su empresa contra Egipto; por tanto, le convenía poner la autoridad en manos del favorito de Carlos IV.

Portador de la propuesta hecha por los directores al Príncipe de la Paz fué el Conde de Cabarrús, que, hallándose en París á la sazón, partió para Madrid con este objeto.

El proyecto no se realizó. Aparte de otros obstáculos que le hacían sumamente dificultoso, las alteraciones esenciales de la constitución de la Orden que pedía el mismo Príncipe de la Paz, bastaban para que no

(1) Tomo III, pág. 157. Edición española.

tuviese cumplido efecto. Mas parece que el pensamiento de elevarle á la dignidad de Gran Maestre de Malta, dió nacimiento á la idea de su enlace con la hija del Infante D. Luis. Suponiendo que el Soberano de Malta no hubiese de estar obligado al voto de castidad, puesto que el Príncipe de la Paz así lo pedía, Carlos IV quiso proporcionar ó, digámoslo así, habilitar á su Valido para la soberanía, uniéndole con su propia familia. «Yo haré, le dijo, que puedas presentarte con honra á desempeñar la alta dignidad que te destinan.» Así lo hemos oído de boca del mismo Don Manuel Godoy, y así habrá sido realmente, pues no hay motivo para poner en duda su veracidad en esta materia. Pero tenemos por muy verosímil que, aun sin que hubiese habido tal proyecto de soberanía, la Reina hubiera pensado en elevar á su amante y habria promovido este enlace.

Además, es de toda evidencia que las instancias hechas por el Directorio al joven Ministro acerca del Maestrazgo de la Orden de Malta, precedieron algunos meses solamente á su casamiento con la hija del Infante D. Luis, celebrado en Septiembre de 1797.

Resolución de Roma, destronamiento y destierro del Papa Pío VI.

Otro asunto de no menor importancia que la protección de Portugal y de los Estados de Parma, era para el Rey Carlos IV la suerte del Papa Pío VI, del cual se había declarado defensor al tiempo de firmar el Tratado de Basilea. A la respetuosa veneración que el Rey tenía á la Santa Sede; á la obediencia y amor filial que profesaba al Padre común de los fieles, á ejemplo de sus augustos y piadosos predecesores, se añadía el afecto personal al Papa Pío VI. No obstante la viva enemistad de la Convención contra la Corte romana, el Rey Católico puso empeño particular, así por medio de su Plenipotenciario en Roma como por otros actos posteriores, en advertir á la Corte pontificia de los riesgos que la amenazaban. Poco tiempo después de firmado dicho Tratado, hubo de emplearse ya con eficacia en asistir á Pío VI, afligido por vivas penas y expelido de sus Estados temporales con violencia.

Después de vencidas en Italia las tropas del Emperador de Alemania por los republicanos franceses, era difícil que el Gobierno papal se mantuviese. El Tratado de Campoformio dejó al arbitrio del Directorio perturbar y destruir los Gobiernos de Italia. Señaladamente los Estados pontificios eran el blanco de su cólera *filosófica*. Por echar abajo al Papa trabajaba con ardor y perseverancia. Impacientes estaban los directores de París hasta no derribar aquel antiguo poder, que, en su sentir, era contrario á la felicidad de los demás pueblos. Aún no estaba concluído el Tratado de Campoformio, y el Ministro Talleyrand enviaba ya sus instrucciones á José Bonaparte, Embajador de la República en Roma, prescribiéndole que, lejos de contener á los que pensasen ser llegado el tiempo de acabar con el reino de los Papas, les ayudase y que fomentase en él el espíritu que comenzaba á manifestarse ya en favor de la libertad. El Presidente del Directorio, Revellière Lepaux, inventor de la nueva secta religiosa llamada de los *teophilántropos*, escribía así al General Bonaparte el 21 de Octubre, antes de saber la conclusión del Tratado de Campoformio, firmado el 17: «Por lo que hace á Roma, el Directorio aprueba las instrucciones que habéis dado á vuestro hermano el Embajador (José Bonaparte) sobre que impida que se nombre un sucesor de Pío VI. La coyuntura no puede ser más oportuna para fomentar el establecimiento de un Gobierno representativo en Roma y para sacar á Europa del *yugo de la supremacía papal.*»

Es de notar que hasta entonces Bonaparte se había manifestado contrario á la formación de un Gobierno representativo en Roma; del mismo modo se había opuesto al designio de arrojar al Rey de Cerdeña de sus Estados. Olvidado de repente de su sensatez y su oposición á los botafuegos de París, se le ve también animado de los deseos de acabar con el Gobierno papal. La instrucción dada á su hermano, de que se hace mención en la carta del Director, era ésta: «Si el Papa muriese, haréis cuanto sea posible para que no se nombre otro y para *que haya una revolución.*» A vista de tan decidido empeño, no era de esperar que Roma pudiese resistir á los efectos del odio de sus enemigos.

La situación de aquella capital era lastimosa en verdad. Por el Tratado de Tolentino, Roma fué despojada de la principal parte de su riqueza, lo cual no pudo menos de aumentar el número de los descontentos en ella. Su estado era tanto más crítico, cuanto que no podía esperar mejorar de suerte. Los franceses, señores de Italia, establecían la República cisalpina con el fin de tener en ella un centro de donde partiesen sin cesar agresiones democráticas contra los Príncipes, y señaladamente contra el Papa. Nápoles hubiera podido hacer algún contrapeso en la balanza; pero en lugar de socorrer verdaderamente á los Estados pontificios, los conmovía y precipitaba. Pío VI era muy anciano y estaba habitualmente enfermo. Su próxima muerte iba á ofrecer al partido democrático ocasión favorable de lograr sus intentos. Un ejército francés se asomaba ya, deseoso de entrar en la capital del orbe cristiano.

Los sucesos que nacieron de estas causas fueron importantes. Tenemos á la vista la relación de ellos, escrita por D. José Nicolás de Azara, Embajador del Rey en Roma, la cual merece plena confianza, no solamente porque Azara presenció los hechos que refiere, sino porque trabajó por pacificar á aquella población, en virtud del carácter público de que estaba revestido. La revolución romana ocurrió muy poco tiempo antes de su nombramiento á la Embajada de París. Ninguno pudo saber, pues, las ocurrencias de Roma mejor que este Embajador. Como los colores de sus cuadros sean á veces vivos en demasía, hemos cuidado de suprimir todo lo que pudiera ser ofensivo á la memoria de ciertos personajes que tomaron parte en aquella revolución democrática y en las violencias cometidas contra el Papa por órdenes terminantes del Directorio francés (1).

«Había en Roma, dice Azara, como en aquel tiempo había por todas partes, muchos jóvenes atolondrados entregados al desorden y al libertinaje, que no pensaban más que en echar abajo toda autoridad, odiando cuanto pudiese reprimir sus pasiones, con la cabeza llena de teorías absurdas en materia de gobierno, cuyas consecuencias no eran ellos capaces de juzgar. Era entonces de moda, ó por mejor decir contagio dominante, ser republicano. En Roma era mucho mayor el número de tales cabezas que en las demás capitales de Europa, porque el Gobierno papal era suave y tole-

(1) *La Jerusalén del Occidente* (así llamaba á Roma Petrarca) estaba á punto de ser dominada por una turba de fanáticos revoltosos.

rante y porque ya en todo tiempo fué esta capital asilo de extranjeros y como una suerte de patria común que los protege á todos, sin distinción de naciones ni creencias.

»Opiniones y costumbres tan diversas habían producido una fermentación singular en el centro de un Gobierno débil. Su venalidad, conocida de todos, y el ansia insaciable del nepotismo, daba materia á declamaciones y á quejas. Para mayor desgracia, las victorias de los franceses avivaban las esperanzas de los que con buena fe deseaban reformas, y al mismo tiempo daban aliento á los perturbadores y á los proletarios para aprovecharse de las circunstancias y enriquecerse con los despojos de los ricos y de las gentes moderadas.

»Distinguíanse entre estos embrollones un tal Ceragni, escultor de bastante habilidad, pero lleno de deudas; Francisco Pignatelli, de una familia ilustre de Nápoles, desertor del ejército del Emperador, de muy mala cabeza; el Duque Ronelli, romano de rarísima estampa, tartamudo, y que después de haber disipado en torpes excesos tanto su patrimonio como otras ricas herencias de las antiguas familias de Crescente y Pereti, recorría las ciudades de Italia con histriones, tan pronto haciendo de director de la compañía como diciéndose marido de una de las comediantas. Las declamaciones y el ejemplo de estos personajes habían pervertido á otros muchachos de poco juicio que pertenecían á las primeras familias de Roma: los Borghese, Santa Croce, Sforza, Cesarini y otros, que, ansiosos de hacer de figura y llevados por la ligereza é irreflexión de su edad, se morían por plumeros y sables y estaban muy gozosos de imitar en todo los modales de los franceses. Pero lo que más contribuyó á trastornar á estos jóvenes fueron los Padres de las Escuelas Pías, que en vez de criarlos con sabiduría y de enseñarles las ciencias, los corrompieron inspirándoles el espíritu más irreligioso y la disolución más desenfrenada. El Colegio *Tolomeo*, en Toscana, y el *Nazareno*, en Roma, eran las dos casas de educación de mayor crédito, adonde la primera nobleza de Italia hacía estudiar á sus hijos: pues los profesores de estos Colegios fueron los que más fomentaron la revolución romana y los que hicieron el primer papel en ella.

»Los jóvenes atolondrados de que se acaba de hablar, gobernados con maña por los conspiradores, pagaban con su dinero las cenas y francachelas, que llamaban *clubs*, que se celebraban en la *Villa Medicea* ó en otros barrios. Allí se suscitaban cuestiones que eran superiores, ciertamente, á las luces y capacidad de aquellos muchachos. El Gobierno sabía todo esto; pero aunque temiese malas resultas de semejantes reuniones, no tomaba sino medias medidas, que lo echan todo á perder en las grandes ocasiones. Por fin se resolvió á salir de su indolencia habitual: hizo doblar las patrullas de noche y puso á los alguaciles en campaña. Los conspiradores, conociendo entonces que eran temidos, lejos de alarmarse, mostraron mayor atrevimiento y desfachatez. Habría sido menester arrestar y castigar inmediatamente una media docena de los principales corifeos: con esto los otros hubieran entrado en sí mismos. Ni Roma ni el Papa hubieran pasado por los horrores increíbles que sobrevinieron después.

»Los conspiradores contaban con la protección del Embajador de Francia, de la cual se vanagloriaban muchas veces. Vivían persuadidos de que su conspiración estando perfectamente dispuesta, el represen-

tante de la República francesa protegería, sin duda
ninguna, la insurrección contra la tiranía. Pero José
Bonaparte nunca les dió esperanzas ni les prometió
apoyarles. Mme. José Bonaparte, señora muy piadosa
y de una dulzura angelical, tenía en su compañía á
su hermana Mlle. *Desirée*, Reina actual de Suecia,
tratada de casar con un General de brigada, llamado
Duphot, hijo de un posadero de Lyon, hombre tosco
y sin ninguna educación; pero que, por otra parte, era
valiente y estaba animado de ardor tan grande, que
se pudiera llamar fanático, lo cual es de la mayor
importancia en las revoluciones, porque equivale á
poseer todas las luces y todas las virtudes. Antes de
llegar á Roma se detuvo algunos días en Génova y
realizó una explosión revolucionaria en aquella República, obligando á los propietarios y gentes honradas á ceder el mando á los *sans-culottes* y descamisa-
dos, los cuales no tardaron en apoderarse de todas las
riquezas de aquella ciudad opulenta por las confisca-
ciones y los destierros.

»Albricias se dieron los conspiradores de Roma por
el arribo de hombre semejante: al punto se pusieron
en comunicación con él. El resultado de sus deliberaciones fué resolver que se determinase al Embajador
á ponerse á la cabeza del movimiento. El día 29 de
Diciembre se juntaron 40 de ellos; fueron al Palacio
Corsini en diputación, y le pidieron ó, por mejor decir,
le intimaron que se uniese con ellos para destronar al
Papa y dar la libertad al pueblo romano. El Embajador, lejos de acceder á esta pretensión, les echó en cara
su temeridad, les mandó que saliesen de su casa y hasta
les amenazó que daría parte al Gobierno para que les
castigase como merecían. La avilantez de los conjurados se convirtió en miedo; huyeron llenos de espan-

to: algunos fueron á esconderse en las bodegas y caballerizas del Embajador; otros se dispersaron por las
calles sin objeto determinado. Estos últimos dan con
algunas patrullas que el Gobierno había hecho salir á
los primeros avisos que tuvo de la asonada, y viéndose en el momento de ser arrestados, retroceden y
se refugian en casa del Embajador. Los que estaban
allí ocultos, creyendo que había algún levantamiento
popular en favor suyo, salen de sus escondites gritando con toda su fuerza ¡Libertad, libertad! y acompañando sus gritos de ademanes y amenazas. Algunos
subieron al primer piso del Palacio y desde allí repe-
tían el mismo clamor, y sacando bolsillos procuraron
seducir al pueblo distribuyendo dinero. Capitaneaba
el tumulto el Abate Piranesi, que había dejado el vestido clerical por el uniforme de Cónsul de Suecia en
Ancona, y que violaba abiertamente su deber cons-
pirando contra su Príncipe y contra su patria. Desde
las ventanas del Palacio arengó á la muchedumbre
atraída por el alboroto, y le echó el producto de la
colecta hecha de repente, que ascendió á 30 escudos.
Con suma tan tenue, sin más armas que algunos pu-
ñales y pistolas, sin apoyos ni provisiones, un puñado
de mozalbetes se proponía nada menos que echar abajo al Gobierno y variar la forma de él. La idea única
de que su espíritu estaba preocupado, era que en las
revoluciones basta tener audacia aun en los casos más
desesperados, y que no se emprenderían nunca semejantes cosas si se hubiese de dar oídos á los consejos
de la prudencia.

»Viendo los soldados que perseguían á los del motín que se reunían éstos en el zaguán, desde donde les
desafiaban, y que al mismo tiempo los que estaban en
las ventanas querían alzar al populacho, hicieron una

descarga, que mató á algunos é hirió á un número considerable de los otros. Al oir el estruendo de la descarga, los habitantes del Palacio se alarmaron, como era natural, y el Embajador, que iba á sentarse á la mesa, corrió hacia la escalera para saber lo que era, seguido por todos sus comensales. Entonces vió la tropa formada al frente del Palacio, y con el sombrero y por cuantos medios podía hacía señales para que se retirase; pero los soldados no hicieron caso y permanecieron en posición.

»Duphot se adelantó hacia ellos con espada en mano, y acometió él solo; y estaba ya á punto de descargar un golpe, cuando vino por un costado una bala disparada por la tropa que estaba formada en la puerta Sestiguana y le pasó el cuerpo: no obstante, se puso en pie y quiso todavía descargar sablazos sobre los soldados; pero cayó muerto atravesado de otras dos balas.

»El Embajador y los otros franceses que le acompañaban corrieron á socorrerle: ya no había remedio. Las tropas del costado continuaban el fuego sin saber bien por qué motivo, matando é hiriendo á varias personas que pasaban por la calle. El Embajador mismo se salvó por milagro. Cuando las otras tropas del Papa, que andaban por la ciudad ó estaban en sus cuarteles, oyeron las primeras descargas, se reunieron y comenzaron también á hacer vivo fuego detrás de sus empalizadas, sin más motivo que el miedo. Muchas personas inocentes perdieron la vida.

»Apenas comenzó el alboroto, una persona que yo no conocía ni he vuelto á ver vino á darme aviso de ello. Por lo que decía, la conspiración era terrible. Mandé, pues, poner el coche para ir al auxilio del Embajador. Era á la entrada de la noche. Mis dos postillones iban delante con hachas encendidas. Al entrar en la calle *Julia* hicieron una descarga de infanteria, que por fortuna no hirió á ninguno de mis criados; pero los cocheros postillones se volvieron atrás al instante sin aguardar mis órdenes. Les hice detener; y reflexionando que lo fuerte del alboroto parecía estar por la parte del puente *Sixto*, me vino el pensamiento de ver si se podría pasar por el de *Sant Angelo*, que hallé libre, con efecto. Cuando llegué á la plaza del Vaticano, ví algunas tropas formadas en batalla con artillería; pero no hacían ningún movimiento. Los Oficiales me dijeron que el pueblo estaba alborotado, pero que no sabían más. *Nosotros estamos aquí*—añadieron—*para defender al Papa.*

»En tal situación, subí al Palacio de Su Santidad, ya para tener noticias ciertas, y ya también para ayudar al Papa con mis consejos. La puerta primera, ocupada por la Guardia suiza, estaba cerrada, y me costó trabajo pasar por otra puertecita. El Teniente de la guardia que estaba allí, me dijo que no sabía nada de lo que pasaba en Roma; pero que habiendo oído el estruendo de las descargas, había hecho que su tropa tomase las armas y dado otras disposiciones para defender el Palacio. Con efecto: al subir al cuarto del Cardenal José Doria, que era primer Ministro, ya encontré las escaleras y las puertas cubiertas de soldados suizos, situados como si aguardasen á ser acometidos de un momento á otro. El Cardenal conversaba con el General Grandini, el Senador Rezzonico y Monseñor Consalvi, Ministro que era de la Guerra. Ninguno de ellos sabía lo que pasaba fuera del aposento. No pude ver sin sorpresa ni sin indignación que estos cuatro Ministros, á quienes estaba encargada la defensa de Roma y de su Soberano, se mantuviesen en tal ignorancia y apatía: así se lo dije, anunciándoles el peligro en que estaba el Palacio del Embajador y las consecuencias funestas que eran de temer. Un instante después me puse en camino para ir al Palacio de José Bonaparte.

»Los cuatro personajes se limitaron á pedirme con vivas instancias que les enviase avisos ciertos sobre el estado de la ciudad. Al acercarme á la Longara, hallé á una compañía de soldados situada en la puerta de Sancti-Spiritus, tirando á derecha é izquierda sin orden ni objeto, barriendo así esta larga calle. Para poder entrar en ella con alguna seguridad, tuve precisión de hacer que me escoltasen dos coraceros de la guardia del Palacio papal, mandándoles que fuesen delante acompañados de mis dos cazadores con hachas encendidas para que advirtiesen á dicha compañía de mi llegada y suspendiese el fuego mientras que yo pasara. Así se hizo.

»Al llegar delante del Palacio Corsini, ví que las puertas estaban cerradas y que había enfrente un pelotón de soldados en batalla, pero en inacción. No pude saber del Comandante, Marqués Patrici, lo que había pasado, ni qué cadáveres eran aquéllos que estaban allí. Al fin logré que se me abriesen las puertas, sobre lo cual había prohibición absoluta, y que el Embajador diese órdenes de admitirme al punto que supo mi llegada.

»El patio y la escalera presentaban la escena más horrible: todo estaba inundado de sangre, y no se podía dar un paso sin pisar cadáveres. El Embajador y su familia vinieron á recibirme consternados, como era natural. La joven Desirée (1) parecía fuera de sí y trastornada enteramente. El caballero Angiolini, Mi-

(1) Reina actual de Suecia.

nistro del Gran Duque de Toscana, había llegado antes que yo, no sin haber pasado por los mismos peligros, pues había atravesado el puente *Sixto:* los tres
pasamos á otro cuarto para ver los medios que convendría tomar.

»José Bonaparte estaba muy resuelto á partir en
aquella noche misma; nos leyó el papel que iba á escribir al Cardenal Secretario de Estado, pidiéndole el
permiso para tener caballos de posta, participándole
su determinación de salir de Roma en la misma noche, con expresiones vivas que hacían excusables las
escenas que acababan de pasar.

»Yo le hice presente con energía lo inoportuno de la
resolución que acababa de tomar, que me parecía contraria á las reglas de la diplomacia ilustrada; le dije
que antes de hacer al Papa y á sus Ministros respon-
sables de los sucesos, era menester estar seguro de
que eran culpables por mala voluntad ó por negligencia; que, por mi parte, yo no los creía capaces de haber tenido parte en aquel atentado, y que además yo
acababa de ver por mis propios ojos que no sabían
nada de lo que habia pasado ó pasaba todavía en Roma en el momento en que yo hablaba; que esto no
podía parecer inverosímil sino á aquéllos que no co-
nocian la flojedad é indolencia del Gobierno del Papa;
que no se podía pedir satisfacción por la muerte del General Duphot ni por el insulto á la residencia del Embajador y á la Legación francesa, sino después de estar
bien instruído de los hechos; que cuando se supieran
ciertamente, era preciso dar cuenta de ellos al Gobierno francés y aguardar su resolución, absteniéndo-
se en el entretanto de todo acto de oficio, pues el
Embajador, poniéndose en camino de la manera que
lo había pensado, se erigía en Juez, pronunciaba sen-

tencia y la ejecutaba en el mismo instante, siendo en realidad su partida una declaración de guerra, acto que no le pertenecía á él; por fin, le dije que se cargaba con gravísima responsabilidad en punto á las resultas que este negocio pudiese tener.

»Angiolini fué de mi parecer, y los dos rogamos al Embajador que no partiera; que expidiese un correo para el Directorio, instruyéndole de lo acaecido. Yo tomé sobre mí prometer, en nombre del Papa y de su Ministro, que darían la satisfacción que pidiese la Francia, fuera la que fuera, y dí mi palabra de ir saliendo de casa del Embajador á tratar del asunto con el Cardenal Doria y darle parte de esta resolución, añadiendo que yo le decidiría á que por el mismo correo escribiese al Marqués Massimi, Ministro suyo en París, para que se refiriese en todo sobre la relación de los sucesos funestos que acababan de pasar á la que el Embajador enviase, y para que ofreciese sin restricción alguna la satisfacción que se juzgase conveniente; los despachos del Ministro serían entregados abiertos.

»Mis razones determinaron á José Bonaparte á desistir de su pensamiento: hizo pedazos delante de nosotros el papel en que anunciaba su rompimiento impolítico, y nos prometió que no partiría y aguardaría la llegada de las cartas para Massimi, que yo debía enviarle del Vaticano.

»Al pasar por la sala en donde estaban las señoras, acompañadas de otras muchas personas, procuramos tranquilizarlas; pero echamos de ver al punto que las cabezas estaban acaloradas con la partida y que detenerse una hora solamente parecía cosa inaguantable. El que manifestaba más ardor era un irlandés llamado Scherloc, General de brigada al servicio de la

República francesa, que se hallaba entonces en Roma, no sé con qué motivo, y que estaba muy obsequioso al lado de Mlle. Desirée, queriendo consolarla, al parecer, de la pérdida de Duphot.

»Angiolini y yo hallamos al Cardenal Doria en el estado que nos habíamos imaginado, es decir, no sabiendo nada de lo que había ocurrido. Habiéndole dicho nuestro acuerdo con el Embajador, le aprobó sin restricción. Mas cuando se trató de escribir los despachos para París, Su Eminencia quiso que yo se los dictase á su Secretario, lo que hice al punto. Aún no estaba concluído el borrador de las cartas, cuando un criado del Embajador llega con un papel para el Cardenal, pidiendo caballos de posta: en él decía que la menor dilación se miraría como acto de hostilidad y como insulto al carácter del Representante de la República. En otra carta, con sobre á mí, explicaba los motivos que tenía para mudar de resolución y no cumplir la promesa que me había hecho.

»El Cardenal y yo acordamos hacerle sentir de nuevo la irregularidad de su conducta, y cada uno de nosotros estaba escribiéndole para exponerle las consideraciones que nos sugería el amor del bien y el celo de que estamos animados, cuando llega otro mensajero de parte del Embajador con una carta, en la cual, previendo lo que hacíamos, instaba con mayor fuerza y en términos bastante vivos para que el Cardenal le enviase por el mismo criado el permiso para los caballos de posta; me rogaba también á mí que se la lograse, y me recomendaba los criados ó dependientes que no pudiesen seguirle en aquella noche, así como el Palacio de la Embajada, sus muebles, los negocios que tenía pendientes por su cargo, los franceses que estaban en Roma y hasta los efectos y el cadáver del

General Duphot. Toda reflexión pareció ya inútil para hacerle variar de propósito. Se le envió el permiso y partió con toda su familia. Algunos de los conspiradores, temerosos del castigo que les aguardaba, le siguieron.

»La noche estaba muy adelantada cuando salí del Vaticano con Angiolini para irnos á descansar; pero los encargos del Embajador por un lado y los billetes del Papa y de su Ministro por otro, no me dejaron un instante de descanso. El Cardenal creyó necesario despertar al Papa para decirle lo que había ocurrido y pedirle sus órdenes, pues nada se le había dicho. A Su Santidad no le ocurrió en aquel apuro otra idea que rogarme que saliese tras del Embajador y le determinase á volver á Roma. El Papa se obligaba á someterse á todas las condiciones que quisiese dictar. Respondí que este paso me parecía, no tan solamente inútil, sino perjudicial, y que lo echaría todo á perder. Estos billetes se han impreso y publicado en Francia.

»Á la mañana siguiente comencé á poner por obra los encargos que el Embajador me dejó. Dispuse que se le hiciese á Duphot un entierro correspondiente á su grado; y habiendo reunido todos sus efectos, los envié á su padre á Lyon. Era menester meditar bien el partido que se debería tomar en coyuntura tan embarazosa para precaver la recia tormenta que iba á descargar su furia, como era fácil de prever. Yo suponía que el Directorio, preocupado con sus máximas de irreligión y obedeciendo al fanatismo de impiedad de aquel tiempo, se aprovecharía con placer del pretexto de la muerte de Duphot, y que ponderaría la grande importancia de este suceso á fin de acabar con el Papado si podía, por ser Roma el foco de la superstición, para hablar como se hablaba entonces. Todo sucedió como yo lo preví. Por una parte, yo conocía demasiado la ingratitud y la indolencia romana, y debía estar cierto de que, tanto en Roma como en las otras Cortes, se haría lo posible por cargarme con la responsabilidad de todos los males que pudiesen sobrevenir. Tomé, pues, al punto la resolución de retirarme á Tívoli y no mezclarme en manera alguna en negocios políticos de Roma, dejando que siguiesen la dirección que pluguiese á Dios darles. Dí parte á mi Corte de esta determinación y la aprobó.

»Es evidente para mí que ni el Papa ni ninguno de sus Ministros tuvo parte directa ni indirecta en la muerte del General Duphot, que sucedió por casualidad; que los soldados, cuando hicieron fuego, obedecieron al Oficial que los mandaba, y que éste lo mandó en un primer movimiento y sin ninguna premeditación; que, por otra parte, Duphot dió ocasión á ello por su proceder ligero é inconsiderado, queriendo matar á uno de los soldados. Es cierto igualmente que la primera descarga en el patio del Embajador no tiene excusa. En fin, es verdad también que Duphot no era personaje tan grande que su muerte causase un sentimiento general.

»Como quiera que fuese, el efecto producido en París por la noticia de los sucesos de Roma fué eléctrico. El Embajador Massimi fué arrestado, y, en contravención al derecho de gentes, la autoridad se apoderó de sus papeles. Un decreto del Directorio anunció que era preciso castigar á la ciudad de Roma. Berthier tuvo orden de ejecutarle.

»Alejandro Berthier, Cuartel-Maestre general del ejército de Italia, ha gozado, y goza todavía, del concepto de hábil guerrero. Hasta hay buenas gentes que atribuyen á su capacidad y dirección las ventajas logradas en la guerra por Bonaparte. El mismo Berthier se ha tomado el trabajo de combatir tal injusticia en sus escritos, en los que con recato llama á estos rumores calumnias. La verdad es que si su mérito militar hubiera sido tan brillante como algunas veces se ha dicho, no hubiera habido acerca de él incertidumbre, ni hubiera gozado tampoco tan constantemente de la confianza de Bonaparte.

»Al partir este General para el Congreso de Rastadt, Berthier le pidió el mando del ejército de Italia: por entonces no había nada que anunciase operaciones militares inmediatas, la Península itálica habiendo quedado en paz por el Tratado de Campoformio. Pero Berthier estaba muy enamorado de Mme. Visconti, célebre, treinta años hacía, en Italia por su belleza y por las cabezas que había trastornado; y, por otra parte, quiso contentar su vanidad con los homenajes que recibiría como favorito del General en Jefe de un ejército victorioso. Así, pues, el amor fué el que hizo á Berthier instrumento de las escenas sangrientas que el destino tenía reservadas todavía á Italia.

»Al dar principio á la ejecución de las órdenes del Directorio, Berthier publicó dos pomposos manifiestos llenos de frases y de amenazas contra Roma y contra el Gobierno papal. Cuando yo ví, pues, que ponía á su ejército en movimiento hacia esta capital, me creí en la obligación de escribirle, recordándole nuestra antigua amistad y haciéndole presente que, estando el Rey mi amo en posesión y goce de la prerrogativa de ejercer jurisdicción en todo el barrio llamado *la plaza de España*, esperaba que sus tropas le respetarían como territorio que pertenecía al aliado de la República. Me respondió, no solamente con atención, sino con cordialidad.

»Pocos días después recibí por correo extraordinario en Tivoli, en donde yo seguía residiendo, una carta suya en que me avisaba que su ejército se ponía en marcha contra Roma, y me rogaba que fuese á encontrarle, porque deseaba concertar conmigo algunas· providencias de la mayor importancia: acompañaba su itinerario desde Ancona hasta la campaña de Roma. Esta carta me ponía en situación harto embarazosa: acceder á los deseos del General francés ó rehusarlos, todo tenía inconvenientes. Ir al encuentro de un General que no respiraba más que venganza contra el Gobierno del Papa, era hacerme cómplice del trastorno· que al parecer meditaba; y no ir era no solamente comprometer mi sinceridad con nuestro aliado, sino también privarme de la facultad de preservar á Roma, por mi mediación, de las desgracias que le amenazaban. Por otra parte, yo miraba como casi imposible no tomar parte en las negociaciones. Perdidas estaban la paz y la dicha personal que yo me había prometido; no podía ya dudar que vendrían sobre mí la censura de mis enemigos y los enredos de Nápoles, así como también los milagros y fanatismo religioso del pueblo, como anteriormente.

»Después de haberlo considerado todo con detenimiento, me decidí á salir al encuentro de Berthier para mediar en favor de Roma, como amigo personal de los franceses y sin que interviniese para nada mi carácter de Ministro. Así lo pedían imperiosamente las circunstancias. Después de la muerte de Duphot, la Reina de Nápoles había enviado á Roma á su enredadorcillo Belmonte, con el título de Embajador extraordinario, encargado de ofrecer al Papa su mediación y toda especie de promesas, auxilios y socorros. Fué tan bien recibido como lo había sido su predecesor el Marqués del Vasto: logró que pusiesen en él confianza ilimitada; expedía á cada paso correos extraordinarios para Nápoles y París; en una palabra, llegó á dar las esperanzas más halagüeñas al Papa, á su Ministro y al Común de los romanos.

»Partí, pues, de Tívoli, y sin detenerme en Roma ni ver á nadie en la ciudad, para apartar hasta la apariencia y posibilidad de una misión, me encaminé hacia el ejército. Una noche, poco antes de amanecer, me encontré con la vanguardia, cuyas partidas de descubierta sabían ya que yo debía llegar, y me llevaron á su Comandante, que justamente era mi amigo Cervoni. Por él supe que Berthier me estaba aguardando una posta más allá, en Civita-Castellana. Allí le encontré, con efecto, rodeado de su Estado Mayor. Al cabo de breve rato quedamos solos con el General Leclerc, cuñado de Bonaparte y Cuartel-Maestre general; Haller, Intendente famoso del ejército, encargado del cobro de las contribuciones en Italia, y Villemancy, Comisario ordenador. Berthier leyó la comisión del Directorio para que tomase venganza en nombre de la República y castigase á Roma: únicamente se le encargaba que se pusiese de acuerdo conmigo y oyese mis consejos. Me preguntó, pues, cuántas eran las fuerzas con que Roma podía contar para la resistencia; qué posición se habría de tomar para poner sitio á la ciudad y á la fortaleza, y qué medidas juzgaba yo necesarias para empresa tan peligrosa.

»Por poco no solté una gran carcajada al oir semejantes preguntas; pero el asunto era demasiado serio; demasiado crecido era también el número de personas inocentes que estaban amenazadas de las mayores desgracias, para no reprimir la tentación de risa que tuve. Nadie sabía mejor que yo que no había ningún preparativo de defensa en Roma, ni un cartucho, ni artillería, ni un solo hombre que pensase en defenderse. Tomando, pues, el ademán que convenía en aquellas circunstancias, procuré, ante todas cosas, decirle la verdad acerca del hecho de la muerte de Duphot, que le habian pintado con falsos colores, en el cual yo no podía ver más culpa que el insulto hecho por la tropa al Palacio de la Embajada; insulto por el cual se podría, sin embargo, lograr la satisfacción competente por vías diplomáticas, sin tener que apelar á las armas (1). Además, ni el Gobierno romano ni los habitantes habían tenido nada que ver en ello. Mis oyentes no quedaron contentos de este discurso, y así era natural que fuese, porque tenían otras miras. Sin pensar en responderme, insistieron en que yo saliese garante, bajo mi responsabilidad, de que el Papa no recibiría al ejército hostilmente, y de que aceptaría las condiciones que le impusiera el Directorio.

»Ustedes piden, les dije, cosas imposibles, pues aunque me consta que Roma se halla en estado de no poder defenderse, y aunque conozco las disposiciones pacíficas del ánimo del Papa, no fuera cuerdo prometer yo lo que no está en mi mano.»

»Tanto en el camino como en el Cuartel general, noté que el ejército francés era de fuerza considerable; pero llevando gran tren de artillería caminaba con orden y disciplina y tomaba las precauciones que

(1) «Ninguno dió orden en Roma de tirar sobre nadie, ni de matar á persona alguna. El General obró sin prudencia, y, digámoslo sin rodeos, tuvo la culpa. En Roma habia un derecho de gentes, como le hay en todas partes.»

Estas palabras son de M. Cacanti, sujeto estimado por su honradez y capacidad, que fué después Ministro plenipotenciario de Francia cerca de Su Santidad.—(*Historia de Pío VII*, por M. le Chevalier Artaud.)

se acostumbra á tomar delante del enemigo. Esto, junto con el empeño de Berthier de que yo saliese responsable de la tranquilidad de Roma, me dió mucho que pensar. En fin, después de una larga conferencia, tuve que aceptar el encargo de volver á Roma y de hacer saber al Papa las proposiciones del General en Jefe, para regresar al ejército con la respuesta antes que las tropas hubiesen llegado á las puertas de la ciudad.

»Se me autorizó competentemente, y con promesas las más solemnes se me declaró que la intención del Directorio era castigar tan solamente á los que hubiesen sido culpables de la muerte del General Duphot é imponer á la ciudad una contribución moderada para premiar al ejército, al cual se le debían cinco meses de sueldo. Aceptando estas condiciones, la soberanía temporal de Roma sería respetada; á nadie se inquietaría, ni en su persona ni en sus propiedades. La religión y el culto continuarían como antes de la llegada del ejército francés á Roma. Mi regreso al ejército debía verificarse en la noche siguiente: se dieron órdenes para que se me condujese con seguridad adonde conviniese el General en Jefe.

»A mi llegada á Roma fuí á apearme al Vaticano, y habiendo informado al Ministro del objeto de mi misión y del estado verdadero de las cosas, éste pidió al Papa que nos transmitiese sus intenciones. Su Santidad consintió en aceptar las propuestas, por más que fuesen duras, pues su situación apurada hacía ociosa toda discusión; pero decia en voz alta que los franceses no irian hasta Roma, y que, si llegaban, no obrarían hostilmente contra la ciudad. Esta confianza ilimitada del Papa, provenía de las reiteradas promesas de Belmonte. Durante mi ausencia al Cuartel general francés, este napolitano había asegurado al Papa que él iría al encuentro del General francés, con quien la mediación de su Corte no podría menos de ser poderosa. El diplomático napolitano no dudaba un instante que Berthier retrocedería. «Vamos á ver otra vez, decía, la escena de San León con Atila.» El raciocinio del Papa no podía ser más justo. Ni él ni sus Ministros habían tenido parte en la muerte del General Duphot, con que no podía haber motivo para ningún castigo. El buen Pío VI vivió y murió sin alcanzar otra verdad más evidente todavía, es á saber: que no hay que contar con hallar justicia en tiempo de revoluciones.

»Partí de Roma para el Cuartel general, facultado por el Papa para conceder la ocupación del castillo de Sant Angelo con las mejores condiciones que pudiesen lograrse, y, en una palabra, para transigir de cualquier modo. A corta distancia de Roma me encontré con la Legación del Papa, que volvía del Cuartel general. Por el Cardenal de la Somaglia y el Príncipe Justiniani, que la componían, supe, en medio de la obscuridad de la noche, que Berthier no había querido reconocerles ni oir ninguna de sus proposiciones. Belmonte, que estaba también en el coche, no se dió á conocer ni quiso hablarme.

»A pocos pasos de allí se presentó la vanguardia francesa. Pedí al Oficial que la mandaba que me hiciese conducir al Cuartel general; mas ignorando dónde se hallaba éste, me respondió que por las órdenes que él tenía, iba á mandar que se me escoltase hasta otra gran guardia, en donde hallaría noticias seguras. Nos separamos del camino real, y á poco tiempo dimos con un Oficial, que ignoraba también en dónde estaba el Cuartel general y tenía la misma orden de acompañarme hasta otro punto, en donde lo sabrían positivamente. Volví á ponerme en camino por los campos, lo cual no dejaba de ser peligroso en la obs--curidad. Al llegar al puesto hallé al General Cervoni, que estaba tendido en el suelo y dormía profundamente. Tampoco él sabía en dónde estuviese el Cuartel general; pero quiso venir conmigo, prometiendo no dejarme hasta haberle encontrado.

»Al fin descubrimos el lugar donde estaba Berthier. Le dí cuenta de mi misión en términos que le debían quitar toda inquietud, y nos pusimos al momento de acuerdo sobre el modo de hacer la entrada en Roma.

»Berthier se adelantó y puso su Cuartel general en el Monte Mario. Desde allí hizo saber al Papa las inten-ciones del Directorio, en los mismos términos que ya lo había hecho por mi conducto. Para explicarlas me-jor, puso por escrito las condiciones que tenía encargo de intimar al Papa; pero antes de hacérselas saber me llamó á su campamento. Severas eran en verdad; pero muy suaves, cotejadas con los rigores que vinieron después. La contribución estipulada en el Tratado de Tolentino se aumentaba con algunos millones. Se pe-día una requisición de caballos para remontar los re-gimientos de caballería del ejército; se exigía, por fin, que se castigase á los asesinos del General Duphot, y que se erigiese una pirámide con una inscripción que dijese el atentado y la venganza que le había seguido: Una Diputación sería enviada á París, compuesta del Cardenal, sobrino del Papa; de un Príncipe y de otros nobles romanos, para pedir allí públicamente perdón del exceso cometido contra la República. Con estas condiciones el Estado romano y su Gobierno queda-rían en el mismo pie que el Tratado de Tolentino ha-bía reconocido.

»Por el pronto yo me negué al deseo de Berthier de que llevase estas condiciones á Roma; pero al fin consentí en acompañar á los Generales Cervoni y César Berthier, hermano del General en Jefe, que llevaban á la firma del Papa el Tratado de capitulación, pues no estaba en su arbitrio mudar ni una linea. A las once de la noche llegamos al Vaticano, y el Papa, viendo que era inútil proponer otra cosa, dió orden al Cardenal, Secretario de Estado, para que firmase á su nombre. Los Generales se volvieron al campamento. Por mi consejo, el Cardenal Doria hizo imprimir en la noche el Tratado, precedido de una declaración en que se decía que el Gobierno no había podido sacar otro mejor partido en la situación en que entonces se hallaba la capital. A la mañana siguiente fué comunicado al Sacro Colegio, á la Prelatura y á los *Dicasterios* de Roma, acompañando una nota explicativa del estado de las cosas y de lo que habia que temer y esperar. Los romanos recibieron la noticia de este Tratado con el único sentimiento propio del caso, es decir, con resignación. Los franceses se burlaron después de semejante documento. Berthier se adelantó y puso su Cuartel general en la villa del Príncipe Poniatouski, cerca de *Ponte Nuovo*, con el fin de estar más cerca para entenderse con los descontentos de la ciudad y derribar al Gobierno romano, «pues aunque la intención de la República francesa no fuese, decia, propagar las revoluciones, todo país que sacudiese el yugo de *la tiranía* era por el mismo hecho aliado de la Francia, cuya constitución política le imponía la obligación de socorrerle.» Llegó por fin el día funesto en que por un alzamiento revolucionario el más insensato, la ciudad más hermosa del mundo, el punto de reunión de todos los extranjeros, el pueblo no menos celebrado por las maravillas de las artes que hay en él que por la dulzura y costumbres de sus habitantes, iba á ser perdido y arruinado.

»La Francia acababa de salir del horroroso tiempo llamado del *terror*, y se veía gobernada por un Directorio compuesto de cinco Magistrados, á quienes la Constitución encargaba la ejecución de las leyes. El equilibrio de los poderes determinado por esta nueva Constitución, era imaginario. El pensamiento de dos Consejos, de los *Ancianos* y de los *Quinientos*, con un Directorio ejecutivo, parecía á la verdad plausible, pues por fin se abandonaba aquella idea funesta de Asamblea única sin garantías por parte de sus miembros, arena abierta á los partidos en un tiempo de exaltación y fanatismo. Pero volviendo al principio saludable de la división de poderes, no se sentaban bases que pudiesen darles estabilidad y duración. Así, este ensayo de Gobierno, aunque preferible al parecer á los que le precedieron, no pudo sostenerse. Volvieron á empezar las escenas sangrientas y tumultuosas. El 18 *fructidor* puso de manifiesto la existencia de los partidos y el furor que los animaba. El Directorio, aun teniendo la prerrogativa del nombramiento de todos los empleos, de hacer la guerra y la paz, de disponer de la fuerza armada, no pudo, con todo, lograr ser respetado ni querido.

»Por otra parte, había poquísima homogeneidad entre los miembros de que el Directorio se componía, y no estaban acordes entre ellos. La Francia se podía comparar entonces á Atenas, después que Lisandro entregó la ciudad á la crueldad y capricho de los 30 tiranos, con la diferencia que no se descubría aún en Francia el Trasybulo que debía salvarla.

»Entre los diversos intereses personales de los cinco

Directores, la defensa y conservación de su poder común en el interior y el amor de la dominación y del pillaje fuera de la República, les reunía. Habiéndose dividido entre ellos los diferentes ramos de la administración, cada cual gobernaba el suyo con absoluta independencia; censuraban los unos las providencias de los otros, pero las firmaban para que sus compañeros hiciesen lo mismo con las suyas. Barrás accedía á cuanto los otros directores querían, con tal que diesen las proveedurías de los ejércitos á sus paniaguados, con los cuales partía las ganancias. El Gobierno del Directorio se pudiera llamar el reinado de los proveedores: todos á porfía despojaban los arsenales y daban asalto á las arcas públicas para tener después un lujo desmedido y vivir en pública disolución. Revet, hombre tosco, sin educación ni costumbres, desde simple Abogado en Colmar, mereció, por los horrores que cometió al principio de la revolución, ser elevado á la primera Magistratura. Pasaba por ser de avaricia insaciable: según se decía públicamente, había comprado tierras en Alsacia por valor de 25 millones de francos. Era tan vengativo como avaro. Él fué quien puso en revolución á Suiza, privando de su libertad, de sus riquezas y hasta de sus costumbres puras al pueblo más humano y más venturoso de Europa, por vengarse de la humillación que sufrió en un Tribunal de la Helvecia en la defensa de una causa como Abogado. A Rapinat, su cuñado, cuyo nombre dió ocasión á tan sangrientos epigramas, fué á quien encargó la ejecución de este proyecto. Por cierto que la elección fué bien justificada por toda suerte de excesos y devastaciones. Mallet du Pan ha legado á la posteridad una relación exacta y circunstanciada de esta bárbara irrupción.

»Por consecuencia de la proscripción de Carnot, entró á sucederle en el Directorio èl famoso Merlin, Abogado también de provincia. Su apacibilidad y constante sonrisa hacian singular contraste con los modales ásperos y toscos de Revet. Mas su corazón no era tan humano como manifestaba su semblante. Durante la vida de Robespierre fué su Consejero ó su cooperador; presidía casi continuamente el espantoso *Comité de Salud pública*, el cual envió al cadalso á millares de inocentes. No se puede pensar en estas sangrientas saturnales sin estremecerse, pues dejan atrás las atrocidades de Nerón y de Calígula. Veia yo todos los días en casa del Ministro de Relaciones exteriores la silla en que estuvo sentado el Presidente del expresado Tribunal revolucionario, y al verla me entraba un temblor tan horroroso que no se me olvidará nunca. Merlin, muy versado en las maniobras de la policía, reservó para él este departamento en el Directorio.

»Treillard, Abogado del antiguo Clero de Francia, entró en lugar de Barthélemy, que fué desterrado á Cayena, porque su probidad y moderación eran una sátira continua de la inmoralidad de sus compañeros. Era hablador de primer orden y no tenía seso, verdadero cajón de sastre; su instrucción era superficial y mal digerida; tenía pretensión de entender de todo, y, con efecto, de todo hablaba, mayormente de diplomacia, en la cual se tiene por sabio consumado, porque asistió como Embajador, nulo del todo, al Congreso de Rastadt, como también á la misión, ó por mejor decir, á la comedia de Lila. Debo decir que nunca oí acusarle ni de crueldad ni de pillaje, aun después de haber salido del Directorio.

»De propósito nombraré el último al célebre Profeta La Revellière, porque fué el director que determinó á sus compañeros á poner á Roma en revolución, por cuyo motivo es justo darle á conocer más particularmente.

»Este personaje había sido también Abogado de provincia. Era de figura muy rara y contrastaba con la púrpura que llevaba. Era pequeño de estatura, flaco, jorobado; tenía pelo negro liso y le dejaba caer sobre la frente á lo *Nazareno;* el color de su rostro era verde y tiraba á amarillo: con tal fealdad, se unía tener una voz retumbante; declamaba con la más grande energía. El retrato que Carnot hace de él en sus *Memorias* es sumamente parecido.

»Como su afán fuese ganar celebridad y careciese de virtudes militares, civiles y políticas, tuvo la humorada de declararse fundador de una religión nueva, en la cual él fuese Patriarca. Para esto era menester anatematizar todas las religiones, especialmente la católica, la cual, por lo mismo que había dominado en el ánimo de los franceses por tantos siglos, le incomodaba más que las otras. El momento era favorable; la revolución había dispersado al clero después de haberle diezmado. En torno de La Revellière había una muchedumbre de novadores que adoptaron un nuevo culto, llamado de los *teophilántropos.* Las *poissardes* (las rabaneras) de París, transformaron esta voz en la de *filoux en troupe* (compañía de rateros). La nueva religión era simplemente el *Deísmo,* con cierto culto y prácticas exteriores inventadas á placer.

»No hace á mi propósito examinar este culto. Baste decir que La Revellière estableció, en virtud de su poder directorial, el culto de los *teophilántropos* en cuatro iglesias de París que estaban siempre abiertas. Allí íbamos algunas veces á ver la pantomima y á oir cantar á gentes pagadas por él, y que con igual celo

hubieran entonado himnos en loor de Mahoma si se
los hubieran pagado. Quiso que el Erario pagase su
culto; pero los otros directores se opusieron á ello con
razón, diciendo que la Constitución no autorizaba ninguno. Un día se lamentaba con Barrás de la frialdad
con que el público acogía la nueva religión; Barrás le
respondió: *Jesucristo para fundar la Religión se dejó
crucificar; haz tú que te guillotinen y quizá entonces
la tuya hará fortuna.*

»Los *teophilántropos* continuaban su empresa con
entusiasmo, cuando la nueva de la muerte de Duphot
llegó á París. La Revellière creyó oportuno el momento de triunfar completamente. Aprovechándose del ardor que las relaciones exageradas de este suceso habían excitado en los ánimos del pueblo, propuso á sus
compañeros que se arrasase á Roma y se exterminase
al Papa, cuyo solo nombre le hacía estremecer, creyendo, como lo dice con razón Carnot, tenerle siempre delante de la vista en ademán de echarle la ben-
dición. Para destruir, pues, el Papado, creyó que no
había más que hacer sino quitar de en medio al Papa.

»Quiso la mala ventura que en la distribución de negocios públicos entre los directores, los de Italia tocasen á La Revellière. Por tanto, no bien la destrucción
de Roma fué propuesta por él, cuando el Directorio la
aprobó. Sé con certeza que esta deliberación, en que
se trataba de intereses de tanta gravedad y de la suerte de muchos millones de hombres, no tuvo ocupado
al Directorio ni medio cuarto de hora. Tomada la resolución, La Revellière quedó encargado de ejecutarla
y de entenderse al intento directamente con los Generales y los Comisarios del Gobierno (1).

(1) Las *Memorias* de Napoleón confirman la relación de Azara sobre

»Mientras que esto pasaba en Paris, Berthier había preparado una revolución en Roma y ejecutaba el Tratado que acababa de hacer con el Papa. La Revellière puso, pues, á Murat en el secreto. Era este mozo de bizarría acreditada, pero no tenía un adarme de juicio ni reconocía principio ninguno de justicia ni de moral. Murat llegó en posta á Roma, y después de dar parte á Berthier de los planes del Profeta, se convino en poner en movimiento á la chusma revolucionaria, con la que estaban en comunicación, haciendo enten-

La Revellière. «En un motín, dicen, excitado contra el Gobierno romano por agentes franceses, el General Duphot fué muerto mientras que estaba exhortando al pueblo. La Revellière, rodeado de sus *teophilántropos*, añaden las *Memorias* citadas, hizo resolver que se marcharía contra el Papa. Llegado era el tiempo de hacer desaparecer *este ídolo*, decía á sus colegas: la palabra de *República romana* sería bastante para acalorar todas las imaginaciones ardientes. El *General Bonaparte fué demasiado circunspecto en otro tiempo:* él tenía la culpa de que hubiese todavía querellas con el Papa; *á él solo debía achacársele tal estado de cosas.* Quizá tenía miras particulares en ello. Con efecto: sus *maneras atentas,* sus *miramientos por el Papa,* su compasión generosa por los clérigos deportados, le hubieran dado *en Francia muchos partidarios que no lo eran de la revolución.*»

M. de Mongaillard dice en su *Historia de la revolución:* «Que entre las causas de los sucesos del 18 *fructidor,* una fué la furibunda animosidad de *este gran sacerdote de los teophilántropos contra los sacerdotes que no habían prestado juramento.* El culto católico, dice el historiador, pone furioso á este fundador de una secta de *teístas.* Era verdadera hidrofobia religiosa.»

La Revellière contribuyó muy mucho á que se estableciese la fiesta anual del 21 de Enero y se prestase el juramento de odio á la dignidad regia. Cuando presidió por primera vez en la iglesia de San Sulpicio, que entonces era *templo de la Victoria,* la celebración de la fiesta regicida, comenzó por preconizar esta jornada memorable, en la cual dijo: «El justo castigo del último Rey de los franceses acabó para siempre con el respeto estúpido que por muchos siglos nos inspiraron por la familia de nuestros tiranos. Una larga opresión nos hacía considerar la autoridad del Rey como institución divina, y al que la tenía como un sér inviolable, cuyos excesos y crímenes debían llevarse sin murmurar. Esta prevención fué disipada: la razón recobró su imperio.»

der á sus partidarios que era preciso destronar al Papa, y que podían contar para ello con el apoyo del ejército. Mando y riqueza serían el premio de los que sirviesen bien en esta ocasión.

»No era menester tanto para determinarles. Cuarenta ó 50 de ellos se reunieron en casa· de Bonelli; después de agregarse algunos otros ambiciosos, tales como Rigati, Abogado muy estimado por su talento; Constantini, hombre honrado que estaba descontento del gobierno del Papa; Pezzati ó Pezuti, buen matemático, y otros, se convino en poner manos á la obra al día siguiente, que era cabalmente el aniversario de la coronación de Pío VI. Recatáronse todos de mí de tal manera, que, en efecto, no supe nada de la conjuración hasta que ya se había dado principio á ejecutarla.

»Desde por la mañana muy temprano las tropas francesas que estaban en la ciudad fueron al antiguo *Forum*, ostentando gran lujo de artillería. A eso de las diez, en el momento en que los Cardenales y Prelados estaban en la Capilla de San Pedro, se presentaron algunos de los conjurados en el foro, llevando á su cabeza á uno que estaba vestido de fraile francisco, pero que no lo era, el cual llevó sobre los hombros un madero que fijó en tierra y fué saludado por todos como el *árbol de la libertad;* trajeron una mala mesa de casa de un carnicero, y en ella subió el Abogado Riganti para arengar á los oyentes que estaban en torno de él. «Pueblo romano, dijo, ¿quieres sacudir el yugo que te oprime, destronar al tirano y recobrar tu antigua libertad y forma de gobierno?—Sí, respondieron con voces descompasadas los 40 ó 50 conjurados que estaban alrededor de la mesa. *¡Muera el tirano, queremos ser libres!* con otras muchas frases del vocabulario de la revolución.—¿Queréis, prosiguió el orador, restablecer vuestros antiguos Cónsules romanos?—Sí queremos, respondió el coro. Entonces sacó de su faltriquera un escrito que contenía el nombramiento de cinco Cónsules, á ejemplo del Directorio de París: se restablecían las facultades consulares de los tiempos de la República romana. El mismo Riganti era el primero de los cinco. Propusieron después dos Consejos, imitando servilmente al Gobierno de París, pero dándoles otros nombres y resucitando los antiguos tribunos, questores, etc., por más que no hubiese analogía ninguna entre aquellas dignidades y la organización moderna. Muchos fueron por curiosidad á ver aquella comedia, y á eso se llamaba entusiasmo popular.

»Cantando estaban los Cardenales y Prelados el *Te Deum* en acción de gracias y conmemoración del advenimiento y exaltación del Papa, cuando supieron lo sucedido. Grande fué la consternación. Cada uno se retiró como pudo, para estarse en su casa hasta que se pusiesen más en claro las circunstancias y resultados de tan extraordinario acontecimiento.

»Entre tanto, Berthier tenía en el campamento á todas las tropas sobre las armas; los artilleros al pie del cañón con mecha encendida, como si fuese á darse una batalla. Los Ayudantes que iban y venían le anunciaron que todo se había hecho con sumo orden. El nuevo Gobierno romano, que vino á darle parte de su instalación y de la venturosa facilidad con que la forma de gobierno se había variado, hizo vivas instancias al General para que entrase en la ciudad ya purificada y celebrase en nombre de la República madre el nacimiento de la hija.

»Aunque todo se había convenido y arreglado anticipadamente con Berthier, éste no tenía prisa por establecerse en una ciudad en que habían pasado las escenas sangrientas de Basseville y Duphot. Pero, por último, fué preciso resolverse. Montó, pues, á caballo seguido de un cuerpo de caballería. Al llegar á la puerta de Popolo, fué recibido por una turba_de gentes desarrapadas, la mayor parte mujeres de Transtevere y de Monti. Allí, una de aquellas matronas, que se distinguía por su ademán libre y descarado, puso sobre la cabeza del nuevo salvador de la República una corona bastante pesada, gritando todas las demás á la vez: ¡*Viva el General y la libertad!* conforme á las instrucciones de Bonelli, quien tuvo la precaución de que alternasen libaciones de vino, frecuentes y copiosas. Era una vocería la más singular y curiosa.

»Berthier no se detuvo más que un instante para la ceremonia; atravesó por el Corso á galope hasta el Capitolio, en donde estaban tomadas todas las medidas para un espectáculo magnífico. Los miembros del nuevo Gobierno salieron á recibirle á la plaza, y después de las aclamaciones acostumbradas, Berthier leyó un discurso elaborado (y no por él) en que hablaba de Bruto, de Catón y de otros varones ilustres entre los antiguos romanos, que en coyunturas bien diversas habían representado su papel en aquel mismo lugar en donde hablaba. El discurso estaba escrito en lengua francesa, y, por consiguiente, entre los oyentes había muy pocos en estado de entenderle. Está impreso y se publicó en todas las *Gacetas* de Europa. A algunas de las personas que asistieron á la ceremonia, les pareció el semblante del orador pálido y alterado en tal manera, que fué muy difícil oir algunas palabras, lo cual es verosímil, porque además Berthier tenía voz de tiple, que parecía de mujer (1).

»Más serias que las ocurrencias del Capitolio eran las que pasaban en el Vaticano en aquel momento. Un General se presentó á intimar al Papa, que el pueblo había vuelto á entrar en el goce de sus derechos de soberanía y se había constituido en República. Acompañaba ó seguía de cerca al General el famoso Haller, encargado de la administración de las contribuciones de Italia, hombre prodigioso en verdad, de cabeza la más fértil en recursos que se pueda imaginar para buscar dinero, y de corazón de piedra, cerrado á todo sentimiento de humanidad. Acompañado éste de un séquito numeroso de Comisarios, entró en el castillo y puso embargo, en nombre de la República francesa, en el vasto palacio del Vaticano, haciendo salir de las habitaciones á las personas que allí vivían. No contento con eso, guardó para sí la honrosa prerrogativa de maltratar personalmente al Papa, puesto que entró en su cuarto é hizo delante de Su Santidad el inventario y secuestro hasta de los muebles de menos valor. Le quitó el breviario y la caja del tabaco, que no valía un *sequín*, lo mismo que una cesta con bizcochos. Así en un abrir y cerrar de ojos quedó despojado de cuanto tenía: no le quedaban sino los hábitos que te—

(1) El orador, en la jerigonza pedantesca de aquel tiempo, decía: «Manes de los Catones, Pompeyos, Brutos, Hortensios, recibid el homenaje de los franceses libres en el Capitolio, en que defendísteis tantas veces los derechos del pueblo. Nosotros, que somos descendientes de los antiguos 'galos. venimos con el ramo de oliva en la mano á este lugar augusto á restablecer en él las aras de la libertad, fundadas por el primero de los Brutos. Y tú, pueblo romano, que acabas de recobrar tus derechos legítimos, no olvides la sangre que corre en tus venas; considera los monumentos gloriosos que tienes delante de la vista; vuelve á tu grandeza antigua y al esplendor que tuvieron tus mayores.» ¡Qué desventura la del pueblo romano y la de otros haber caído bajo el dominio de tan absurdos comediantes!

nía puestos, sin dejarle ni una sola camisa para poder mudarse.

»No bien supe tal proceder con el Santo Padre, cuando envié al Vaticano á mi Secretario Mendizábal, con orden de que viese al Papa y le ofreciese todo cuanto le fuese necesario. Los franceses no se opusieron á la ejecución del encargo que Mendizábal llevaba, y, en cuanto á los romanos, no tenían entonces el ascendiente que lograron después.

»La guardia y las tropas del Papa fueron reformadas. Los Generales franceses se alojaron en las principales casas de la ciudad; á su ejemplo los soldados se hospedaron en las demás por billetes de alojamiento que daba el Gobierno de la nueva República romana, poniendo en ello rigor, como si la ciudad hubiese sido tomada por asalto, ó como si los habitantes hubiesen cometido ó intentado cometer hostilidades contra el ejército. Los palacios de los Nobles, Cardenales y Prelados fueron los más maltratados, como era de supones. En una palabra, Roma, que pretendía tener un Gobierno hijo del de la República francesa, era tratada como pueblo conquistado.

»Por orden de Haller, la plata de todas las iglesias fué confiscada: un enjambre de Comisarios tomó á su cargo desmantelarlas, llevando el martillo en una mano y el saco en la otra, para llevarse hasta los clavos, sin dejar para el servicio del culto en cada parroquia más que un cáliz para decir misa, y por supuesto que era el que valía menos. Las iglesias de las Legaciones de los amigos y aliados de la República francesa, no pudieron libertarse del mismo pillaje. Por mi parte reclamé contra tal violencia y tuve altercados muy fuertes con Haller, que me daba la razón y no devolvía los efectos que se había llevado: al fin me ofreció una suma muy tenue, que no llegaba á la vigésima parte de su valor, como indemnización. Yo tuve por más conveniente hacer, en nombre del Rey mi amo, cesión de toda la plata de las iglesias de Santiago y Montserrat.

»Tras esto vinieron pesadísimas contribuciones, impuestas arbitrariamente, y toda suerte de violencias y atropellamientos. Berthier quitó también á los Embajadores el privilegio de tener guardia y todas las demás inmunidades y prerrogativas personales ó de casas y familias. Yo le hice presente que era contrario al derecho de gentes; y aunque le hiciesen fuerza mis razones y prometiese dar orden de respetar los derechos de mi Embajada, no lo hizo.»

Azara refiere la inhumanidad con que fueron tratados los institutos religiosos de hombres y mujeres, y muchas otras vejaciones, por desgracia demasiado comunes en todos los países adonde llegó la dominación francesa; y viniendo á los atropellamientos contra el Papa, prosigue así:

«Las instrucciones enviadas de Paris prescribían que se alejase al Papa de Roma, como también á los Cardenales y Prelados y á todos los que componían la Corte papal. El Gobierno de los republicanos romanos no se contentaba con eso, pues juzgaba indispensable echar al Papa de Italia, suponiendo que no podía haber seguridad de mantener el sosiego público y que seria siempre de temer algún levantamiento de un momento á otro, mientras que el Papa permaneciese en la Peninsula.

»Los Cónsules me propusieron, pues, que el Papa fuese recibido en España. Respondi que no tenía instrucción ninguna de mi Gobierno acerca del particular, y que, por tanto, no podía·dar respuesta á una proposición tan imprevista. Entonces pensaron enviarle á Portugal en un buque y desembarcarle en un puerto de este reino, dejando que Su Santidad y los portugueses se compusiesen como pudiesen. Pero hubo también dificultades sobre la ejecución de este pensamiento, y se tomó el partido de enviar al Papa á Toscana y de aguardar las órdenes del Directorio.

»Una noche se obligó, pues, á este anciano venerable á entrar en una carroza, sin más acompañamiento que su *Maestro di camara* (Camarero), su Médico y algunos criados. Salió de su Palacio en medio de densas tinieblas, escoltado por dragones por miedo de un tumulto popular, y se puso en camino para la Toscana. Al coche del Papa seguían los de un Comisario francés y de los Oficiales que mandaban la escolta. Se hubiera dicho que era la comitiva, no del Papa, sino de un reo de lesa majestad que llevaban al Tribunal ó al suplicio.

»Al llegar á Siena se preguntó al Papa en dónde queria hospedarse. Su Santidad eligió el Convento de agustinos calzados, que está á un extremo de la ciudad. Allí le depositaron con efecto, sin dar ninguna disposición para su subsistencia ni la de su familia. El Comisario francés siguió hasta Florencia, para advertir al Gran Duque que el Papa habia llegado á sus Estados y que el Gobierno francés quería que Su Santidad quedase en riguroso *incógnito*, sin admitir ni ver á nadie. Las circunstancias en que se veía el Gran Duque le obligaban á obedecer, sin quejarse ni dejar traslucir resentimiento por este insulto. Se sometió, pues, á la voluntad de los franceses y mandó que nadie fuese á ver al Papa; pero no pudiendo desentenderse de cumplir con lo que se debía á sí mismo, y también á un Soberano vecino, Cabeza de la Iglesia y

desgraciado, le envió como Embajador al Marqués de
Manfredini, su Mayordomo Mayor, para consolarle y
poner á su disposición coches, muebles y todo cuanto
Su Santidad pudiese necesitar. Su Santidad, aunque
muy reconocido á los ofrecimientos del Gran Duque,
no los aceptó, sin embargo de que con los 15.000 francos que Haller le hizo entregar á su partida de Roma,
el Comisario había pagado el gasto del viaje, las pos-
tas y hasta la comida del Comisario mismo y de la escolta (1).»

El Rey Carlos IV supo con vivo sentimiento las
ocurrencias de Roma y los atropellamientos cometidos contra el Papa Pío VI, cuyo sagrado carácter, an-
cianidad y virtudes le hacían tan recomendable á la
veneración de todos los pueblos, y encargó á su Embajador en Paris que sin pérdida de tiempo diese los
pasos más enérgicos y eficaces para obtener, no solamente la libertad y seguridad de la persona del Papa,
sino también los auxilios necesarios para que pudiese
conservar el lustre de su dignidad, como lo exigía el
bien de la Iglesia. Yo no sé si al hacer este encargo al
Embajador tendría el Rey esperanzas de que el Directorio accediese á sus súplicas; mas si se lisonjeó de
mover á sus aliados los directores, trayéndoles á sentimientos de moderación y justicia, los despachos del
Marqués del Campo le desvanecerían muy pronto sus
ilusiones. La enemiga de los directores contra el Papa
era tan viva, que ni siquiera se atrevió el Embajador
á comunicarles las súplicas del Rey por no agitar los
ánimos más de lo que ya estaban, y, sobre todo, porque tenía certeza de que toda gestión en favor de
Pío VI sería inútil. «Podríamos exponernos á un son-

(1) *Memorias* inéditas del caballero de Azara

rojo, decía al Príncipe de la Paz en 31 de Marzo de 1797, sin esperanza alguna de fruto ni de ventaja para Su Santidad. Si V. E. pudiese ver los objetos desde ahí como se ven desde aquí, juzgaría del mismo modo que yo; y en esta parte me lisonjeo que así el Rey como V. E. me harán la justicia de creer que, aunque venero la persona del Santo Padre y su alta dignidad como el que más, y desearía eficacísimamente emplearme en obsequio suyo, no puedo menos de rendirme al convencimiento que presenta el verdadero estado de las cosas.»

El Gobierno francés pide á Carlos IV que reciba á Pío VI en sus dominios. El Rey consiente en ello, no sin repugnancia.

Los franceses, que sabían el interés de la Corte de España por el desgraciado Pontífice, y que, por otra parte, no querían ni que se mantuviese en Italia, en donde su presencia pudiera ocasionar turbulencias, ni que se estableciese tampoco en ninguno de los Estados del Emperador (1), instaron vivamente al Rey para que le admitiese en sus dominios. Mas la veneración y afecto del Rey por la Cabeza de la Iglesia, y su deseo de ser útil á Pío VI en tan no merecidas desventuras, no le impedían ver los inconvenientes que traería el admitirle en España. En cualquiera otra ocasión habría tenido á honra hospedar al Papa y tratarle con la debida veneración; en ésta hubiera comprometido visiblemente la paz de su reino. Eran ya

(1) Algún tiempo después el Gran Duque de Toscana dió pasos con la Corte de Viena para que Pío VI se fijase en el Convento de Moelk, cerca del Danubio; pero lo ocurrido con el General Bernardotte desbarató este plan.

frecuentes en los púlpitos los clamores contra la irreligión de los franceses por los atropellamientos cometidos en Roma, y fué menester un desvelo extraordinario del Gobierno para contener los efectos que estas declamaciones hacían en el pueblo. Esto sucedía
hallándose Pío VI lejos de España; ¿qué habría sucedido si el pueblo español hubiese tenido delante de
sus ojos á este Pontífice destronado y perseguido? Las
personas ilustres, cuando son desgraciadas, inspiran
interés proporcionado á su dignidad y padecimientos:
¿qué elevación podía haber mayor ni que interesase
más á los españoles que la de la Cabeza de la Iglesia
católica? Situado el Papa en España, hubieran corrido
los pueblos á prosternarse ante él; y mirando á los
franceses como autores de la suerte que experimen-
taba, se habría quizá propasado á desórdenes difíciles
de prevenir ó de remediar. Al Gobierno mismo del
Rey se le hubiera tenido por cómplice de los designios
de sus aliados los franceses.

Por estas consideraciones, el Rey declaró al Directorio su deseo de que el Papa no viniese á España y
de que se le enviase á Cerdeña, Malta, Nápoles ó cualquier otro paraje que escogiese la Francia. En todos
los que se acaban de indicar hubo inconvenientes.
Portugal, que también fué propuesto por el Rey para
hospedar al Papa, no convino al Directorio por la influencia que conservaban los ingleses en este país, ni
por la incertidumbre que reinaba en las relaciones
entre la Corte de Lisboa y el Directorio. Hallóse el
Rey vivamente estrechado por la República para que
recibiese al Papa. «Veo á estas gentes tan resueltas,
decia el Embajador de S. M. en París, que en el caso
de que no aceptemos el partido que proponen, piensan
coger al Papa por fuerza y ponerlo en alguna mala

barca que nos le deje en la primera playa de España.» Para evitar este nuevo escándalo, el Rey consintió en que Pío VI fuese á Mallorca, á condición de que el Gobierno francés fijase antes las cantidades que hubiese de dar para su viaje y manutención; que Su Santidad vendría tan solamente con las personas de su servidumbre doméstica y acompañado del Cardenal de Lorenzana, sin que se permitiese la entrada á ningún otro. En tal caso, iría un navío ó fragata de guerra á buscarle desde Cartagena á Liorna.

No era de esperar que el Directorio aceptase estas condiciones. Su sistema favorito consistía en destronar á los Reyes, dejando á cargo de la Providencia el cuidado de mantenerlos después del destronamiento. En cuanto á la compañía que hubiese de llevar Pío VI á Mallorca, el Directorio entendía que le acompañasen los Cardenales, y que debería celebrarse en España el Cónclave para la elección del sucesor del Papa, si Pío VI viniese á fallecer. Por tanto, viendo el Rey que sus condiciones no eran admitidas, obedeciendo á su triste suerte de ceder siempre á la voluntad de los revolucionarios sus aliados, se prestó á que Pío VI viniese á España y se encargó de los gastos que ocasionase su presencia; pero en cambio de tantos sacrificios y cuidados por complacer al Directorio, pidió que la República ratificase la paz de Portugal y que indemnizase al Infante-Duque de Parma. La quebrantada salud del Papa y otros sucesos de que hablaremos más adelante, libertaron á España de este compromiso, el cual era de tal gravedad, que habría podido turbar la paz del reino.

El destronamiento del Papa como Soberano temporal, no sorprendió ni alteró al Gabinete de Madrid. Así como el Gobierno del Rey se manifestó deseoso de

tributar sus rendidos homenajes á la dignidad pontificia, así también se conformó prontamente con el
despojo de los Estados de la Iglesia. Como el engrandecimiento del Ducado de Parma fuese un punto que
Carlos IV y la Reina María Luisa no perdían de vista, hallaban en la nueva forma de gobierno dada á
los Estados del Papa motivos de esperanza de futuros
arreglos, en que tuviese cabimiento alguna compensación para el Infante-Duque. «Así como nos es del
mayor interés el brillo de la Religión y de su Cabeza
el Papa, como Príncipe espiritual, decía el Ministro
Saavedra á Azara, así también su calidad de temporal debe causar poca inquietud que quede sin Estado
alguno. Lo que importa es asegurar la suerte del señor Infante-Duque de Parma, engrandeciéndole si es
posible: tales son los fines del Rey con respecto á
Italia.»

Separación del Príncipe de la Paz de la primera Secretaría de Estado.

Por aquel tiempo quedó el Príncipe de la Paz separado de la dirección de los negocios públicos, suceso no menos grave que inesperado. ¿De qué causa pudo provenir tal variación? La voluntad de la Reina,
¿se había mudado por ventura, ó á pesar de su querer
se hallaba precisada á hacer el sacrificio de su voluntad, cediendo al imperio de otras causas irresistibles?
Tranquilo vivía el Príncipe de la Paz en la encumbrada altura de su privanza, sin que le intimidasen los
tiros que le asestaban sus enemigos. En vano trabajaban éstos por hacerle perder el favor del Rey. Así los
ofendidos ó escandalizados de su valimiento, como los·

contrarios á su sistema político de alianza con la República francesa, procuraban hacer llegar á los oídos del Soberano sugestiones encaminadas á disminuir ó desvanecer del todo la confianza que tenía puesta en su Valido; pero no conseguían fruto alguno de sus esfuerzos. Velaba en defensa de éste la Reina, á quien el incauto Monarca descubría al punto, no solamente los avisos que le venían, sino también los nombres de las personas que se los daban, con lo cual le era fácil prevenir ó frustrar el efecto de las asechanzas. El amor no era ya móvil que determinase á la Reina María Luisa á mantener á la cabeza del Gobierno á su protegido. Dejamos dicho en otro lugar que el proceder, tanto de la Reina como de su amante, no era desde largo tiempo conciliable con la delicadeza de este sentimiento, imperioso de suyo, que aspira siempre á la dominación exclusiva. Por entonces era voz pública que galanteaba á la Reina un guardia de Corps llamado Mallo, natural de Caracas, joven de agradable semblante. Pero aunque logró algunas distinciones y entró á ser Mayordomo de semana, nunca llegó á tomar parte en los negocios públicos, ni perjudicó en nada al ascendiente y poderío de D. Manuel Godoy. Se cuenta que lejos de asustarse éste con la presencia del favorito rival, que seguía al parecer sus huellas, le miraba con indiferencia. Estando asomados á uno de los balcones del Palacio de San Ildefonso un día el Rey, la Reina y el Príncipe de la Paz, atravesó Mallo la Plaza en una vistosa berlina tirada de caballos ricamente enjaezados.—*¿Quién va dentro de aquel coche tan brillante?* dijo el Rey.—*Es Mallo*, respondió el Príncipe de la Paz.—*¿Y de dónde le ha venido de repente tanta ostentación?* volvió el Rey á preguntar. —*Parece, señor*, replicó el Principe de la Paz, *que cor-*

teja á una vieja rica y que ésta le ha puesto en zan—cos. Séase lo que se fuere de esto, consta, por otros varios sucesos de la vida interior de la Reina María Luisa, que quiso, con efecto, sacudir á veces el yugo del favorito, cuya persona le era inaguantable, y que no logró romper sus cadenas como lo deseaba. ¿Cómo pudo ser tal su esclavitud, se dirá, dominando María Luisa la voluntad del Rey su esposo? ¿De dónde podía provenir el temor que la preocupaba tan fuertemente? Las personas de la Corte, para las cuales este hecho era notorio, buscaron por todos medios luces que esclareciesen tan densa obscuridad. Aquéllos que se tenian por mejor instruídos en las intimidades de la Reina, explicaban al parecer su esclavitud de este modo. En los primeros tiempos de su pasión por el joven Godoy, el amor de María Luisa fué vehemente en extremo, y en uno de aquellos raptos á que están sujetos los amantes, le escribió una carta llena de ternezas, en las cuales iban también mezclados proyectos para el porvenir y esperanzas de verle sentado en el trono, aunque para conseguirlo fuese menester atropellar por todos los miramientos y hasta cometer un horrendo crimen. Esta carta, que Godoy tuvo siempre cuidado de guardar, se dice, para que fuese su áncora en las borrascas, fué la que contuvo á la Reina en sus enojos. *La carta,* le decía el favorito con tono de confianza y sequedad, *ni está en España, ni dejará de publicarse si se cometiese algún atentado contra mi persona. Las leyes descargarán después el castigo que merecen los criminales pensamientos que contiene.* Esta explicación de la dependencia de la Reina parece plausible, mas no sabemos si será cierta. Lo que sí se sabe con certeza es que, durante el reinado de María Luisa, hubo constantemente en la Corte un partido

italiano al abrigo del favor dé la Reina; partido que
existía desde el tiempo de Isabel Farnesio, y que exis-
tió también en tiempo de Carlos III, habiendo sido se—
guido de varios napolitanos desde Nápoles á España.
Salucci, Branciforte, Castelfranco, Quiñones y algu—
nos otros, adulaban los caprichos de la Reina. Si alguna acometida fué hecha seriamente contra el poder
del favor del Príncipe de la Paz, vino sin duda de este
partido italiano. La Reina de Nápoles, enemiga del
Gobierno revolucionario de Francia; el Papa, aun el
Emperador de Austria y la Inglaterra, maniobraron
por este partido para separar á Carlos IV de la alianza con Francia.

Disposición del Directorio francés hacia el Príncipe de la Paz.

Para explicar, pues, la separación del Príncipe de
la Paz del Ministerio de Estado y de la dirección de los
negocios del reino por algún tiempo, se há menester
recurrir á otras causas políticas. La más principal fué
que el Directorio francés se indispuso con el Valido
español y le miró como desafecto á la República, tra-
yendo á la memoria que había sido autor de la declaración de guerra contra la Convención nacional. Si
posteriormente entró, se decía, en paz y amistad con
la República, era claro que lo había hecho por necesidad y no por afecto al nuevo sistema de Gobierno
planteado en Francia. Dudando, pues, los Directores
de la sinceridad de las protestaciones del Ministro español, pensaron en separarle de los negocios, como
acababan de hacerlo con el Ministro del Emperador,
Barón de Hugut, que también gobernaba los negocios de Estado. Bernadotte, Embajador de la Repú—

blica francesa en Viena, hizo vivas instancias á la Emperatriz para que se alejase de la dirección de los negocios públicos á este hombre de Estado, y al fin el Ministro Hugut se vió precisado á hacer una retirada aparente, ó por lo menos temporal, como vamos á ver que la hizo el Principe de la Paz. Con la prevención del Directorio contra las miras del Ministro español, coincidieron otras ocurrencias que la confirmaron y fortalecieron.

Cuando el Directorio, victorioso de sus enemigos el 18 *fructidor* (4 de Septiembre de 1796), se vió precisado á explicar ante los Consejos el uso que había hecho de las tropas en esta jornada y las medidas extraordinarias, severas y anti-constitucionales que fueron consecuencia de ella, hubo de fundar su proceder en alguna razón poderosa y urgente, que reclamase imperiosamente la suspensión de las leyes. Presentó, pues, como justificación de su proceder el haber estado tramada una conspiración contra la República, y manifestó el papel hallado en Venecia en la cartera de un emigrado francés, M. d'Entraigues, escrito todo de su puño. En él estaban referidos los acuerdos entre el Príncipe de Condé, que mandaba el Cuerpo de emigrados unido al ejército austriaco, y el General Pichegru, que mandaba en Jefe el ejército republicano, como también las promesas hechas á Pichegru si se declaraba con su ejército por el Conde de Provenza. Al mismo tiempo el Directorio presentó una declaración de Duverne-Dupresle, en la cual se daba cuenta de las correspondencias que el partido realista mantenía, así en Francia como en otras partes. En dicha declaración se leía lo siguiente, por lo que respecta á España: «De Venecia los partes van á M. de la Vauguyon y á España, porque España desea siempre saber cómo van las cosas de los realistas.» Para la inteligencia de estas palabras, ha de tenerse presente que el Duque de la Vauguyon había sido largo tiempo Agente ó Embajador del Conde de Provenza en Madrid, y que sabría, por consiguiente, de primera mano cuáles eran las disposiciones de nuestra Corte.

No era necesario estar dotado de singular penetración para conocer que Carlos IV no había abandonado á los Príncipes franceses, sus parientes, sino por la precisión de mirar por su propia existencia, y que fiel siempre en su corazón á la causa de éstos, la protegería abiertamente, si se presentaban ocasiones de hacerlo sin riesgo de perder su corona. Evidente era también para el Directorio mismo que la alianza con España no podía ser cordial por parte de ninguno de los dos Gobiernos, cuyos afectos é intereses eran tan encontrados; mas la certidumbre de que seguían las inteligencias entre los Príncipes emigrados y el Rey de España, le irritó contra el Gabinete de Madrid.

Ya no era dudoso para el Directorio que si el bando de los Consejos hubiera vencido en el 18 *fructidor*, y si el Conde de Provenza hubiese subido al trono de Francia, Carlos IV se hubiera declarado al punto en su favor. El Monarca español no solamente continuaba enviando socorros pecuniarios á sus parientes, sino que llevaba correspondencia muy seguida con el Conde de Provenza sobre asuntos políticos. Una de las preguntas que éste le hacía era: «En caso que el partido realista consiga acabar con la República, ¿qué conducta seguirá España?» Carlos IV respondió: «Si el Príncipe legítimo fuese llamado al trono libre y espontáneamente por la mayor parte de la nación francesa, el Rey estaría pronto á concederle su protección y le sostendría contra todos sus enemigos, ya interiores, ya exteriores.» El Duque de Havré y de Croi fué la persona por cuyas manos pasaba la correspondencia. El Directorio, pues, vencedor en la lucha contra sus enemigos en dicha jornada (4 de Septiembre), persuadido de que la amistad del Gobierno de Madrid era tan sólo aparente, pensó en poner á la cabeza del Gabinete español á otra persona en la que pudiese depositar su confianza mejor que en el Príncipe de la Paz.

D. Manuel Godoy está también quejoso por su parte del Directorio.

El Príncipe de la Paz, por su parte, no estaba menos quejoso del proceder de la Francia, y se hallaba dispuesto también, al parecer, á volverse contra ella. «Nada es peor que la indecisión, decía al Marqués del Campo, y ésta ha destruído muchos Gobiernos. Mi franqueza por la confianza que he debido á los señores Ministros de ese Gobierno, pudiera lisonjearse de ser la más acreedora á la correspondencia; pero en vano procuro persuadirme con las esperanzas cuando no veo más resultado en favor de la justa causa que reclamo. Portugal, Parma y Roma han sido tres puntos de vista que no ha separado de su consideración el Rey nuestro Señor. La paz con Portugal, que pagada debia creerse efectiva, parece se hace más distante. La satisfacción que debía prometerse S. M. para su hermano después de la agregación cisalpina, no tiene efecto. De la existencia de Roma se trata con dificultades; y después de lo ocurrido el 27 de Diciembre último, se pueden creer alejadas las esperanzas de pacificación. ¿En qué piensa, pues, el Directorio? ¿No ha de contar con su alianza para la distribución de Estados en Italia, ni sus oficios han de tener valor alguno para que la paz con Portugal se ratifique? Es tiempo, pues, de no dejar dormidas las ideas; y ya que felizmente vamos de acuerdo en el ataque á los ingleses, no sepâremos los puntos en que puede ejercitarse la humanidad. El Rey me manda decir esto á V. E. para que pida una respuesta categórica al Directorio, tal cual lo exigen sus relaciones con la España, su amiga y aliada; y desearía que sin embarazarse de otras cosas, ni interrumpir las unas con las otras, dijese el Gobierno francés qué piensa de Roma: si ha de quedar el Papa con dominio temporal; qué extensión se ha de dar á los Estados del señor Infante–Duque de Parma; cuáles al Rey de Nápoles; cómo ha de quedar la República cisalpina; cómo la de Génova; si ha de haber en Italia más Gobiernos que los de Nápoles, Cerdeña, Parma, Florencia, Santa Sede, Cisalpino y Ligúrico. Estas cosas, que se responden prontamente cuando hay confianza, no deben empachar al Directorio para satisfacerlas, y antes bien conviene no ignorarlas *para formar desde luego los planes que interesan á cada Soberano.*

»Obtenga V. E. una satisfacción cual le encargo, y en su vista le daré las instrucciones que convengan al mejor servicio del Rey.

»Dios guarde á V. E. muchos años. Aranjuez 15 de Enero de 1798.—*El Príncipe de la Paz.*»

Está por demás decir que el contenido de esta carta no pudo ser grato al Directorio, pues este Gobierno, del mismo modo que todos los que se habían sucedido en Francia después de la paz de Basilea, tenían á Carlos IV por aliado de la República, á condición que hubiese de obedecer ciegamente á las órdenes que le fuesen expedidas desde París. El lenguaje independiente de la carta del Ministro español, de que el Embajador dió cuenta al Directorio, indicaba á éste pensamientos hostiles. Viva fué la acrimonia con que habló el ciudadano Perrochel, agente francés en Madrid. Las notas que entregó al Príncipe de la Paz estaban escritas con arrogancia y avilantez. «A vista del tratamiento de los franceses en España, se pregunta uno á sí mismo si Francia y España están todavía en guerra. Príncipe, es preciso que cese tal escándalo.» Con todo, la displicencia recíproca de ambos Gobiernos no dejaba ver aún voluntad resuelta de venir á un rompimiento.

Había también otro motivo de disgusto entre el Directorio y el Príncipe de la Paz, es á saber, la protección constante que el Rey de España dispensaba á Su Majestad Fidelísima. El Soberano de Portugal, aunque aliado fiel del Rey de la Gran Bretaña, no tenía por qué temer ya las amenazas de la República francesa mientras que no le faltase la amistad del Rey Carlos IV. El Directorio sabía que el Príncipe de la Paz había hecho retroceder desde Madrid á Lisboa al correo portador de la resolución de la Reina de Portugal de no ratificar el Tratado con Francia, en lo cual el Ministro español había manifestado su intención de impedir la guerra entre el pueblo francés y el aliado de la Inglaterra, acto que, al parecer, dejaba ver connivencia con los enemigos de la República. En una palabra, el Directorio atribuía al Príncipe de la Paz intención formal de romper la alianza y de unirse con la Gran Bretaña.

Nombramiento del Conde de Cabarrús á la Embajada de París.

Para prevenir los malos efectos del desvío que el Príncipe de la Paz creía notar en el Directorio, retiró al Marqués del Campo de la Embajada de París, y nombró por sucesor en ella al Conde de Cabarrús, hombre activo, despierto y celoso por el cumplimiento de los deseos del Ministro. Ninguno parecía tan á propósito como Cabarrús para entenderse con el Gobierno francés. Era nacido en Francia. A esta circunstancia, que á primera vista pareció favorable, se juntaba el influjo que la belleza de su hija Doña Teresa Cabarrús le daba entonces con el director Barrás, con el cual tenía estrecha amistad (1).

(1) La singular hermosura de esta mujer y su natural viveza la habían dado importancia mientras que duró la revolución.

Doña Teresa Cabarrús nació en el reino de Valencia. Siendo todavía muy joven, se casó con M. de Sentenay, Consejero (Juez) del Parlamento de Burdeos, del cual se divorció á principios de la revolución. Poco tiempo después Tallien fué nombrado Comisario de la Convención en Burdeos y ejerció allí este cargo en los días infaustos del terror. Estaba ya prendado entonces el tribuno sanguinario de la juventud, belleza y lozanía de la Doña Teresa. Envanecida ésta de los homenajes que Tallien prestaba á su hermosura, le acompañaba por todas partes con aire de triunfo y ostentacion. «¡Tiempo de furor y de demencia! exclama un autor contemporáneo. Junto á los muertos, mejor diré, sobre sus cadáveres, rodaba el carro de Tallien acompañado de la Cabarrús, con un correo delante y otro detrás. La Doña Teresa llevaba puesto el gorro encarnado en la cabeza. Algunas veces iban en coche abierto, y la hermosa española, vestida en traje de diosa, tenía empuñada una lanza con una mano y ponía la otra en el hombro del representante Tallien.» La han acusado algunos de haber hecho tráfico de la vida y libertad de los desgraciados habitantes de la ciudad ó del departamento. No nos consta que esta acusación sea fundada: lo que sabemos sí muy ciertamente es que su protección salvó á un gran número de personas en aquella lamentable época.

La capacidad reconocida, pues, del Conde de Cabarrús y el influjo de su hija Mme. Tallien, daban fundadas esperanzas del buen éxito de la negociación. Aunque Cabarrús estuviese establecido en España desde

Tallien se casó con la Doña Teresa y partió para París en su compañía, cuando cesó en su encargo abominable de Procónsul. Por sospechas nacidas de las antiguas conexiones de esta hermosa mujer, ó quizá por descuidos é imprudencias suyas, ó, en fin, por el sistema reinante de proscripcion universal, fué arrestada en París y conducida á la prisión de *Fontenay aux Roses*, á tres leguas de aquella capital, desde donde fué trasladada á París á la prisión de la *Force* Pocos días antes de la caída del tirano Robespierre estaba destinada al patíbulo, y el verdugo fué á cortarla el pelo, como era de costumbre, para obviar dilaciones, llegado que fuese el caso de partir para el suplicio. Se pretende que esta circunstancia contribuyó a derribar á Robespierre. El hecho se cuenta de este modo: en un pedacito de papel que la Doña Teresa pudo arrojar desde la ventana de la prisión á una persona apostada en la calle, decía á Tallien estas palabras: «Mi muerte se acerca, porque te falta valor para echar abajo al tirano (*).»' Tallien vió que era preciso dar el golpe, y dos días después Tallien acusó á Robespierre ante la Convención, vibrando el puñal desde la tribuna. Hemos oído esta anécdota de boca de la misma Mme. Tallien; pero tenemos por cierto que hubo otras causas más poderosas que apresuraron la muerte de aquel déspota sanguinario, como dejamos dicho.

Como quiera que sea, el triunfo de Tallien alcanzó á su mujer, célebre ya por su hermosura. En tiempo del Directorio fué una de las personas de su sexo que más se señalaron por sus relaciones con Barrás y con otros personajes que tenían influjo en el Gobierno. Tuvo amistad íntima con Mme. de Beauharnais, después Emperatriz de los franceses.

En virtud de las leyes que regían entonces, se verificó el divorcio de la Doña Teresa con Tallien; y habiéndose prendado de su belleza Monsieur de Caramar, Príncipe de Chimay, contrajo enlace matrimonial

(*) La carta á Tallien decía así:

«De la *Force* el 7 *thermidor*, á Tallien.—El encargado de la policía sale de aquí en este instante: ha venido á decirme que mañana me presentaré ante el Tribunal, es decir, que iré al suplicio. Mal se aviene esto con el sueño que he tenido la noche pasada, de que Robespierre no existía ya y que las cárceles estaban abiertas.... Pero gracias á tu insigne cobardía no habrá dentro de poco en Francia nadie que sea capaz de realizarle.»

Tallien respondió así en el mismo día.

«Prudencia A mí no me faltará resolución, sosiega esa cabeza.»

Tres días después Robespierre había ya dejado de horrorizar al mundo con su presencia.

largos años, la circunstancia de haber nacido francés (en Bayona) bastó al Directorio para no admitirle por Embajador del Rey de España. En esto había cierta inconsecuencia por parte del Gobierno francés, pues habiendo sido el Conde de Cabarrús nombrado en el año anterior Embajador y Ministro plenipotenciario de S. M. Católica en unión con el Marqués del Campo, Embajador en París, para asistir al proyectado Congreso de Berna, en el cual se debía tratar de la paz con el Emperador de Alemania, y habiendo sido elegido también después para las conferencias de Sila, relativas al ajuste entre Francia é Inglaterra y sus aliados respectivos, no hubo tropiezo ninguno para que el Directorio le reconociese como tal Embajador para ambas negociaciones, ni le obstó para ello la circunstancia de haber nacido en Francia.

con ella. Se dice que, aplacada ya la tormenta revolucionaria, tuvo reunidos á su mesa en París á sus tres maridos: M. de Sentenay, Tallien y Príncipe de Chimay; hecho extraordinario que, si fuera verdadero, caracterizaría las singulares leyes y costumbres de aquella época. Muchas personas tienen por falsa la reunión de los tres maridos en el convite.

El Príncipe de la Paz se valía del influjo que tuvo la Doña Teresa sucesivamente con Tallien, con Barrás y con otros personajes de la revolución para los asuntos de gobierno. En los últimos años de su privanza, cuando el horizonte estaba ya muy obscuro y los ánimos sobrecogidos en Madrid, salió á su Corte en una ocasión y dijo con aire de confianza que pudiese tranquilizar á los concurrentes: «Las cosas van bien en París. Aquí tengo carta de la *Teresa*.» Hecho que hace ver lo mal instruído que le tenían sus agentes sobre el estado é intenciones del Gobierno de Francia, pues la belleza de la *Teresa* no era ya la misma, ni la antigua Mme. Tallien gozaba de crédito ni influjo. Por su valimiento no se podía, por cierto, llegar á conocer los secretos de Napoleón.

Después de la restauración de los Príncipes de la familia de Borbón, la Doña Teresa permaneció en París, precisada á vivir en el retiro. La Corte no consintió su presentación en ella por la viva repugnancia que mostró hacia ella la Duquesa de Angulema, á causa de la conducta demasiado libre que había tenido la Teresa en materia de costumbres.

El Directorio se niega á la admisión del nuevo Embajador.

A pesar de estos antecedentes, el Directorio se negó á la admisión del nuevo Embajador. En vano el Conde de Cabarrús hizo presente que se hallaba establecido en España desde el año de 1771 y naturalizado desde el de 1781, conforme á lo prevenido por las leyes del reino; que era Consejero de Hacienda desde 1784, y que en 1789 el Rey le había concedido merced de título de Castilla, por el cual tenía derecho de votar en las Cortes; que posteriormente al nombramiento de Embajador para las conferencias de Berna y de Sila habia sido nombrado Síndico personero del Ayuntamiento de Madrid. Los directores persistieron en su resolución de no admitirle, apoyándose siempre para ello en su nacimiento en Francia, en donde tenía á su hija Mme. Tallien, gran número de parientes y también algunos bienes raíces. Añadían que un francés no debía representar en ningún caso á un Soberano extranjero cerca del Gobierno de su propio país. Alegaban el ejemplo reciente del caballero Revel, quien después de haber ajustado la paz entre la República y el Rey de Cerdeña, no fué admitido como Embajador ordinario de este Monarca por ser de origen francés. ¿Si el Emperador enviase á Madrid para representarle á uno que hubiese nacido en España, preguntaban, le recibiría S. M. Católica? Estas razones no dejaban de ser especiosas. Todos los Gobiernos son delicados cuando se trata de admitir á sus propios súbditos por Embajadores de otras Potencias. Nuestra historia moderna ofrece un ejemplo. El Ministerio inglés rehusó reconocer por Embajador del Rey de Es—

paña á D. Ricardo Wall, primer Ministro que fué del
Rey Fernando VI, por su calidad de irlandés, no obstante que el Ministro británico hubiese tratado ocultamente con él por espacio de muchos meses sobre
otros asuntos de España. Menester fué que Wall pro-
base haber nacido en Franciá en el sitio real de Saint-
Germain y que no tenía en Irlanda pariente cercano,
para que el Gobierno inglés concediese su admisión.
Es justo decir que la negativa del Directorio de reconocer al Conde de Cabarrús como Embajador del Rey
de España, iba acompañada de protestaciones de buena inteligencia y amistad con S. M. Católica, con lo
cual quedaba reducido el asunto á una mera cuestión
de derecho internacional.

Mas todo este aparato de oposición encubría el motivo verdadero de la resistencia. La calidad de francés
no era la sola causa de la no admisión de Cabarrús.
Otros motivos políticos la determinaron. El Directorio estaba resuelto á hacer variar la política del Gabinete de Madrid. Cansado de las tergiversaciones del
Príncipe de la Paz sobre la guerra contra Portugal;
cierto de sus comunicaciones con el partido realista de
Francia, y sabedor de la amistad estrecha que unía al
Príncipe de la Paz con el Conde de Cabarrús, se valió
del pretexto del nacimiento de éste en Francia para
alejarle y privar así al Ministro español de un Enviado inteligente y activo que podía serle muy útil por
las conexiones de su hija.

El ciudadano Truguet es nombrado Embajador de Francia en la Corte de Madrid.

Con el fin de derribar al Privado español, si era posible, el Directorio nombró por Embajador de la Re—

pública francesa cerca del Rey Carlos IV al ciudadano Truguet, Ministro que había sido de Marina; al cual, entre otras instrucciones, se le dió la de separar á aquel personaje del manejo de los negocios públicos, de lo cual hablaremos después.

El Conde de Cabarrús había hallado las cosas á su llegada á Paris en estado muy diverso del que tenían pocos meses antes. Apreciando, pues, con buen juicio los riesgos que amenazaban á España si persistía en oponerse á la guerra contra Portugal, dió al Ministro español sanos consejos sobre la política que convenía seguir. La siguiente carta reservada, escrita al Ministro de Estado, pone muy en claro la situación política en que se hallaba la Francia y el mal espíritu que reinaba en su Gobierno contra España.

Carta del Conde de Cabarrús al Príncipe de la Paz, escrita en París.

«Sobre el Tratado con Portugal, V. E. habrá sabido por el señor Marqués del Campo el lenguaje poco amistoso y amenazador de dos Directores y la declaración que V. E., ignorando estas circunstancias, me encargaba de hacer en nombre del Rey, es á saber: *que S. M. estaba resuelto á no hacer por ningún término la guerra á Portugal.* Hubiera acabado de enconar los ánimos y producido una resolución precipitada y funesta. El Rey ha apurado cuanto le dictaban á favor de Portugal su moderación y su lealtad; pero si los franceses se empeñan en querer hacer esta guerra; si pidiesen paso para sus tropas, ¿podremos, sin grandes inconvenientes, ó negarlo ó concederlo? Y así parece que la prudencia aconseja que, moderando los pasos de mediación ya instaurados, no nos comprometamos á no tomar parte en la guerra, si ésta fuese inevitable, pues si Portugal hubiere de ser conquistado, no es dudable que sería muy conveniente que esta conquista se hiciese para nosotros y por nosotros; y este sistema de manifestarnos prontos á seguir contra Portugal las miras de Francia, tiene á mis ojos la inapreciable ventaja de cohonestar el aumento muy considerable que, sin perder instante, conviene hacer en el ejército, mejorando al mismo tiempo su organización en términos de hacernos respetables.

»No porque yo crea que el designio verdadero de estas gentes sea hacer á Portugal una guerra que les sería demasiado gravosa sin nuestra cooperación, sino que quieren precisarnos á apoyar sus amenazas para conseguir mejores condiciones y á pagar nuestra mediación, y, según he podido inferir, Truguet va encargado de proponer á V. E. la cesión de la Luisiana, de la cual debería la Corte de Lisboa indemnizar á la de España cediéndola la isla de Madera y de Santa Catalina: otro objeto equivalente que importa poco á este Gobierno, pues su objeto principal es conseguir la Luisiana ahora y sacar este partido de las desavenencias de Portugal; y como esta cesión de la Luisiana, cuando S. M. se determine á ella, debe ser el precio de la paz general, y si puede ser de Gibraltar, la sagacidad de V. E. comprenderá que el juego actual es parecer, no tan sólo moderar el interés á favor de la paz de Portugal, sino entrar en las intenciones amenazadoras de la Francia contra aquella Potencia, pues cuanto más se acalore la mediación, más se empeñará este Gobierno en que la compremos con el sacrificio que exige.

»Lo mismo es aplicable al cuento con los romanos.

Sé positivamente que se ha tratado en el Directorio de dar al señor Infante de Parma todo el Estado pontificio, cuya invasión está resuelta, porque acomodan mejor á los cisalpinos los Estados de S. A. R., y es regular que se haga esta proposición á S. M. Me hago cargo de la repugnancia que hallará en su corazón; pero es preciso que se persuada de la funesta alternativa en que se halla el señor Infante de seguir las disposiciones de una Potencia predominante ó de ser sacrificada por ella, y la necesidad consiguiente de diferir por lo menos los riesgos que corre.

»En fin, como se ha llegado á sospechar nuestra buena fe en cooperar á los preparativos contra Inglaterra, creo que conviene que V. E. se manifieste á Truguet, no sólo convencido de la necesidad y posibilidad de este proyecto, sino también como prontísimo á facilitar cuanto depende de su arbitrio. Yo pienso decirlo así á Bonaparte, que lo repetirá al Directorio, y expresarlo en mi arenga de presentación, pues Talleyrand, á quien enteré de la conversación de Merlin, me dijo que ésta se verificaría sin dificultad.

»Pero el mismo Talleyrand, que, como Barrás, Tallien y Bonaparte, no participan del mismo frenesí que Rewbell y Merlin, corren riesgo de ser sacrificados, y su ruína será la señal de la resurrección del Jacobinismo con todos sus furores. Y así Truguet, que no es jacobino y hablará á V. E. el lenguaje de Talleyrand, no le dejará percibir el estado verdadero de este Gobierno y los riesgos con que nos amenaza; pero V. E. apreciará bien cuál es su fogosidad cuando sepa que, por haber diferido su marcha algunos dias, estuvo acordada la destitución del mismo Truguet, si se hallaba todavía en París, habiéndole dado yo este aviso.

»Faltaria á mi obligación si no enterase á V. E.

exactamente de esta situación de las cosas, cuyo remedio está, á mi ver, en procurar á cualquier coste la paz general, y con ella la ruína de las esperanzas de los jacobinos, que son de sacrificar á Bonaparte y á su ejército en una empresa loca y casi inasequible, y moderar ó suprimir nuestros oficios en favor de Portugal, haciéndole servir de pretexto para ponernos sobre un pie de defensa respetable; punto esencial y sobre el cual, como buen servidor del Rey, como buen patricio y como hombre sensible, no puedo bastante llamar la atención de V. E. de resignar al señor Infante de Parma á lo que determina este Gobierno, sacando el mayor partido posible para apoyar sus esfuerzos en la expedición de Inglaterra.

»Al tiempo de referir á V. E. las circunstancias nada agradables de este Gobierno con respecto á nosotros, no debo ocultarle las esperanzas que tengo de que Barrás, Bonaparte, Tallien y Talleyrand, que empiezan á columbrar el riesgo que les amenaza y que al cabo reúnen más carácter, más opinión y más habilidad, darán un golpe mortal á los jacobinos y que se hará la paz general, pues la única semejanza de este Gobierno con Lacedemonia es que el latrocinio está corriente; pero que se castiga la falta de destreza, como sucede al pobre Araujo.

»No puedo concluir sin recomendar especialmente á V. E. á Aldama y Romero, los cuales fueron infamados por la misma equivocación de juicio de Colomera, que S. M. acaba de enmendar, con respecto á la ciudad de Fuenterrabia. La sumisión al vencedor preservó á su país, como lo he visto por mis ojos, de las atrocidades de la guerra. En fin, yo no tengo duda alguna de su fidelidad al Rey y amor á su pais. Piden un salvoconducto para presentarse en esa Corte y responder sin ofensa de sus personas á cuantos cargos se les hubiesen hecho. Yo pido encarecidamente á V. E. esta gracia, que conduce á las circunstancias del día y que no deja de ser justísima, si se atiende á que, habiendo cedido el ejército que cubría la provincia, no se puede acriminar á los Magistrados inermes que cedieron al vencedor (1).»

En otra carta de Cabarrús al Príncipe de la Paz de 23 de Enero de 1798, al dar aviso de no haber sido admitido como Embajador, dice que era manifiesta la desconfianza que los Directores tenían de él, y que estos recelos eran excitados por emisarios y corresponsales de España, movidos por el partido contrario á la Corte, el cual, á sabiendas ó sin saberlo, era instrumento de Inglaterra, como los jacobinos lo eran en Francia. La cantinela continua de los gaceteros de París era que existía en Madrid un *partido inglés*, por cuyo medio la Corte mantenía inteligencias con la de Londres. Suponían que dicho partido se componía de personas de alta categoría, y dejaban entender que á su cabeza se hallaba el Príncipe de la Paz. Aun después que éste hubo salido del Ministerio, las *Gacetas* francesas continuaron diciendo que existía siempre el

(1) En este mismo año concedió el Rey permiso á Aldama y á Romero para que pudiesen restituirse á sus casas y vivir tranquilamente en ellas, sin que les echasen en cara culpa ninguna por el proceder que tuvieron en tiempo de la dominación francesa en Guipúzcoa.

También obtuvieron gracia D. José Urbistondo, á quien un Consejo de guerra condenó á muerte por haber contribuido á la entrega de la plaza de San Sebastián á los republicanos, si bien Urbistondo pretendía no haber tenido parte en la resolucion de entregarla y haber sido tan solamente enviado por los Alcaldes al General francés para suplicarle que las propiedades fuesen respetadas. El Directorio intercedió por él, refugiado entonces en Francia, y por su hermano D Sebastián Urbistondo, preso en la Ciudadela de Pamplona, acusado de complicidad en la entrega de San Sebastián.

partido inglés y señalaban personas de mayor influjo en él, es á saber, á los Duques del Parque y de Osuna. A éste le daban el nombre de *Orleans español*. El Duque creyó de su deber quejarse al Rey, y le suplicó que por su Embajador se indagase el origen de estas voces ofensivas para su buen nombre. Sobre todo, no era cierto que la Corte pensase en separarse del errado camino de su alianza con Francia.

Regreso de Cabarrús á Madrid.—Nombramiento de Saavedra y Jovellanos á los Ministerios de Hacienda y Gracia y Justicia.

Cabarrús regresó á Madrid. Allí continuó dando buenos consejos al primer Ministro. Uno de ellos fué que llamase á los Ministerios de Hacienda y Gracia y Justicia á D. Francisco Saavedra y á D. Melchor Gaspar de Jovellanos, para que trabajasen á su lado en el gobierno del reino, por gozar ambos de estimación y aprecio. Cabarrús impuso al Príncipe de la Paz en el verdadero estado que tenían las cosas en París, y le aseguró que el partido jacobino dejaba ver deseo de suscitar perturbaciones en España.

No pasó mucho tiempo sin que se supiese en Madrid que el General Augereau, uno de los cabezas del Jacobinismo, acababa de ser nombrado Comandante de la división militar de los Pirineos orientales y que había entrado en Perpignan con algunas tropas.

Arresto de D. Eugenio Izquierdo, Director del Real Gabinete de Historia Natural de Madrid.

La prevención del Directorio contra el Príncipe de la Paz se echaba de ver en todos sus actos. No solamente desconfió de Cabarrús por ser amigo del Ministro, sino que mandó arrestar también á D. Eugenio Izquierdo, Director del Real Gabinete de Historia Natural de Madrid. Este agente pasó á Francia en el año de 1798, con el fin aparente de recorrer y examinar los establecimientos científicos; y como gozaba del favor del Valido, fué recomendado vivamente por éste al Marqués del Campo. Así, pues, luego que el Embajador supo su arresto, representó al Directorio haciéndole ver que el objeto de la atención de Izquierdo eran las ciencias, y que no se entremetía en asuntos políticos, pues por el mal estado de sus ojos estaba rodeado continuamente de oculistas. El Gobierno francés respondió que por cartas de Izquierdo, que habian sido interceptadas, era manifiesto que se ocupaba en cosas que nada tenían que ver con las ciencias.

El Ministro Saavedra encargó más tarde á Azara que procurase saber la causa del arresto de D. Eugenio Izquierdo, y pidiese satisfacción por este atropellamiento. Azara dice en su respuesta: «He procurado saber por mi parte este asunto, porque conozco á Izquierdo, y he averiguado originalmente que, por algunas cartas interceptadas, sabía este Gobierno que Izquierdo fué enviado á Francia por el Príncipe de la Paz para indagar las cosas de aquí, en donde, siendo muy particularmente conocido de los sabios, tendría proporción para introducirse, y como me dijo uno de los principales de este Gobierno, para hacer que *la ciencia sirviese á la política*. En efecto, pretenden tener algunas cartas de Izquierdo al Príncipe de la Paz, que tratan de todo menos de Historia Natural» (23 de Octubre de 1798).

La tempestad contra el Valido era, pues, recia é inminente. El único medio de conjurarla, por parte de éste, hubiera sido prepararse á resistir con la fuerza á las pretensiones y malos designios de los republicanos, como se lo aconsejó con razón el Conde de Cabarrús.

El Embajador Truguet llega á Madrid.

Cuando agitaban al Gobierno del Rey tan penosas inquietudes, se presentó en Madrid el ciudadano Truguet, Embajador de la República. Dícese que el primer movimiento del Príncipe de la Paz fué no admitirle, fundado en el ejemplo que el Directorio había dado no recibiendo á Cabarrús; pero como esta resolución hubiese de producir necesariamente el rompimiento con la nación vecina, hubo de resignarse á su admisión. El Ministro había sabido una parte de las instrucciones del nuevo Embajador, y así dió orden de acelerar la salida de la escuadra que mandaba en Cádiz el General Mazarredo, pues el Directorio pedía con particular ahínco que las fuerzas navales del Rey Católico saliesen de su inacción. Cádiz se hallaba bloqueado tan sólo por ocho navíos de la escuadra de Lord San Vicente y por otros cinco que cruzaban entre el Cabo de este nombre y el de Santa María; disposición insidiosa del Almirante inglés, que se hallaba en Lisboa con el resto de sus fuerzas, cierto de tener siempre tiempo para reunirse con los navíos del bloqueo, fiado en la superioridad de sus marinos y en los ágiles movimientos de sus navíos. Lord San Vicente era sabedor también de que la armada española no podía menos de moverse con lentitud por la penuria en que estaba de las cosas más necesarias.

El Príncipe de la Paz no perdió instante en acercarse á Truguet para ver si podía atraerle. En varias conferencias que tuvieron solicitó éste que volviese á restablecerse del todo la buena armonia entre ambos Estados. «Uno de los primeros efectos del restablecimiento de ellas, le decía, será que nuestra escuadra saldrá de Cádiz, como pide el Directorio. Deseando el Rey desvanecer las sospechas de la Francia, tanto sobre sus intenciones como sobre la eficacia de sus socorros, ha dado orden á la escuadra de ir en busca de los ingleses y presentarles batalla.» Convino también con el Embajador en que acompañase á la escuadra la fragata francesa *La Vestal*, para que presenciase las operaciones, mantuviese la comunicación y diese los avisos que fuesen necesarios á uno y otro Gobierno. Por manera que antes que el Embajador francés se hubiese presentado en la Corte, había ya logrado la ejecución de uno de los puntos principales de sus instrucciones. Hallábase el Rey en Aranjuez, y allí le fué presentado Truguet el 11 de Febrero de 1798. Al entregar á S. M. las credenciales, le habló de esta manera:

«Señor: El Directorio ejecutivo de la República francesa, deseoso de mantener y cimentar más y más la alianza que une á nuestras dos naciones, me ha elegido Embajador cerca de V. M. La estabilidad de esta alianza se funda, no tan solamente en nuestros intereses comunes, sino también en nuestras promesas sagradas y solemnes: las virtudes de V. M. y los talentos políticos del primer Ministro que V. M. tiene á su lado, no dejan duda sobre su continuación. La República ha conquistado la paz del continente por medio de triunfos repetidos, y no le queda ya más que un enemigo que vencer, el cual lo es también de V. M. y del reposo de la Europa toda: por tanto, los esfuerzos de las dos naciones aliadas deben castigar su fiero maquiavelismo y sórdida ambició n.

»No profanaré, Señor, esta ceremonia augusta pronunciando delante de V. M. los nombres de aquellos prófugos (1), que ostentan por todas partes su despecho de no haber podido consumar la ruína de su patria.

»Tampoco hablaré á V. M. de los traidores (2), cuyas maquinaciones, aún más pérfidas, han servido tan oculta y provechosamente al partido inglés. El Gobierno de la República los ha tenido en su propio seno y los ha castigado alejándolos de su suelo. V. M. hará justicia igualmente con todos aquéllos que se le señalen, pues son tan enemigos del trono de V. M. como de la República.

»Amistad sincera, deferencia y lealtad con los aliados, noble bizarría contra los enemigos armados, desprecio y castigo de los traidores: éstos son, Señor, los sentimientos del pueblo francés y de su Gobierno, y estos mismos reclama y espera de sus aliados.

»El Directorio ejecutivo no podia haber escogido para Embajador de la República cerca de V. M. un ciudadano francés que estuviese más lleno de estimación que yo por la generosa y esforzada nación española, ni que tuviese respeto más profundo á V. M. por sus virtudes personales.»

Grande era el tono de arrogancia y altivez de este discurso; pero se acrecentó todavía más la impresión que hizo en los ánimos de los circunstantes al ver que después de pronunciado, en vez de retirarse el Embajador dando pasos hacia atrás, como la etiqueta prescribía hacerlo delante del Rey, le volvió la espalda,

---

(1) Los emigrados realistas.

(2) Los que habían logrado fugarse de Francia después de la jornada del 18 *fructidor.*

cosa nunca vista en España, si bien se procuró excusar esta insolencia diciendo que tales eran los modales de los republicanos. Claro estaba que el Embajador venía, más bien que á pedir socorros, á exigirlos con imperio y á mandar soberanamente en España. El Príncipe de la Paz vió que la tempestad iba á descargar también sobre él, y no perdonó diligencia para ponerse á cubierto, lejos de querer resistirla abiertamente. Por lo que hace á los emigrados, no quedó duda ninguna de que serían molestados y perseguidos por instancias del Gobierno de la República.

Precisado el Principe de la Paz á contentar al Embajador, había reiterado las órdenes para que saliese al mar la escuadra de Cádiz, y, con efecto, Mazarredo se hizo á la vela en la noche del 6 al 7 de Febrero, con intención de sorprender á los ingleses que cruzaban delante de la bahía con fuerzas inferiores. La escuadra española constaba de 21 navíos de línea, entre ellos 5 de tres puentes, 5 fragatas y 3 bergantines. La fragata francesa *La Vestal* seguía también á la escuadra para observar nuestros movimientos y dar cuenta de ellos. Los ingleses, advertidos por sus buques ligeros al rayar el día, se entraron en alta mar. Pero á pesar del secreto con que se procuró hacer la salida, Lord San Vicente lo supo en Lisboa antes de verificarse, y en menos de doce horas ya estaba en el mar con todos los navíos de que podía disponer. Mazarredo, que no dudaba de que verificaría la salida de las fuerzas inglesas del Tajo al punto que se supiese allí la de su escuadra, volvió á entrar en la bahía antes de que las dos divisiones inglesas se hubieran podido reunir para acometerle. Viendo entonces Lord San Vicente que al cabo de algunos días la escuadra española ni salia ni mostraba deseos de trabar combate, distribuyó sus buques en la forma en que lo estaban anteriormente, y los dejó en las mismas posiciones. En este estado se trataba ya de emprender otra salida de la escuadra de Cádiz, cuando el General Mazarredo cayó enfermo y hubo de suspenderse la ejecución del proyecto. En los despachos que el Capitán de *La Vestal* envió al Embajador francés, le decía que en estos movimientos no había podido ver más que demostraciones aparentes, sin intención verdadera de hacer francamente la guerra ni de pelear con vigor contra los ingleses.

Era infundada esta inculpación, puesto que el General Mazarredo, que mandaba la escuadra y era hombre veraz, dice, hablando de las maniobras que hizo en esta ocasión, que le fué preciso recoger sus fuerzas para no hallarse enfrente de la escuadra enemiga, la cual era más fuerte que la suya. Y esto lo dice, no en un parte de oficio en que diese cuenta de los movimientos de su armada, sino á otro propósito, y digámoslo así, por incidencia, en una representación que dirigió al Rey en 8 de Diciembre de 1804, con motivo de haber sido arrancado por fuerza de su casa de Bilbao, en compañía de D. Mariano Luis de Urquijo, y conducido por fin á Santoña, después de haber estado en Burgos y en otros pueblos. Imprimióse dicha representación en Madrid en 1810. El objeto de ella era demostrar al Rey el celo y fidelidad con que había servido á S. M.

Salida de la escuadra española de Cádiz, mandada por el General Mazarredo.

«La noche del 6 al 7 de Febrero de 1798, dice el General, hice la celebrada salida de la escuadra de

Cádiz de mi mando, compuesta de 21 navíos, con el designio de sorprender á la enemiga, de 11, que cruzaba en bloqueo como destacamento del total. El acaso de declararse precisamente desde el amanecer del 7 un temporal del Sudeste, cuya fuerza sucesiva fué siempre mayor á más distancia de la tierra, y facilitó mayor andar á los enemigos en su fuga, frustró el intento mío. Suspendí la caza, cuando me pareció inútil, á 16 ó 18 leguas de Cádiz, y me atravesé á campar los dos días siguientes del temporal, con que ya caimos á meridianos de Ayamonte. Quedaron los vientos manejables por el Este. Gradué que los enemigos continuarían su huída hacia el Cabo de San Vicente, y que por medio de una fragata que fondease en Lagos despacharía pliegos con extraordinario á Lord San Vicente, que estaba en Lisboa con 14 ó 15 navíos, noticiándole la ocurrencia y marcándole el punto de reunión si determinaba salir con ellos, que lo verificaría desde luego; que la reunión podría ser dentro de cinco ó seis días; que los Levantes podrían reinar bonancibles hasta el Cabo de Santa María, y de allí para el Oeste ser Nordeste de virazones; y que si yo hacía la derrota de voltejar entre los 36 grados y 36 con 40 minutos de latitud, podría muy bien acaecer que no ganase lo necesario para hacer inevitable la vista de la escuadra enemiga, ya *superior, y un combate que no podía sernos de ventaja, aun perdiendo menos que el enemigo.* Determiné, pues, desde el día 10 bordear entre 3 y 10 leguas de la costa por todo el saco de Ayamonte á Sanlúcar, tanto de noche como de día. ¡Noches del mes de Febrero! *Temeridad, temeridad,* se decía en la escuadra; *ninguna escuadra ha navegado así.* El 13 á media tarde, ya muy en bonanza, fondeó la escuadra en placer de Rota, y el 14 entró en bahía, virazón de Poniente. El 15 y el 16 fueron de Levante fresquitos. Se me habían separado la noche del 9, por tomar una mala larga bordada Sur, los navíos *Soberano*, de D. Alfonso de Torres, y *San Rafael*, de D. Pascual Ruiz. Al *Soberano* le reuní en la bordada del 11, destacando al *San Fulgencio* y *Monarca* á que hiciesen cara bien al Sur. El *San Rafael*, navegando solo y haciendo toda diligencia, como me lo aseguró D. Pascual Ruiz, no pareció delante de Cádiz hasta el 17, amaneciendo á 3 leguas de distancia con viento Poniente, y entró en el puerto á las nueve de la mañana, cuando ya desde algo antes había descubierto la escuadra de Lord San Vicente, de 24 á 26 navíos de línea (no puedo fijar el número por no tener el diario á la vista) y varias fragatas, que fondeó en su estación de 8 á 9 millas de bahía. A su vista, los que los habían dicho *Temeridad, temeridad de derrota*, dijeron *Acierto de derrota*, y bien caro pudo costar al navío *San Rafael* haber hecho la otra de machetear en paralelo encanalados con el estrecho.»

No fué Mazarredo tan sólo el que ensalzó el mérito de la salida de su escuadra: celebráronla también los marinos, admirando que se verificase en seis horas, desde las once de la noche del 6 al 7 de Febrero hasta las seis ó siete de la mañana, aunque el número de los navíos fuese de 22, de 4 fragatas y 3 bergantines. Nadie ignora lo estrecho de la parte fondeable de la entrada para buques mayores: así, pues, emprender la salida con la escasa luz con que se verificó pareció maniobra atrevidísima, tenida hasta entonces por impracticable. Mazarredo, conociendo la dificultad de ella, la mandó en persona desde su falúa á cada buque uno por uno, y después de haber puesto á todos en franquía se retiró á bordo de la fragata *Perla*.

Un testigo ocular de esta operación naval dice que si fué grande la sorpresa del pueblo de Cádiz al ver que la escuadra no estaba en el puerto al amanecer del 7, no fué menor la de Lord San Vicente cuando recibió en Lisboa la noticia de la salida, pues vió que su enemigo tenía la sagacidad necesaria para aprovecharse de cualquier descuido, y que sin la diferencia de vientos entre la escuadra inglesa, que estaba en alta mar, y la española, que se hallaba más cerca de tierra, el 7 de Febrero habría sido tan feliz para nuestras armas, como fué desgraciado el 14 de Febrero del año anterior sobre el Cabo de San Vicente, y que no quedaba otra alternativa que abandonar el bloqueo ó mantenerle con muchas fuerzas é inmensos gastos. Con efecto, no dejó Mazarredo de hacer salir del puerto bloqueado varias expediciones para nuestras Américas, como la de los navíos *San Ildefonso* y *San Fulgencio* para Veracruz, y 4 fragatas con un batallón de Guardias valonas, que condujo á Surinam al desgraciado D. Ramón Emparán. En seguida salió también de Cádiz para Veracruz el navío de línea *El Monarca,* que llevó al Virrey de Nueva España, D. Miguel José de Azanza, con otras dos fragatas de guerra y una mercante, cuya partida de noche, entre el grueso y una división avanzada de la escuadra enemiga, se verificó felizmente, mediante las acertadísimas disposiciones del General y buenas maniobras de D. Justo Salcedo, Comandante de *El Monarca,* y de los Capitanes de las fragatas en ejecución de aquéllas, burlando completamente la vigilancia de la escuadra inglesa. En ésta se habia brindado entre los Oficiales á la presa de *El Monarca* y demás buques de cuya próxima salida tenían aviso.

El Príncipe de la Paz, deseoso de complacer en todo

al Embajador del Directorio, que estaba decidido á conseguir lo que se le prescribía por sus instrucciones, consintió en la expulsión de todos los emigrados franceses de España, en la cual Truguet insistía con tono tan imperioso. El decreto del Rey decía así:

Real decreto por el cual se manda que los emigrados franceses salgan de España.

«La notoria importancia de conservar sin la menor alteración la amistad, alianza y buena armonía que felizmente subsiste entre las dos Potencias de España y Francia, unidas igualmente con los lazos de su interés recíproco y común, exige que los ciudadanos franceses encuentren en mis dominios quietud, protección y buena acogida. Pero muchos emigrados de la misma nación, á quienes se concedió la hospitalidad en éstos mis reinos, de ningún modo han correspondido á mis esperanzas, y antes bien han buscado todas las ocasiones de turbar la tranquilidad, manifestando abiertamente su encono contra los ciudadanos franceses y contra el Gobierno de su nación, y aun han procurado indisponer con ellos á mis amados vasallos, inflamando sus ánimos con motivo de las ocurrencias actuales, sin que hayan bastado para contenerlos las providencias que hasta ahora he tomado. Deseando, pues, como es justo, cortar de raíz un mal tan pernicioso y prevenir sus funestas consecuencias, es mi Real voluntad que todos los emigrados franceses salgan de mis dominios cuanto antes sea posible; y para no negarles enteramente la hospitalidad que hasta ahora se les ha dado, en consideración á su miseria, permitiré que pasen los que quisieren á la isla de Mallorca, donde podrán recibir los auxilios de sus amigos ó parientes. Tendréislo entendido y lo comunicaréis á quien corresponda para su más exacto cumplimiento.—Señalado de la Real mano.—En Aranjuez á 23 de Marzo de 1798.—Al Principe de la Paz.»

El Embajador francés insiste en la separación de D. Manuel Godoy, la cual se verificó con efecto.

El Embajador francés no quedó satisfecho con esta condescéndencia; y como no se hubiese aún decidido cosa alguna en punto á operaciones navales, ni descubriese tampoco esperanza de emprender la guerra contra Portugal, puso por obra sus instrucciones y acometió de frente al Privado, entregando al Rey en mano propia una carta de su Gobierno en que se hallaban, según se dijo, *avisos saludables* á que no estaba acostumbrado el Monarca español. Las *Memorias* de aquel tiempo, escritas por franceses, dicen que Carlos IV debió hallar en dicha carta una revelación muy propia para turbar la paz doméstica de cualquier otro Principe. Tenemos esto último por inverosímil. Lo que no parece dudoso es que en ella se pedía directa ó indirectamente que el Principe de la Paz fuese separado de los negocios. Dado este paso, la caída del favorito, es decir, su cesación en el Ministerio, era inevitable. El Rey y la Reina no podían tener la firmeza necesaria para resistir á las exigencias del Directorio. Temerosos de las funestas resultas que podría traer para ellos cualquiera desavenencia con los republicanos, se resolvieron á complacerles. Mas para que el sacrificio llevase el carácter de acción espontánea de parte del Ministro, se dejaron pasar algunos días, al cabo de los cuales hizo dejación del Ministerio de Estado y de la Sargentía Mayor de Guardias de Corps: en aquél le sucedió D. Francisco Saavedra, Ministro de Hacienda, y en ésta el Marqués de Ruchena.

La víspera del día en que el Príncipe de la Paz dejó el Ministerio, fué á ver al Embajador de Francia y se explicó con él en términos que no manifestaban intención de salir de aquel puesto; pero al día siguiente se anunció públicamente su retiro. Por el decreto que insertó la *Gaceta de Madrid*, se ve que el Rey consentía en este sacrificio por motivos á que no le era posible resistir. Decía así:

Real decreto.

«El Rey nuestro Señor se ha servido expedir el decreto siguiente, escrito de su propio puño al Excelentísimo Sr. Príncipe de la Paz:

»Atendiendo á las reiteradas súplicas que me habéis hecho, así de palabra como por escrito, para que os eximiese de los empleos de Secretario de Estado y de Sargento Mayor de mis Reales Guardias de Corps, he venido en acceder á vuestras reiteradas instancias eximiéndoos de dichos empleos, nombrando interinamente á D. Francisco Saavedra para el primero, y para el segundo al Marqués de Ruchena, á los que podréis entregar lo que á cada uno corresponda, quedando vos con todos los honores, sueldos, emolumentos y entradas que en el día tenéis, asegurándoos que estoy sumamente satisfecho del celo, amor y acierto con que habéis desempeñado todo lo que ha corrido bajo vuestro mando, y que os estaré sumamente agradecido mientras viva, y que en todas ocasiones os daré pruebas nada equívocas de mi gratitud á vuestros singulares servicios.—Aranjuez y Marzo 28 de 1798.—*Carlos*.—Al Príncipe de la Paz.»

La Francia, pues, por el temor que causaba en la Corte de Madrid, ocasionó la caída momentánea del favorito. El Embajador Truguet despachó al punto un correo á su Corte avisando este triunfo, cuyos efectos no podían á la verdad ser de grande importancia, quedando el Príncipe de la Paz dueño de la voluntad de la Reina, y pudiendo influir, por consiguiente, aunque de oculto, en la dirección del Gobierno, si ocurrían circunstancias graves que reclamasen su solicitud.

Explicaciones de D. Manuel Godoy sobre su caída.

Con la declaración hecha al Rey por el Embajador del Directorio, y probablemente á su abrigo, coincidieron también otras insinuaciones y tentativas para derribar al Privado. D. Manuel Godoy, refiriendo á su manera los motivos por que se retiró del Ministerio (1), dice que Carlos IV se alarmó de una expresión suya, que era bien inocente por cierto. Anunciando el Príncipe de la Paz á Jovellanos su nombramiento de Ministro de Gracia y Justicia, añadió en su carta confidencial: «Venga usted, pues, amigo mío, á ser uno de los miembros de nuestro *Directorio monárquico.* Jovellanos, prosigue D. Manuel Godoy, dejó ver sin duda ninguna esta carta á algún falso amigo (tenía satisfacción en hacer ver mi correspondencia con él); no perdía ninguna ocasión de alabar la precisión con

(1) En sus *Memorias*, tomo II, págs. 173 y siguientes.

que yo expresaba mi pensamiento y cierta elocuencia que descubría en mi estilo (1). El Rey llegó á tener noticia de la expresión *Venga usted á ser uno de los de nuestro Directorio monárquico;* y habiéndosele pedido explicaciones y dándole yo la más concluyente de todas, que era mostrarle la carta misma, no quedó del todo satisfecho.» D. Manuel Godoy dice también que del empeño con que él mantenía el ejército en pie respetable, sacaron sus adversarios inducciones contra él, porque se le suponían proyectos de romper la alianza con Francia ú otros fines contrarios á la política de Carlos IV. «Mostrábase este Monarca, añade, muy en contra de los campos de instrucción. Deseoso el Rey de desvanecer cualquier recelo que se pudiera inspirar por ellos á la Francia, se asustaba, al parecer, de la tendencia marcial del Ministro.»

Dese enhorabuena á los hechos referidos por Don Manuel Godoy el crédito y la importancia que se quiera. Lo que parece cierto es que por aquel tiempo llegó Carlos IV á cansarse de su favorito. «Carlos IV, dice un varón muy recomendable que tuvo motivo de saber lo que pasó en esta ocasión, fué el único que en la jornada de Aranjuez de 1798, estrechándose con Saavedra, le descubrió sus sentimientos contra Godoy, resuelto á separarle de su lado y casa. Entró en la idea la Reina, por motivos que, aunque ocultos, no dejaban de traslucirse. Llegó el Rey á extender de su puño un decreto terrible de proscripción contra Godoy, que entregó S. M. á Saavedra. Tratado el caso con Jovellanos, por razones de política se logró que se mo-

(1) Jovellanos era, sin duda ninguna, un juez irrecusable en materia de estilo y buen lenguaje, y por esto es muy de sentir que no haya explicado en qué consistía aquella *cierta elocuencia* de las cartas de D. Manuel Godoy.

dificara, reduciéndole á los términos que vió la nación
en el que se publicó.» Ceán Bermúdez confirma esta
relación en. sus *Memorias para la vida de Jovellanos.*
Dice que era grande el descontento del Rey y el horror con que le miraba (á D. Manuel Godoy). Esta era
la ocasión de acabar con él, decían algunos; pero la
honradez y gratitud de estos dos virtuosos amigos
(Saavedra y Jovellanos) no les permitieron intentar
su ruína, sino la separación de los negocios, que creían
suficiente para hacer el bien de la nación, lo que se
consiguió con un decreto que llenó al favorito de honores y distinciones.» Es verosímil que escudados con
la resuelta voluntad de la Francia de derribar al Príncipe de la Paz, los enemigos que éste tenía en España trabajasen con ardor por indisponerle con el Rey,
viendo tan favorable ocasión de hacer cesar el escándalo de su elevación y de poner término á su desacer-
tado Gobierno; mas á no haber tenido certeza del empeño que puso el Directorio en apartarle de los negocios, puede dudarse que Carlos IV se hubiese determinado á alejarle de su lado.

Saavedra y Jovellanos se oponen á que se castigue al Valido.

Jovellanos y Saavedra se opusieron, pues, al trágico fin del Valido, y no se prestaron á que descargasen
sobre él rigurosos castigos, como el Rey mismo llegó
á desear. Los Ministros tuvieron presente la gratitud
que le debían por haberles llamado el mismo Príncipe
de la Paz á ocupar las Secretarías del Despacho á propuesta del Conde de Cabarrús, quien le recomendó el
mérito distinguido y señalada capacidad de ambos.
Detendríales, sobre todo, para proceder judicialmente

contra el Valido, el deshonor con que habría de ser mancillado el regio tálamo y el dolor que no podría menos de oprimir el corazón del Monarca cuando supiese el crimen de su esposa.

En fin, otra razón debió parecer también de gran peso á los ojos de los Ministros. Los rigores, y cuando menos las pesadumbres, no podían menos de alcanzar á la Reina, la cual, irritada y enfurecida, pediría venganza. Cediendo siempre la voluntad del Rey á sus ruegos, los Ministros quedarían expuestos á graves peligros.

Enfermedad sobrevenida á Saavedra y Jovellanos.—Separación de sus Ministerios.

Mas fué tal la malaventura de estos dos varones honrados, que su miramiento no les preservó de terribles persecuciones. Al cabo de algún tiempo, los dos Ministros cayeron de repente enfermos de gravedad, con ataques violentos que anunciaban un agente vil. Jovellanos resistió mejor que Saavedra, merced á su constitución robusta. Saavedra continuó siempre enfermo hasta la muerte. Separados de sus Ministerios, fueron desterrados Saavedra á Sevilla y Jovellanos á Gijón. Su destierro, en pos del atentado execrable que una mano oculta cometió contra sus vidas, causó en los ánimos no menos dolor que indignación, porque ambos Ministros gozaban del aprecio universal por sus luces y por su patriotismo acreditado.

El Príncipe de la Paz no quiere cargarse ni con la separación de estos Ministros, ni con las persecuciones que sufrió después Jovellanos.

Si no supiésemos por tantos y tan recomendables varones de aquel tiempo que la Reina y el Príncipe de la Paz arrojaron de sus empleos á Saavedra y Jovellanos, nos lo probaría el cuidadoso estudio con que D. Manuel Godoy quiere lavarse de tal mancha en sus *Memorias*. Ansioso de anticiparse á los cargos que se le pueden hacer sobre la conducta que tuvo en este asunto, procura sorprender á los lectores incautos haciendo autor de la caída de Jovellanos al Ministro Caballero y quejándose con aparente dolor de que hubiera éste tenido el atrevimiento de deshacer una obra que era suya. Parece increíble que se pueda llevar el fingimiento hasta tal punto. Caballero fué indudablemente de carácter nada recomendable, y por esto muy á propósito para hacer papel en la Corte inmoral y corrompida de la Reina María Luisa, la cual se servía de él como instrumento para los vejámenes y persecuciones que suscitaba á los que quería molestar ó perder. Era muy grato en verdad para María Luisa y su protegido tirar la piedra y esconder la mano, como se dice vulgarmente; satisfacer sus enconos y echar la culpa al vil y despreciable Ministro que consentía en prestar servicio tan afrentoso; pero la autoridad que le concedían era muy limitada, y por decirlo así, la necesaria solamente para encubrir por ella sus maquinaciones. Tendremos ocasión de extendernos más en otra parte sobre este maquiavelismo ó táctica italiana de la Corte de María Luisa. Viniendo ahora á la

caída de Jovellanos, veamos cómo las *Memorias* de
D. Manuel Godoy quieren obscurecer la verdad: «Su
primer hazaña (de Caballero) fué derribar á Jovellanos del Ministerio de Gracia y Justicia, en el cual le
había yo puesto, el 24 de Agosto de 1798, es decir,
cinco meses no cabales antes de mi retirada del Gobierno. Jovellanos fué reemplazado, perseguido, ¿por
quién? por Caballero (1).» Por manera que leyendo
estas palabras se dijera que el Príncipe de la Paz veía
la caída de Jovellanos con sentimiento, teniéndola
por insulto hecho á él personalmente, y que el *pícaro*
Caballero (tal era el epíteto con que la Reina y toda
la Corte denominaban á este hombre sin honra) fué
sólo el que persiguió á aquel virtuoso Ministro, gloria y ornamento de la magistratura española en este
reinado. No es esa la verdad. El Marqués Caballero
mismo se lamenta de la persecución que padeció Jovellanos en su carta al Ministro.

Jovellanos no pudo menos de saber de dónde vino
la persecución que sufrió, y la atribuyó, no á Caballero, á quien tenía tan sólo por vil instrumento, sino á
la Reina y al Príncipe de la Paz, autores de las vejaciones contra las personas que aborrecían. Jovellanos, en su carta á D. Juan de Escóiquiz con fecha de
14 de Abril de 1808 en la Cartuja de Jesús Nazareno
(la de Valdemuza en Mallorca), deja ver cuán irritado
estaba contra Godoy, derribado ya entonces de su privanza, y cómo le tenía por verdadero autor de sus desgracias. «Salvándonos, dice (Jovellanos habla de él
mismo y de Escóiquiz), la Santa Providencia *de la fu-*
ria, que vivirá en la memoria de los venideros para

(1) *Memorias* de D. Manuel Godoy, tomo II, pág. 242. Edición francesa.

ejemplo de atrocidad en sus venganzas, parece que ha unido nuestra amistad con un nuevo vínculo.» No era, pues, del Ministro Caballero de quien Jovellanos se quejaba, puesto que Caballero desempeñaba todavía entonces el cargo de Secretario de Estado y del Despacho de Gracia y Justicia, sino de la *furia* de la cual acababa de salvarles la Santa Providencia. Y no se extrañe la palabra *furia* en boca de Jovellanos hablando del Príncipe de la Paz, su perseguidor, ó quizá de la Reina, porque fueron tales las vejaciones que este varón ilustre padeció durante los siete años de su prisión, que bien merecen el nombre de furia, ya el Valido, ya la Reina, que tuvieron tanta sed de venganza. Fueron muy crueles estos procedimientos. Era rencoroso el espíritu de la Reina y también el del Privado. Al estimable y honrado Conde de Floridablanca le pusieron en el castillo de Pamplona, suponiendo cargos y acusaciones sin fundamento contra la pureza de su administración, los cuales fueron obra de la enemistad que le tenían los amigos del joven Godoy. El Conde de Aranda, tan conocido y apreciado en Europa, después de haber sufrido destierros y prisiones por haberse atrevido á pensar de diferente modo que el joven Ministro, que regía el reino, en asuntos de tanta importancia como era la guerra contra la Convención francesa, fué á morir á sus Estados de Aragón lejos de la presencia de su Rey, de quien era tan fiel y distinguido vasallo. Innumerables fueron también las personas que sufrieron atropellamientos en todo el reino y destierros, ya por no mostrarse obsequiosas con el favorito, ó ya por cuentos y chismes que eran el alimento continuo de aquella Corte suspicaz y rencorosa.

Resumiendo los hechos ya referidos tocante á la separación del Príncipe de la Paz, resulta que el empeño del Directorio fué el que le precipitó de su puesto, y que otras tentativas para alejarle del lado del Rey habrían sido quizá vanas á no haber mediado tan poderoso agente.

Si Carlos IV ponía la dirección de los negocios políticos del reino en otras manos que en las de su Valido por temor de la Francia, era natural que accediese también á las demás solicitudes del Embajador Truguet. Así es que fueron expelidos del reino los emigrados franceses y se prohibieron las mercancías inglesas. El decreto contra los emigrados se llevó á efecto con prontitud y rigor nunca vistos. El Duque de Havré, encargado por el Conde de Provenza (Luis XVIII) de comunicar con el Gobierno español, y que tanto por este carácter como por ser Grande de España se creía exento del decreto general, fué uno de los primeros á quienes se dió orden de salir del territorio español. También se comunicó el mismo decreto á MM. de Saint-Simon, de Piennes y otras personas distinguidas de la antigua nobleza de Francia. Mostróse el Gobierno de Madrid tan temeroso de desagradar al Directorio en la más mínima cosa, que envió alguaciles á las casas en donde se creía que hubiese emigrados con orden de que saliesen de España. Iguales diligencias se hicieron para descubrir desertores y *requisicionarios* (1) franceses.

Renováronse las órdenes expedidas anteriormente para prohibir toda introducción y venta de mercancías inglesas en España, á fin de que fuesen observadas con el mayor rigor. Y no contento el Gobierno con

_____

(1) Los que se habían huído de Francia por no servir en los ejércitos.

estos testimonios de sumisión á la República, quiso también precaver que algunos predicadores, alucinados ó movidos por celo indirecto y equivocado, llegasen á proferir expresiones injuriosas y perjudiciales á la buena unión entre las dos Potencias, con motivo de los sucesos del día, y mandó que, conforme á las ordenes ya dadas, no se tocasen absolutamente en el púlpito materias politicas y que se castigase á los que incurriesen en este abuso.

Nombramiento de D. José Nicolás de Azara á la Embajada de París.

En fin, para dar al Directorio otro testimonio de buena armonía y de total complacencia, Carlos IV nombró Embajador en París á D. José Nicolás de Azara, que había sido Ministro de España en Roma largo tiempo, el cual, con motivo de los sucesos militares y políticos ocurridos en Italia, tuvo trato frecuente y medió en varias ocasiones con los Generales franceses, en virtud de la alianza del Rey su amo con la República. «Este nombramiento, dijo el Ministro español, es la mejor prueba que nuestro Gobierno puede dar del vivo deseo que le anima de cultivar la buena inteligencia con la República francesa.» Verdaderamente Azara era afecto á la Francia, y tenía la amistad de esta Potencia por más provechosa para España que la de los ingleses. Por esta razón, y porque estaba versado en los asuntos de Italia, señaladamente en los de Roma, le había ya propuesto el Príncipe de la Paz, antes de su salida del Ministerio, si querría aceptar la Embajada del Rey en París.

Discurso pronunciado por Azara á su presentación al Directorio.

Azara fué bien acogido por el Directorio. Al presentar sus credenciales en pública audiencia, renovó de parte del Rey las seguridades del puntual cumplimiento del Tratado de alianza. «El carácter moral del Soberano á quien tengo la honra de representar aquí, añadió, afianza el exacto cumplimiento de sus empeños; su probidad os asegura una amistad franca, leal y sin sospecha. La nación que gobierna es nombrada por su delicado pundonor; es vuestra amiga, sin rivalidad cerca de un siglo hace. Las mudanzas acaecidas en vuestro Gobierno, en vez de debilitar dicha unión, no pueden servir sino á consolidarla cada día más, porque de ella depende nuestro interés y nuestra existencia común. He sido testigo de las heróicas hazañas de los franceses en Italia, y ahora vengo á admirar más de cerca la sabiduría que las dirigió. Me tengo por feliz de que haya recaído en mí esta elección, pues seré el instrumento que estreche aún más los vínculos de nuestras dos naciones; y si he merecido muchas veces que el caudillo victorioso haya aprobado la conducta que tuve con ciudadanos franceses en momentos muy críticos, espero que mi reputación no se desmentirá jamás en otra parte.»

D. Manuel Godoy, fundador de la alianza con la República, tacha en sus *Memorias* (1) el discurso de Azara de bajo y lisonjero en demasía, por más que fuese conforme en todo con el espíritu del Tratado, y copia,

(1) Tomo II, pág. 227. Edición francesa.

por decirlo así, del lenguaje continuo del Privado después de la paz de Basilea. Conviene saber que cuando Azara se presentó al Directorio, el Príncipe de la Paz no era ya Ministro, porque los Directores habían logrado indisponerle pasajeramente con Carlos IV, como queda dicho. El mantenimiento de su propio sistema de alianza le parecía, pues, ya entonces, flojedad y lisonja excesiva. En eso estriba su censura. El Presidente del Directorio respondió al Embajador español, diciendo que asegurase al Rey que la República francesa cumpliría fielmente lo tratado, y que estaba animada del más ardiente deseo de contribuir á la prosperidad de la nación española y á la felicidad personal de S. M. Concluyó declarando solemnemente, por lo que respectaba á la persona de Azara, que la República le estaba agradecida.

Vuelven á abrirse en Madrid negociaciones para un Tratado entre la Francia y Portugal.

Faltaba que tratar solamente en Madrid de la guerra contra Portugal, ó convenir con esta Potencia en las condiciones del Tratado de paz con la República, y en esto el Embajador Truguet halló dificultades que no vinieron de la Corte de Madrid, sino de los manejos de los Directores. El hecho pasó de esta manera. Habiendo resuelto el Directorio que la negociación con Portugal se volviese á abrir en Madrid, partió de París para esta capital una cáfila de agentes que se pretendían más ó menos autorizados para intervenir en la materia. Cada uno de los Directores tenía sus clientes, sin que se diesen cuenta unos á otros de los emisarios que empleaban; pero el comisionado verdadero del Directorio, el que habiendo sido informado de sus intenciones salió de París para abocarse con el Principe de la Paz, fué el llamado Segui, hombre capaz y que conocía bien los manejos de los unos y de los otros. Los agentes todos, y algunos de sus principales, sabían que Portugal pensaba componer el asunto con dinero: por tanto, pensaban sacar algún provecho de la repartición. El Rey Carlos IV había dado orden á su Embajador de aumentar un millón de cruzados á los tres millones prometidos por Portugal, con tal que el Tratado del mes de Agosto anterior fuese ratificado, y ¡cosa singular! una parte de la cantidad aumentada había de salir del Erario español. ¡Tan vivo era el deseo del Rey de impedir la guerra contra los portugueses!

Hallándose de Encargado de Negocios de la República en Madrid el ciudadano Perrochel, antes que llegase allí el Embajador Truguet, el Directorio le autorizó para la negociación y conclusión del Tratado. Luego que el agente Segui se hubo abocado con el Príncipe de la Paz, quiso éste no perder momento para dar principio á la negociación, por ser la brevedad del mayor interés para las tres Cortes; mas llegándolo á entender el Embajador Truguet, declaró formalmente al Ministro de Estado que se opondría á que nadie sino él tratase en esta Corte negociación alguna en nombre del Gobierno francés, mientras que él estuviese revestido del carácter de Embajador, como único representante de la República francesa cerca de S. M. Dióse parte á París de la resistencia del Embajador, la cual puso de mal humor al Directorio contra Truguet, si bien no halló otro medio para darle razón sobre sus pretensiones sino llamar otra vez la negociación á París. En verdad era extraño que otra persona estuviese autorizada en Madrid á tratar de negocios diplomáticos á presencia del Embajador (1). Lo que acabó de descontentar á los Directores fué un despacho de Truguet, en que avisándoles la entrada de la escuadra inglesa en el Mediterráneo en busca de la expedición salida de Tolón, criticaba altamente el destino de ésta y pronosticaba su malogro. El Directorio se ofendió del desabrimiento ó, por mejor decir, de la acrimonia del lenguaje del Embajador.

Truguet deja su puesto de Embajador.

Determinó, pues, que Truguet dejase su puesto y emprendiese su viaje á Francia; mas él se obstinó en no querer salir de Madrid, por cuya desobediencia le inscribieron en el registro de *emigrados*. Cuando se resolvió por fin á entrar en Francia, le arrestaron, y lo único que pudo lograr fué el permiso de retirarse á Holanda, desde donde pediría ser borrado del libro de los emigrados. El conducto por donde se supone haber Truguet sabido el proyecto de desembarco en Egipto, fué la Reina María Luisa, á quien se lo había comu-

(1) En este desgraciado negocio de Portugal no se vieron más que sórdidos intereses. Azara, que llegó por aquel tiempo como Embajador del Rey á París, no halla expresiones bastantemente enérgicas para desaprobar tan odiosos manejos. «Desde que el mundo es mundo, decía, no había habido negocio tan echado á perder como éste, ni en el que haya habido tantas porquerías, infamias, hurtos y mentiras. Adonde quiera que me vuelvo no veo sino engaños y proyectos de colusión y estafas, de manera que Portugal se presenta á los ojos de muchas gentes como una cucaña adonde todos tienen derecho de pillar el retazo que puedan coger. Un hombre de bien hace muy triste papel entre tales negociadores.» (Carta á D. Francisco Saavedra: 26 de Mayo de 1798.)

Hemos ya hecho ver en otras partes la corrupción del gobierno del Directorio. El dinero era la divinidad adorada en aquel tiempo.

nicado el Príncipe de la Paz, informado por la Corte de Lisboa. Truguet creyó que debía avisarlo al Directorio, y al dar parte del camino de la expedición, censuró vivamente el pensamiento, ya porque su ejecución le pareciese imposible ó sumamente arriesgada por lo menos, ó ya porque habiendo trabajado con ardiente celo, mientras que fué Ministro de Marina, en los preparativos navales para el desembarco en Inglaterra, viese con dolor malogradas sus tareas y su proyecto abandonado por una expedición lejana, que era, en su entender, mucho más peligrosa.

Ninguna mudanza hubo en las relaciones exteriores por la separación del Príncipe de la Paz.

La separación del Príncipe de la Paz de la primera Secretaría del Despacho de Estado no trajo en pos de sí mudanza ninguna esencial en las relaciones políticas entre España y Francia. El Directorio había pedido imperiosamente que este Ministro cesase en la dirección de los negocios públicos, suponiéndole desafecto á la Francia ó infiel en la ejecución del Tratado de alianza. Era, pues, natural que habiendo el Rey accedido á la pretensión del Gabinete aliado, la caída del Ministro no alterase en nada la unión de ambos Gobiernos, y que antes bien la asegurase más. Por otra parte, la estrechez con Francia había venido principalmente de la pusilanimidad del Rey Carlos IV y de su temor continuo de agresiones francesas. El nuevo Ministerio no podía, pues, variar el sistema seguido por el Rey con constancia tan singular.

Proyecto de reforma de las Universidades literarias de España, concebido por el Ministro Jovellanos.

Por lo que hace á la administración interior, se esperaba que los nuevos Ministros promoviesen medidas y planes convenientes para dar vida al cuerpo social. Con efecto, comenzaron á entreverse entonces algunos adelantamientos. Hablaremos más adelante de los planes propuestos por Saavedra, para arreglar los gastos del Erario, mientras que fué Ministro de Hacienda. Ahora diremos el pensamiento que Jovellanos tuvo de plantear la reforma de los estudios de la Universidad de Salamanca y de las demás Universidades del reino, viendo con razón en la reforma de la enseñanza pública un perenne manantial de bienes para el tiempo presente y el venidero.

Eran nuestras Universidades literarias espejo fiel de la ignorancia que habían traído los tiempos. En ellas se veía lo extraviados que andaban los entendimientos. Pervertidos por falsas ideas, tenían por saber la ignorancia, por ingenio la vana sutileza, por elocuencia y buen gusto las hipérboles y frases vacías de sentido, por conocimientos útiles la jerigonza escolástica. Entre los Cuerpos literarios sobresalía la Universidad de Salamanca, así por la celebridad que gozaba desde tiempos antiguos, como por la señalada predilección que le dispensaron siempre los Reyes: por esto los vicios de la enseñanza se echaban también más de ver en ella. Las verdaderas ciencias no tenían entrada en su santuario. Podrá formarse idea de tan deplorable abandono por las siguientes palabras del famoso Torres: «Todas las cátedras de las Universidades estaban vacantes, y se padecía en ellas una infame ignorancia. Una figura geométrica se miraba en este tiempo como las brujerías y las tentaciones de San Antón, y en cada círculo se les antojaba una caldera, donde hervían á borbollones los pactos y los comercios con el demonio. Pedí á la Universidad la sustitución de la cátedra de Matemáticas, que estuvo sin maestro treinta años y sin enseñanza más de ciento y cincuenta.»

Verdad es que tan insano aborrecimiento de las ciencias había disminuido en los reinados de Carlos III y de Carlos IV. Se ha de confesar también que no obstante el plan de estudios de las Universidades, y á pesar del mal aire que se respiraba en ellas, había algunos espíritus privilegiados, los cuales, sobreponiéndose á los errados métodos, llegaban por su propio esfuerzo á la región de la verdad. En todas las Universidades, en la de Salamanca señaladamente, había varones sabios y laboriosos en cuya conversación erudita se podían adquirir verdaderas luces. Pero no obstante estas excepciones, permanecían siempre *góticos* estos edificios, según la expresión del poeta Meléndez. Jovellanos nada ansiaba, pues, tanto como emprender su reforma, conociendo que no es posible mejorar el estado de los pueblos si los doctores y maestros á quienes está confiada su enseñanza, en vez de darle nociones provechosas, perpetúan ellos mismos los errores de donde dimanan sus padecimientos. Animado de este deseo, propuso al Rey que se procediese á reformar el plan de estudios de la Universidad de Salamanca, que era la primera del reino, para que, siguiendo las demás su ejemplo, pudiesen conformarse después á las reformas que se hiciesen en ella.

Las ideas del Ministro se hallan expuestas con precisión en el informe que presentó á Carlos IV sobre la necesidad de reformar los estudios. «Ya no es un problema, dice, es una verdad generalmente reconocida que la instrucción es la medida común de la prosperidad de las naciones, y que así son ellas de poderosas ó débiles, felices ó desgraciadas, según son ilustradas ó ignorantes.» Dice después que los españoles se ocuparon en obras de imaginación y en materias teológicas, pero que hicieron poco caso de otras ciencias útiles; y añade: «Nuestras Universidades fueron desde el principio unos Cuerpos eclesiásticos con autoridad pontificia. Tuvieron la preferencia en las asignaturas de sus cátedras la Teología y el Derecho. La Filosofía se cultivó solamente como preliminar para entrar á estas ciencias, y aun la Medicina y la Jurisprudencia hubieran sido descuidadas si el amor del hombre á la vida y á los bienes pudiese olvidar el aprecio de sus defensores.

»No hablaré aquí de los vicios de la misma enseñanza, que de una parte eran derivados del estado general de la literatura en Europa, y de otra iban inherentes á la naturaleza misma de estos Cuerpos. En la renovación de los estudios el mundo literario fué peripatético, y el método escolástico, su hijo mal nacido, fijó en todo él la enseñanza. Más ó menos tarde fueron las naciones sacudiendo el yugo; y si la nuestra le siente todavía, no es porque no esté ya dispuesta á entrar en el buen sendero. Pero sí hablaré de aquel funesto error que ha sido origen de tantos males; del menosprecio ó del olvido con que en este plan de enseñanza fueron tratadas las ciencias útiles. Los dos más grandes ramos de la Filosofía especulativa y práctica, las ciencias exactas y naturales, fueron de todo punto descuidadas y olvidadas en él. Si en alguna

Universidad se estableció la enseñanza de las Matemáticas, la predilección de otros estudios y el predominio del escolasticismo las hizo luego caer en el desprecio; y si fué cultivada la Física, lo fué sólo especulativamente y para perpetuar unos principios que la experiencia debía calificar de vanos y ridículos. En suma, la Matemática de nuestras Universidades sólo sirvió para hacer almanaques, y su Física para reducir á nada la matéria prima (1).»

D. Antonio Tavira, Obispo de Osma, es nombrado por el Rey para pasar á la Silla episcopal de Salamanca, en donde debería plantearse.

Resuelto, pues, el Ministro á sacar á la enseñanza de su mal estado, debió pensar en los medios de conseguirlo. Claros estaban los vicios, y, por consiguiente, manifiesta era también la reforma que debía hacerse; mas ¿quién no sabe lo difíciles que son de desarraigar los abusos, por absurdos y monstruosos que sean, cuando hay intereses fundados sobre ellos desde largo tiempo, y lo muy viva que es también la guerra que se declara á los que intentan reformarlos? Jovellanos previó que el espíritu de partido, con su ingénita mala fe, procuraría confundir la reforma literaria con la novedad filosófica, y que propenso de suyo á interpretar siniestramente aun las intenciones más puras, dejaría oir clamores y desconfianzas, anunciando peligros, ya para la creencia religiosa, ya para la autoridad civil. Por tanto, cuidó de encomendar la reforma á la sabiduría y virtudes de un Prelado co-

(1) Ceán Bermúdez, *Memorias para la vida de Jovellanos*, pág. 225.

nocido en la Corte y en el reino todo por muy digno de respeto y veneración, y propuso al Rey que Don Antonio Tavira, Obispo de Osma, fuese trasladado á la Silla episcopal de Salamanca, para que establecido allí pudiese atender al cumplimiento de encargo tan importante. La elección no podía ser más acertada. Piedad, saber, sensatez, buen nombre; en suma, cuantas prendas eran de desear, adornaban á este varón eminente.

No había quizá en España sujeto de mayor capacidad y aptitud que este sabio Prelado para el desempeño de tan importante encargo. Jovellanos, por el solo hecho de elegir á un varón tan recomendable por su saber y virtud para poner en obra sus proyectos, daba la prenda más segura de la rectitud de su intención. El lector podrá apreciar debidamente el mérito del Ilmo. Tavira por la noticia que vamos á presentarle de su carrera de estudios y de sus prendas y virtudes. Conviene también que la juventud española tenga delante de su vista el saludable ejemplo de la vida de este verdadero sabio de nuestros días, ya que, por desgracia, le propongan á veces por modelos de ciencia y virtud á los que distan mucho de serlo y los cuales, por tanto, pueden engañarla ó corromperla.

Biografía de este sabio.

Tavira nació en Iznatorafe, en el reino de Jaén, el 30 de Septiembre de 1737. Su padre, D. Vicente Tavira, descendiente de una de las familias más distinguidas de aquel país, era hacendado en él, y después de haber concluido su carrera de estudios en la Universidad de Granada, vivía ocupado en el cultivo de sus tierras en Albaladejo, en los confines de la Mancha, muy cerca del pueblo de su naturaleza. Quiso la buena suerte del joven Tavira que su padre se aficionase particularmente á la lectura de los autores clásicos griegos y latinos, porque así desde sus más tiernos años inspiró á su hijo el gusto de las humanidades. Con las *Geórgicas* de Virgilio en la mano, ingertaban el padre y el hijo los árboles de sus huertas y ponían en práctica los preceptos de este código de agricultura. Entreteníale también el padre con la historia de los españoles que más habían sobresalido en el conocimiento de las lenguas sabias: desde entonces se fijó en su memoria el nombre del profundo Arias Montano, lo cual contribuyó mucho para que después adoptase su mismo estado y profesión. Instruído ya en el conocimiento de la lengua latina y versado también en la griega, entró en el Colegio-Seminario de San Fulgencio de Murcia, en el cual se conserva todavía memoria de su aplicación. Sosteniendo estaba allí unas conclusiones públicas sobre el *Sistema de la pluralidad de mundos*, de Fontenelle, en el día 1.º de Noviembre de 1755, en el momento que sobrevino el gran terremoto que se sintió en toda Europa y arruinó á Lisboa; circunstancia que le dió margen para muchas reflexiones, considerando el objeto de la tesis que defendía. Después de recibir sus grados en la Universidad de Baeza, tomó el hábito de Santiago en la Real Casa de Uclés y pasó desde allí al Colegio del Rey, en Salamanca, en donde recibió los grados de Licenciado y Doctor por aquella Universidad, en la que logró una cátedra de Filosofía.

Desde entonces sus progresos en las lenguas orientales fueron mucho más rápidos. No sólo sustituyó las cátedras de griego y hebreo, sino que se dedicó al estudio de los dialectos siriaco y caldeo, como también al del arábigo, tan útil para los que quieren conocer bien la historia nacional. De su profundo saber en las lenguas griega y hebrea tenemos dos testimonios irrecusables: el del Maestro Zamora, helenista célebre de aquella Universidad y Profesor de esta lengua en ella, el cual en el prólogo de la *Gramática griega,* seguida en aquellos estudios, menciona la afición de Tavira á esta lengua y la amistad que los unía por tal motivo, y el de Bayer en sus *Antigüedades samaritanas,* el cual le cita también con elogio por su conocimiento en la lengua hebrea.

Crecía todos los días el aprecio é interés de los hombres de luces por este joven de tan claro ingenio. El Ministro D. Manuel de Roda, que tenia pensamiento de reformar los estudios de la Universidad de Salamanca y había descubierto en la aptitud de Tavira un medio de llevar á cabo su pensamiento, le instaba para que aceptase la cátedra de Vísperas de Teología de la Universidad, en cuyos ejercicios de oposición había obtenido el primer lugar entre los concurrentes, á pesar del grande influjo que tenían entonces los Colegios mayores. Pero habiendo vacado en aquel mismo año en Madrid una Capellanía de honor de las cuatro que tenía su Orden de Santiago, se presentó al concurso. En él sobresalió igualmente entre los demás opositores; y estimulado por las insinuaciones del Rey y de los Príncipes, que manifestaron deseo de tenerle á su lado, optó por esta colocación. D. Manuel de Roda consintió en que abandonase la carrera de cátedras en Salamanca, previendo que podría ser más útil para sus miras que viviese en la Corte. Desde entonces fué el amigo inseparable de Roda. Cuantos asuntos de importancia ocurrían en que pudiese dar su dictamen, otros tantos le pasaba el Ministro á informe, confiado en su buen juicio y recta intención. Mas poco tiempo después fué nombrado Predicador del Rey, en cuyo ejercicio logró singular aplauso, no solamente por su sana doctrina y vasto saber, sino tambien por su fácil y grata elocuencia y por otras cualidades de orador de que estaba adornado. Oíale Carlos III con particular gusto, y no contento con los sermones que predicaba en la Corte, le encargaba también que predicase frecuentemente en los cuartos de los Infantes. Solía el Rey decir al Patriarca: *Tavira dice la verdad y yo quiero que la oigan mis hijos.* A esta circunstancia debió no haber sido envuelto en alguna persecución ó enredo de Corte, después del fallecimiento de Carlos III; pues Carlos IV, que le había mirado con veneración desde su juventud, le conservó siempre el mismo aprecio. Cuando sus enemigos le decían que Tavira era sospechoso en sus creencias, el Rey respondía: *Vosotros no le habéis oído sus pláticas é instrucciones.* Sin tan firme apoyo, es de creer que la amistad de Jovellanos y la conformidad de pensamientos que los unía le habrían ocasionado graves disgustos, cuando no hubiese perdido del todo la gracia del Soberano. El conocimiento con Jovellanos le hizo de este modo.

Tavira se granjeó muy pronto el aprecio de toda la Corte. Cuantas personas había en ella amantes del saber, buscaban su trato (1). En esta época tuvo prin-

(1) Es de sentir que Tavira no haya dejado por escrito el sinnúmero de anécdotas que sabía sobre las Cortes de los Reyes Fernando VI y Carlos III. Su feliz memoria le recordaba sin cesar hechos muy curiosos, de que había tenido conocimiento en su larga mansión en Palacio. El que esto escribe le oyó con indecible placer referir graciosas ocurrencias ó pormenores interesantes que retrataban muy al vivo

cipio la sincera y recíproca estimación que hubo siempre después entre él y los Condes de Montijo y su distinguida familia, apreciadores del mérito, cuya casa fué centro de reunión para lo más escogido entre los literatos de España. Por entonces le anunciaron una mañana la visita de un *Abate* (1) á quien no conocía. Era D. Gaspar Melchor de Jovellanos, que seguía sus estudios en la Universidad de Alcalá, y que, deseoso de progresar en ellos, venia á buscar el conocimiento y amistad de una persona á quien todos celebraban por sus luces y gusto exquisito. Acogió Tavira al joven Abate con la mayor bondad, y lleno de encanto al ver su deseo de adelantar en instrucción, le habló en esta primera conversación de la excelencia de la lengua griega y de lo muy favorable que era su estudio para la cultura del entendimiento. El coloquio con el sabio helenista produjo en Jovellanos tal afición al griego, que desde entonces se dedicó con empeño á

---

la fisonomía de aquella Corte y de los principales personajes que se señalaban en ella. La pureza de su castizo lenguaje, la finura y urbanidad de sus modales, el buen gusto y sensatez con que sabía narrar los hechos, daban encanto particular á sus conversaciones. Es de notar que la viva expresión de sus ojos y la pequeñez de su estatura, realzaban todavía más los chistes ó aventuras que contaba.

A propósito de la pequeñez de su estatura, era airoso el donaire con que se defendía. Uno de sus sobrinos, que tenía entonces en Palacio, siendo niño y estando poco crecido para la edad que tenía, era objeto de las risas y sarcasmos de sus compañeros: vino, pues, un día á quejarse á su tío de este desafuero. El Prelado (Tavira era entonces Obispo de Osma) acarició al muchacho y le indicó el modo con que debía responder á las burlas de los otros rapaces. «Mira: cuando te echen en cara que eres pequeño, les dirás que en vez de ser esto defecto, es, por el contrario, perfección; que *los espíritus son solamente los que se guardan en pomitos y que el agua se echa en tinajas.*»

(1) Llamábase así á la persona que iba vestida de negro con casaca, cuello clerical y capa corta, imitando á los *Abites* (*Abbées*) de Francia.

aprenderlo. Jovellanos recordaba después con frecuencia á Tavira lo mucho que debió á este primer día de su conocimiento y amistad.

Tavira fué también quien introdujo á Meléndez Valdés en las mejores casas de Madrid y dió á conocer su mérito al Ministro Roda; por manera que el más célebre de nuestros poetas líricos y el mejor de los prosadores fueron sostenidos por él en los primeros pasos que dieron entrando en el mundo literario. En verdad no podian presentarse en él con mejor padrino. El motivo que tuvo para recomendar el mérito de Meléndez fué su *Égloga en alabanza de la vida del campo*. Prendado de las bellezas de tan deliciosa composición, sostuvo en la Real Academia Española, de la que era individuo, que merecía ser premiada por ella, como lo fué, con efecto, en 18 de Marzo de 1780. Con no menor delicadeza que acierto caracterizó el verdadero mérito de la égloga, diciendo que *toda ella estaba oliendo á tomillo*. Desde entonces se vió ya que España tendría también su Anacreonte.

Instáronle repetidas veces, así los Príncipes de Asturias como los Infantes, para que hiciese imprimir algunos de los sermones que predicaba ante ellos, y aun se ofrecieron generosamente á costearle los gastos de impresión; pero su modestia hallaba siempre excusas que alegar para no hacerlo, dando motivos para convencer á las personas augustas que se le mostraban afectas. Decía entre otras cosas, y esto lo ha repetido después muchas veces, que era ya muy grande el número de libros dados á luz por la imprenta desde su descubrimiento; que convenía no abusar de tan preciosa invención, y que no debería imprimirse sino lo que fuese nuevo y conocidamente útil. Observó esta máxima con tal rigor, que nunca quiso escribir so—

bre ninguna materia sino cuando el Gobierno le pedía algún informe ó cuando lo exigían las obligaciones de su estado, imponiendo así silencio á los clamores de la vanidad, que tan ingeniosa suele ser y tan sutil para hallar subterfugios con que ocultar sus intentos. Quizá otras causas meramente políticas le retraerían también de escribir, porque conocía bien el estado de atraso en que se hallaba su país y los riesgos que amenazaban al que quería tratar de cualquier punto, ya fuese de gobierno ó de legislación, ó ya de filosofía, de moral ó de religión. Testigo de frecuentes y no merecidas persecuciones sufridas por los literatos, no quiso exponerse á tener igual suerte. Así es que se le oía decir con frecuencia que el estado de España no permitía hablar con libertad.

Mas no por haber desdeñado ó temido la gloria de autor, dejó Tavira de ejercer una verdadera magistratura en la república de las letras. Puede asegurarse que no se trató entonces de ninguna empresa importante, sin que fuese parte principal en ella por sus luces ó por sus consejos. Trabajó con Bayer en la corrección é impresión del *Salustio*, traducido por el Infante Don Gabriel; S. A. R. le regaló tres ejemplares de su magnifica edición por la parte que tuvo en el esmero y atención diligente que recomiendan á tan bella obra. Fué nombrado, con Lardizabal y Jovellanos, para examinar los códices antiguos de nuestra legislación. Con los mismos sabios fué miembro de la Junta formada por el Consejo de Castilla, para tomar conocimiento de las invectivas y declamaciones del célebre misionero, el P. Cádiz, del Orden de Capuchinos, el cual, predicando en la plaza de Zaragoza, censuró amargamente las conclusiones de Economía política que imprimió el Catedrático Normante con el fin de sostenorlas en los estudios de aquella Sociedad Económica Aragonesa; sabido es que por las vehementes declamaciones del predicador se encendió la ira del pueblo y estuvo expuesta la vida de Normante. Se asentaba en las conclusiones que el lujo era útil, puesto que contribuia á vivificar la industria y favorecía la circulación de los capitales; y esta doctrina, que oiría quizá el misionero por primera vez, le pareció herética, pues estaba acostumbrado á clamar todos los días desde el púlpito contra el lujo, representándole como incentivo de pasiones y manantial de vicios.

Tavira extendió el informe de la Junta, en el que se refieren hechos, al parecer increíbles, sobre el fanatismo del predicador y de sus secuaces. Es muy digno de notarse que á Tavira le fueron debidos los adelantos del Colegio de Filosofía de Salamanca, á cuyos estudios se dió desde entonces dirección contraria al espíritu del *Peripato*. No consta que tomase parte públicamente ni en la supresión del Instituto de los Jesuitas, ni en la abolición de los Colegios mayores; pero habiendo puesto empeño particular en ambas empresas el Ministro Roda, con quien Tavira tenía estrecha amistad, es de creer que cooperaría privadamente al logro de las intenciones de su Mecenas. En los veinte años que residió en la Corte, fué, por decirlo así, consultor universal. Los Presidentes de la Real Academia Española, Duque de Alba y Marqués de Santa Cruz; los del Consejo de Ordenes, Duques de Sotomayor, de Baños y de Híjar, le emplearon frecuentemente en los asuntos de sus presidencias. Los hombres más ilustres en la carrera de las letras y del gobierno del Estado, estuvieron asociados con él para comisiones y trabajos de la mayor importancia. Campomanes, Jovellanos, Cabarrús, Saavedra, Lardizabal,

Meléndez, Palafox y otros, fueron sus socios y cooperadores.

Tavira hizo presente á Carlos III que convendría
crear en el Convento de Sancti-Spiritus, en la ciudad
de Salamanca, una casa de educación para doncellas,
hijas de caballeros de las Órdenes militares, y el Rey,
á quien gustó mucho el pensamiento, le comisionó
para que pasase á dicha ciudad y le informase de todo
lo que pudiese ser conducente á tan loable fin. De tal
modo se prendó de la idea el ánimo noble del Monarca, que, ansioso de realizarla, contaba los días del viaje de Tavira y hablaba muy á menudo del objeto que
le había motivado. Se conserva el informe que Tavira
hizo con este motivo. El pensamiento no tuvo efecto,
por haber sobrevenido la muerte del Rey.

Tan relevante mérito no podía menos de llamar la
atención de los Ministros de la Cámara, que hacían al
Rey la propuesta de sujetos para las Sillas episcopa-
les. Fué consultado para los Obispados de Valladolid,
Zamora, Segovia y Málaga, si bien rogó constantemente á sus favorecedores que le libertasen de la pesadumbre del nombramiento. No busca los graves
cuidados de la solicitud pastoral quien pone su felicidad en el estudio y cultivo de las letras. Ocupado Tavira en el reconocimiento de las bibliotecas, en la lectura de los mejores libros y manuscritos, en el dulce
trato de los sabios, cifraba en ello su bienestar, y de
ningún modo en el engaño de los honores y dignidades. ¡Con qué gusto no veía llegar todos los años la
jornada del Real Sitio de San Lorenzo, que llamaba él
su *temporada de estudio*, durante la cual tenía á su
disposición la magnífica biblioteca del Escorial! Pero
tuvo que dejar una vida tan conforme á sus inclinaciones, por haber sido nombrado Prior trienal de la

Real Casa de Uclés, á cuyo establecimiento profesó siempre tierno cariño. Por su ventura le aguardaban también allí ocupaciones literarias y trabajos muy gratos. El archivo de Uclés tenía necesidad de arreglo, y al punto se puso á formar índices de él. Entre los códices que allí se hallaban, los había muy antiguos y raros, señaladamente varios manuscritos griegos, hebreos y latinos que trajo de Italia Pérez de Ayala, Obispo de Guadix, uno de los Prelados españoles que asistieron al Concilio de Trento, y dejó á su fallecimiento á este Cuerpo, del que había sido individuo. El Conde de Campomanes, á quien se dió parte de la existencia de dichos manuscritos, hizo aprecio muy singular de ellos. Gracias á la constancia y actividad de Tavira, el archivo de la casa de Uclés pudo ser tenido por el mejor ordenado del reino. Allí ilustró también con notas eruditas la Regla de los caballeros de Santiago. Ni fueron estos solos los servicios que hizo á la casa. En el año de 1789, en que se experimentaron tan grandes necesidades por la mala cosecha, ocupando á las gentes pobres, mejoró las posesiones de aquella corporación con varias obras de construcción y de cultivo. Convirtió los terrenos incultos de la dehesa y vega de Buena-Mesón en un plantío de 18.000 olivos y 50.000 vides, y también hizo cultivar tierras de pan llevar, logrando que cogiesen más de 2.000 fanegas de trigo en un terreno en donde antes pastaban tan sólo unas pocas ovejas. Una isla que el Tajo forma al lado de la hermosa casa de aquel sitio, hasta entonces inculta, fué transformada en un jardín delicioso, poblado de frutales escogidos; grande y útil empresa que dirigió el sabio Don Esteban Boutelou, Jardinero Mayor del Rey. El que cuando niño se divertía ya en poner por obra los pre-

ceptos de las *Geórgicas*, ¿qué placer n o tendría en edad
provecta transformando terrenos er iales en campos
labrados y floridos verjeles?

Por este mismo tiempo emprendió á su costa las ex-
cavaciones de *Cabeza del Griego*, persuadido de que,
además del bien que se hacía en dar trabajo á los me-
nesterosos, se descubrirían quizá monume ntos antiguos
que pudiesen aclarar algunos hechos de nuestra historia. Reconoció por sí mismo el sitio, y juzgó, por la
figura del terreno y la situación del río y de las montañas, cuál debió ser la dirección en que estuvo cons-
truída la antigua ciudad de *Segobriga*, una de las más
célebres de la España romana, es á saber, dos leguas
al Sureste de Uclés y á tres cuartos de legua de Saeli-
·ces. Descubrió un templo hermoso con tres naves,
varias columnas y relieves, y entre otros sepulcros,
los de dos santos Obispos. Se hallaron también figuras
y vasos romanos. Remitidos al Rey los dibujos y des-
cripciones, pasaron á la Real Academia de la Historia, que los ha publicado en el tomo III de sus *Memorias*.

Pero llegado era el momento de que el Prior de
Uclés se separase de aquella Real Casa para obedecer
al Soberano que le elevaba á la Silla episcopal de Canarias. El Conde de Floridablanca, Ministro de Estado, y el Marqués de Bajamar, Ministro de Indias, natural de la isla de Tenerife, inclinaron el ánimo de
Carlos IV á erigir una Universidad en la isla de Ca-
naria, y le propusieron á Tavira para que pusiese por
obra el pensamiento, nombrándole para la dignidad
episcopal de aquella diócesis.

Aprobó Carlos IV el proyecto, y Tavira hubo de someterse á la voluntad del Soberano, no sin haberle
suplicado con instancia por tres veces que se dignase

dispensarle de tal cargo. El Rey se mantuvo inflexible; y cuando el Obispo electo fué á besar su Real
mano, le explicó con benignidad cuáles eran los motivos por que no había accedido á sus súplicas. Si la
naturaleza de esta obra permitiese trazar en ella una
biografía completa de tan sabio Obispo, se podrían
referir muchos rasgos de su caridad, de su celo, de
su prudencia en la administración pastoral. Baste decir que en cinco años que fué Obispo en las islas Canarias, dejó una memoria muy honrosa, que será duradera entre aquellos naturales, testigos de las virtudes de su Prelado; recorrió á pie los rincones más
ocultos de las islas, llevando por todas ellas los con-
suelos de la beneficencia evangélica; mejoró los establecimientos públicos, haciendo amar al mismo tiempo su bondadosa y apacible índole. Durante la guerra
contra la República francesa su filantropía tuvo también ocasión de manifestarse con los prisioneros de
esta nación. Llegaron á la isla de Tenerife 500 soldados y más de 200 oficiales, á sazón que los ánimos estaban irritados por los excesos cometidos en Francia
y, sobre todo, por la impiedad de las doctrinas que allí
se profesaban en puntos de religión; circunstancia
nada favorable, por cierto, para que los prisioneros
fuesen tratados con la humanidad que es debida siempre al infortunio. Pero el Obispo logró del Capitán
General que gozasen de toda la libertad que fuese com-
patible con el orden, y que se les abrieran talleres
para que se ocupasen y ganasen sus jornales los que
quisiesen destinarse al trabajo, convidándolos también
á asistir á la celebración de los divinos misterios y al
cumplimiento de los deberes religiosos. Dió esto motivo á una correspondencia seguida en latín entre el
Obispo y el Cuerpo de Oficiales, representado por un

joven de veintidós años, llamado Cabantours, que poseía este idioma. Está por demás decir que la carta del Obispo sobresalió así por lo acendrado de su caridad cristiana como por el buen gusto y propiedad latina, de que es verdadero modelo. Dióse cuenta en la tribuna nacional de Francia de los sentimientos filantrópicos del Obispo de Canarias.

Alterada su salud con el penoso cumplimiento de las obligaciones pastorales y con el influjo de aquel clima, le trasladó S. M. al Obispado de Osma, adonde llegó en 1797. Gozoso se hallaba Tavira entre sus nuevos diocesanos, á los cuales veia, no solamente dóciles á sus consejos, sino también justos apreciadores de sus eminentes cualidades. Admirábale la escasa población de la provincia, habiendo sido señalada en la antiguedad por los grandes Municipios formados en ella en tiempo de la dominación de los romanos; hecho histórico en que quizá no se ha fijado bastante la atención hasta aquí y del cual se pudieran sacar inducciones importantes. En un triángulo de poco más de 12 leguas hubo cuatro ciudades populosas, algunas de las cuales resistieron por largo tiempo á los esfuerzos de las legiones romanas, es á saber, Termes, Clunia, Oxama y Numancia, y en ese mismo espacio vive ahora un pueblo que ni está sobrado ni es numeroso. Merecerían, por cierto, indagarse las causas de este fenómeno por los historiadores y filósofos. Con singular contento veía también este Obispo el deseo de saber que reinaba en la capital de su nuevo Obispado.

Habiéndose dolido hasta allí del imperio que tenía el Peripato en nuestras escuelas, llamadas *mayores*, fué sorpresa sumamente grata para el Prelado ver que en la Universidad de Osma, una de las *menores* de las de España, se enseñaban sanas doctrinas de Filosofía, Teología y Derecho Civil y Canónico, y que los Catedráticos de ella habían adoptado las mejores instituciones entre las que se conocían hasta entonces para profesar en sus respectivas Facultades. Provenía esta diversidad, que admiraba con razón al Obispo, de haber sido restaurada aquella Universidad pocos años antes por el valimiento del P. Osma (Fr. Joaquín de Eleta, capuchino de la Orden de San Pedro de Alcántara), que fué Confesor de Carlos III. A petición de este personaje, entonces poderoso, formó el sabio Conde de Campomanes el plan de estudios que debía regirla. Las cátedras fueron dotadas competentemente y provistas por riguroso concurso. La suerte quiso que recayesen en sujetos beneméritos. Por otra parte, no fueron en esta Universidad las enseñanzas patrimonio de los institutos religiosos, como lo fueron en otras; ni hubo en ella, por consiguiente, ninguno de los intereses y rivalidades de escuela, tan funestos para el verdadero saber, y que, en tiempos de ignorancia y de corrupción del buen gusto, versan casi siempre sobre cuestiones vanas é inútiles. Claro está que, siendo tal el estado de aquella Universidad, no sería menor la satisfacción de los miembros de ella á la llegada de un Prelado de tan conocida sabiduría, que la que el mismo Prelado tuviera de verse en medio de un Cuerpo literario tan dispuesto á sacar provecho de sus luces y consejos. Era también muy corto el número de conventos que existían en la diócesis, y, sobre todo, no había en ella ninguna de aquellas comunidades religiosas temidas por su riqueza ó valimiento, que se complacían en otras partes en desafiar al poder de los Obispos y en causarles disgustos por toda suerte de competencias. Tavira no quería ciertamente usar de su autoridad sino para hacer bien; pero tenía la dulce satisfacción de que los furores del espíritu de partido, que solían hallar pábulo dentro de los claustros, no habían de turbar las ocupaciones de su celo ilustrado, ni distraerían su atención de los objetos de su filantrópica beneficencia. Ocupado estaba en la ejecución de varios pensamientos útiles, tales como el fomento de la fábrica de hilazas, paños y bayetas de la Casa-Hospicio del Burgo de Osma, Soria y Aranda de Duero (para la fábrica del Burgo de Osma había obtenido de S. M. la adjudicación de 2.000 ducados anuales de los 6.000 que poseía la Real Capilla, destinada al culto del Venerable Palafox cuando llegase el tiempo de su canonización); una casa de educación en que los niños expósitos aprendiesen las artes mecánicas, y otros proyectos de igual naturaleza, cuando un correo le trajo la noticia de haber sido nombrado Obispo de Salamanca, con el fin de que reformase los estudios de aquella Universidad y de las demás del reino.

Antes de publicar la promoción de Tavira á dicha Silla episcopal, el Ministro Jovellanos escribió á su amigo confidencialmente avisándole del fin que se había propuesto al hacerla. A su parecer, era ya llegado el tiempo de dar principio á la reforma literaria de las Universidades. Para superar los obstáculos que pudiesen sobrevenir en la ejecución de tan importante obra, el Ministro prometía á Tavira todo el auxilio del poder que á la sazón tenía. Creía maduros á los españoles para recibir ideas nuevas. Así lo había dicho al Rey en el informe citado arriba. «Si nuestra nación, decía, siente todavía el yugo de las malas doctrinas, no es porque no esté ya dispuesta á entrar en el buen sendero.» Mas no animaba igual confianza á Tavira,

que era hombre de prudencia consumada, y así procuró disuadir á Jovellanos de su pensamiento. Estre-
mecíale la guerra que las reformas no podían menos
de suscitar, por parte de los interesados, en la conservación de los abusos. Además, el Prelado había vivido largo tiempo en la Corte; y sabiendo cuán resba-
ladizo era el terreno que se pisaba en ella, temía, con
razón, que ni el saber de Jovellanos ni su patriotismo bastasen á ponerle á cubierto de los tiros que lan-
zase contra él la envidia ó el odio de sus adversarios.
El ánimo noble de Jovellanos, vivamente impelido
por el deseo del bien, no dió oídos á las prudentes amonestaciones de su amigo, á quien tendría quizá por
circunspecto en demasía ó por de carácter meticulo-
so. El decreto del Rey, expedido en los primeros días
del mes de Julio, decía:

Decreto del Rey.

«Atendiendo S. M. á la urgente necesidad que hay
de mejorar los estudios de Salamanca para que sirvan
de norma á los demás del reino, y á las dotes de virtud, prudencia y doctrina que requiere este encargo
y que concurren en el Ilmo. Sr. D. Antonio Tavira,
Obispo de Osma, he venido en nombrarle para el Obispado de Salamanca, vacante por la promoción del Excelentísimo Sr. D. Felipe Fernández Vallejo al Arzo-
bispado de Santiago, á fin de que, trasladado al expresado Obispado de Salamanca, pueda desempeñar
más fácilmente las órdenes que se le comunicarán
acerca de tan importante objeto.»

No varió el decreto del Rey la persuasión del Obispo Tavira en punto á los peligros de tamaña empre-

sa, y, antes por el contrario, con la certeza de su nombramiento le parecieron todavía mayores; pero deseoso de que nada quedase por hacer de su parte para el logro de tan loable fin, y queriendo corresponder también á la confianza con que le honraba el Soberano, admitió el encargo. ¡Generoso, aunque vano, sacrificio! Pocos meses habían transcurrido después de su promoción, cuando Jovellanos fué separado del Ministerio de Gracia y Justicia, quedando, por consiguiente, sin poner en planta su tan deseada reforma. Este ilustrado Ministro tuvo suerte, singularmente aciaga por cierto. Los partidarios de los abusos envejecidos, no menos temerosos de su celo que de sus luces, le miraron siempre como enemigo y lograron desbaratar todos sus pensamientos, oponiéndose á los esfuerzos que hacía para mejorar el estado del reino; y por otra parte, los reformadores políticos que vinieron después, imbuídos de errores no menos funestos ó quizá más perjudiciales, desoyeron también sus consejos sobre materias de gobierno en Sevilla y en Cádiz, lo cual ha traído muchos males al reino, porque eran aquellos consejos tan acertados, tan conformes á las instituciones, costumbres é ideas del pueblo español, que, puestos por obra, hubieran sido la salvación de la Monarquía. Preparado estuvo Jovellanos toda su vida á pelear contra los primeros; mas ni por el pensamiento le había pasado quizá que hubiese de venir tiempo en que tuviera que defender los principios monárquicos contra los segundos. Grande debió ser su dolor, saliendo de esta vida, al pensar que la suerte de su cara patria quedaba puesta en manos de legisladores inexpertos, preocupados con tan falsas ideas.

Por la separación de Jovellanos del Ministerio de Gracia y Justicia, se halló el Obispo de Salamanca libre de los estorbos que temía hallar al poner por obra la reforma. Ni el Ministro que sucedió á Jovellanos le transmitió órdenes algunas para dar principio á ella, ni Tavira solicitó tampoco que se llevase adelante el pensamiento. Ocupado, pues, únicamente de las atenciones de la solicitud pastoral, y engolfado en la sabrosa lectura de los buenos libros, en la que hallaba increíble placer, pasaba los últimos años de su vida con menos contratiempos de los que había tenido. Con todo, no le faltaron sinsabores. La caída de Jovellanos y el concepto de sabio que Tavira gozaba, suscitaron contra él odios y pasiones bajas é infames. Rugía el error con el recuerdo de los peligros pasados, y se enfurecía también por el pensamiento de que podrian venir otros que amenazasen de nuevo á su antiguo y poderoso imperio. Gracias á la prudencia y, sobre todo, á la irreprensible y evangélica conducta de tan digno Prelado, no pudo el espíritu de partido conseguir que fuese molestado ni perseguido, por más que lo intentase sin cesar, como se hará ver más adelante. Era tal el deseo que tenían sus enemigos (los partidarios del error, porque no tenía otros) de hallarle en algún descuido de que pudiesen sacar provecho contra él, que cuando predicaba en alguna de las iglesias de Salamanca concurrían cuidadosos á oírle, por si en el calor del discurso se le iba inadvertidamente alguna máxima ó pensamiento que descubriese su mala doctrina. Era tenido por *jansenista*, nombre que daba entonces la ignorancia ó la mala fe á todos los que no sostenían su causa. Juzgábasele también poco adicto á la Silla de Roma. Lo primero lo oía con desprecio; lo segundo con disgusto. Sentía que los deseos de reformas justas fuesen confundidos con la voluntad de impugnar ó de negar los dogmas de Religión; sentimientos que manifestó en un sermón predicado en el Convento de benedictinos de Salamanca, con motivo de la exaltación de Pío VII al Pontificado, y en los informes que dió al Rey sobre puntos de reforma.

¡Cuán lejos estaba su sublime entendimiento de incurrir en tales errores! Enriquecido con los tesoros de ciencia que encierran los libros sagrados y las obras de los Padres de la Iglesia, con los pensamientos de los filósofos y poetas más celebrados de la antigua Grecia, con el conocimiento de la historia de los pueblos; en una palabra, con lo más selecto del saber humano, ¿cómo había de incurrir en las extravagancias en que cayeron algunos teólogos ignorantes ó visionarios?

En el año de 1801 envió el primer Cónsul de la República francesa, Bonaparte, aliado del Rey de España, un ejército de 15.000 hombres al mando del General Leclere, su cuñado, contra el reino de Portugal; y para que nuestros aliados fuesen acogidos por sus diocesanos con la correspondiente amistad, el Obispo Tavira dirigió á éstos una pastoral llena de consejos y exhortaciones cristianas, en la que sobresale no sólo el espíritu de caridad, sino también la armonía y belleza de la lengua castellana. Leyóse esta pastoral en el Concilio nacional de Francia celebrado en aquella época, y en él se dieron alabanzas al Prelado, que deseaba precaver el efecto de sugestiones maliciosas ó de preocupaciones nacionales contra los soldados del ejército del Cónsul. Los Jefes franceses admiraron también el buen recibimiento que les hizo el Obispo de Salamanca, en quien hallaron un hombre culto, acostumbrado á los buenos modales de la Corte. El General en Jefe, Leclere; el hermano del primer Cónsul, Luis Bonaparte, que era entonces Coronel de un regimiento de dragones; los Generales Rivaud de la Raffiniere, Claparede, Lamarque y otros, le trataron y estimaron particularmente.

La muerte halló á este sabio animado del mismo celo que había tenido toda su vida por el bien de los pueblos. Su noble desprendimiento no conoció nunca límites, no obstante tener muchos parientes á quienes hubiera podido elevar y enriquecer. Así es que murió pobre. Falleció el día 5 de Enero de 1805, después de haber dado sus últimas disposiciones con el mayor sosiego y resignación. En confirmación de lo que queda dicho acerca de las virtudes y sabiduría de tan digno Prelado, pondremos aquí el testimonio de un escritor contemporáneo, que le conoció y trató con intimidad (1):

«De lo que sí la tuve (seguridad) fué de la solapada persecución que por largos años le anduvo á los alcances á mi digno compañero é íntimo amigo el Obispo D. Antonio Tavira, ornamento de la Iglesia de España. Constándome por su continuo trato en la Real Capilla y en la Academia Española su vasta literatura y juiciosa crítica, le exhorté varias veces á que escribiese publicando sus sólidas y piadosas ideas. Resistióse á ello siempre; conocía el terreno y era muy cauto. Lo más que pudo arrancarse á su pluma fueron unas notas históricas y críticas de mucho mérito sobre las constituciones de la Orden de Santiago, á que pertenecía, y dictámenes reservados pedidos por el Gobierno sobre varias materias eclesiásticas, en que combatió vigorosamente los extravíos del régimen inquisitorial y los desafueros curialísticos. Una colección de ellos llegué á tener entre mis manuscritos. De su

---

(1) Villanueva, *Vida literaria*, tomo I, pág. 85.

mérito puede juzgarse por el que publicó el erudito Llorente sobre el valor de los matrimonios contraídos ante la autoridad civil (1). Dicho se está que á un eclesiástico tan ilustrado le había de caber la suerte que tiene preparada el fanatismo á la sólida piedad y á la sabiduría. El P. Juan Guerrero, dominico, Prior del Convento del Rosario de Madrid, que luego fué Vicario general de su Orden, y el Canónigo de San Isidro, D. Baltasar Calvo, insignes campeones del jesuitismo y del ultramontanismo, á boca llena llamaban *jansenista* á Tavira. Seguíanles sus prosélitos: resonó este eco en los salones de la Inquisición, cuyo encono creció con el parecer que dió á Carlos IV sobre las contestaciones del Tribunal de Granada con el Gobernador de aquella diócesis; con las representaciones que hizo al Rey, siendo Obispo de Canarias, para eximir á su Provisor de las pruebas de estatuto, que le exigían los Inquisidores; con las dispensas matrimoniales que concedió á sus diocesanos en la vacante de Pío VI, al tenor del decreto de Carlos IV de 5 de Septiembre de 1799, y con no haber consentido, como lo pretendía el Nuncio, que se revalidasen estos matrimonios por Pío VII. Contra esta sabia conducta del Obispo se publicó una carta anónima, parto de la enfurecida ignorancia, á la cual se contestó en dos apologías publicadas también por el mismo Llorente. Estos escritos fueron traídos á colación por el Santo Oficio para calificar la fe y la doctrina del digno Prelado. No osaron empero tildarle con nota ninguna: archivóse aquel

. (1) Este dictamen va como *Apéndice* al fin de la *Colección diplomática de varios papeles antiguos y modernos*, impresa en Madrid en un tomo en 4.°, año de 1809. Fué dirigido á Carlos IV por mano del Secretario de Gracia y Justicia, D. Gaspar de Jovellanos. Su fecha es de Aranda de Duero 17 de Diciembre de 1797.

expediente, y no se dió cuenta de él á la Curia romana, Sin embargo, los ladridos del falso celo acompañaron al sabio Prelado hasta el sepulcro: había devotos en Salamanca que iban á oírle predicar, siendo Obispo, con el fin de armarle algún lazo. Murió de pena de verse pobre é imposibilitado de socorrer las necesidades de sus pueblos: 360 reales era el caudal de su tesorería el día de su fallecimiento.

Después de la muerte de Tavira, el Marqués de Caballero, Ministro de Gracia y Justicia, sostenido por algunos Doctores y Catedráticos de la Universidad de Salamanca, emprendió una reforma de los estudios en ella. Dicho se está que las ideas, así del Ministro como de sus cooperadores, serían muy diversas de las del difunto Prelado. Por tanto, la supuesta reforma fué una verdadera reacción en favor de los métodos de enseñanza seguidos hasta entonces.

Jovellanos tiene también pensamiento de reformar el Santo Oficio.

Jovellanos no fijó su atención tan solamente en la reforma de las Universidades del reino, sino que también tuvo pensamiento de suprimir el Tribunal del Santo Oficio y obligarle por lo menos á la formación y sustanciación de procesos por las reglas comunes de la jurisprudencia, lo cual hubiera equivalido á abolirle realmente. A la verdad, los antiguos furores de la Inquisición habían cesado ya desde el reinado de Carlos III; pero conservaba aún sus facultades primitivas, y esto traía los ánimos en continuo sobresalto. Personas de diferentes clases se veían á veces amenazadas de procesos; otras eran juzgadas realmente sin tener ninguna de las salvaguardias creadas por la ley común para defensa de los inocentes. So pretexto de mantener la pureza de la fe, el Tribunal, conforme á su antigua organización, daba curso á las delaciones, hijas á veces del falso celo, y á veces nacidas también de envidia, de venganza y de otras viles pasiones. Para corregir ó desterrar tan abominables abusos, D. Manuel Abad y la Sierra, Arzobispo de Selimbria, ex-Obispo de Astorga é Inquisidor general, varón de ánimo recto, había querido obligar á la Inquisición á que juzgase por las reglas comunes de derecho; pero se traslució el intento, y exonerado de su cargo el Inquisidor general, fué puesto en reclusión en el Monasterio de benedictinos de Sopetrán, á catorce leguas de Madrid.

Estábamos entonces en guerra con los republicanos franceses, entre cuyos delirios sobresalía la incredulidad acompañada de intolerancia civil, extensiva á todas las creencias y apoyada en bárbaros rigores contra los que no hacían alarde de profesar abiertamente el ateísmo; persecuciones no menos injustas y atroces que las de la Inquisición misma. El horror que causaban aquellos hombres feroces favorecía en España al Santo Oficio, el cual, no sin razón, fundaba en ello esperanzas de volver á recobrar su imperio. Una sola persona había entonces en todo el reino que por su valimiento hubiera podido dañar á la Inquisición, es á saber, D. Manuel Godoy, Duque de la Alcudia y después Principe de la Paz; pero lejos de pensar por aquel tiempo en disminuir el influjo de los Inquisidores, por el contrario, veía en ellos otros tantos auxiliares de su privanza: por tanto, contemporizaba con la autoridad del Tribunal de la fe ó le protegía. Duró poco este buen acuerdo, porque sobrevino el Tratado de paz con la República francesa, seguido de la alianza del Rey con ella, y al punto los sostenedores de la Inquisición se indispusieron con el favorito, ofendidos vivamente de que hubiese pasado tan de pronto á tener estrecha amistad con los revolucionarios de Francia. A los rendimientos y sinceros homenajes_de que habían sido tan pródigos hasta allí con el poderoso Valido, sucedieron maquinaciones ocultas para perderle. El Tribunal de la fe dió principio á la formación de causa contra él. Silenciosamente y con las precauciones de costumbre, más necesarias que nunca tratándose de personaje de tan alto predicamento, los Inquisidores admitieron delaciones en que se le acusaba de su desarreglo de costumbres y de no haber cumplido después largo tiempo con el precepto de la Comunión Pascual. Muy cara hubiera podido costar al Santo Oficio su atrevida tentativa de agresión, pues el Valido tuvo por fin aviso de ella y dió pruebas de resentimiento contra sus autores. Si el Príncipe de la Paz hubiera podido vencer la natural timidez é irresolución que le dominaba en todos los asuntos graves, ó si las luces hubiesen fortalecido su enojo en esta ocasión, la existencia del odioso Tribunal se hubiera hallado en grave peligro; pero el Ministro, incierto siempre y vacilante, se detuvo temeroso de la opinión pública, que le parecía respetar todavía la autoridad del Santo Oficio.

Ese era el estado en que se hallaba la Inquisición cuando Jovellanos entró en el Ministerio de Gracia y Justicia. En el corto tiempo en que le tuvo á su cargo no echó en olvido la reforma de aquel odioso Tribunal. Era sabedor de que D. Juan Antonio Llorente, Canónigo de la Catedral de Calahorra, habia trabajado un plan completo de reforma judicial del Santo Oficio por orden del Inquisidor general Abad y la Sierra, cuya obra intituló *Discursos sobre el orden de procesar en los Tribunales de la Inquisición*. Persuadido, pues, Jovellanos de que poniéndole en planta se conseguiría quitar á las sentencias del Santo Oficio lo que tenían de odiosas, es decir, la arbitrariedad y el misterio de los procesos, pensó seriamente en poner el plan en ejecución. Trabajando estaba en tan buena obra con el mayor ahinco, cuando ocurrió su separación del Ministerio. El plan quedó sin ser puesto en planta en este punto, del mismo modo que la reforma de los estudios de la Universidad de Salamanca. La Inquisición volvió, pues, á cobrar aliento, si bien su regocijo no fué duradero. A muy corto tiempo entró ya de Ministro interino del Despacho de Estado D. Mariano Luis de Urquijo, partidario declarado de las reformas francesas, y, por consiguiente, visible enemigo del Tribunal de la fe.

Así, pues, Jovellanos intentó la reforma de los estudios y de la Inquisición, sin haber podido conseguir ni la una ni la otra. Jovellanos había sido anteriormente más feliz que lo fué después en su proyecto de reforma literaria, pues logró el premio de sus conatos y planteó en su país nativo una enseñanza general para las ciencias, á la cual dió el nombre de *Real Instituto asturiano*. Alcanzó este favor del Rey, para el país de su nacimiento, en el año de 1793, y desde entonces se desveló por los adelantamientos de aquella obra que miraba como propia, y de la que cuidó, por tanto, con el interés y celo propios de un fundador. Dotáronse cátedras para diversas ciencias, y en ellas se señalaban las Matemáticas puras, la Geometría elemental y práctica, la Trigonometría plana y esférica, la Cosmografía, Navegación, Maniobra y Artillería de

mar, y todos los demás ramos que tienen dependencia
de éstos, sin descuidar las Humanidades, el estudio de
las Lenguas modernas, el Dibujo, etc. Cuando Jovellanos llegó al Ministerio, no perdió de vista la prosperidad de su caro Instituto y le atendió con particular predilección. Al cabo de algún tiempo se retiró á Asturias
en desgracia de la Corte, y su más grata ocupación
fué cuidar de aquel noble objeto de su cariño. El Instituto se resintió después del destierro y prisión que
sufrió su protector por largos años.

Otros proyectos planteados por aquel tiempo.

Otros Ministros plantearon, también por aquel tiempo, algunos proyectos útiles, no comparables, ciertamente por sus frutos, con las ventajas de la supresión
ó reforma del Santo Oficio y de la Instrucción pública,
si bien tenía por objeto los adelantamientos de las
ciencias. Tal fué el establecimiento del *Depósito hidrográfico*, que Malaspina promovió á la vuelta de su viaje alrededor del mundo, de acuerdo con el Bailio Valdés, á la sazón Ministro de Marina. D. Juan de Lángara, que fué su sucesor en este Ministerio, le dió mayor extensión y mandó que uno de los compañeros de
Malaspina, Bausá, publicase la carta del *Seno Mejicano* que había trazado. Es hoy este establecimiento depósito de cartas hidrográficas trabajadas con el mayor
esmero y exactitud; tiene una biblioteca exquisita en
que se hallan las obras más importantes acerca del
ramo; se lleva en él correspondencia con otros establecimientos extranjeros de esta clase, y por él un Observatorio con instrumentos propios, en el cual se hacen observaciones, ya meteorológicas ó ya astronó-
micas.

Dióse también entonces mayor perfección al *Observatorio astronómico de Cádiz*, fundado en 1753 por el Rey D. Fernando VI, á propuesta del célebre Don Jorge Juan y á imitación de los que había en Greenwich, en París y en otras capitales de Europa. Se hallaba dispuesto y construido sobre el torreón del Castillo, nombrado de Guardias marinas, y era uno de los observatorios astronómicos más perfectos y bien acabados que se conocen, en que se colocaron instrumentos traídos al intento de Londres por orden del Rey, con los cuales se hicieron con fruto importantes observaciones. Los Profesores de la Academia y otros Oficiales aplicados, establecieron correspondencia con las de las ciencias de París y de Londres. El astrónomo Lalande recomendaba en 1771 este Observatorio por su solidez y comodidad, y citaba la observación del paso de Venus, hecha en él por Tofiño. A propuesta de D. José Mazarredo mandó el Rey, en 1797, que el Observatorio fuese trasladado desde Cádiz á la isla de León, con todos sus instrumentos y enseres, al edificio que años antes se había mandado construir en el sitio de la Torre Alta, y que continuase allí publicando el *Almanaque náutico*, obra periódica indispensable á los navegantes. Desde 1812, en que las Cortes le concedieron el privilegio exclusivo del *Almanaque civil ó Calendario para todas las provincias de España é Indias*, y, sobre todo, desde 1820 se ha mejorado en su dotación, gobierno, trabajos é instrumentos, por manera que en el día está al nivel de los observatorios más célebres de Europa (1).

Por lo que se acaba de decir sobre las reformas que

(1) Pormenores comunicados por el sabio D. Martín Fernández de Navarrete.

se intentaron en vano poner por obra, aparece que todo seguía en el reino en su acostumbrada inmovilidad. El Gobierno vivía siempre preocupado de los sucesos que pasaban fuera, como que de ellos pendía su suerte. Por entonces una expedición famosa llamaba muy particularmente su atención.

Hemos dicho ya que el Embajador Truguet supo por la Reina María Luisa el verdadero destino de la expedición francesa que al mando del General Bonaparte salió de Tolón en aquel año de 1798 para Egipto, y que se tuvo en Madrid noticia de este secreto por la Corte de Portugal. Veamos cuál fué el designio con que se hizo, en fin, tan considerable armamento por parte de la Francia y cuáles fueron los sucesos que dimanaron de él.

Mientras que España seguía en su languidez habitual, los franceses acometieron una empresa atrevida que admiró á Europa.

La Francia se propone apoderarse de Egipto.

En el año de 1796, cuando Bonaparte estaba rodeado de la gloria militar de su campaña de Italia, su espíritu ardiente pensaba ya en la conquista de Egipto. Dió parte al Directorio de su pensamiento, y logró que fuese completamente aprobado. Anteriormente Magallón, que era Cónsul de Francia en el Cairo, había hecho presente al Gobierno la conveniencia y posibilidad de poner por obra tan útil proyecto; y como nadie pudiese conocer mejor que este agente consular el estado político y la situación topográfica de aquel país, el Ministro Carlos Delacroix le dió orden, con fecha 16 de Agosto de 1796, para que fuese á París con licencia por un año. Cuanto más se examinaba el proyecto, tanto más útil parecía. Habiendo perdido la Francia sus colonias en la India y en las Antillas, la posesión del Egipto era tenida por excelente compensación de tantas pérdidas. Bonaparte creía que la expedición, no solamente llenaría á.Europa de admiración, sino que tendría por resultado: 1.° Formar una colonia francesa en las orillas del Nilo, la cual prosperase sin esclavos negros y compensase la pérdida de Santo Domingo y otras islas de donde venía el azúcar. 2.° Dar salida á las manufacturas de Francia en África, Arabia y Siria, y poner al comercio de la República en posesión de los productos de estos dilatados países. 3.° Más principalmente hacer de Egipto una especie de plaza de armas, desde la cual un ejército de 60.000 hombres pudiese encaminarse al Indo, sublevar á los Maratas y demás pueblos del Indostán oprimidos por los ingleses. En apoyo de esta idea, se decía que Tipóo Saïb había enviado embajadas al General Malastie, Gobernador general de las islas de la Francia y de la Reunión (Borbón). Por lo que hace á la justicia de la empresa, nadie se detenía siquiera á pensar en ella, dando por sentado que el proyecto, por el hecho solo de ser útil, era también justo. Lo único que se alegaba como pretexto plausible para la invasión, era que el Egipto, dominado por los Reyes, se hallaba en total opresión y anarquía. La ilusión era tal en cuanto á esto, que no solamente se suponía que la Puerta Otomana no se opondría á la posesión del Egipto por los franceses, puesto que la autoridad de los turcos no estaba allí reconocida, sino que el ciudadano Talleyrand Perigord, Ministro de Relaciones exteriores, era de parecer que el Austria y la Rusia, no pudiendo, en caso de poseer los franceses á Egipto, realizar sus planes de agresión contra la Turquía, esta Potencia miraría como un verdadero servicio que la República se apoderase de aquel fértil país. ¡Hasta tal punto cegaba el interés al Gabinete del Directorio!....

Bonaparte pedía para ejecutar el proyecto 40.000 hombres, la escuadra del Contralmirante Brueys, 400 barcos de transporte y todo lo demás necesario para un vasto establecimiento colonial. El Directorio le concedió cuanto pedía, y le dió carta en blanco para que hiciese los nombramientos de Generales y Jefes á su voluntad. Como operación preliminar del ataque de Egipto, Bonaparte proponía la conquista de la isla de Malta, idea que mereció también la aprobación del Directorio. Con este fin el General en Jefe del ejército de Italia envió secretamente á aquella isla á Poussielgue, empleado en la Tesorería, hombre despierto y entendido, no tan sólo en materias de Comercio y de Hacienda, sino también en las de política, el cual tenía parientes en Malta. Su comisión no se extendía, al parecer, más que á visitar las escalas de Levante, ver el estado del comercio francés en ellas y tomar noticias en todos los Consulados; pero el objeto verdadero de ella era entenderse mañosamente con los caballeros malteses y minar aquel Gobierno. No le fué difícil ganar la voluntad de muchos de ellos, de los cuales algunos eran pobres y accesibles á las esperanzas de fortuna; otros tenían propensión á las máximas de la revolución francesa. Esta precaución no fué la única. Se cuidó también de avisar al Contralmirante Brueys que, á su regreso de Corfú con la escuadra que mandaba en el Adriático, se detuviese en la isla de Malta so pretexto de averías que reparar, y que fondease las costas, asegurándose de los parajes en que era posible desembarcar, lo cual fué puntualmente ejecutado por el Contralmirante.

El proyecto de expedición contra Egipto se encubria bien á los ojos de los Gobiernos de Europa con las amenazas y demostraciones que la Francia hacía entonces de desembarcar tropas en Inglaterra. En los puertos de la República se disponían aprestos que indicaban la próxima ejecución de este intento. Todo presentaba un aspecto marcial cerca de las costas. La Inglaterra misma, creyéndose en inminente peligro de tener al enemigo en su propia casa, oía con desconfianza los demás proyectos que se suponían á los franceses, creyendo que con ellos se quería solamente llamar su atención y distraerla del objeto verdadero, que era su propia defensa. Preocupada con esta idea, envió un refuerzo á los navíos de línea de la escuadra del Almirante Jervis, que bloqueaba el puerto de Cádiz, pues juzgaba con razón que si las escuadras francesa y española no llegaban á reunirse, el Canal de la Mancha estaría siempre dominado por las fuerzas navales inglesas, y en tal caso el desembarco de los franceses sería imposible. Para confirmar más y más á Europa y á Inglaterra en que el fin principal de la República francesa era llevar sus huestes á las costas de Inglaterra, el General Bonaparte, que había llegado poco tiempo antes desde Rastadt á París, salió de esta capital el día 10 de Febrero de 1798 con el fin de reconocer las costas de Francia que están enfrente de Inglaterra: iba acompañado de Oficiales Generales inteligentes. Visitó Etaples, Ambleteuse, Boulogne, Calais, Dunquerque, Furnes, Nieuport, Ostende y la isla de Valkheren. Al mismo tiempo que se hacían estas demostraciones engañosas, se aprestaba en Tolón la escuadra del Contralmirante Brueys, y las divisiones francesas de Italia que debían hacer parte del ejército de Egipto se acercaban á Liorna y Civitavechia, si bien se decía que su destino era contribuir también á las operaciones contra Inglaterra.

La salida de la expedición se detiene por un incidente ocurrido en Viena con el General Bernardotte.

La actividad con que se hacían los preparativos para la expedición no venía tan solamente del deseo de conquistar á Egipto, sino de la prisa que tenía el Directorio de alejar de Francia al General Bonaparte, que traía á los miembros del Gobierno en continua zozobra. La popularidad del General, nacida de las victorias conseguidas en Italia; su genio emprendedor y ambicioso, como también su aptitud para la dirección, no solamente de los negocios militares, sino también políticos, sobresaltaba á los Directores, faltos de aprecio, mal seguros en su gobierno y acusados algunos de ellos de corrupción. Bonaparte, que conocía bien sus propias ventajas, acechaba cuidadoso el momento de arrojar á los *Abogados* del Palacio de Luxemburgo y de tomar él las riendas del Gobierno. Mas la estación se adelantaba y no era ya posible diferir por más tiempo su permanencia en la capital. Hallándose todo dispuesto para la salida de la expedición, se fijó su partida para el día 23 de Abril de 1798. Es de creer que así se hubiera verificado, con efecto, á no haber ocurrido la conmoción del pueblo de Viena contra el General Bernardotte, Embajador de la República; suceso imprevisto que dió temores de nuevo rompimiento con el Austria é hizo necesario sobreseer por entonces en la ejecución de todos los demás proyectos. El hecho fué el siguiente:

El General Bernardotte, militar que era tenido en concepto de capaz é inteligente, no había podido avenirse con el General Bonaparte; y como éste tuviese entonces el mayor influjo en la dirección de la guerra, Bernardotte quiso retirarse del servicio. Mas el Directorio, que le apreciaba por su espíritu democrático, le envió á Viena como Embajador de la República, y le dió el encargo de lograr que el Barón de Thugut, gran partidario de la guerra, notoriamente desafecto á la República, fuese separado del Gabinete y tuviese por sucesor en él al Conde de Cobentzel, unido amistosamente con Bonaparte. Cobentzel quería el mantenimiento de la paz entre ambas naciones. El nuevo Embajador no perdió instante en dar cumplimiento á su encargo; mas como para conseguir lo que se le mandaba se necesitase el concurso de la Emperatriz, y esta Princesa acabase de dar á luz, á pocos días de la llegada de Bernardotte, una Archiduquesa, hubo de retardarse la ejecución de los planes del Enviado francés. Cuando la Emperatriz se halló ya completamente restablecida de su alumbramiento, Bernardotte tuvo una audiencia el día 8 de Abril: en ella aseguró á esta Soberana, por orden expresa del Directorio, que *viviese sin ningún cuidado por Nápoles*. Fué muy grata á la Emperatriz la atención del Directorio, y aprovechándose el Embajador de la buena voluntad que mostraba, hizo llegar á sus manos al día siguiente una Memoria en que exponía cuán contraria era la política del Barón de Thugut á la armonía que reinaba entre Francia y Austria. Parece verosímil que la Emperatriz entregase la Memoria al Emperador; lo cierto es que este Monarca se puso de acuerdo con

Thugut. En consecuencia, el Ministro hizo una retirada aparente, y el Conde de Cobentzel, que se hallaba en Rastadt, se puso á la cabeza del Gabinete.

Mientras que Bernardotte procuraba cumplir los encargos é intenciones del Directorio, los diarios de París dijeron que algunos Oficiales agregados á la Embajada de Viena no llevaban la escarapela de tres colores sino dentro del Palacio de la Legación. Añadían que no era esto de extrañar para quien supiese las complacencias que Bernardotte había tenido con el Gabinete austriaco, tanto después de los preliminares de Leoben como en otras épocas anteriores. El Directorio escribió al Embajador y le dijo que no era de creer que un General que había servido á su patria con tanto celo bajo el estandarte de los tres colores, dejase de hacer respetar éstos, y que así le mandaba que pusiese en su Palacio el estandarte nacional, si es que ya no lo hubiese hecho. Bernardotte sintió vivamente tal amonestación, y al punto el Secretario de la Legación fué á encargar una bandera de tres colores.

Cabalmente debía celebrarse en aquellos días una fiesta en Viena, en conmemoración del ardoroso entusiasmo con que la juventud de la capital se había presentado en el año anterior á defender la patria. Los jóvenes la deseaban, y el Emperador quería deferir á sus deseos. El Embajador francés, enardecido con los despachos y reconvenciones que acababa de recibir, hizo presente que la fiesta era inoportuna y pidió que no la hubiese; pero el Ministerio austriaco respondió que no era posible negarse á los deseos de la juventud, ni dejar de conservar en el pueblo el amor de la patria y del Soberano; á lo cual contestó Bernardotte que puesto que la fiesta se había de verificar, él daría otra por su parte. La fiesta fué el 13 de Abril, y en aquel mismo día el Embajador, por una especie de represalia, dió un convite á sus amigos. Con tal motivo hizo fijar en la fachada de su casa el estandarte de tres colores, con estas palabras: *Libertad, igualdad.* El pueblo se agolpó al punto delante del Palacio de la Embajada, y poco á poco, á pesar de algún que otro destacamento que quiso mantener el orden, se fué formando un tumulto espantoso. Ofició Bernardotte al Barón de Thugut quejándose del atropellamiento; pero durante algunas horas el desorden fué creciendo y el pueblo penetró en casa del Embajador: destruyó algunos muebles y se apoderó de la bandera de tres colores, que quemó en una plaza cercana, hasta que, por último, la llegada de algunos regimientos puso fin á tales excesos. Bernardotte, con los empleados de su Legación, salió de Viena al día siguiente.

Túvose en París la noticia de oficio de las ocurrencias sobrevenidas en la capital del Austria por un correo que despachó el Conde del Campo de Alange, Embajador del Rey Carlos IV en Viena, el cual llevó las notas comunicadas por Bernardotte al Gobierno imperial. El primer movimiento del Directorio fué preparar un mensaje á los Consejos de los Ancianos y de los Quinientos, anunciando la declaración de guerra al Austria; pero queriendo contar con el apoyo de Bonaparte, le comunicó su resolucion: éste la desaprobó altamente. Después de censurar el nombramiento de Bernardotte para aquella Embajada, por ser su carácter ardiente en demasía, dijo que la culpa era suya en lo que había sucedido. Declarar guerra al Austria, añadía, era trabajar por la Inglaterra. Suponer que el Emperador hubiese insultado al Embajador teniendo intención de declarar la guerra á la República, era conocer mal la politica de la Casa de Austria, porque,

al contrario, le hubieían hecho muchas fiestas, inspi-
rándole confianza para adelantar entre tanto las tropas hacia las fronteras. No era, pues, dudoso que daría satisfacción. ¿Por qué dejarse arrastrar de este modo
por cualquier acontecimiento? Eso venía á ser lo mismo que no tener ningún sistema político. Concluyó
declarando que su deseo era servir al Gobierno, y que,
por tanto, suspendería su partida para Tolón hasta no
haber tenido noticias más satisfactorias de Viena. El
Directorio, en aquella situación apurada, acordó conferirle los poderes más ilimitados, y se confió en sus
disposiciones.

El General en Jefe del ejército expedicionario mandó al punto á los Comandantes de las divisiones de
tropas que se habían acercado á Génova y á Civitavechia que, si se habían embarcado ya, las desembar-
casen, y que en todo caso estuviesen prontas para los
movimientos que se les ordenasen, si la guerra comenzaba entre la República y el Emperador. Sin pérdida de tiempo escribió también por su expreso al
Conde de Cobentzel, á quien creía aún en Rastadt, y le
decía que partiría muy en breve para aquella ciudad,
á fin de entenderse con él acerca de los medios de
allanar cualquier obstáculo que pudiese oponerse al
mantenimiento de la paz de Campoformio. Entre tanto
llegó el correo de la Corte de Viena con un despacho,
escrito á nombre del Emperador, y en él se aseguraba
que este Monarca había tenido la mayor pesadumbre
con el alboroto de la capital, y que deseaba cumplir
lo acordado en Campoformio sin restricción ninguna.
Por más acalorados que estuviesen los ánimos de los
Directores, no pudieron menos de aquietarse á vista
de esta declaración. El Directorio no tuvo noticia de
la carta de Bonaparte á Cobentzel sino por el Minis-

cesanos concediesen dispensas matrimoniales por todo el tiempo que la Santa Sede se hallase vacante, sin que los contrayentes tuviesen necesidad de acudir á Roma como hasta allí. El Real decreto dirigido al Consejo y Cámara decía así: «La Divina Providencia se ha servido llevarse ante sí el alma de Nuestro Santísimo Padre Pío VI; y no pudiéndose esperar de las circunstancias actuales de Europa, ni de las turbulencias que la agitan, que la elección de un sucesor en el Pontificado se haga con aquella tranquilidad y paz tan debidas, ni acaso tan pronto como necesita la Iglesia, á fin de que entre tanto mis vasallos de todos mis dominios no carezcan de los auxilios precisos de la religión, he resuelto que hasta que Yo les dé á conocer el nuevo nombramiento de Papa, los Arzobispos y Obispos usen de toda la plenitud de sus facultades, conforme á la antigua disciplina de la Iglesia, para las dispensas matrimoniales y demás que les competen; que el Tribunal de la Inquisición siga como hasta aquí ejerciendo sus funciones, y el de la Rota sentencie las causas que hasta ahora le estaban cometidas en virtud de comisión de los Papas, y que Yo quiero ahora que continúe por sí. En los demás puntos de consagración de Obispos ó Arzobispos ú otros cualesquiera más graves que puedan ocurrir, me consultará la Cámara, cuando se verifique alguno, por mano de mi primer Secretario de Estado y del Despacho, y entonces, con el parecer de las personas á quienes tuviere á bien pedirle, determinaré lo conveniente, siendo aquel Supremo Tribunal el que me lo represente y á quien acudirán todos los Prelados de mis dominios hasta nueva orden mía. Tendráse entendido en mi Consejo y Cámara, y expedirá éste las órdenes correspondientes á los referidos Prelados eclesiásticos para su cumplimiento.—En San Ildefonso á 5 de Septiembre de 1799.»

Guerra entre los llamados «jansenistas» y «jesuitas.»

Aunque el Real decreto no contuviese más que disposiciones interinas por el tiempo que durase la vacante de la Santa Sede, causó inquietud en los ánimos. Muchos Prelados fueron de parecer que las prerrogativas de la Santa Sede se hallaban legitimadas por una posesión de muchos siglos, y que la plena autoridad que los Obispos tuvieron en los primeros tiempos de la Iglesia estaba ahora suspensa ó restringida por la actual constitución eclesiástica en algunos casos. Otros, por el contrario, mirando como inherentes á la naturaleza del Episcopado todas las facultades y prerrogativas que son necesarias para la misión que le está cometida, sostenían que era preciso restituir á los Obispos los derechos usurpados. En medio de esta diversidad de pareceres, era natural que los ánimos se encendiesen en defensa de lo que cada uno tenía por cierto. Con todos los Prelados españoles procedieron con prudencia y detenimiento. Muchos no hicieron uso de la autorización que el Rey les concedía, ni en sus diócesis fueron dispensados los impedimentos matrimoniales en la vacante de la Silla pontificia; otros, que aprobaban lo dispuesto por S. M., no hallaron inconveniente en ejercer las facultades que el decreto reconoció al Episcopado. Con viva satisfacción se vió que esta diversidad de pareceres no hubiese alterado la paz entre los Pastores; pero el decreto Real avivó en gran manera las pasiones de otras personas que no tuvieron la misma mesura que los reve-

su país; de españoles propensos también á servir á la
Francia por la unión íntima de su Rey con ella, y, en
fin, de italianos más ó menos contagiados ya con las
máximas de la revolución francesa, súbditos muchos
de ellos de los países sujetos á la República. Dolomieu
y Poussielgue, que tenían inteligencias entre los caballeros, prepararon todo con ellos para la rendición.
Firmóse la capitulación de la isla y de todos sus fuertes, á bordo de la Capitana francesa, por mediación de
D. Felipe Amat, Cónsul de España en Malta; acto es-
pontáneo del Cónsul, sin órdenes ni instrucciones de
la Corte de Madrid. Por más acostumbrado que Bonaparte estuviese á los halagos de la fortuna, no pudo
menos de admirarse de tan pronto y ventajoso fin de
sus tramas y negociaciones, pues si los caballeros hubieran querido defenderse, habría sido muy largo el
sitio de la isla, y la escuadra inglesa habría tenido
tiempo ciertamente para haberse aparecido en aquellas aguas. *Buena fortuna hemos tenido*, decía el General Comandante de ingenieros Caffarellé á Bonaparte al mirar aquellas fortificaciones inexpugnables, *de
que los mismos que estaban encargados de defender la
isla, hayan querido ponernos en posesión de ella*. La
entrega de Malta llevaba consigo la destrucción de la
Orden de San Juan, Orden antigua y ya sin objeto en
los tiempos modernos; pero que estando en posesión
de aquel territorio no debía ser arrojada de él por el
brutal y caprichoso antojo de la fuerza. Al Gran Maestre se le prometieron 300.000 francos de renta que el
General se obligó á obtener del Congreso de Rastadt:
la promesa no se cumplió; no sabemos si se tendría
intención de realizarla. En vez de esta dotación cuantiosa se vió después dicho Gran Maestre precisado á
solicitar en vano cantidades más moderadas, que lla—

maremos subvenciones, para no darles su verdadero nombre, que es el de limosna.

Así acabó la célebre religión de los caballeros de la Orden de San Juan de Jerusalén, instituto útil en tiempo del fervoroso entusiasmo de los cristianos de Occidente contra el islamismo, y el cual por la misma razón vino á ser una mera antigualla sin ninguna importancia verdadera, cuando en las edades posteriores cesó la guerra contra los mahometanos y creció la población, cultura y fuerza de los Estados europeos. Disuelta ya dicha religión, el Rey Carlos IV resolvió sujetar las encomiendas que el instituto tenía en España al régimen establecido para las de las otras Órdenes militares españolas. No obstante la pérdida de la isla de Malta, esperaron algunos caballeros el mantenimiento de la Orden.

Pablo I, Emperador de Rusia, queriendo resistir por todos los medios imaginables al espíritu de igualdad democrática que propagaban los revolucionarios franceses, creyó que debía proteger el instituto de los caballeros de San Juan, dando así á la juventud ejemplos que pudiesen fomentar las ideas y costumbres aristocráticas. Había usado el Emperador de largueza creando en el Gran Priorato de Polonia encomiendas considerables para los caballeros de la Orden, por lo cual ésta se hallaba vivamente reconocida á la munificencia imperial. Antes de la toma de Malta por los franceses, el Gran Maestre y el Consejo de la Orden nombraron por Embajador al Bailío de Litta y le dieron encargo de presentar en su nombre á Pablo I las insignias que llevó en otro tiempo el famoso Gran Maestre Lavalette, suplicándole al mismo tiempo que se dignase admitir el título de *Protector* de la Orden, título que el Emperador aceptó en la audiencia solemne dada al Embajador el día 29 de Noviembre de 1797. Cuando se supo en Rusia la cobarde rendición de Malta, fué universal la indignación entre los caballeros, y rompieron al punto toda relación con aquellos miembros *indignos, inficionados* y *corrompidos*. Declararon, pues, destituído de su dignidad al último Gran Maestre, Fernando de Hompech, como cómplice de las pérdidas y traiciones que había sufrido la Orden, y añadieron que se echaban en los brazos de su augusto protector Pablo I, Emperador de todas las Rusias, por la confianza que les inspiraban su justicia, sus sentimientos y sus beneficios. El Emperador, al aceptar formalmente la dignidad de *Gran Maestre* el día 13 de Noviembre de 1798, anunció que estaba resuelto á elevar la Orden de Malta al más alto grado de esplendor entre las instituciones militares de Europa. ¡Vano propósito! Habiendo quedado posteriormente la isla de Malta en posesión de la Inglaterra, la Orden no pudo volver á su estado primitivo, ó, por mejor decir, fué enteramente disuelta.

La buena inteligencia entre Rusia y Francia se resintió de la toma de la isla de Malta por el General Bonaparte. El Czar Pablo I aspiraba al Gran Maestrazgo de la Orden de San Juan de Jerusalén, no sin miras ocultas de dominio en el Mediterráneo cuando fuese señor de dicha isla: grande fué, pues, su enojo con los franceses, que habían dado un golpe mortal á aquel instituto. El Gabinete de Saint-James veía, por su parte, con placer que el Emperador Pablo se hiciese dar, por los tristes restos de la Orden, el título de Gran Maestre de San Juan, con perjuicio del Barón de Hompech, que fué desgraciado; pero Inglaterra se gozaba, sobre todo, al ver que la vanidad del Czar se contentaba con este oropel, de lo cual resultaría indisponerse con Francia y acrecentarse la esperanza de que la Gran Bretaña pudiese llegar á enseñorearse de este punto interesante del Mediterráneo, tan favorable para su navegación y comercio.

Otra Potencia que debió también resentirse de la ocupación de Malta por los franceses, fué Nápoles. Nuestro Embajador Azara, hablando á este propósito, decía en 30 de Junio de aquel año (1798): «Nápoles se resentirá de la ocupación de Malta, que era feudo suyo. Ahora dicho reino queda expuesto á los ataques por mar. Las demás naciones de Europa también desaprobarán esta agresión, viendo que no hay nada seguro.»

El Gran Maestre Hompech se embarcó para Trieste, y Bonaparte, gozoso con la importante posesión de la isla, que al parecer habría de ser seguida de otras felicidades, partió el 19 con toda su expedición, dejando para defender la nueva conquista 4.000 hombres al mando del General Vaubois. Así, pues, la expedición, habiéndose preséntado delante de Malta el día 10 de Junio, ocho días bastaron á Bonaparte para hacerse dueño de ella y para tomar medidas de conservación y defensa.

Movimientos de las fuerzas navales inglesas en busca de la expedición francesa.

Entre tanto la escuadra inglesa del Mediterráneo buscaba ansiosa el derrotero de la expedición de Bonaparte. El Gabinete británico había perdido tiempo en sus disposiciones, porque preocupado con la idea del desembarco de los franceses en las costas de Inglaterra ó de Irlanda, cuidó de reforzar las escuadras que bloqueaban á Brest y á Cádiz, dejando libre del todo el Mediterráneo, en él cual no cruzaban más que tres de sus navíos de alto bordo. Hasta el 24 de Mayo no se resolvió Lord San Vicente, encargado del bloqueo de Cádiz, á destacar 10 navíos de su escuadra al mando de Nelson, quien con tres más que tenía á su mando entró en el Mediterráneo con intención de bloquar á Tolón ó de ir en busca de la escuadra francesa, si es que ya habia salido de este puerto. La ilusión de los ingleses acerca del destino del armamento frances era tan completa, que en las instrucciones comunicadas á Nelson por Lord San Vicente se previa todo lo que podía suceder, menos el que la expedición fuese á Egipto. El Brasil, el Mar Negro, Constantinopla y otros puntos estaban indicados expresamente. Nelson se presentó delante de Tolón el día 1.º de Junio con sus 13 navíos de línea, trece días después de la salida de la expedición de este puerto, de que el Comandante inglés no tenía noticia, y al punto se dirigió á las costas de Toscana, adonde por falsos avisos ó por conjeturas propias supuso que sería el punto de reunión de la expedición francesa. Conocido ya el error, Nelson llegó el 20 de Junio á la bahía de Nápoles: allí supo que la expedición de Tolón se había apoderado de Malta, y por algunas insinuaciones del Embajador francés Garat, le fué conocido que el armamento se dirigía á las costas de Egipto. Partió Nelson de Nápoles sin perder instante, y el 22 de Junio se presentó ya delante de Mesina, en donde, no solamento le confirmaron la toma de Malta, sino que le dijeron que Bonaparte había dado después la vela para Candia. Por donde se ve que si la isla de Malta hubiera hecho la menor tentativa de defensa, la escuadra inglesa habría dispersado fácilmente los 400 transportes que conducían las tropas republicanas. La fortuna se mostró propicia á la Francia en esta ocasión.

Aun después de haber tenido la expedición francesa tan señalada ventura, todavía corrió el armamento gran peligro, ó por mejor decir, no se salvó sino por milagro. Por una fragata francesa que llegaba de cruzar en las aguas de Nápoles, supo Bonaparte que la escuadra inglesa estaba cerca. Conociendo inmediatamente que sería difícil no tropezar con los enemigos si se seguía el derrotero derechamente hacia Alejandría, dió orden para dirigirse al Cabo Aré, en África, á 25 leguas de aquel puerto. Por esta dirección diagonal se evitó el encuentro de la escuadra inglesa y se salvó la expedición. Nelson hizo fuerza de vela, y en la noche del 25 al 26 se halló ya muy cerca de la retaguardia de la expedición. El 26 las vigías francesas señalaron navíos enemigos al Occidente; pero el Almirante inglés no pudo descubrir los navíos franceses por la obscuridad del tiempo, á que se añadía que Nelson no tenía fragatas para enviar de descubierta. Persuadido, pues, de que la expedición seguía la dirección al Este, marchó perpendicularmente, mientras que la expedición francesa, moviéndose con lentitud, siguió una línea oblicua y se alejó de Nelson. Por esta circunstancia singular dos escuadras enemigas no se encontráron en aquel mar estrecho, ni supieron nada una de otra. El 28 de Junio la escuadra inglesa se presentó ya delante de Alejandría, dejándose atrás la expedición. Allí quiso todavía la fortuna proteger á los franceses, porque habiendo pedido Nelson permiso al Comandante turco para entrar en el puerto, con el fin de hacer aguada y tomar víveres, Seid Mohamed Coraim, que tuvo aviso pocos días antes por buques de comercio de que el Egipto se veía amenazado, se asustó con la llegada de los ingleses, pensando que la escuadra era francesa y que el pendón inglés era ardid para que permitiese el desembarco. Por tanto, negó abiertamente la entrada en el puerto. Pocos días después expió cruelmente su error, pues Bonaparte hizo que le cortasen la cabeza. Nelson, viendo á los turcos opuestos á su deseo, dejó allí pliegos para la India, y el día 1.° de Julio se encaminó hacia el Este de Alejandría. A la mañana siguiente se descubrió la expedición francesa delante del puerto. Las tropas desembarcaron, la ciudad de Alejandría fué tomada por asalto y seis días después Bonaparte atravesaba ya el desierto y marchaba con su ejército á la conquista del Cairo.

Las tropas francesas desembarcaron en Alejandría.

¿Por qué la escuadra francesa no regresó á Tolón después de haber desembarcado tan felizmente el ejército que escoltaba? ¿Temió, por ventura, el Almirante Brueys encontrarse con la escuadra inglesa y verse en posición desventajosa, llegado que fuese el caso del combate, por no tener sus navíos el completo de sus tripulaciones? ¿Creyó, por el contrario, que estando al ancla en la rada de Aboukekir, la escuadra inglesa no osaría acometerla interponiéndose entre la costa y sus buques, ó bien fueron las órdenes terminantes de Bonaparte las que le obligaron á permanecer en aquellas aguas para que sirviese de consuelo y de apoyo á las tropas de tierra la inmediación de las fuerzas navales, como lo han pretendido personas que debían estar bien informadas de las disposiciones del General en Jefe? Cualquiera que fuese el motivo de la permanencia de la escuadra francesa en aquellos mares, no pasó largo tiempo sin que tuviese que arrepentirse de tal resolución.

La escuadra francesa quedó anclada en la rada de Aboukekir.

Nelson se dirigió desde Alejandría á Rodas, y siguió desde allí á las islas del Archipiélago hasta la entrada del mar Adriático. Para hacer aguada tuvo que entrar el 18 de Junio en Siracusa. No tenía todavía entonces noticias positivas sobre la dirección de la expedición francesa: al llegar el 28 de Junio á Coron, fué cuando supo que el armamento francés había tomado tierra en Egipto. Mas aunque juzgase con razón que la escuadra del Almirante Brueys estaría ya de regreso en Tolón, porque así era de suponer, quiso, no obstante, acercarse á Alejandría para poder adquirir noticias ciertas que transmitir á su Gobierno sobre lo que pasaba en Egipto, y dejar también las fuerzas necesarias para el bloqueo de aquella costa.

El Almirante inglés Nelson llega con sus navíos delante de aquella costa.—Batalla naval de Aboukekir.

En las relaciones francesas se lee que una vela inglesa se apareció el día 21 de Julio delante de Aboukekir y reconoció la escuadra francesa anclada en aquella rada; y como hubiesen transcurrido ya trece días sin que llegasen las fuerzas navales de Nelson, se sacaba la consecuencia de que ya fuese por el número de los navíos franceses, ó ya fuese por su situación ventajosa, los enemigos no pensaban en venir á aco—

meterles. Cuando esta confianza comenzaba á tomar
fuerza, el día 2 de Agosto, estando el cielo sereno y
el mar sosegado, los buques de descubierta avisan que
se ven velas y que, según sus señales y su forma, son
inglesas. El Almirante Brueys, que estaba en la mesa
con su Estado Mayor, manda al punto prepararse al
combate y junta su Consejo de Guerra. No dejó de haber quien fuese de parecer de salir á mar alta á pelear
libremente; pero prevaleció el voto de mantener la
escuadra al ancla muy cerca de tierra, en cuya posición no era de créer que el enemigo se atreviese á
acometer. Algunos aconsejaron al Almirante que
echase á pique cierto número de buques de transporte para cerrar la barra y asegurar así su posesión todavia más; pero no lo creyó necesario, diciendo que
no se atrevería á atacarle: esta confianza le perdió.

Nelson, dice un autor coetáneo (1), al cual seguimos en la relación de estos sucesos, despechado de no
haber podido dar hasta entonces con la escuadra francesa y ansioso de borrar sus faltas ó su mala suerte
con una acción gloriosa, tomó al punto la resolución
atrevida y peligrosa de acometer por la espalda á los
navíos que estaban al ancla, poniéndose entre la escuadra enemiga y la costa. El primer navío que intentó ejecutar esta maniobra arriesgada varó, por haberse acercado demasiado á las rocas; suceso que llenó
de alegría á los franceses y que no dejó de desalentar
á sus enemigos. Pero Nelson, sin inmutarse, mandó á
los navíos que seguían que no se acercasen tanto á
tierra y continuasen la maniobra. Mientras tanto él
acomete por el frente á la escuadra francesa, la cual,
estando al ancla, no pudo emplear una parte de los

_____

(1) *Mémoires tirés des papiers d'un homme d'etat*, tomo VI, pág. 86.

navíos para defenderse contra este ataque. Desde el principio de la acción, la pelea fué ya encarnizada y sangrienta: se combatía á tiro de pistola, y llegada que fué la noche, no había más luz para asestar los tiros que el resplandor de los fogonazos de los cañones. El navío inglés *Leandro* atravesó la línea y acometió por la espalda á la Capitana francesa *El Oriente*, que había desarbolado ya dos navíos enemigos. El Almirante francés murió entonces gloriosamente de una bala de cañón. Poco después un resplandor extraordinario iluminó aquel teatro de horror: el fuego había prendido á bordo de la Capitana francesa, la cual se voló con explosión tan espantosa, que las baterias de las dos escuadras suspendieron su fuego por algún tiempo. Al tumulto más grande sucedió de repente un profundo silencio. Volvió luego á continuar el fuego, y á eso de la media noche era tan recio como antes de la explosión. Al salir el sol no había más que dos navíos franceses que no hubiesen sido incendiados ó tomados por el enemigo. Cortaron, pues, sus cables, y seguidos de dos fragatas se hicieron á la vela; solos buques que quedaron de la escuadra que escoltó á Bonaparte y á sus aguerridas tropas.

En esta batalla naval, que los franceses llaman de *Aboukekir* y los ingleses del *Nilo*, perdieron los primeros 11 navíos, es á saber, nueve rendidos y dos quemados; cuatro fragatas quemadas; 1.056 cañones; 8.930 hombres, de los cuales 5.225 quemados ó ahogados, y los demás prisioneros. Los ingleses tuvieron 2.180 muertos y 6.677 heridos. Nelson fué herido en la cabeza por un casco de bomba, y se temió que perdiese la vida, pues se desangraba mucho: grande y general era el dolor de todos los circunstantes; el mismo Nelson creía haber llegado su última hora; pero por fin los cirujanos dijeron que no había que temer, declaración que excitó el mayor regocijo entre los Oficiales y las tripulaciones. Diez y siete días después del combate, Nelson se hizo á la vela para Nápoles. El Rey de la Gran Bretaña le elevó á la dignidad de Par de Inglaterra con el título de Barón del Nilo.

Al saber Bonaparte el éxito de tan fatal jornada, dijo: «Ya no tenemos escuadra, preciso será ó mantenernos en estas regiones, ó salir de ellas con tanta gloria como los antiguos.» Lenguaje adecuado á la exaltación de su imaginativa, y que también era más propio para dar aliento á sus tropas, desanimadas con la noticia de suceso tan infausto. Privado el ejército expedicionario de los auxilios que la escuadra hubiera podido darle, no eran ya tan solamente los Beyes de Egipto los que le disputaban la posesión del país, sino que la Puerta Otomana se dispuso á defenderle con todas sus fuerzas.

La Puerta Otomana se une con la Rusia contra la Francia.

Uno de los efectos inmediatos de la invasión de los franceses en Egipto fué alarmar é indisponer á la Puerta, determinándola, por fin, á echarse en los brazos de Rusia y de Inglaterra, por donde la Francia, no tan solamente perdía su comercio de Levante, que le era muy lucrativo, sino que aumentaba también los obstáculos para la ejecución de su pensamiento predilecto, á saber: invadir las posesiones inglesas en la India, proyecto que era tan aventurado de suyo. Veremos muy pronto cómo el justo resentimiento de la Sublime Puerta aceleró y facilitó la nueva coalición de las principales Potencias contra la República. Por ma-

nera que las halagüeñas esperanzas que había hecho
nacer en Francia la expedición de Egipto se desvane-
cleron del todo, por el solo hecho de haber invadido
sin motivo los Estados que obedecían á una Potencia
amiga. No merece ser feliz quien hace alarde de tener
en poco la justicia. No bien se supo en Constantinopla la aparición del formidable armamento francés en
el Mediterráneo y que se encaminaba hacia las costas
de Siria y de Egipto, cuando el Encargado de Negocios de Francia pudo ya ver las inquietudes y desconfianza del Gobierno turco. Desde entonces no debió
dudarse de que los turcos se unirían con las Potencias
enemigas de la República. Los franceses que vivían en
aquella capital se hallaron amenazados de las violencias que son familiares á la Puerta Otomana en sus
rompimientos y declaraciones de guerra. El Sultán manifestó abiertamente su indignación al saber que el
ejército francés había desembarcado en Alejandría, y
que después de hacerse dueño de ésta y otras ciudades,
había entrado triunfante en el Gran Cairo, previa una
resistencia ligera de los Beyes Murat é Ibrahim. El
Ministro de Holanda cerca de la Sublime Puerta, y señaladamente D. José Bouligny, Ministro del Rey de
España, lograron apaciguar por algún tiempo el resentimiento del Gran Señor, y obtuvieron que se ex-
pidiesen firmanes circulares para proteger á los franceses residentes en sus dominios. El Gran Señor decía
en ellos que tenía por cierto que la invasión del Egipto era pensamiento del General Bonaparte y de su
bando, sin que el Gobierno francés tuviese parte alguna en tal empresa, y que, por tanto, había dado orden á su Embajador en París para que entrase francamente en explicaciones con el Directorio. Por esta intervención del Ministro de España, no menos confor-

me á la razón que á la humanidad, se evitaron vejaciones y atropellamientos de la Puerta Otomana contra el ciudadano Ruffin, Ministro de la República en
Constantinopla, y contra los particulares franceses que
estaban en Turquía.

**Buenos oficios del Ministro de España Bouligny cerca de la Puer-
ta Otomana, para mitigar las vejaciones contra los franceses
residentes en el Imperio.**

Para contener los ímpetus marciales del Gobierno
turco, Bouligny, Ministro plenipotenciario del Rey de
España cerca de la Sublime Puerta, se valió de la mediación de su Soberano y también del aprecio con que
el Reiss Effendi le honraba á él personalmente, é hizo
presente que la República no podía tener intenciones
hostiles contra la Puerta; que se proponía tan solamente castigar á los Beyes de Egipto, que eran enemigos del Gran Señor. No era esto conforme á verdad, y así costó poco trabajo al Reiss Effendi demostrar lo contrario. El Ministro turco respondió á Bouligny que la Puerta tenía por qué estar descontenta
de los Beyes de Egipto; pero que no había ido á llamar á los franceses para que los castigasen; que si
convenía reprimirles ó forzarles á la obediencia, era
la Puerta misma la que tenía la incumbencia de hacerlo y de ningún modo los extranjeros, mayormente
antes de haberle dado parte de ello; que era manifiesto que so pretexto de castigar á los Beyes, de quienes
la Puerta no habia dado queja ninguna al Directorio
francés, había mandado éste preparar una agresión
contra el territorio otomano, sobre el cual no tenía ni
vislumbre siquiera de derecho. Añadió que los Gene-

rales franceses no debían enarbolar la bandera francesa en los Estados del Gran Señor, como lo habían hecho estando en plena paz, mayormente habiendo asegurado el Gobierno de la República muchas veces, y del modo más terminante, que no dejaría nunca de mantener buena inteligencia é inviolable armonía con la Puerta Otomana, la cual había sido por su parte muy fiel á la unión de entrambas naciones; en fin, que la Turquía no había ofendido en nada á los franceses ni dado el más mínimo motivo para agresión tan gratuita. No obstante razones tan poderosas de queja contra la Francia, se pudo lograr por mediación del Ministro del Rey de España y del que también lo era de la República batava, que el ciudadano Ruffin no fuese encerrado en el castillo de las Siete Torres, sino guardado tan solamente en su propia casa. ¡Triste complicidad en los designios de los franceses, impuesta al Rey de España por el Tratado de alianza con la República, ó, digámoslo mejor, desdoro manifiesto de su Corona! Sin tener siquiera noticia de las intentonas contra Egipto; sin saber si los proyectos de los franceses eran ó no justos ó convenientes, era preciso que los agentes españoles los defendiesen ante los Soberanos cerca de quienes residían, con mengua de la veracidad y honradez castellana. En el caso presente, era cierto que la República había obrado sin lealtad con la Puerta Otomana: mal se podía justificar tal quebrantamiento de los derechos de un Estado amigo. No solamente el Ministro Talleyrand había asegurado al Gran Señor que la República quería mantener buena amistad con él en el momento mismo en que preparaba en los puertos de Francia la expedición contra Egipto, una de las posesiones principales de la Puerta, sino que el General Bonaparte, ansioso de desmembrar y destruir el Imperio de la media luna, había enviado desde Malta á su Ayudante de campo (Lavalette), á Alí, Bajá de Janina de Albania y del Egipto, rebelde al Gran Señor, con encargo de ver á este caudillo, animándole á hacerle independiente y proponiéndole que firmase un Tratado de alianza con la República francesa, por el cual se le permitiría que se hiciese dueño de la Macedonia. Lavalette debía pedirle también que apoyase el alzamiento de Grecia contra la Puerta. «Le diréis (instrucción de Bonaparte á Lavalette) que acabo de apoderarme de Malta, y que teniendo á mis órdenes 30 navíos y 50.000 hombres, deseo saber si puedo contar con él para el objeto que traigo entre manos; que sería muy conveniente que me enviase á bordo de vuestra fragata una persona de su confianza, y, por último, que yo puedo acrecentar mucho su poder y su gloria.» Tal era la lealtad de los franceses con la Puerta Otomana. A la imaginación poética del Capitán hasta allí tan afortunado, nada le encendía ni exaltaba tanto como el pensamiento de destruir el Imperio de los osmanlis, y la esperanza de plantear sus extraordinarias é impracticables utopías en aquellas regiones del Oriente.

Los buques de la marina turca comienzan las hostilidades contra los franceses.

A vista de la agresión de Bonaparte, los buques de la marina turca comenzaron también las hostilidades contra la Francia. Un bergantín que Bonaparte expidió á Tolón, fué apresado por los turcos en las aguas de Rodas. El Gobernador de esta isla mandó embargar otra embarcación francesa, que apostó allí: por ella se supo el desastre de Aboukekir, noticia que acabó de determinar á la Puerta. Al punto, contrató el Sultán con la Rusia que pudiesen pasar dos navíos y tropas, desde el mar Negro al mar Mediterráneo, para acometer á Malta y á Corfú. Se puso también de acuerdo con Inglaterra, y consintió en que ocupase exclusivamente los puertos del Gran Señor, con el fin de que cortase toda comunicación entre el Egipto y la Italia. El Gran Visir y el Mupti, á quienes se culpaba de parcialidad y de afecto á los franceses, fueron depuestos el 29 de Agosto y el 2 de Septiembre de 1798. La Puerta dió ya orden para admitir en Constantinopla á la escuadra rusa del mar Negro, y declaró solemnemente la guerra á la República francesa. «El Gobierno actual de Francia, decía el manifiesto, mostrando profundo olvido del derecho de gentes, adopta como principio acometer á todas las Potencias amigas y enemigas indistintamente, y sembrar por todas partes la confusión y el desorden, ya por las armas, ya por medio de la sedición. En virtud de este principio, había preparado con secreto el modo de trastornar el Egipto, provincia la más preciosa entre todas las de este vasto Imperio, y que es la entrada de las dos santas ciudades de Meca y Medina. En vano se le hizo saber de oficio y con anticipación que si emprendía tal proyecto, habria sin remedio una guerra sangrienta entre todos los pueblos musulmanes y la Francia. Persistiendo en su perverso designio ha acometido á Egipto, y según su costumbre de provocar toda suerte de desórdenes, no ha perdonado medio ninguno para conseguir su objeto. En consecuencia, la Sublime Puerta no puede menos de repeler la fuerza con la fuerza, como lo tenía formalmente declarado al Directorio.» El Ministro francés Ruffin fué llevado al castillo de las Siete Torres con los demás individuos de la Legación, si bien el Gobierno turco prometió que los pondría en libertad cuando supiese que lo estaba también el Embajador turco en París. Los bienes de los franceses residentes en el Imperio otomano fueron secuestrados; y como llegasen á Turquía embarcaciones procedentes de los puertos de Provenza con ricos cargamentos, se creyó que el importe de los bienes secuestrados debió subir á algunos millones de pesos, por más que muchos franceses, obrando con previsión, hubiesen puesto en salvo la mitad de sus fortunas. El número de franceses arrestados en el Imperio otomano fué de 2.000.

Llegada de una escuadra moscovita á Rudjakdere.

El día 5 de Septiembre entró en el fondeadero de Rudjakdere la escuadra moscovita, al mando del Teniente General Uchacoff: se componía de cinco navíos, dos fragatas de 36 y de dos bergantines. El Almirante, que estaba en el mar Negro, había tenido orden de acercarse al Canal y de recibir instrucciones del Ministro ruso en Constantinopla, el cual logró del Diván, á favor de las circunstancias, que la escuadra fuese admitida en el puerto de aquella capital. El Gran Señor, satisfecho de esta prueba de amistad de la Rusia, regaló una caja magnífica, guarnecida de diamantes, al Comandante ruso. Los ingleses eran también muy festejados. No solamente hizo el Sultán expresión al Ministro inglés, sino que quitando él mismo de su turbante una rica presea, pidió que se la enviase al Almirante Nelson, en testimonio de su viva satisfacción por el insigne triunfo que había conseguido en Aboukekir sobre los franceses.

**Bouligny trabajó incesantemente por inclinar á los turcos
á la paz con Francia, aunque en vano.**

Otra de las determinaciones de la Puerta fué dar
orden al Ministro de la República batava, aliada de la
Francia, para que saliese de los dominios del Gran
Señor, siendo muy de notar que al mismo tiempo que
rompía abiertamente con la Holanda, sin otro motivo
más que su amistad con los franceses, mantuviese relaciones amistosas con el Rey de España y tratase con
cordialidad y plena confianza á D. José Bouligny, su
Ministro en aquella Corte. Por la estimación de que
gozó el Ministro español, pudo éste hacer continuos y
señalados servicios á la República francesa en Constantinopla, intercediendo para todo con la Puerta. Por
más de un año Bouligny cuidó de los franceses arrestados en Turquía, suministrándoles los socorros que les
enviaba el Gobierno de la República. Por medio del
Embajador del Rey de España en París y del Ministro residente en Constantinopla, se trató y ejecutó el
canje de las Legaciones. Azara transmitió al Embajador turco cerca de la República la orden en que se
le autorizaba para que partiese de Francia, en cuya
virtud el Ministro Ruffin se trasladó al territorio
francés. Bouligny y Azara obraron también de consuno, aunque en vano, para ver de inclinar á los turcos á la paz con Francia, separándoles de los ingleses,
y más particularmente de los rusos, á quienes los musulmanes tenían poco afecto. Por estos pasos dados
amistosamente con la Puerta, excitaron un vivo resentimiento de parte de los rusos, y al cabo de no muy
trabajosas negociaciones, el Gobierno turco, no pu-

diendo resistir por más tiempo al terco empeño de sus nuevos é imperiosos aliados, dió orden á Bouligny en 1799 para que saliese de sus dominios, como se verá.

Al mismo tiempo que llegaban á París los avisos del resentimiento de la Puerta Otomana y de su intención de romper abiertamente la guerra contra Francia, D. José Nicolás de Azara supo también por despachos del Conde del Campo de Alanje, Embajador del Rey en Viena, que el Emperador Francisco se hallaba muy propenso, por no decir enteramente resuelto, á unirse con la Rusia, la Turquía y la Inglaterra, contra la República. Azara creyó que convenía dar parte de estas noticias al Directorio, sin pérdida de tiempo; mas aunque expuso á los Directores sus fundados recelos de que la Francia padeciese reveses, consta por la relación de su conferencia que el Gobierno francés vivía aún con suma confianza, ó por mejor decir, en la más absoluta seguridad.

Azara tiene una explicación importante con los Directores.

«Cuando llegué, dice Azara, estaban los Directores en sesión, y habiéndoles prevenido el Ministro de mi llegada, les informó de todo para que viesen que la Corte de Viena estaba resuelta á la guerra, su determinación de no dar oídos á mediaciones (el Conde de Campo de Alanje había propuesto mediar en nombre del Rey y el Ministro Thugut lo había rehusado) y los medios que le suministraba la Rusia y el fuego que soplaba Nápoles, sin que fuera posible contar de parte de la Prusia más que con una neutralidad inútil é interesada. Dijo también que los turcos iban á declararse á instigación de los ingleses y rusos, pues habían ya intimado al Encargado de Francia que quitase de su casa la bandera de tres colores, que no se presentase en público, y el modo atento, pero firme, con que habían respondido á los oficios de nuestro Bouligny.

»Nada de esto les hizo gran fuerza, y después de agradecer mucho mis noticias y celo, me quisieron persuadir que, á pesar de tantas apariencias, la Corte de Viena ni los turcos declararían ni harían la guerra, y lo que es más, que si el proyecto de la paz del Imperio y de la mediación cuádruple proyectada surtía efecto, darían la ley al Emperador y á la Europa. Me confiaron las cartas que acababan de recibir de Berlín, en que el Embajador Sieyes no dice nada que sea consolante, y envía la última declaración qué le ha entregado aquel Ministerio, reducida á ofrecer sus buenos oficios con la Corte de Viena y á renunciar á sus Estados de la parte izquierda del Rhin sin exigir compensación, con tal que el Emperador no la exija tampoco en Alemania.

»Viendo la ilusión en que está este Gobierno, me pareció necesario hablarle con la claridad y firmeza propias de un hombre de bien y buen aliado. Les dije, pues, que yo estaba lejos de tener la confianza que ellos tenían, y que juzgo del estado de las cosas de muy diverso modo; que tenía por infalible la guerra con el Emperador, con la Rusia y con los turcos; que no se lisonjeasen de lo contrario, porque, á mi ver, era una ilusión. Prosiguiendo en hablar con la claridad que me es natural y ellos me toleran, les he repetido que veo toda la ventaja de parte de los enemigos; que la Italia les será más contraria que favorable, y que comprendo en esto aun á sus nuevas Repúblicas, por el rigor y crueldad con que han sido tratadas por los Generales y Comisarios; que lá devastación de Roma y de la Suiza habían salvado á Inglaterra, reuniendo al partido de la oposición con el de la Corte; que la expedición de Bonaparte era una verdadera novela, y que yo nunca creeré posible que llegue á la India; que, sin embargo, ha hecho el peor efecto posible, favoreciendo á nuestros enemigos, pues ya vemos que los turcos cierran sus puertas á los franceses y las abren á los ingleses y rusos; que, por consiguiente, Nelson será dueño absoluto del Mediterráneo con su escuadra y dará un fuerte impulso á la guerra de Italia, en donde los ultrajes hechos á la religión por los franceses les habían suscitado más enemigos de los que ellos creían; y, en fin, que así como yo tenía por imposible que los ejércitos aliados penetrasen en Francia, así también me parecía verosímil que los franceses serían vencidos fuera de su territorio.

»No dieron muestras de quedar convencidos de mis razones; pero creo que les harían alguna fuerza.»

Las predicciones de Azara se verificaron plenamente después.

Los ingleses se apoderan de Menorca.

De contado la escuadra inglesa, reforzada con cinco navíos de línea portugueses, bloqueó al punto la isla de Malta, impidiendo que llegasen á ella provisiones de ningún género. La conquista de este punto tan importante por los aliados era ya infalible. Alborozada estaba toda la Gran Bretaña con la grata perspectiva de posesión tan ventajosa. Entre tanto una división de tropas inglesas de 6 á 7.000 hombres fué desde Gibraltar á desembarcar á Menorca; y como gran parte de las antiguas fortificaciones se hallaban en muy mal estado desde la reconquista de la isla, hecha por el General Crillon, después Duque de Mahón, las pocas fuerzas españolas que allí había no opusieron seria resistencia. El 10 de Noviembre se ajustó un Convenio, por el cual las tropas del Rey serían transportadas á un puerto de España y los ingleses quedarían poseedores de aquella isla. Parece que la guarnición de Menorca obró cobardemente, y que por esto no se aprovechó de las ventajas que el terreno proporciona, no solamente para disputar el desembarco, sino para estorbar los progresos de las tropas enemigas en el interior de la isla. Así resultó de la sentencia pronunciada por el Consejo de Guerra de Oficiales Generales que el Rey mandó formar para examinar la conducta del Gobernador de la isla y de los demás sujetos que concurrieron á su indecorosa rendición. Supone esta sentencia que Menorca tenía la guarnición necesaria, y que al poner á su disposición los medios de defensa convenientes, se tuvo presente el riesgo en que queda siempre la isla de Menorca cuando el Mediterráneo se halla dominado por fuerzas navales enemigas. El peligro será todavía mayor en lo venidero, siempre que se declare la guerra entre España y la nación británica, teniendo ésta ahora la importante fortaleza de Malta, que antes no tenía, para abrigar sus escuadras y para dirigir desde aquella isla sus tiros con mayor certeza.

La Francia descuida la protección de los irlandeses.

Otro tanto como Inglaterra se mostraba solícita de ocasiones oportunas de hacer daño á sus enemigos, otro tanto Francia perdia de vista las en que hubiera podido causar á su rival daños y embarazos que la debilitasen. En Irlanda existían en gran número descontentos de la dominación inglesa que ansiaban por alzarse contra ella, y pedían á gritos á España y Francia el socorro de algunas fuerzas terrestres y maritimas que apoyasen sus primeros esfuerzos. La simpatía de los católicos irlandeses por el Gobierno de Madrid era antigua, y por eso los descontentos de la isla buscaban la protección del Príncipe de la Paz con visible confianza. A él se dirigían en solicitud de que les lograse auxilios de la Francia; el Ministro español pedía con efecto, siempre que se trataba de la cooperación de nuestras escuadras á las operaciones navales de los franceses, que se dirigiesen expediciones á Irlanda para provocar allí un alzamiento, teniéndole por muy embarazoso para el Gabinete de Londres. Pero el Directorio, preocupado con las consecuencias de la expedición de Egipto y deseoso de convertir hacia aquel punto todo su poder marítimo, desoyó las justas observaciones del Ministro español, y no hizo ninguna tentativa de importancia sobre Irlanda, sino cuando los momentos no eran ya oportunos. Por este proceder hubo de sufrir pérdidas de consideración. Además, en vez de haber favorecido á los irlandeses, los comprometió y remachó más los hierros que los oprimian. ¿Cuántas veces así el Príncipe de la Paz, como Urquijo y el General Mazarredo, no hicieron presente en París la conveniencia de dar la mano á los descontentos de Irlanda, sin que hubiesen podido determinar nunca al Directorio á que intentase francamente un desembarco en aquellas costas? Que no fuesen atendidas las frecuentes reclamaciones del Gobierno de Madrid acerca de la conquista de la isla de la Trinidad ó de Menorca se alcanza fácilmente, pues iba en ello el interés del Rey de España tan solamente, y la utilidad que resultaba á la Francia de que fuesen poseídas por este Soberano y no por la Gran Bretaña, no era para ella ni inmediata ni directa; mas en separar á Irlanda del dominio de Inglaterra, la Francia no podía menos de hallar también su propia ventaja. Por tanto, es extraño que se dejase correr el tiempo sin que se intentase dar un golpe serio en aquella isla. La Francia resolvió por fin hacer algunos esfuerzos para animar á los irlandeses, cuando las circunstancias no eran ya favorables para el buen éxito.

Poco tiempo después que la expedición de Tolón hubo dado la vela para Egipto, el Directorio intentó también hacer desembarcos de tropas en Irlanda. En ningún otro país había elementos tan favorables como en éste para propagar las doctrinas democráticas y apoyar la política de la Francia; mas para que pudiese sacudir el yugo de la Gran Bretaña, se necesitaba tenderle la mano y ayudarle á romper sus cadenas. Si el ejército de Bonaparte hubiera puesto el pie en Irlanda, la Inglaterra habría recibido un golpe funesto, en vez que las esperanzas fastuosas de abrirse desde Egipto paso á la India y de amenazar desde allí las posesiones británicas, no había en Europa hombre ninguno sensato que no las tuviese por ilusiones poéticas. Desde los primeros tiempos de la Revolución francesa hubo en Irlanda hombres celosos y activos que trabajaron por propagarla. Ya en 1791 un Abogado de Dublín, llamado Wolfe Tone, fundó la Asociación de los *irlandeses unidos*, que se proponía al parecer la emancipación de los católicos y la reforma parlamentaria, y en realidad llevaba el fin de separar totalmente á la Irlanda de la Gran Bretaña, estableciendo en el primero de estos países un Gobierno democrático independiente, bajo la protección de la Francia. La Asociación se componía de individuos de todas clases y condiciones, ligados entre sí por las promesas más solemnes de guardar secreto, igualmente expuestos á los castigos que vendrían sobre ellos, si se traslucía su designio. Para entenderse y mantener correspondencia, convinieron en ciertas señales conocidas de ellos tan solamente. En Inglaterra, y sobre todo en Escocia, se formaron también entonces *Sociedades* que profesaban los principios democráticos de Francia y tenían intento de fundar el Gobierno sobre ellos, imitando lo que se hacía en Paris; las sociedades escocesas é inglesas reunidas se denominaron en 1793 *Convención general británica*, y pusieron en sus deliberaciones la fecha de *primer año de la Convención*. La autoridad logró hacer algunos castigos, si bien, lejos de acabar con el mal, le extendieron más. En el año de 1794 y 1795 hubo ya tentativas para hacer una revolución en Inglaterra; pero fueron siempre infructuosas por no abundar allí los elementos necesarios para el logro de la empresa. Por el contrario, en Irlanda el deseo de separarse de la Inglaterra mantenía siempre vivo el fuego. El Directorio, solicitado por los agentes irlandeses, encargó en 1796 al General Hoche el mando de un ejército que se reunió en Brest para hacer un desembarco en Irlanda. El 15 de Diciembre la expedición salió del puerto, y después de vencer grandes obstáculos, pudo pasar cerca de la escuadra inglesa sin que fuese descubierta por ella; mas sobrevino una tempestad, y separados los navíos durante la noche, el General llegó solo á la costa de Irlanda. Hoche hubo de correr grandes riesgos para volver á entrar en los puertos de Francia. Abandonado el proyecto por entonces, Hoche se proponía tentar de nuevo su ejecución, habiéndose puesto de acuerdo para ello con los Jefes irlandeses, que habían pasado ocultamente al continente para tratar con él: la guerra entre los Consejos y el Directorio ejecutivo, que se terminó por la jornada del 18 *fructidor*, impidió al General Hoche llevar á cabo sus designios. Poco tiempo después este Jefe falleció de enfermedad en Alemania, en donde mandaba el ejército francés. Cuando el Directorio se halló triunfante en sus contiendas con los Consejos, pudo ya pensar seriamente en enviar socorros á los patriotas irlandeses, los cuales, invariables en su propósito de separarse de Inglaterra, solicitaban con vivas instancias la protección de la República. En 1798, al mismo tiempo que la expedición de Tolón iba á dar la vela, se dispuso que partiesen también tres divisiones navales francesas con tropas de desembarco para Irlanda: una de Rochefort, otra de Brest y otra de Dunquerque. La división más considerable era la de Brest. Un navío de alto bordo, el *Hoche*, de 110 cañones, debía acompañarle: llevaba de 3.500 á 4.000 hombres de desembarco con destino á Corek ó á otro puerto de Irlanda. La división de Rochefort, con 1.200 á 1.500 hombres á bordo, debía dirigirse á la bahía de Killala; en fin, la tercera división, partiendo de Dunquerque, debía desembarcar 1.500 hombres en la costa de Wlster, llevando así auxilios á los irlandeses, que en diferentes puntos aguardaban impacientes la protección de las armas francesas para tremolar el estandarte de la insurrección.

Estuviera por demás decir que el Directorio, al hacer tales preparativos, tuvo cuidado de advertir á los irlandeses de la próxima llegada de los socorros que les enviaba, hallándose en comunicación diaria con

Nappertandy y otros Jefes, que estaban á la cabeza de
la conspiración. Pero el Gobierno inglés, á quien no
se ocultaba el riesgo, conocía la urgencia de evitarle.
Lord Cambden, Virrey de Irlanda, dió orden y plenos
poderes á las tropas reales para que sometiesen á los
rebeldes por las armas, lo cual hizo perder terreno á
la *Unión*. Además, los patriotas irlandeses estaban
mal previstos de armas y municiones. Sin embargo,
la promesa de los socorros que debían llegar de Francia exaltaba la imaginación en tan alto grado, que al
fin se tomó la resolución de levantarse abiertamente
contra el Gobierno, al cual se suponía sin la fuerza necesaria para contener el levantamiento. La insurrección debía verificarse en la noche del 23 de Mayo.
Todo estaba preparado para dar el golpe, cuando uno
de los conjurados descubrió el proyecto; y aunque
Nappertandy proclamó el alzamiento, la vigilancia del
Virrey desbarató todos los planes que este Jefe habia
concebido para sublevar á Dublín.

Algunas tentativas inútiles para turbar la Irlanda.

No sucedió así en otros puntos del país. El 24 de
Mayo los conjurados, en crecido número, acometieron
á las ciudades de Naas y Carlow, en las que no pudieron entrar. El 25 se pusieron en marcha para ir sobre
Wexford con una fuerza de 15.000 hombres, y des-
barataron un destacamento de la guarnición que intentó detenerles; el 30 se rindió la ciudad. Los levan-
tados se hicieron dueños también de Enniscorthy;
pero habiendo querido entrar en New Ross, que estaba defendida por una fuerte división del ejército del
Rey, sufrieron una derrota general. Hubo otros com-

bates y en ellos anduvo varia la fortuna. Por fin, el General Lake juntó fuerzas considerables y cayó sobre el grueso de los insurgentes, apostados en Vinegardehill, cerca de Enniscorthy. Resistieron el ataque con vigor, pero al cabo se desordenaron y dieron á huir. La pérdida sufrida en este encuentro y en la derrota fué tal, que el partido todo se llenó de consternación; Wexford y los demás puntos que ocupaban se rindieron. Después de este descalabro no quedaron en el interior de Irlanda sino algunas bandas mal organizadas.

En el Norte de los Condados de Down y de Autrin habían corrido también á las armas; pero sus tropas colecticias no pudieron hacer frente á los soldados disciplinados que pelearon contra ellas. Hiciéronse castigos ejemplares: Cornelio Grogan y Barnal Harvey fueron pasados por las armas; Lord Eduardo Fitz Gerald se dió muerte en la cárcel; Nappertandy pudo huir y llegó á Francia, en donde el Directorio le hizo buena acogida, considerando lo útil que sería oir sus consejos cuando llegase el caso de hacer el desembarco en Irlanda. Con este fin le dió el grado de General de brigada, y proveyó á su subsistencia y á la de sus compañeros que iban con él. Después de los golpes que los insurrectos acababan de recibir, no era de suponer que volviesen á levantar la cabeza por entonces; y para conseguir más ciertamente este objeto, el Gobierno publicó un perdón general, con muy pocas excepciones, prometiendo que trataría sin rigor á cuantos se rindiesen voluntariamente.

El Directorio había dejado pasar el momento oportuno de sublevar á los irlandeses; pero los dos Jefes, Wolf Tone y Nappertandy, que habían puesto su principal esperanza en los socorros de Francia para la emancipación de su patria de la Inglaterra, le representaron la causa de la *Unión* como perdida para siempre si no se enviaban tropas á la mayor brevedad. No era fácil ejecutar la empresa teniendo á la vista de los puertos divisiones navales inglesas que los observaban. Por esta causa las tropas destinadas á la expedición se hallaban detenidas en los puertos del Océano desde la primavera anterior. La República se determinó, en fin, aunque tarde, á correr los riesgos de un desembarco. Para su mejor dirección envió á Wolf Tone á Brest y á Nappertandy á Dunquerque, muy esperanzados uno y otro de burlar la vigilancia de los cruceros ingleses. Dos correos extraordinarios partieron de París el 23 de Julio, el uno para Brest y el otro para Rochefort, portadores de la orden de dar á la vela al primer viento favorable. La división naval del primero de estos puertos no pudo hacerse al mar por falta de fondos para pagar las tropas; la de Rochefort fué la única que pudo salir del puerto. Con singular ventura burló la vigilancia del crucero inglés, y al cabo de diez y siete días el General Humbert desembarcó en Killala tan sólo 900 hombres de tropas regladas, á las que acosaron prontamente fuerzas superiores inglesas llegadas de todas partes contra el pequeño destacamento francés. Después de algunas marchas y escaramuzas, Humbert y sus soldados quedaron prisioneros de guerra; del corto número de insurgentes que se les reunió, unos cayeron en manos de las tropas inglesas y otros se dispersaron por el país. Nappertandy, viendo que la división de Dunquerque no podía hacerse á la vela, teniendo á su vista á la escuadra inglesa y en observación continua de sus movimientos, se resolvió á probar fortuna, y á bordo del bergantín el *Anacreonte* fué á desembarcar á la isleta de Rutland, en la costa del Condado de Danegal, con el General Rey y otros Oficiales franceses. Sabedores del contratiempo del General Humbert y sus tropas, se reembarcaron para Francia muy poco tiempo después de su arribo. La división naval de Brest, destinada á desembarcar tropas en Irlanda, no esperaba más que el momento oportuno de hacerse á la vela, á fin de apoyar las operaciones del General Humbert, á quien se suponía en campaña; y como el Almirante inglés Bridport, que bloqueaba el puerto, se hubiese visto obligado á alejarse por los vientos del equinoccio y á entrar en Torbay, la división salió de Brest el 25 de Septiembre de 1798. Componíase del navío de línea el *Hoche* y de ocho fragatas, con tropas y municiones; mas tuvo la desgracia de dar con la escuadra de Sir John Borlasse Warren el 12 de Octubre á la altura NO. de Irlanda, y cayó toda ella en poder de los ingleses, excepto dos fragatas que pudieron escaparse. Este fatal golpe puso fin á la insurrección de Irlanda. Los cabezas de la conjuración que se hallaban presos, desesperanzados ya del triunfo de su causa, revelaron al Gobierno todos sus intentos y planes, por cuyo descubrimiento pidieron salvar sus vidas, y así les fué otorgado. Los tres Directores de la Convención ejecutiva irlandesa, Arturo O'Connor, el Dr. M. Nervin y el Abogado Emmet, escribieron un largo papel para informar circunstanciadamente al Gobierno de todos los planes y manejos de la *Unión irlandesa*. El único que pereció trágicamente fué aquel fundador de la Asociación, Theobaldo Wolf Tone, hecho prisionero á bordo del *Hoche* con uniforme francés. Aunque se hacía llamar Smith y Ayudante General francés, fué conocido en Londonderry y condenado á muerte por un Consejo de Guerra. Para no pasar por la afrenta del suplicio, puso él mismo fin á sus días en la cárcel.

A fin de calmar el descontento causado por estos sucesos infaustos, el Directorio dió á luz una apología encaminada á justificar sus planes, y achacó á la fatalidad el mal éxito de las expediciones enviadas á Irlanda. No hace á nuestro propósito defender al Directorio ni acusarle sobre este punto; observaremos tan solamente que mientras que la Asociación irlandesa se hallaba vivamente animada y sostenida por algunos regimientos franceses que hubiera podido ordenar y defenderse con ventaja contra las tropas inglesas, ningún auxilio real tuvo de la República francesa. Las tentativas para socorrerla se hicieron cuando, desarmada y vencida, no le era ya posible emprender ninguna operación en defensa de su causa.

FIN DEL TOMO XXXII
Y CUARTO DE ESTA HISTORIA.

INDICE

Páginas.

De Portugal y de la política errada que Carlos IV siguió acerca de esta Potencia...... 7

Solicitud del Rey Carlos IV por el Duque de Parma........... 22

Pensamiento de dar la isla de Cerdeña al Duque de Parma; España dejo entender que cedería la Luisiana y la Florida á la Francia...... 25

El Duque de Parma se niega á separarse de sus vasallos.—El Marqués del Campo y el Conde de Cabarrús tuvieron orden de persuadir al Infante á ceder y adoptar el plan propuesto...... 26

El Duque de Parma persiste en su resolución de no separarse de sus súbditos...... 30

El Directorio muda de opinión acerca del proyecto........... 32

El Directorio consiente en volver á abrir la negociación, ó, por mejor decir, en que continúe...... 33

El Infante-Duque de Parma, cansado de las vejaciones que sus vasallos sufrían y deseoso de mejorar su suerte, conviene, por fin, en aceptar la isla de Cerdeña. Las circunstancias habían variado; su deseo fué inútil...... 35

El Maestrazgo de Malta propuesto por los franceses al Príncipe de la Paz.—Su respuesta...... 36

Resolución de Roma, destronamiento y destierro del Papa Pío VI. 41

El Gobierno francés pide á Carlos IV que reciba á Pío VI en sus dominios.—El Rey consiente en ello, no sin repugnancia...... 79

Separacion del Príncipe de la Paz de la primera Secretaría de Estado...... 82

Disposición del Directorio francés hacia el Príncipe de la Paz... 85

D. Manuel Godoy está también quejoso por su parte del Directorio...... 88

Nombramiento del Conde de Caburrús á la Embajada de París.. 91

El Directorio se niega á la admisión del nuevo Embajador..... 94

El ciudadano Truguet es nombrado Embajador de Francia en la Corte de Madrid...... 95

Carta del Conde de Cabarrus al Príncipe de la Paz, escrita en París...... 96

Páginas.

Regreso de Cabarrús á Madrid.—Nombramiento de Saavedra y
Jovellanos á los Ministerios de Hacienda y Gracia y Justicia.. 101
Arresto de D. Eugenio Izquierdo, Director del Real Gabinete de
Historia Natural de Madrid............................... 101
El Embajador Truguet llega á Madrid 103
Salida de la escuadra española de Cádiz, mandada por el Gene-
ral Mazarredo... 107
Real decreto por el cual se manda que los emigrados franceses
salgan de España..................................... 111
El Embajador francés insiste en la separación de D. Manuel Go-
doy, la cual se verificó con efecto....................... 112
Real decreto... 113
Explicaciones de D. Manuel Godoy sobre su caída........... 114
Saavedra y Jovellanos se oponen á que se castigue al Valido... 116
Enfermedad sobrevenida á Saavedra y Jovellanos.—Separación
de sus Ministerios 117
El Príncipe de la Paz no quiere cargarse ni con la separación de
estos Ministros, ni con las persecuciones que sufrió después
Jovellanos... 118
Nombramiento de D. José Nicolás de Azara á la Embajada de
París.. 122
Discurso pronunciado por Azara á su presentación al Directorio. 123
Vuelven á abrirse en Madrid negociaciones para un Tratado en-
tre la Francia y Portugal.............................. 124
Truguet deja su puesto de Embajador. 126
Ninguna mudanza hubo en las relaciones exteriores por la sepa-
ración del Príncipe de la Paz........................... 127
Proyecto de reforma de las Universidades literarias de España,
concebido por el Ministro Jovellanos.................... 128
D. Antonio Tavira, Obispo de Osma, es nombrado por el Rey
para pasar á la Silla episcopal de Salamanca, en donde debería
plantearse 131
Biografía de este sabio................................. 132
Decreto del Rey....................................... 147
Jovellanos tiene también pensamiento de reformar el Santo
Oficio... 153
Otros proyectos planteados por aquel tiempo............... 157
La Francia se propone apoderarse de Egipto............... 159
La salida de la expedición se detiene por un incidente ocurrido
en Viena con el General Bernardotte.................... 163
La expedición da por fin la vela......................... 168
Bonaparte se hace dueño de Malta, y al cabo de pocos días la
expedicion francesa se hace á la vela para su destino........ 169

Páginas.

Movimientos de las fuerzas navales inglesas en busca de la expedición francesa... 173
Las tropas francesas desembarcaron en Alejandría............ 176
La escuadra francesa quedó anclada en la rada de Aboukekir.. 177
El Almirante inglés Nelson llega con sus navíos delante de aquella costa.—Batalla naval de Aboukekir. 177
La Puerta Otomana se une con la Rusia contra la Francia. 180
Buenos oficios del Ministro de España Bouligny cerca de la Puerta Otomana, para mitigar las vejaciones contra los franceses residentes en el Imperio.............................. 182
Los buques de la marina turca comienzan las hostilidades contra los franceses... 184
Llegada de una escuadra moscovita á Rudjakdere............ 186
Bouligny trabajó incesantemente por inclinar á los turcos á la paz con Francia, aunque en vano........................ 187
Azara tiene una explicación importante con los Directores..... 188
Los ingleses se apoderan de Menorca........................ 190
La Francia descuida la protección de los irlandeses.......... 191
Algunas tentativas inútiles para turbar la Irlanda. 196

MEMORIAL HISTÓRICO ESPAÑOL

COLECCIÓN

DE DOCUMENTOS, OPÚSCULOS Y ANTIGÜEDADES

QUE PUBLICA

LA REAL ACADEMIA DE LA HISTORIA

TOMO XXXIII

MADRID

EST TIP VIUDA É HIJOS DE MANUEL TELLO

IMPRESOR DE CÁMARA DE S M.

C. de San Francisco, 4

1894

MEMORIAL HISTÓRICO ESPAÑOL

COLECCIÓN

DE DOCUMENTOS, OPÚSCULOS Y ANTIGÜEDADES

QUE PUBLICA

LA REAL ACADEMIA DE LA HISTORIA

TOMO XXXIII

MADRID

EST. TIP. VIUDA É HIJOS DE MANUEL TELLO

IMPRESOR DE CÁMARA DE S. M.

C. de San Francisco, 4

1894

HISTORIA DE CARLOS IV

POR

D. ANDRÉS MURIEL

TOMO QUINTO

HISTORIA DE CARLOS IV.

LIBRO QUINTO.

Sumario.

Junta de Hacienda creada en Madrid para mejorar la administración de este ramo.—Medidas propuestas por la Junta.—Su disolución.—Providencias insuficientes ó ruinosas adoptadas por el Ministro de Hacienda Soler.—Junta eclesiástica para la extinción de Vales Reales.—El Gobierno no estima convenientes sus proposiciones.—La administración de los tributos continuó por entonces en su antiguo desorden.—Estado de Europa.—El Emperador de Rusia Pablo I procura atraer á las Cortes de Viena y Berlín á su designio de formar una Liga contra Francia.—El Directorio quiere que la Suiza tenga un régimen puramente democrático.—Un ejército á las órdenes del General Brune entra en Roma.—La revolución queda consumada.—Comunicóse esta variación á las Potencias de Europa.—El Rey de España la reconoció por su Ministro plenipotenciario.—De la República romana y del Rey de Nápoles.—Carlos IV se negó á reconocer al Gobierno revolucionario de Roma.—Semillas de revolución en Nápoles.—Frialdad entre las familias reinantes de España y de las dos Sicilias.—Carlos IV tiene por cierto el próximo destronamiento de su hermano y pone la mira en la posesión de Sicilia, á fin de colocar en ella al Infante-Duque de Parma.—El Directorio no estaba dispuesto á satisfacer tal deseo.—Tratado entre el Emperador de Alemania y el Rey de Nápoles.—Del Ministro napolitano Acton.—Lady Hamilton.—Nelson.

—Preparativos de guerra en el reino de las dos Sicilias.—El
General austriaco Mack es nombrado para mandar el ejército
napolitano.—Amenazas de los franceses.—Rómpese la guerra
por los napolitanos.—Tratados del Rey de Nápoles con Inglaterra y Rusia.—El General Championnet se retira de Roma con
sus tropas, dejando guarnición en el castillo de Sant Angelo.
—Entrada del Rey de Nápoles en Roma.—Los franceses rompen á los napolitanos en varios encuentros.—El Rey Fernando IV y su ejército abandonan á Roma y vuelven á entrar en el
territorio napolitano.—Llegada de este Soberano á Nápoles.—
Championnet se adelanta hasta Capua.—Desorden y confusión
en el populacho de Nápoles.—El Rey parte para la Sicilia.—
Salen de Nápoles Comisarios para tratar con Championnet, mas
no consiguen determinarle á concluir un convenio.—Llegada
de los franceses á Nápoles.—La República *Parthenopea*.—Carlos IV reclama para sí y su familia los Estados de Nápoles, antiguo patrimonio de la Corona de España.—El Directorio no
respondió siquiera á esta reclamación.—Destronamiento del
Rey de Cerdeña.—Atropellamientos y violencias de los Generales franceses.—Carlos Manuel firma por fin la abdicación de
su Corona.—En los amaños de los franceses para apoderarse de
los Estados de este Soberano se ve la escuela en que aprendie-
ron.—El proceder que tuvieron después con España.—Salida
del Rey de Cerdeña de sus dominios.—Disgustos que los franceses le ocasionaron por todas partes.—Del Ministro Urquijo y
de sus contestaciones con el Embajador francés Guillermardet.
—El Directorio, deseoso de oponerse á los esfuerzos del Embajador ruso, el Príncipe de Repuin, que trabajaba por atraerse al
Gabinete prusiano, nombra á Sieyes por Embajador de la República en Berlín.—Presentación de Sieyes en aquella Corte.
—Carta de Azara sobre la política de los Directores.—Coalición contra Francia.—El Emperador Pablo I quiere atraer al
Rey Carlos IV á los intereses de los coligados.—Carlos IV per-
manece constante en su alianza con la República.—Pablo I es
proclamado Gran Maestre de la Orden de Malta.—El Rey de
España se niega á reconocer esta dignidad.—Declaración de
guerra del Emperador de Rusia contra S. M. Católica.—Campaña de los aliados contra los franceses en el año de 1799.—
Los aliados alcanzan ventajas sobre sus enemigos por todas
partes.—La Italia queda á discreción del ejército vencedor.—

El General ruso Souwarow se dispone á penetrar en el territorio francés.—El Emperador de Alemania, á quien convenía enseñorearse completamente de Italia, le detiene.—A esta circunstancia fueron los franceses deudores de la resistencia que pudieron oponer después en Suiza y en Italia.—Agitación en París á causa de los reveses de los ejércitos.—Los Consejos y el Directorio se dividen en bandos.—El 30 *prairial.*—Nota de Azara.—Buen efecto del paso dado por el Embajador del Rey de España.—El Gobierno de Madrid, dirigido por D. Mariano Luis de Urquijo, desaprueba el proceder del Embajador.—Separación de Azara de la Embajada.—El General Joubert y otros Generales franceses quisieron echar abajo al Gobierno directorial y restablecer la Monarquía.—Joubert se abocó al intento con Azara.—Plan convenido.—Joubert fué muerto en la batalla de Novi, y el plan no pudo tener por esto ejecución.—El Marqués de Múzquiz fué nombrado sucesor de Azara en la Embajada de París.—Batalla de Novi.—Retirada del ejército francés de Nápoles.—Insurrección de la Calabria.—El Cardenal Ruffo entra en la capital á la cabeza del ejército real.—Suplicios y atrocidades.—Nelson.—El Rey Fernando IV regresa de Sicilia á su capital.—Pónese fin á las Repúblicas *Parthenopea* y *Romana.*—Toda Italia, á excepción del Piamonte y Génova, vuelve á ser regida por Gobiernos legítimos.—Batallas entre los ejércitos rusos y franceses en Suiza.—Souwarow y Korsakoff pelearon bizarramente, pero no pudieron vencer á las tropas republicanas.—Los cuerpos rusos se retiran á Baviera, desde donde regresaron á su imperio.—Mala suerte de la expedición anglo-rusa enviada á Holanda al mando del Duque de York.—Situación de las Potencias aliadas al fin de la campaña.—Pío VI en Siena.—Bula de este Pontífice para la futura elección de Papa.—Azara se encarga de comunicarla á los Cardenales.—El Papa es trasladado desde Siena á la Cartuja de Florencia.—El Gran Duque de Toscana y el Rey y la Reina de Cerdeña visitan á Su Santidad.—El Directorio quiere que el Papa vaya á Cerdeña.—Pío VI se negó á ello por el mal estado de su salud.—Su traslación á Francia.—La ciudad de Grenoble le es señalada para su residencia.—Después fué trasladado á Valencia del Delfinado.—D. Pedro Labrador, Encargado de Negocios del Rey de España en Florencia, acompaña al Pontífice.—Cuantiosos socorros suministrados al Papa por el Rey Carlos IV y por los Prelados españoles.—Varios Breves obtenidos del Papa por D. Pedro Labrador.—Fallecimiento de Pío VI en la ciudad de Valencia del Delfinado.—Mérito de este Pontífice.—Decreto del Rey Carlos IV sobre las dispensas matrimoniales en la vacante de la Silla pontificia.—Del Canónigo Espiga.—La Inquisición le forma causa como *jansenista.*—Sentido de esta voz.— *Jesuitas.*—Guerra entre ambos partidos.—El Ministro Urquijo se propone defender los derechos del Episcopado contra la pretensión de la Curia romana.—Oposición de la Francia á reconocer la elección del Cónclave reunido en Venecia.—España declara su resolución de reconocer por Papa al que fuese elegido por el Cónclave.—El Cardenal Chiaramonti es nombrado Papa y toma el nombre de Pío VII.—Carta pastoral de Imola. —Cooperación de las fuerzas marítimas del Rey de España con las escuadras de la República.—Una división de cinco navíos sale del Ferrol para Brest al mando del Teniente General de la Real Armada, Melgarejo, con tropas de desembarco.—La escuadra de Cádiz se mantiene en el puerto para llamar la atención de los buques ingleses y facilitar así la salida de la expedición que llevaba á Bonaparte á Egipto.—El Almirante Bruix se hace á la vela con su escuadra de Brest.—Mazarredo parte de Cádiz para Cartagena, y allí se le reúne el Almirante francés.—Proyectos de los Comandantes de las escuadras.—Arribo de las dos armadas á Cádiz.—Ordenes de los Gobiernos francés y español para que las escuadras vayan á Brest.—Llegada á este puerto.—La división naval al mando de Melgarejo regresa al Ferrol.

Mal estado de nuestra Hacienda.

Nuestra alianza nos empobrecía cada vez más. Por el mantenimiento de fuerzas navales tan considerables para la guerra contra la Gran Bretaña, el Erario se hallaba sin medios de hacer frente á sus urgentes atenciones. Interrumpidas las comunicaciones con los dominios de América, no era posible recibir de allí caudales. El comercio estaba entorpecido y la administración interior no daba los recursos necesarios. La Corte seguía gastando á placer y viviendo en su manera acostumbrada. Abiertas estaban siempre las arcas reales para el pago de las cantidades que pedía, sin que hubiese coto en sus gastos ni asignación ninguna que señalase las cantidades que hubiere de percibir. Bastaba una orden del Rey, sin previo examen de utilidad ni otras formalidades que asegurasen la legalidad, para pedir á la Tesorería las cantidades de que el Real Palacio tenía necesidad. A este mal, ya muy pernicioso, se añadía el desorden general en la administración de las rentas públicas, el mal método de contribuciones y los vicios de su cobro. En tal estado, ¿cómo podría hacerse frente á los armamentos marítimos ni tener prontas las escuadras? No obstante, era menester someterse á la voluntad de los imperiosos aliados, á trueque de no oir sus reconvenciones, ó por mejor decir, sus amenazas.

Las rentas ordinarias del Estado ascendían cada año á 500 millones de reales, poco más ó menos. A ellas se añadían de 100 á 120 millones que entraban en las arcas reales procedentes de las posesiones de América. Evaluando ambas rentas, así de la Península como de Indias, en la suma de 600 millones, se estaba muy lejos de poder cubrir con ella los enormes gastos que causaba la guerra. En el año de 1798 el déficit fué de 800 millones, según los cálculos más bajos. Tal fué el parecer de la Junta que el Ministro de Hacienda Saavedra creó en aquel año, para que examinase, así el estado de la Hacienda pública, como los medios que el Gobierno tenía por convenientes para cubrir los gastos extraordinarios indispensables, ó propusiese otros que fuesen más conducentes para el expresado objeto. Vamos á hablar al punto de los trabajos de esta Junta. Otros pretenden que el alcance anual contra el Erario era mucho mayor, pues hacen subir los gastos de dicho año á 2.198.355.357 reales de vellón. En el año inmediato de 1799 ascendieron todavía, según estos mismos, á 2.210.381.337 reales de vellón. Los que afirman que estas cantidades son ciertas, no presentan ni los documentos que las comprueben ni el empleo circunstanciado de ellas por el Gobierno. Así, no hay razón para tener sus evaluaciones por verdaderas y exactas; pero sin recurrir á sus asertos ni admitir sus cálculos, es indudable que los gastos excedían en mucho á los productos. En el año de 1799 los gastos hechos por cada uno de los Ministerios fueron los siguientes:

Casa Real...................	105.180.774	reales 21	mrs.
Ministerio de Estado...........	46.483.729	» 20	»
Ministerio de Gracia y Justicia...	7.962.367	» 10	»
Ministerio de Guerra..........	935.602.926	» 10	»
Ministerio de Hacienda........	428.368.513	» 10	»
Ministerio de Marina..........	300.146.056	» 24	»
TOTAL...........	1.823.544.368	reales 16	mrs.

El producto líquido de las rentas, habiendo sido en aquel año de 493.884.418 reales 15 maravedis, resulta un déficit de 1.329.659.650 reales 1 maravedi (1), y aunque al total de las rentas de la Península se añadan 120 millones procedentes de los Estados de Amé-

(1) *Historia de la guerra de España contra Napoleón Bonaparte*, tomo I; *Introducción*, pag. 125.

rica, en que se estimaban aquéllos anualmente por cálculo aproximado, resultará siempre un alcance de más de 1.200 millones contra el Tesoro público en el año expresado, suma enorme que no podía menos de causar la ruína del reino, sobre todo si el descubierto continuaba siendo tan considerable en los años siguientes.

Creación de la Junta de Hacienda.

Esta desproporción entre las rentas reales y los gastos del reino llamó la atención del Ministro de Hacienda, D. Francisco Saavedra, y por su Secretaría se transmitió Real orden con fecha de 4 de Mayo de 1798 para la información de una Junta que, hecha cargo de la situación del Erario y teniendo á la vísta los trabajos que existían en la Secretaría del ramo de los tiempos de los anteriores Ministros, D. Diego Gardoqui y D. Pedro Varela, meditase y propusiese las medidas convenientes para atender á la defensa de la Monarquía y á su conservación y decoro. Los Vocales de la Junta fueron:

El Marqués de Iranda, del Consejo de Estado.

El Conde de Cabarrús, del idem id.

D. Felipe Canga Arguelles, del Consejo Real de Castilla.

D. Miguel Cayetano Soler, del idem id.

D. Felipe González Vallejo, Tesorero general.

D. Manuel Sixto Espinosa, Director de la Caja de Amortización.

D. Martín de Huici, Director de la Compañía de Filipinas.

D. Ramón Angulo, Director de los Cinco gremios.

Medidas propuestas por la Junta de Hacienda.

Se encargó á la Junta que procediese con suma actividad y con la reserva más inviolable. Con efecto: habiendo celebrado varias sesiones sin pérdida de tiempo, acordó pasar al Gobierno su informe, cuya redacción fué encargada al Conde de Cabarrús. Reconocida la insuficiencia de los recursos ordinarios y teniendo por sumamente urgente proporcionar al Rey medios de cumplir los Tratados con Francia y de sostener dignamente la guerra contra la Gran Bretaña, la Junta entraba á proponer las providencias que tenía por más oportunas. No fué de parecer de abrir un nuevo préstamo patriótico, como insinuaba el Gobierno, por la razón perentoria de hallarse abiertos otros con condiciones más ventajosas sin haberse llenado, y porque no habiendo de causar réditos, ni debiendo ser reembolsado sino al cabo de un número muy considerable de años, semejante préstamo sería mirado como un donativo. No se debe olvidar, decía la Junta, que no llegaron á 140 millones los que produjo en la última guerra con Francia un entusiasmo que todo concurría á excitar y nutrir y que ya no existe. Sin excluir, pues, los donativos que quisiesen hacer al Rey los corazones animados de ardiente patriotismo, parecía á la Junta que era necesario recurrir á una contribución que proporcionase medios eficaces de cubrir las obligaciones del Estado.

«Sí, señor, decía el informe. La Junta se hace cargo de la repugnancia de V. M. á establecer contribuciones, y conoce plenamente cuán desagradable es el ministerio que ejerce en este instante; pero prevé también la odiosidad injusta que le aguarda, y debe prescindir de todos estos reparos é igualar su celo á la importancia de las circunstancias. Debe recordar á V. M. que la pusilanimidad de Luis XVI en no exigir oportunamente del clero, de la nobleza, de los acreedores del Estado y de las clases pudientes el sacrificio que reclamaba el apuro del Erario, le precipitó en la espantosa revolución que acabó con su Corona, con su vida y con las mismas clases á quienes se había querido contemplar. No hay tiempo que perder, señor, para aprovechar tan elocuente lección. ¡Ojalá que los Ministros, habiendo visto nacer desde tantos años y acrecentarse la deplorable situación del Erario, en vez de paliarla y empeorarla con empréstitos y con la multiplicación indefinida de papel, hubieran contado más con las virtudes personales de V. M., siempre pronto á admitir cuanto se le presente de más justo y más conducente! Por no haberlo hecho así, el daño ha crecido fuera de toda proporción: por consiguiente, los sacrificios han de ser ahora mayores (1).»

El arbitrio que la Junta proponía era un servicio extraordinario por dos años, que deberían comenzar en 1.º de Junio de aquel año y acabar en igual día del año de 1800, de una décima en los dominios del Rey, así de Europa como de Indias, sobre todos los sueldos,

(1) La Junta escribía esto tres meses después de que el Príncipe de la Paz había dejado la dirección pública de los negocios del reino. Con todo, D. Manuel Godoy tiene la simpleza de decir en sus *Memoiias* que los males de la Hacienda vinieron de las medidas tomadas desde su salida del Ministerio hasta que volvió á la direccion del reino en 1801. Vamos á referir estas providencias, y ciertamente fueron ó ruinosas ó insuficientes. Pero los males que se intentaba remediar por ellas existieron y se aumentaron en el Gobierno de D. Manuel Godoy, como lo dice la Junta.

réditos, pensiones del Erario, rentas eclesiásticas y seglares de tierras, casas, imposiciones de caudales, ganancias de comercio, y generalmente toda renta de dinero y frutos, preservando únicamente al artesano, al labrador y al jornalero, esto es, á las clases menos acomodadas del Estado, pues sólo debiera recaer la carga sobre los pudientes ó los que, habiendo vivido exclusivamente del Erario, habían contribuido á sus apuros y tenían más interés en su remedio. No es dudoso que semejante contribución excitaría grandes clamores y quejas en las clases que quedasen sujetas al servicio, y así la Junta procuraba hacer ver al Rey que no debía detenerse por lamentaciones nacidas del interés y que ella tenía por infundadas. «Tiendan la vista, decía, sobre la suerte de las demás naciones beligerantes, y verán al numen exactor de Pitt, después de haber agotado todas las ideas conocidas en materia de imposiciones, queriendo que se redima el capital de ellas, reservándose, sin duda, la facultad de volverlas á establecer; verán luego á los austriacos y piamonteses gemir bajo la mole inmensa de sus contribuciones, á los holandeses pagando desde el principio de la guerra 28 por 100 de su capital; verán, sobre todo, á los franceses en medio de sus victorias y de sus conquistas pagando más que antes de su revolución, á pesar de la destrucción de su industria y de la desolación de millares de familias arruinadas por la cuasi aniquilación de la deuda nacional. En fin, piensen en las circunstancias del día, y verán que el sacrificio que se pide no es más que un premio de seguros, corto y pasajero, á la vista de un naufragio inminente, para salvar el resto de la propiedad.»

Con profundo respeto, si bien con noble entereza, la Junta expone al Rey la necesidad de que el bolsillo secreto de S. M. y de su augusta esposa, y los alimentos de los señores Infantes con sus encomiendas, quedasen sujetos al servicio extraordinario de 10 por 100, y que además una economía severa é inflexible debia también reducir los gastos de la Casa Real. «La Junta, careciendo de datos exactos, no puede decir con precisión cuál sea el importe de éstos en la actualidad por hallarse embebidos y confundidos en la clase que llaman de Hacienda; pero si fuese cierto que no bajan de 120 millones de reales, siendo las rentas del Estado, según se ve en la Real orden, 400 y tantos millones, vendrá á gastar la Real Casa un 30 por 100 ó cerca de la tercera parte de la renta pública. ¿Y qué habría de quedar para la marina, ejército, administración de justicia, gobierno económico, pago de la deuda y los inmensos ramos de fomento que tanto necesita el reino?»

Además de la imposición ó subsidio de 10 por 100, la Junta proponía otros medios: 1.º, que se abriese un donativo; 2.º, que se tomasen providencias para hacer venir caudales de Indias, ya enviando navíos y fragatas de la escuadra en busca de ellos, con partícularidad á Veracruz, por más que todos los derroteros estuviesen observados y, por decirlo así, cogidos por la vigilante actividad de los ingleses, y que los buques destinados á este objeto saliesen de Cádiz en el mes de Noviembre; ya se aprovechasen de las largas noches y del rigor de los temporales del invierno para evitar, si era posible, el encuentro de los enemigos, ó ya negociando libranzas sobre las Tesorerías de Indias por medio de particulares ó de las Compañías orientales, que tenían interés, según se decia, en recibir caudales en los puertos del mar del Sur para llevarlos en derechura á la China. La Junta insinuaba que se podían dar estas libranzas al Banco y á los gremios en pago de lo que el Rey les debía, porque estas corporaciones tendrían mayor facilidad que el Gobierno para la conducción de los caudales.

Entre los arbitrios que se habían imaginado para aumentar las rentas públicas, se hallaba el de conceder nobleza y cruces por dinero. La Junta se pronunció abiertamente contra tal proyecto. Uno de los grandes males de la España era el excesivo número de privilegios y exenciones. El Estado llano se veía recargado con los servicios que dejaban de prestar los nobles y ricos. Aparte de este inconveniente, que era muy grave, había otros de orden todavía más elevado. Comprar el inconmensurable valor de las distinciones políticas con dinero, sería medio seguro de envilecerlas, y la Monarquía perdiera el precioso tesoro del honor con que se puede premiar los importantes servicios; sería aflojar uno de los muelles más poderosos de la máquina del Gobierno, cuando habría, por el contrario, necesidad de reforzarlos todos. En fin, aunque se adoptase el pensamiento de hacer negociaciones de los honores, evitando los escándalos y abusos de los agentes intermedios, es tal la revolución que se ha hecho en la opinión pública, decía la Junta, que este arbitrio, fecundo en otro tiempo, rendiría hoy cortísimo producto.

La Junta tenía por muy conveniente la venta de los bienes de la Corona, que era otro de los medios propuestos. Estos bienes poco ó nada fructifican, decía, en favor de la nación, y trasladados á manos de particulares servirían al aumento de la población; abriendo nuevos manantiales de producciones y riquezas, acrecentarían las rentas de la Corona y servirian de estímulo y de ejemplo para facilitar la venta de bienes de las comunidades religiosas de que ya se trataba. La venta debía extenderse también á las encomiendas de las Ordenes militares, y el producto de las fincas vendidas habría de servir para dotar la Caja de Amortización. A la Junta parecía igualmente que se podía extender el uso del papel sellado para las letras de cambio y demás papeletas del comercio.

Por fin, el informe de la Junta decía al Rey que aun adoptando los arbitrios indicados, sólo se alejaría el riesgo inminente que amenazaba á la Monarquía; mas no habría medio de salvarla si no establecía un equilibrio preciso y estable entre las rentas y los gastos. Insistiendo, pues, en la formación de una Junta compuesta de las personas más capaces y experimentadas de las diferentes clases del Estado, para que propusiese á S. M. un plan completo de economía pública que, á más tardar, pudiese regir al cabo de dos años, la Junta terminaba su escrito de este modo: «Señor: La Junta siente sobremanera haber tenido que afligir el corazón paternal de V. M.; pero se trata de su corona, de su persona, de la de sus hijos, y, sobre todo, de esta familia inmensa que le ama y que la Providencia confía á su cuidado; se trata de los intereses más sagrados de la humanidad, del orden social, de la moral y de la religión, que se sobresaltan con los amagos de las convulsiones de la anarquía, compañera inseparable de la disolución de los Estados. Todavía es tiempo de salvarlo todo. V. M. hallaría el premio de los sacrificios personales que hiciese en su conciencia, en las bendiciones de los pueblos y en la justicia de la posteridad.»

No llegó el caso de elevar la Junta su informe al conocimiento del Rey. La Corte traslució sus deliberaciones, y lejos de sacar provecho de los consejos de aquellos fieles y honrados vasallos que, para evitar los riesgos de que el reino estaba amenazado, proponian medios útiles y acertados, se ofendió de su libertad y entereza. Es muy común entre los hombres enojarse con los que dan buenos consejos en situaciones apuradas. Se ve también con frecuencia asustarse cuando se acercan los males, y no tener valor ni serenidad bastante para reconocer su mayor ó menor gravedad, sin lo cual no es posible aplicar los remedios convenientes. Creciendo siempre la desproporción entre las rentas de la Corona y los gastos del Erario, era indispensable minorar éstos y hacer en todos los ramos ahorros y economías, ó recurrir á impuestos extraordinarios que suministrasen recursos eficaces; medios ambos que suscitarían clamores, pero que al fin restablecerían el equilibrio entre las rentas públicas y las atenciones de la Tesorería, y salvarían al Estado por el restablecimiento del orden. Mas la Corte, acostumbrada á seguir falsas tradiciones en materias de Hacienda; temerosa, sobre todo, de acrecentar el descontento, que era ya muy general contra ella, en vez de apelar á medidas bien meditadas y enérgicas, se contentó con usar de falaces é insuficientes paliativos. La virtud austera de Saavedra y Jovellanos, móvil principal de los trabajos y deliberaciones de la Junta, comenzaba también á irritar á los que estaban contentos con los antiguos abusos.

Medidas que el Gobierno adoptó.

Las únicas medidas tomadas por el Gobierno para remediar las escaseces del Erario, fueron un préstamo patriótico sin interés, con calidad de haberse de reintegrar en el preciso término de los diez años siguientes á los dos primeros, que se contarían desde el día de la publicación de la paz, y un donativo voluntario, en que las personas de todas clases y jerarquías ofreciesen espontáneamente cualquier cantidad en moneda y alhajas de oro y plata que les dictase su celo por la causa pública; medios ambos sin eficacia para el remedio de los gravísimos apuros en que estaban las arcas reales, pues, como había observado con razón la Junta, no se podían esperar grandes recursos y sacrificios por este medio sino en tiempos de ardoroso entusiasmo, y éste ciertamente no existía. Con todo, el Rey, esperanzado de encender el patriotismo de los vasallos con su ejemplo, declaró que se sometería por el bien del Estado á cuantos sacrificios personales fuesen compatibles con el decoro y la majestad del trono, y con aquellos actos de benevolencia por que clamaban de continuo tantos infelices; mandó ceder la mitad de las asignaciones hechas para los bolsillos secretos, así del Rey como de la Reina, y que inmediatamente se pasasen á la Casa de Moneda todas las alhajas de plata de la Real Capilla que se considerasen menos precisas para el servicio de sus Reales personas y para la decencia del culto divino. Ordenó también que en todos los ramos de la Real servidumbre se hiciesen las supresiones, ahorros y economías posibles. El regio ejemplo produjo algunos donativos, en medio del desaliento de todas las clases y del descrédito de la Corte; pero este recurso fué tenue, por no decir imperceptible, á vista de las urgentes y grandes necesidades del Erario.

**Por enfermedad del Ministro Saavedra, D. Miguel Cayetano So-
ler le sucede en el Ministerio de Hacienda.—Varios decretos
sobre el mismo ramo.**

Entre tanto enfermó gravemente el Ministro Don
Francisco Saavedra y entró á sucederle D. Miguel
Cayetano Soler, quien con el título de Superinten-
dente general de Hacienda y Director de la Secretaría del Despacho de este ramo, había tenido hasta
allí á su cargo los negocios bajo las órdenes del Ministro. Era Soler activo y deseaba buscar medios para
cubrir los enormes gastos, que cada día crecían más.
Así es que fueron publicados varios decretos Reales
con este objeto. Los decretos prescribían: 1.º, agre-
gar á la Caja de Amortización los caudales y rentas de
los seis Colegios mayores de San Bartolomé, Cuenca,
Oviedo y del Arzobispo de la ciudad de Salamanca,
Santa Cruz de Valladolid y San Ildefonso de Alcalá,
obligándose á pagar el rédito de 3 por 100 por todas
las sumas procedentes de dichos Colegios que fuesen
entregadas; 2.º, la enajenación de todos los bienes raíces pertenecientes á hospitales, hospicios, casas de mi-
sericordia, de reclusión y de expósitos, de cofradías,
memorias, obras pías y patronatos de legos, y la agregación de los productos de la venta de dichos bienes
raíces á la Real Caja de Amortización, la cual pagaría
un rédito de 3 por 100; 3.º, una contribución sobre
los legados y herencias en las sucesiones transversales, tanto en España como en Indias é islas Filipinas;
4.º, la enajenación de los vínculos cedidos por algunos particulares en el último donativo hecho á S. M.;
5.º, los restos de las temporalidades de la extinguida

Compañía de Jesús, así en España é islas adyacentes como en Indias é islas Filipinas, serían también vendidas, y las sumas que resultasen serían entregadas á la misma Real Caja, bajo igual obligación del rédito de 3 por 100; 6.°, todas las cantidades que fuesen objeto de litigio entre partes se depositarían también en la Real Caja; 7.°, todos los Administradores de secuestros, y en particular los Síndicos que se nombran en las quiebras de los comerciantes, trasladarían á la Real Caja los depósitos judiciales que se hallaren constituídos ó se constituyesen en lo sucesivo, fuera de las Depositarías públicas ó Tablas sumularias de las ciudades y villas de España é islas adyacentes.

El nuevo Ministro creía que tan considerable número de arbitrios, aplicados á la vez á sacar al Erario de sus apuros, serían de infalible efecto. Persuadido de ello escribía á D. José Nicolás de Azara, Embajador del Rey en París, diciéndole: «Para pruebas de los grandes recursos de la Monarquía, van adjuntas las copias de los siguientes Reales decretos de 23 de Septiembre (de 1798): por ellos verá Europa los medios con que la Corona puede asegurar el cumplimiento de sus promesas y contratos. De la publicación de estos decretos resultará en los reinos extraños el restablecimiento del crédito público en España.» El Ministro se engañó en el pronóstico, porque el crédito no se mejoró ni en Europa ni en España. Al principio tuvo cierta mejora en el reino, pero no fué duradera. Se juzgó con razón que el pomposo anuncio de medios hecho por los anteriores decretos estaba lejos de poder suministrar los recursos necesarios para hacer frente á las atenciones del Estado. Tenues algunos y de lenta ejecución todos ellos, mal podrían suministrar las sumas que reclamaba con urgencia el servicio del Erario. Apenas puede creerse que el Ministro hablase con sinceridad cuando se prometía restablecer por ellos el crédito público. Aun en tiempo de paz hubieran sido tenues estos recursos para acudir á los gastos ordinarios, porque las entradas en el Tesoro público habrían debido ser por necesidad muy lentas. ¿Qué sería, pues, mientras que durase la guerra, que ocasionaba gastos cuantiosos y urgentes?

Préstamo de 400 millones sobre los caudales de Indias.

Por tanto, en 19 de Octubre siguiente fué ya necesario recurrir á un préstamo de 400 millones, que fuese anticipación de los caudales detenidos en Indias. Algunos sospecharon que el lujo ostentoso de recursos que manifestaban los anteriores decretos tenía por objeto llenar este préstamo. El decreto señalaba el modo y los plazos del reembolso; pero tampoco este arbitrio fué provechoso, porque viendo al Rey cada vez en mayores apuros, fueron muy pocas las personas que confiaron en sus promesas.

A medida que se aumentaban los gastos, se fueron sucediendo también providencias á cual más desacertadas: entre otras, señalaremos el decreto de 11 de Enero de 1799, que concedía á los poseedores de vínculos ó mayorazgos la facultad de reservar para sí la octava parte del valor de los bienes que vendiesen, imponiendo el resto de su producto en la Caja de Amortización. El motivo que se daba para esta concesión era que los propietarios pudiesen pagar sus deudas, contraídas las más veces, se decía, por consecuencia necesaria de sus cortos rendimientos y particular constitución de las propias vinculaciones; pero la especie

de premio otorgado á los poseedores, tenía por verdadero objeto facilitar las ventas de los bienes vincu-
lados, interesando en ellas á los propietarios ó poseedores de ellos.

Creación de nuevos Vales Reales.

Poco tiempo después, en 8 de Abril del mismo año,
se hizo una creación de Vales Reales por el valor de
53 millones de pesos. Entonces el mal llegó á lo sumo
y el descrédito fué total en el papel-moneda. Seguían-
se, sin interrupción unas á otras, medidas que trastor-
naban el crédito. Se declaró que los Vales de la nueva creación deberían ser recibidos como valor efecti-
vo, y que el curso de ellos fuese legal y forzoso, como
las *especies metálicas*. Dicho se está que resolución tan
inconsiderada en tiempo en que el papel tenía ya tan
gran descrédito, debía acrecentar más y más la desconfianza. En vano el decreto determinaba los recursos destinados á entrar en la Caja de Amortización
para el pago de los intereses de Vales, es á saber: 10
por 100 con que anualmente contribuían los propios
del reino, tuviesen ó no sobrantes; los rendimientos
de las vacantes de dignidades, prebendas y beneficios
eclesiásticos; el importe de la contribución temporal
extraordinaria sobre frutos civiles; los 7 millones de
subsidio extraordinario con que servía el Estado eclesiástico; los productos del indulto de la extracción de
plata; la asignación anual de 4 millones sobre la renta de salinas, y el importe total de la moderada contribución sobre los legados y herencias en las sucesiones transversales. Destinábanse también al mismo
objeto los productos de la Mesa maestral de las cua-

tro Ordenes militares de Santiago, Calatrava, Alcántara y Montesa; los de las encomiendas de estas Ordenes que se administraban por cuenta de la Real Hacienda; la tercera parte de todas las mitras de España é Indias que pertenecían á la Corona por concesión apostólica; todo el líquido de los productos de la Acequia Imperial y Real Canal de Castilla; los de la renta del papel sellado; los de la Lotería, y 12 millones de reales que se consignaban anualmente sobre la renta del tabaco de Indias. «Con el conjunto de estos derechos, asignaciones y arbitrios, no solamente sobra, decía el decreto, para satisfacer los 87.899.799 reales y 25 maravedís y medio de vellón, que importan los intereses de todos los Vales, sino también para la de los réditos de los capitales hasta ahora impuestos sobre la Caja, quedando algún resto á favor del fondo de amortización de los Vales.»

Estado del crédito nacional.

¿Qué confianza podían inspirar al público tales promesas viniendo de un Gobierno cada día más ahogado, que se veía en precisión de ostentar recursos que no tenía y de prometer lo que no podía cumplir? Grandes fueron el descrédito y la confusión. Creció ésta más todavía con la providencia que se tomó para remediarla. Todos los Vales Reales fueron declarados moneda real y efectiva; no se permitió ningún contrato en que para los pagos se excluyesen los Vales Reales: su valor era legal, con el solo descuento de 6 por 100. Cualquiera que denunciase negociaciones hechas contra el tenor de este decreto, tendría por recompensa la mitad de los valores denunciados.

Se deja conocer la consternación que ocasionaron estas providencias y el sumo descrédito que trajeron consigo. Sujetos se ven los Estados á las mismas leyes que los particulares. Cuando carecen de orden en la administración, ó por decirlo más claramente, cuando gastan más de lo que tienen, se hallan reducidos á vivir de expedientes que generalmente se llaman trampas. Si por olvidar su verdadera situación, ó por consecuencias aciagas, entran en compromisos que aumentan sus gastos demasiadamente, nadie cree ya en sus promesas y todos dudan de la exactitud y puntual cumplimiento de sus empeños. A veces la pérdida de crédito llega á tal punto, que el Estado se ve expuesto á vivas conmociones por consecuencia del desorden con que se administran los caudales públicos. Para salir de los nuevos apuros causados por la providencia que acabamos de referir, se recurrió á la creación de Cajas de descuento en las ciudades principales, Madrid, Cádiz, Sevilla, Málaga, Bilbao, la Coruña, Alicante, Cartagena, Valencia, Santander, Pamplona y Mallorca, las cuales reembolsarían, no todos los Vales que se les presentasen dentro de la esfera señalada á cada una de las Cajas, sino en el caso de que les fuese demostrada la urgencia, circunstancia que no podía menos de dar lugar á mil manejos. No siendo general la providencia, era injusta so color de humana, y debía producir efecto contrario al que el Gobierno se proponía. Los medios adoptados para la ejecución de esta medida fueron tan mezquinos como la medida misma. Cuatrocientos noventa y cinco millones, á saber: 160 en dinero y 335 en billetes de Banco. El Gobierno debía aprontar la décima parte de la suma, y el resto los particulares del reino por suscripciones voluntarias y forzosas. Mas no se llegó

á juntar la cantidad expresada, y por más que un decreto Real hubiese señalado á las Cajas de descuento
diversos recursos con que pudiesen atender en lo sucesivo al objeto de su creación, nunca se consiguió
éste por ser el número de los que solicitaban el descuento superior en gran manera á los fondos con que
las Cajas podían contar.

Junta eclesiástica de Vales Reales.

Por lo que queda dicho, aparece cuán inconsidera-
das fueron estas providencias y cómo, lejos de restablecer el crédito público, acabaron de arruinarle. La
única medida que habría sido eficaz, sin duda ninguna,
para extinguir los Vales Reales, ó por lo menos para
darles valor, era el proyecto de encargar de ello á los
Cabildos de las iglesias Catedrales; pero este pensamiento, aunque conveniente, no se llevó á efecto.
Formóse en Madrid, por orden del Gobierno, una Junta compuesta de 14 prebendados en las siete iglesias Metropolitanas y de número igual de Catedrales,
como Cádiz, Barcelona, Cuenca, Murcia, Calahorra y
otras. Fué conocida entonces con el nombre de *Junta
eclesiástica de Vales Reales.* El Rey nombró por su comisionado cerca de ella á D. Santiago Romero, Intendente de ejército y de la provincia de Guadalajara
y de sus fábricas, sujeto entendido, íntegro y estimable á todas luces. El anuncio solo de la formación de
esta Junta y el rumor de que S. M. aprobaría sus proyectos, bastó para que los descuentos bajasen un 13 por
100 en pocos días. Varios fueron los planes que se dis-
cutieron entonces en la Junta: entre otros, el de Don

Félix Amat, Canónigo Magistral de Tarragona, uno de los miembros que la componían, y era el siguiente: «El clero de España, por medio de los Cabildos de las Catedrales, se obligaría á presentar al Real Erario cada año un determinado número de vales para la extinción, empleando en su compra las sumas que pagaba á la Real Hacienda por razón del subsidio noveno y excusado, ó caja mayor dezmera, fondo pío beneficial, vacantes, medias annatas, anualidades, etc. De lo cual resultaría que cada iglesia particular, sabiendo que en cinco años debía extinguir tal cantidad de vales, procuraría adquirir éstos cuanto antes para aprovecharse de la enorme pérdida de 80 por 100 que sufrían. Los tenedores de vales que no tuviesen precisión de descontarlos luego, y las mismas Comunidades eclesiásticas, si sus rentas estaban en ellos, previendo que necesariamente habían de adquirir algún crédito, no se desharían de este papel hasta que tuviesen mayor valor. La consecuencia debía ser poner los vales á la par, ó poco menos, como estuvieron al principio (1).»

El Gobierno no adoptó el pensamiento. A la verdad importaba poco determinar el modo de la extinción, con tal que las rentas que el clero pagaba á la Corona fuesen administradas por él para el objeto de amortizar los Vales Reales, pues el Estado eclesiástico hubiera conseguido la amortización por cualquiera otro medio. D. Juan Antonio Llorente, Canónigo de la Catedral de Calahorra, miembro y Secretario que fué de la Junta, hizo ver al Ministro Soler que las rentas eclesiásticas debían valer al Real Tesoro 150 millones de reales por año. Si no llegaban á Tesorería más que

(1) *Vida del Ilmo. Sr. D. Félix Amat*, pág. 84.

60 millones, decía, era por el modo con que se administraban (1).

Encargábase el clero de la administración de los Vales Reales por las oficinas y empleados bajo sus órdenes. Para pagar los intereses y verificar sucesivamente la amortización, se le dejaban todas las contribuciones que pagaba (2), y además las rentas de correos, Cruzada, etc. Al intento se establecería en Madrid una Junta de seis prebendados, á cargo de la cual corriese la dirección de todas las operaciones.

Como D. Juan Antonio Llorente fuese redactor del plan, se pondrá aquí lo que dice acerca de haberse frustrado su ejecución:

«D. Miguel Cayetano Soler, Ministro de Hacienda, quedó tan contento del plan, que me mandó imprimir 3.000 ejemplares para repartir entre los Ministerios de España, Embajadores, Plenipotenciarios y Cónsules de las Potencias extranjeras en Madrid, con el objeto de

---

(1) *Noticia biográfica de D. Juan Antonio Llorente*, escrita por él mismo.

(2) Las contribuciones que pagaba el clero de España, sin contar el de Indias, eran las siguientes:

1.ª	Subsidio antiguo y moderno..........	11	millones de reales.	
2.ª	Excusado ó casa mayor dezmera......	17	—	—
3.ª	Diezmos de tercios Reales...........	12	—	
4.ª	Mesas maestrales de Órdenes militares.	4	—	
5.ª	Encomiendas unidas á la Real Hacienda.	4	—	—
6.ª	Fondo pío beneficial................	2	—	—
7.ª	Pensiones sobre mitras hasta la tercera parte de su valor................	4	—	—
8.ª	Espolios y vacantes de mitras........	4	—	
9.ª	Medias annatas y mesadas...........	1	—	
10.	Vacantes de prebendas..............	1	—	
11.	Pensiones á la Real Orden de Carlos III.	» $\frac{1}{2}$	—	—
	Total..................	60 $\frac{1}{2}$	millones.	

que corriese la voz y comenzasen los vales á recobrar el crédito. A la verdad, el solo rumor de que S. M. aprobaba el *plan eclesiástico*, bastó para que los descuentos bajasen un 13 por 100 en pocos días; pero yo hice entender al Ministro que no convenía esa publicación mientras que todos los Arzobispos y Obispos, y los Cabildos de iglesias Metropolitanas y Catedrales, no enviasen su adhesión al plan, pues la Junta carecía de autoridad para suplir el consentimiento de los que habían de hacer sacrificios personales y pecuniarios.

»Imprimí pocos más que los precisos para la comunicación, y conociendo yo en qué puntos debía estar el obstáculo para el consentimiento, dispuse una carta-circular impresa y otra manuscrita reservada, diciendo en aquélla las razones públicas y en ésta las ocultas que debían mover los ánimos al asenso: la impresa fué aprobada en conjunto; la reservada lo fué por todos los individuos sin congregarse, y, con efecto, tuvimos la satisfacción que todos los Prelados y Cabildos accediesen, aunque muchos con grande repugnancia, según cartas que nos escribían por separado.

»El Ministro se lisonjeaba de la Real aprobación y de un éxito feliz; pero no sucedía lo mismo á los miembros de la Junta, que, por estar menos elevados, estábamos infinitamente más instruidos de los enredos que se cruzaban sin intervención del Ministro para impedir por conducto más poderoso la ejecución del plan. Era una de sus circunstancias confiar al clero la administración de todas las rentas decimales pertenecientes al Rey, para que fuesen administradas sin separación material de la parte de diezmos correspondiente al clero, porque sólo así podia contarse con el verdadero valor, que era más que doble y casi triple de lo que resultaba llegar á la Real Tesorería. Este

artículo del plan debía privar de grandes intereses á
la Compañía de los cinco gremios mayores y á otros
que se enriquecían administrando ó arrendando los
diezmos de tercias reales, los de la casa mayor parroquial, los de maestrazgos, encomiendas, patronatos y
vacantes. En efecto, ellos arribaron (por medios cuya
explicación no considero conveniente) á que se comunicase á la Junta una Real orden, en que se decía
que S. M. no podía ceder las rentas decimales para la
extinción de *Vales Reales*, porque las necesitaba para
otras urgencias. El plan quedó sin efecto, y el valor
de los vales decayó notablemente, á pesar de la Real
cédula que mandó, bajo graves penas, recibirlos por
la suma que sonaban, como si fuese moneda metálica,
pues la opinión pública siempre ha tenido en estos
puntos más poder que los Reyes (1).»

La relación de Llorente tiene todas las apariencias
de verdadera. D. Manuel Godoy, á quien no parece
tal, llama inconsiderada la aserción de Llorente relativa á los manejos que hubo para impedir la ejecución del proyecto. El lector juzgará. Muy recomendable es el testimonio de un sujeto veraz, candoroso y
comedido cual era Llorente, quien, por otra parte,
estuvo en situación de saber lo que pasó; por el contrario, la denegación de D. Manuel Godoy no inspira
confianza, pues se ve en las *Memorias* que llevan su
nombre que se falta en ellas con frecuencia á la verdad. Sobre este asunto mismo dice tales cosas, que
parecen más bien escritas de un país extranjero que
de España. «Si se hubiera puesto la suerte del reino,
dice, en manos del clero, ¿no habría tenido éste ten-

(1) *Noticia biográfica de D. Juan Antonio Llorente.* escrita por él
mismo, págs. 99 y siguientes.

tación de sujetar al Gobierno, de esclavizarle á su antojo en los negocios políticos, así del interior como del exterior? (1).» Dejando aparte que no había por qué convocar la *Junta eclesiástica de Vales Reales* si se tenía este temor, y que el hecho de la convocación le desmiente, los que hemos vivido en aquel tiempo sabemos que, entre los Obispos de todas las iglesias de Europa, se señalaban los Prelados españoles por sus ejemplares virtudes y generoso desprendimiento, y que lejos de mezclarse en negocios temporales, obedecían al Rey con profunda lealtad, sin hacer valer su obediencia. Escándalos había en el reino que todos lamentaban, cuyas funestas consecuencias eran fáciles de prever, y por no causar dolor al Soberano, que no los sabía ó los toleraba, los lloraba en secreto, sufriéndolos con resignación quizá excesiva, pues en remediar estos males iba el bien futuro del Rey y del reino. ¿Y podía temerse que Prelados tan virtuosos quisiesen dar la ley al Monarca y entrometerse en el gobierno de sus Estados? No. El soborno que Llorente deja entrever, y no el temor que se tuviese al clero, sería ciertamente lo que impidiese la ejecución de un proyecto ventajoso al país. Es de notoriedad que había entonces en Madrid una Casa de contratación en la que se vendían honores, empleos y por la cual era fácil conseguir toda especie de decretos Reales. Llorente no creyó oportuno nombrar esta Casa por motivos que honran su carácter (2).

---

(1) *Memorias* de D. Manuel Godoy, tomo II, pág. 240.

(2) La amortización de los Vales Reales la hubiera logrado el clero infaliblemente, sin otro talismán ni hechicería más que aplicar á las rentas decimales de la Corona el orden con que administraba las suyas. A la dispendiosa percepción del Ministro de Hacienda habría sustituído el método sencillo de recaudación practicado por sus honrados.

El desorden en la administración de la Hacienda pública producía males tanto más graves, cuanto que el furor de la guerra no se aplacaba, y en vez de disminuir los gastos, habia necesidad de aumentarlos. La invasión que los franceses acababan de hacer en Egipto era obstáculo nuevo y poderoso para llegar á la conclusión de la paz, porque la Gran Bretaña no podía consentir que este país fuese dominado por ellos sin exponerse á resultas muy perniciosas para su comercio. Así, pues, el Gabinete de Saint-James no dejó piedra por mover para suscitar á la Francia nuevos enemigos. A la verdad, las negociaciones para la paz del Imperio germánico continuaban en Rastadt, aun después que Bonaparte hubo partido para Egipto con la expedición de su mando; mas los Plenipotenciarios que componían el Congreso no arribaban al ajuste de un Tratado definitivo. El Austria y la Prusia, siempre en acecho la una de la otra, vivían recíprocamente temerosas de que su rival se engrandeclese con perjuicio suyo. En el Tratado mismo de Campoformio se hallaba un estorbo casi insuperable para la paz, porque determinaba por uno de sus artículos que el Rhin sirviese á la Francia de límite, y que se diesen al Emperador resarcimientos que compensasen las pérdidas sufridas por él en los Países Bajos y en Italia. ¿Cómo se darían estas compensaciones al Emperador? No era posible desmembrar la Baviera ni Salzburgo sin ocasionar trastornos en el Imperio. Además, la Prusia estaba resuelta á no permitir que la Casa de Austria se engrandeciese todavía

---

administradores. En los Cabildos de las iglesias Catedrales habría habido ademas sujetos inteligentes y practicos, capaces de dirigir bien esta administración.

más en Alemania. La República francesa era la que por su parte vivía satisfecha con la extensión dada á sus fronteras, y estaba contenta, sobre todo, de enseñorear la Italia, por lo cual no tenía interés en volver á tomar las armas sino en el último extremo. A esto se agregaba que los franceses empezaban también á desear la paz, cansados ya de tantos horrores, guerras y continuos desasosiegos. Lo estipulado en Campoformio les satisfacía, y así no perdonaban diligencia por mantenerlo.

La Gran Bretaña trabaja por formar nueva coalición contra la Francia.

Mientras que la Francia, el Austria, la Prusia y los círculos del Imperio procedían con tanto miramiento para no volver á encender el fuego de la guerra, la Gran Bretaña trabajaba con el más fuerte ahínco en formar una nueva coalición contra la República francesa. Para ello le eran muy favorables los sentimientos de Pablo I, Emperador de Rusia. Sabido es que á su advenimiento al Imperio manifestó este Monarca ánimo resuelto de seguir en los asuntos de la Revolución francesa otro sistema diferente del de su madre, puesto que el nuevo Emperador se negó á concluir el Tratado de alianza con Inglaterra, que la Emperatriz tenía sobre la mesa la víspera de su muerte, con ánimo de poner su firma en él al día siguiente. Con todo, al cabo de algún tiempo el nuevo Emperador se declaró enemigo de los revolucionarios de París, y quiso reunir los esfuerzos de las principales Potencias de Europa contra la República francesa. Su primer conato fué obrar de acuerdo con los ingleses para poner coto á las desavenencias y rivalidades del Emperador de Alemania y del Rey de Prusia, haciendo ver á entrambos Soberanos que el interés de la conservación de los tronos obligaba á todos los Estados á hacer resistencia abierta á la Francia. Al intento envió al Príncipe de Repuin á las Cortes de Berlín y Viena sucesivamente, Embajada ruidosa que no dejó duda ninguna acerca de la política del nuevo Czar. Duraron por espacio de muchos meses las negociaciones por no querer el Emperador Francisco empeñarse otra vez ligeramente en la contienda, ni el Rey de Prusia hacer abandono de su cara neutralidad. Referiremos después las gestiones y vivas instancias de la Rusia. Veamos ahora los sucesos que ocurrieron en el entretanto en el resto de Europa.

Política de la Francia.

Aunque el Directorio francés, obrando con loable cordura, no quisiese romper el Tratado de Campoformio, que le era provechoso, no por eso trabajaba menos por extender su influjo y dominación en los países vecinos á la República y por propagar al mismo tiempo las teorías democráticas en que estaba fundada. El hombre es propenso de suyo á promover y acreditar las ideas que tiene por ciertas; tendencia que se convierte en imperiosa necesidad y á las veces llega á ser verdadero frenesí cuando se le junta el interés de la propia conservación. Ese era cabalmente el caso en que creían hallarse los franceses. Habiendo destruído la antigua Monarquía, no se contemplaban seguros sino cuando en torno de la nueva República hubiese otros Estados democráticos que le sirviesen de escudo para los combates en que pudiera verse empeñada en, lo venidero. En algunos de los que componían el Gobierno francés obraba eficazmente el fanatismo, en otros la vanidad y en otros también el amor del dinero; pues por aquel tiempo esta sórdida pasión se entrometía en los negocios públicos más importantes, disfrazada unas veces, sin disfraz y aun con descaro en otras.

No era tan sólo el cuidado de la seguridad interior el que prevalecía en Francia; el deseo de engrandecimiento y el influjo de una desmedida ambición removían también las imaginaciones de los nuevos republicanos: fundar por todas partes Gobiernos democráticos era el afan del Directorio, creyendo ganarse por este medio el afecto de los demás pueblos, y en todo caso crearse un protectorado sobre ellos. Vamos á referir las variaciones que intentaron en Suiza, Nápoles y el Piamonte al descubierto y sin disfrazar sus intentos. A vista de estos trastornos fué, en verdad, no menos extraño que doloroso que el Rey de España no se alarmase con la destrucción de otras monarquías, ni hubiese tenido recelo de que tal sería el fin de la suya. ¿En qué podían fundarse las seguridades de su alianza?....

Intenciones del Directorio francés respecto á Suiza.

Uno de los Estados que por su proximidad á Francia llamaba la atención del Directorio más particularmente era la Suiza. Aun con ser su Gobierno verdadera democracia federativa, no satisfacía á los partidarios de la República una é *indivisible*. Como si los Estados no tuviesen existencia propia, fundada en razones particulares, á cada uno de ellos el Directorio y sus agentes se propusieron alterar, no tan solamente el régimen teocrático de los romanos, sino hasta aquellas Repúblicas mismas que eran antiguas en Europa, denominándolas aristocráticas, y dando á entender por ello que la constitución de tales Estados, aunque republicana, era imperfecta por no estar fundada en los principios de absoluta y pura igualdad que servían de base á la Constitución francesa. Ya anteriormente el Directorio había sacrificado sin ningún reparo la existencia política de Génova y Venecia á sus intereses particulares. La Suiza, aunque más cercana al centro revolucionario, pudo llegar hasta el año 1797 sin graves trastornos ni compromisos, merced al prestigio de sus antiguas instituciones, á su neutralidad constante en las guerras de Europa y, sobre todo, á las atenciones urgentes que rodeaban al Gobierno revolucionario de Francia; pero la tempestad vino al cabo á descargar su furia sobre los cantones suizos, del mismo modo que lo había hecho sobre otros pueblos. Bonaparte, queriendo enviar 20.000 hombres desde Italia á París para sostener á la mayoría del Directorio contra los Diputados que formaban el club de Clichy, pensó que atravesasen por el Vallés y así lo dijo al Directorio; pero Barthélemy, uno de los Directores que había sido por largo tiempo Embajador en Suiza, era sujeto muy moderado y no pensaba del mismo modo que sus otros tres compañeros, Barrás, Teillard y Larevellière Lepaux (Carnot era también moderado): escribió, pues, á Bonaparte desaprobando su idea de violar la neutralidad de la Suiza y haciéndole ver cuán provechoso era mantenerla.

Carta de Barthélemy á Bonaparte.

«Ciudadano General: El Directorio Ejecutivo ha tomado conocimiento de vuestro proyecto de que pasasen tropas por el Simplón. Ya tenía noticia anteriormente de que había enviado esta proposición á la Dieta
de Transcenfeldt y de que los cantones, naturalmente
recelosos, estaban alarmados con tal solicitud. El Directorio está casi cierto, por avisos que transmite el
ciudadano Bacher, de que la Dieta se opondrá al paso
que se le ha pedido y de que se fundará para ello,
tanto en los principios de neutralidad, como en que
necesita obrar con suma prudencia, si se ha de mantener independiente y si el Cuerpo Helvético y sus
aliados han de vivir con la seguridad necesaria. El
parecer del Directorio ha sido que no debíamos exponernos á esta repulsa y que conviene evitar toda disputa con los suizos, que pudiera ocasionar tibieza entre ambos pueblos. Su ánimo fué siempre ofrecer testimonios tan claros de respeto y moderación á estos
amigos antiguos de la Francia, que se diesen ellos
mismos el parabién de haber preferido el partido de
la neutralidad. La respuesta más concluyente á las
calumnias que corren en Europa sobre nuestros planes de engrandecimiento, será respetar á todo Gobierno, por débil que sea, si es aliado nuestro. Vos lo
sabéis mejor que nadie, General. La moderación y
buena fe con los otros pueblos son los únicos medios
de conservar las ventajas logradas por nuestros ejércitos y señaladamente por vuestras inmortales hazañas.

»Nada hubiera tan fácil como alegar motivos para

entrar por fuerza en el Vallés, pues tenemos por qué quejarnos de esta República; pero es flaca y sus faltas se hallan cubiertas con la magnanimidad francesa. Por otra parte, no se os puede ocultar que si declarásemos guerra á este país, provocaríamos por ello á sus aliados, que son los amigos más antiguos de la Francia, y el Gobierno no quiere dar el escándalo de que los pueblos libres peleen los unos contra los otros.»

Atropellamientos cometidos contra Suiza.

El hombre honrado que escribió esta carta tuvo que salir muy pronto del Directorio, y la Suiza se vió arrebatada por el torrente revolucionario de los amigos de la República. El Directorio se quitó al fin la máscara, y oyendo á los emisarios suizos que querían constituir á su país al modo de Francia y por principios puramente democráticos, trabajó por lograrlo. Aprobó el plan del tribuno de Basilea, Ochs, que, aboliendo todas las Constituciones particulares, erigia á la Suiza en República *una é indivisible*, á imitación de la República madre. Por último, á los manejos ocultos siguieron actos positivos y manifiestos. El General Burne, al frente de las tropas del ejército de Italia, exigió que se variase el Gobierno, que se reconociese la soberania del pueblo, que fuese destituída la oligarquía; en una palabra, que la Revolución francesa fuese reconocida también en Suiza. Después de mil tentativas y explicaciones para este objeto, las tropas del Cantón de Berna, que se mostraron celosas y denodadas por defender el honor nacional, hubieron de ceder á los soldados aguerridos del enemigo. Berna mudó su Gobierno, y al mudarle perdió 42 millones de francos que los conquistadores tomaron del Erario público. Los otros Estados también se sometieron á la influencia republicana. Estos sucesos pasaron en los primeros meses del año de 1798. El Directorio, al revolucionar la Suiza, se propuso también coger el tesoro de Berna para ocurrir á los gastos de la expedición de Egipto.

ESTADO *auténtico de lo que costó á la ciudad y Cantón de Berna la invasión de los franceses en* 1798.

Al entrar el ejército se tomaron del Tesoro.	7.000.000	francos.
De la moneda, barras, etc...............	3.700.000	—
En contribuciones....................	4.000.000	—
Por compras de títulos................	2.000.000	—
857 quintales de trigo, á 20 francos......	16.700.000	—
6.000 carros de vino, á 240 francos......	1.440.000	—
Artículos tomados en los arsenales.......	7.000.000	—
TOTAL..........	42.280.000	—

Nueva forma de Gobierno de la Confederación Helvética.

La Suiza quedó entonces arreglada políticamente de esta manera. Los trece Cantones, el Estado de Saint-Gall y otras pequeñas Repúblicas que componían la Confederación Helvética, se reunieron todos, al parecer libremente, y en realidad por fuerza, para formar una sola República indivisible, democrática y representativa, con una nueva Constitución. El territorio de la Suiza fué dividido en 18 cantones. El Gobierno consistía en un Directorio compuesto de cinco miembros; un Cuerpo legislativo formado por dos Consejos, uno con el nombre de Senado, que consistía en cuatro

Diputados de cada Cantón, y el otro con el nombre de Gran Consejo, cuyos Diputados eran ocho por Cantón. En cada uno de éstos había, además, un Prefecto y otros Magistrados subalternos. La ciudad de Lucerna fué elegida por capital de toda la Helvecia, y en ella residían el Directorio, el Senado y el Gran Consejo.

Comunicóse el establecimiento de este Gobierno á todos los Soberanos, y se les notificó que era aliado de la República francesa. Por consiguiente, el Rey Carlos IV le reconoció al punto y envió sus credenciales al Enviado extraordinario y Ministro plenipotenciario que tenía cerca de la República Helvética.

El reino de Nápoles es convertido en República Parthenopea.

Otro Estado, cuya Constitución había sido siempre monárquica, fué convertido también por los franceses en República, es á saber, el reino de Nápoles, en el cual se erigieron un Gobierno democrático parecido en todo al de Francia, con el nombre de *República Parthenopea* (1), creación poco duradera á la verdad, pero que fué precedida y acompañada de importantes sucesos, así militares como politicos.

Desde el momento que los perturbadores, apoyados por el ejército francés, proclamaron la República ro-

(1) El origen fabuloso de la ciudad de Nápoles fué el siguiente: *Parthenope*, una de las sirenas, después de haberse arrojado al mar despechada de no haber podido inspirar amor á Ulises, llegó á Italia, en donde murió trabajando en la construcción de una ciudad que llevaba su nombre de *Parthenope*. Los habitantes de aquel país la demolieron después, porque todos iban á vivir en ella, y Cumas se quedaba desierta; pero habiéndoles dicho el oráculo que para no padecer los horrores de la peste era menester volver á levantar la ciudad de *Parthenope*, la construyeron dándola el nombre de Neapolis, *Nápoles*.

mana é hicieron salir al Pontífice Pío VI de su capital preso y desterrado, la situación del Rey de Nápoles pareció ya sumamente arriesgada. El ansia de democratizar á todos los pueblos de Italia que aquejaba al Directorio francés y á sus partidarios, ponía en grave conflicto á Fernando IV por la vecindad de los Estados pontificios. La desconfianza no puede menos de ser viva entre Gobiernos de tan diferente naturaleza. Los insultos comenzaron inmediatamente por parte de los republicanos de Roma contra el Rey de Nápoles. Las propiedades que este Soberano poseía procedentes del patrimonio de la familia Farnesio, fueron secuestradas. Los republicanos de Roma emplazaron también á S. M. Siciliana para que hiciese pleito homenaje de su Corona al pueblo romano como heredero que era éste de los derechos del Papa. Salió á luz en aquella capital un papel que era una suerte de acusación fiscal contra S. M. Siciliana, por no haber reconocido á la nueva República ni abierto comunicaciones con ella. En este escrito se decía que Fernando IV era usurpador, puesto que reinaba en virtud de Bula pontificia. El Rey de Nápoles despreció tan continuas injurias y agresiones del nuevo Gobierno romano, y no hizo gestión ninguna que indicase propensión á reconocerle. Dando al desprecio la hostilidad de la nueva República, la naturaleza sola de su origen bastaba para no prestarse á entrar en relaciones con ella.

Carlos IV, aunque aliado de la República francesa, no quiso reconocer tampoco al nuevo Gobierno romano, ni consintió en ser el primero que abriese comunicaciones con él, para no dar lugar á creer que hubiese habido acuerdo ni aprobación de tales sucesos por su parte.

El Rey Carlos IV fija su atención en la isla de Sicilia para colocar en ella á su hijo D. Carlos.

El Rey Fernando IV, convencido de que el Rey de España, su hermano, era servidor de los revolucionarios franceses, no contaba para nada con sus consejos, y menos todavía con sus auxilios. A los primeros respondía, con razón, que cada cual debía obrar según la situación en que se hallaba, y que la suya era diversa en todo de la de su hermano. Por lo que hace á los segundos, no se le ocultaba que la alianza del Rey de España con los franceses le imponía la obligación de no prestar auxilio á los que se declarasen enemigos de la República, y que, por consiguiente, era inútil reclamarlos. Esta diversidad de situaciones acabó por entibiar de tal manera la correspondencia entre las Cortes de Madrid y Nápoles, que en el año mismo de 1798 corrieron más de ocho meses sin que el Rey y la Reina de España recibiesen más de una carta de sus parientes napolitanos, y ésta de pura ceremonia y riguroso cumplimiento. A tal punto llegó la frialdad entre ambas familias, que el Rey Carlos IV, teniendo ya á su hermano el Rey de Nápoles por desposeído, no tan solamente de este reino, sino también de la Sicilia, dado caso que se declarase la guerra contra la República francesa, puso la mira en la adquisición de esta isla, desentendiéndose de todo punto de la suerte que pudiese caber al Rey Fernando IV y á su familia. D. José Nicolás de Azara, Embajador de España en París, que tenía conexiones estrechas con el Directorio, hubo de entrever que la República se proponía separar á Nápoles de la Sicilia, é insinuó al Rey Carlos IV que pensase en no malograr la ocasión y en colocar en esta isla al Infante-Duque de Parma con título de Rey, pues para ello pudiera alegarse que aquel reino perteneció al Rey de España, el cual no había podido nunca renunciarle según el derecho común, y que además no fuera la primera vez en que después de haber pasado á otra segunda rama de la casa de España por una renuncia semejante, había vuelto á incorporarse á nuestra Monarquía. Agradó á Carlos IV sobremanera el pensamiento de que la isla de Sicilia volviese á su Corona; previno á sus Ministros que tenía intención de coronar allí al Infante D. Carlos, su hijo segundo, manteniendo al Infante de Parma en sus Estados. Del contentamiento de los habitantes de Sicilia cuando se vieran regidos por un Príncipe de España, no era posible dudar, decía el Rey, pues así como siendo la isla gobernada por Virreyes aquellos naturales no podían estar nunca seguros ni satisfechos, la verían con satisfacción gobernada por una rama de la casa de España, que conserva allí un gran partido, y á cuya sombra prosperaría la agricultura y el comercio.

La República francesa propone al Rey de España que se haga dueño de Portugal.

No era de esperar, por cierto, que la República francesa quisiese engrandecer á la Monarquía española con la isla de Sicilia. La intención verdadera de los gobernantes franceses de aquel tiempo era servirse de la cooperación y de los auxilios del Rey Carlos IV, y en ningún caso aumentar sus Estados ni acrecentar su influjo. Grande fué la ceguedad del Gobierno del

Rey sobre esto, y lo más singular es que viniesen á nuestra Corte estas veleidades de ambición cuando no tenía probabilidades ni medios de satisfacerlas, mientras que, por otra parte, desdeñaba aquellos engrandecimientos que tenía en su mano lograr. Hemos visto que los franceses, no por bien de España, sino por hacer mal á Inglaterra, estimulaban sin cesar á nuestro Gobierno para que se apropiase algunas provincias de Portugal, territorio cuya adquisición nos era conveniente, y el Rey nunca se resolvió á tentar empresa que era tan provechosa. «Cien veces me han propuesto los Directores, decía Azara (1), la conquista de Portugal, echándome en cara la conducta que seguimos de no quererla admitir para nuestra Monarquía y la proporción que perdemos de redondearnos. El Director Treillard ha llegado á decirme que si tememos el paso de las tropas francesas por nuestro territorio, harán de manera que pasen por mar ó que tomen lo menos posible de terreno en España, añadiendo que observarán una disciplina ejemplar. Yo he desechado ésta y otras proposiciones semejantes, hasta declararles que no me hablen más de esa guerra, porque estando *mi amo tan decidido á no hacerla,* no contestaré más á ello.» ¡Qué fatalidad! Aquello que era asequible con nuestros propios medios y también conveniente bajo todos aspectos, no lo quería el Rey por no desposeer á su hija del trono de Portugal, ó por lo menos, por no menoscabar los Estados en que su hija había de reinar, y al mismo tiempo pretendía que la República le cediese la isla de Sicilia, olvidando el proceder de la Francia hasta allí. ¿Cuántas gestiones no había ya hecho hasta entonces el Gobierno de Madrid

***

(1) A D. Francisco Saavedra, 10 de Septiembre de 1798.

para que los Estados del Infante-Duque de Parma tuviesen alguna mayor extensión, cosa que hubiera sido tan fácil al Directorio conceder, y, sin embargo, no engrandecimiento, sino vejaciones y atropellamientos del territorio parmesano, habían sido el fruto de la amistad de la República y de sus promesas de mediación con los cisalpinos? Una sola vez propusieron los franceses que el Infante-Duque reinase en la isla de Cerdeña, y pidieron al Rey que les cediese por ello la Luisiana. ¿En qué se fundaba, pues, la esperanza de poseer la Sicilia?

Alianza del Rey de Nápoles con el Emperador de Alemania.

El Rey de Nápoles no contó con el apoyo de su hermano el Rey de España, ni en esta ocasión, ni en las demás desavenencias que sobrevinieron entre su trono y la República francesa. Su apoyo fué el Emperador de Alemania, que estaba interesado en recobrar los Estados que había perdido en Italia por el Tratado de Campoformio, como también en volver á adquirir el influjo que su posesión le daba en aquella Península; por cuyos motivos no podía menos de obrar de consuno con el Rey Fernando IV para obligar á los franceses á qué volviesen á pasar los Alpes. Tal era, con efecto, el propósito del Emperador. No bien se había formado la República romana, cuando el Conde de Campochiaro se presentó en Viena en nombre y por encargo del Rey de Nápoles á firmar un Tratado de alianza con el Emperador; el 19 de Mayo quedó ajustado un convenio entre dicho Plenipotenciario y el Barón de Thugut. En el preámbulo se lee lo siguiente: «El Emperador y el Rey, viendo la rapidez de los sucesos de estos últimos tiempos y la necesidad de precaverse para el caso de nuevas turbulencias que pudieran agitar la Europa y señaladamente la Italia, SS. MM. Imperial y Siciliana, que se hallan unidos también por vínculos de parentesco, han tenido por conveniente ponerse de acuerdo sobre las medidas relativas á la conservación del sosiego público y á la seguridad de sus pueblos y Estados.» Por las disposiciones del Tratado, el Emperador se obligaba á mantener 60.000 hombres en Italia y en el Tirol, y el Rey de Nápoles 30.000 en las fronteras de su reino más inmediatas á los Estados austriacos. Si fuese necesario, el Emperador debería aumentar el número hasta 80.000 hombres, y el Rey de las Dos Sicilias hasta 40.000. En virtud de este Tratado, que se tuvo secreto, el Rey de Nápoles mandó levantar tropas y excitó para ello el celo de los barones y grandes feudatarios del reino. No eran solamente las agresiones de la nueva República romana las que inquietaban entonces al Gobierno de Nápoles; traíale también cuidadoso el armamento formidable de Tolón que se iba á hacer á la vela: ignorábase cuál fuese su objeto, ya principal, ya accesorio, y se recelaba que la ocupación de la Sicilia ó del reino mismo de Nápoles entrase en el proyecto. S. M. Siciliana contaba, á la verdad, para este caso con la escuadra inglesa al mando del Almirante Nelson, y con cuantos socorros pudiese dar la Gran Bretaña, porque el Gobierno británico estaba muy resuelto á sostenerle, impidiendo así que los franceses se hiciesen dueños de toda la Italia.

Unión que existía entre la Corte siciliana y el Gobierno británico.

La unión de S. M. Siciliana con la Inglaterra era íntima. Bastaba la reciprocidad de intereses para que los dos Gobiernos obrasen en todo de común acuerdo; pero además de las consideraciones políticas, hubo también otras circunstancias que fomentaron la unión de los dos Gabinetes y la hicieron más estrecha. En la Corte del Rey Fernando IV se llegó á formar una atmósfera, por decirlo así, inglesa. Todas las personas que tenían influjo con el Rey y la Reina eran afectas al Gobierno británico. Conviene dar idea de cada una de ellas para que pueda formarse concepto más cabal de los sucesos de aquel tiempo.

Acton.

Acton, primer Ministro de Fernando, gobernaba la Monarquía en su nombre. El ascendiente que tenía sobre el ánimo del Rey, y en especial sobre el de la Reina, era tal que su poder en el reino podía llamarse ilimitado para la dirección de los negocios de Estado. Irlandés de origen, había nacido en Francia, en 1737, en Besançon. Al concluir los estudios, entró á servir en la Marina. Pasó después á Italia y tomó servicio en Toscana. Cuando Carlos III, Rey de España, envió la expedición contra Argel en 1775, mandada por el General O'Reilly, Acton fué gobernando buques toscanos y cooperó á la empresa. Sus admiradores dijeron entonces que por su diligencia y capacidad se salvaron 3 ó 4.000 españoles que hubieran perecido infaliblemente sin los socorros que él les dió. En la relación del verídico D. José Mazarredo, que era Ayudante Mayor General de la escuadra, sobre las operaciones navales de esta expedición, no se hace mención de este hecho; pero sí se lee que Acton mandaba las fragatas toscanas en la rada de Argel en el momento del reembarco de las tropas, y que contribuyó á ejecutar, por su parte, las providencias marineras con orden y celeridad. Como quiera que fuese, su conducta en esta ocasión le granjeó nombradía, y el Rey de Nápoles, á propuesta del Marqués de Sambucca, su Ministro, le ofreció servicio en su armada. Acton aceptó el ofrecimiento, y como el Gobierno napolitano hubiese pedido al Gran Duque de Toscana su beneplácito, dijo éste al Rey en respuesta que, si bien Acton era sujeto muy entendido, convendría estar á la mira de sus acciones por ser sumamente travieso, y, por consiguiente, peligroso. Al cabo de algún tiempo supo hacerse lugar con el Rey de Nápoles, y sobre todo con la Reina, lo cual le facilitó la entrada en los Ministerios de Guerra y Marina, y después en la dirección de todos los negocios del reino. Acton hacía alarde de aborrecer á los franceses.

Noticias sobre Lady Hamilton.

En aquella sazón era Embajador de Inglaterra en la Corte de Nápoles el caballero Hamilton, sujeto que gozaba en ella de estimación y aprecio por su instrucción y buenas prendas; pero cuyo influjo en los negocios públicos hubiera sido mucho menos eficaz sin el enlace matrimonial que contrajo con Emma Lyon ó

Harte, célebre después con el nombre de Lady Hamilton, la cual, por la amistad estrecha que la unió con la Reina Carolina y por la pasión que encendió en el corazón del Almirante Nelson, tuvo gran parte en los sucesos acaecidos en el reino de Nápoles. Las *Memorias* de aquel tiempo contienen muchos pormenores sobre la vida de esta mujer extraordinaria. El caballero Hamilton, habiendo quedado viudo en Nápoles, hizo un viaje á Inglaterra al cabo de veinte años de ausencia de su patria. El motivo de su viaje fué impedir que su sobrino, M. Carlos Grenville, de la familia antigua de los Warwick, se casase con Emma Lyon, mujer muy hermosa, tan interesante por sus gracias como despreciable por la vileza de sus costumbres. Se ignora dónde nació: lo que se sabe únicamente es que era de muy baja extracción, y que habiendo entrado de niñera en una casa, salió de ella para darse á la prostitución. Andando por las calles de Londres en el último grado de envilecimiento, la casualidad hizo que diese con un charlatán que se hacía llamar el *Dr. Graham*, al cual, como la viese tan hermosa, le vino el pensamiento de exponerla á los ojos del público cubierta de un cendal, en representación de Hygia, hija de Esculapio, venerada de los antiguos como la diosa de la Salud. Sabido es que en un templo de su padre, en Sicyone, había una estatua de esta diosa cubierta con un velo, á la cual las mujeres de la ciudad venían á hacer ofrenda de sus cabellos. Cuando Emma pareció así ante los pintores, escultores y curiosos de Londres, venidos en tropel á admirar á la *Diosa de la Salud,* la capital se llenó de estampas que representaban á este personaje mitológico. Romey, cuyo pincel era entonces tan celebrado, la expuso bajo todas las formas imaginables de Venus y de Cleópatra, y lleno de los encantos del modelo, sintió una pasión ardiente por él. Pero Emma, no menos ambiciosa que bella, puso sus miras más altas, y á favor de su habilidad y hermosura llegó á coger en sus redes á M. Carlos Grenville, conocido por su talento é instrucción y por sus buenos modales. Tuvo de ella tres hijos. Su pasión por Emma era tan vehemente, que se hubiera casado con ella si su tío el Embajador no hubiera ido á oponerse á su designio. El caballero Hamilton regresó á Nápoles sin haber visto á la hechicera. No tardó M. Grenville en verse arruinado; dió todos sus empleos, y se halló en la dolorosa necesidad de quitar á Emma los auxilios que le daba: esto sucedió cabalmente en el momento en que, más apasionado que nunca, iba á casarse con ella, á pesar de la oposición del tío. En situación tan apurada, no le quedó más recurso que enviar á Emma á Nápoles para que viese á su tío y le expusiese la estrechez que padecía. Cuando el Embajador hubo visto á Emma, perdió enteramente el seso; su entusiasmo fué tal, que dejó muy atrás á su enamorado pariente.

Hízose, pues, un convenio entre ambos, es á saber: que el tío pagaria todas las deudas del sobrino, y que éste cedería al tío por su parte todos los derechos que pudiese tener á la persona de Emma. En virtud de este arreglo, Sir William Hamilton quedó por poseedor exclusivo de la sirena, la cual se condujo con juicio y reserva y vivió en la casa misma del Embajador. Emma tenía despejo y penetración, y así adquirió pronto al lado del Embajador todo lo que se necesitaba para alternar con las gentes bien criadas de Nápoles, si bien la nobleza, aunque no se picase mucho de severidad en punto á costumbres, rehusaba tratar á la concubina del caballero Hamilton, por cuyo motivo éste se decidió por fin á casarse con ella, á fin de que pudiese presentarse en la Corte de Nápoles y en las reuniones principales de la nobleza de aquella capital. Para realizar el matrimonio, hizo el Embajador un viaje con Emma á Londres, aunque de corta duración, y volvieron los esposos á su antiguo destino. No bien el caballero Hamilton hubo presentado á su mujer en la Corte, cuando la Reina Carolina y Lady Hamilton se unieron ya muy estrechamente. Todos los días había fiestas en Palacio. En ellas la Reina y Lady Hamilton iban siempre vestidas del mismo modo y conversaban con grande familiaridad. La Reina tenía cenas secretas, á las que convidaba al Ministro Acton y á la Embajadora de Inglaterra. Esta dormía en el cuarto mismo de su augusta amiga. Las damas de honor estaban obligadas á guardarle las mismas atenciones que á la hija de María Teresa, no sin mostrar á veces repugnancia por ello. Dícese que en las crisis que vinieron después, algunas de las damas expiaron cruelmente su antipatía por la bella inglesa y que fueron comprendidas en las listas de reos de Estado.

La época más memorable de la vida de Lady Hamilton fué el tiempo en que conoció al Capitán inglés Horacio Nelson, Comandante del navío de linea *Agamenon*, enviado á Nápoles con una Comisión por el Almirante Hood en 1793. Como el Embajador y su mujer gozasen de gran favor en la Corte, el Capitán Nelson les visitó. Parece que lo mismo fué verse y hablarse, que quedar prendados mutuamente los unos de los otros. El hecho es que el caballero Hamilton y su mujer hicieron las más vivas instancias á Nelson para que se hospedase en su casa, y que aceptó sus ofrecimientos. Desde entonces comenzó una amistad ínti-

ma entre estos célebres personajes. Nelson manifestó
el entusiasmo más vivo y la adoración más tierna por
Lady Hamilton, cuya circunstancia, así como la gloria que este célebre marino adquirió, afianzaron y es-
trecharon más en lo sucesivo la amistad de la Reina
Carolina y de la Embajadora inglesa (1).

(1) Acusan á Lady Hamilton de haberse mostrado inhumana en el
suplicio del Príncipe Caraccioli, el mejor de los Oficiales de la marina napolitana, el cual, habiendo reconocido á la Republica *Partheno-*
pea, fue preso á su regreso desde Messina á Nápoles y ahorcado de las
vergas de una fragata. Lejos de haber intercedido por el Príncipe, culpable sin duda ninguna, pero merecedor de indulgencia por sus cualidades personales y por sus servicios, Lady Hamilton tuvo la inhumanidad de presenciar tan horrendo espectáculo. Nelson, por lo menos,
aunque firmó la sentencia de muerte de este marino, se apiadó de su
desgraciada suerte y derramó lágrimas á vista de tan lamentable
destino.

Cuando la Corte de Nápoles regresó á la capital en el año de 1800, el
Gobierno inglés tuvo por conveniente llamar á su Embajador á Iuglaterra, y cesó así su Embajada. Nelson dejó también el mando de la escuadra y acompañó á su adorada Lady Hamilton á Londres; pero el
escándalo de sus amores ofendió vivamente á los ingleses, acostumbrados á respetar la santidad del matrimonio. El alto aprecio que gozaba justamente el bizarro marino no fué bastante á ponerle á cubierto de la censura publica. Por lo que hace á Lady Hamilton, el entusiasmo que algunos de sus compatriotas tuvieron por ella en otro tiempo, se troco en horror cuando se supo en Iuglaterra su conducta en Nápoles. Viviendo todavía su marido dió á luz secretamente una niña, á
la cual puso por nombre Nelson. Poco tiempo después murió el caballero Hamilton, y su viuda se retiró á una casa de campo que Nelson
había comprado para ella. Sabido es que en el año de 1805 este héroe
murió gloriosamente en la batalla de Trafalgar. Después de este suceso, Lady Hamilton se entregó á sus perversas inclinaciones, y disipó
en breve tiempo los bienes que le habían dejado su marido y su amante. Reducida desde entonces á una muy corta pensión, pasó á Francia,
en donde residió en una casa de campo en las inmediaciones de Calais, hasta 1815, en cuyo año falleció.

Nelson.

De regreso de la escuadra, Nelson tuvo siempre á gran ventura que los intereses del servicio maritimo le llevasen á Nápoles. Fueron varios los viajes que hizo á esta capital; pero no haciendo á nuestro propósito referirlos todos, mencionaremos tan solamente su arribo el 16 de Junio del año de que hablamos (1798) mandando la escuadra inglesa, que entró en el Mediterráneo en busca de la expedición de Tolón. Habiendo pasado en su chalupa á casa del Embajador, halló allí á la Reina, que fué de incógnito, con la cual tuvo una conversación secreta. Luego que la Reina se retiró, fué servido un banquete suntuoso, y en él Lady Hamilton, que le presidía, pronosticó delante de todos los convidados que la escuadra francesa sería destruida. Nelson, animado con los vaticinios de su amante, juró morir en la demanda ó volver victorioso. A la cena siguió un baile. Al día siguiente toda la ciudad supo ya el motivo de este regocijo. Aquella noche misma el Almirante volvió á bordo de su navío, y con ayuda de pilotos napolitanos dobló el estrecho de Messina, que es muy peligroso.

Preparativos de guerra en Nápoles.—A petición del Rey de las Dos Sicilias, el Emperador de Alemania envía al General Mack para tomar el mando de las tropas napolitanas.

Fácil es de comprender el regocijo de Nápoles cuando ancló allí la escuadra victoriosa con el héroe que la mandaba. Al ver realizadas aquellas esperanzas tan gloriosamente con la destrucción total de la escuadra francesa de Aboukekir; al considerar que los navíos que estaban delante del puerto acababan de dejar libre al Mediterráneo de la dominación francesa, y que Nelson, triunfante, venía á presentar allí los trofeos de tan brillante jornada á los ojos de la Corte y del pueblo, con quienes estaba tan bien quisto, no se guardó medida en las demostraciones contra la Francia. Más bien que alborozo, pudiera llamarse delirio el que hubo en la Corte y en el pueblo. En vano el Rey, que era de carácter detenido y más propenso también á la paz que los demás personajes de su Palacio, quiso moderar aquel ardor inconsiderado. La Reina, que tenía sobre el Rey Fernando IV un imperio irresistible, y el Ministro Acton, que, separado por un instante del Ministerio, recobró de nuevo su anterior influjo, lograron superar la repugnancia del Monarca. *Guerra contra los franceses*, fué el clamor universal. El Gobierno no pensó ya en otra cosa más que en tomar medidas para el buen éxito de la contienda. Ni contestó siquiera á las reclamaciones del Encargado de Negocios de la República, *Lachaise*, que se quejaba de que hubiese sido recibida en Messina la escuadra de Nelson y de que se le hubiese provisto de víveres para que siguiese su derrotero por el Mediterráneo, en contravención al Tratado con la República francesa. Los preparativos de guerra continuaron con mayor actividad. Ya anteriormente se había mandado por un decreto del Rey que todos los napolitanos, aun los individuos de la Familia Real, fuesen soldados, desde la edad de diez y siete años hasta la de cuarenta y siete, y que estuviesen obligados á ejercitarse en las evoluciones militares para poder marchar al primer aviso. Ahora se dispuso la pronta formación de un ejército de

40.000 hombres que debía ir inmediatamente á las fronteras. Y como para mandar las tropas con acierto se tuviese necesidad de un General hábil y experimentado, el Rey pidió al Emperador que le enviase un Jefe capaz de medirse con los Generales franceses. Al ver la Corte de Viena los preparativos marciales de Nápoles, le envió sin pérdida de tiempo al General Mack, quien se puso al punto en camino y llegó á Nápoles en los primeros días de Octubre de 1798. Mack era Oficial instruído y de vasta capacidad para la formación de planes de campaña, si bien á estos conocimientos teóricos no acompañaban, según parece, otras prendas que son indispensables en el que ha de mandar ejércitos; por lo menos no hizo ver que las tuviese en las acciones militares en que se halló, ya anteriores, ya posteriores á la campaña de Nápoles. Es justo decir, por lo que respecta á las desgracias que ocurrieron en ésta, que un General extranjero que dirigía tropas bisoñas ó indisciplinadas, se hallaba por el mismo hecho en situación sumamente desventajosa.

Mientras tanto que en Nápoles se tomaban disposiciones para dar principio á la guerra, los Directores franceses, lejos de apagar el fuego, le encendían más, con las notas arrogantes de sus Agentes diplomáticos y con las vehementes declamaciones de las *Gacetas* contra aquella Corte. No es esto decir que los republicanos de París quisiesen romper los primeros la guerra, pues bien veían que abriéndola ellos mismos arriesgaban todo lo que habían conseguido por el Tratado de Campoformio, habiendo de seguirse al rompimiento con Nápoles las hostilidades contra el Emperador. Pero se ofendía fuertemente el orgullo republicano de que el Gobierno de Nápoles se preparase á disputar la existencia á algunos Estados democráticos creados por la Francia en Italia, y, sobre todo, á la República romana. *El Redactor*, que era el papel periódico protegido por el Directorio, hablaba de este modo el día 3 de Octubre: «¿De dónde viene la increíble demencia que arrastra á la Corte de Nápoles á su perdición? Las demás Potencias del continente, después de una guerra tan larga, cediendo por fin al clamor general de los pueblos, dejan todas las armas, y en este mismo instante un *reyezuelo*, el último de los que hubiera interés en destronar, ¿quiere aparecer con talante marcial? Todos los napolitanos desde la edad de diez y siete años hasta la de cuarenta y cinco son soldados, según el último decreto publicado en aquel reino, y todos tienen que ejercitarse en el manejo de las armas para estar prontos á marchar al primer aviso. El *miedo* es el que ha aconsejado esta medida impolítica á *Sus Majestades* (hay tres Majestades en Nápoles, es á saber: la Reina, Acton y, en fin, el Rey); tiemblan á los franceses, á los cuales han ofendido antes y después de la revolución, con la preferencia escandalosa que muestran por los ingleses y con las persecuciones que han tolerado y promovido contra los agentes de la República y contra todos los franceses; temen á muchos de sus propios vasallos exasperados con toda suerte de vejaciones, pues hay todavía en las cárceles una multitud de ciudadanos honrados que pertenecen á las familias más distinguidas del país; y, sobre todo, lo que les asusta más es esa República romana que toca al reino de Nápoles y, por decirlo así, le amenaza. ¿Por qué, pues, retarla?»

El Redactor examina después qué es lo que hubiera debido hacer en las críticas circunstancias una Corte que hubiese estado dirigida por sanos principios y no por *una mujer irritable, altanera, inconsiderada*, y á este propósito traza un plan de la conducta que tenía. Allí se achacaba á la Corte de Nápoles el fomento de las insurrecciones, «que se manifiestan cada vez más en el país romano y no se apagan sino con sangre, la rebelión de Terracina, el asilo concedido á los insurgentes..... Por otra parte, esta Potencia imprudente, proseguía *El Redactor*, en contravención á sus Tratados con Francia, ha admitido en sus puertos á la escuadra inglesa, que corrió presurosa, aunque inútilmente, en busca de Bonaparte, la cual peleó después con la ventaja del número y de la posición contra los navíos que llevaron su ejército á Egipto. ¿Cómo podría dejarse sin castigo semejante atrevimiento, ni ser olvidada tal inconsecuencia, en caso que estas *provocaciones suscitasen la guerra en el continente?* No. En vano el Rey de Nápoles habría fortificado al Garigliano y á Gaeta. Si una pronta paz continental no viene á servir de broquel á su reino, un crecido tropel de republicanos de diferentes naciones pasará el riachuelo que separa al territorio napolitano de la República romana.»

Mucho más directa fué todavía la acometida que el poeta Chénier hizo contra el Rey de Nápoles en la *Proclama del Cuerpo legislativo al pueblo francés*, que era obra suya. «Si algunos atletas coronados, decía, sentidos de sus anteriores reveses quisiesen vólver á entrar en lid, en tal caso, por la voz solemne de los dos grandes Cuerpos del Estado, la República francesa daría otra vez la señal de la victoria, y vosotros, franceses, responderíais unánimemente *estamos prontos á pelear.* ¿Hay alguna nación que se halle ya á punto de declararse libre? ¿Cuál es el Monarca que se siente fatigado de reinar?»

El Rey de Nápoles rompe las hostilidades contra la Francia.

Este lenguaje manifestaba que la próxima destrucción de la Monarquía de las Dos Sicilias se tenía por cierta en París, llegado que fuese el caso de romperse la guerra contra el Emperador de Alemania. Digo *llegado* este caso, porque á pesar de los denuestos de las *Gacetas* francesas y de sus turibundas declamaciones contra los napolitanos, el Directorio no pensaba empeñarse en la guerra ni acometerlos hasta no ver el resultado de las negociaciones con el Austria, en lo cual obraba con cordura. Pero el Gabinete del Rey Fernando IV, no tan mirado como el Directorio, abrió de repente la campaña, sin aguardar á que los imperiales se moviesen y llamasen hacia ellos la atención de los ejércitos republicanos desparramados en Italia. Las divisiones napolitanas se pusieron en marcha contra los franceses que guarnecían los Estados de la nueva República romana.

¿Por qué no aguardó el Gabinete de Nápoles á ser sostenido por los ejércitos imperiales? ¿Cómo fué que se determinase á acometer á los franceses antes de que aquéllos hubiesen amenazado su flanco? Varios fueron los motivos que le decidieron á obrar así. Los insultos de la República romana contra el Rey y la Reina de Nápoles; los reconocimientos que se practicaban de orden del Gobierno romano en las fronteras de Nápoles para señalar los puntos vulnerables de ellas; la llegada á Roma del General Championnet, que era uno de los revolucionarios más ardientes, todos estos antecedentes no dejaban duda ninguna de que se meditaba una agresión. A la verdad, el momento de realizarla no estaba determinado todavia ni era quizá inminente, porque el Directorio no quería entrar en guerra con el Emperador, y, por otra parte, no conseguía tampoco la neutralidad de la Prusia. Era, pues, claro su designio de ganar tiempo para dar el golpe con seguridad. El estado del ejército francés en Roma no era tal que pudiese inspirar grandes temores por entonces: su número no era considerable; se hallaba también mal provisto de artillería, ya por los suministros de esta arma hechos para la expedición de Egipto, y ya por el ansia de dinero que tenían los empleados en la Hacienda pública, los cuales vendieron casi todas las piezas de artillería que había en Roma. Las tropas estaban mal vestidas y peor pagadas; su mantenimiento no era tampoco abundante. A estos motivos de acelerar el rompimiento se añadía que Nápoles no tenía recursos para conservar en pie por largo tiempo un ejército tan considerable como el que acababa de levantar, y que permanecer en inacción era arruinarse. El ejército napolitano ascendía á 120.000 hombres, y aunque su organización fuese defectuosa, así por haberse llenado los cuadros de los regimientos con reclutas bisoños, como por carecer de buenos Oficiales, se esperaba que el entusiasmo podria suplir á la disciplina. Puestos todos los motivos en la balanza, se inclinaba ésta en favor de las hostilidades. En tal estado se hallaban las cosas en Nápoles, cuando llegó Nelson del bloqueo de Malta con dos navíos de línea y 150 franceses de que se había apoderado en la toma de la isla de Gozzo. Su arribo enardeció los ánimos, y el Rey anunció de oficio que iba á partir para ponerse á la cabeza de sus tropas. El Emperador no había movido todavía sus ejércitos,

mas no era dudoso que los movería dentro de muy
breve tiempo.

Tratado entre Nápoles é Inglaterra.

Por lo que hace á Inglaterra, el Marqués de Gallo
y el caballero Hamilton firmaron el 1.º de Diciembre
en Nápoles un Tratado. Por él se obligaba el Rey de
la Gran Bretaña á mantener en el Mediterráneo fuerzas navales superiores á las del enemigo, y el Rey de
las Dos Sicilias á contribuir por su parte á este armamento con un contingente y á cesar todo comercio
con los franceses. Un día antes se ajustó otro Tratado en Petersburgo con el Emperador de Rusia por el
Duque de Serra Capriola, Embajador de S. M. Siciliana. Además de las escuadras rusa y otomana que tenían orden de entrar en el Mediterráneo, Pablo I prometía enviar un socorro de tropas de tierra, compuesto de nueve batallones de infantería, con la artillería
correspondiente y 200 cosacos.

Mack penetra en el territorio de la República romana á la cabeza de 40.000 napolitanos.

Mack penetró en el territorio de la República romana con 40.000 hombres. A su entrada había precedido la publicación de un manifiesto del Rey de Nápoles. Una división napolitana fué conducida á Liorna por mar en los navíos de Lord Nelson, y en virtud
de un convenio con las autoridades toscanas tomó posesión de la ciudad. El General Championnet, que acababa de encargarse del mando del ejército republica-

no en el Mediodía de la Italia, vió que no le era posible mantenerse en Roma con sus pocas fuerzas, las cuales no pasaban de 16.000 hombres. Así, pues, dejando abastecido el castillo de Sant Angelo, salió de Roma habiendo prometido antes al Comandante que quedó en él que antes de treinta días estaría de vuelta en aquella capital, triunfante de sus enemigos. Partió, pues, de Roma y dejó la entrada libre al Rey de Nápoles. Las instrucciones comunicadas por el Directorio á Championnet le prescribían que en caso de ser acometido por las armas napolitanas, se retirase á los confines de la República cisalpina, en donde se apoyaría en el ejército principal, que mandaba el General Joubert; pero Championnet, creyendo ver timidez en estas precauciones y quizá también mengua y deshonor para sus tropas, se contentó con salir de Roma acompañado de los Comisarios franceses, del Senado, de los Cónsules, del Tribunal romano y de toda la demás comparsa democrática, en la que había también jóvenes que pertenecían á familias distinguidas de Roma, entre ellos los Príncipes Borghese y Santa Croce, y siguió su retirada hasta las montañas. Alli dejó un puesto avanzado para observar á la vez el camino antiguo que va desde Roma á Civita Castellana y el que lleva á Milán, y se situó con el grueso de sus batallones detrás de Civita Castellana, cuyo fuerte hizo ocupar. Fortificó también el puente de Borghesto sobre el Tíber. El General Lemoine se estableció en Rieti y el Cuartel general en Terni.

Entrada del ejército napolitano en Roma.

Retirado el ejército francés de Roma, Mack condujo allí en triunfo al Rey de Nápoles el día 29 de Noviembre. Al día siguiente, este Soberano recibió en su Palacio *Farnesio* los homenajes de los grandes Prelados y de las diferentes Corporaciones de la ciudad. El populacho, nada afecto á los comediantes, que con sólo haberse revestido las togas de los antiguos Cónsules romanos pretendían estar adornados de sus virtudes civiles, corrió por todas partes destruyendo las armas de la nueva República, arrancando los árboles de la libertad y poniendo en su lugar cruces expiatorias. La plebe atropelló á los judíos: de ellos hubo algunos que fueron muertos y arrojados al Tiber. En una palabra, la entrada del Rey de las Dos Sicilias en Roma fué la señal de una reacción espantosa. El Monarca triunfador creó allí un Gobierno provisional, y escribió al Papa, que á la sazón se hallaba en la Cartuja de Florencia, para que viniera á sentarse en su trono pontificio, por más que le constase que Pío VI no estaba en libertad. Fué de muy corta duración este uso de la autoridad soberana, porque el ejército que había de mantener al Rey en Roma comenzó al punto á sufrir descalabros y se vió obligádo á encerrarse otra vez en el territorio napolitano.

Reveses de los napolitanos.—Rendición del General Moeick en Otricoli.—Entrada de los franceses en Roma.—Proclama del Rey de Nápoles á sus vasallos.—Partida de la Familia Real de Nápoles para Sicilia.

Mack había creído que los franceses, sobrecogidos con la invasión de los napolitanos, no se detendrían en su retirada hasta llegar á la alta Italia; así, en vez de perseguirles, perdió cuatro días en varias intimaciones al castillo de Sant Angelo. Sabedor, por fin,

de que Championnet se había detenido, mandó á sus
diferentes columnas que le cargasen; pero éstas lo hicieron con éxito tan poco venturoso, que el día 5 de
Diciembre habían ya perdido la tercera parte de las
tropas que tomaron parte en la pelea y 15 cañones.
Intentó después, también sin fruto, forzar el centro
del ejército enemigo en Terni. Championnet, advertido de que tal era el designio del enemigo, concentró
sus fuerzas y resistió al ataque. El General austriaco
Moeick se rindió en Otricoli con 4 ó 5.000 prisioneros. En virtud, pues, de éstos y otros contratiempos,
Mack emprendió su retirada el día 11 de Diciembre.
El 15 los franceses habían vuelto á entrar en Roma,
después de diez y siete días de ausencia, en los cuales
habían muerto ó hecho prisioneros 15.000 napolitanos, tomándoles 40 cañones, 20 banderas y todos los
equipajes de aquel ejército, que estaba tan abundantemente provisto. Mack salió de los Estados de Roma
sin detenerse, y fué á rehacer las tropas detrás del
Volturno, al abrigo de los baluartes de Capua. El Rey
Fernando IV, después de un corto descanso en Caser-
ta, adonde se dirigió primero, llegó á Nápoles, y deseoso de consultar con la Reina y con el Consejo, llamó á Gallo, á Nelson, á Hamilton, á Caracciolo y á
Pignatelli, y les dijo que las tropas habían manifestado cobardía y los Generales mala voluntad; que
Mack habia extendido demasiado su linea de operaciones, y, en fin, que la empresa se había desgraciado completamente por diversas causas, de que hizo
mención. Los brillantes proyectos de agresión y de
conquista se trocaron entonces en necesidad urgente
de atender á la propia defensa, porque los franceses, con
impetuosidad propia de su carácter, se adelantaban ya
dentro del territorio napolitano, fiados, más acaso que

en el valor de sus tropas, en el desaliento de los soldados vencidos, en los manejos del partido afecto á los franceses y contrario á la Corte y en la confusión que acompaña siempre á semejantes invasiones. Por grandes esfuerzos que Mack hiciese, no parecía posible á los Generales franceses que un ejército ya desordenado y, sobre todo, receloso del Jefe extranjero que le mandaba, pudiese volver á ordenarse. Para conjurar la tempestad, no quedaba al Rey de Nápoles más medio que inflamar al pueblo, llamándole á la defensa de su Soberano, de sus hogares, de su religión y de cuanto tenía de más caro. «No, amigos míos, decía el Rey en la proclama que hizo á sus vasallos; no, mis hermanos queridos, no hay que engañarnos: si no corréis presurosos á defenderos, lo perderéis todo, la Religión, la vida, los bienes; veréis deshonradas á vuestras mujeres, á vuestras hijas, á vuestras hermanas. A las armas, pues, mis leales vasallos; poneos en defensa; salid al encuentro del enemigo; no le dejéis entrar en el reino, ó si penetrase en vuestro territorio, que halle en él su exterminio. Invocad el patrocinio de vuestro gran protector San Jenaro. Poned vuestra confianza en Dios, que sostiene siempre á los que pelean por la justa causa.» Entre tanto el ejército francés se adelantaba, sin que los cuerpos militares napolitanos le opusiesen seria resistencia. Venciendo los obstáculos del mal temporal, continuaba su marcha hacia San Germano, dirigiéndose á Nápoles. El pueblo se mostraba muy animado contra los franceses: no así la nobleza, que propendia á entrar en parlamento con Championnet, ni los partidarios de la revolución, que, viendo la proximidad de las tropas republicanas, tenían á gran ventura su llegada á Nápoles para plantear la forma de gobierno de que eran tan ardientes admiradores. Con todo, el Rey estaba resuelto á defender su Corona, contando con la lealtad y el valor de su pueblo; mas no tardó en ver que con la exaltación de las pasiones populares andaba también mezclado el desorden, y que, por lo tanto, la muchedumbre, á pesar de sus encarecidas promesas de fidelidad, valía realmente mucho menos de lo que aparentaba, pues aquella situación crítica pedía, ante todas cosas, obediencia á las leyes y mantenimiento de la paz pública. Llegó á Nápoles un correo del Emperador de Alemania, por el cual aquel Soberano hacía saber al Rey Fernando IV que no había aprobado la invasión de los Estados romanos, puesto que el Emperador no estaba pronto todavia, por su parte, para entrar en campaña, y que así el ejército napolitano habia quedado reducido á sus solas fuerzas, sin esperanza de que se pudiese llamar la atención de los franceses por la alta Italia. Esta noticia consternó al Rey y á la Reina, y siendo de tan grande importancia, mandaron que el correo pasase á la bahía á abocarse con Nelson. En el camino el populacho, teniendo al correo por francés, cargó sobre él y le trajo cubierto de heridas ante el balcón del mismo cuarto del Rey. Todos los extranjeros que había en Nápoles se llenaron de espanto con este suceso, porque ansiosa la plebe de saciar su enojo contra los franceses, buscaban víctimas por todas partes. Creciendo así la confusión por instantes, y solicitando vivamente las personas más principales de Nápoles que se capitulase con el enemigo, el Consejo de Ministros envió al General Championnet una Diputación compuesta del Marqués de Gallo, primer Ministro; del Embajador del Rey de España, y del Ministro cisalpino. El Rey Fernando IV quiso ocultar así su determinación de ausentarse, pues por consejo de Nelson y del caballero Hamilton partió con la Reina y sus hijos para la Sicilia, dejando á los napolitanos expuestos ó á las vejaciones é insolencias del soldado extranjero, ó á los atropellamientos y ciegas venganzas de las clases más bajas. Championnet ni recibir quiso siquiera á la Diputación que iba á pedirle la paz, y antes bien la hizo saber que él no tenía orden para concluir ningún ajuste, sino para marchar contra Nápoles.

Mack se ve obligado á refugiarse en el real enemigo.—Nueva forma de gobierno en Nápoles.

El General francés obró en esto con visible imprevisión é imprudencia, pues su situación distaba mucho de ser ventajosa. En vez del triunfo que creía alcanzar, se expuso á perder todo su ejército. Habiéndose internado en el territorio napolitano, se halló rodeado de una población enemiga que interceptaba sus comunicaciones, hacía prisioneros pequeños destacamentos y dificultaba hasta el mantenimiento de las tropas. Mack había llegado por fin á reunir y organizar á fuerza de diligencia y trabajo un ejército de 30.000 hombres, con el cual se estableció en un campo atrincherado cerca de Capua. El río Volturno, que es allí profundo y no tiene vado ninguno, le proporcionaba una linea de defensa que era inexpugnable. El ejército francés se veia, pues, en muy grave compromiso. La fortuna se place á veces en favorecer á los imprudentes, y sacó de este apuro á Championnet y á sus soldados, y por sucesos que no nos es dado referir circunstanciadamente, como querríamos, les puso en posesión del reino de Nápoles, ayudados por un partido que había allí entusiasta de las máximas de la Revolución francesa. Mack, habiendo perdido la confianza de sus propias tropas y vistose en peligro de perder también la vida á manos de hombres irritados ó envidiosos, tuvo que buscar asilo en la tienda del General enemigo. El ejército napolitano, disuelto ó desordenado, dejó el paso libre á las divisiones francesas, que se presentaron delante de Nápoles y hallaron las puertas abiertas, merced á la actividad de los amigos apasionados que tenían en la ciudad. Fué entonces proclamada la *República parthenopea*, cuya forma de gobierno consistía en una Junta de 25 personas, divididas en cinco Salas ó Comisiones de Guerra y Marina, Justicia y Policía, Comercio é Interior, Hacienda y dominios de la Corona y Relaciones exteriores. Cada una de las Comisiones nombraba su Presidente todos los meses, y los cinco Presidentes componían el Directorio de la República. Por Superior de este poder ejecutivo nombraron á aquel famoso revolucionario francés llamado Lambert, al que el Rey de Nápoles se vió precisado á arrojar de sus Estados en los años anteriores.

El Rey Carlos IV reclama de la República francesa la posesión del reino de las Dos Sicilias.

Con satisfacción singular vió el Directorio de París formarse al otro extremo de Italia una nueva República, cortada, digámoslo así, por el patrón de la suya, obra de sus manejos, y útil en gran manera para afianzar su imperio en aquella Península. Por tanto, admira, en verdad, la confianza del Gobierno de Carlos IV. Persistiendo en tener por sincera la amistad de la República francesa, hizo presente otra vez al Directorio el derecho de la Corona de España al reino de las Dos Sicilias, y le pidió ser reintegrado en su posesión. Olvidándose de los pasados desengaños, hizo observar al Gabinete francés por su Embajador en París «que había desaprobado el mal proceder del Rey de Nápoles y su ciega pasión por la Inglaterra, y que su descontento por ello había llegado á tal punto, que aunque S. M. Siciliana y el Rey Católico fuesen hermanos, no había ya ninguna confianza entre ambos. Añadía que por bondad se había retraído hasta allí de reclamar sus irrecusables derechos al trono de las Dos Sicilias, las cuales le pertenecían por ser el mayor de la familia, puesto que el Rey padre no pudo privarle de su derecho por haber renunciado el trono en favor de su hijo menor. En el supuesto, pues, de que hubiese de haber variaciones en el gobierno de aquel reino, el Directorio haría bien en restablecer los derechos de la familia de España en todo ó en parte, mayormente teniendo certeza de que un Infante español seguiría el sistema político de su padre, y de que debiendo España ser aliada fiel de la Francia por su posición geográfica y por sus intereses, ésta no pudiera menos de hallar provecho en tal arreglo.» Se alcanza fácilmente que el Directorio no respondiese siquiera á estas reclamaciones, por más que fuesen acompañadas de los más vivos testimonios de amistad por parte del Rey. Mal pensaría, por cierto, en restituir el trono de las Dos Sicilias á un Rey Borbón quien no ansiaba más que por acabar con todas las Monarquías y por *democratizar* el universo entero, si era posible. Azara, conociendo mejor el terreno, decía que al hacer tales proposiciones, no tenía esperanza de que fuesen adoptadas; pero que había ciertas simientes que pudieran producir algún fruto con el tiempo. «Los Directores, añadía, han oído mi proposición con aire *risueño* y *festivo;* pero no se han mostrado escandalizados de ella.» La Corte de Palermo se ofendió cuando supo que el Rey de España, abandonándola así á su mala suerte, reclamaba de los franceses su antiguo patrimonio. Al resentimiento de la Reina Carolina y á su influjo en el Gabinete del Emperador, se atribuye la frialdad que sobrevino poco después entre este Monarca y el Rey de España.

El Directorio francés despoja al Rey de Cerdeña de sus Estados.

Por aquel tiempo el Directorio despojó también de su Corona á Carlos Manuel, Rey de Cerdeña, y convirtió los Estados de este Príncipe en otras tantas provincias ó departamentos de la República. La situación de este reino fué sumamente crítica desde los principios de la Revolución francesa, porque sirvió de puesto avanzado á los ejércitos del Emperador de Alemania. En las primeras campañas resistió á los ataques de los republicanos, no sin ser humillado por sus imperiosos auxiliares los austriacos. Mas cuando las armas francesas penetraron en Italia, quedó ya entregado á discreción de los vencedores. Temerosos éstos de reveses, cuidaron muy particularmente desde entonces de asegurar las comunicaciones con Francia, sujetando á la condición de vasallo suyo al Rey que dominaba los Alpes. Por el Convenio de Cherasco (15 de Mayo de 1796), los franceses se posesionaron *hasta la paz general* de las ciudadelas de Alejandría, Tortona, Suza y Cera, y guarnecieron con tropas suyas Coin, Castillo Delfín y Valencia. Toda la artillería y almacenes

de dichas plazas de guerra quedaron en su poder. Para
que nada faltase á la humillación del Rey de Cerdeña,
que era entonces Víctor Amadeo III, este Príncipe
tuvo que gastar tres millones en demoler las obras de
fortificación de Suza, de la Brunette, de Exiles y de
Demonte, que cubrían al Piamonte por la parte de
Francia. Agobiado con tamaños infortunios, Víctor
Amadeo murió, dejando ya su Corona tan mal parada
al Príncipe del Piamonte, aclamado Rey con el nombre de Carlos Manuel IV. El Directorio, impaciente por
trastornar las Monarquías de Italia, no hubiera tolerado ciertamente por mucho tiempo la existencia de
un Soberano que tenía aún la llave de los Alpes, sin
las reiteradas instancias que Bonaparte hizo por conservarle; pero éste sostuvo constantemente al Rey de
Cerdeña, y quiso que, en virtud de un Tratado de alianza, 10.000 hombres del ejército de este Príncipe fuesen á reforzar las filas del suyo. El ascendiente del
vencedor de Italia sobre el Directorio pudo libertar á
Carlos Manuel del destronamiento que le amenazaba,
si bien nunca se logró que los Directores ratificasen
dicho Tratado. Así, cuando Bonaparte hubo dado la
vela de Tolón, el Rey de Cerdeña quedó en manos de
sus enemigos, sin que ninguna fuerza humana bastase ya para salvarle.

No tan solamente tenía sus plazas principales en
poder de los franceses, y la entrada de su reino estaba enteramente libre para el paso de los ejércitos republicanos á Italia, sino que en sus Estados había un
fermento revolucionario, cuya propagación era difícil
de evitar. Por la creación de las Repúblicas cisalpina
y transalpina, la Corte de Turín tenía en su vecindad
dos madrigueras de jacobinos que ponían en continuo
riesgo sus Estados. De la Liguria partían frecuentes

agresiones á mano armada hechas por hombres admiradores, ilusos y fanáticos de una libertad ideal ó
instrumentos dóciles del maquiavelismo del Directorio de París. Mientras que el Directorio no creyó llegado el momento oportuno de quitarse la máscara, el
Gobierno del Rey fué vencedor en los combates que
hubo de sostener contra estos aventureros, á los que
se agregaban algunos de sus vasallos. Pero estos mismos vencimientos y los rigores con que era indispensable tratar á los rebeldes, agriaban cada vez más los
ánimos y avivaban el odio contra el Rey Carlos Manuel. Conociendo bien este Soberano cuán arriesgada
y escabrosa fuese su situación, hizo decir al Gobierno
directorial, por medio del Conde de Balbo, «que viéndose el Piamonte amenazado otra vez por los revolucionarios, el Ministerio de Turín ignoraba cuál podía
ser la importancia de sus proyectos, no sabiendo si las
Repúblicas vecinas entraban en ellos indirectamente;
pero que sabía muy bien que su existencia política
estaba en manos de la República francesa, y que, por
tanto, el Rey había mandado á su Embajador en París que pidiese al Directorio ejecutivo una declaración
sobre sus intenciones, pues se hallaba determinado á
abdicar la Corona, si es que estaba resuelto que la hubiese de dejar.» No convenía al Directorio descubrir-
se, y así dió una respuesta evasiva, dejando á Carlos
Manuel en el mismo apuro, es decir, obligado á oponerse á las medidas de los revoltosos, no obstante que
tenía certeza de que el Directorio dejaría por fin los
disfraces y le intimaría que cesase de reinar. Orgullosos los insurgentes y los ligurianos con la protección secreta que el Directorio les dispensaba, se ade-
lantaron hasta Seravalle y sitiaron la ciudad. Entonces los Generales franceses, obrando con infame hipo-

cresía, se declararon mediadores entre los dos países. El resultado de los manejos del partido del Directorio fué un ajuste con el Rey, por el cual entregó la ciudadela de Turín á la Francia por prenda de su buena fe; fortaleza que era una de las mejores que había construído Vauban y que el Directorio deseaba poseer para poner por obra sus proyectos ulteriores. Esta capitulación afrentosa se ajustó en Milán el 28 de Junio de 1798. El General Brune, que mandaba las tropas republicanas, tomó á su cargo hacer que cesasen las hostilidades de la República liguriana, y que no hubiera tampoco agresiones por parte de la cisalpina. Cuán desinteresada fuese la mediación de los franceses, se ve por la siguiente proclama de este General republicano: «Mando que las plazas y paises conquistados, ya por los piamonteses ó ya por los ligurianos, queden libres al punto. Las tropas francesas *guardaran dichas plazas y territorios en depósito* hasta el Tratado definitivo que se concluirá entre la Liguria y el Piamonte; tomarán las providencias convenientes para que las plazas queden libres, y también para que los franceses las ocupen inmediatamente.» Desde que los franceses tomaron posesión de la ciudadela de Turín y de las demás plazas del reino, el Rey de Cerdeña se debió contemplar como preso en su propia capital y expuesto á cada paso á los insultos del partido popular que protegían las armas francesas.

En este estado se hallaban las cosas, cuando el General Joubert fué enviado por el Directorio á Milán para reemplazar al General Brune en el mando de las tropas de la República. Joubert era mozo y conocido por el ardor de sus sentimientos republicanos, si bien en el año siguiente sus opiniones variaron del todo, como se verá más adelante. El 26 de Noviembre un correo trajo la noticia de que el ejército del Rey de Nápoles habia penetrado en el territorio romano. Al mismo tiempo los principales revolucionarios piamonteses le avisaron que no era posible tener confianza en las intenciones del Rey de Cerdeña. El riesgo le pareció, pues, inminente. Si los imperiales rompían el Tratado de Campoformio, lo cual era de temer, el ejército de su mando podría verse acometido por ellos en la línea del Adige y del Adda, y al mismo tiempo tenerlos también á la espalda, puesto que les sería fácil bajar del país de los grisones y unirse con los piamonteses. Su imaginación, sobrecogida con este peligro, no le presentó otro medio de precaver los riesgos que el de asegurar la posesión de los Alpes, haciéndose dueño de los Estados del Rey de Cerdeña. Para expiorar las intenciones de Carlos Manuel, envió al Ayudante general Musnier á intimar á este Soberano que aprontase su contingente de 10.000 hombres, y que hiciese también entrega del arsenal de Turín á los franceses. En caso de que el Rey no se allanase á conceder estas cosas, una parte del ejército debía ponerse en marcha para determinarle á que las concediese. Como el Gabinete de Turín eludiese el cumplimiento de lo que pedía Joubert, se puso éste en marcha hacia la capital, después de haber prevenido al General Grouchy que trabajase por saber lo que pasaba en la Corte, y que tomase medidas prontas y eficaces para armar y defender la ciudadela de Turín. «No hallé dificultad en tener informes seguros, dice Grouchy: á mi arribo á Turín estuve oculto dos días, sin otro objeto que saber la opinión del pueblo y entablar comunicación con algunos patriotas perseguidos, los cuales, por esa razón, no ansiaban más que tener ocasión favorable de contribuir al triunfo de la libertad. Me valí, pues, de ellos, y por los que tenian entrada en la Corte se pudo proporcionar llegar hasta el Rey. Las primeras proposiciones que se le hicieron fueron infructuosas por lo que respecta al objeto principal. Lo único que se pudo lograr fué saber exactamente las medidas tomadas por el Rey, ya en el mismo Turín ó ya fuera de la capital.

»La ciudadela tomó un aspecto más amenazador: coronó el frente que mira hacia la ciudad con bocas de fuego, y los habitantes cobraron miedo. En la Corte no se notaba inquietud particular sobre los peligros que la amenazaban; el Rey estaba resuelto, al parecer, á dejar curso libre á los sucesos. El 3 de Diciembre el General en Jefe me hizo saber que era ya llegado el momento y que iba á poner por obra su plan; que hiciese yo entrar en la ciudadela á todos los franceses que hubiese en la ciudad, al Embajador d'Eymar y al Ministro de la Cisalpina. Era menester introducir muchos objetos que hacían falta para abastecer la plaza y defenderla. El Brigadier Alix, con suma destreza y celo, supo burlar la vigilancia de los piamonteses hasta el último momento: de esta manera se entraron del arsenal en la fortaleza pólvora, mixtos y balas, en el instante mismo en que la retirada del Embajador y de los franceses no dejaba duda ninguna de que las hostilidades estaban á punto de romperse.»

Entonces publicó el General Joubert una proclama, en la que enumeraba los pretendidos agravios hechos á la República por la Corte de Turín, y declaró su resolución de ocupar militarmente el Piamonte. El Embajador de Francia hizo, por su parte, quitar las armas de la puerta de su casa y se retiró á la ciudadela.

El momento era decisivo. Si al ver que los france-

ses iban á precipitar al Rey de su trono, una voz enérgica hubiera llamado á los piamonteses á defenderle,
no es dudoso que hubiera habido un levantamiento
general del pueblo. En tal caso, sobraban medios de
contener á los republicanos, los cuales no pudieran
resistir á un mismo tiempo á las milicias, á los habitantes del campo y al ejército. Pero se necesitaba para
esto que así el Rey como sus consejeros tuviesen ánimo esforzado, y eso fué cabalmente lo que no tuvieron. En los preparativos hostiles de los franceses no
vieron otra cosa más que medidas tomadas por consecuencia de la agresión de los napolitanos contra
Roma, temores de movimientos ofensivos por parte del
Austria ó precauciones que aconsejaba la prudencia.
En sentir de los cortesanos, ponerse el Rey de Cerdeña en defensa era comprometerse. Para confirmar-
les más y más en estas ideas, Grouchy dejaba entender en una carta al Gobernador de Turín que las providencias que tomaba eran por pura precaución, y
añadía que si se molestaba en lo más mínimo á cualquier patriota, ya francés, ya piamontés, pondría al
punto fuego á la ciudad y no dejaría en ella piedra
sobre piedra. En vista de esta carta, el Gobernador
publicó un bando, en que decía que los franceses eran
aliados fieles del Rey y que *no había nada que temer
de ellos*.

El General en Jefe no omitió diligencia ninguna
para engañar al Gobierno sardo sobre el destino
de dos divisiones del ejército francés que, según él
decía, debían volver á Francia, atravesando el Piamonte: una de ellas llegó á Novara el 5 de Diciembre
por la noche, y cuando estaba ya muy cerca de la
ciudadela, un trompeta se adelantó, pidiendo que se
dejase entrar en ella á un correo extraordinario que

venía con premura. Acércanse al mismo tiempo muchos carros cubiertos, y de repente se ve salir de ellos soldados con armas, que se apoderan del puesto que guarda la entrada de la ciudadela. La división sigue á los soldados y entra en pos de ellos; se apodera de los cuarteles y hace prisionera á la guarnición piamontesa, con todos los empleados de la plaza. En el mismo instante otra división entraba en Alejandría al favor de una estratagema parecida á ésta; Suza y Chivasso caen también en manos de los franceses, y el puerto de Arona sobre el *lago mayor*. Joubert marcha entonces á Turín sin detenerse, á la cabeza de dos divisiones. La noticia de haber sorprendido las plazas fuertes y desarmado sus guarniciones, llegó á la Corte en el momento en que por orden del Rey se publicaba un bando, anunciando que los franceses eran sus más fieles aliados y que no había nada que temer de ellos. La traición se descubrió y causó indignación profunda, por lo mismo que se había vivido hasta entonces en la confianza más ciega. Mas ¿cómo variar de repente la dirección que se había dado al espíritu de los pueblos? Con todo, al día siguiente el Gobierno publicó de orden del Rey un bando contrario al anterior, en que se protestaba contra el dolo y las imposturas de los Generales franceses. El Directorio y sus agentes cuidaron de recoger este documento importante; así fué que apenas se tuvo noticia de él en Europa. En el bando se decía que el Rey había procedido siempre lealmente con la República francesa, suministrándole todo cuanto le había pedido, contribuciones, equipos, y, en fin, municiones para el ejército de Italia, aunque la carga hubiese sido sumamente pesada y superior á las obligaciones contraídas por S. M.; que por prudentes consideraciones había entregado la ciudadela de Turín á las tropas francesas cuando sus Generales lo pidieron; que habiendo solicitado éstos con vivas instancias que aprontase el contingente de 10.000 hombres, estipulado por el Tratado de alianza, dió en el mismo día las órdenes para que se reuniesen; que por lo que respectaba á la *entrega de los arsenales*, habiendo ocurrido obstáculos insuperables, pasó á París un Comisionado á fin de entenderse con el Gobierno francés; que el Rey veía con dolor que, sin aguardar al resultado de estas negociaciones, el Comandante de la guarnición francesa de la ciudadela de Turín había entrado por fuerza en las ciudades de Novara, Alejandría, Chivasso y Suza; en fin, que no se había omitido medio ninguno por parte del Rey para conciliar todos los intereses, y que se habían practicado cuantos buenos oficios eran imaginables. «S. M., concluía el edicto, satisfecho de haber obrado con buena fe y conforme al amor que debe á sus vasallos, cierto de no haber faltado á ninguno de los deberes de fidelidad á los franceses, ha querido manifestar auténticamente su conducta leal por este edicto, y protesta que no ha dado ningún motivo para los últimos infaustos acontecimientos, tan dolorosos para sus amados vasallos, á cuya fidelidad y amor corresponderá siempre con su afecto y con su ternura paternal.»

¿De qué manera impidieron el General Grouchy y el Ayudante general Clauzel el efecto de esta proclama? Oigamos la relación secreta del primero de estos militares.

«Estábamos ya, dice, en el caso de mover todos los resortes que yo tenía preparados: lo hice así, y al cabo de poco tiempo se presentó una persona enviada por el Rey. Era preciso ganarla y la gané. No fué

aquélla sola. Lo difícil era que las proposiciones saliesen del Rey; que adivinase él mismo lo que se quería;
que su voluntad se lo hiciese hacer, y que ningún escrito procediese de mí para no verme cogido algún
día, conducta que era más necesaria por lo mismo que
la guerra no estaba declarada contra el Rey de Cerdeña; que no se sabía la resolución que tomaría el Directorio y el Cuerpo legislativo, y que era menester
obrar de tal manera que la abdicación del Rey, teniendo apariencia de ser voluntaria, no pudiese encender los ánimos contra la República ni romper el Congreso de Rastadt. Así, pues, me limité á asustar todavía más al Enviado y le hice salir de la ciudadela.
Media hora después se me presentó de nuevo y le volví á despedir, porque me pedía que pusiese por escrito mis condiciones, si bien dí á entender que no habria inconveniente ninguno en hacerlo; pero le dí
orden de que no se me presentase ya más, y añadí que
al Rey tocaba salir de la situación en que se veía, que
la República no le pedía nada, que mirase por sus intereses y que yo no podía entrometerme en este
asunto.

»Entre tanto los otros agentes que yo tenía no se
descuidaban: habían entregado diferentes cartas; los
miembros de la Familia Real y de otras familias poderosas habían hablado. El Enviado volvió trayéndo-
me proposiciones por escrito, y como no bastasen para mi objeto, las desaprobé altamente. Acto continuo
dije que las columnas se acercaban (la verdad es que
yo no tenía ninguna noticia de ello); manifesté la proclama del General en Jefe de 5 de Diciembre, y decla-
ré que el momento de la venganza era llegado; que no
había medio ninguno de salvación para el Rey; que
no había posibilidad de que se huyese; que Turín es—

taba cercado por todas partes, y que, en fin, yo no
podía ya dar oídos á ninguna proposición. Un cuarto
de hora después, he aquí otra vez al Enviado. El Consejo del Rey y toda su familia estaban en Junta desde
por la mañana; las personas que me servían bajo de
mano habían triunfado. Las proposiciones que traía
se acercaban ya á lo que se quería; no me enviaban
más que un Oficial para tratar: yo dije al Ayudante
general Clauzel que fuese á terminar este negocio importante; le dí orden de que exigiese ante todas cosas,
como preliminar indispensable, que las tropas pia-
montesas llegadas á la ciudad de un mes á aquella
parte saliesen al punto, y que la guarnición quedase
reducida al *mínimum* de los tiempos de la más profunda paz. El Rey firmó la orden delante de Clauzel y
la envió á los diversos Cuerpos. Ocho batallones, de
los cuales algunos acababan de llegar á marchas for-
zadas, salieron de la ciudad y regresaron á los puntos
de donde venían. Clauzel, después de algunas idas y
venidas á la ciudadela y después de algunos debates,
pudo por fin determinar al Rey á firmar todos los artículos que yo quería.»

Abdicación de S. M. Sarda.

El Rey, falto de libertad, en peligro de ser entregado en manos de los revolucionarios de su país ó de
ser encerrado en una prisión, firmó la abdicación de
la Corona, y los franceses tuvieron la avilantez de mi-
rarla como valedera, por más que hubiese sido nula
y del todo irrisoria. El tenor de la abdicación, que por
entonces corrió alterado, es el siguiente:

«Artículo 1.° S. M. declara que renuncia á ejercer

la autoridad, y ante todas cosas manda á sus vasallos, de cualquier condición que sean, que obedezcan al Gobierno interino que el General francés va á establecer.

»Art. 2.º S. M. manda al ejército piamontés que se tenga por parte integrante del ejército francés de Italia y que obedezca al General en Jefe como á su misma persona.

»Art. 3.º S. M. desaprueba altamente la proclama distribuída por su Ministro y manda al caballero Damiani (M. de Riocca) que se presento en la ciudadela de Turín como garante de su palabra y de la firme intención que tiene de que no haya reclamación ninguna contra este acto, procedente sólo de su propia voluntad.

»Art. 4.º S. M. manda que el Gobernador de la ciudad de Turín dé cumplimiento á todas las órdenes que el General Gobernador de la ciudadela tuviere por conveniente expedir para el mantenimiento de la tranquilidad pública.

»Art. 5.º No se hará novedad en nada de lo que concierne al culto católico y á la seguridad de las personas y propiedades. Los piamonteses que quisiesen salir del reino y vivir en otro país, podrán hacerlo, llevándose los muebles que les pertenezcan, y tendrán facultad de vender y liquidar sus bienes y créditos y de llevarse su importe. Los piamonteses ausentes podrán volver al Piamonte libremente y gozar de los mismos derechos que tienen los demás ciudadanos. Los piamonteses no podrán, bajo ningún pretexto, ser acusados ni perseguidos por palabras, escritos ó hechos políticos anteriores al presente acto.

»Art. 6.º El Rey y toda la Familia Real podrán ir á Cerdeña, pasando por Parma. Entre tanto se seguirán observando las disposiciones que conciernen á la seguridad de su persona. Hasta su partida, sus palacios y casas de campo no serán ocupados por las tropas francesas; nada se extraerá de lo que haya en ellos, y su custodia quedará confiada á los mismos que la tienen ahora.

»Art. 7.º Se expedirán los pasaportes y órdenes necesarios para que S. M. y toda su familia lleguen con seguridad al paraje adonde se retiran. Le escoltarán destacamentos de su Guardia y de tropas francesas en número igual.

»Art. 8.º En caso que el Principe de Carignan se quedase en el Piamonte, disfrutará de sus bienes, casas y propiedades; bien entendido que podrá salir del reino en todo tiempo, como queda determinado para los habitantes del Piamonte en el art. 5.º

»Art. 9.º Se formará inmediatamente inventario del estado del Tesoro público y de los archivos, y se sellarán las arcas.

»Art. 10. No podrán ser admitidos en los puertos de la isla de Cerdeña navíos pertenecientes á Potencias que estén en guerra con la República francesa ó que estuvieren en adelante.»·

Este acto, hecho en Turín el día 9 de Diciembre de 1798 por el Ayudante general Clauzel y por el Caballerizo Mayor Ramón de Saint-Germain, tuvo la aprobación del Rey en estos términos: *Consentido y determinado por mí.—Carlos Manuel.*

De este modo fué arrojada de sus Estados la Casa Real de Saboya. Cuando se considera el dolo con que procedieron los agentes del Directorio para apoderarse de las plazas fuertes del reino y los amaños con que determinaron á Carlos Manuel á abdicar su Corona, se ve claramente cuál fué la escuela en que habían cursado los Generales franceses, que en el año de 1808 ayudaron á Napoleón en España para que llevase á cabo sus negras y vergonzosas maquinaciones contra la Familia Real. Idénticas fueron las sorpresas de las plazas de Barcelona y Pamplona á las de la ciudadela de Turín y Alejandría; las mismas fueron también las vivas y reiteradas protestas del Gabinete francés de amistad y alianza con el Gobierno de Madrid que con el de Turín; igual, en fin, la escandalosa perfidia con que quebrantó las promesas más sagradas en ambos reinos. La Providencia no permitió que fuesen consumadas estas obras de iniquidad. Las familias de Cerdeña y de España, desposeídas violentamente por corto tiempo, volvieron otra vez á ocupar el solio de sus mayores, que por ventura del linaje humano raras veces se atropellan impunemente tan sagrados derechos. El triunfo de la fuerza no es duradero cuando no va acompañado de la justicia.

El Rey Carlos Manuel y su familia partieron de Turín en la noche del 11 de Diciembre de 1798, precedidos de criados que llevaban hachas de viento y rodeados de vasallos fieles que se enternecían y lloraban á vista de tan extraña y dolorosa separación. El desgraciado Monarca se encaminó á Roma, en donde residió por algún tiempo. No fueron pequeños los sinsabores que este hospedaje trajo al Infante-Duque. El Directorio supo que el Rey destronado se había detenido algunos días en Parma, y se quejó al punto al Embajador de España de que el Infante le retuviera allí. Fué tan grande el resentimiento de los orgullosos Directores, que ya comenzaban á hablar de castigos para vengar el desacato. El Infante tuvo que sincerarse del cumplimiento de ser débil, cual hubiera podido hacerlo de una mala acción. Dejando aparte que el Duque de Parma se sorprendió al saber el destronamiento del Rey de Cerdeña y que el Directorio mismo había trazado el camino ó itinerario que debía llevar para restituirse á esta isla, el Infante alegaba que había pedido instrucciones al General en Jefe del ejército republicano residente en Milán, y que le había aconsejado que le hospedase y tratase como á Rey. Al llegar Carlos Manuel á Parma se hospedó en un convento, y el Infante no se resolvió ni á visitarle ni á enviarle una guardia de honor sin haberlo consultado antes con el Comandante de la escolta que le acompañaba. La causa de haberse detenido el Rey de Cerdeña en aquella capital, fué una carta del General en Jefe del ejército francés en que le avisaba que ya no se embarcaría en Liorna, sino que iría por el puerto de la Spezzia; resolución que necesitaba algunos días de estancia en Parma para prepararse á emprender este nuevo viaje. Desde Parma fué el Rey á Florencia. Allí llovieron también reconvenciones y amenazas sobre el Gran Duque de Toscana, por más que en los obsequios á su augusto huésped no llevase otro fin que cumplir con deberes que eran sagrados. Por fin, después de algún tiempo partió para la isla de Cerdeña.

Nueva forma de Gobierno.

Verificada la abdicación de S. M. Sarda, el General Joubert formó en Turín un Gobierno interino, compuesto de 25 personas que reunían la autoridad legislativa y ejecutiva y formaban cinco secciones, es á saber: de Seguridad pública, de Hacienda, del Interior, de Relaciones exteriores, de Guerra y de Justicia; Gobierno meramente nominal, puesto que estaba dependiente de las órdenes del Directorio de Paris.

No parece que las agresiones violentas del Directorio francés, así contra la Suiza como contra los Reyes de Nápoles y Cerdeña, sobresaltasen al Rey Carlos IV, como dejamos dicho. Lamentando la suerte de estas Potencias, la atribuiria quizá á errores cometidos por sus Gobiernos, y se daría el parabién de la íntima unión que él sabía guardar con la República francesa, numen tutelar que preservaba á sus reinos de los mismos males. No pensó que cada una de estas agresiones de la Francia añadía un eslabón más á la cadena que le tenía aprisionado. No sospechó que por este medio se acercaba el día funesto en que su persona, su familia y su reino experimentasen el mismo destino. Por esta falta de previsión de los males que le amenazaban, la unión íntima con Francia continuó siendo el fundamento de su política; y como este sistema naciese de la tendencia irresistible del Rey á la paz, ó por mejor decir, de su aversión á las inquietudes, ansiedades y peligros de la guerra, la variación de Ministros no alteraba en nada la administración acerca de este punto fundamental. Los que tomaron las riendas del Gobierno después del Principe de la Paz, hubieron de continuar en la misma funesta intimidad con la República francesa, como hemos dicho ya.

Por entonces el Directorio francés intentó en vano separar á D. Mariano Luis de Urquijo del Ministerio de Estado. Aunque este paso no fuese seguido de desavenencia entre ambas naciones, estuvo á pique de indisponerlas. Azara intervino oportunamente y evitó las malas resultas que se temían.

Mala inteligencia entre el Embajador Azara y el Ministro Urquijo.

Había ya algún tiempo que el Embajador D. José Nicolás de Azara no se avenía con el Ministro interino de Estado, D. Mariano Luis de Urquijo. La mala inteligencia que había entre ellos provenía de que el Embajador, opuesto al bando de los jacobinos, llevaba amistad estrecha con el partido moderado del Directorio, y especialmente con el Ministro de Relaciones exteriores, Talleyrand. Urquijo, por el contrario, estaba unido con los terroristas. Uno de sus corresponsales era Paganel, Oficial mayor de las Secretarías francesas, que perdió al fin su puesto por *jacobino*. Este era el centro de los demás corresponsales. En casa del Cónsul español Lugo, que tenía amistad con Urquijo, se juntaba públicamente en París un club de terroristas furibundos enemigos de toda Monarquía.

Habiendo enfermado D. Francisco Saavedra, encargó el Rey el despacho de los negocios de la Secretaria de Estado á D. Mariano Luis de Urquijo, que era Oficial mayor en ella; y como este encargo debiese ser provisional é interino, le nombró también Ministro plenipotenciario cerca de la República batava; pero el padecer de Saavedra se fué agravando, y Urquijo despachó la Secretaría por espacio de seis meses, poniendo siempre antes de su firma la cláusula de *Por indisposición de D. Francisco Saavedra.* Díjose entonces que la presencia gallarda del Oficial mayor de Estado contribuyó también eficazmente á que lograse el Despacho interino del Ministerio, si bien parece que la veleidad de la augusta protectora fué pasajera, por motivos bien fundados al parecer.

Desavenencia entre Guillermardet, Embajador de Francia cerca del Rey de España, y D. Mariano Luis de Urquijo, Ministro interino de Estado.

Saavedra, en vez de hacer progresos en su convalecencia, atrasaba en ella, y al fin fué menester exonerarle del cargo de Secretario de Estado por esta razón, con lo cual Urquijo quedó más asegurado en su interinidad. Se hallaba de Embajador de la República francesa en Madrid el ciudadano Guillermardet, médico en la ciudad de Autun, desde donde fué enviado á la Convención nacional como miembro de ella. Votó que Luis XVI fuese condenado á la pena de muerte. En las vicisitudes que el Gobierno republicano experimentó después, Guillermardet siguió el partido contrario á los *terroristas* y fué uno de los que más trabajaron por mantener el Directorio en la jornada del 18 *fructidor*. Nombrado Secretario de algunos departamentos, obró siempre conforme á los mismos principios. Se cuenta que hallándose en la ciudad de Nevers desempeñando dicho cargo, rehusó reconocer la cualidad de franceses á muchos sujetos que habían nacido en aquella ciudad, dando por razón que tenían por nombres *Catón*, *Bruto*, *Scévola*, y que estas denominaciones eran visiblemente extranjeras. Algún tiempo después el Directorio le nombró para la Embajada de la República en Madrid. Sus modales no eran finos, y antes, por el contrario, los que le trataron durante su Embajada, se quejaban de su tono altanero y tosco, cosa muy común en los republicanos franceses de aquel tiempo; pues ó habían salido del bajo pueblo, ó adolecían de la singular manía de afectar maneras comunes propias de las clases bajas, creyendo que esto se avenía maravillosamente con los principios democráticos. Vivas están todavía las tradiciones. Cincuenta años han pasado desde entonces, y aún somos á veces testigos de la misma rareza. Hombres que se precian de ser. más cultos y más adelantados que los demás, hacen alarde al.mismo tiempo de imitar á las clases inferiores en sus gustos y en sus costumbres. Por lo demás, Guillermardet era fiel servidor de su Gobierno, y así lo manifestó por todo el tiempo que se mantuvo de Embajador en Madrid.

El Directorio francés trabaja porque Azara se ponga á la cabeza del Gobierno español.

Importaba mucho al Directorio tener á la cabeza del Gobierno español á una persona entendida y merecedora de su particular confianza y aprecio, con la cual pudiese concertar todos los planes para la mejor ejecución del Tratado de alianza. Azara se había granjeado buen concepto, así en Roma como en París, y era tenido por hombre de Estado. El Directorio, pues, sabedor del padecer de Saavedra y de que èra preciso retirarle de la Secretaría de Estado, resolvió hacer presente al Rey de España que convendría al bien de las dos naciones encargar á Azara la dirección de los negocios del reino.

No es posible referir lo ocurrido en esta ocasión con mayor claridad é interés que lo hizo el mismo Azara en su carta al Principe de la Paz, fecha en Barcelona á 26 de Noviembre de 1799, después de haberse restituído á aquella ciudad desde París, cuando estaba ya separado de su Embajada. Por tanto, pondremos aquí aquellos fragmentos de dicho papel que den mayor luz sobre la desavenencia que estuvo á punto de estallar entre los Gobiernos de España y de Francia por este motivo. Mucho se habló entonces de esta carta, de que el Príncipe de la Paz hizo correr adrede muchas copias para desacreditar ó herir al Ministro Urquijo. Lo que parece más importante para la historia de aquella época es lo siguiente:

«Mi primer negociación en París, dice Azara, fué la paz de Portugal, y casualmente, habiendo hecho el Ministerio francés entera confianza de mí, me mostraba las más íntimas negociaciones. Ví por ellas que tenían ganada una persona en las oficinas de Londres, la cual les comunicaba copias de todos los despachos, particularmente los de Portugal, en los que se comprendían los oficios que mi Corte pasaba á Pinto, y que éste entregaba al Ministro Walpole sin ninguna reserva. Lo avisé más de una vez á D. Mariano Urquijo, como debe constar á SS. MM.; pero tan lejos de notar la reserva que dictaba la prudencia y la lealtad, halló que crecía la confianza entre dicho Urquijo y el Ministro portugués. Llegó esto al punto que habiéndome yo explicado con demasiada viveza contra la conducta de la Corte de Lisboa, y probado con hechos que nos vendia y que negociaba su paz por medios indirectos, con la circunstancia de ofrecer á los franceses todas las ventajas que exigían, y aún mayores, con la sola condición de que se alejase á la España de la mediación y que no interviniese de ninguna manera en el Tratado, y habiendo tenido en mi mano la proposición original de Pinto, envié copia de ella á Urquijo.

»El efecto que produjeron mis fatigas, fué comunicar al Ministro portugués mis cartas y cometer la increible facilidad de remitirme á mí en original las notas que al margen de ellas había puesto Pinto para

que no quedase duda de que se trataba de derribarme
del crédito y confianza que de mí tenía la Corte de Lisboa. En efecto, por otras razones el Directorio entró
en sospechas contra Urquijo y resolvió hacer todas las
diligencias para derribarle del Ministerio, aunque fuese necesario usar de medios violentos. El Directorio
me comunicó su idea, añadiendo que era menester que
yo fuese á ocupar su lugar. Defendí á Urquijo lo mejor que supe, y protesté que no me convenía ir al Ministerio de Madrid, y que para los negocios de las dos
naciones seria yo mucho más útil Embajador en París
que Ministro en España, y concluí diciendo que no
quería oir hablar de este proyecto ni mezclarme directa ni indirectamente en él. No insisto en persuadir
esto, porque me haría sospechoso tratándose de una
personalidad mía; pero mi conciencia sabe bien que
es verdad esto, y todos los cinco Directores y el Ministro ante quien pasó la escena, están vivos todavía.

»El Directorio, pues, resolvió escribir una carta al
Rey, exponiéndole su descontento de Urquijo, é insi-
nuando las cualidades que las circunstancias exigían
en el Ministro que le hubiese de reemplazar. Esta carta yo no la ví hasta después que había partido; pero
me dieron copia. Mandaron á Guillermardet que pidiese una audiencia al Rey, y que después de entre-
garle dicha carta le dijese que *le mot de l'enigme* (ésta fué su frase) era que el Directorio deseaba que me
confiase su primera Secretaría de Estado.

»Mi buena fe, que merecía otro nombre, fué avisar
á Urquijo todo lo que pasaba; y él, para conjurar la
tempestad que le amenazaba, tomó el partido de excitar la etiqueta, y con infinita mala gracia negó al Embajador la audiencia que pidió. Riñó además con él de
una manera escandalosa y pública, y le retardó por

dos días con pretextos ridículos la licencia de caballos para despachar un correo. Entre tanto me expidió á mí uno ganando horas y mandándome que presentase al Directorio una carta del Rey en que, haciendo hablar á S. M. de un modo casi indecente, se quejaba amargamente de Guillermardet, que no tenía más culpa que la de obedecer á lo que su Gobierno le mandaba, y fundado en el principio muy verdadero de que ningún Gobierno debe entrometerse en las cosas interiores de su aliado ni en el nombramiento ó remoción de sus Ministros, incurrió en la misma carta en la contradicción de pedir al Directorio que retirase de Madrid á Guillermardet.»

Carta del Rey Carlos IV al Directorio francés.

La carta del Rey que menciona Azara era la siguiente:

«Al Presidente y miembros que componen el Directorio ejecutivo de la República francesa, mi aliada.

»Grandes y buenos amigos: Con sólo leer el papel que me ha pasado vuestro Embajador el ciudadano Guillermardet, y de que os remito copia literal, conoceréis lo primero la poca razón con que se aventura á obscurecer la opinión de un vasallo mío distinguido, apoyándose en órdenes vuestras que yo no creo; y lo segundo, el poco favor que os hace suponiéndoos capaces de intentar que queréis dirigir el régimen interior de los Gobiernos contra nuestra Constitución, contra nuestras leyes y contra la sabia manera con que siempre os habéis conducido.

»La salud de mi Ministro D. Francisco Saavedra se halla en un estado vacilante después de repetidos accidentes. He tenido por esto á bien exonerarle de su Ministerio y dejársele interinamente á mi Embajador D. Mariano Luis de Urquijo, á quien se le había confiado antes y que le ha estado supliendo durante seis meses y medio. En este tiempo habéis visto que, como en los demás, he seguido constantemente los principios de mi sana política, estrechando cada día más los vínculos de nuestra feliz alianza; el mismo ciudadano confiesa que no ha recibido sino pruebas de afección de Urquijo, y á pesar de todo, incurre en la notable contradicción de asegurar que no merece la confianza de los dos Gobiernos, y suponiendo órdenes vuestras, pide que se le envíe á la Embajada del Haya. Fácilmente concebiréis que sería necesario evitar más bien que sirviese lejos de mí y donde yo no pudiese corregir de cerca los pasos de este sujeto, si no mereciera la confianza de los dos Gobiernos, y, sobre todo, en un país amigo y aliado como es la República batava, y que el intentar su remoción del Ministerio es obra segura de la intriga y de la cábala que ha manejado incautamente á dicho ciudadano, sirviéndose de él y hallándole pronto á este paso, tal vez porque en el tiempo de la pasada interinidad de Urquijo no ha conseguido proteger á los deportados del 18 *fructidor* que he mirado yo como á vuestros verdaderos enemigos, y otras pretensiones tan ajenas de él como impropias de todo buen francés, y de que no me he quejado á vosotros por contemplarlo efecto de ligereza y que podría volver en sí, no dejándose alucinar en estos puntos acaso por las personas pagadas por nuestro común enemigo, y que á pesar de la mayor vigilancia existen en ambos países.

»Pero este último suceso me hace conocer cuán poco á propósito es para mantener y fomentar más, si es posible, nuestras relaciones, y que no conoce mis verdaderos sentimientos, los que siguen y seguirán constantemente los Ministros que yo elija, seguro de que si lo contrario hiciesen, yo sabría reprimirlos y castigarlos.

»Yo os pido que le perdonéis el agravio que os ha hecho en suponeros autores de las ideas de su papel. La moderación, la libertad á todo Gobierno de establecer agentes á su placer respetando sus elecciones; la fidelidad en el cumplimiento de las promesas; la inviolabilidad con que las hacéis ejecutar, he aquí vuestro carácter. Repetidas pruebas habéis dado de ello para que yo os lo recuerde, á fin de que me deis una más separando á este Embajador Guillermardet, que ha querido manchar vuestra opinión. Confío en que lo haréis al instante por vosotros mismos, y que viviréis seguros de que cuando yo elija á un vasallo mío para un empleo, sea el que quiera el rango de su persona, es porque le juzgo á todos títulos acreedor y digno de él y que ellos le han ganado la confianza de mis vasallos. En este número entra Urquijo: dió pruebas bien repetidas de afecto á vuestra nación cuando residió en Londres, y tales que excitaron el descontento de su Gobierno maquiavélico; obró según mis instrucciones; las ha seguido hasta aquí; no presentará un solo testimonio de lo contrario el ciudadano Guillermardet, y se atreve, sin embargo, á querer desaprobar una elección mía, y pedir que yo coloque en los puestos y empleos á los sujetos que merezcan sólo su opinión personal, y, finalmente, á intentar prescribir reglas de la manera en que me debo conducir. Si él me hubiese imitado, no lo haría y respetaría esta elección pronunciada por el bien de las dos Potencias. Miro únicamente á él en todas mis operaciones, y sabéis que por él haré cuantos sacrificios me sean posibles. Tenéis testimonios recientes de que todo lo abandono por la alianza, y yo tengo la más ciega confianza en vosotros. Esto basta, grandes y buenos amigos: ojalá el éxito en todo sea correspondiente á ellos, como se lo pido á Dios, y que os guarde muchos y felices años. De éste mi Real Sitio de Aranjuez á 22 de Febrero de 1799.—Vuestro buen amigo, *Carlos.*»

«Esta carta, prosigue Azara, hirió vivamente al Directorio, y yo ví el momento en que estuvo para traer un rompimiento entre ambas naciones. Procuré calmar la tempestad y obtuve que no se dieran por entendidos de lo agrio de la conducta de Urquijo, á quien con razón atribuían el partido que había tomado el Rey, y que respondieran de manera que se tuviese por no sucedido todo lo pasado, proponiendo á S. M. en términos tan moderados que no tienen ejemplo en el estilo directorial, que esperaban que su Ministro se conduciría en adelante según el sistema que convenía á la alianza, y que se daría orden á Guillermardet para que procediese también de manera que agradase á Su Majestad, continuando ambos en sus empleos.»

Apaciguóse por entonces aquella discusión. Azara siguió desempeñando la Embajada de París, y Urquijo el Ministerio de Estado, conservando entre ellos buena armonía, nada más que aparente á la verdad; pues las causas de su recíproco desvío subsistían siempre, y trajeron por fin la separación de Azara de la Embajada de París, como se dirá en su lugar. El Embajador, opuesto al bando de los jacobinos, vivió en amistad estrecha con el partido moderado del Directorio, y especialmente con su Ministro Talleyrand. Urquijo se entendió, por el contrario, con los terroristas. Es justo decir que Azara, aunque de carácter entero en demasía, por no decir violento, tenía mayores alcances y también más saber y práctica de negocios que Urquijo, tan sobrado de ambición como falto de detenimiento.

El Directorio trató á Azara, después de este incidente, con mayor intimidad que hasta allí. El Embajador español manifestó también por su parte vivo interés por preservar á la República de los males que la amenazaban. Cabalmente en aquel mismo tiempo se formaba la nueva coalición que puso á la Francia en muy inminente riesgo, de la cual es ya tiempo de hablar. El Embajador español dió pruebas al Directorio francés en aquella ocasión de que se interesaba muy de veras por la República aliada de su Soberano.

Sentimientos del Emperador de Rusia.

El advenimiento de Pablo I al Imperio de Rusia no dejó duda á los que le conocían de que, mal avenido con la Revolución francesa, haría cuanto estuviese de su parte por destruir el Gobierno nacido de ella. La cualidad que sobresalía en el nuevo Czár era la rectitud de ánimo. Cuando consideraba, pues, los despojos violentos y los excesos de todo género que se habían cometido en Francia; cuando veía á los hermanos de un Rey sacrificado inhumanamente por las pasiones populares, andar errantes á implorar un asilo contra la persecución constante de los enemigos de su familia; en fin, cuando se le representaba la Europa amenazada de conmociones y trastornos por los principios subversivos que propagaba la Francia, el nuevo Emperador de Moscovia ardía en vivos deseos de poner fin á tales desórdenes. Su carácter era noble y desinteresado. En los esfuerzos que estaba pronto á hacer para realizar sus designios, no entraban pensamientos de ambición ni miras de engrandecimiento. Su empeño era únicamente *desfacer los entuertos* de la Revolución francesa, sin pedir recompensa ninguna por poner sus ejércitos á la cabeza de la cruzada anti-revolucionaria. El primer paso que dió fué abrir su pecho al Emperador de Alemania y solicitar de este Monarca que se resolviese á entrar en una coalición contra la República francesa. Aunque el Emperador Francisco oyó con satisfacción la propuesta de Pablo I, procuró hacerle entender que el buen éxito de la empresa dependía de la unión de las principales Potencias de Europa, y que ante todas cosas convendria ganar la voluntad del Rey de Prusia, sin cuya cooperación no era cierto que los franceses pudiesen ser detenidos. Esta consideración del Gabinete de Viena determinó al Emperador Pablo á enviar un Embajador á Berlín con encargo de hacer presente á aquel Gobierno la necesidad de que se uniese con el Emperador de Alemania para salvar á la Europa, y aun para poner á la Prusia misma á cubierto de los peligros evidentes que la rodeaban. El Príncipe de Repuin, que fué el elegido para Embajador de tamaña importancia, tuvo orden de pasar desde Berlín á Viena, á fin de afianzar mejor la unión de las dos Cortes, deseada por el Czar con todas veras.

La Corte de Prusia era entonces el punto principal de Europa para las negociaciones diplomáticas. Situada esta Potencia en el borde de la Alemania, tenía grande influjo en aquellos círculos del Imperio que estaban más cercanos á su territorio y más expuestos también, por consiguiente, á sufrir su enojo. Después de la paz con la República francesa, firmada en Basilea en 1795, la Prusia se había constituído garante de la existencia de varios Estados de Alemania; protectorado tan ventajoso á la Prusia como perjudicial al Emperador de Alemania, el cual lo veía con inquietud.

El Emperador de Rusia, Pablo I, no se había mostrado á su advenimiento tan contrario á la Revolución francesa como su madre, Catalina II; pero acabó por declararse abiertamente su enemigo, y poniéndose á la cabeza de las Potencias del Norte, trabajó por reunirlas á todas para hostilizar á la Francia. La primera á quien se dirigió fué al Austria, haciéndola presente que el Tratado de Campoformio no había dado seguridad al Emperador ni sosiego á Europa, puesto que, ansiosa la Francia de trastornar los Imperios, iba haciendo caer, unos tras otros, todos cuantos reinos se hallaban al alcance de su influjo. El Estado romano, la Suiza y los Reyes de Cerdeña y de Nápoles, habían doblado la cerviz ante el yugo republicano. Tras de estas usurpaciones vendrían otras, á medida que los demócratas franceses agrandasen más la esfera de su poder. Para poner, pues, coto á su ambición, Pablo I ofrecía al Emperador de Alemania concurrir con todas sus fuerzas, así terrestres como marítimas, á libertar el continente del poder de los republicanos. Por más grato que fuese este ofrecimiento al Emperador Francisco, no pudo menos de considerar que, para obrar con esperanzas de buen éxito, se necesitaba proceder con pleno acuerdo de las demás Potencias, y encaminar todos los esfuerzos hacia un fin que importase igualmente á cada una de ellas. A la propuesta de la Corte de Rusia respondió que sería muy expuesto romper el Austria otra vez con Francia antes de estar segura de una alianza general, en la que fuese comprendida la Prusia la primera. En virtud de esta respuesta, el Gabinete ruso dió algunos pasos en Berlín ó hizo tentativas para la alianza; pero viendo que los Gobiernos de Viena y de Berlín andaban mal avenidos, resolvió enviar un Embajador. extraordinario que les exhortase á ambos á la unión: tal fué el objeto de la Embajada del Príncipe de Repuin.

Nombramiento de Sieyes á la Embajada de Berlín para contrabalancear la influencia del Príncipe de Repuin, Embajador de Rusia.

El Congreso de Rastadt continuaba sus sesiones; pero no se tenían vivas esperanzas de un próximo ajuste de paz. Las partes contratantes deseaban, ante todas cosas, ganar tiempo para prepararse cada cual á sostener otra vez sus pretensiones con las armas, después de esta tregua, en caso que su ambición no quedase satisfecha. La rivalidad entre el Austria y la Prusia era obstáculo insuperable para el ajuste. En el Gabinete de Berlín reinaba sumo descontento por haber sabido que el Tratado de Campoformio contenía artículos secretos de que él no tenía ninguna noticia. Por tanto, Federico Guillermo estaba firmemente resuelto á no tolerar en manera alguna que el Emperador se engrandeciese ó lograse compensaciones en el Imperio germánico. Como los franceses fuesen sabedores de los sentimientos del Rey de Prusia, no perdonaron diligencia para traerle á una alianza con ellos. El Gabinete de Berlin, firme siempre en su propósito de mantener su neutralidad, se había manifestado hasta entonces indiferente á todos los halagos y cerrado los oídos á las propuestas más ventajosas. Noticioso ahora el Directorio de las intenciones de la Rusia y del objeto que tenía la Embajada del Príncipe de Repuin, dispuso, sin perder instante, renovar sus tentativas. El buen ó mal éxito de ellas dependería en gran parte del crédito, prudencia y habilidad del Negociador que la República enviase á contrapesar la influencia del Embajador ruso. ¿A qué persona podria confiarse este encargo? El Ministro Talleyrand puso la vista en Sieyes, aquel célebre Abate que había tenido parte muy señalada en las resoluciones de las primeras asambleas, y cuyo espiritu sobresaliente en la parte metafísica de la ciencia del Gobierno le parecería quizá al Ministro muy propio para las finas sutilezas de la profesión diplomática. No agradó tal nombramiento al Gabinete de Berlín, acordándose de que Sieyes era regicida y de que la Europa entera había oído con horror aquella expresión lacónica de su voto en el proceso de Luis XVI: *La muerte sin frases;* palabras que Sieyes desmintió, pero que entonces se tuvieron por suyas y aun ahora se citan como tales. El Rey de Prusia reflexionó después que él mismo había concluído su Tratado de Basilea con una Convención regicida; que el Directorio de Francia estaba compuesto de hombres que tenían esa mancha, y, en fin, que todos los Soberanos de Alemania trataban la paz del Imperio en Rastadt con regicidas. Haciéndose, pues, cargo de estas razones, se contentó con que Sieyes, en vez de presentarse en su Corte con el título de Embajador, hiciese uso de la denominación no tan fastuosa de Ministro plenipotenciario. Las instrucciones secretas comunicadas por el Directorio á su Enviado se reducían á que á cualquiera costa y por todos los medios posibles lograse la alianza con la Prusia, solicitada sin fruto por el Príncipe de Repuin para la Rusia y la Inglaterra. A este fin, el Ministro Talleyrand le entregó notas y avisos particulares que pudiesen servirle para el objeto de su encargo.

Sieyes se presentó en Berlín con extraordinaria sencillez, la cual resaltaba todavía más á vista del aparato y magnificencia del Príncipe de Repuin. Al entregar Sieyes al Rey sus credenciales, dijo que si-había aceptado aquel encargo, era porque en todos tiempos y en los diferentes destinos que habia tenido en su país fué constantemente de parecer que la Francia y la Prusia debían vivir siempre unidas muy estrechamente; que siendo las instrucciones que el Gobierno le había dado conformes del todo con su opinión política, su Ministerio no podía menos de ser franco, leal, amistoso y correspondiente á la honradez de su carácter; que el sistema de unión de las dos naciones, del cual pendía el bienestar de la Europa y quizá la salvación de una parte de la Alemania, era el mismo que había tenido Federico II, grande entre los Reyes, inmortal entre los hombres; en fin, que este sistema cuadraba perfectamente con la sensatez y buenas intenciones manifestadas desde principios del actual reinado. Acabada la ceremonia, el Rey conversó con el Representante de la República por espacio de media hora, distinción que no dejó de admirar á los que se hallaban en la Corte. Con todo, las personas de forma de Berlin trataron al Ministro republicano con reserva, ó por mejor decir, con desvío. Como Ministro, como filósofo y como hombre que había hecho gran papel en la revolución, Sieyes esperaba, sin duda ninguna, hallar buena acogida y llevarse todas las atenciones, y las gentes de dis'inción ni siquiera se prestaban á visitarle. El Mariscal Moëllendor, á quien el antecesor de Sieyes en el Ministerio de Berlín proponía que fuese á verle, respondió

secamente: «De ningún modo y *sin frases*,» aludien-
do al voto de muerte de Luis XVI.

La pintura que el Príncipe de Repuin hace de su
antagonista no es en verdad lisonjera. «Sieyes, decía,
vive muy retirado en Berlin. Todo el mundo huye de
acercarse á él. La fama que tiene de no hablar, ó más
bien su elocuencia taciturna, da que recelar al Gabinete. De vez en cuando visita al Ministro de España,
que es tan taciturno como él (1). Las palabras sacra-
mentales de ambos son *silencio* y *profundidad*. No se
dará un hombre menos agradable que este provenzal,
cuya altanería pedantesca no respeta el amor propio
de nadie; se sobrepone á los usos; se imagina que no
tiene necesidad de violentarse por nada, y, en fin,
cree que los demás hombres deben prosternarse ante
su elevado entendimiento. Cuando toma fríamente la
máscara de la falsedad, aleja á todos de sí; si monta
en cólera, y esto le sucede á menudo, espanta. Es me-
tafísico obscuro; tiene una figura poco afable; raja y
hiende en la conversación; carece de toda idea, así
del espíritu de las negociaciones como de sus formalidades; fáltanle las prendas de hombre conciliador;
por manera que no puede menos de traer á la probidad sobresaltada y de inspirar justa desconfianza.

»Así es que la Prusia trata con gran reserva á ese
Enviado de los anarquistas; no solamente le vigila y
no le cree, sino que le aborrece. Más ha ganado Europa con su venida á Berlín que el Directorio ejecutivo
de la República francesa. Parece que ha llegado á can-
sar con sus notas violentas é importunas al Conde
de Hangwitz, Ministro de Negocios extranjeros, por
más que este Ministro sea el más firme defensor de

(1) El Marqués de Muzquiz.

la neutralidad.» No hay por qué dar entero crédito á las amargas censuras del Príncipe de Repuin, pues toda su carta está rebosando encono y animosidad; pero es indudable que así los antecedentes de la vida política de Sieyes como su carácter personal, alejaron de él á las personas de distinción en la Corte de Berlín al tratar de sus intereses. Como quiera que fuese, no parece que el Gabinete de Prusia se dejase llevar más de las ponderaciones y baladronadas del Embajador ruso que del arte silogístico del ideólogo francés. A la magnífica perspectiva que el Príncipe de Repuin trazaba de las grandes ventajas que el Rey Federico Guillermo lograría uniéndose con los dos Emperadores contra la República francesa, y salvando así, por consiguiente, al Imperio germánico, respondía el Ministro Hangwitz que el Rey estaba resuelto á no permitir que los franceses pasasen el Rhin; pero que deseaba también mantenerse neutral en las negociaciones y no caer en los yerros en que había incurrido el Rey su padre. El Ministro Hardemberg, que había ajustado en Basilea el Tratado de paz con Francia, habló todavía con mayor claridad al Negociador moscovita, y le dijo que no creía que fuese posible unirse con el Austria para poner término á las ideas ambiciosas de la Francia, porque el Gabinete de Viena no tanto se proponía fundar la paz de Europa sobre bases duraderas, como trabajar en su propio engrandecimiento. «Este Gabinete, añadió, firmó el Tratado de Campoformio con el único objeto de apoderarse de los despojos de Italia y de Alemania, y es muy de temer que en las negociaciones actuales trate también de asegurar más y más lo que le concedió aquel Tratado. Por eso la Prusia no aparta los ojos de la Baviera. Príncipe: ponga usted en cotejo este pro—

ceder del Austria con el que tuvo la Prusia en el Tratado de Basilea, sacrificando sin resarcimiento ninguno dos provincias suyas en las márgenes del Rhin, á
fin de ganar tiempo para cicatrizar sus llagas y atender á la seguridad de la Alemania.» Cuando el Príncipe de Repuin ponderaba el noble carácter del Emperador Pablo I y la confianza que debían inspirar
sus elevados sentimientos; cuando exponía que este
Principe había mostrado desde la edad de diez y siete
años un entendimiento superior y luces que con dificultad se suelen tener en tan temprana edad; que á su
advenimiento había dado pruebas de ánimo noble y
recto, haciendo desenterrar á Pedro III para colocar-
le en un féretro al lado del de la Czarina, con una
banda que los unía y llevaba esta inscripción: *Desuni-
dos en vida, unidos después de muertos;* cuando se decía que Baratinsky y Orloff, asesinos del Monarca, tuvieron orden de ir á la cabeza del acompañamiento,
haciendo el duelo, y que el Emperador había sabido
honrar la memoria de su padre por este medio, sin
ofender ni vilipendiar la de su madre; cuando ensal-
zaba el noble desinterés con que se conducía en los
asuntos de Europa el Soberano de un Imperio que por
un lado tocaba en el polo boreal y por otro en el mar
Caspio, hasta el cual no podía llegar nunca el contagio de la Revolución francesa; cuando aseguraba, en
fin, que el Czar no tenía más objeto que velar sobre
los intereses generales de los Estados y que en ninguna manera quería aumentar ni mejorar los suyos, el
Barón de Hardemberg, imparcial y equitativo en su
juicio, confesó que no dejaba de haber motivos en que
apoyar el panegírico del Emperador Pablo; pero que
convenía desconfiarse de los caracteres magnánimos,
porque se dejan llevar de sentimientos generosos, gus-

tan de acciones caballerescas y suelen perder á veces de vista las reglas de la prudencia.

No parece que Sieyes tuviese motivo para estar más satisfecho de las disposiciones del Gabinete prusiano que el Embajador ruso. «La Prusia, decía el ciudadano Talleyrand (1), no quiere tomar ningún partido, ó por mejor decir, toma el peor de todos, que es no resolverse á nada. Al Rey se le ha metido en la cabeza que no ha de resolver por los avisos de sus más ilustrados Consejeros. Por ojeriza á la revolución no quiere unirse con la Francia, por más que las ventajas que le resultarían de esta alianza sean muy grandes. A que se agrega que no se atreve á coligarse. Por manera que quiere á cualquiera costa quedarse solo. Para Francia eso no es malo, porque mientras ese entorpecimiento prusiano dure, podrá acabar con otros.

».... Repuin echa bravatas; se entiende con los austriacos; dice que 100.000 rusos se han de juntar con el ejército del Emperador, pero hacen poco caso de sus baladronadas.»

Negociaciones de Seltz.

Al mismo tiempo que el Emperador de Alemania trataba con el Emperador de Rusia, entabló también negociaciones separadas con la República francesa en Seltz, pueblo corto de Alsacia, cercano de Rastadt. Français de Neuchâteau fué el Enviado del Directorio; el Conde de Cobentzel representó al Emperador. Por ninguna de las dos partes hubo deseos sinceros de llegar á una transacción, á lo que parece. Si Cobentzel pedía que el ejército francés saliese de Suiza,

(1) Carta del mes de Julio de 1798.

el Plenipotenciario de la República exigía por su parte que las tropas imperiales se retirasen de una parte de la Baviera ocupada militarmente por ellas. Cuando Français de Neuchâteau solicitaba el mantenimiento de la República romana, el Conde de Cobentzel volvía á pedir á Mantua y las Legaciones. De modo que las conferencias de Seltz no trajeron ningún resultado. El Emperador Francisco, no pudiendo, pues, sacar partido ninguno con los franceses, ó creyéndose quizá bastan'e adelantado ya en sus preparativos de guerra, comenzó á tratar seriamente de su alianza con Rusia. El mismo Conde de Cobentzel pasó á Berlín y firmó.allí un Convenio con el Príncipe de Repuin.

Carta de Azara al Ministro Saavedra.

Cuáles fueron los designios del Directorio en punto á la paz, se ve por la carta siguiente de nuestro Embajador Azara al Ministro D. Francisco Saavedra, de fecha 10 de Septiembre de 1798: «En cuanto al exterior, dice; á la guerra y á la paz, el Directorio es el más despótico del mundo; por manera que carece de influjo adentro é infunde terror afuera. Los cinco Directores no son los más instruídos en diplomacia ni entienden mucho de los intereses respectivos de las naciones de Europa, ni tal vez de los de la Francia misma; pero recalentadas sus imaginaciones con la novedad de hallarse en las manos con un poder inmenso, son tanto más terribles cuanto no nacieron ni se educaron para saberse moderar, y las victorias pasadas les dan una avilantez que no se para ni en dificultades ni en injusticias. Pretender instruirlos y moderarlos sería asunto muy arduo, puesto que se niegan á la discusión. Sin embargo, en cuanto me ha sido posible he procurado entrar en materia con Barrás y Treillard, y aún más con el Ministro Talleyrand, que tiene mucha más instrucción y buena manera; pero como los asuntos son tan vastos y complicados, no es posible desentrañarlos en conversaciones pasajeras, y todo queda imperfecto. He querido fijar un punto, que es el más eventual, y les he rogado más de una vez que me digan positivamente y de buena fe si quieren la paz ó no. Me han respondido constantemente que sí y que la desean con ansia, pues están sufriendo los inconvenientes, los gastos y todo el peso de la guerra, sin hacerla y sin poder dar de comer á sus soldados á costa del enemigo. En tal caso, les he dicho, se necesita poner los medios. Los que veo que ustedes usan no me parecen los más á propósito, porque el haber llevado la negociación á Berlin podía ser conveniente para tratar intereses particulares con aquella Corte, mas nunca se adelantará nada para concluir la paz con Viena, siendo tal la rivalidad de ambas Cortes que si se conviene algo con la una, es infalible que se muestre contraria la otra.

»Ustedes mismos me confiesan que el Rey de Prusia desea quedar neutral; que no quiere firmar alianza con Francia hasta después de concluída la paz continental; que pide que la Francia le comunique los artículos que contrató con el Emperador y que ustedes no le han comunicado aún, y que sólo entonces promete emplear sus buenos oficios para traerle á la paz; que las compensaciones que se podían dar al Emperador en Alemania para cumplir el Tratado de Campoformio traerían sus inconvenientes, y tal vez una guerra en que la Rusia podría tomar parte, y que están ustedes resueltos á no darle ya más en Italia. Sobre tales fundamentos, les he dicho, ¿qué es lo que piensan ustedes adelantar en Berlin? Mi parecer es que siguiendo las diversas negociaciones que ustedes traen en aquella Corte para sus intereses recíprocos, hagan ustedes lo mismo con Viena, atacando á aquel Gabinete con tal fuerza que se tenga que decidir. Para esto el mejor medio sería, á mi parecer, proponer la mediación del Rey mi amo, como ya he insinuado á ustedes varias veces, y declarar francamente por su medio la disposición que la República tiene á hacer la paz, presentando para ella las condiciones que se crean más razonables y admisibles. Les he añadido que me constaban las intenciones y deseos de S. M. de contribuir á tan deseado bien, y el gusto con que se prestaría á esta mediación; que yo había hecho un descubrimiento en Viena, pero que prometiéndome poco fruto de él, por razones particulares, me parecía necesario hacer la proposición directa por parte de la República, y que estando yo tan seguro de las intenciones benéficas de mi amo, tomaría sobre mí dar cualquier paso que se tuviere por conveniente, disponiendo de mi persona para todo.

»Les han hecho alguna fuerza mis razones.

»Entre tanto participo á V. E. la noticia del plan que, según me han confiado con mucha reserva, premeditan para este gran negocio. No quieren cumplir el Tratado de Campoformio, que miran como un disparate de Bonaparte en cuanto á los artículos secretos. No quieren dar ninguna compensación en Alemania, ni que el Emperador extienda una pulgada de territorio en Italia. Si la paz se hace, lo que en Italia es República en el día quedará República, y lo que es Monarquía continuará siéndolo, sin permitir que se revolucione ningún otro país; pero si la guerra vuelve á encenderse, será de todo lo que Dios quiera.

»Para forzar al Emperador á aceptar la paz, el medio que habían imaginado hasta ahora era solicitar la alianza del Rey de Prusia, para cuyo fin enviaron á Berlín al famoso Sieyes; pero como ven que los prusianos no quieren tal alianza, van ahora á ver si pueden hacer concluir la paz del Imperio en Rastadt, con la ayuda é influjo del Rey de Prusia, que tiene grande interés en enajenar á los Príncipes del Imperio de la casa de Austria. Si consiguen esto, propondrán, ó á lo menos publicarán, que han concluido una alianza entre España, Prusia, Francia y Suiza; lo cual creen que impondrá tal respeto al Emperador, que convendrá en firmar la paz.

»Todo esto está muy complicado y no me parece que podrá verificarse: así se lo he dicho claramente á estos señores. Tampoco tengo por fácil la empresa de remover á Thugut del Ministerio de Viena, porque los ingleses le sostienen á fuerza de dinero y el Emperador es de carácter inflexible y obstinado; y como la Francia pidió y obtuvo ya su remoción después del Tratado de Campoformio, por lo cual fué nombrado Cobentzel en su lugar, el Emperador, que está arrepentido de aquella condescendencia, sostiene al primero, y con pretexto de negociaciones ha enviado al segundo á Berlín y Petersburgo.»

Varios Tratados.—Nueva coalición contra Francia.

El Directorio se hacía ilusiones acerca del estado de las cosas, porque claro estaba que los Gabinetes de Europa, alentados con la declaración de guerra de la Puerta Otómana contra la Francia á resultas de la invasión de Egipto y del desastre de Abukekir, no malograrían tan favorable ocasión de recobrar lo perdido en las campañas anteriores. Antes de que espirase el año de 1798, el Emperador Pablo I había firmado ya un Tratado con la Corte de Viena: en él se estipulaba que 60.000 rusos se pondrían en marcha inmediatamente para el Danubio. El 29 de Noviembre firmó otro Tratado con el Rey de las Dos Sicilias contra la Francia. El 29 de Diciembre otro convenio definitivo con la Puerta Otomana. Para consolidar todavía más estas alianzas, se firmó la de Rusia é Inglaterra en San Petersburgo, el 29 de Diciembre, por Sir Carlos Withwocth, á nombre del Rey de la Gran Bretaña, y por el Príncipe Besboroelks, el Vicecanciller Kotichubey y el Conde Rostopchin, á nombre de Pablo I. Al ajustar este último Tratado, se esperaba que el Rey de Prusia entrase todavía en la coalición: en tal caso, el Emperador se obligaba á darle un socorro de 45.000 hombres, cuyo sueldo debería correr por cuenta de la Inglaterra; pero Federico Guillermo no abandonó su neutralidad. A principios del año de 1799 estaba ya formada del todo la coalición, que iba á poner á la Francia en el riesgo más inminente.

El Czar quiere que el Rey Carlos IV tome parte en la coalición.

El Emperador Pablo I, que era el alma de esta cruzada, quiso también que el Rey de España entrase en ella, y al intento se hicieron proposiciones reiteradas. Vivían los dos imperios en buena correspondencia desde largo tiempo. La Emperatriz Catalina había mostrado cordial amistad por España y.aprecio personal por su Rey Carlos III. Las cosas siguieron del mismo modo en el Gobierno de Carlos IV hasta el fallecimiento de.la Czarina. Al advenimiento de su hijo, el Gabinete de Madrid quiso dar un testimonio de sus sentimientos, y nombró al Duque del Parque, Embajador extraordinario cerca de la Corte de San Petersburgo, para que felicitase al nuevo Soberano. El Duque se puso al punto en camino para su destino, atravesando la Francia y la Alemania. ¿Cuál no sería su sorpresa cuando, al llegar á los Pirineos, supo por un correo de Azara que el Directorio se negaba á darle pasaporte para su viaje? A los franceses no se les ocultaba la mala voluntad que les tenía el nuevo Emperador, y acostumbrados á ver á España obediente siempre á sus caprichos, le intimaron su resolución de que quedase sin efecto el nombramiento del Duque del Parque, el cual pasó á Alemania sin carácter ninguno diplomático, como viajero que corría las ciudades de Europa meramente por satisfacer su curiosidad. Como el Emperador de Rusia viese las buenas disposiciones del Gabinete de Madrid por su persona imperial, hizo cuanto estuvo de su parte, no tan solamente para mantenerlas, sino también para atraer á Carlos IV al sistema político en cuyo triunfo el Czar estaba tan vivamente interesado. No hubo ningún género de proposiciones y ofertas que no hiciese llegar. Soldados, navíos, dinero; ventajas de toda especie para el comercio y la marina; mediación para ajustar un Tratado con Inglaterra; en una palabra, cuanto dependiese de su voluntad y poder, todo lo ofrecía con tal que el Rey consintiese por su parte en romper su alianza con la República. El conducto por donde hizo llegar estas ofertas fué la Corte de Portugal. Pero Carlos IV, bien hallado con su dependencia de la Francia, no admitió los partidos propuestos por la Rusia, y tuvo buen cuidado de poner este nuevo sacrificio en noticia del Directorio, reiterándole las seguridades de su buena fe y su deseo de cumplir invariablemente el Tratado de unión.

No debió admirar al Emperador Pablo que el Gabinete español, prefiriendo la amistad de la República á sus ofrecimientos, dejase de dar oídos á ellos, ni es de creer que por esto hubiese venido á un rompimiento con el Rey Católico, pues toda Europa sabía que la unión de este Monarca con la República no nacía de afecto, sino de temor, y que Carlos IV hubiera abrazado de buena gana la causa de la coalición á no haberle dominado esta pasión. Lo que agrió los ánimos de los dos Soberanos fué el Gran Maestrazgo de la Orden de San Juan de Jerusalén, que el Emperador de Rusia admitió con la mayor solemnidad.

Al hacerse Bonaparte dueño de la isla de Malta, las dignidades y caballeros del Gran Priorato de Rusia se reunieron en el Palacio de la Orden en San Petersburgo, y protestaron ante Dios y los hombres contra tan descarada usurpacion, declarando privados de sus honores y dignidades á todos los que habían aceptado ó consentido el Tratado infame de la entrega de la isla, y cortaron toda especie de trato con aquellos miembros *indignos, contagiados y corrompidos.* Después de decretar que Fernando de Hompech, último Gran Maestre, había perdido sus derechos á la honrosa dignidad con que estuvo condecorado, concluían diciendo que se echaban en los brazos de su augusto y soberano protector Pablo I, Emperador de todas las Rusias, confiados en su justicia, en sus sentimientos y en sus favores. Satisfecho el Emperador de tal homenaje, dijo que tomaba la Orden bajo su amparo; y correspondiendo aquellos caballeros á la dignación del Emperador, proclamaron en su nombre y en el de las otras lenguas y grandes Prioratos á Pablo I por Gran

Maestre de la Orden de San Juan de Jerusalén, título que aceptó el Czar con promesa de elevar al más alto grado de esplendor á este instituto militar.

Vastos proyectos tenían entonces ocupada á la Corte de Rusia. Tratábase nada menos que de crear un Protectorado para unir á todas las comuniones cristianas. Católicos, protestantes, griegos cismáticos, todas las sectas, en una palabra, que acatan el Evangelio, habían de entrar en el plan de conciliación imaginado por el Emperador. Semejantes designios podían nacer, sin duda ninguna, de nobles y muy loables sentimientos; pero llevaban en sí mismos tantos obstáculos para su ejecución, que pudieran llamarse, con razón, planes quiméricos. Eralo también muy mucho la idea del Gran Maestrazgo. ¿Cómo los Soberanos católicos, olvidando de repente sus usos y costumbres y hasta sus derechos é intereses, consentirían en que sus vasallos reconociesen por Gran Maestre de un instituto católico al Emperador de Rusia, que estaba fuera de la comunión romana? ¿Las tradiciones de la Orden de Malta tenían algo que ver, por ventura, con el Imperio moscovita, que habia estado por tantos siglos fuera del movimiento de la civilización de Europa? La oposición de Carlos IV á reconocer la dignidad en que el Emperador de Moscovia ponía tan grande importancia, es honrosa para su memoria.

La Rusia nos declara la guerra.

Enojado por ello el Czar, nos declaró la guerra, si bien, ocultando su resentimiento, fundó el manifiesto en otras consideraciones políticas, tomadas de la alianza del Rey de España con la República francesa..

Nuestro Soberano publicó el 29 de Septiembre el decreto siguiente:

Declaración de guerra del Rey de España al Emperador de Rusia.

«La religiosa escrupulosidad con que he procurado y procuraré mantener la alianza que contraté con la República francesa, y los vínculos de amistad y buena inteligencia que subsisten felizmente entre los dos países y se hallan cimentados por la analogía evidente de nuestros intereses políticos, han excitado los celos de algunas Potencias, particularmente desde que se ha celebrado la nueva coalición, cuyo objeto, más que el aparente y quimérico de restablecer el orden, es el de perturbarle, despotizando á las naciones que no se presten á sus miras ambiciosas. Entre ellas ha querido señalarse particularmente la Rusia, cuyo Emperador, no contento con arrogarse títulos que de ningún modo pueden corresponderle y de manifestar en ellos sus objetos, tal vez por no haber hallado la condescendencia que esperaría de mi parte, acaba de expedir el decreto de declaración de guerra, cuya publicación sola basta para conocer el fondo de su falta de justicia. Dice así, traducido literalmente: «Nos Pablo I, por la gracia de Dios Emperador y Autócrata de todas las Rusias, etc., etc., hacemos saber á todos nuestros fieles vasallos: Nos y nuestros aliados hemos resuelto destruir el Gobierno anárquico é ilegítimo que actualmente reina en Francia, y, en consecuencia, dirigir contra él todas nuestras fuerzas. Dios ha bendecido nuestras armas y ha coronado hasta ahora todas nuestras empresas con la felicidad y la victoria. Entre el pequeño número de Potencias extranjeras que aparentemente se han entregado á él, pero que en la realidad están inquietas á causa de la venganza de este Gobierno abandonado de Dios y que se halla en las últimas agonías, ha mostrado la España más que todas su miedo y su sumisión á la Francia, á la verdad no con socorros efectivos, pero sí con preparativos para este fin. En vano hemos empleado todos los medios para hacer ver á esta Potencia el verdadero camino del honor y de la gloria, y que lo emprendiese unida con nosotros: ella ha permanecido obstinada en las medidas y errores que le son perniciosos á ella misma, por lo que nos vimos al fin obligados á significarle nuestra indignación, mandando salir de nuestros Estados á su Encargado de Negocios en nuestra Corte; pero habiendo sabido ahora que nuestro Encargado de Negocios ha sido también forzado á alejarse de los Estados del Rey de España en un cierto término que se le ha fijado, consideramos esto absolutamente como una ofensa á nuestra Majestad, y le declaramos la guerra por la presente publicación, para lo cual mandamos que se secuestren y confisquen todos los barcos mercantes españoles que se hallan en nuestros puertos, y que se envíe orden á todos los Comandantes de nuestras fuerzas de mar y tierra para que obren ofensivamente en todas partes contra todos los vasallos del Rey de España. Dado en Petershof el 15 de Julio de 1799 años del nacimiento de Cristo y el tercero de nuestro reinado.—Firma en el original por la mano de S. M. Imperial.—*Pablo.*»

»He visto sin sorpresa esta declaración, porque la conducta observada por mi Encargado de Negocios y otros procedimientos no menos extraños de aquel Soberano, hacía tiempo me anunciaban que llegaría este caso. Asi, en haber ordenado al Encargado de Rusia, el Consejero Butzow, la salida de mi Corte y Estados, tuvo mucha menor parte el resentimiento que las consideraciones imperiosas de mi dignidad. Conforme á estos principios, me hallo muy distante de querer rebatir las incoherencias del manifiesto ruso, bien patentes á primera vista, y lo que hay en él de ofensivo para mí y para todas las demás Potencias soberanas de Europa; y como que conozco la naturaleza del influjo que tiene la Inglaterra sobre el Czar actual, creería humillarme si respondiese al expresado manifiesto, no teniendo á quién dar cuenta de mis enlaces políticos sino al Todopoderoso, con cuyo auxilio espero rechazar cualquiera agresión injusta que la presunción y un sistema de falsas combinaciones intente contra mí y contra mis vasallos, para cuya protección y seguridad he tomado y tomo aún las más eficaces providencias; y noticiándoles esta declaración de guerra, les autorizo á que obren hostilmente contra la Rusia, sus posesiones y habitantes.—Señalado de la Real mano.—En San Ildefonso á 9 de Septiembre de 1799.»

Rompimiento de las negociaciones de Rastadt.—Plan de campaña del ejército francés.

Las negociaciones para la paz del Imperio germánico continuaban todavia en Rastadt á principios de 1799; pero el Gobierno francés puso fin á ellas por una nota pasada al Gabinete de Viena el dia 20 de Febrero. En ella preguntaba con premura cuál era el objeto de la marcha del ejército ruso. No habiendo tenido respuesta á esta pregunta, declaró que la falta de contestación equivalía á un rompimiento formal. En esta virtud, mandó á sus Generales que diesen prin-

cipio á las hostilidades. Todo estaba pronto para el
caso, porque muy de antemano se tuvo ya formado el
plan de campaña. El General Jourdan, con un ejército de 46.000 hombres, debía entrar en Suabia y en
Baviera, desembocar por Khel y Huninga, correrse
inmediatamente hacia las orillas del Danubio y marchar desde allí para estorbar el paso de este río á los
austriacos, movimiento que se había de hacer con la
cooperación del ejército de Helvecia y del de Magun-
cia; la fuerza de estos cuerpos era de 30.000 hombres
la del primero, que estaba mandado por el General
Massena, y de 48.000 la del segundo, á las órdenes de
Bernardotte, dependientes ambos de Jourdan. En Italia tenían los franceses 50.000 hombres, sin contar
las tropas cisalpinas, ligurianas, polacas y piamonte-
sas. Este ejército había de maniobrar hacia Trento,
tomar á Verona y arrojar al enemigo hasta el Brenta
y el Piave; con una división suelta iría á Bolzen y
Brixen y se pondría en comunicación con el ala derecha del ejército de Helvecia. La izquierda del ejército de Italia entraría en Toscana y cubriría al Piamonte y á la República cisalpina. Tan vasta combinación estratégica tenia por objeto desalojar á los austriacos de sus posiciones, acometiéndolas á todas á un
tiempo antes de que pudiesen juntar sus divisiones, y
señaladamente antes de que llegase el ejército ruso
que venía marchando en su auxilio, aunque con lentitud. Si la fortuna favorecía la ejecución de este plan,
los austriacos no podían entrar en Italia. Cuatro ejércitos franceses irían á caer por diferentes puntos sobre los Estados hereditarios: de esta manera, el Imperio germánico no padecía vejación alguna, y en tal
caso la Prusia, protectora de los Estados de la baja
Alemania, había de adquirir necesariamente mayor

importancia por su neutralidad, puesto que ambas partes beligerantes cuidarían igualmente de no descontentarla.

Miras de las respectivas Potencias coligadas.

Era sumamente ventajoso para la Francia el ser sola, porque esto daba unidad á sus operaciones, en vez que entre los Príncipes coligados contra ella cada uno estaba movido por intereses particulares. A la Gran Bretaña le convenía, sin duda ninguna, que la Francia fuese vencida en el continente, y para ello contribuía con subsidios; pero habiendo sido ya vencedora en el mar y siéndole fácil apoderarse de las posesiones de la República ó de las de sus aliados, ponía en esto su principal conato. El Emperador de Alemania aspiraba, ante todas cosas, á recobrar sus Estados de Italia. Pablo I era el único que fuese desinteresado del todo en punto á conservar ó adquirir territorios, siendo su intención tan solamente restablecer en el trono de Francia á la casa de Borbón y libertar á Europa de los revolucionarios de París. Era, pues, evidente que las miras interesadas de Inglaterra y del Austria no podrían menos de influir tarde ó temprano en las operaciones de los ejércitos coligados, y que Pablo I, viendo, en fin, que ambas Potencias se servían de los nobles sentimientos de la Rusia para llegar á los fines de su ambiciosa política, no querría continuar por más tiempo haciendo papel tan desairado, y se retiraría de la coalición.

Atentado cometido en Rastadt contra los Plenipotenciarios franceses.

Antes de referir los sucesos de esta campaña-me-morable, se debe contar el atentado cometido en Rastadt contra los Plenipotenciarios franceses. El Congreso estaba ya disuelto hacia algunas semanas, y los negociadores de la República se mantenían allí sin dar muestras de emprender su viaje. No se sabe la causa de tal demora. Por fin, reciben orden de las autoridades para la partida el día 28 de Abril (el Congreso se había cerrado el 8). Pónense, pues, al punto en camino; y por la noche, hombres que llevaban el uniforme del regimiento de húsares austriacos de Szeckler les dan alcance y les preguntan cómo se llaman. Apenas dijeron sus nombres, cuando los sacan de sus coches y empiezan á darles cuchilladas. Bonnier y Robersot quedaron allí muertos; á Juan de Bry le dejaron también por muerto, pero pudo escaparse. Ninguna otra persona de las de la Legación fué atropellada; hombres y mujeres fueron todos respetados. Los húsares permanecieron al lado de los coches hasta el día siguiente, en que, á solicitud de Juan de Bry, vinieron las autoridades á hacer información de lo sucedido. ¿Quién mandó cometer tan espantoso crimen? Las sospechas alcanzaron á todos los Gobiernos, aun al mismo Directorio de Francia, porque en la obscuridad que tuvo este suceso cada uno soltó la rienda á las conjeturas. El Austria, siendo la Potencia al parecer más interesada en el crimen, vió llover cargos y reconvenciones sobre ella; pero respondió que era uno de aquellos desórdenes que trae consigo la gue—

rra, y ni mandó siquiera formar causa para averi-
guar los autores del atentado. Así este negocio quedó
envuelto en tinieblas. El tumulto de las armas impidió pensar en ello por entonces, y después quedó olvidado del todo. Lo que se ha dicho de más plausible,
sin que por esto pase de ser mera conjetura, es que
durante el Congreso hubo negociaciones secretas propuestas por Agentes subalternos, las cuales hubieran
traído malas resultas para algunos Ministros en el
caso de haber sido descubiertas, y que para evitar que
lo fuesen se tomó el partido de matar á los negociadores y apoderarse de todos sus papeles.

Rómpese la guerra.

La campaña comenzó con auspicios muy venturo-
sos para los aliados. Jourdan, lejos de haber podido
penetrar en los Estados hereditarios, fué arrollado
por el Archiduque Carlos. Massena hizo esfuerzos reiterados, pero inútiles, para apoderarse de las posiciones fortificadas de Faldkirh: por manera que, desde
los primeros movimientos de los ejércitos, el plan de
campaña del Directorio quedó frustrado en Alemania.
Por parte de Italia la fortuna se mostró aún más adversa á los franceses. Sherer, que mandaba las tropas
de la República, sufrió gravísimas pérdidas en los diversos combates que sostuvo contra los austriacos,
hasta que por fin, reducido el ejército de su mando á
la mitad de su fuerza numérica, hubo de retirarse y
dejar libre al enemigo la entrada de Italia, aun antes de que Souwarow llegase y se pusiese á la cabeza
de las tropas combinadas. Cuando el guerrero moscovita se acercó para acometer á los franceses, su ím-

petu fué tal, que á pesar de la pericia de Moreau, que
le disputaba el terreno, los republicanos no pudieron
mantenerse en la Lombardía y se retiraron á Génova
y al Piamonte. Ni aun allí hubiera quizá podido el
Jefe francés detener á Souwarow si éste hubiera obrado libremente con todo el ardor y actividad propios
de su carácter; pero se manifestaron clarámente entonces las miras interesadas de la casa de Austria.
Asegurarse de la posesión de Italia, ese era el blanco
adonde se encaminaban los esfuerzos del Gabinete de
Viena. El General ruso hubo de ceder, no sin repugnancia, á las representaciones del Emperador Francisco, el cual le escribió haciéndole ver el peligro de
los movimientos rápidos y la necesidad de asegurar
la posesión de los paises conquistados por la rendición
de las plazas fuertes que había en ellos, antes de adelantarse á ocupar otras provincias. Por esta circunspección excesiva de los fines particulares del Austria,
se salvó el ejército francés.

En vez de caer con todas las fuerzas sobre el ejército de Moreau para obligarle á abandonar enteramente la Italia, en cuyo caso el cuerpo de tropas francesas mandado por Macdonall, que ocupaba la parte
meridional de ella, quedaba cortado y perdido sin remedio, el Mariscal Souwarow, cediendo á los deseos del
Austria, hubo de atender á cuatro puntos á un tiempo. Contra Moreau envió un cuerpo de tropas considerable con el fin de estrecharle, obligándole á que
pasase los Alpes antes de que pudiese recibir socorros
de Suiza ni de Francia. Para facilitar las operaciones
del Archiduque Carlos, le fué preciso penetrar por todas las gargantas y pasos que conducen á Suiza. Tuvo
también que destinar fuerzas considerables para sitiar
á Mantua. Finalmente, siéndole preciso contener al

ejército francés de Nápoles, destacó un cuerpo con orden de ocupar todos los pasos de los Apeninos para cortarle la retirada, y mandó también guarnecer las posiciones por donde pudiera lograr su comunicación con Génova. Para colmo de ventura de los Generales franceses Moreau y Macdonall, Souwarow tuvo orden expresa de sitiar á un tiempo á Mantua, Pesquera, Pizzighetone, la ciudadela de Milán y otras plazas de las Legaciones. El resultado de esta falsa dirección del ejército aliado, fué dar tiempo al General Moreau para hacerse fuerte en Génova y para enviar tropas que pudiesen darse la mano con Macdonall. Después de haber sostenido empeñados y gloriosos combates, éste General se reunió por fin con Moreau.

Mal éxito de la campaña para los franceses.—Agitación de los partidos en Francia con este motivo.—30 «prairial.»

Por más que los ejércitos franceses no sufriesen fuertes descalabros como los hubieran podido padecer, el mal éxito de la campaña se hizo sentir al punto en Francia, en donde el Gobierno del Directorio se hallaba desconceptuado y, por tanto, vacilante. Removiéronse los partidos al ver á los enemigos amenazando ya las fronteras de la República, y atribuyeron esta desgracia al Directorio; que los triunfos ó las derrotas de los ejércitos ensalzan ó abaten á los Gobiernos, sin que tengan muchas veces la menor parte ni en aquéllos ni en éstas. Parecía á los terroristas que así como tuvieron actividad y energía en 1793 para vencer á los enemigos exteriores, también podrían ahora repelerlos y alejarlos. Por el contrario, los partidarios de la antigua Monarquía no dudaban de que se acercaba el momento de restablecerla. Acordes estaban los dos bandos para derribar al Directorio; pero cada uno de ellos se proponía el triunfo de su causa después de la caída de los gobernantes de Luxemburgo. Además de estas dos facciones había otra que era intermedia, por decirlo así, pues deseaba conservar la forma de Gobierno representativo y con ella los intereses principales creados por la revolución; pero conociendo que la autoridad no estribaba sobre bases sólidas, pretendía restablecer la Monarquía y colocar en el trono á una dinastía nueva. Muy viva era la agitación de estos tres partidos, y muy incierto también el resultado de sus gestiones y movimientos respectivos. Sieyes acababa de entrar en el Directorio. El malogro de todos los planes de constitución que había adoptado después de 1789, y aún más quizá que esto, su reciente viaje á Berlin, en donde vió de cerca las ventajas del poder monárquico, le convencieron de que la unidad era también necesaria en Francia. Otro Director que propendía á la misma idea, del cual se sospechaba que tenía inteligencias con los Príncipes franceses, era Barrás. Convinieron fácilmente ambos Directores en la necesidad de poner fin á la anarquía republicana; pero no se les ocultaba que esta obra tocaba á un General acreditado, pues sólo con la intervención militar se podía contener á las facciones. Joubert era joven, bizarro y estaba ansioso de gloria; por tanto, les pareció acertado destinarle á la dictadura: con esta intención le nombraron Comandante militar de París. No bastaba esta sola medida para conseguir el fin. Era menester deshacerse de los otros tres Directores, es á saber: Treillard, Merlin (de Douai) y el célebre visionario La Reveillère-Lepaux (el inventor y padrino de la secta de los *teophilantropos)*, pues todos tres eran afectos á la República. Pusieron manos á la obra y echaron del Directorio á Treillard con pretexto de que su nombramiento había sido ilegal. A Merlin y á La Reveillère-Lepaux les obligaron á hacer dejación de su puesto, y fueron reemplazados los tres por Gohier-Roger, Ducos y Moulins. Reinhart sucedió á Talleyrand en el Ministerio de Negocios extranjeros; Bernardotte (hoy Rey de Suecia) tuvo el despacho de la Guerra; Cambaceres el de Justicia, y Fouché fué encargado de la Policía. Al General Joubert, sobre quien se fundaban las principales esperanzas, se le confió el mando del ejército de Italia. El partido de Sieyes no alcanzó este triunfo sin gran trabajo. Antes de que se formase el nuevo Gobierno hubo de hacer frente á una oposición sumamente violenta, cuya principal fuerza consistía en el bando jacobino, siempre activo y revoltoso. Sieyes tenía un gran número de enemigos. Había un club presidido por el regicida Drouet, que le hacía cruda guerra; los diarios injuriaban también continuamente al nuevo Director y á su pandilla. En el Directorio mismo no dejaba de haber desacuerdo entre los miembros elegidos y sus colegas. Gohier y Moulins protegían abiertamente á los que querían retroceder al Gobierno y á los excesos y delirios de 1793.

La situación era crítica. M. Thiers resume de este modo las fuerzas de la oposición que había contra el Gobierno: «Doscientos Diputados enemigos descubiertos, á cuyo frente se hallaban dos Generales acreditados, el Ministro de la Guerra (Bernardotte) y el Comandante de la plaza de París (Augereau); dos Directores, un crecido número de clubs y de diarios, otro no pequeño de hombres comprometidos, los que por esto eran más á propósito para un golpe de mano.

Aunque el partido de la Montaña no pudiese volver á levantar cabeza, causaría siempre sobresalto á los que tenían tan presentes los sucesos horribles de 1793.» Por fin, llegó á calmarse esta agitación y el Directorio pudo gobernarse sin temor de otras revoluciones por entonces.

Intervención de D. José Nicolás de Azara.

El Embajador D. José Nicolás de Azara creyó de su deber interponer sus oficios para que el Gobierno francés conservase autoridad y saliese á salvo por entre los esfuerzos de las facciones que se agitaban en torno de él. A la firmeza y decidida resolución con que Azara obró, fué debida la terminación de este movimiento interior de los partidos, que hubiera podido tener consecuencias funestas.

«Todo el mundo sabe, dice Azara, cómo se ejecutó el 30 *prairial* la destitución de los tres Directores; pero no todos pueden saber los resortes secretos que la obraron. Un gran partido realista se unió al jacobinismo fino, porque unos y otros querían destruir el poder que dió al Directorio el famoso 18 *fructidor*. En este objeto todos convenían; pero en lo demás se odiaban de muerte, no pudiéndose dar en el mundo cosas tan contradictorias é incompatibles como realistas y jacobinos. Estos, con su audacia habitual, consiguieron el triunfo contra el Directorio, y apoderados del mando trataron de restablecer el reinado del terror, como en tiempo de Robespierre. Comenzaron por dar á la imprenta todas las licencias; resucitaron el club famoso de los *jacobinos;* apoderáronse de la sala del *ma-*

neje ó picadero, en donde fué condenado el infeliz
Luis XVI; llenaron de cañones todos los sitios públicos
de la ciudad, y haciendo las propuestas más extrava-
gantes, las enviaron á los Consejos, los cuales, declarándose en permanencia, tomaban cada cuarto de hora una resolución violenta y la enviaban al Directorio
para su ejecución. Depusieron á tres de los Directores, y los dos que quedaron perdieron toda su energía,
sirviendo solamente de instrumento para poner por
obra las determinaciones del club y de los Consejos;
nombraron tres Directores de los más acérrimos jacobinos, y en el espacio de tres días obligaron á renunciar á todos los Ministros y mudaron casi todos los
empleados en la extensión de la República, reempla-
zándolos con los más señalados en su secta. Por aquellos días habían sucedido las derrotas de los ejércitos
de Italia y de Suiza, y para remediarlas hicieron en el
club la moción de declarar la guerra á España, cuya
conquista y riqueza, decían, era el único medio de
resistir á la coalición, y, de consiguiente, á Europa.

»En tal estado de cosas quisiera yo que me dijesen
si un Embajador de España debia callar y dejar que
asesinasen á su Rey y á su nación. Tomé, pues, el partido de pasar una nota al Directorio, esperando ponerle por este medio en estado de resistir á los jacobinos y de contener su prepotencia. En ella exponía
que las naciones extranjeras no podíamos tener ninguna confianza con el Directorio, porque no era ya el
representante de la nación, supuesto que otros Cuerpos le daban la ley y le deponían; que el Rey mi amo,
siendo el primer aliado de la República, tenía derecho á saber con quién había de tratar y á exigir una
garantía de que lo que se conviniere sería mantenido
irrevocablemente, lo cual en aquel estado de cosas no

se podía asegurar, pues que el Directorio era esclavo de los Consejos y de los clubs. Tocaba los inconvenientes de la mutación de Ministros y de poner á un jacobino á la cabeza de los negocios, de quien yo no podía hacer mi confidente. Esto lo decia porque sabía yo que estaba destinado al Ministerio de Estado Carlos Delacroix, conocido por uno de los más acérrimos revolucionarios. Escribí, pues, una nota y la pasé al Presidente del Directorio.»

Nota de Azara.—«Ciudadano Presidente: Se dice de público que el ciudadano Talleyrand va á ser separado del Ministerio de *Negocios extranjeros*. El Embajador de España sabe muy bien que no debe mezclarse en las determinaciones de la República ni en su régimen interior; mas cree que no puede prescindir de hacer presentes al Directorio ejecutivo las resultas de esta mudanza de Ministro y del giro que va tomando este Gobierno, según se advierte.

»Al Directorio le consta que, de acuerdo con el ciudadano Talleyrand, he trazado el plan de la campaña marítima que va á abrirse contra el enemigo común; y para ejecutarle, todas las *fuerzas navales de España van á llegar á Brest*, para obrar de consuno con las de la República contra Inglaterra, por donde se ve manifiestamente la confianza sin límites que el Rey mi amo tiene en la honradez de sus aliados, puesto que le entrega sus armadas, sus tropas y todo cuanto sirve para defender sus Estados de Europa é Indias.

»Fundábase esta confianza así en el convencimiento de que el Poder ejecutivo era una autoridad libre é independiente, con la cual, ya los amigos de la República y ya sus enemigos, podian tratar, y descansaba también en los principios reconocidos por los Ministros de quienes se servía.

»Al punto que este sistema tenga la menor variación, ó que los Poderes políticos se debiliten, sea por
la causa que quiera, si es extraña á su constitución,
el interés recíproco no puede ya existir. Para que
vuelva a haber confianza, se han menester nuevas explicaciones y seguridades positivas.

»Si el nuevo orden de cosas produjese los efectos
que son de suponer; si se formase en la República un
Cuerpo legal ó no que pudiese impedir ó embarazar
las operaciones del Poder ejecutivo, la confianza del
aliado ó se disminuiría ó se acabaría del todo. Los
planes concertados no podrian ser puestos por obra.

»No pretendo, ciudadano Presidente, entrometerme
en manera ninguna en vuestro régimen interior, como
dejo ya dicho; respeto la forma de Gobierno que plaz-
ca á los franceses establecer, y la respetaré en todo
tiempo; pero tengo derecho y necesidad de saber cuáles sean los poderes de los que representan al pueblo:
para tratar sin desconfianza ni reserva, se necesita estar muy seguro de ello. Se han de considerar las naciones como individuos particulares, entre los cuales
no puede haber contrato ninguno legítimo sin plena
libertad é igualdad de contratar. Importa poco á los
franceses que el Rey mi amo se valga en sus relaciones con la República de tal ó cual Cuerpo, de tal ó
cual individuo, con tal que su voluntad sea transmitida por medio de su Ministro competentemente auto-
rizado, porque se puede contar en tal caso con la inviolabilidad de sus promesas. Del mismo modo á S. M.
le son indiferentes la forma y el modo en que la República arregle sus deliberaciones; pero debe asegurarse de la solidez del canal por donde se entiende con
él, y de que ninguna fuerza, ya interior, ya exterior,
ha tenido poder para variarle.

»Supongamos que la escuadra española haya llegado á Brest equipada y pronta á moverse según el plan acordado con el Directorio ejecutivo, y que el Cuerpo legislativo, ó cualquiera otra sociedad popular, quiera meterse en las operaciones de la guerra; demos caso para suponer aun lo imposible, que intenta cometer algún atropellamiento contra los españoles, no habria nadie que no acusase á mi amo de imprudencia si no lo hubiese precavido; y yo, que soy su Embajador, debería ser tenido con razón por el más estúpido de los negociadores, si no pudiese justificar mi conducta á los ojos de mi Rey y de mi nación. He supuesto el caso posible de un atropello contra la armada española anclada en el puerto de Brest, no porque semejante insulto, tan contrario al carácter y á la lealtad de los franceses, se me pase siquiera por la imaginación; pero hay locos y traidores por todas partes, y como nuestros enemigos saben muy bien valerse de bandoleros y asesinos que bajo las apariencias del republicanismo más exaltado trabajan por engañar y pervertir á las gentes más honradas, es menester vivir con precaución. En una sociedad de estos falsos patriotas se hizo antes de ayer la propuesta siguiente: «Es preciso »que España ayude á la República; es menester tra- »tar de los medios que se podrán adoptar para hacer »allí grandes mudanzas y proclamar la *República his-* »*pánica*, hallándose destruídas ya las de Italia y no »quedando en Francia otra riqueza más que la de Es- »paña.» Estas máximas, aunque atroces é infernales, que nadie oiría sin execración, fueron allí muy aplaudidas. Si tales monstruos deben tener, pues, el influjo más mínimo en las operaciones del Gabinete, ¿qué seguridad habrán de tener los aliados de la República, siendo así que al mismo tiempo que se les tiende la mano en señal de amistad, se les clava el puñal en el pecho con la otra?

»Suplico á usted, ciudadano Presidente, que comunique estas reflexiones al Directorio ejecutivo, rogándole que se sirva entrar conmigo en algunas explicaciones para tranquilizar á mi Soberano y á mi patria, y saber si puedo confiarme en las fuerzas del Directorio y en la buena fe del Ministro de Relaciones exteriores que vais á nombrar por dimisión del ciudadano Talleyrand, con quien he tratado hasta ahora todos los negocios con la franqueza que el Directorio sabe.

»Dios guarde á usted muchos años. París 24 de Julio de 1799.»

El partido terrorista de Francia fué vencido en la lucha. Los amigos de Urquijo, que pertenecían á esta facción, no perdonaron nunca á nuestro Embajador el triunfo que consiguió sobre ella: por tanto, estimularon al Secretario interino de Madrid para que le separase de la Embajada.

Algunos escritores franceses que hablan de los sucesos de aquel tiempo, sientan como cierto que el partido de Sieyes y el General Joubert movieron cielo y tierra para poner en el trono al Duque de Orleans, hijo del regicida Felipe *l'Egalité*, de odiosa memoria. Habiendo servido el Duque de Orleans, cuando mozo, en los ejércitos de la República, y siendo inocente, por otra parte, de los crímenes de su padre, se creía que su elevación á la Corona podría ser grata á la nación francesa. Es indudable que así lo decían las cabezas de este bando, si bien era de recelar que, bajo el aparente deseo de proclamar al Duque de Orleans, anduviesen quizá cubiertas de miras de interés personal y ambiciosos intentos. En el caso que el General Joubert hubiese llegado á conseguir la dictadura, no habria sido quizá más melindroso que Bonaparte lo fué después. Antes de llamar á otros á mandar, habría preferido tal vez tomar las riendas del Gobierno él mismo. Como los escritos publicados sobre esta época, y aun los avisos secretos de los Agentes diplomáticos dados desde Paris, hayan repetido que nuestro Embajador Azara trabajó entónces con empeño porque la Casa de Orleans fuese llamada al trono de Francia, pondremos en claro la conducta que el Embajador español observó en esta ocasión. Dice lo siguiente en sus *Memorias* inéditas que posee el señor Coronel Puig, residente en París:

«Mi situación era la más embarazosa. Mis cartas particulares á España, por las que había podido instruir á los Reyes de lo que tanto les importaba, eran interceptadas con una inquisición la más rigurosa, y era público en la Secretaría que, apenas llegaba algún correo mío, venía un Oficial del correo de Madrid para abrirlas. Lo que escribía de oficio era aún más arriesgado, porque se comunicaba á Portugal, si era negocio de aquella Corte; ó á Guillermardet, torciendo las frases y el sentido de modo que pudiera hacerme odioso en Francia; ó á Walkenaer, que es lo mismo que escribirlo á Pitt, ó, finalmente, creía, á no poderme engañar, que Urquijo ó no leía mis cartas á los amos, ó las leia truncadas y tal vez torciendo el sentido. Las correspondencias clandestinas del Ministro con París eran todas con jacobinos revolucionarios, enemigos de toda Monarquía, y, por consiguiente, enemigos míos muy acérrimos. Me constaba la idea diabólica que habia dado á los Reyes de mi carácter, pintándome como hombre duro, intratable y sin religión, y todo esto porque temía que yo, por mano de los franceses, le removiese del caro Ministerio que nunca le he envidiado, ni se me ha pasado por la cabeza el envidiarle; antes debo confesar que siempre le he dado armas con que mantenerse en él.

»Varias operaciones políticas se me han presentado así para la paz como para mudar el sistema de la Francia en el sentido que podría ser más agradable á mis amos; pero temiendo el abuso que infaliblemente haría de las noticias, confieso que se las he ocultado (al Ministro Urquijo), y no podré negar que traía entre manos un proyecto grande y que se le tenía detallado en una larga carta; pero que conociendo lá delicadeza de la materia (y que aun por extraordinario se arriesgaba), le había quemado, y así era verdad, como puede dar testimonio el Duque de Osuna, á quien se lo confié..... (1).»

El proyecto de que se habla en estas últimas lineas era el que se concertó contra este Embajador y el General Joubert para restablecer á un Príncipe de la casa de Borbón en el trono de Francia. Azara da cuenta de este plan en sus *Memorias*, escritas todas de su puño y con intención de que no viesen la luz pública sino después de su fallecimiento.

Proyecto comunicado por el General Joubert á D. Nicolás de Azara.

El General Joubert fué un día á casa de Azara y con gran sigilo le reveló que estaba acordado entre los Generales en Jefe de los ejércitos echar abajo al Directorio, y para esto se contaba con España; añadió que era visto que las opiniones y costumbres de

(1) Carta al Príncipe de la Paz.

la nación francesa eran monárquicas, y que, en consecuencia, se hacía preciso que volviese á la Monarquia. Sorprendido Azara, quizá desconfiado de semejante revelación, entró en materia con timidez;
pero habiendo adquirido por, fin seguridad, pasó á
tratar en varias conferencias con Joubert acerca de
lo que convenía hacer. Dando por supuesto que el
acuerdo entre los Generales lograse derrocar al Directorio, y que fuese posible volver al Gobierno monárquico, se puso en deliberación cuál sería el Príncipe que hubiese de reinar en Francia. En sentir de
Joubert, los Príncipes emigrados debían ser exclui-
dos, porque además de no estar bien quistos, tenían
motivos personales de exclusión. El Conde de Provenza (después Luis XVIII) no podía andar por su pie. El
Conde de Artois (Carlos X) era un libertino. España,
añadía, nos dará un Rey, puesto que tiene varios Infantes. Azara, aunque interesado en ensalzar á la Familia Real colocando á uno de nuestros Príncipes en
el trono de su abuelo Luis XIV, se halló èn la necesidad de responder que ninguno de ellos tenía educación ni ideas que pudiesen convenir á la Francia, y
que, por consiguiente, no había ninguno que fuera á
propósito para tomar las riendas del Gobierno en un
país tan agitado, lo cual era verdad. En vista de esta
repulsa, pasaron á examinar si convendría poner en
el trono al Duque de Orleans, estableciendo una Constitución con dos Cámaras, á imitación de la Inglaterra. La idea les pareció buena; pero nada quedó resuelto en cuanto á este punto, dejando al tiempo que
indicase el partido más conveniente. Joubert partió
para la Borgoña á casarse con Mlle. de Montholon,
y desde allí fué al ejército de Italia. «Venceré á los
austriacos,» le decía á Azara. «Al día siguiente de

la victoria les ofrezco la paz y me pongo en marcha
sobre París.» Llevó consigo gran número de Ayudantes de campo, porque en lugar de cartas que podían descubrir su secreto, quería entenderse con los
otros Generales y con Azara, enviando emisarios. Sabido es que la fortuna desbarató el plan y que Joubert fué muerto en la batalla de Novi.

Azara afirma haber enviado fondos á un banquero
de Lyon, por haberle dicho Joubert que necesitaba
dinero para la ejecución de lo convenido entre ellos.

Que los otros Generales en Jefe de los ejércitos franceses estuviesen de acuerdo con Joubert, lo confirman todas las Memorias de aquel tiempo. Por tanto,
si Joubert hubiera sido vencedor en la batalla de Novi,
el plan hubiera sido puesto por obra; pero la suerte fué
adversa á los franceses en esta jornada, y todos los
planes [quedaron desvanecidos con la muerte del General en Jefe.

Batalla de Novi.

El encuentro entre los ejércitos ruso y francés pasó
de esta manera: Souwarow tenía puesto sitio á Tortona y á Seravalle, al mismo tiempo que, bloqueando á
Mantua y Alejandría, atendía también á otras diversas operaciones. Su designio era penetrar por el Estado de Génova, en la Provenza y el Delfinado, al punto que tuviese en su poder aquellas dos fortalezas.
Instaba vivamente al Archiduque Carlos para que
arrojase á Massena de Suiza y para que, entrando en
el Franco Condado, tomase posesión entre el Saona y
el Ródano, y desde Lyon se juntase con él para concertar sus operaciones. Verificada así la reunión de

los ejércitos, le parecía fácil echar abajo al Directorio y reponer en el trono de Francia á un Príncipe
de la casa de Borbón. Joubert se veía, pues, en la necesidad de pelear si había de libertar á dichas plazas.
Para el feliz resultado de la batalla contaba con un
ejército numeroso y bien ordenado, merced al General
ral Moreau, que había. trabajado con el mayor celo.
en reorganizarlo. ¿Con qué confianza no entraria,
pues, Joubert en la pelea, y cuán lisonjeras esperanzas no halagarían su ánimo? Los aliados estaban tan
lejos de pensar que tuviese la audacia de acometerlos, que los Generales Miladowitsch y Bagracion habían convidado á las damas italianas á un magnífico
sarao: para traerlas y llevarlas habían empleado los
caballos de la artillería y del tren, cuando de repente
llegan avisos de que el ejército francés se acerca, y
desde el sarao hay que pasar al campo de batalla. Los
austro-rusos bajaron al llano, en donde la caballería
podía maniobrar con mayor ventaja, apoyando su
izquierda en el Scrivia. Sucedía esto en el día 24
de Agosto, á cuyo tiempo llegaba el General Kray
con 15.000 hombres. Este refuerzo aumentó la fuerza total del ejército aliado hasta 60.000 hombres. Souwarow no dió más orden de batalla que ésta: «Kray
y Bellegarde acometerán la izquierda; los rusos el
centro, y Melas la derecha.» Añadió para sus propios
soldados estas palabras: «Dios lo dispone; el Emperador lo ordena, y Souwarow lo manda: mañana ha de
ser vencido el enemigo.»

No entraremos en pormenores sobre esta batalla,
en la cual 40.000 hombres pelearon con heróico denuedo contra 60.000, y al principio con alguna ventaja. Kray, para atacar el ala izquierda, atravesó los
barrancos que la defendían y subió á las alturas co-

ronadas por los franceses; una carga de éstos les hizo
retroçeder: en ella murió Joubert. Los ataques dados
al centro y otras dos tentativas hechas contra las dos
alas, tampoco tuvieron buen éxito; pero Melas desa-
lojó á las tropas francesas situadas en Miravalle, cargó sobre el ala derecha de su ejército, la cercó y en-
volvió, y los franceses, viendo su retaguardia en tal
estado, se retiraron guiados por Moreau. La pérdida
de los vencidos en muertos y heridos fué ponderada
en demasía, como sucede siempre.

Escribiendo Souwarow después de este encuentro
al Conde de Rostopchin (el mismo que incendió á Mos-
cow en 1812), decía: «Es regular que mi primera carta sea ya de Francia.» Sin embargo, antes de que esta
misiva llegase á manos de Rostopchin, todo había variado en Italia. Austria y la Inglaterra no estaban
acordes en sus miras con los fines nobles y desinte-
resados del Emperador Pablo, ni con los designios militares de su General, pues aunque aquellas Potencias
deseaban ver terminado el desorden en Francia, por
una parte querían ante todas cosas no aventurar el
éxito, hasta allí ventajoso, de la campaña, por movimientos rápidos y atrevidos, y, por otra, no perdían
tampoco de vista sus intereses particulares. Así, pues,
cuando Souwarow, con un ejército ya reunido delante
de Alejandría el 12 de Septiembre, esperaba que le
llegase la orden de marchar sobre Francia, supo con
sorpresa que su destino era la Suiza (1). Allí le segui-
remos después; es necesario referir antes lo que pasó
en el Mediodía de la Italia.

El ejército francés que se hallaba en Nápoles se vió

____

(1) *Memoires tireés des papiers d'un homme d'état*, tomo I, páginas
269 y siguientes.

muy comprometido por las ventajas conseguidas por los rusos en la Italia septentrional contra los republicanos, y le fué preciso retirarse.

Retirada de Nápoles del ejército francés.—Sucesos de Nápoles.

Con la retirada de Macdonall, que le mandaba, quedaron en gran peligro así el corto número de tropas francesas que dejó para guarnecer los castillos de esta ciudad, como para proteger á los napolitanos, creadores ó sostenedores de la *República Parthenopea*. Habria sido más cuerdo quizá llevarse á todos los soldados, pues era claro que no eran bastantes para hacer frente por una parte al pueblo, fiel siempre á su Rey y deseoso de restablecer la autoridad Real, y por otra á los desembarcos con que amenazaban los navíos ingleses, turcos y rusos. Tal precaución hubiera sido acertada como medida militar, y más todavía como determinación política, porque el crecido número de personas comprometidas, ya por haber intervenido en el nuevo Gobierno, ó ya por su afecto á los franceses, se hubiera ido en pos de Macdonall, y por este medio se habrían evitado las lamentables venganzas y atrocidades que sobrevinieron. En vista de las grandes fuerzas que los aliados tenían en Italia, no era de creer que el ejército francés diese tan pronto la vuelta á Nápoles. Sobre todo desde que Scherer abrió las hostilidades contra los austriacos con tan adversa fortuna, era ya visto que los republicanos no podrían mantenerse ni en Nápoles ni en Roma. El General Macdonall no se habia aún puesto en marcha para unirse con los cuerpos franceses que habían de apoyarle, cuando ya la Calabria se alzó por el Rey legítimo. El Cardenal Ruffo, nacido en Nápoles y apreciado así por su noble alcurnia como por su alta dignidad, había tenido á su cargo en Roma la Tesorería general (Ministerio de Hacienda). Retirado después á Nápoles, siguió al Rey Fernando IV á Palermo; y como el Gabinete tuviese necesidad de una persona entendida y prudente que dirigiese con tino el levantamiento de las Calabrias, Acton, que era el Ministro todopoderoso, le propuso al Rey para tan importante objeto. Otros pretenden que el Ministro quiso alejar al Cardenal de la Corte, en donde la presencia del purpurado podía perjudicar á su crédito. El Cardenal partió de Sicilia á principios del mes de Marzo de 1799 y desembarcó en las costas de Calabria, en Bagnaza, uno de los Estados de su familia. Los calabreses se hallaban en tal estado de fermentación, que las tropas francesas no habían podido nunca establecerse en aquel territorio. La llegada del Cardenal fué la señal del levantamiento general del pueblo contra ellos. Activo é inteligente supo avivar el entusiasmo de los habitantes, y en breve tiempo tuvo ya reunidos 25.000 hombres, armados y sostenidos por los ingleses y rusos que cruzaban delante de las costas de la Calabria. Por desgracia no fué posible disciplinar aquellas tropas colecticias, á pesar de haber hecho los mayores esfuerzos para lograrlo, porque á los calabreses se habían agregado malhechores salidos de las cárceles y galeras, y esta muchedumbre, que crecía por instantes, se mostraba sedienta de sangre y deseosa de entregarse á todo género de excesos. A la cabeza de tan desordenada turba, el Cardenal llegó á las puertas de Nápoles, después de haber vencido la débil resistencia que le opusieron los republicanos en Catanzaro, Cosenza, Rosano y, sobre todo, en Altamura, que fué entrada por fuerza y experimentó todos los desastres consiguientes al vencimiento. El Cardenal era moderado por carácter y también por reflexión. Para preservar, pues, á los comprometidos por el Gobierno republicano de los castigos y atropellamientos que les amenazaban, firmó como Vicario general del reino un salvoconducto que les autorizaba á salir del territorio napolitano. Para mayor seguridad de los que intentaban sustraerse á la furia del pueblo, el Convenio estaba firmado también por uno de los Capitanes de la armada inglesa, llamado Foot. Pero el Almirante Nelson, so pretexto de que el Cardenal no podía tener la facultad de impedir el cumplimiento de las leyes, envió embarcaciones en seguimiento de los fugitivos y entregó á los verdugos á un gran número de personas; acto que empaña el lustre de las acciones gloriosas de este célebre marino, puesto que, como extranjero, hubiera debido no tomar parte en las revueltas de los napolitanos, sino para templar el frenesi que acompaña á las disensiones civiles, y en ninguna manera para aumentarle. Ligábanle, es verdad, íntimas relaciones con el Gabinete de Nápoles, al cual quiso dar pruebas de la sinceridad de su celo; pero esto no justifica su proceder ni disipa la odiosidad de sus crueldades. Fueron muchos los que perecieron en el suplicio. Entre otras personas de rango, se cuentan el Obispo de Carpi, el Almirante Caracciolo, el Conde Reario, el banquero Batistesa y otros, que fueron condenados á muerte y ajusticiados. Está por demás decir que las víctimas del furor del populacho fueron todavía más numerosas. La muchedumbre, teniendo á los suplicios que pasaban delante de su vista por otras tantas aprobaciones solemnes de su conducta y por pruebas auténticas de la buena causa que defendía, se entregó á la ferocidad de su instinto y regó de sangre la capital y las provincias, inmolando sin piedad á cuantos le parecía haber favorecido directa ó indirectamente á los republicanos. El frenesí popular era tal, que aun después que el Rey entró en Nápoles el 27 de Julio, continuaron las venganzas y atropellamientos. ¡Época de horror que desacreditaría la causa de la Monarquía como la del terror fué tenida en Francia poco antes por ultraje insigne hecho á la de la libertad, si los extravíos de las pasiones humanas pudiesen conmover el trono de la justicia ni menoscabar en manera alguna derechos que de suyo son tan sagrados é inviolables como los principios en que fundan su imperio!

Es muy honorífico para la memoria del Cardenal Ruffo el deseo que manifestó de salvar á los que gobernaban en Nápoles, poniéndolos á cubierto de la venganza de las tropas que mandaba. Nadie dejará de aprobar la juiciosa discreción con que quiso aprovecharse del ardor de sus soldados para restablecer la autoridad del Rey, sin exponer la capital á presenciar escenas sangrientas, hijas de ciego y bárbaro fanatismo (1).

La comedia representada por los cónsules, tribunos y ediles de la nueva *República romana*, acabó poco tiempo después del mismo modo que la de *Parthenope*. Cuatro mil soldados franceses escasos, compuestos por la mayor parte de enfermos, heridos ó convalecientes, entre los cuales apenas se contaban 1.500 aptos para

(1) La Reina Carolina llamó al Cardenal en 1805 y le propuso el alzamiento del reino contra los franceses como único medio que restaba á la Corte de resarcir las pérdidas que el ejército acababa de sufrir. La respuesta del Cardenal fué que *semejante desatino no se hacía más de una vez en la vida.*

pelear, no podían defender la ciudad santa y proteger al mismo tiempo á Civita-Castellana y á Civita-Vecchia contra el ejército napolitano que se acercaba. Las venganzas de Nápoles traían también sobresaltados los ánimos de los que habían tomado parte en la destrucción del Gobierno pontificio. Así, pues, al cabo de algunos dias empleados en preparativos de defensa, la guarnición, no queriendo rendirse á las tropas napolitanas, ni menos ponerse á discreción de las bandas de asesinos que iban con ellos, trató con el Comodoro Jowbridge, que cruzaba delante de Civita-Vecchia, á bordo del navío el *Culloden;* pero así los austriacos como los rusos llevaron á mal que la capitulación hubiese sido concluída con los ingleses solos, y no quisieron aprobarla por esta razón; género de disensiones que se ven con frecuencia en las guerras de aliadoss Poco después acaeció otro suceso de igual naturaleza. Los franceses, que permanecían en Ancona sitiados por tropas austriacas, rusas y turcas por espacio de un mes, hubieron de rendirse al fin, y la capitulación honorífica que obtuvieron la firmó solamente el General austriaco. Descontentóse sobremanera de ello el Emperador Pablo I, que se miraba como el Agamenón de la Liga y suponía que ó todo se había de hacer en su nombre, ó por lo menos que nada se haría sin la intervención formal de sus Generales. Tal falta de acuerdo entre los coligados, nacida de los intereses y pretensiones particulares de cada uno de ellos, trajo, por último, la separación de las tropas rusas de la contienda. En cuanto á las plazas de Mantua, Alejandría, Turín y otras varias fortalezas guarnecidas por los franceses, fueron cayendo unas tras otras en poder del ejército aliado; por manera que, al fin de la campaña, la Italia toda, á excepción del Estado de Génova y del Piamonte, había vuelto á poder de sus Soberanos legítimos, pues aunque la Rusia manifestó deseo de que el Rey Carlos Manuel fuese restablecido en su capital, se opuso á ello el Austria.

Batallas en Suiza entre franceses y rusos.

Hasta aquí hemos visto á Souwarow pelear con denuedo y con buena suerte, forzando á los franceses á cederle el terreno. Ahora se le verá también bizarro y activo, pero menos afortunado. El Archiduque Carlos había conseguido tener á raya en Suiza á Massena; pero necesitaba de la asistencia de los rusos para poder enviar parte de las tropas imperiales á Alemania. En virtud de las órdenes de Souwarow, Korsakoff llegó por fin á Zurich el 16 de Agosto, y el Archiduque partió al punto al socorro de la fortaleza de Philisburgo, que estaba cercada muy estrechamente después de largo tiempo. Antes de presentar batalla á los rusos, Massena quiso reunir todos los medios necesarios para resistir á sus nuevos adversarios, cuyas armas iba á probar por la primera vez: veía que Souwarow se acercaba, y era urgente empeñar una acción antes de su llegada. Korsakoff, por su parte, pidió también órdenes á su General en Jefe para acometer al enemigo, y Souwarow le mandó que acometicse. Cuando se estaba preparando para ello, Massena le tomó la delantera y cargó con impetuosidad sobre las tropas austriacas mandadas por el General Hotz, á las cuales desordenó y persiguió, dejando muerto en la pelea á este General y á su Jefe de Estado Mayor Plemekett. Por consecuencia de este revés, los rusos se vieron con sus flancos descubiertos.

Por tanto, tuvieron que retirarse, de posición en posición, hasta Zurich, sufriendo continuas descargas de metralla sin perder nunca su formación y mostrando sumo valor y serenidad. En Zurich, Korsakoff conoció que era necesario reunir todas sus fuerzas y marchar contra los franceses, ya para vencerlos ó ya para contener cuando menos el ímpetu de sus movimientos; pero lo hizo con lentitud, y dió tiempo para que llegase á los franceses su artillería ligera, que causó gran daño en las espesas filas de los moscovitas. Frustrado este ataque, no quedaba otro partido que tomar al General ruso sino abandonar á Zurich y dejar á Massena la entrada libre en aquella ciudad; mas no pudo poner por obra este intento sin que su retaguardia quedase cortada. Cinco mil rusos volvieron á entrar en Zurich, y aunque se defendieron allí con vivo empeño, los franceses entraron en la ciudad y hubo una carnicería. Korsakoff, vencido, pero no desalentado, cargó otra vez á la mañana siguiente con todas sus columnas, por más que sus soldados estuviesen cansados y la fuerza del ejército muy disminuida. El combate fué sangriento y la suerte de la jornada incierta por algún tiempo, hasta que por fin, no pudiendo ganar terreno sobre los franceses, se retiró con sus tropas diseminadas por parajes diferentes. Todo este cuerpo de ejército hubiera sido destruído sin la llegada de Souwarow, que amenazó el costado derecho del ejército francés. Las relaciones francesas dicen que Korsakoff, tenido por Oficial muy instruído en la ciencia estratégica, no dió muestras de su saber en el campo de batalla, y que le faltó en aquellos combates la presencia de ánimo y también el tino, aún más necesarios quizá en la guerra que los conocimientos teóricos.

Souwarow llegaba á Suiza cubierto de gloria. El
Emperador Pablo acababa de conferirle el título de
Príncipe *Itálico* y honores iguales á los que se hacen
á las testas coronadas, declarando con singular entusiasmo que era el más grande entre todos los Generales pasados, presentes y futuros. ¿Sería posible que
el esplendor de tanta gloria adquirida en Italia fuese
obscurecida en Suiza? Si el destino lo ordenó así, no
fué ciertamente por falta de actividad y bizarría del
General ruso. Queriendo combinar su ataque contra
el costado derecho del ejército francés con el movimiento que debía hacer el General Korsakoff contra
el centro, acampó el 18 de Septiembre en Salvedra y
entró el 23 en el valle del Tesin, por el cual subió
hasta la falda del monte San Gotardo, ocupado ya por
los franceses. La fuerza del ejército ruso consistía únicamente en 13.000 hombres, cansados, muertos de
hambre y privados de todo. Los soldados se paran de
repente á mirar aquellas cimas cubiertas de nieve, coronadas de tropas enemigas hasta donde era preciso
subir: á vista de alturas tan escarpadas, su valor y
constancia comenzaron á flaquear; la empresa les pa-
recia temeraria. Souwarow, desesperado al ver en-
friarse así el ardor de sus tropas, manda abrir una
hoya, se tiende en ella y dice: «¡Cubridme con tierra;
dejad aquí á vuestro General: ya no sois mis hijos, ni
yo soy vuestro padre; no me queda más que morir!»
Los granaderos rusos, al oir estas palabras, se arrojan
hacia él, le levantan, piden que les lleve al enemigo
y prometen vencer; pero él calla y al parecer no sabe
qué partido tomar, hasta que por fin, insistiendo de
nuevo los soldados, manda atacar á los franceses: los
rusos suben con ardor al monte San Gotardo y arrojan de él á sus enemigos. No referiremos las marchas

y contramarchas del General ruso: baste decir que forzó todos los puestos que defendían la entrada de Suiza, y que vencedor de los muchos obstáculos que le opusieron la naturaleza, el arte y los soldados enemigos, amenazaba ya muy de cerca el costado derecho del ejército francés, cuando supo con indignación los reveses de Korsakoff y su retirada. Con todo, no pensando que el mal fuese tan grande como realmente era, mandó á Korsakoff que hiciese alto y que volviese al combate, asegurándole que él estaba victorioso por su parte, y que así le respondería con su cabeza si continuase en su movimiento de retirada. Korsakoff obedeció á su General en Jefe; y aunque su ejército se hallase en mal estado, acometió á los franceses en Diesenhofen, en donde le faltó poco para alcanzar señaladas ventajas, sostenido por el Cuerpo del Príncipe de Condé: un refuerzo de tropas frescas, enviado por Massena, le arrebató la victoria. Viéndose obligado á retirarse de nuevo, fué ya imposible la unión de los dos Cuerpos rusos, tanto más, cuanto Massena marchó en persona contra Souwarow, cuyo ejército no pasaba de 10 á 11.000 hombres. Varios fueron los ardides de que se valió el General francés para sacar á Souwarow de los desfiladeros, pues no osaba acometerle en ellos. El Moscovita, que tenía fama de arrojado, y nunca dejó hasta entonces de ir en busca de su enemigo, por la primera vez se vió obligado á retirarse. Es justo decir que supo burlar con pocas fuerzas los conatos del General francés, que era por cierto bizarro y experimentado, y que los rusos contuvieron también á su ejército, victorioso y entusiasmado.

Después de estos sucesos, Souwarow cerró los oídos á los ruegos del Archiduque Carlos para que volviese á entrar en la línea de operaciones. Reunido con el

Cuerpo mandado por Korsakoff, se retiró á Baviera á esperar órdenes de su Gobierno, á quien se quejó sin razón de haber sido vendido por los austriacos. Al cabo de algún tiempo se puso en campaña para volver á Rusia con 30.000 hombres, único resto de 80.000 que pelearon en Suiza é Italia. Así acabó esta campaña, abierta con tan favorables auspicios. Á la verdad, desde el principio de ella se notó ya que el Emperador Pablo, no teniendo más fin que levantar el trono de Francia y arrebatar á las facciones de este país el poder que habian usurpado, caminaba derechamente á realizarle, y que el Austria, por el contrario, con la vista siempre fija, no tan solamente en la conservación de sus Estados de Italia, sino también en su mayor engrandecimiento, obraba en la coalición conforme á estas ideas. La diferencia entre el carácter de los moscovitas y el de los austriacos fué también grande estorbo para el buen acuerdo entre los Generales de ambos ejércitos. Ofendíanse los alemanes de la vanidad de los rusos y de sus baladronadas, que por lo común indicaban desprecio de sus aliados. ¡Cómo llevar con paciencia la jactanciosa insolencia del General Korsakoff, que á los consejos del Archiduque Carlos sobre el modo de colocar algunos puestos á su llegada á Suiza, contestaba: *Se me dice que coloque aquí un batallón: está bien; pondré una compañía.—He dicho un batallón* (replicó el Archiduque). *— Lo entiendo: un batallón austriaco ó una compañía rusa!* —Con la misma altanería procedían en todas sus relaciones en materia de servicio. El orgullo de Souwarow era extraordinario. Habiéndose rogado al Archiduque que asistiese á un Consejo de Guerra celebrado en Donaneschingen, después de la retirada de los rusos, tuvo el atrevimiento de decir al hermano mismo del Emperador de Alemania estas palabras, que parecen increíbles: *Soy Feld Mariscal de un ejército imperial, como usted. Usted es mozo y yo soy viejo. A usted toca venir á buscarme.*—Fuera nunca acabar referir otros muchos hechos, sucedidos antes de los reveses, que prueban la descocada presunción de los rusos. Aun cuando no hubiese habido diversidad de intereses en ambas naciones, esta causa sola habría bastado para romper al fin la buena inteligencia entre los Generales, y para paralizar ó frustrar del todo los planes mejor combinados contra el enemigo común.

Desembarco de un ejército en Holanda á las órdenes del Duque de York.

En el tiempo mismo en que la fortuna se mostró tan adversa á los aliados en las montañas de Suiza, se desgració también completamente la expedición que los ingleses y rusos enviaron contra Holanda. Veinte mil hombres de buenas tropas inglesas, al mando de los Generales Albercombrie, Denidas y Pultney, y de 15 á 20.000 rusos, gobernados por Herman, Essen y Emme, desembarcaron delante de Helder, acaudillados unos y otros por el Duque de York. El ejército estaba abundantemente provisto de municiones de boca y guerra. Para el logro de la empresa se contaba también con el crecido número de partidarios que tenía la casa de Orange, los cuales estaban prontos á declararse en favor del Principe de este nombre, al punto que fuerzas militares de consideración se presentasen para apoyarlos. La resistencia del enemigo no podia al parecer contrarrestar á la fuerza del ejército anglo-ruso. En virtud del Tratado de 1795, la República bátava había levantado dos Cuerpos de ejército, ó sean dos Divisiones, cada una de 10.000 hombres. El Directorio estaba obligado por su parte á dar 24.000 hombres, cuya manutención correría por cuenta de Holanda; mas hubo negligencia en cuanto al cumplimiento de esta estipulación, puesto que los franceses no tenían entonces en Holanda más de 10 á 12.000 hombres, fuerza desigual é insuficiente, ya para resistir á los enemigos exteriores, y ya también para contener los levantamientos que eran de temer por parte de los holandeses mismos. Así fué que, aun habiendo hecho grandes esfuerzos, no pudieron estorbar el desembarco de las tropas aliadas, ni impedir sus progresos en lo interior del territorio bátavo. El ejército de invasión era ya dueño del Helder el 30 de Agosto; y habiendo entrado en el Texel la escuadra británica, intimó á las fuerzas navales holandesas que arriasen bandera y enarbolasen el pabellón de Orange. Once navíos, tres fragatas y cinco buques de la Compañía de la India oriental obedecieron á la intimación sin resistencia; pues aunque los Comandantes quisieron excusarse á poner por obra las órdenes del enemigo, alzáronse las tripulaciones contra ellos, y la escuadra toda pasó á los ingleses. No obstante esta deserción, tan provechosa á los coligados, procedía su ejército con suma circunspección en todos los movimientos; lo cual, visto por el General francés Brune, se determinó á acometerle antes de que le hubiesen llegado los Cuerpos que esperaba. El ejército francés peleó con denuedo, pero fué rechazado, y el Duque de York creyó ser llegado el momento oportuno para cargarle á su vez y destruirle totalmente; pero se engañó el Principe inglés en sus esperanzas, como se había engañado el General republicano en las suyas. Los franceses, aprovechándose de la lentitud y de las falsas combinaciones de sus enemigos, consiguieron dejar cortados algunos Cuerpos enemigos y les obligaron á la retirada. Las consecuencias de esta batalla de Bergen, más bien cedida por los aliados que ganada por los franceses, fueron muy favorables para éstos: los franco-bátavos alzaron la cabeza; los partidarios de la casa de Orange no osaron declararse por ella, y aquella muchedumbre de gentes que se ve siempre estar en acecho de los sucesos en tales crisis para pronunciarse en favor del partido que vence, se declaró por los franceses. Los rusos y los ingleses comenzaron también á achacarse recíprocamente el mal éxito del combate. Desde entonces el ejército expedicionario hubo de atender ya á su propia defensa y renunciar á sus proyectos de agresión. Aunque las fuerzas del Duque de York fuesen superiores todavía á las de los franceses, dejó pasar varios días en completa inacción, y el General Brune aumentó entre tanto su ejército y le ordenó: el 2 de Octubre los anglo-rusos acometieron al ejército francés. Alcanzaron sobre él ventajas en aquel encuentro, que fué muy empeñado, puesto que Brune se vió obligado á retirarse á Harlem; y si bien al dia siguiente pudo volver sobre ellos y causarles daños considerables, todavía hubieran podido mantenerse en sus posiciones. Mas ya fuese porque la resistencia vigorosa que hallaron les presentase la empresa como de más difícil ejecución que habían creído al principio, por no haberse alzado ningún Cuerpo ni ninguna provincia en defensa de los derechos de la casa de Orange, como esperaban, ó ya porque hubiese discordia entre los Jefes aliados, descontentos de la pereza ó ineptitud del Duque de York, ó ya, en fin, porque á la Gran Bretaña le hubiese satisfecho suficientemente la rendición de

la escuadra holandesa, objeto principal suyo en la expedición, las tropas aliadas se retiraron á sus líneas y
no pensaron ya más en detenerse en Holanda. Cuando
hubieron consumido todos los víveres que tenían, dió
el Duque de York sus órdenes para el reembarco del
ejército; y temiendo que el Jefe enemigo pudiese in-
quietarle antes de hallarse en el mar, entró en tratos
con él. Brune no podía prometerse suceso ninguno
ventajoso peleando, y así pidió la restitución de la escuadra holandesa por pura forma y sin esperanza de
obtenerla, y el 19 de Septiembre quedó firmada la capitulación más ignominiosa que jamás se haya hecho,
puesto que se concedía en ella lo que ni se tenía derecho de prometer ni de ejecutar; es á saber: poner en
libertad y entregar 8.000 prisioneros franceses que estaban tiempo había en Inglaterra, de los cuales ninguno provenía de la presente campaña. A este precio la
expedición se alejó tranquilamente de las costas de la
República bátava. Los diarios ingleses de aquel tiempo
no hallaron expresiones bastante enérgicas para censurar el proceder del Duque de York: la desaprobación
y el enojo contra el General en Jefe fueron universa-
les en la Gran Bretaña, y á la verdad con razón.

Resultados de la campaña.

La situación de las Potencias beligerantes era la siguiente después de esta campaña. El Directorio, aun
cuando hubiese tenido que abandonar la Italia, conservó el honor de sus armas, y se mantuvo en Suiza
y en Holanda; además logró ver disuelta la coalición.
El Emperador Pablo, habiéndose desengañado de que
ni la Inglaterra ni el Austria estaban movidas como

él por miras desinteresadas ni por sentimientos caba-
llerescos, resolvió ser en adelante menos generoso y
magnánimo, y obrar por los mismos principios de politica que regían á los demás Gabinetes. Para el Austria hubiera sido el colmo de su satisfacción volver á
la posesión de los Estados de Italia y libertar á aquella Peninsula del yugo tiránico de los republicanos, si
la coalición se hubiese mantenido unida; mas por su
rompimiento el Emperador de Alemania quedaba solo
en el continente para hacer frente á los franceses, ansiosos todavía de nuevas conquistas y agresiones. La
Inglaterra era la única de las tres Potencias que hubiese sacado mayores ventajas de la coalición. Sus escuadras estaban dominando todos los mares después
de la victoria de Abukekir; y para que su poder maritimo fuese todavía más estable, la armada de los
bátavos acababa de ponerse bajo su protección. A la
verdad, la República francesa no estaba aún reducida al abatimiento que la Gran Bretaña deseaba; cuantiosas sumas habrían de salir aún de la Tesorería inglesa á las naciones extrañas para asalariar nuevos
ejércitos que combatiesen contra su enemiga. Mas la
preponderancia marítima quedando bien asegurada á
la Inglaterra, era cierto que sacaría cantidades mucho más considerables de su comercio en todas las
partes del mundo. Las únicas fuerzas navales que
quedaban ya después de la rendición de la escuadra
bátava, eran las escuadras del Rey de España y de la
República francesa. Reunidas ambas, eran todavía
respetables y hubieran podido probar fortuna, si bien
la persuasión fundada que se tenía de la superioridad
de los ingleses en los combates de mar, como lo probaban los últimos encuentros, y señaladamente el de
Abukekir, imponía á los Comandantes españoles y

franceses la obligación de proceder con suma prudencia antes de concertarse sobre los planes de campaña
que debían adoptar y seguir.

Detengamos aquí la relación de los sucesos de Europa, así políticos como militares, y volvamos la vista hacia el no menos desventurado que virtuoso Pontífice Pío VI, arrojado de su solio por el furor de los
jacobinos.franceses é italianos.

Pío VI.

La declaración de guerra entre el Emperador de
Alemania y la República francesa, vino á agravar la
ya muy dura suerte del venerable Padre de los fieles.

Viéndose en edad muy avanzada, y agobiado por
dolencias continuas, hubo de someterse en todo á lo
que dispusieron sus enemigos y á pasar de un destierro á otro, hasta que por fin plugo á la Providencia
llamarle para sí y poner término á sus padeceres.

Sabedor Carlos IV del destronamiento de Pío VI y
de las vejaciones que se siguieron á esta violencia
odiosa de los republicanos, mandó que los tres Arzobispos enviados á Roma en el año anterior siguiesen
á Su Santidad en su destierro y le consolasen en la
desgracia. Ordenó también que se abriese un crédito
ilimitado para socorrerle con las cantidades de que
tuviese necesidad en sus forzosas peregrinaciones,
obrando en esto con la tierna solicitud propia de un
hijo afecto sinceramente al Padre de los fieles. Mas
los Arzobispos de Sevilla y de Seleucia dejaron de residir cerca de Su Santidad, porque el Directorio de
París, enemigo del Papa y receloso hasta de las atenciones que se tenían por su persona, no permitió que

los Cardenales y Prelados residiesen cerca de Pío VI. Los dos Arzobispos dichos regresaron, pues, á España al cabo de algún tiempo. El único que obtuvo permiso de permanecer cerca de Pío VI fué el Cardenal Lorenzana, Arzobispo de Toledo, no sin disgusto del Directorio francés, el cual, viendo á Azara nombrado Embajador del Rey en Paris, creyó que el Cardenal Lorenzana tenía encargo de sucederle cerca del Papa como representante del Rey Católico, y que éste era un acto positivo de reconocimiento de la soberanía temporal del Pontífice. Engañábase en ello el Directorio, porque la presencia del Cardenal español cerca del Papa era tan solamente testimonio de afecto y veneración del Rey á la dignidad pontificia y á la persona del desgraciado Pío VI.

Azara, antes de partir de Florencia para la Embajada de París, fué á visitar al Papa Pío VI, á quien había tratado con confianza é intimidad en circunstancias menos aciagas. ¡Cuán dolorosos no debieron de ser entonces los mutuos recuerdos del Pontífice y del Embajador sobre las ocurrencias pasadas! El Ministro español no había cesado de aconsejar en otro tiempo al Papa que obrase con prudencia y no diese oídos á las persuasiones de hombres ignorantes ó apasionados: único medio de conjurar la tempestad que se formaba contra los Estados pontificios. ¡Pío VI, á quien Azara miraba como amigo verdadero, se hallaba ahora destronado y preso! Azara se estuvo doliendo de tal desgracia por toda su vida. «Para salvar la Monarquía, decía algunos meses después al Ministro Urquijo, se há menester una prudencia más que ordinaria en las circunstancias en que está el mundo; tragar cosas que en otras ocasiones no fueran tragables, y, sobre todo, es necesario que los hombres olviden del todo sus personas, poniendo la vista tan solamente en los negocios; hase de disimular todo pique, y si es posible hasta las humillaciones, puesto que á quien salvase la patria ninguno le preguntaría, ni entre sus contemporáneos ni en la posteridad, de qué medios se había valido: su gloria sería siempre completa; mas si la perdía por mala conducta, ó por no haber sabido moderar sus pasiones ni hacer callar al amor propio, la mancilla sería eterna. *Estas y otras máximas semejantes me he esforzado en persuadir á Pío VI por más de tres años,* y no habiéndolas querido seguir, el suceso ha demostrado que ha perdido los Estados pontificios, sus súbditos, la Iglesia, y puede decirse el mundo todo.»

El desgraciado Pontífice hacía justicia á Azara, y confesaba que su suerte y la de sus Estados habría sido muy diversa si hubiera visto el porvenir con la misma sagaz penetración que el Ministro plenipotenciario del Rey de España. Mas ciñéndose ahora á la situación en que se hallaba, cautivo en el Convento de los Agustinos de Siena, enfermo y en edad ya muy avanzada, teníale muy cuidadoso el estado futuro de la Iglesia cuando por su fallecimiento hubiese que nombrarle un sucesor. Por tanto, trató con Azara de los medios que podrían adoptarse antes de que llegase ese caso. El más acertado, entre todos ellos, pareció firmar el Papa una Bula autorizando á los Cardenales á reunirse después de su muerte para que celebrasen el Cónclave en donde lo tuviesen por más conveniente. Firmada que fué la bula, Pío VI la entregó á Azara con encargo, no tan solamente de custodiarla, sino también de hacerla firmar por los Cardenales que se hallasen esparcidos por los lugares por donde hubiese de transitar, lo cual cumplió el Emba-

jador español con el mayor secreto y exactitud. El
Papa dispensaba por la Bula todas las formalidades
extrínsecas de los Cónclaves. Azara consiguió también
de Pío VI, por lo que respecta á España, que las expediciones eclesiásticas para la Península se continuasen en Roma del mismo modo que si Su Santidad estuviese allí; el Papa consintió en conferir las más
amplias facultades á algunas personas de confianza
residentes en aquella capital. Por este medio los negocios espirituales de España no podían sufrir ningún
retardo.

En la siguiente carta de Azara, escrita en Florencia de regreso ya de Siena, después de hablar del
Papa y del espíritu de persecución que reinaba en
Roma y en el Directorio contra él, menciona también
la medida acordada con Pío VI sobre el Cónclave
(20 de Abril de 1798): «Veo que será muy difícil que
el Papa pueda permanecer en Siena del modo que está
hoy, porque los romanos le hacen una guerra cruel y
mueven á los franceses sembrando sospechas y chismes. Comprometen también al Gran Duque y le hacen vivir en continuo sobresalto, á tal punto que se
ve obligado á no dejar parar en su Estado á ningún
Cardenal ni Prelado de los que llegan desterrados de
Roma, y tan pronto como se aparecen en Siena se les
notifica que salgan en el término de veinticuatro horas. La situación es tan vidriosa, que temo que el Cardenal Lorenzana nos comprometa.

«Este Soberano (el Gran Duque de Toscana) ha pre-
guntado varias veces á los Jefes franceses cómo se
habría de conducir con el huésped que le han traído
á casa por fuerza, y siempre le han respondido que le
eche de sus Estados, cosa que S. A. R. no podría hacer sin deshonrarse. Ha enviado dos correos á París

preguntando al Directorio la conducta que debe observar, y nunca le han contestado. Por tanto, se ha resuelto á enviar á Viena á su favorito el Marqués de Manfredini para mover á su hermano el Emperador á tomar un partido é interponer sus oficios con Francia para aclarar este negocio.

»Una de las cosas que más me han ocupado estos días, añade Azara, ha sido tratar con los Cardenales que han pasado por aquí el modo con que podrá hacerse la elección del nuevo Papa sin que haya cisma. Todos han convenido en el proyecto que les he presentado de delegar la elección á los Cardenales que se hallaren unidos en mayor número, y que los demás accedan después á aquella elección. Reconocido entonces el nuevo Papa por el Rey nuestro amo y por el Emperador, podremos reirnos del que hagan elegir en Roma los del nuevo Gobierno, pues tienen tomada la resolución de hacer elegir un Papa por el pueblo romano, y viven persuadidos de que toda la Iglesia católica le reconocerá; pero tengo para mí que aun cuando se empeñe en ello la Francia no podrá conseguirlo, porque será un Papa ilegítimo, esclavo de aquellos facciosos y elegido por quien no debe, según la disciplina de la Iglesia observada de mil años á esta parte. Por lo que oigo decir á los Cardenales, todos desean que á la muerte del Papa sea posible juntar un número de diez ó doce Cardenales en el territorio que fué de la República de Venecia, sujeto hoy al Emperador, los cuales podrán hacer la elección, á que accederán los demás dispersos. Todos me parece que están conformes en elegir al Cardenal Gerdil, que está en Turín, hombre sin otra tacha que la de su edad avanzada.»

El Papa permaneció en Siena hasta el día 25 de

Mayo de 1798. Como un temblor de tierra hubiese ocasionado daños en el Convento y aun en el cuarto mismo que Su Santidad habitaba, se tomó la determinación de trasladarle á la Cartuja de Florencia, adonde llegó el 2 de Junio. Esta causa de su traslación no sería quizá ni la única ni la principal; antes bien es de suponer que la proximidad de Siena al territorio de la República romana, y la corta distancia de esta ciudad al mar, influirían también en ella. Luego que el Pontífice habitó la Cartuja, á la cual llegó el 2 de Junio, fueron á visitarle el Gran Duque de Toscana y el Rey y la Reina de Cerdeña, ejemplo todos tres de la instabilidad de las grandezas humanas, pues el primero vivía en sobresalto continuo por la suspicacia é injusticia de los republicanos, y el Rey y la Reina de Cerdeña acababan de ser arrojados por ellos de los Estados que poseían en el Piamonte. Estos Soberanos ofrecieron á Pío VI que le llevarían á Cerdeña en su compañía. «Véngase Vuestra Santidad con nosotros, le decía la Reina; nos consolaremos juntos. Vuestra Santidad tendrá en nosotros hijos respetuosos que le cuidarán como merece tan tierno Padre.» El Papa oyó con viva gratitud el ofrecimiento noble y generoso de estos Soberanos; pero alegó su edad avanzada y el quebranto de su salud para dispensarse de admitir su favor.

Pío VI vivió en la Cartuja de Florencia con cierto sosiego hasta principios de Abril de 1799. Entonces el temor fundado de que estallase otra vez la guerra entre el Emperador de Alemania y la República francesa, causó su traslación á Francia. El Rey de Nápoles había escrito al Papa una carta desde Roma, y aun la publicó imprudentemente rogándole que volviese á su capital. El Papa no estuvo dispuesto á se-

guir tal consejo; pero el Directorio se afianzó más en
la idea de hacer salir á Pío VI de Italia, en cuyas provincias no podria menos de haber trastornos y conmociones populares si se declaraba la guerra al Emperador (1). Entre tanto la salud de Pío VI decaía por momentos: cualquiera incomodidad ó fatiga pudiera acelerar su muerte. No obstante, el Ministro de la República francesa en Florencia, Reinhard, envió al Ayudante general Gipeant, que acompañaba al Rey de
Cerdeña, para que dijese al Santo Padre que S. M. Sarda le convidaba á partir en su compañía, y que éstos
eran también los deseos del Gobierno francés. El Papa
contestó que el estado de su salud siendo tan deplora-

(1) Pío VI no recibiría probablemente la carta del Rey de Nápoles,
hallándose recluso en un Convento y vigilado por los agentes del Directorio; pero las *Gacetas* de Roma tuvieron buen cuidado de publicar-
la mientras que el Rey Fernando IV se hallaba allí con su ejército.
Como el fin de la Corte de Nápoles fuese encender los ánimos contra
los franceses en toda la Península itálica, recordando sus violencias y
atropellamientos, le convenía llamar la atención hacia el Santo Padre,
arrancado de su solio por fuerza y confinado en la soledad de una
Cartuja. El Rey Fernando hizo su entrada solemne en Roma el día 29
de Noviembre; la carta debió de ser escrita pocos días después.
«Vuestra Santidad, decía, sabrá con la mayor satisfacción, sin duda
ninguna, que con ayuda del Señor nuestro Salvador, y por la augusta
intercesión del bienaventurado San Jenaro, he entrado triunfante y sin
resistencia en la capital del mundo cristiano.
»Para gloria de Vuestra Santidad más bien que mia, he vuelto á po-
sesionarme de esta ciudad ostentosa, de la que Vuestra Santidad fué
arrancado violentamente por hombres impios. Ahora ya puede Vuestra Santidad volver sin temor ninguno y reasumir su Autoridad paternal al abrigo de mi ejército. Salga Vuestra Santidad de su retiro cuanto
antes pueda. Venga, pues, Vuestra Santidad en alas de los mismos que-
rubines que transportaron en otro tiempo á Nuestra Señora de Loreto,
y vuelva á entrar en este Vaticano, que sera purificado con su presencia. Vuestra Santidad podrá celebrar todavía los Oficios divinos el día
del Nacimiento del Salvador, y así dar principio á una nueva existencia.»

ble, le era imposible moverse. D. Pedro Labrador, Encargado de Negocios del Rey en Florencia, informado por el Nuncio de la imposibilidad en que el Papa se hallaba de emprender semejante viaje, hizo presente al Ministro francés Reinhard y al Director de la policia, Salicetti, que el Rey de España se alegraría quizá de que el Papa pasase á Cerdeña, porque de ese modo estarían más libres las comunicaciones con Su Santidad para los negocios espirituales de sus vasallos; pero que les conjuraba en nombre de la humanidad, de que tanto se gloria la nación francesa, que lo considerasen bien, reflexionando cuán poco digno objeto de la cólera de un Gobierno era un anciano de más de ochenta años, enfermo y desgraciado. Yá fuese en virtud de este ruego, ó ya fuese por otros motivos, la ejecución del viaje del Papa á Cerdeña quedó suspendida hasta nueva resolución del Directorio. Llegó ésta por fin, y Pío VI salió el 1.º de Abril de 1799 de la Cartuja de Florencia, no para Cerdeña, sino para Parma, en donde fué recibido por el Infante-Duque con los más vivos testimonios de respeto y veneración, y permaneció hasta el 13 del mismo mes. En este día, contra el dictamen de los facultativos que creían arriesgada la vida del Papa si se ponía otra vez en camino, salió para Turín con dirección á Francia. De Turín partió el 20. El paso por la montaña de *Geneore*, que no podía atravesarse en` coche, fué penoso. Pío VI tenía llagas en las piernas y fué menester colocarle en una cama portátil. Los Prelados y criados de servicio iban montados en mulas. La travesia duró cuatro horas entre paredes de nieve. Los húsares piamonteses de la escolta ofrecían al Santo Padre sus dolmanes para preservarle del frío; pero no quiso admitirlos, diciéndoles que se hallaba bien y

no tenía ninguna necesidad de ellos. Por fin, el 30 de
Abril por la noche, el Pontífice y su comitiva llegaron á Brianzon, primera ciudad de Francia, en la
cual el pueblo manifestó sentimientos de veneración
y vivo interés al desgraciado Pío VI; protestación solemne de aquellos piadosos habitantes contra el fanatismo impío de los Directores de París y de sus
agentes franceses é italianos.

Era tal el rigor de la suerte que perseguía á Pío VI,
que cuando esperaba vivir con menor inquietud por
hallarse ya en territorio de la República, hubo de
pasar por la tribulación de verse separado de los Prelados, cuya compañía le era de tanto consuelo. Acu-
sábanles de tener correspondencia con los insurgentes del Piamonte, y también de que continuaban publicando rescriptos. En consecuencia, se les mandó ir
á Dijon, mientras que Su Santidad se quedaba en
Brianzon, reducido al servicio de criados de inferior
clase é imposibilitado, por consiguiente, del ejercicio
de su autoridad espiritual, pues el Arzobispo de Co-
rinto, Monseñor Spina, que fué después Cardenal y
Arzobispo de Génova, era el habilitado para despachar con el Papa. El Abate Marotti extendía los rescriptos. Detuviéronse en Grenoble estos eclesiásticos
por haber llegado allí el Decreto del Directorio, en
que se mandaba al fin que Pío VI fuese conducido á
Valencia del Delfinado. El 14 de Julio, día señalado
en los fastos de la revolución francesa, el Sumo Pontífice llegó á esta ciudad, acompañado ya de los Prelados, los cuales se le juntaron á su paso por Grenoble.

El Papa logró entonces la satisfacción de tener á su
lado á Monseñor Spina y los demás eclesiásticos de su
comitiva, por instancias de D. Pedro Labrador, Encar-

gado de Negocios de España en Toscana, el cual, de orden del Rey, pasó á Francia con orden de fijarse en la ciudad en donde residiese Su Santidad, y de proveer á su subsistencia y á la de su familia. Otro objeto importante de su misión era obtener del Papa varios Breves que solicitaba su Corte para acudir á las urgencias del Estado, tales como concesión de nuevos subsidios eclesiásticos, administración de encomiendas y otros semejantes. D. Pedro Labrador hizo presente en Grenoble al General Muller, Comandante del Departamento, que le sería imposible conseguir los fines de su encargo si no estaban cerca de Su Santidad las personas á quienes estaba cometido el despacho de los Breves, y que así quedaria España privada de los recursos convenientes para hacer fructuosa su alianza contra Inglaterra. El General se rindió á las razones del Encargado, y convino en que el Arzobispo y demás eclesiásticos volviesen á unirse con Su Santidad, en lo cual consintió también el Directorio, prevenido ya por Azara de los fines del Rey. Alivióse entonces algún tanto la situación dolorosa del Pontífice. El famoso Lareveillère, que hasta allí había sido árbitro supremo de la dirección de los negocios de Italia, cesó en su cargo de Director, y los otros cinco Directores que quedaron estaban lejos de mostrar el intolerante é intolerable fanatismo del que hacía de cabeza de los *teophilántropos*. Por otra parte, se trató de que Su Santidad no viviese en la indigencia á que le querían reducir sus enemigos. Además de los socorros que el Rey de España ofreció á Pío VI para que atendiese dignamente á su mantenimiento y al de su familia, se hicieron á Su Santidad cuantiosas asignaciones por parte de los Arzobispos españoles. El Arzobispo de Sevilla le señaló 36.000 pesos fuertes anuales, que entregaba por mesadas de 3.000; el de Valencia, 25.000 pesos cada año; en cuanto al Arzobispo de Toledo, aunque ocultó con cuidado la suma de su asignación por causas qúe ignoramos, es de suponer que fuese aún más considerable que la de aquellos Prelados. Otros Obispos y eclesiásticos españoles hicieron llegar también socorros á Pío VI, compadecidos justamente de su infortunio y deseosos de aliviar sus padecimientos. Luego que D. Pedro Labrador se situó en Valencia, corrió por su cuenta la entrega del dinero enviado por la Corte y por los Arzobispos, dando así la España un testimonio evidente de su adhesión verdadera á la Cabeza de la Iglesia, en medio de las horribles persecuciones que sufría.

Su Santidad, reconocido al tierno interés que le manifestaba el Rey, y hecho cargo de los crecidos gastos en que se veía empeñado, vino en conceder á S. M. Católica las gracias que solicitaba. D. Pedro Labrador consiguió un Breve para la imposición de un subsidio de 66.000.000 de reales sobre el clero de España é Indias, en la misma forma que el del año 1795; otro para aplicar al Erario las rentas de todas las encomiendas de las Órdenes militares, con facultad de vender los capitales de ellas, para darles igual aplicación. Por un tercer Breve aprobaba Su Santidad el Real decreto de enajenación de bienes de hospitales, patronatos y obras pías, para imponer el producto en la Caja de Amortización al interés de 3 por 100, y exhortando á igual venta é imposición á los Prelados eclesiásticos por lo respectivo á bienes de beneficios, capellanías colativas y demás de su jurisdicción. Finalmente, otro Breve prorrogaba la Bula de la Cruzada por veinte años y por todo el tiempo que no fuese fácil acudir á Roma. El Rey hubiera deseado que este Breve fuese de perpetuidad, pero el Papa no accedió á su deseo. Tampoco fué posible determinarle á conceder otra gracia para aplicar al Erario la tercera parte íntegra de las rentas de los Obispados y Arzobispados de España, porque Su Santidad quería saber, antes de concederla, á lo menos por aproximación, la cantidad á que dicha tercera parte podía ascender, y el Encargado del Rey no se halló en estado de darle en aquel instante noticia positiva y circunstanciada sobre ello.

Otra de las pretensiones de la Corte de Madrid fué la erección de la Capilla Real en Catedral; mas tampoco vemos que este pensamiento lograse la aprobación del Pontífice romano. En fin, el Ministro Urquijo encargó á D. Pedro Labrador que entablase y obtuviese otra solicitud más importante, es á saber: el consentimiento de Su Santidad para que fuesen restituidas á los Obispos sus facultades primitivas, y que quedase restablecida la antigua disciplina eclesiástica en todo su rigor; pensamiento que en verdad manifestaba irreflexión, pues no se podía esperar fundadamente que el Papa, en la triste situación en que se hallaba, consintiese en abdicar las facultades pontificias, hallándose solo, separado de los Cardenales y falto de la asistencia y consejo de éstos para resolver materia de tal importancia. Aun en tiempos de plena libertad de discusión y con la asistencia de todos sus Consejeros, habría sido largo el examen de este punto tan esencial para el gobierno de la Iglesia, ¿cómo exigir, pues, de un Pontífice encarcelado, solo y enfermo, que decidiera tan ligeramente conforme á lo pretendido por el Ministro Urquijo? El carácter impetuoso de éste y el ardoroso celo del Canónigo Espiga y de otros canonistas que le daban consejos, fueron causa de esta pretensión inconsiderada é inoportuna.

Pío VI estuvo hospedado en Valencia del Delfinado en la casa que habitaba en otro tiempo el Gobernador militar, y disfrutó allí de ciertas comodidades. El pueblo le acataba y le daba á cada paso testimonios no equívocos, así de la veneración que tenía á su suprema dignidad, como del interés que tomaba en sus padecimientos personales. En tal situación, las ventajas militares alcanzadas por el Mariscal ruso Souwarow en Italia y su proximidad á las fronteras de Francia, movieron al Directorio á mandar que el Papa fuese trasladado á Dijon, lejos de las provincias de Francia amenazadas de la invasión de los enemigos.

Diéronse, pues, las órdenes convenientes para su conducción á la expresada ciudad, y hubiera sido puesta por obra en el mes de Julio sin la declaración terminante y espontánea de uno de los médicos de Su Santidad, que era francés, el cual dijo que el Papa no se hallaba en estado de emprender el viaje mientras que durasen los calores de la canícula, y que obstinarse en llevarle á otro paraje, sería acelerar su muerte y tomar sobre sí muy grave y odiosa responsabilidad. Con efecto, los síntomas del próximo fallecimiento de Su Santidad se sucedieron unos tras de otros. Murió el 21 de Agosto de 1799, á la una y media de la madrugada, después de haber dado ejemplo de piadosa resignación y de haber recibido los Santos Sacramentos con fervor en presencia de todos los que componían su comitiva. Falleció á la edad de ochenta y un años y ocho meses menos dos días, y rigió la Iglesia por espacio de veinticuatro años, seis meses y catorce días, habiéndole faltado muy poco tiempo para desmentir la profecía acreditada de que ningún Papa ha de llegar á gobernar la Iglesia por espacio de veinticinco años, como San Pedro. *Non videbis dies Petri.*

Sin los trabajosos padecimientos que los franceses ocasionaron á Pío VI en los últimos años, es probable que hubiera sido desmentido el famoso vaticinio.

Algunos miembros del Consejo municipal ó Ayuntamiento fueron de parecer que se consumiese el cadáver con cal viva y que se guardasen sus cenizas; pero D. Pedro Labrador pudo conseguir que se suspendiese la operación hasta que el Directorio diese sus órdenes sobre el particular. Por disposición de éste, el cuerpo fué después embalsamado y depositado con sus ornamentos papales en el cementerio común: el corazón y las entrañas fueron puestos en una urna particular. Para prevenir los inconvenientes de la inhumación, fabricóse una bóveda de cal y canto, y se cerró la puerta de ella con una pared, si bien quedó señalado el lugar para poder hallarla cuando fuese necesario. Los de la comitiva del Papa difunto hubieran preferido llevar el cuerpo del Papa á Roma; pero Azara, á quien insinuaron este pensamiento, fué de parecer que no convenía hacerlo por varias consideraciones, fundadas en el estado de Italia, á las cuales se añadían también los crecidos gastos que la traslación debería ocasionar si se hacía con el aparato correspondiente. Azara sabía que por necesidad el Rey de España debería encargarse de ellos. Esto no obstante, hizo presente el deseo de los Prelados romanos al Directorio, que no accedió á su realización. Cuando Bonaparte fué nombrado primer Cónsul de la República francesa, conoció que era urgente reparar los escándalos del Gobierno anterior, y entre ellos el que ocasionó la persecución de Pío VI, para reconciliar así los ánimos de los fieles con las reformas políticas hechas en Francia. El 30 de Noviembre, pocos días después de su instalación en el Consulado, mandó que

se hiciesen las exequias del anciano y venerable Pontífice, cuyas virtudes eran merecedoras de respeto,.
puesto que si había sido por un instante enemigo do
la Francia, la causa de ello, decía, fueron sus Consejeros. El Cónsul añadía que era muy propio de la nación francesa y del carácter humano de sus habitantes tributar. homenajes al que había ocupado en el
mundo uno de los primeros puestos. En 1801, concluído ya el Concordato con Pío VII, los restos de su
predecesor fueron trasladados á la Basílica de San
Pedro de Roma, conforme á lo dispuesto en su testamento.

La vida del Papa Pío VI fué agitada por incesantes.
tribulaciones. Desde los primeros años de su Pontificado hubo de entrar en una contienda viva y sostenida con los adversarios de las prerrogativas de la Curia Romana. Mucho antes de que apareciese el meteoro
de la Revolución francesa que ocasionó devastaciones.
tan terribles, se halló ya fuertemente acometida la
Autoridad pontificia por aquellos mismos Soberanos.
católicos que hasta entonces se habían mostrado su-
misos y obedientes á ella. Ni Febronio (1) ni Scipión de
Ricci (2) hubieran alarmado á la Iglesia de Roma á
no haber hallado sus doctrinas protección decidida en
los Monarcas. El Gran Duque de Toscana y José II,
Emperador de Alemania, declararon que estaban resueltos á recobrar los derechos de su soberanía. Hasta.
el Rey de Nápoles proclamó abiertamente su emancipación y se negó á pagar á la Santa Sede el feudo acos-

(1) Publicó en Alemania en 1763 un Tratado con este título: *De
statu presenti ecclesiæ et legitima potestate Romani Pontificis.* El nombre
de *Justianus Febronius* era supuesto; el verdadero fué J. N. Hontheim,
Obispo de Myriophite, *in partibus infidelium.* Al fin retractó sus errores..
(2) Obispo de Pistoya.

tumbrado. Otros Soberanos se resistieron también á las pretensiones de la Corte de Roma, ó le pidieron con imperio que sancionase sus determinaciones. Por manera que Pío VI tuvo que hacer esfuerzos continuos para apuntalar y sostener una autoridad minada ya y que amenazaba ruína por todas partes. Para detener, si era posible, el espíritu de reforma eclesiástica de que estaba animado el Emperador, Pío VI emprendió el viaje de Viena, que no tuvo grandes resultados.

En los últimos años del Pontificado de Pío VI crecieron sus aflicciones y padecimientos. Otros Papas habrá habido cuya historia excite mayor admiración que la de este Pontífice; ninguno que inspire respeto más profundo ni más tierno interés que Pío VI. Su sucesor Pío VII, desterrado de Roma y recluso por haberse resistido con verdadera fortaleza á sancionar la usurpación de los Estados de la Iglesia por el Emperador Napoleón, parecerá acaso más grande y magnánimo; pero ciertamente no fué ni más solícito que Pío VI por la defensa de sus derechos, ni más injustamente perseguido que él por este motivo. Pío VII estaba en la flor de su edad, en la época de la vida en que se goza de mayor entereza de ánimo; su antecesor se hallaba ya agobiado con el peso de los años, cuando vió venir sobre la tiara la más dura de las persecuciones al cabo de una vida sobradamente trabajosa. A Pío VII le fué dado sobrevivir á la borrasca, y alcanzó tiempos en que, restablecido el orden, volvían los espíritus á las creencias y costumbres religiosas. Pío VI atravesó lo más recio de la tormenta suscitada por el fanatismo de la incredulidad, y pereció al fin arrebatado por tan furioso torbellino. A Pío VII, por más que no lograse vencer la voluntad del Emperador Napoleón, le fué concedido al menos, merced á los sucesos que preparó la Providencia, ver á su opresor depuesto de la autoridad suprema. Pío VII pudo volverse á sentar otra vez gloriosamente en el trono pontificio. Por el contrario, Pío VI murió víctima del odio de sus perseguidores, cierto á la verdad de que triunfaría la causa de la religión, pero sin entrever todavía el tiempo en que hubiesen de cesar las tribulaciones de la Iglesia.

Como Soberano temporal, la política de Pío VI hubiera podido seguir otra dirección más acertada, si bien no le fué ciertamente fácil ni prever ni impedir los sucesos extraordinarios que comprometieron la suerte de Italia y particularmente de Roma. Para juzgar la conducta política de Pío VI, se ha de tener presente la antipatía que manifestaron generalmente los pueblos del Mediodía de Italia á las máximas de la Revolución francesa. Peligroso hubiera sido, aun para cualquier otro Gobierno al que no incumbiese especialmente el mantenimiento de las creencias religiosas, imponer silencio á las pasiones populares encendidas contra los revolucionarios franceses y obrar en manera contraria á ellas. Al Soberano, que era al mismo tiempo Cabeza de la Iglesia católica, le quedaba, por otra parte, poquísima libertad de entenderse con los que hicieron alarde de irreligión por largo tiempo en Francia. ¿Qué transacción podía haber entre el Sumo Pontífice y los fanáticos que intentaban acabar con todos los cultos, y señaladamente con el católico? Bien claramente hicieron ver los Gobiernos que nacieron de la Revolución francesa el cinismo de su incredulidad. ¿Con cuánto furor no trabajaron por destruir el Papado? Y en tal situación, ¿aconsejaba por ventura el decoro de la Silla pontificia someterse bajamente á las órdenes imperiosas de tales enemigos?

Decimos esto, no tanto para justificar á Pío VI, como para excusar y atenuar las faltas en que haya podido incurrir. Su carácter personal no estaba exento de defectos. Era obstinado cuando veía lejos el peligro, y temeroso y débil cuando el riesgo se asomaba; disposición de ánimo nada propicia para tomar resoluciones acertadas. Ya hemos visto cómo Azara se lamentaba de los romanos y de la linea de conducta que seguía el Papa por las opiniones ó afectos dominantes entre ellos.

Pío VI fué protector de las artes: Roma ostenta varios establecimientos de este género que fueron obra suya. Es de sentir que esta noble pasión del Pontífice estuviese acompañada del pueril empeño de que quedase grabado su nombre en los más pequeños trabajos artísticos debidos á su celo. Pasquín no dejó de satirizar tal manía, como lo hizo muy felizmente censurando las ambiciosas pretensiones que el Papa mostraba tener en su escudo de armas. A los dos vientos en que consistían solamente las armas de su familia, Pio VI añadió el águila, flores de lis y estrellas. El agudo y malicioso anónimo criticó este aumento del blasón papal por el siguiente dístico:

REDDE AQUILAM IMPERIO, FRANCORUM LILIA REGI,
SYDERA REDDE POLO; CŒTERA BRASCHE TUA.

Variaciones ocurridas en Fspaña en materia de Autoridad eclesiástica después del fallecimiento de Pío VI.

La muerte de Pío VI trajo una variación esencial para España en materia de Autoridad eclesiástica. Por un decreto del Rey se mandó qué los Obispos dio—

cesanos concediesen dispensas matrimoniales por todo el tiempo que la Santa Sede se hallase vacante, sin que los contrayentes tuviesen necesidad de acudir á Roma como hasta allí. El Real decreto dirigido al Consejo y Cámara decía así: «La Divina Providencia se ha servido llevarse ante sí el alma de Nuestro Santísimo Padre Pío VI; y no pudiéndose esperar de las circunstancias actuales de Europa, ni de las turbulencias que la agitan, que la elección de un sucesor en el Pontificado se haga con aquella tranquilidad y paz tan debidas, ni acaso tan pronto como necesita la Iglesia, á fin de que entre tanto mis vasallos de todos mis dominios no carezcan de los auxilios precisos de la religión, he resuelto que hasta que Yo les dé á conocer el nuevo nombramiento de Papa, los Arzobispos y Obispos usen de toda la plenitud de sus facultades, conforme á la antigua disciplina de la Iglesia, para las dispensas matrimoniales y demás que les competen; que el Tribunal de la Inquisición siga como hasta aquí ejerciendo sus funciones, y el de la Rota sentencie las causas que hasta ahora le estaban cometidas en virtud de comisión de los Papas, y que Yo quiero ahora que continúe por sí. En los demás puntos de consagración de Obispos ó Arzobispos ú otros cualesquiera más graves que puedan ocurrir, me consultará la Cámara, cuando se verifique alguno, por mano de mi primer Secretario de Estado y del Despacho, y entonces, con el parecer de las personas á quienes tuviere á bien pedirle, determinaré lo conveniente, siendo aquel Supremo Tribunal el que me lo represente y á quien acudirán todos los Prelados de mis dominios hasta nueva orden mía. Tendráse entendido en mi Consejo y Cámara, y expedirá éste las órdenes correspondientes á los referidos Prelados eclesiásticos para su cumplimiento.—En San Ildefonso á 5 de Septiembre de 1799.»

Guerra entre los llamados «jansenistas» y «jesuitas.»

Aunque el Real decreto no contuviese más que disposiciones interinas por el tiempo que durase la vacante de la Santa Sede, causó inquietud en los ánimos. Muchos Prelados fueron de parecer que las prerrogativas de la Santa Sede se hallaban legitimadas por una posesión de muchos siglos, y que la plena autoridad que los Obispos tuvieron en los primeros tiempos de la Iglesia estaba ahora suspensa ó restringida por la actual constitución eclesiástica en algunos casos. Otros, por el contrario, mirando como inherentes á la naturaleza del Episcopado todas las facultades y prerrogativas que son necesarias para la misión que le está cometida, sostenían que era preciso restituir á los Obispos los derechos usurpados. En medio de esta diversidad de pareceres, era natural que los ánimos se encendiesen en defensa de lo que cada uno tenía por cierto. Con todos los Prelados españoles procedieron con prudencia y detenimiento. Muchos no hicieron uso de la autorización que el Rey les concedía, ni en sus diócesis fueron dispensados los impedimentos matrimoniales en la vacante de la Silla pontificia; otros, que aprobaban lo dispuesto por S. M., no hallaron inconveniente en ejercer las facultades que el decreto reconoció al Episcopado. Con viva satisfacción se vió que esta diversidad de pareceres no hubiese alterado la paz entre los Pastores; pero el decreto Real avivó en gran manera las pasiones de otras personas que no tuvieron la misma mesura que los reve-

rendos Obispos. Nacieron partidos; creáronse denominaciones ofensivas, y por cuantos medios podía
cada uno de los contendientes aspiraba á conseguir el
triunfo de sus opiniones. La Inquisición, que estaba
siempre gobernada por el Nuncio del Papa, quiso formar causa al Canónigo Espiga, amigo y consejero del
Ministro Urquijo en estas materias, acusándole de
jansenista, denominación que se daba entonces á los
que querían el restablecimiento de las facultades que
los Obispos tuvieron en los primeros siglos de la Iglesia; pero el respeto al Ministro detuvo el golpe. Había
ceguedad en la aplicación de esta voz *jansenista* á los
que reclamaban la antigua constitución de la Iglesia.
El dañino intento de sus adversarios era sorprender á
los incautos con esta calificación odiosa, la cual á primera vista hiciese parecer á sus antagonistas como
contagiados con la herética pravedad. A esto fué consiguiente la creación de otra voz para designar á los
que se mostraban contrarios á la reforma. Se dió, pues,
á éstos el sobrenombre de *jesuitas*, voz que no dejaba
de ser también ominosa después de la expulsión de
estos regulares de los dominios del Rey de España, y
señaladamente después de la Bula de supresión del
instituto por el Papa Clemente XIV, á cuya severa
proscripción habían sabido dar realce muchos escritores, representando falsamente á la Compañía de
Jesús como corporación enemiga de los Soberanos, la
cual, según ellos, mandaba á sus súbditos sostener y
practicar las perversas doctrinas del *tiranicio y regi-
cidio*. El motivo plausible, al parecer, para llamar *jesuitas* á los enemigos de las reformas eclesiásticas,
era su manifiesta adhesión á la Curia romana, punto
de contacto con la extinguida Compañía. Llamábanse
también *molinistas*, ó discípulos de Molina, los cono-

cidos en las escuelas por sus principios en la materia de Gracia. Estos dos bandos se hacían cruda guerra en Madrid. Entre los llamados *jansenistas* se hallaban varones muy recomendables por sus luces y virtud. D. Antonio Palafox, primero Arcediano y después Obispo de Cuenca, cuñado de la Condesa de Montijo; D. Antonio Tavira y Almazán, Obispo que fué sucesivamente de Canarias, Osma y Salamanca; D. Antonio de la Cuesta, Arcediano titular de la Catedral de Avila; D. José Yeregui, maestro del Infante D. Antonio, sacerdote virtuoso y docto, y muchos otros sujetos recomendables. En el de los *jesuitas* figuraban personas no de tanto saber, aunque fuesen muy ardorosas y activas. El Canónigo de la Iglesia colegial de San Isidro, Calvo (1), y el P. Guerrero, de la Orden de Predicadores, Prior del Convento del Rosario de Madrid, declamaban desde los púlpitos contra el conciliábulo de *herejes jansenistas* que se reunía en casa de la Condesa del Montijo. Pero aunque los predicadores dichos no mereciesen tanto aprecio como sus adversarios, tenían la ventaja de estar sostenidos por el Nuncio Cassoni, quien les hacía esperar el favor y protección del Sumo Pontífice.

La guerra entre ambos partidos no se limitaba á las declaraciones del púlpito ni á las influencias del confesonario. Dábanse á luz libros impresos, en los que cada uno de ellos procuraba censurar las doctri-

---

(1) El Canónigo Calvo se halló en Valencia cuando estallaron los primeros levantamientos contra los franceses en el año de 1808, y presidió á la muerte del gran número de franceses y españoles que fueron injustamente degollados en las cárceles como afectos á la causa de Napoleón. Pero este fanatismo horrorizó á los hombres honrados. Calvo sufrió á su vez la muerte en la misma prisión, y su cadáver fué expuesto á las miradas del publico en la mañana siguiente.

nas de sus contrarios. En el año de 1799 salió á luz
en Madrid la traducción española de un folleto escrito en italiano por el Abate Bonola, con este título:
Liga de la Teología moderna con la Flosofía, descubierta en una carta de un párroco de ciudad á un párroco de aldea. En respuesta á este escrito salió otro,
intitulado *El pájaro en la liga*, impugnación muy
chistosa atribuída al P. Fernández, religioso de la
Orden de San Agustín, celebrado en Madrid por su
exquisito ingenio y donaire. El Gobierno, á quien no
convenía que se encendiesen los ánimos en tales disputas, cuidó de prohibir la venta de ambos folletos,
dando por razón que en el primero se atacaban los
derechos de las autoridades soberanas, cuyas facultades estaban prescritas por el mismo Dios, y que el segundo, aunque estuviese escrito con gracia y oportunidad y pulverizase las doctrinas absurdas de su ad-
versario, daba lugar á que se fomentasen disputas
dañosas. Otros escritos preparados ya para ver la luz
pública fijaron también la atención del Consejo, es a
saber: algunas traducciones castellanas de la obra del
P. Pereyra, portugués, *Tentativa teológica*, y la del
Abate italiano D. Jenaro Cestari, *Espíritu de la jurisdicción eclesiástica sobre la consagración de los
Obispos*, como también la obra *Dei diritti del uomo*,
publicada en Roma, y otra intitulada *Del Obispado;*
todas ellas habrían podido publicarse sin estorbo en
otros tiempos, y con todo cada una de ellas ofrecía
inconvenientes mientras que durase el ardor de los
dos partidos, prontos uno y otro á combatirse y á hacer la disputa ruidosa.

Entre tanto, el Ministro Urquijo estaba muy resuelto á reponer á la Iglesia de España en sus facultades primitivas. Mientras que Urquijo conservase el

favor del Rey, el partido opuesto á la Curia Romana nó podia menos de hallar protección y apoyo en el Gobierno de S. M.

El Ministro Urquijo tenía resolución muy firme de sostener los decretos del Rey.

El Ministro tenía firme propósito, no tan solamente de mantener el decreto del Rey y de deducir de él todas las consecuencias, sino que abrigaba también intención de emancipar al reino de la Autoridad pontificia para todo lo que fuere puramente gracioso. Por la siguiente carta al Conde de Campo de Alanje, Embajador del Rey en Viena, con fecha de 8 de Octubre de 1799, se ve cuáles eran las disposiciones del Ministro para con la Corte de Roma: «Al nuevo Papa podría bastarle el dominio de cualquier casco de ciudad de Italia en donde mandase como Señor, y así se excusaban gastos de tropas, celos de otras Potencias, discusiones y querellas tan propias de los que poseen como impropias y ajenas de la tiara y de su divino ministerio. No sabe el Rey el partido que tomará el Emperador con respecto al nombramiento del Papa. Sería de desear que el elegido fuera varón justo, sin partidos ni pretensiones, y que no se hubiese manifestado ni en pro ni en contra de la Revolución; bien que en todo caso se ha puesto el Rey á cubierto, no sólo católicamente, sino como político, pues si se le quiere dar la ley en la elección, no restituyendo á los Obispos sus facultades primitivas de dispensas y demás gracias que por tolerancia se pedian hasta aquí á Roma, obrará como tenga por conveniente, y así con este escudo ó deberán consultar á S. M. para la elección si piensan que algún fruto deben sacar de los vasallos españoles, bien que nunca será como hasta aquí, ó S. M. para nada de lo puramente gracioso acudirá á la Santa Sede. Explique V. E. esta manera de pensar á ese Ministro en conferencias verbales.»

Así, pues, la protección del Ministro era segura para los reformadores. Pero cuando Urquijo estaba más empeñado en defender su obra, perdió el favor del Rey y salió del Ministerio, como se verá más adelante.

Elección de nuevo Papa. La Francia no tiene voluntad de reconocer al que sea elegido, y quiso que tampoco le reconociese el Rey de España.—Respuesta del Ministro Urquijo.

Después del fallecimiento de Pío VI, los Cardenales se reunieron en Cónclave para la elección de un sucesor en el gobierno de la Iglesia. La ciudad en que se celebró fué Venecia, sometida entonces á la autoridad. En la designación de esta ciudad y en todo lo demás concerniente al nombramiento del nuevo Papa, se conformaron los Cardenales á lo dispuesto por el Pontífice difunto, con acuerdo de nuestro Embajador D. José Nicolás de Azara, quien fué encargado de comunicarles sus instrucciones, como dejamos ya dicho. No vieron los franceses con satisfacción que el Cónclave hubiese de celebrarse en los dominios del Emperador, porque recelaban que la elección de Papa se hiciese por su influjo. Por tanto, tuvieron pensamientos de negarse á reconocer la validez del nombramiento. Fundábanse en que para la elección de Papa había sido necesario en todos tiempos que se asociasen al Cónclave los Cardenales de todas las Potencias católicas. El influjo de una de ellas tan solamente, junto con la intervención extranjera de los dos Gobiernos no católicos de San Petersburgo y Londres, y la violación manifiesta de la forma de los Cónclaves hasta allí tenidos en Roma, les parecían otros tantos motivos justos para no prestarse al reconocimiento del nuevo Papa. A estas razones, fundadas en la costumbre de la Iglesia, añadían otras de orden político. Haciéndose la elección, decían, con el beneplácito de las Potencias coligadas, es de temer que quieran éstas resolver de antemano cuestiones importantes, tales como la asignación futura territorial ó pecuniaria que haya de hacerse al nuevo Pontífice, y la suerte que hubiesen de tener en adelante las provincias de Italia que formaban el dominio del Papa. «Cuando la elección haya sido hecha, decía el Ministro Talleyrand al Marqués de Múzquiz, habrá de ser notificada al Rey de España. El primer Cónsul me encarga, pues, declarar á usted que, en su entender, importa á los dos países, y que están ambos obligados á ello en virtud del Tratado de alianza, que el Rey de España se niegue á reconocer el nombramiento, atendidas las irregularidades del Cónclave de Venecia, reservándose aprobarle ó no en lo sucesivo.» La respuesta del Gobierno español fué del todo contraria á las ideas de la Francia. D. Mariano Luis de Urquijo respondió (1) que, habiéndose celebrado el Cónclave con todas las formalidades acostumbradas, con presencia de un Cardenal español que había asistido á él previo el permiso de S. M. y con las instrucciones que tenía dadas para asegurarse de su libertad en la elección, el Rey no podía, ni en conciencia ni en política, dejar de reconocer al

(1) En 15 de Marzo de 1800.

Papa que se nombrase, tanto más cuanto se veía y se sabía que la Corte de Viena había cedido de su obstinación y dado las instrucciones para que los Cardenales nombraran á quien gustasen.

El Cónclave se reunió en Venecia el día 1.º de Diciembre de 1799. Le componían 35 Cardenales, cuyos nombres siguen: Alani, el Duque de York, Antonelli, Valenti Gonzaga, Caraffa Trajetto, Zelada, Calcagnini, Mattei, Archetti, José Doria, Livizzani, Borgia, Caprara, Vincenti, Maury, Pignatelli, Roverella, La Somaglia, Antonio Doria, Braschi, Carandini, Flangini, Rinuncini, Honorati, Giovanetti, Gerdil, Martiniana, Hertznan de Harras, Bellisomi, Chiaramonti, Lorenzana, Busca, Dugnani, De Pratis y Fabricio Ruffo.

El Cónclave reunido en Venecia eligió Papa al Cardenal Chiaramonti, el cual tomó el nombre de Pío VII.

Los votos se dividieron en dos fracciones, á cuyo frente estaban el Cardenal Braschi, sobrino del difunto Pío VI, y el Cardenal Antonelli. Por espacio de dos meses, los 22 votos del Cardenal Braschi estuvieron firmes en favor del Cardenal Bellisomi, y 13 del Cardenal Antonelli por el Cardenal Mattei, que había firmado el Tratado de Tolentino. Repitiéronse en vano las votaciones: cada uno de los partidos se mantenía en su posición primitiva, sin perder ni ganar terreno. Para salir de esta contienda y llegar por fin á la elección, se hicieron por los votantes varias tentativas. Se puso la mira en el Cardenal Albani, al cual obstó su parentesco con la casa de Austria por el Duque de Módena. El Cardenal Gerdil reunió también número considerable de votos; pero el Cardenal Hertznan, nacido

en Praga y elevado á la púrpura por Pío VI el 12 de
Julio de 1773, Ministro del Emperador en el Cónclave,
dió formal exclusión á dicho Cardenal, declarando que
el Emperador Francisco no reconocería por Papa al
que era vasallo del Rey de Cerdeña. Cuando los Cónclaves se prolongan sin poder arribar al nombramiento del Pontífice, es sabido que se siguen malas resultas. La salud de los achaquientos se altera, la intem-
perie de las estaciones hace incómoda la residencia,
los ánimos se desalientan, los jefes pierden su influjo
y hasta los vínculos de confianza y amistad se aflojan.
Uno de los Secretarios del Cónclave, el cual, aun no
siendo todavía Cardenal, tenía influjo con Sus Eminen-
cias por el puesto que desempeñaba, y principalmente
por sus luces y capacidad, tomó á su cargo dar otra
dirección á los votos. Con singular ventura logró conseguir su loable intento. En el estado, decia, en que la
Iglesia de Jesucristo se hallaba, combatida por enemigos poderosos, expuesta sin cesar á nuevos combates, amenazada también la soberanía temporal del
Papa por los novadores sostenidos por las armas francesas, no podía convenir sino un Pontífice de carácter
moderado y prudente. El Papa ha de ser juicioso y
prudente, afable, comedido, de ánimo paternal, independiente: así el Sacro Colegio podrá dirigir sus designios y tareas por el bien de la Religión. Por estas
palabras todos entendían que Consalvi quería designar
al Cardenal de Imola, acreditado ya por sus relevan-
tes prendas. Consalvi conocía bien las opiniones y
afectos de los Cardenales electores. Uno de los votantes á quien Consalvi abrió su pecho fué el Cardenal
Maury, el cual llevaba tras sí seis votos; y después de
varios razonamientos, este purpurado prometió darlos
al Cardenal Chiaramonti. En la votación del día si-

guiente, 14 de Marzo de 1800, el Cardenal Gregorio Bernabé Chiaramonti fué elegido Papa por unanimidad. Tomó el nombre de Pío VII por respeto á las virtudes de su predecesor y por gratitud á los servicios que le había hecho. Era nacido en Cesena en el año de 1742. Su familia era noble, pero no rica, y el joven Chiaramonti, movido por vocación, tomó la cogulla en el Monasterio de Benedictinos de aquella ciudad. Allí enseñó algún tiempo después la Teología, y por fin fué promovido sucesivamente á los Obispados de Tívoli y de Imola. En esta última diócesis Pío VI le elevó á la dignidad cardenalicia.

La elevación del Cardenal Chiaramonti á la tiara trajo á la memoria la pastoral que dió á luz en el año de 1796, cuando gobernaba la iglesia de Imola; documento que no podía menos de fijar la atención pública, pues aunque no se le hubiese dado importancia al tiempo de su publicación, elevado ahora el Cardenal á la tiara, la crítica, ó fuese la envidia y la enemistad, censuraron vivamente las ideas republicanas que contenía. El autor de la *Historia de Pío VII* (1) habla con extensión sobre esta materia.

Carta pastoral del Cardenal Chiaramonti siendo Obispo de Imola.

«Uno de los súbditos de Pío VI, dice, á quien los sucesos de Roma, es decir, la creación de la República romana, causaron más viva y dolorosa impresión, fué el Cardenal Chiaramonti. Veia más de cerca que otro

(1) El caballero d'Artaud, miembro del Instituto de Francia.

alguno el sistema de expoliación que se iba á establecer. Villetard, Comisario francés, había hecho secuestrar los objetos que el General Colli dejó en Loreto, cuyo valor ascendía á 800.000 francos. El Cardenal sabía con qué desprecio se hablaba de la *estatua de madera, de tres salvillas de loza y un pedazo de tela encarnada*, que componían, según Villetard, la parte más preciosa de la santa capilla.

»Toda la ciudad de Imola solicitaba del Cardenal una regla para conducirse en medio de tal confusión. Accediendo á sus ruegos, Chiaramonti publicó, pues, la homilía que le han censurado tanto, con fecha del día de Navidad, por haberla antidatado diez días.» No es dudoso que el Cardenal Chiaramonti debió intervenir solo en su composición, y no alcanzamos cómo pudieron añadirse, sin el consentimiento del Cardenal, algunos trozos del todo inútiles, en cuyos pasajes se fundaron todas las acusaciones contra el Cardenal, según el citado historiador.»

El lector hallará quizá ingenioso el singular pensamiento sugerido á M. d'Artaud por su deseo de disculpar al purpurado. Al mismo tiempo que encarece el mérito de la pastoral en la parte en que ésta trata de los sublimes principios de la Religión y los recomienda á los fieles, supone que manos extrañas intercalaron todo lo demás perteneciente á política, y que el Cardenal hubo de firmar sin duda lo que no aprobaba. Con mayor verosimilitud diremos que la terrible situación en que se veían los Estados romanos dominados por los republicanos franceses, y el temor de irritarlos más si se proclamasen doctrinas monárquicas que pudiesen ofenderles, guiaron la pluma del autor de la Pastoral. «La forma del Gobierno democrático que hemos adoptado, mis caros hermanos, decía la Pastoral, no es contraria, no, á las máximas que quedan expuestas, ni se opone al Evangelio: por el contrario, exige todas las virtudes sublimes que no se aprenden más que en la Escuela de Jesucristo, las cuales, siendo practicadas religiosamente por vosotros, mantendrán vuestra felicidad, la gloria y el espíritu de vuestra República. Que la virtud sola por donde el hombre se perfecciona y se encamina hacia el fin supremo, el mejor de todos; que ella sola, animada por las luces naturales y fortalecida por lo que nos enseña el Evangelio, sirva de fundamento sólido á nuestra democracia.»

Con el mismo deseo de agradar á los dominadores de Italia y con el loable fin de aquietar los ánimos de los que querían sublevar á los habitantes contra ellos, preservando así al país de horrores y devastaciones, la Pastoral habla después el lenguaje propio de aquel tiempo. Recuerda la República de Atenas con elogio y admiración, como también Esparta, las leyes de Licurgo y de Solón, y, en fin, las de la República romana, por cuya mención se tenía propósito de aprobar al parecer las intenciones de los que trabajaban entonces por restablecer este género de Gobierno en Roma. La singularidad de la Pastoral llega hasta citar un pasaje ó fragmento de las obras de Juan Jacobo Rousseau, autoridad en que no debería fundarse por cierto el discurso de un Príncipe de la Iglesia. Estos lunares del discurso apostólico provenían, vuelvo á decir, de la situación crítica y apurada en que se hallaban los Estados pontificios. En una palabra, el Cardenal Obispo de Imola entró en su discurso en consideraciones políticas totalmente extrañas á su sagrado ministerio, vuelvo á decir, con el fin de conciliarse la benevolencia de los republicanos franceses y de sacar provecho para el mantenimiento de la paz entre sus diocesanos. Nadie pensó por entonces en hacer al Cardenal el cargo de ser republicano. Su elevación al papado, habiéndole puesto en grande evidencia, despertó el odio de sus enemigos y dió lugar á la crítica de los ociosos.

Luego que Carlos IV tuvo noticia de la elección del Sumo Pontífice, mandó que se cantase el *Te Deum* en acción de gracias y que hubiese iluminaciones por tres noches en Madrid en celebridad del nombramiento de Papa.

Al cabo de algunos meses, Su Santidad se embarcó en Trieste para los Estados pontifícios. El Comandante napolitano devolvió antes la autoridad política, que allí ejercía á nombre del Rey de las dos Sicilias, á los Cardenales *à latere* comisionados por el Papa al intento, reservando el poder militar provisionalmente para la protección de los habitantes. El nombramiento del Papa tranquilizó los ánimos de los fieles en todos los Estados católicos.

Volviendo ahora á la continuación de los sucesos de la guerra, refiramos la cooperación que la armada española prestó en la lucha contra la Gran Bretaña á la causa de la Francia.

El lector ha visto ya la reclamación hecha por el Embajador Azara, en la cual pedía que se conservase al ciudadano Talleyrand en el Ministerio de Relaciones exteriores de la República, alegando, por razón de ello, haber tratado y dispuesto Azara con el Ministro francés todo lo conveniente á la unión de las fuerzas marítimas de Francia y España, para asegurar el buen éxito de las operaciones contra los ingleses. El orden histórico pide, pues, mencionar los servicios que prestó la armada española á la causa de la Francia y los conciertos que hubo entre los dos Gabinetes sobre este objeto.

Aunque la dimisión del Príncipe de la Paz pasó las riendas del Gobierno de España á otras manos, el sistema político no varió esencialmente con respecto á la Francia. Aquel mismo espíritu de pusilanimidad que prefirió los males y el deshonor de la alianza á la ventajosa posición de una neutralidad libre é independiente, continuaba siempre. El nuevo Gabinete se resignó también á sufrir el yugo de la República. En verdad se necesitaba fortaleza de ánimo para sacudirle, y ni Carlos IV ni María Luisa la tenían. Saavedra, á quien fué encargado interinamente el despacho de la primera Secretaría de Estado, era varón entendido, pero falto de resolución y sin las miras elevadas que se necesitaban para salvar el reino. Jovellanos, más capaz y también más resuelto, estaba ocupado exclusivamente en el desempeño de la Secretaría de Gracia y Justicia, sin extender su vista más allá de ciertas reformas en el gobierno interior. Uno y otro miraban como su principal deber cumplir puntualmente con las intenciones del Rey, que estaba firme siempre en mantener la alianza con la República á costa de cualquier sacrificio, y quería vivir arrastrando cadenas. El pensamiento sólo de que un ejército auxiliar de la República pudiese atravesar algunas provincias del reino para acometer á Portugal, le estremecía su imaginación amedrentada, y no veía sino desórdenes y trastornos en sus dominios. ¿Cuán grande no sería, pues, su temor de tener abiertamente por enemigos á los republicanos? Por otra parte, ni Saavedra ni Jovellanos pudieron llegar nunca al ascendiente que el Príncipe de la Paz había tenido sobre el ánimo de Carlos IV.

Los franceses se muestran descontentos del Gobierno del Rey Carlos IV.

Los republicanos franceses se mostraban descontentos del Gobierno del Rey, por más que hubiesen logrado la separación del Príncipe de la Paz, suponiendo que era ésta tan sólo aparente y que el Gabinete de Madrid encubría así su desafecto á la República. Sus quejas eran infundadas y á veces pueriles. ¿Quién podrá creer que hasta en aquellas atenciones de urbanidad que se acostumbran entre los Comandantes de escuadras enemigas, hallase la suspicacia del Directorio motivos de acusación contra el Gobierno español? Entre el Almirante Jervis, ya Conde de San Vicente, que mandaba la escuadra inglesa del bloqueo de Cádiz, y el General Mazarredo, Jefe de la española surta en aquel puerto, había de tiempo en tiempo comunicaciones, ya para objetos del servicio, ó ya para aquellos agasajos que los guerreros de naciones cultas, sin contravenir á sus deberes, suelen hacerse recíprocamente. Pues en estas acciones, ó indiferentes ó laudables, descubrían los celos de la Francia inteligencias secretas y tramas políticas. No menos extraña era otra de sus quejas. Por algunas calles de Cádiz salían á veces rosarios de niños. A su vista se encendía la cólera filosófica de los republicanos franceses, los cuales, so pretexto de obstrucción de la vía pública, prorrumpían en imprecaciones y denuestos que no quedaban sin respuesta por parte de los circunstantes. El Representante de la República en Madrid, ofendido de los desacatos del pueblo gaditano, se lamentaba de que se tolerase la antigua y piadosa costumbre de los rosarios, dejando al mismo tiempo entrever aquella intolerancia irreligiosa que manifestaban los viajeros ó negociantes de su nación. Otras reclamaciones de igual valía llenaban las notas del ciudadano Perrochel, después que el Embajador Truguet fué separado de su puesto.

Si pudiera haber alguna cosa más extraña todavía que estas quejas, lo sería ciertamente la gravedad con que el Gobierno del Rey descendía á satisfacerlas. Recuerdan los historiadores extranjeros el orgullo de los Embajadores españoles en los tiempos del Emperador Carlos V y de Felipe II, su hijo. Sin determinar el valor de tales censuras, puede decirse que la España de Carlos IV expió cruelmente los atrevimientos y demasías en que hubiesen caído los representantes de aquellos poderosos Monarcas por las humillaciones á que se vió reducida, tratando con los altaneros á par que obscuros emisarios de un Gobierno nacido de las convulsiones de la más ínfima plebe.

De la escuadra española.

Los franceses se quejaban también de la inacción de las escuadras del Rey, pero sin fundamento. Con solicitud constante se procuraba obrar en este punto de tal modo, que nuestro imperioso aliado no tuviese motivo de descontento. Las escuadras no aguardaban más que avisos, por no decir órdenes de París, para sus movimientos, y ¡cosa muy digna de notarse! rara vez venían acompañadas de claras explicaciones sobre los designios del Directorio. En vano solicitaba el Rey por sus Ministros, ó por su Embajador en París, que se le diese conocimiento de aquellos mismos pla-

nes, á cuya ejecución debían concurrir sus fuerzas
marítimas. Acaecía con frecuencia que se le hacía de
ellos misterio, como si su triste condición fuese la de
ser instrumento meramente pasivo de la política republicana. Verdad es que, por uno de los artículos
del Tratado de alianza, la Potencia demandante de socorros no tenía necesidad de declarar el fin con que
los pedía; mas esta cláusula no podía entenderse ma-
terialmente, sobre todo tratándose de expediciones
que reclamaban el mejor acuerdo de los aliados para
que fuesen coronadas de buen éxito. Los hechos probaban la buena fe del Gobierno español. En virtud de
las instancias del Embajador Truguet, había salido
de Cádiz la escuadra al mando del General Mazarredo,
compuesta de 22 navíos de línea y de un número correspondiente de fragatas. La escuadra enemiga, no
creyéndose con bastante fuerza, se alejó. El momento
era muy propicio; y si la armada francesa se hubiese
reunido con la nuestra, hubieran podido ambas entrar en el Tajo, obligar á Portugal á firmar una paz
honrosa y dirigirse después al Canal de la Mancha
para proteger un desembarco en Irlanda. Teníase por
cierto que la escuadra inglesa no podría impedir estos movimientos. Por otra parte, el estado de Irlanda
hacía creer que un golpe sería dado ciertamente, rei-
nando allí vivísimo descontento y esperando los principales Jefes de la insurrección los socorros que habían sido prometidos tan formalmente. Mas la escuadra del Directorio no concurrió á la ejecución de este
plan; y habiendo tenido tiempo los ingleses para reunirse y reforzarse, Mazarredo hubo de volver á entrar en el puerto, no sin haber tenido averías considerables en sus navíos.

Reparadas éstas, la escuadra hubiese dado otra vez

la vela si los franceses, cuya expedición iba á salir
de Tolón para Egipto, no hubieran hecho presente al
Rey que convenía tener á la escuadra inglesa ocupada en el bloqueo de Cádiz, y que, por tanto, la nuestra debería mantenerse en el puerto. Hízose puntualmente lo que deseaba el Directorio, y la expedición
francesa pudo por esto apoderarse de Malta y llegar
felizmente á Egipto. Los franceses se condujeron entonces con tal reserva, que ni aun se vislumbró por
la Corte de Madrid el destino de la expedición.

El Directorio pide al Rey la cooperación de todos sus buques de guerra.

Destrozada la escuadra francesa en la rada de Abukekir por el Almirante inglés Nelson, el Directorio se
vió en la necesidad de reunir cuantas fuerzas maritimas pudiese para oponerse á las tentativas y esfuerzos de sus enemigos victoriosos. Con este fin pidió al
Rey que le dijese las fuerzas de que podía disponer
para determinar si, reunidas todas ellas con las francesas, ofrecían medios de hacer frente á los ingleses.
Carlos IV, siempre fiel y pronto á cumplir lo prevenido en el Tratado de alianza, mandó hacer reseña de sus
buques y dar cuenta puntual de ellos al Directorio, su
aliado. D. Juan de Lángara, que era á la sazón Ministro de Marina, al presentar el estado de las fuerzas
navales dijo que si bien la armada del Océano surta
en la bahía de Cádiz aparentaba ser de 22 navíos de
línea, la escasez de marineros para reemplazar los
muertos, inhábiles y desertores, obligaba á desarmar
unos buques para completar otros, de suerte que se
podía contar sólo con 15 navíos y 4 fragatas para el

caso de dar la vela. En el departamento del Ferrol lo más que podrían habilitarse serían 4 navíos y 2 fragatas. En el de Cartagena no se podía disponer de ningún buque de alto bordo, por la necesidad de conservar la división de fragatas y la de buques menores armados, así para las precisas y continuas comisiones que ocurrían, como para defender de corsarios las costas desde el cabo de Creus en Cataluña hasta la bahía de Algeciras, y también para dar convoyes á las embarcaciones de nuestro comercio y tráfico costanero. El Ministro era de parecer que todo lo que el Rey podía hacer en favor de la República, era aprontar cuatro navíos en el departamento del Ferrol para pasar á Brest é incorporarse con la escuadra de la República armada en aquel puerto, y 11 navíos en el de Cádiz con el número de fragatas que fuese posible y de bergantines en lugar de corbetas, dejando en este puerto solos 4 navíos armados para defensa del puerto, de los arsenales y de la plaza misma, expuesta por su localidad, si no á ser tomada, por lo menos á sufrir los estragos de que no podía libertarse sino por medio de una marina vigorosa. En los departamentos del Ferrol y de Cartagena quedarían algunos navíos, pero sin gente para dotarlos.

Parecer de D. Juan de Lángara, Ministro de Marina.

En cuanto al uso de estas fuerzas disponibles, Lángara no aprobaba que pasasen á Tolón, como querían los franceses, así porque la salida del puerto de Cádiz sería peligrosa en sumo grado á la vista de una escuadra enemiga de 26 navíos, como porque aun dado caso que se consiguiese hacer felizmente la salida, no tendría otro resultado más que mudar de bloqueo, pues llegados que fuesen á Tolón los navíos sin ser alcanzados por la escuadra inglesa, se presentaría ésta al punto para bloquearlos allí, como acababa de hacerlo en Cádiz. Consecuencia de este modo de pensar del Ministro era que no convenía que la escuadra saliese de Cádiz, y que cuando más, si se persistía en la idea de que pasase al Mediterráneo. lo más acertado sería que los navíos y fragatas de Tolón se dirigiesen por aquella costa á incorporarse en Cádiz con los 11 navíos; operación expuesta á un combate, pero que podría tener buen éxito saliendo nuestra escuadra completa, si fuese preciso, con el mismo Levante que aquéllos viniesen, á cuyo fin se establecerían señales entre la costa y los Generales de las dos naciones. Mas aun reunidas así las escuadras, temía Lángara que juntas todas las fuerzas inglesas á las de Nelson, fuese imposible superarlas, habiendo recibido este Almirante los pertrechos navales que necesitaba y también otros navíos con que reemplazar á los inutilizados en su combate feliz de Alejandría. De todo lo cual resultaba que convenía abandonar por entonces el proyecto de reunión de las dos escuadras de Tolón y de Cádiz y limitarse á enviar socorro á Irlanda. La escuadra de Brest, unida á los cuatro navíos que irían desde el Ferrol, debía ser superior á los 15 navíos ingleses que cruzaban sobre Duessant; además, la estación era favorable para inutilizar las escuadras en cruceros y para facilitar con la obscuridad la introducción de tropas y municiones. El dictamen del Ministro de Marina fué escrito el día 18 de Octubre de 1798.

Proyecto del Directorio sobre operaciones navales de las dos escuadras.

Eran no menos obvias que justas las observaciones de Lángara. Así fué que aun sin haber habido el tiempo necesario para que llegase al conocimiento del Directorio, abandonó ya éste su primer proyecto de reunión de las escuadras en el Mediterráneo y formó otro plan, para cuya ejecución pidió el consentimiento y cooperación del Rey. El plan era el siguiente: 1.º Una expedición contra Irlanda. Para ella pedía que el Gobierno español escogiese 10 ó 12 navíos, con el número correspondiente de fragatas, en los cuales se embarcarían á lo menos 6.000 hombres de tropas de tierra, que fuesen irlandeses ó valones, si había arbitrio para ello. La escuadra del Rey, después de desembarcar las tropas, los uniformes, las armas y municiones de guerra con destino á los insurgentes, de todo lo cual había de estar provista con abundancia, podría hacer su regreso á Brest, en cuyo puerto se reuniría con 15 ó 20 navíos franceses para ir de nuevo sobre Irlanda y desembarcar un número de tropas más considerable, si se creyese necesario. 2.º Una expedición á Santo Domingo. Diez navíos españoles habrían de ir á esta isla, en donde hallarían navíos y tropas de la República. Desde Santo Domingo se podría intentar la conquista de la Jamáica, operación que se miraba como fácil por reinar allí sumo descontento y porque se podía contar con el auxilio de los indios *marrones*, que están siempre prontos á acometer al Gobierno de aquella colonia. 3.º Una expedición al Mediterráneo. El objeto de ella sería man-

tener un crucero que favoreciese las comunicaciones
de los españoles y franceses en aquel mar. Tolón sería el puerto de refugio de la escuadra en caso de
necesidad; los navíos facilitarían la entrada de provisiones en Malta y protegerían también á Córcega.

El Ministerio español promete que ejecutará los designios de la Francia.

No bien hubo llegado á Madrid este nuevo proyecto, cuando el Ministro Saavedra escribió á Azara diciéndole que el Rey estaba resuelto á enviar desde
el departamento del Ferrol cuatro navíos con 3.000
hombres de tropas y con cuantas municiones pudiesen
llevar, dirigiéndolos á Brest. A este fin se iban ya
acercando los batallones al Ferrol. Con todo, hubo necesidad de suspender por algún tiempo la salida de la
expedición para Rochefort por haberse tenido noticia
de que los ingleses se disponían á acometer á alguna
de las posesiones españolas, que se suponían ser la
Habana, Puerto Rico ó Canarias; y como las dos primeras islas estuviesen bien defendidas y resguarda-
das, se tuvo por conveniente reforzar las últimas.
Teniendo, pues, cerca del Ferrol los 3.000 hombres
que debían ir á la expedición á Brest, y estando prontos los cuatro navíos, se mandó que los transporta-
sen á Canarias, adonde se envió también un segundo
Comandante general, joven de valor y experiencia,
por hallarse el primer Comandante en edad ya muy
avanzada. Para engañar al enemigo y conseguir que
los navíos volviesen al Ferrol sin tropiezo por parte
de la escuadra inglesa, se echó la voz de que la expe-

dición iba á América. Como el tiempo necesario para su regreso no fuese considerable, la expedición destinada para las costas de América podría partir en breve para Brest ó Rochefort.

«También entrará S. M., decía el Ministro Saavedra, en el plan de la Jamáica, saliendo 10 navíos de Cádiz con 5.000 hombres de desembarco, en el caso de que haya un fuerte viento Este, después de preparada y combinada la expedición con el pulso que requiere el estado marítimo de las dos Potencias. Por lo mismo sería necesario saber qué partido hay entre los marrones de las montañas, el estado cierto de las tropas de la Jamáica, el número de buques franceses que hay en aquellas aguas, los parajes en donde están y cuáles y cuántos sean los navíos ingleses, y adónde y cómo ha de hacerse la reunión de los españoles y franceses; en el supuesto: primero, de que no saldremos sin el expresado viento Este fuerte, pues de otro modo seríamos atacados y vencidos sin fruto, quedando para siempre en la más afrentosa esclavitud; y segundo, que nuestras tropas se detendrán solamente tres ó cuatro días en Santo Domingo para no exponer á ellas y á los marineros á una mortandad cierta. Los 5.000 hombres se irían acercando á Cádiz. El Rey cuenta con que se guardará el mayor sigilo sobre la expedición, pues de otro modo se malograría.»

Después de decir á Azara, para que lo comunicase al Directorio, que iba á escribir de orden del Rey á las Potencias berberiscas para que socorriesen á Malta, y que además de las fragatas que ya había en el Mediterráneo pondrían otras que pudiesen proteger el comercio de ambas naciones, añadía: «Cada vez es más temible el destino de la expedición de Bonaparte, la cual causará á la República no pocas desgracias, así en lo interior como en lo exterior; pero ya no hay que tratar de lo que no tiene remedio.»

No solamente costaba trabajo determinar al Directorio á que dijese cuáles eran los planes á cuya ejecución habrían de concurrir las escuadras españolas, sino que además era preciso resistir á otras pretensiones que hacia continuamente. Quiso que los navíos armados en el puerto de Cartagena, que no tuviesen la dotación de marineros correspondiente, fueran conducidos á Tolón para tripularlos con su marinería y ponerlos bajo el mando de Oficiales republicanos. Esta pretensión pareció al Rey injuriosa, mayormente habiéndola hecho el Embajador Guillermardet con imperiosa arrogancia. «Mientras que un navío lleve el nombre español, respondió el Ministro Urquijo, no consentirá S. M. que le tripule marinería extranjera ni le mande ningún Oficial que no sea de la marina Real; si la República quiere comprar los buques que hay en Cartagena armados y no tripulados competentemente, el Rey se los venderá, á cuyo fin se presentará una nota del precio de ellos.» Con efecto, se hizo la evaluación de cada uno de los navíos de dicho puerto y se comunicó al Directorio. Los navíos eran *María Luisa*, de 112 cañones; *San Carlos*, de 96; *Guerrero*, de 74, y *San Julián*, de..... Mas la Francia quería apoderarse de ellos sin comprarlos. La pretensión de poner tripulación en nuestros buques era también muy extraña, estando las escuadras francesas de Brest y de Tolón mal tripuladas y sin los aprestos y provisiones que reclamaba su servicio. Por aquel tiempo hizo la República al Rey otra petición que logró mejor acogida, es á saber: que se le permitiese construir buques de guerra en Pasajes. Las expresiones del Ministro francés son: *Monter quelques vais-*

seaux dont les membrures seraient preparées à Bayon-ne. Así le fué concedido.

Los planes propuestos por el Directorio no llegaron á ejecutarse.

De la expedición á Jamáica no se volvió á hablar. Pero instaban los franceses porque la escuadra de Cádiz, mandada por el General Mazarredo, estuviese pronta á salir al mar, pues estaba determinado que el Almirante Bruix se hiciese á la vela, y desde Brest fuese á Cádiz á reunirse con ella, á cuyo fin enviaron al General Lacrosse para que hablase con Mazarredo sobre los planes del Directorio. Diéronse, pues, en Madrid las órdenes convenientes para activar los aprestos. Lacrosse, sabiendo que el Rey de España quería recobrar á Mahón, dejaba entender que su reconquista sería el primer fruto de la reunión de las escuadras aliadas, si bien el Directorio ocultaba en esto sus verdaderas intenciones; pues fija siempre la vista en sus propios intereses, miraba la reconquista de Menorca como cosa de menos valer.

Por una casualidad singular, el Embajador del Rey en París descubrió que el proceder del Gobierno francés no era sincero, y que el fin del Directorio era enviar las escuadras á las costas de Siria y Egipto, socorriendo primeramente á Malta y poniéndose después en comunicación con el ejército del General Bonaparte, si era posible. Creyendo en la sinceridad de las promesas de los Directores, Azara estaba en la persuasión de que las dos escuadras tenían por objeto un desembarco de tropas en Irlanda. Así lo escribía á su Gobierno: «La idea es hacer el desembarco en Irlanda. Para ello hay 24 navíos de línea y buen número de fragatas en Brest, en cuyos buques se embarcará un Cuerpo de tropa muy respetable. Nuestros navíos del Ferrol deberán venir á Rochefort en treinta ó cuarenta horas. La escuadra de Brest, á su salida, hará un movimiento hacia el Sur, y por señales convenidas saldrán nuestros navíos á juntársele para seguir la expedición. Lo mismo se procurará combinar con la escuadra holandesa, que tiene á bordo 5.000 hombres de desembarco y saldrá del puerto á costa de cualquiera riesgo.»

Azara descubrió que la intención de los Directores era enviar las escuadras francesa y española á Egipto.

Mas cuando Azara vivía en plena seguridad acerca de este asunto, supo que el Directorio tenía otras miras y que le engañaba con sus reiteradas y fingidas promesas. Una mañana entra un criado en el cuarto del Embajador y le anuncia que una señora joven, no mal parecida y de buen porte, deseaba hablarle. Preséntanse á veces á esa hora en París en las casas de hombres solteros ó de extranjeros de distinción, mujeres jóvenes, al parecer de recato, que bajo fingidas apariencias de honestidad buscan pretextos para hacer tráfico de su hermosura. Azara, que estaba muy enterado de este manejo, dudó un instante si admitiría ó no á la persona que solicitaba verle; pero por fin dijo que entrase. La doncella era de las verdaderamente honestas, y el objeto de su visita el siguiente. Trataba de casarse con un Oficial del ejército francés que estaba en Egipto, y deseando dirigirle una carta con seguridad, iba á pedir al Embajador que se la enviase por la escuadra española, puesto que debía salir para aquella parte del Africa. Disuadióla Azara, y le dijo

que los navíos españoles llevaban otro destino muy
diverso; mas la joven sostuvo que la escuadra española iba á Egipto. Dió tales pruebas de que esa era la
intención del Directorio, que el Embajador hubo de
pararse y comenzó á creer que su relato era cierto;
pidió que le diese más noticias y explicaciones, y de
ellas resultó que un Intendente de ejército, bien informado del destino de las escuadras por razón de su empleo, le había comunicado á la bella desposada. Azara
prometió á ésta que enviaría su carta, y la despidió.
En las *Memorias* en que Azara refiere esta anécdota,
cuenta también lo vivamente picado que se sintió,
viendo que era el juguete de los *Abogados* (así llamaba él á los Directores). Resuelto á no sufrir burla tan
pesada, mandó al punto poner el coche y se encaminó
á casa del Ministro Talleyrand. Entero como buen
aragonés y acostumbrado á tratar verdad en los negocios, descargó sobre el Ministro francés lo más recio de su enojo y le reconvino con la mala fe de su
Gobierno. El impávido Ministro respondió que le co-
gía de nuevo lo que Azara decía, y que no tenía de
ello el menor antecedente. Fuese ó no verdad, Azara
creyó que Talleyrand no le engañaba, y juntos partieron para el Palacio del Luxemburgo, en donde se reunían los Directores. Llegaron cabalmente á tiempo en
que estaban en Junta; y habiendo entrado Azara y Talleyrand en el salón de sus sesiones, el Embajador del
Rey se quejó altamente de la insigne mala fe con que
se procedía con su Soberano y con él, dando al intento las pruebas evidentes que tenía de la intención de
enviar las escuadras á Egipto. Convincentes debían de
ser las tales pruebas, puesto que los Directores se rindieron á ellas y le confesaron que se proponían socorrer á su ejército en Oriente, añadiendo que no habían

creido que el Rey de España llevase á mal prestar este auxilio á la República. Azara no tuvo trabajo en
demostrarles que el pensamiento no era conveniente,
y que si las escuadras fuesen á Egipto correrían gran
peligro de ser deshechas por los ingleses. El Directorio cedió á la fuerza á esta razón, y desde entonces no
se pensó ya más en tal proyecto.

La escuadra del General Melgarejo sale del Ferrol para Brest.

D. Francisco Melgarejo, Teniente General de Marina, partió del Ferrol para Rochefort el día 26 de
Abril de 1799 con cinco navíos, es á saber: *Real Carlos, Argonauta, San Agustín, Monarca* y *Castilla*,
y con las fragatas *Carmen* y *Paz* y el bergantín *Vivo*.
En ellos iban de transporte 2.900 hombres de infantería con 14 piezas de campaña, sus municiones y pertrechos correspondientes y 4.000 fusiles. Llevaba esta
escuadra víveres para cuatro meses. El mando de las
tropas fué conferido al Teniente General D. Gonzalo
O'Farrill. Así lo pidió el Directorio por instancias de
los emisarios irlandeses, creyendo que el origen y
nombre irlandés del General favorecerían el objeto de
la empresa contra Irlanda. Por la misma razón se proponía el Directorio nombrar al General Kilmaine para mandar las tropas francesas de desembarco. La escuadra española fondeó en la rada de Rochefort el día
7 de Mayo.

El Gobierno de Madrid encargó al Embajador que hiciese pre-sente al Directorio su resolución de no enviar la escuadra es-pañola á Egipto.

Cuando el descubrimiento de Azara sobre el destino
que el Directorio pensaba dar á las escuadras llegó á

noticia del Gabinete de Madrid, que tenía interés tan verdadero en no comprometer sus armadas en expediciones lejanas y aventuradas, encargó al Embajador que volviese á hablar á los Directores y procurase alejarles de todo proyecto fundado sobre el envío de las escuadras á Egipto, haciéndoles presente que no era honroso para la República dejar abandonados á los buenos irlandeses, los cuales, esperando sacudir el yugo de Inglaterra, se habían manifestado con tan amigables intenciones en favor de la Francia, pues pudiera suceder que la amistad de los irlandeses se trocase en odio irreconciliable. Por el contrario, de socorrerlos debían seguirse innumerables provechos, aun en caso que las expediciones no tuviesen feliz éxito. Sería posible, á la verdad, decía el Ministro, combinar un plan de expedición al Oriente que trajese ventajas. Quizá se podría sorprender á la escuadra del Almirante Jervis y vencerla; reunirse las armadas española y francesa en la bahía de Cádiz; facilitar juntas la reconquista de Mahón; limpiar el Mediterráneo de ingleses, rusos y turcos, y llevar refuerzos á Bonaparte á Egipto ó á Siria, poniendo á los ingleses en cuidado por la India oriental. Mas contra este proyecto hay los inconvenientes que siguen.

El Almirante inglés, que manda el bloqueo de Cádiz, es muy cierto que no se dejará batir. Apenas haya descubierto la escuadra francesa, se retirará á Gibraltar; nos dejará entrar libremente en el Mediterráneo, y con todas las fuerzas navales inglesas del Océano vendrá después á caer sobre nosotros en Levante. Habrá una batalla desesperada, porque es menester que los ingleses la busquen aun á riesgo de perderla, conviniéndoles destruir nuestra marina. Para nosotros una victoria equivaldría á un desastre, porque careceríamos de medios para reparar la escuadra y hacernos prontamente otra vez al mar, y ellos, aun vencidos, tuvieran arbitrio de reparar al punto sus.pérdidas.

Hay más. Si franceses y españoles nos presentásemos unidos en el Mediterráneo, tuviéramos por contrarios á rusos y turcos. Ambos nos declararían la guerra; y aunque nosotros no tengamos nada que temer de los primeros, el rompimiento con la Puerta Otomana nos acarrearía muchos males. Las Regencias de Africa seguirían el impulso de Constantinopla, y de amigas que son ahora del Rey de España, pasarían á ser contrarias; y enemigos, por decirlo así, domésticos, ni respetarían en lo sucesivo los buenos oficios que hacemos en la actualidad en favor de los franceses. Por último, todos saben que con semejantes gentes hay mucho que perder y muy poco que ganar. Los ingleses, que son tan avisados en sus cosas, sacarían provecho de nuestras faltas y atizarían el fuego de la discordia por todas partes de Africa y de Levante, dando á los bárbaros cuantos socorros les fuesen necesarios para hacernos mal.

El Ministro terminaba su carta diciendo: «No obstante esta perspectiva, que nada tiene de grata en verdad, el Rey, aliado fiel de la República, no se apartará de los designios de la Francia y deja á su libre disposición el destino de la escuadra del Ferrol, que llegará á Rochefort de un instante á otro, pues su detención no ha consistido más que en los vientos contrarios.»

Salida de Brest de la escuadra francesa al mando del Almirante Bruix.

En el mismo día en que el Teniente general de Marina, Melgarejo, dió la vela del Ferrol (26 de Abril), salió también de Brest la escuadra francesa al mando del Almirante Bruix. El 7 de Mayo se presentó delante de Cartagena, y el 13 entró en el puerto de Tolón. Un fuerte temporal impidió á esta armada tentar su reunión con el General Mazarredo, que estaba en Cádiz. Túvose pesadumbre en Madrid de que no se hubiesen juntado las dos escuadras aliadas, pues se esperaba candorosamente, y sin dudar de la buena fe del Directorio, que hubiesen podido favorecer un desembarco en Menorca. Según el parecer de los marinos, el Almirante francés hubiera podido acercarse á Cádiz, por más que se hubiera opuesto el enemigo, y reunidos los 25 navíos de su escuadra con los 17 españoles que estaban prontos á dar la vela al punto que se supiese su proximidad, se hubiera visto en aprieto la escuadra inglesa que bloqueaba el puerto. Pero habiendo los franceses embocado el estrecho y pasado al Mediterráneo, el enemigo maniobró inmediatamente en su seguimiento. Mazarredo no perdió entonces instante para ponerse á la vela con la escuadra de su mando, creyendo acertado cruzar á la boca del estrecho é interceptar cualesquier navíos que viniesen á pasarle para reforzar al Almirante inglés. Reinaba en la escuadra española el mayor entusiasmo, por haberse concebido esperanzas fundadas de un crucero feliz. La llegada del pliego de la Corte en la noche del 13 de Mayo de 1799, de que hemos hablado, estando ya la escuadra fuera del puerto, trastornó el bien meditado plan de Mazarredo. El Gobierno le mandaba dirigirse también al Mediterráneo. No tardaron en llegar dos divisiones inglesas procedentes de Inglaterra, una de cinco navíos y otra de nueve, las cuales probablemente hubieran caído en nuestro poder, habiéndose mantenido nuestros navíos cerca del estrecho.

El Rey manda al General Mazarredo que salga de Cádiz con su escuadra para recobrar á Mahón. Una fuerte tempestad le obliga á entrar en el puerto de Cartagena.

El Rey, que no perdía de vista el recobro de Mahón, frustrada ya la reunión de las escuadras, mandó al General Mazarredo que, estando todo preparado para el desembarco en Menorca y no faltando sino la fuerza de mar que la facilitase, verificara la salida de Cádiz con la escuadra de su mando; que huyese de entrar en combate contra los ingleses, y que se dirigiese por Cartagena, Alicante, Barcelona y Mallorca para recoger cuantas tropas, pertrechos y víveres hubiese en aquellos parajes, y sacar de manos del enemigo aquel puerto tan interesante.

Mazarredo salió de Cádiz el 13 de Mayo, embocó el estrecho y siguió su derrota; pero en el día 16 sufrió una tempestad horrible que causó muchos daños en sus navíos, y le obligó á entrar en el puerto de Cartagena para repararlos. La gravedad de los daños padecidos fué tan grande, que no se creyó posible salir al mar antes de pasados cuarenta días.

Los buques armados en el departamento de Cádiz y que debían salir al mando del Teniente general D. José de Mazarredo, fueron los siguientes:

	Portes.	Comandantes.

NAVÍOS.

Purísima Concepción...	112	D. Antonio de Escaño.
Príncipe de Asturias...	112	Juan Vicente Janes.
Santa Ana............	112	Baltasar Hidalgo de Cisne-ros.
Conde de Regla.......	112	José Escaño.
Mejicano............	112	José Gardoqui.
Neptuno.............	80	Bernardo Muñoz.
Oriente.............	80	Nicolás Estrada.
Pelayo...............	74	Cayetano Valdés.
San Telmo...........	74	Juan José Martínez.
Soberano............	74	Rafael Villavicencio.
San Francisco de Asís..	74	José Lorenzo Goeroechea.
San Pablo...........	74	Luis Villabriga.
Nepomuceno.........	74	José de la Valeta.
Bahama.............	74	José Aramburu.
Conquistador........	74	Cosme Damián Churruca.
San Joaquín.........	74	Marcelo Spínola.
San Francisco de Paula.	74	Agustín Figueroa.

FRAGATAS.

Alacha..............	36	Ignacio Olaeta.
Perla...............	36	Francisco Moyua.
Carmen.............	36	Fernando Bustillo Cueva.
Matilde.............	36	José González Ortiz.

BERGANTINES.

Descubridor.........	18	Pedro Pantoja.
Vigilante...........	18	José de Córdova.
Vivo...............	18	Juan Domingo Deslover.
Corbeta Colón.......	24	Antonio Muñoz Parcebal.

El Rey pide que la escuadra de Melgarejo vuelva á los puertos de Galicia.—El Directorio se ofende de las desconfianzas del Rey de España.

Cuando, por la salida de la escuadra francesa de Brest y por su arribo á Tolón, se creyó que el pensamiento primero de la expedición contra Irlanda se hallaba abandonado, pidió el Rey que la escuadra de Melgarejo regresase desde Rochefort al Ferrol ú otro puerto de España, fundándose en que si la armada de Mazarredo, unida con la francesa, se alejaba de las costas, no quedaban navíos para defenderlas. Además, las tropas que habían transportado los navíos del Ferrol podrían ser necesarias, y en todo caso eran en Francia inútiles del todo. Con el fin de eludir el cumplimiento de lo que el Rey pedía, prometieron los franceses armar otros navíos en Brest, los cuales, juntos con los españoles de Rochefort y una escuadra holandesa de 18 navíos, bastasen para ejecutar el desembarco proyectado. Era sabido que había imposibilidad absoluta de preparar un armamento considerable en Brest; y no cabiendo ilusión ninguna acerca de ello, se volvió á insistir en la vuelta de la escuadra de Melgarejo. Grande fué el enojo del Directorio á vista de la instancia. Llegó á tal punto, que Azara temió un rompimiento y expidió un correo á Madrid, dando cuenta de la mala disposición de los Directores. «Son capaces, decía, de dejarse arrastrar á cualquiera violencia. Podrán, por ejemplo, no permitirme expedir correo á Rochefort, y quizá impedirán que salgan los españoles que están allí. En suma, podrán hacer algún acto que embrolle á las dos naciones y que tenga las consecuencias más desagradables.» De este modo entiende el fuerte su alianza con el débil. España debía entregar para el servicio de la República cuantos buques tuviese, sin que se le comunicase siquiera el destino que se pensaba darles, y, sobre todo, sin que le quedasen medios de atender á su propia defensa.

Consternación del Ministerio español. — El Rey escribe á los Directores para justificar sus procedimientos.

La llegada del correo expedido por el Embajador, llenó de consternación al Rey y á su Ministro. Arrepintiéronse entonces de no haber mostrado plena sumisión á las voluntades del Directorio, y con la mayor presteza procuraron aplacar su enojo. Urquijo había ya determinado al Rey en varias ocasiones á escribir en derechura á los Directores hasta sobre los objetos que no merecían la regia intervención, menoscabando así el respeto de la majestad soberana, como había sucedido en su querella con el Embajador Guillermardet, el Ministro. Teniendo, pues, el rompimiento de la alianza por el mayor de todos los males, dictó á S. M. la carta siguiente para el Directorio, en la que se encubre mal el azoramiento, por no decir el miedo, del que la escribía:

«*A la República francesa, y en su nombre á los ciudadanos que componen su Directorio ejecutivo.*—Grandes y leales amigos: Cuando mandé volver mi escuadra desde Rochefort á la Coruña, instruí á mi Embajador de los motivos que me obligaban á esto, y al propio tiempo le advertí que en mi nombre os asegurase podíais contar con ella después de preparada la vuestra de Brest, y comunicados y concertados los planes de los usos á que debería servir.

»Dicha mi escuadra tenía orden de acompañar y proteger al convoy que se halla en las costas de Santander con efectos y municiones navales que no se pueden exponer en la travesía, y más en la actualidad en que no están demasiado provistos los arsenales y en que se ha gastado inmensamente con motivo de la tempestad que experimentó mi escuadra de Cádiz.

»Vosotros, grandes amigos, habéis creido que estas consideraciones no contrabalanceaban la utilidad que se seguiría de hacer pasar dicha escuadra á Brest, en donde pensábais acabar de armar vuestros navíos para obrar con unos y otros en el Océano, no perdiendo de vista la Irlanda, y me pedís que mande esta traslación.

»Nada más conforme á mis deseos que el complaceros, y así expido las órdenes para verificarlos. Pospongo á ellos toda consideración, y es tan fuerte para mí la de la alianza y la idea en que estoy de que sea conocida de todas las Potencias, y particularmente del enemigo común, que basta á determinarme para obrar así. Resta sólo que, después de verificada la traslación, me expliquéis los planes que tenéis con el nuevo armamento de Brest; modo y forma en que debe emplearse para que, visto y examinado por mí y acordado entre ambos lo que más conviene, correspondan los fines á nuestros meditados medios.

»Esta conducta que me ofrecéis seguir en lo sucesivo, probará á las naciones que la alianza mía con esa República no es de voz ó momentánea, como lo son en general las que se contraen, sino de un interés recíproco, sólida y seguida por los principios de franqueza y buena fe, prendas que han caracterizado en todos tiempos á los Gabinetes de ambas Potencias, y nos traerá además la ventaja incalculable de arreglar en términos nuestras acciones, que de ellas pueda seguirse un daño verdadero al enemigo común ó á cualquiera que directa ó indirectamente trate de hostilizarnos, pues deben ser para nosotros tan comunes los amigos como los enemigos. Si tal conducta se hubiera seguido, preparado yo con la noticia del Almirante Bruix, habríamos concertado el modo de reunirse con Mazarredo en cualquiera de mis puertos, y caso de no poderlos ganar, la manera y forma de ejecutarlo y con qué objeto, y tal vez se hubiera evitado el fracaso que después le sucedió.

»Es inútil hablar ya de lo pasado, ciudadanos Directores. Yo me lisonjeo que á todos títulos soy digno de vuestra amistad y confianza. Me habéis visto siempre pronto á obrar con ella. Mis escuadras han estado paralizadas y servídoos de este modo en daño mío y del bloqueo de mis puertos, porque me manifestásteis en dos ocasiones que os convenía. La de Cádiz salió á unirse con la vuestra, y resta llenar este objeto. Se trabaja en su recomposición en Cartagena con una actividad extraordinaria, y tal vez en todo el mes presente se hallará pronta. Convendría que Bruix viniese con cuanto hubiese en Tolón á reunirse con la mía, y que unidas ambas pasasen á proteger el desembarco en la isla de Menorca, cuya reconquista nos es tan mutuamente interesante para quitar este abrigo al enemigo común y pasar desde allí á obrar en el Mediterráneo, según el plan que concertemos y que espero me comuniquéis, como también vuestras ideas sobre este punto.

»Entre tanto trataré de equipar cuantos navíos sean posibles en Cádiz para la defensa de mis puertos y otros objetos. Vendrán los tres de Santoña al Ferrol, en donde se rehabilitará el uno de la grande avería que sufrió por el rayo que le incendió; se compondrán los otros dos, que hacen ya bastante agua por los descalabros que han experimentado en sus largos viajes; se tripulará uno de ellos, pues se sacó su gente para completar los que se hallan en Rochefort, y se pondrán pronto en estado de obrar: alguno con destino á mis colonias para proveerlas de los objetos preciosos de que carecen y traer los que necesita de ellas esta Península, y los demás en lo que concertemos. En suma, no omitiré el menor medio ni modo de aumentar mis fuerzas para atacar al enemigo común en esta funesta guerra y reducirle á la suspirada paz por que tanto gime el pobre género humano, de que necesitan las dos Potencias para recuperarse de las pérdidas que aquélla les ha acarreado, y que debe ser siempre el objeto á que directamente nos encaminemos.

»He dicho, ciudadanos Directores, que nuestros amigos deben ser unos como nuestros enemigos. No dudo que entre aquellos contaréis al Duque de Parma, mi hermano, cuya conducta y buena fe le hacen acreedor á vuestra consideración, tanto para que no se le moleste con nuevas vejaciones, como para que á la par se le indemnice de las que ha sufrido y se le ponga en el pie de un Príncipe respetable en Italia. Sabéis los vínculos que me unen á él, el interés de mi hija en ello, y, sobre todo, que su conducta le hace merecedor de vuestra atención y que nos obliga á contar siempre sobre él como sobre nosotros mismos. Sin tales títulos no abogaría en su favor, pues tenéis pruebas repetidas de que abandono los de la sangre cuando no corresponden á lo que por ellos deberían observar. Esto basta, ciudadanos Directores, para determinaros á acceder á mis instancias (1).

»Vivo con la mayor confianza y seguridad de vuestra inalterable buena fe. Contad siempre con mi amistad, y creed que las victorias vuestras, que miro como mías, no podrán aumentarla, como ni los reveses en-

(1) Se alude aquí á la Corte de Nápoles, que se había atraído la cólera de los republicanos.

tibiarla. Ellos, al contrario, me ligarían más, si es posible, á vosotros, y nada habrá que me separe de tales
principios. He mandado á cuantos agentes tengo en
las diversas naciones que miren vuestros negocios con
el mismo ó mayor interés que si fuesen míos, y os pro-
testo que recompensaré á los que observen esta conducta como si me hiciesen el mejor servicio. Sea desde hoy, pues, nuestra amistad, no sólo sólida como
hasta aquí, sino pura, franca y sin la menor reserva.
Consigamos felices triunfos para obtener en ellos una
ventajosa paz y el universo conozca que ya no hay
Pirineos que nos separen cuando se intente insultar á
cualquiera de los dos. Tales son mis votos, grandes
amigos, y ruego á Dios os guarde muchos y felices
años.—De Aranjuez á 11 de Junio de 1799.

»Vuestro buen amigo—*Carlos.*—*Mariano Luis de
Urquijo.*»

**El Directorio era de parecer que la escuadra francesa de Tolón
pasase á Cartagena á reunirse con la otra del General Mazarredo.**

Tal amilanamiento y servil obediencia al Directorio no dejaron duda á éste de la puntual cooperación
de las fuerzas navales españolas. Así, pues, avisó al
Gabinete de Madrid que el Almirante Bruix iba á salir de Tolón, reforzado con tres navíos de línea que se
le habían unido en este puerto, y que su objeto era
encaminarse hacia las costas de Italia para acercarse
después á Cartagena. Por tanto, deseaba que se diese
orden al General Mazarredo para unirse á él con su
escuadra, ó á lo menos con los navíos que estuviesen
en estado de salir al mar, si todos ellos no se hallaban reparados de sus averías. Por fortuna, no sola-

mente los navíos que entraron en aquel puerto, procedentes del de Cádiz, habían sido reparados, sino que se les agregó otro, el *María Luisa*, de 112 cañones, con lo cual Mazarredo estuvo pronto á dar la vela al punto que se avistase la escuadra francesa. Como había algunos navíos que bloqueaban á la escuadra de Melgarejo en Rochefort, sus instrucciones se redujeron á que se pusiese de acuerdo con el Almirante francés para llevar tropas á Menorca y que tratasen ambos de lograr prontamente la rendición de Mahón. Conseguido que fuese este objeto, los dos Comandantes podían entenderse acerca de las operaciones ulteriores de las escuadras combinadas, incluso el socorro, de Malta; pero en ningún caso debería la escuadra española ir á Egipto, ya porque quedarían otra vez abandonadas las islas Baleares y expuestas á perderse, y la Italia seguiría siempre en poder del enemigo, y ya también porque los rusos y los turcos se declararían al punto enemigos nuestros, contra las intenciones del Gobierno francés, que quería la conservación de la íntima amistad del Rey con la Puerta Otomana, á fin de que le fuese útil para sus negociaciones.

Por más que juntas las dos escuadras presentasen la considerable fuerza de 40 navíos de línea, todavía no llegaban al número de los que componían la escuadra inglesa. Diez y siete navíos al mando del Almirante Brigport, que bloqueaban el puerto de Brest, acababan de entrar en el Mediterráneo, y esta escuadra, reunida con la que mandaba el Almirante Nelson, formaba la fuerza enorme de 61 navíos. Era, pues, necesario maniobrar con precaución. Además, para distraer al enemigo parecía conveniente activar los armamentos de Brest y llamar por este medio á una división inglesa al bloqueo del puerto. Igual efecto debía lograrse ar-

mando los navíos que habían quedado en Cádiz, cuya
salida al mar querían impedir los enemigos enviando
fuerzas marítimas que hiciesen el bloqueo.

Reunión de las dos escuadras en Cartagena.

Presentóse á la boca del puerto de Tolón una escuadra enemiga, compuesta de 26 velas, con ánimo de
bloquear á la del Almirante Bruix; pero habiendo sabido que ésta se había hecho al mar desde aquel puerto y que se hallaba detenida por los vientos contrarios en las aguas de Niza y Villafranca, se dirigió á
aquellos parajes. El Almirante francés, desempeñada
su comisión en la costa de Génova, tomó puerto en
Vado, adonde se presentó á la vista Lord Saint-Vin-
cent con todas sus fuerzas. Bruix, aprovechándose de
una niebla espesa, picó cables y salió por entre la tierra y los enemigos, tomando el rumbo de Cartagena,
en donde se unió con Mazarredo (1).

Después de haber examinado los dos Comandantes
cuáles operaciones sería conveniente emprender,
acordaron que la resolución más prudente sería en-

(1) Increíbles parecen los esfuerzos del Gobierno británico para
mantener la superioridad de su armada. ¡Qué actividad prodigiosa se
notaba en todos sus puertos! El Almirante Brigport no tenía más que
16 navíos; 14 le van de refuerzo de Plymouth, y el Almirante Colling-
wood se reune con él. La escuadra del Contralmirante Wischser se
juntó el 6 de Mayo con la de Lord San Vicente, que estaba en crucero
delante de Cádiz. El Vicealmirante Dickson fué á reunirse al Almirante Duncan, quien, reforzado con cuatro navíos rusos, cruzó á la entrada del Texel. El Almirante ruso Macharoff, con otros cinco navíos,
entró en el Mediterráneo. Así, pues, Brigport con más de 30 navíos,
Lord San Vicente con 26, Duncan con 22, dominaban todas las costas
marítimas del Océano Atlántico en Europa. ¿Cuán prudentes no eran,
pues, los consejos del General Mazarredo?

trar en el puerto de Cádiz; pero el Almirante francés
hizo presente á Mazarredo que sería quizá acertado
hacer antes una excursión á las costas de Toscana,
enviando fragatas á diferentes puntos para tomar
lengua y saber si las fuerzas inglesas estaban reunidas. (Ascendían, como dejamos dicho, á 60 navíos.) Si
no estuviesen todavía, Bruix proponía ir al encuentro de una de las divisiones enemigas, do quiera que
se hallase, creyendo que el triunfo sería seguro y
los resultados de grande importancia. El Almirante
tenía por fácil ir á Brest; recoger los navíos que hubiese allí y los españoles de Rochefort, y dirigirse sobre Irlanda, destruyendo primero la división de navíos que cruzaba enfrente de Brest, haciendo levantar el bloqueo del Texel é intentando al fin un desembarco en Torbay. Mazarredo le hizo ver los riesgos
de su proyecto é insistió de nuevo en ir á Cádiz, dando entre tanto aviso al Gobierno, el cual le respondió
que determinase al Almirante francés á ir sobre Menorca, si le parecía que podría lograrse la reconquista de Mahón sin comprometer á las escuadras, y que,
si esto no fuese, se dirigiesen á Cádiz ú obrasen con
buena armonía del modo que les pareciese más conveniente al bien de los dos países.

Bruix propuso también otro plan á Mazarredo, es
á saber, pasar el estrecho y entrar en alta mar: los
ingleses, suponiendo que la escuadra combinada se
había dirigido á Brest, pasarían el estrecho con sus
navíos, y entonces la escuadra combinada, advertida
por alguna fragata, podría volver al Mediterráneo y
enseñorearse de este mar, desembarcando tropas en
Menorca y socorriendo á Malta.

Con este fin se dió en Madrid orden á Mazarredo
para que, desistiendo de la tentativa proyectada con-

tra Mahón como lo deseaba el Directorio, se dirigiese
á Cádiz. El 30 de Junio salió de Cartagena, acompañado de la escuadra del Almirante Bruix. La travesía
fué feliz.

La escudra de Melgarejo estaba bloqueada en Rochefort desde su llegada; y aunque se intentó repetidas veces hacerla pasar á Brest á unirse con los navíos que se armaban en este puerto, se hallaron siempre para ello obstáculos insuperables. Afortunada-
mente, á pesar de las tentativas del Almirante inglés
para desordenar los buques españoles, creyendo que
le sería fácil acometerlos después, Melgarejo consiguió frustrar los intentos del enemigo y ganar tiempo
para que, ya el invierno, ó ya el arribo de fuerzas navales aliadas, le permitiesen salir del puerto. Las tropas al mando del General O'Farrill tuvieron orden de
ir por tierra á Brest.

**El Directorio quiere que las dos escuadras pasen á Brest.—El
General Mazarredo prefería Cádiz.—El Rey dió orden á Mazarredo para que fuese con su escuadra á Brest.**

Era éste el punto adonde el Directorio quería que
se dirigiesen las escuadras, pareciéndole preferible al
puerto de Cádiz. Fundábase en que desde Brest se podía amenazar á Irlanda y á Inglaterra, teniendo á los
ingleses en continua alarma. La presencia de una escuadra pronta siempre á hacerse á la vela, debía
obligarles, no tan solamente á mantener gran número de navíos bloqueando una costa que es sumamente peligrosa, sino también á aumentar el número de
sus tropas en lo interior. Por la sola fuerza de inercia
de las escuadras combinadas, se pondría al enemigo
en precisión de hacer cuantiosos gastos y de estable-

cer en cierta manera un régimen militar en los tres reinos; situación que al cabo traería descontentos y perturbaciones, pérdidas en el comercio de la Gran Bretaña y, por consiguiente, falta de recursos en su Erario. Por el contrario, el puerto de Cádiz, estando lejos de Inglaterra, parecía al Directorio mal punto para semejantes operaciones. La escuadra combinada se hallaría en estado meramente pasivo, sin que se pudiera fijar la época en que se hubiese de obrar ofensivamente.

Conforme á estos planes del Directorio, el Almirante Bruix dijo en Cádiz á Mazarredo que el servicio de mayor importancia que podían hacer las escuadras, era encontrar y batir á las fuerzas enemigas que bloqueaban á Melgarejo; unir los cinco navíos que tenía este General; añadir otros 8 franceses que habían de hallarse en Brest, con lo cual se compondria una fuerza de 54 navíos de linea, y se vería la Inglaterra precisada á guarnecer sus costas, sin que pudiese distraer sus tropas á expediciones contra Holanda. Concluída esta operación, añadía el Almirante francés para acallar sin duda á Mazarredo, era evidente que no había nada que intentar con la escuadra combinada, y que era menester volverse á Cádiz, *verdadera posición para todo*. Era ésta, en verdad, la idea que dominaba á Mazarredo. «Muy bueno es, decía, que se nos reúna Melgarejo con sus 5 navíos, si es que existen todavía; muy bueno será también unir 8 navíos franceses más y formar un cuerpo de 54 navíos. Pero vamos á las puertas de los enemigos, que juntarán 80, aun suponiendo destrozados ó perdidos los que bloqueasen á Melgarejo; vamos adonde para las arribadas no tenemos otro puerto que el de Brest, mientras que los enemigos tienen todos los del Canal.

Además, siendo del todo improbable que no haya uno ó muchos combates grandes cuando las escuadras combinadas saliesen al mar, suponiendo lo menos adverso, es decir, pérdidas iguales, se acrece la superioridad del enemigo y quedamos en la imposibilidad de causarle el menor respeto.»

Las dos escuadras salieron de Cádiz y llegaron felizmente á Brest.

Mazarredo perdía el tiempo en explicar y justificar su modo de ver, porque claro estaba que al fin se había de hacer lo que quisiesen los franceses, aunque no fuese lo más conveniente. El Ministro Urquijo le avisó de parte del Rey que, en virtud de los deseos del Directorio, saliese de Cádiz con su escuadra y siguiese al Almirante Bruix á Brest. La salida se verificó el día 21 de Julio. La escuadra francesa se componía de 25 navíos de línea y la española de 17, pues aunque los navíos del Rey fuesen 18, varó á la salida el *Santa Ana* en los bajos de Rota. Montado el cabo de Finisterre en la noche del 4 de Agosto de 1799, los vientos de *Sur-Oeste* y *Sur-Sur*, que soplaron con gran fuerza, no permitieron que las escuadras se dirigiesen á la rada de Aix á recoger la división española fondeada allí, y Mazarredo puso señales al Almirante Bruix para que se encaminase á Brest, adonde las escuadras arribaron el día 8. El telégrafo anunció al punto al Directorio su llegada.

El objeto del Directorio estaba conseguido. Su intención era tener á la escuadra del Rey en los puertos de Francia, como prenda de nuestra fidelidad á la alianza. Así se ve por lo ocurrido en la navegación de Cádiz á Brest. Mazarredo indicaba á Bruix la probabilidad de un día de gloria, si sus instrucciones eran de combatir. Bruix le contestó negativamente. Por lo demás, Mazarredo corrigió la derrota del Almirante francés en aquellos mismos mares de la costa de Francia en donde veinte años antes el Conde de Guichen había querido corregir las de Mazarredo. La corrección de la derrota de Bruix en esta ocasión, le libertó de grave riesgo y proporcionó la entrada en Brest.

Melgarejo entra con su escuadra en el Ferrol.

Melgarejo seguía siempre bloqueado en Rochefort por la escuadra enemiga, y deseoso de unirse en Brest á la escuadra de Mazarredo, salió el 31 de Agosto con su división; mas la inmediación de las fuerzas enemigas, en número de 30 velas, que le anunciaban los vigias de la costa, le impidieron dirigirse á aquel punto. Frustrado este pensamiento, quiso encaminarse á Lorient y también fué en vano, porque los vientos le fueron contrarios, y además tuvo siempre casi á la vista á los navíos ingleses que le perseguían. En tal situación creyó conveniente tomar puerto en el Ferrol, adonde llegó el día 11 de Septiembre.

Melgarejo gobernó bien sus navíos en esta campaña y adquirió nombradía de marino inteligente. No parece que pusiese igual atención en lo que no tenía relación inmediata con el servicio de mar. Un testigo ocular cuenta lo siguiente:

Este Teniente General de Marina, Comandante de las fuerzas navales del Rey en Rochefort, era buen marino y gozaba el aprecio de todos por su carácter sencillo. Asistía un día á uno de los frecuentes convites que las Autoridades francesas daban á nuestros

Oficiales ó recibían de ellos. Brindaban en una ocasión, como se acostumbraba allí, á la salud del Gobierno francés. Melgarejo deja de repente el asiento, sube sobre la mesa, y con grande alborozo y cordialidad, teniendo el vaso en la mano, dice: *A la salud de la Convención*. Los comensales quedaron sorprendidos de tal homenaje á un Gobierno cuya defunción contaba ya cuatro años; pero la sorpresa se convirtió en algazara cuando se vió que el buen Melgarejo, ocupado únicamente en su profesión de marino, no sabía distinguir entre el Gobierno del Directorio y la Convención, y que para él todo venía á ser una misma cosa, si ya no fuese que su simplicidad aparente encubriese el pensamiento, no menos verdadero que profundo, de que bajo formas diversas continuaban siempre los mismos principios revolucionarios.

FIN DEL TOMO XXXIII
Y QUINTO DE ESTA HISTORIA.

INDICE.

Páginas.

Mal estado de nuestra Hacienda. 8
Creación de la Junta de Hacienda. 11
Medidas propuestas por la Junta de Hacienda. 12
Medidas que el Gobierno adoptó. 18
Por enfermedad del Ministro Saavedra, D. Miguel Cayetano So-
    ler le sucede en el Ministerio de Hacienda.—Varios decretos
    sobre el mismo ramo. 20
Préstamo de 400 millones sobre los caudales de Indias. 22
Creación de nuevos Vales Reales. 23
Estado del crédito nacional. 24
Junta eclesiástica de Vales Reales. 26
La Gran Bretaña trabaja por formar nueva coalición contra la
    Francia. 33
Política de la Francia. 34
Intenciones del Directorio francés respecto á Suiza. 35
Carta de Barthélemy á Bonaparte. 37
Atropellamientos cometidos contra Suiza. 38
Nueva forma de Gobierno de la Confederación Helvética. 39
El reino de Nápoles es convertido en República Parthenopea. . . 40
El Rey Carlos IV fija su atención en la isla de Sicilia para colo-
    car en ella á su hijo D. Carlos. 42
La República francesa propone al Rey de España que se haga
    dueño de Portugal. 43
Alianza del Rey de Nápoles con el Emperador de Alemania. . . . 45
Unión que existía entre la Corte siciliana y el Gobierno britá-
    nico. 47
Acton. 47
Noticias sobre Lady Hamilton. 48
Nelson. 53
Preparativos de guerra en Nápoles.—A petición del Rey de las
    Dos Sicilias, el Emperador de Alemania envía al General
    Mack para tomar el mando de las tropas napolitanas. 53
El Rey de Nápoles rompe las hostilidades contra la Francia. . . . 58

Páginaa.

Tratado entre Nápoles é Inglaterra............................ 60
Mack penetra en el territorio de la República romana á la cabeza de 40.000 napolitanos............................... 60
Entrada del ejército napolitano en Roma. 61
Reveses de los napolitanos.—Rendición del General Moeick en Otricoli.—Entrada de los franceses en Roma.—Proclama del Rey de Nápoles á sus vasallos.—Partida de la Familia Real de Nápoles para Sicilia................................. 62
Mack se ve obligado á refugiarse en el real enemigo.—Nueva forma de Gobierno en Nápoles........................... 66
El Rey Carlos IV reclama de la República francesa la posesión del reino de las Dos Sicilias.............................. 67
El Directorio francés despoja al Rey de Cerdeña de sus Estados. 69
Abdicación de S. M. Sarda................................ 79
Nueva forma de Gobierno................................. 83
Mala inteligencia entre el Embajador Azara y el Ministro Urquijo...................................... 85
Desavenencia entre Guillermardet, Embajador de Francia cerca del Rey de España, y D. Mariano Luis de Urquijo, Ministro interino de Estado.................................. 86
El Directorio francés trabaja porque Azara se ponga á la cabeza del Gobierno español.................................. 87
Carta del Rey Carlos IV al Directorio francés................ 90
Sentimientos del Emperador de Rusia........................ 94
Nombramiento de Sieyes á la Embajada de Berlín para contrabalancear la influencia del Príncipe de Repnin, Embajador de Rusia...................................... 97
Negociaciones de Seltz. 103
Carta de Azara al Ministro Saavedra. 104
Varios Tratados.—Nueva coalición contra Francia........... 107
El Czar quiere que el Rey Carlos IV tome parte en la coalición. 108
La Rusia nos declara la guerra............................ 111
Declaración de guerra del Rey de España al Emperador de Rusia. 112
Rompimiento de las negociaciones de Rastadt.—Plan de campaña del ejército francés. 114
Miras de las respectivas Potencias coligadas................ 116
Atentado cometido en Rastadt contra los Plenipotenciarios franceses.................................. 117
Rómpese la guerra.................................. 118
Mal éxito de la campaña para los franceses.—Agitación de los partidos en Francia con este motivo.—30 «prairial.»........ 120
Intervención de D. José Nicolás de Azara.................... 123

Páginas.

Proyecto comunicado por el General Joubert á D. Nicolás de
Azara... 130
Batalla de Novi.. 132
Retirada de Nápoles del ejército francés.—Sucesos de Nápoles. 135
Batallas en Suiza entre franceses y rusos................... 140
Desembarco de un ejército en Holanda á las órdenes del Duque.—
de York.. 145
Resultados de la campaña....................................... 148
Pío VI.. 150
Variaciones ocurridas en España en materia de Autoridad ecle-
siástica después del fallecimiento de Pío VI.............. 167
Guerra entre los llamados «jansenistas» y «jesuitas.»........ 169
El Ministro Urquijo tenía resolución muy firme de sostener los
decretos del Rey... 173
Elección de nuevo Papa. La Francia no tiene voluntad de reco-
nocer al que sea elegido, y quiso que tampoco le reconociese
el Rey de España.—Respuesta del Ministro Urquijo......... 174
El Cónclave reunido en Venecia eligió Papa al Cardenal Chiara-
monti, el cual tomo el nombre de Pío VII.................. 176
Carta pastoral del Cardenal Chiaramonti siendo Obispo de
Imola.. 178
Los franceses se muestran descontentos del Gobierno del Rey
Carlos IV.. 183
De la escuadra española... 184
El Directorio pide al Rey la cooperación de todos sus buques de
guerra.. 186
Parecer de D. Juan de Lángara, Ministro de Marina........... 187
Proyecto del Directorio sobre operaciones navales de las dos es-
cuadras.. 189
El Ministerio español promete que ejecutará los designios de la
Francia.. 190
Los planes propuestos por el Directorio no llegaron á ejecutarse. 193
Azara descubrió que la intención de los Directores era enviar
las escuadras francesa y española á Egipto................ 194
La escuadra del General Melgarejo sale del Ferrol para Brest... 196
El Gobierno de Madrid encargó al Embajador que hiciese pre-
sente al Directorio su resolución de no enviar la escuadra es-
pañola á Egipto... 196
Salida de Brest de la escuadra francesa al mando del Almirante
Bruix... 199
El Rey manda al General Mazarredo que salga de Cádiz con su
escuadra para recobrar á Mahón. Una fuerte tempestad le
obliga á entrar en el puerto de Cartagena................. 200

Páginas.

El Rey pide que la escuadra de Melgarejo vuelva á los puertos
de Galicia.—El Directorio se ofende de las desconfianzas del
Rey de España. 201
Consternación del Ministerio español.—El Rey escribe á los Di-
rectores para justificar sus procedimientos................. 203
El Directorio era de parecer que la escuadra francesa de Tolón
pasase á Cartagena á reunirse con la otra del General Maza-
rredo.....................:............................. 207
Reunión de las dos escuadras en Cartagena.................. 209
El Directorio quiere que las dos escuadras pasen á Brest.—El
General Mazarredo prefería Cádiz.—El Rey dió orden á Ma-
zarredo para que fuese con su escuadra á Brest. 211
Las dos escuadras salieron de Cádiz y llegaron felizmente á
Brest......................:................................ 213
Melgarejo entra con su escuadra en el Ferrol. 214

MEMORIAL HISTÓRICO ESPAÑOL

COLECCIÓN

DE DOCUMENTOS, OPÚSCULOS Y ANTIGÜEDADES

QUE PUBLICA

LA REAL ACADEMIA DE LA HISTORIA

TOMO XXXIV

MADRID
EST. TIP. VIUDA É HIJOS DE MANUEL TELLO
IMPRESOR DE CÁMARA DE S M.
C. de San Francisco, 4

1895

MEMORIAL HISTÓRICO ESPAÑOL

COLECCIÓN

DE DOCUMENTOS, OPÚSCULOS Y ANTIGÜEDADES

QUE PUBLICA

LA REAL ACADEMIA DE LA HISTORIA

TOMO XXXIV

MADRID
EST. TIP. VIUDA É HIJOS DE MANUEL TELLO
IMPRESOR DE CÁMARA DE S. M.
C. de San Francisco, 4

1894

HISTORIA DE CARLOS IV

POR

D. ANDRÉS MURIEL

TOMO SEXTO

LIBRO SEXTO.

Sumario.

Bonaparte en Egipto.—Declaración de guerra de la Puerta Oto-mana á la Francia.—Bouligny, Ministro de España en Cons-tantinopla, conserva por algún tiempo su carácter diplomáti-co y hace grandes servicios á los franceses.—Por fin, á petición de Rusia, sale del Imperio otomano.—Mal estado del ejército francés en Egipto.—Expedición de Bonaparte contra San Juan de Acre.—Negociaciones con la Puerta.—Batalla de Alejan-dría.—Bonaparte sabe por las *Gacetas* de Europa, al regreso de un parlamentario enviado al Almirante inglés, Sidney Smith, que la Francia se ve hostigada por los ejércitos aliados, y re-suelve embarcarse al punto.—Su viaje y llegada á París.—Fin del Gobierno directorial.—Los Cónsules.—Bonaparte, primer Cónsul, manifiesta deseos de paz á la Inglaterra y al Austria. —Relaciones entre el Gabinete de Madrid y el Gobierno con-sular.—España no accede á varias pretensiones de Bonaparte. —El Cónsul muestra desagrado al Ministro Urquijo.—Recon-ciliación.—El Ministro Corral es enviado á Constantinopla para traer á la Puerta Otomana á negociaciones con Francia.—Rom-pimiento del Cónsul con el Emperador de Alemania.—Batalla de Marengo.—Tratado entre la Gran Bretaña y el Emperador.— Negociaciones y manejos del primer Cónsul con la Corte de Ru-sia.—El Emperador Pablo I se indispone con Inglaterra.—Esta Potencia pretende tener derecho de visitar las embarcaciones neutrales.—Suecia, Dinamarca, Prusia y Rusia se ofenden del ejercicio de este pretendido derecho.—Violación escandalosa de los derechos de los neutrales por los ingleses en la bahía de Barcelona.—Bonaparte rompe el armisticio.—Batalla de Hollelsinden.—Nuevo armisticio.—Ventajosa situación de la Francia.—Abrense negociaciones entre España y Francia para la cesión de la Luisiana.—El General Berthier pasa á Madrid con este objeto.—Propuestas de la Francia.—Tratado.—El Infante-Duque de Parma es elevado á la dignidad de Rey de Toscana. —Retrocesión de la Luisiana á la Francia.—De la escuadra del Rey en Brest.—Propuestas del General Mazarredo para las operaciones de las dos armadas española y francesa.—Irresolución, así de los Directores como del primer Cónsul.—El Rey de España, privado por largo tiempo de sus navíos, temeroso de que los ingleses inquietasen las costas del reino, reclama el regreso de su escuadra á Cádiz.—Orden dada por Urquijo á Mazarredo al intento.—Bonaparte, á quien no conviene la partida de Mazarredo, envía precipitadamente á Madrid á su hermano Luciano, Ministro entonces del Interior, como Embajador de la República.—Descontento de Urquijo por este nombramiento.—Separación de Urquijo del Ministerio de Estado, de que estaba encargado interinamente.—La Corte de Roma solicitó también la misma providencia.—Pío VII se quejó al Rey de la hostilidad del Ministro Urquijo contra la Santa Sede.— Urquijo, no solamente pierde la silla ministerial, sino que es enviado á la ciudadela de Pamplona, en donde se le quiso formar causa.—La Bula *Auctorem fidei.*—El Príncipe de la Paz vuelve á tomar las riendas del Gobierno, pero sin admitir Ministerio alguno determinado.—El Rey nombró primer Ministro, Secretario de Estado, á D. Pedro Cevallos, casado con una parienta del favorito.—Mazarredo deja el mando de la escuadra de Brest por orden del Rey, y vuelve al del departamento de Cádiz.—Retírase á poco tiempo á Bilbao.—Cualidades y servicios de este General.—Paz entre la República francesa y el Emperador de Alemania, firmada en Luneville.—Tratado entre Francia y el Rey de Nápoles.—Creación del reino de Toscana, llamado después de Etruria, para el Príncipe heredero de Parma.—A instancias del primer Cónsul, parte este Príncipe de Madrid con la Infanta su esposa, y pasan por París antes de ir á tomar posesión de sus Estados.—Fines de Bonaparte en recibir al nuevo Soberano en la capital de Francia.—El Cónsul mismo dispone lo concerniente al ceremonial con que había de ser recibido, sin que D. José Nicolás de Azara, Embajador del Rey Carlos IV, tuviese que hacer más que conformarse en todo á lo que el Cónsul disponía.—Llegada de los Reyes de Toscana á París; atenciones y agasajos con que fueron tratados.—Su partida.—*Convenio marítimo* entre el Rey de España y el primer Cónsul, firmado en Aranjuez por el Príncipe de la Paz y Luciano Bonaparte.—Instancias de la Francia al Rey para que entregase sus navíos á disposición del primer Cónsul, y para que aprontase cuantas fuerzas marítimas fuesen posibles.— Designios particulares de Bonaparte sobre el uso de las escuadras.—Estorbos que se le ofrecían.—Combate naval de Algeciras.—El Rey Carlos IV declara la guerra á Portugal.—Corta duración de las hostilidades.—Paz de Badajoz.—Olivenza cedida al Rey de España.—Descontento de la Francia.—Enójase el Príncipe de la Paz contra los franceses.—Su nota al Embajador Luciano Bonaparte.—Diálogo entre el primer Cónsul y Azara sobre la nota.—Tratado de paz entre el Príncipe Regente de Portugal y la Francia, firmado en Madrid por Luciano Bonaparte el 20 de Septiembre de 1801.—Enfermedad del Rey Carlos IV.—Disposiciones tomadas por Bonaparte con este motivo.—Proyecto de casamiento del Príncipe de Asturias con la hija del Elector de Sajonia.—Vana tentativa del Gobierno de Madrid para establecer milicias provinciales en el reino de Valencia.—Negociaciones para la paz entre España y Rusia.—El Emperador Pablo I muere trágicamente en su propio aposento. —Alejandro I, su sucesor, se muestra deseoso de vivir en paz con España.—Tratado de paz firmado en París por D. José Nicolás de Azara y el Conde Marcoff.—Convocación del Capítulo de la religión de San Juan de Jerusalén.—Carlos IV no admite las convocatorias enviadas á los grandes Priores españoles, y se declara Gran Maestre de esta Orden militar del mismo modo que lo era ya de las demás Órdenes nacionales.—Las rentas de las encomiendas se destinarían al socorro de los establecimientos piadosos.—Ataque de Copenhague por la escuadra inglesa. —Armisticio.—Disposiciones pacíficas de la Suecia.—Paz entre Rusia é Inglaterra.—Fin de la neutralidad marítima.—Preliminares de paz entre Francia y la Gran Bretaña.—El Rey de España se queja de que la Francia hubiese accedido á la pro-

posición de Inglaterra de quedarse con la isla de la Trinidad.
—Respuesta de Bonaparte.—Azara nombrado Plenipotenciario
del Rey de España al Congreso de Amiens por empeño de Napoleón.—Expedición enviada por los franceses para someter á
los negros de la isla de Santo Domingo.—El General Gravina
manda la división auxiliar española, compuesta de cinco navíos de línea y una fragata.—Fuerzas marítimas españolas que
quedaron en Brest.—Concordato entre el Papa Pío VII y el primer Cónsul Bonaparte.

Variación de Gobierno en Francia.

Al cabo de diez años de continuos vaivenes, los
franceses vieron, por fin, acercarse una tregua á sus
dolorosos padecimientos. Después que derribaron el
antiguo trono, deslumbrados por el resplandor enga-
ñoso del principio falso, ó mal entendido, de la soberanía del pueblo, que ellos habían proclamado con tanto ardor, ora gimieron oprimidos por la tiranía más
horrorosa entre todas las que recuerdan los anales de
las naciones, ora flaca la autoridad pública y falta de
verdadero apoyo, se vieron continuamente amenazados de nuevos desórdenes. Su tan decantada libertad
se había mostrado hasta entonces cínica, sanguinaria, pronta á prostituirse al oro, y siempre inquieta y
perturbadora, cual si hubiera estado, al parecer, ansiosa de desmentir el noble origen que se le atribuía.
A vista de tan manifiesto y costoso desengaño, el voto
general de los franceses era que la sociedad volviese
á su estado natural y que fuese restablecido el orden,
sin el cual no hay más que trabajos y penalidades para
los pueblos. De ahí provino la crisis directorial de que
hemos hablado. A excepción de algunos hombres ilusos ó perversos, la nación entera, cansada de padecer,

deseaba que hubiese unidad y energía en el Gobierno. Por eso se había pensado en confiar al General Joubert una suerte de dictadura que llenase este objeto. Bonaparte, muy más á propósito que Joubert por todas circunstancias para acometer empresa tan importante, llegó de improviso á Francia con este intento.

El estado de las cosas en este pais distaba mucho de ser satisfactorio. Los ejércitos franceses habían sido deshechos en Italia. Por esta causa, y por otras no menos graves, el desaliento era general en la República. El Directorio, que había favorecido con ahinco el armamento enviado á Egipto por razones políticas que le parecieron fundadas, ansiaba por que el ejército mandado por Bonaparte volviese á Francia. La necesidad de reorganizar las tropas y de darles ánimo era urgente. Entre todos los Generales de la República, ninguno inspiraba confianza tan grande como el General Bonaparte por su extraordinario genio, acreditado en las batallas de Italia. Sabemos que el destino de la escuadra franco-española era ir á las costas de Siria y Egipto, y que el envío proyectado de estas fuerzas tenia por objeto, no ya socorrer al ejército francés del General Bonaparte para que pudiese mantenerse en aquel país, sino, por el contrario, traerle á Francia á las órdenes de su Jefe. La carta siguiente, del Almirante Bruix al ciudadano Bonaparte, General en jefe del ejército francés de Oriente, pone de manifiesto el fin que llevaba la reunión de las escuadras:

Carta del Almirante Bruix al ciudadano Bonaparte.

«Cartagena 23 *prairial, año* 7 (11 de Junio de 1799).

»Ciudadano General: He tenido orden del Directorio ejecutivo para unirme con la escuadra española, acometer después al enemigo, y, batido que sea, ir á Egipto para embarcar y traer á Francia el ejército de vuestro mando.

»Mi reunión está hecha. La armada de las dos naciones asciende á 42 navíos de línea; pero esta fuerza no nos hace todavía superiores á los ingleses, que tienen 60 navíos en el Mediterráneo. Con todo, por medio de maniobras bien concertadas se les puede vencer antes de que estén reunidos en un solo cuerpo de armada. Con eso cuento, si logro salir bien en los pasos que estoy dando con el Almirante español y la Corte de Madrid.

»Conseguido que esto sea, os prevengo, ciudadano General, que iré sin perder instante á Alejandria después del combate. Tomad, pues, las medidas convenientes para detener el menos tiempo posible á la escuadra en las costas de Egipto. No dudéis, General, que no habrá obstáculo ninguno que no venza para ir á mi destino.

»Mas no puedo decir cuándo llegaré. Todo es incierto en los combates de mar, y no tengo tampoco seguridad de poder acometer al enemigo antes de que tenga todas sus fuerzas reunidas. Por consiguiente, no deberéis tomar vuestras últimas disposiciones hasta que llegaren á esa fragatas que tendré cuidado de enviar.

»Será para mí y para la armada de mi mando un día de gloria aquél en que podamos restituir á la patria tantos héroes como le dan honra y nombradía.

»Recibid mis salutaciones fraternales y respetuosas. —*Bruix*.

»P. D.—He prometido una recompensa de 500 luises al griego que ha de entregaros esta carta. Aunque la suma es cuantiosa, no dudo que se la daréis.»

Bonaparte en Egipto.

Antes de referir el regreso de Bonaparte de Egipto y los grandes sucesos que vinieron por él, debemcs hacer mención de sus operaciones militares en aquel país. Luego que desembarcó con su ejército delanle de Alejandría, se hizo dueño de esta plaza, y venciendo conslanlemente á los mamelucos en cuantos combates empeñaron éstos para dispularle ó impedirle el paso al Gran Cairo, entró en esta ciudad veintisiete días después de su desembarco. Mourad Bey pudo á duras penas retirarse al allo Egipto, seguido de cerca y molestado por el General Dessaix. El General en Jefe obligaba por su parte á Ibrahim Bey á replegarse á Sabeley'h, y le arrojaba hacia El-A-rich. En el espacio de seis semanas, las armas francesas dominaban ya la mayor parte de Egipto.

Cuando Bonaparte comenzaba á saborear estos dulces halagos de la fortuna, vino á turbar su contentamiento la noticia del desastre sufrido por la escuadra francesa en Abukekir, por el cual quedaba privado de sus comunicaciones con Francia y reducido á hacer frente á sus enemigos en una región lejana, sin otros recursos que los que supiese procurarse por su valor y actividad. Los rusos, ingleses y turcos no podían menos de suscitarle grandes estorbos para la ejecución de sus designios; pero las empresas, cuanto eran más dificultosas y gigantescas, exaltaban más vivamente la imaginación de aquel joven guerrero. Otros hombres de fantasía menos ardiente que la suya, se hubieran amedrentado: Bonaparte, al contrario, con la vista siempre fija en las posesiones inglesas de la India, dice á sus soldados que es menester dejar atrás á los más célebres de entre los antiguos que se señalaron por hechos heróicos y alcanzar la gloria de dominar aquellos países. Si estos designios eran ó no verdaderos, ó si se proponía tan solamente inflamar por ellos el ardor de sus tropas y sostener su brío, no hay para qué quererlo indagar. Los que mandan ejércitos, como los que están á la cabeza del Gobierno de los pueblos, se ven á veces obligados á ostentar seguridad que no tienen. Precisados se hallan también á propagar y sostener ilusiones, á trueque de que no flaqueen los ánimos de los que están bajo su mando. Bonaparte gustaba mucho, en verdad, de epopeyas; pero la historia de su vida hace ver también que no por eso perdía de vista las realidades.

La Sublime Puerta declara la guerra á la Francia.

La Puerta Otomana, ofendida de la agresión de los franceses contra Egipto; recelosa además de otras tentativas que pudiesen emprender contra algunas provincias del Imperio de la media luna, se unió al punto con los rusos y los ingleses y declaró guerra á la Francia. Sin pérdida de tiempo juntó sus navíos con los de sus aliados y comenzó á tomar medidas para formar tropas que marchasen contra Bonaparte. Pero la estación se adelantaba, y esto, unido á la lentitud musulmana, hacia dudosa su llegada á los campos de batalla antes de la primavera próxima. Los motivos en que se fundaba la declaración de guerra de la Puerta fueron expuestos detenidamente en un manifiesto, en la manera que se acostumbra en esta clase de piezas diplomáticas; no la ponemos aqui, porque la nota siguiente, comunicada por el Reiss-Effendi al Embajador de Holanda cerca del Gran Señor, basta para saber la verdadera y principal razón del rompimiento: «El Gobierno actual de Francia, en contravención manifiesta á lo que prescribe el derecho de gentes, ha establecido por principio acometer á todas las Potencias, sin distinción de amigas ó enemigas, y sembrar por todas partes la confusión y el desorden, ya por las armas ó ya por la seducción. Conforme á este principio, había preparado ocultamente los medios de trastornar el Egipto, provincia la más importante entre todas las del Imperio turco, pues puede decirse la entrada de dos ciudades santas, la *Meca* y *Medina*. En vano se le ha dicho de antemano y de oficio que si ponía por obra tal proyecto, se seguiría necesariamente una guerra sangrienta entre todos los pueblos musulmanes y lá Francia. Firme en su propósito y malos fines, ha invadido el Egipto de repente, y según su costumbre de excitar toda suerte de desórdenes, ha encaminado sus atenciones y cuidados hacia este objeto. En consecuencia, la Sublime Puerta se ha visto en la absoluta necesidad de repeler la fuerza con la fuerza, como lo tenía dicho al Directorio con la mayor solemnidad. Todos estos hechos y las medidas tomadas por la Sublime Puerta para reprimir agresión tan inexcusable, son de notoriedad pública.» La nota desciende después á considerar que la República bátava no era, por decirlo así, más que un departamento de Francia por la dependencia en que estaba de ella, y que, por tanto, convenía que el Embajador saliese del territorio turco en el término de ocho días, sin que la Puerta quisiese romper por este acto las relaciones entre los dos pueblos, pues antes bien esperaba que las circunstancias permitirían mantener buena correspondencia entre ellas como hasta allí.

España se hallaba en el mismo caso que la República bátava en punto de alianza con los franceses, y así era de temer también que el Gran Señor procediese con el Embajador del Rey Católico en Constantinopla del mismo modo que con el de Holanda; pero cierta cordialidad que reinaba allí con nosotros desde el último Tratado, y, sobre todo, el aprecio personal que Bouligny había sabido granjearse entre los turcos, detuvieron por entonces toda medida rigurosa contra él. Por la confianza de la Puerta en el Ministro español, fué dado á éste servir eficazmente á los franceses que estaban en el Imperio turco, á los cuales alcanzaban las vejaciones consiguientes al estado de guerra entre la República francesa y los otomanos. Bouligny vino á ser un verdadero agente, activo y vigilante para socorrerlos. Por su conducto se enviaban cantidades de dinero, por manera que estando la Francia en guerra con la Turquía, se podía decir que conservaba siempre un Ministro en Constantinopla. Por más extraordinaria que pareciese esta condescendencia de la Puerta por el Rey de España, no hubiera sobrevenido quizá variación en ella sin el vivo empeño que la Rusia puso más tarde en que Bouligny saliese de Turquia. Enojado el Emperador Pablo I de que el Rey no quisiese reconocerle Gran Maestre de la Orden de San Juan de Jerusalén, nos declaró la guerra, y al punto exigió de los turcos que el Ministro de España, aunque tan bien quisto y apreciado, saliese de Constantinopla. El Reiss-Effendi, muy contra su voluntad, hubo de prestarse á las imperiosas reclamaciones de sus nuevos aliados; pero puso cuidado particular en que no se alterasen en lo más mínimo las relaciones entre España y el Imperio turco por este motivo.

En la nota pasada al Embajador de España, después

de referir los servicios que Bouligny y otros agentes españoles residentes en los puertos del Imperio turco habían prestado á los franceses, rota ya la guerra contra ellos, suministrándoles con el mayor celo toda suerte de provisiones en daño de la Turquía; después de declarar que, siendo indispensable poner fin á aquel estado de cosas, Bouligny debía salir de Constantinopla, añadía: «En todo caso, las capitulaciones imperiales no dejarán de estar en vigor por eso, ni serán revocadas; al contrario, la Sublime Puerta tiene propósito de observarlas y de no omitir medio ni cuidado para mantener paz y amistad sincera entre ambas Cortes. El fin principal de la Sublime Puerta en este asunto es hacer cesar la publicidad con que los agentes de la Corte de España se interesan por los franceses que se hallan en los Estados otomanos, ni lleva en ello ninguna otra idea, puesto que quiere seguir observando las condiciones del Tratado de paz y amistad que le une con España, del mismo modo que lo ha hecho hasta aqui; y si la Corte de España viniese á abandonar el partido ó la causa de los franceses, en tal caso la Sublime Puerta viera con particular satisfacción á su Agente de la Corte de España volver á residir cerca de ella.»

Para que no quedase duda de la violencia que el Gobierno turco se hacía alejando al Plenipotenciario español de Constantinopla, el Ministro turco dijo al intérprete estas palabras: «Diga usted á Bouligny que tenga paciencia y que haga este sacrificio, porque no podemos negarnos á las reclamaciones de los aliados.» La Puerta aseguró también al Ministro español que las Regencias de Africa continuarían viviendo siempre en amistad con el Rey de España. Estos hechos, como muchos otros de la misma naturaleza, prueban que la alianza con la República francesa no nos trajo por todas partes más que disgustos y males, sin ningún género de ventajas que pudiesen resarcirlos. Los franceses, al contrario, sacaban grandes provechos de nuestra amistad (1).

(1) Las Regencias berberiscas mantenían buena inteligencia con el Rey de España, pero estaban muy irritadas contra Francia después de la invasión del Egipto. El Rey empleaba continuamente buenos oficios con ellos para que no se declarasen contra la República. Muley Solimán, Rey de Marruecos, había resuelto enviar 10.000 hombres de caballería contra los franceses que se habían establecido en Egipto, y por intervención del Rey Carlos IV, S. M. Marroquí desistió del intento (*).
En 6 de Octubre del mismo año volvió el Rey de Marruecos á asegurar al Rey de España que mantendría la amistad con Francia.
Traducción de la carta que de orden y en nombre del Rey de Marruecos ha enviado Sid Jandim Bel-Yach al Cónsul general de España — «En el nombre de Dios clemente y misericordioso. No hay virtud ni poder sino en Dios excelso, magnífico, etc.
»Al Cónsul español Antonio Salmón.
»Nos ha llegado la carta de tu encargado, en la que, de orden de tu Corte, me noticias y comunicas lo mismo de que nosotros estamos entendidos y cerciorados, y es la amistad que tenéis, así á mi persona como á mis dominios y vasallos. Apreciamos tus buenos consejos; y tocante á lo que me dices que los rusos os han declarado la guerra y á todos los aliados con los franceses, sabrás que no soy yo de los partidarios del ruso ni de los que entran ó tienen parte en sus operaciones y designios; y Dios será el que nos dará fuerzas para resistirles en caso que intentasen algo contra nosotros, *pues no somos como aquéllos que pospongan su religión á los intereses de este mundo*, ni admitirá duda en nuestra firme creencia.
»La paz que tenemos, así con vosotros como con los franceses *por vuestra mediación*, es una paz sólida, firme y asegurada con Tratados y pactos igualmente firmes y sólidos, que no los hará caer ni el dicho ni las sugestiones del mal inclinado que intrigue y maquine para lograr su mal intento: lejos de esto, yo seré el primero que guardaré y cumpliré los Tratados en todas sus partes, como nos corresponde por justicia y por naturaleza, y de este modo me portaré con las demás naciones mis aliadas; y mientras den pruebas de su buena amistad y cum-

(*) Despacho de D. Juan González Salmón al Ministro Urquijo de 19 de Marzo de 1799

Firman del Gran Turco contra los franceses.

La situación de Bonaparte en Egipto empeoraba todos los días. A pesar de sus discursos, llenos de promesas y esperanzas, una parte del ejército empezaba á convencerse de que al través de los combates y privaciones no se entreveía ninguna de aquellas perspectivas halagüeñas con que el General en Jefe les habia lisonjeado. El fanatismo musulmán pedía que los franceses fuesen exterminados como enemigos del Profeta. «Infieles obstinados, decía el Firman del Gran Señor, impíos sin ningún freno, que niegan la unidad de Dios y no creen en la misión del Profeta; que han derribado los fundamentos de todas las religiones, demolido sus templos, desterrado á sus sacerdotes, atizado por todas partes el fuego de la discordia; que han invadido los pueblos para abolir en ellos el Gobierno y la religión. Todo musulmán debe armarse contra

plimiento exacto de los Tratados que con ellas tenemos, no habrá, Dios mediante, falta alguna de mi parte en esto, ni motivo para quejarse, ni faltaré á la Francia mientras que sea vuestra amiga. También estoy obligado en conciencia á oir sus quejas, examinar y juzgar sobre aquello que fuere claro y manifiesto. De lo oculto y falaz, júzguelo Dios y entienda en ello. El mentiroso contra sí miente, y caerá en la misma trampa que arma contra otros.

»Agradezco lo que me aconsejas é insinúas siempre de guardar la paz y buena armonía con las naciones mis aliadas, y en esto dais una prueba de que estimáis mi persona y mis vasallos, y no experimentaréis de nuestra parte sino agradecimiento y buena correspondencia, permitiéndolo el Altísimo, á quien se lo pedimos, pues Dios es el único estable y poderoso. Escrito á 7 de la luna Shamad-Zuli, año 1214 de la Hégira.—De orden de S. M. Marroquí.—Sid Jandim Bel-Yach.

»Corresponde á 6 de Octubre de 1799.—(Es copia.)—*Urquijo*.»

ellos. Manteneos unidos; sosteneos los unos á los otros. Perezcan todos. Arrójense sus cenizas al viento, pues la promesa de Dios es terminante. El malo verá desvanecerse sus esperanzas; los perversos perecerán.» Bonaparte se contentaba con oponer al fervor fanático de los musulmanes frías protestaciones de deísmo, nada propias por cierto para calmar el ardoroso celo de los sectarios de Mahoma. «Nosotros somos amigos de los musulmanes y de la religión del Profeta,» decía el caudillo francés escribiendo al Sheriff de la Meca; palabras que los franceses admiraban, teniéndolas por medio seguro de persuasión, y los turcos no creían.

Sidney Smith.

Los cruceros ingleses excitaban también á los turcos en gran manera á pelear contra Bonaparte y les transmitían cuantas noticias podían serles convenientes. Interceptaban las comunicaciones del General francés con el Directorio; sabían por ellas el triste estado en que se hallaba el ejército expedicionario. Uno de los Oficiales más inteligentes y atrevidos de la marina inglesa, Sir Sidney Smith, se señaló en este género de servicio. Había mostrado grande intrepidez combatiendo en otras partes contra los franceses; pero cayó prisionero delante del Havre de Grace y fué conducido á París, en donde el Directorio no quiso admitir canje ninguno por él. Con ayuda de algunos realistas franceses logró, por fin, escaparse de la cárcel del *Temple*. Restituído á Inglaterra, no quiso otra recompensa de sus padecimientos que el permiso de ir á buscar nuevos peligros peleando por la causa del Gobierno. A bordo del *Tigre* estaba reconociendo sin

cesar las costas de Egipto, haciendo á los republicanos cuanto mal podía (1).

Sublevación del Gran Cairo.—Expedición contra San Juan de Acre.

El resultado de tan ardiente fanatismo por parte de
los musulmanes y de tan eficaz cooperación á la defensa de su causa por parte de los ingleses, fué sublevar los ánimos de los habitantes contra el ejército
francés. El 21 de Octubre de 1798 estalló en el Cairo
una conjuración, que tenía por objeto acabar con todos los franceses. La insurrección duró tres días. Al
cabo de ellos cesó, merced á la serenidad y firmeza de
Bonaparte. Los castigos fueron ejemplares, pero noc-
turnos. Gran número de personas perecían todas las
noches en la ciudadela. No teniendo ya que temer
nuevos levantamientos, Bonaparte se propuso marchar con su ejército contra la plaza de San Juan de
Acre. El 19 de Noviembre escribió al Bajá Djezzar:
«Mi intención es que no riñamos; mas si continuáis
dando asilo á Ibrahim Bey, lo miraré como señal de
hostilidad y me encaminaré á Acre.» La Siria era,
pues, el punto que llamaba entonces su atención más
principalmente. A fines de Diciembre reconoció las
cercanías de Suez; puso esta plaza en estado de sostener un sitio; exploró las dos orillas del mar Rojo;

(1) Sidney Smith había tenido el arrojo de penetrar en el puerto de
Brest, en donde puso fuego á algunos buques franceses. Con igual intento quiso entrar en el puerto del Havre, pero fué en vano. En la guerra de 1794, al abandonar los aliados á Tolón, Sidney Smith fué uno
de los Oficiales encargados de preparar el incendio de la escuadra fran-
sa y del arsenal. Sidney Smith falleció en París en 1838.

combinó á su manera los medios de atravesar la Persia para caer sobre las posesiones inglesas de la India, sin dudar tampoco ni por un instante de sus rápidos progresos en la Palestina. Su previsión y confianza eran tales, que escribió á Tippo-Saib dándole aviso de sus vastos proyectos, sin imaginarse siquiera que este Príncipe indiano hubiese podido ser destruído por el General inglés que le venció á él mismo después en la sangrienta jornada de Waterlóo. El 5 de Febrero de 1799, Bonaparte partió para la Siria; el 17 llegó á El A'rych, que se había rendido la víspera; entró en Siria el 28; acometió y tomó en dos días la bicoca de Jaffa, cuya guarnición fué pasada por las armas, no obstante haber capitulado el 6 de Marzo; el 18 llegó delante de San Juan de Acre con 12.000 hombres, pero sin municiones de guerra y sin artillería de sitio, porque habiéndola enviado por mar, la capturó Sidney Smith, que estaba al ancla delante de Caiffa, por lo cual los armamentos preparados para batir la plaza sirvieron para defenderla. Los buques ingleses que cruzaban sin cesar delante de San Juan de Acre, contribuyeron grandemente á este objeto.

Derrota de los otomanos.

Bonaparte había escrito al Bajá Djezzar, diciendo: «Volvamos á ser amigos y os haré tanto bien como puedo haceros mal;» mas no logró ganarle ni abatirle. Después de doce asaltos sangrientos en los que perdió 3.000 hombres, se vió precisado á levantar el sitio el día 20 de Marzo, agobiado su ejército con la peste y la miseria. Esto no le detenía para decir al Directorio: «Por el correo expedido el 21 *floreal*, os dí parte de los sucesos gloriosos para la República ocurridos en Siria en los últimos meses.» En el día 15 de Junio, escribiendo al Divan del Cairo, le decía: «Traigo muchos prisioneros y estandartes; he arrasado el palacio de Djezzar y los baluartes de Acre; he bombardeado la ciudad en términos de no haber dejado en ella piedra sobre piedra; todos los habitantes han salido de la ciudad por mar; Djezzar está mal herido; 30 barcos cargados de tropas han venido á socorrerle: de ellos mis fragatas han apresado tres, y el resto se halla en mal estado ó del todo destruído.» Lo mismo decía al General Marmont el 27 de Junio: «El ejército que debía presentarse delante de Alejandría y que partió de Constantinopla el 1.º del Rhamadan, ha sido destruido en San Juan de Acre, añadiendo que el estrafalario Sidney Smith podría quizá desembarcar los restos, que no pasaban de 2.000 hombres (1).» Poco tiempo después supo que los turcos, que estaban destruídos, según sus relaciones, habían desembarcado en Abukekir, cuyo fuerte se les había entregado sin resistencia. Los espías hacían subir el número de las tropas turcas á 40.000 hombres. Marmont creía que no pasaba de 15 á 18.000. La verdad es que se componía de 7.000, como se ve por el siguiente parte enviado á Mustafá el 21 del Sefir: «El jueves 17 del Sefir el Bajá Mustafá ha hecho su desembarco, y al cabo de siete horas de pelea, la victoria se declaró por los musulmanes. El fuerte ha capitulado con 500 infieles poco más ó menos, sin que se haya escapado ni uno solo. El

(1) El Secretario Bourrienne, á quien el General en Jefe dictaba estos partes, no pudo menos de admirarse al ver que en ellos se faltaba á la verdad tan abiertamente sobre hechos que acababa de ver por sus propios ojos. Bonaparte le dijo con aspereza: *Usted no entiende de esas cosas.* Bourrienne continuó escribiendo.

General Bonaparte ha llegado á Rhamahnich con 10.000 hombres. Nosotros no somos más que 7.000; pero Dios nos dará la victoria por la intercesión del Profeta.» Confírmase también por otros documentos que ese era el número del ejército turco. Gran ventura fué para Bonaparte que se le presentase esta expedición, porque así pudo borrar la afrenta de San Juan de Acre. Salió del Cairo el 16 de Junio de 1799, y llegando á Alejandría el 23, desbarató completamente á los otomanos el 25. El Bajá que los mandaba quedó prisionero. El fuerte de Abukekir se rindió el 2 de Agosto, después de una defensa más tenaz que la hecha anteriormente por los franceses. La suerte del ejército de Bonaparte mejoraba poco por esta victoria, pues los turcos hubieran intentado acometidas por otras partes; y suponiendo que los franceses hubieran sido vencedores, sus triunfos mismos los habrían al fin extenuado y destruido.

Bonaparte sabe por un Oficial inglés la desgraciada campaña de los franceses en Italia.—Bonaparte da la vela de Egipto para volver á Francia.

La Providencia, que ordena las cosas humanas según sus fines, dispuso que Bonaparte enviase un parlamentario á los ingleses que habían protegido el desembarco y reembarco de las tropas turcas, y por las *Gacetas* de Europa que recibió al regreso del Oficial que fué á parlamento, supo la desgraciada campaña de los franceses en Italia, y la pérdida ó el abandono de todas las conquistas que él había hecho. Con su natural presteza de comprensión ve al punto que era llegado el momento de ponerse á la cabeza del Gobierno de la República, y que por fin *la breva estaba madura,* para usar de la expresión de que él se valió cuando se vió precisado á partir de París. Mandó, pues, sin pérdida de tiempo que se armasen dos fragatas y otros dos buques de menor porte, y para ocultar su designio, echó la voz de que queria hàcer un reconocimiento alrededor de la costa (1). El 23 de Agosto de 1799 se embarcó con algunos compañeros fieles, habiendo dado antes una cita al General Kleber, en la cual no halló éste sino una carta de Bonaparte. En ella le decía que si, como podría suceder, no recibiese socorros hasta el mes de Marzo, se le daban facultades para tratar de ajuste con la Puerta, protestando siempre, añadía, y repitiendo lo mismo que yo he dicho, es á saber, que la intención de la Francia no ha sido quitar el Egipto á la Puerta; expresión alusiva á su discurso después de la batalla de Abukekir, al poner en libertad al Bajá que cayó prisionero. «¿Por qué fatal destino, le dijo, se hallan ahora en guerra la Puerta y la Francia, habiendo estado siempre tan bien avenidas y siendo la Francia enemiga de la Rusia y del Emperador? Todo francés que muere es un defensor menos para la Puerta. La Francia ha acabado con los caballeros de Malta y cree en el mandamiento de la ley de Mahoma sobre la existencia de un solo Dios. La Puerta ha declarado, pues, la guerra á sus amigos verdaderos. La Turquía, que fué amiga de la Francia cuando esta Potencia era cristiana, se arma contra ella ahora que se

(1) Bonaparte sabía también por los avisos de su hermano Luciano, que tenía entonces grande influjo en los Consejos, sobre todo en el de los Quinientos; el estado de desaliento y disgusto en que la Francia se hallaba, y lo conveniente que sería la presencia del General en París para dar otra dirección al Gobierno. Bonaparte estaba llamado á Francia por su familia y algunos que intervenían en el Gobierno francés; de otro modo no habría osado partir.

va acercando á la creencia del islamismo.» Decía después que su ejército era fuerte y que estaba surtido de cuanto necesitaba; que con tales tropas se creía invencible; que, por tanto, no era el miedo el que le hacía hablar de esta manera; que estaba cierto de acabar con cuantos ejércitos quisiesen penetrar en Egipto; pero no podía olvidarse nunca de la causa de la humanidad, por cuya razón daría oídos á las propuestas de paz.

La Puerta Otomana desea negociar la paz con Francia.

Negociábase vivamente entonces por parte de la Puerta Otomana, para lograr que los franceses saliesen de Egipto. El Reiss-Effendi hacía proposiciones al Directorio en aquel mismo momento por medio del Ministro de España en Constantinopla. Aceptando la mediación de S. M. Católica, proponía por preliminar de paz la salida del ejército francés de Egipto, pues estaba casi cierto de que se verificaría el ajuste separadamente, por más que el Gran Señor se hubiese obligado á no separarse de sus aliados. En sentir del Ministro turco, el ejército francés de Egipto debía perecer sin remedio, y así pedía que por el bien de la Francia, de la Puerta Otomana y de la humanidad, se aconsejase á Bonaparte que saliese de Egipto con sus tropas; la Puerta se obligaba á preservar á este General de todo riesgo hasta que llegase á Francia. «Ha insistido mucho en esto, dice nuestro Ministro Bouligny; pero lo he eludido por no tener poder alguno del Gobierno francés, pues la Puerta no asegura la paz, y porque ella puede proponerla por sus Generales mientras que yo no reciba instrucciones. Ayer, después de una conferencia con el Ministro ruso y de celebrada una asamblea de Ministros, me ha declarado el Reiss-Effendi que la Puerta acepta con satisfacción y gratitud la mediación del Rey nuestro Señor para una paz justa, decorosa y durable; que considere S. M. lo injusto de la invasión; sus daños y perjuicios, y que S. M. tenga á bien interponer su mediación y buenos oficios con el Gobierno francés, para que con dicho preliminar cese el motivo de la guerra en los términos referidos, sin lo cual no es posible pensar en ningún ajuste de paz..... Creo que ha concertado una buena parte de su plan con los aliados, y que éstos consienten en que la Puerta Otomana quede pasiva.—Constantinopla 24 de Agosto de 1799.—*J. Eliodoro de Bouligny.*»

El Directorio dió oídos á esta proposición de la Puerta, y pidió al Rey Carlos IV que autorizase á una persona de su confianza, adornada de conocimientos convenientes, para que pasase á París á encargarse de los pliegos é instrucciones del Directorio sobre la negociación que deseaba entablar con la Puerta, acerca del Egipto, por medio del Encargado de Negocios del Rey en Constantinopla, para cuyo efecto y el de ayudar á dicho empleado de S. M., debía este sujeto ir á la referida Corte como simple particular, ocultando que hubiese estado en Francia. El Rey nombró á D. Eusebio Bardají, Secretario de su Embajada en París. Mas la salida de Bouligny de Constantinopla y los sucesos ocurridos posteriormente en Francia detuvieron las negociaciones ó, por mejor decir, las desvanecieron.

Bonaparte dió la vela para Francia. Culpóse entonces á este Jefe del abandono gratuito de su ejército, pues había dejado el mando sin orden del Gobierno; acción criminal, decían sus contrarios, por la cual hubiera debido comparecer ante un Consejo de Gue-

rra. Así habría sucedido, con efecto, si el intento que
le llevó á Francia no hubiese sido coronado de buen
éxito. Para perderle, se hubiera sacado partido ciertamente de los cargos que el General Kleber le hacía en
su parte al Directorio. «Bonaparte, decía, se ha ido
sin decir nada á nadie: en la cita que me dió no hallé
más que sus órdenes y una carta para el Gran Visir de
Constantinopla, á quien se debía ya suponer en Da-
masco. El ejército francés estaba reducido á la mitad.
Había que hacer frente á tres grandes Potencias: la
Puerta, la Inglaterra y la Rusia. La escasez de armas,
de pólvora y de hierro colado no daba menos inquietud que la disminución de las tropas; los soldados estaban desnudos; las enfermedades crecían; los médicos y cirujanos escaseaban; el General había agotado
todos los recursos, y no había dejado ni un maravedí
en las cajas, sino antes bien 12 millones de francos de
atraso. Aunque el Egipto estuviese tranquilo al parecer, no era posible confiarse en su sumisión. Los mamelucos andaban dispersos, pero no estaban destruídos: 2.000 de éstos y 30.000 hombres del ejército del
Visir acampaban en Acre; la crisis era inminente.»

Bonaparte arriba á Francia.

Al cabo de una travesía de cuarenta y cinco días,
trabajosa en gran manera por la vigilancia continua
con que era menester huir de los cruceros ingleses,
Bonaparte desembarcó en Frejus, uno de los puertos
de la Provenza, el día 9 de Octubre. La noticia de su
arribo produjo en París y en toda Francia la sensación
más grata, porque era general el deseo de ver terminada la anarquía, poniendo á la cabeza del Gobierno

á este General, ilustre por sus victorias y también por su genio, el cual, conteniendo á las facciones del interior, supiese imponer respeto á las Potencias enemigas de la República. Esparcida en los teatros de la capital la noticia de su llegada, nadie tuvo ya bastante libertad de espíritu para seguir con cuidado las representaciones escénicas en aquella noche. Los sucesos que parecían consiguientes á tan impensado desenlace, absorbieron toda la atención de los espectadores. Los habitantes de la Provenza, por su parte, no viendo en Bonaparte más que el salvador de la Francia, no consintieron en que se le sujetase á la ley de la cuarentena, y así partió para París, adonde llegó el día 16, después de haber oído quejas muy sentidas en todos los pueblos del tránsito y sabido la muchedumbre de males que afligían á Francia, obra de un Gobierno inepto y desacreditado, cuya caída todos deseaban.

Bonaparte arroja de Saint-Cloud á los Consejos y se proclama primer Cónsul.

A muy pocos días de haber llegado Bonaparte á París, desapareció el Directorio con los Consejos de los Ancianos y de los Quinientos, á cuyo Gobierno sucedió otro compuesto de tres Cónsules, entre los cuales Bonaparte fué el primero ó, por mejor decir, el único en el ejercicio de la autoridad. Con la fuerza militar que este Jefe tenía á sus órdenes, arrojó en Saint-Cloud á los Consejos de la sala de las sesiones, habiendo mandado adelantarse contra ellos á algunos granaderos obedientes á su voz. El modo con que se hizo esta variación de régimen estuvo lejos de ser legal por cierto, puesto que los llamados representantes del pueblo fueron arrojados de sus sillas curules á bayonetazos. Mas ¿qué puede haber que sea legal cuando los pueb'os se hallan en tiempos de agitación, ni qué se podía hacer legalmente en Francia en aquella época, cuando no se reconocía ni respetaba otro imperio que el de la fuerza material? Pues que ella había destronado con osadía y descaro á las instituciones antiguas, atropellado los más sagrados derechos, ¿qué privilegio podía ella misma alegar para que se respetasen sus obras? Era derecho muy verdadero el que asistía á Bonaparte para el mando: todas las clases de la sociedad francesa le llamaban á tomar las riendas del Gobierno para que sacase á los ciudadanos de las inquietudes y vejaciones continuas que causaba una administración inepta y corrompida. Puesto que las facciones lo habían atropellado todo, no habían de tener ellas privilegio exclusivo para mantener obras ilegales.

Gobierno de Bonaparte.

Sincero y universal fué el regocijo que causó la creación del Consulado entre los franceses; poco tiempo después se notó ya una transformación venturosa en el régimen de esta nación. Muchedumbre de providencias útiles anunciaron una era de orden y estabilidad. La abolición de la ley de los rehenes, la supresión del préstamo forzoso, el levantamiento de destierro á los deportados, la libertad concedida á los emigrados que naufragaron en Calais, las honras fúnebres á las cenizas del Papa Pío VI, la abolición de la fiesta ignominiosa del 21 de Enero (aniversario de la muerte de Luis XVI) y del juramento de aborrecer á los Reyes, el arreglo final de la Escuela Politécni-

ca, el fenecimiento de la lista de emigrados, el nombramiento de Comisarios para que fuesen á los departamentos á tranquilizar los ánimos y remediar los abusos de la administración interior, la elección de los
Generales Moreau y Massena para el mando en Jefe
de los ejércitos del Rhin y de Italia, la creación de una
guardia de los Cónsules, tropa escogida que los defen-
diese con celo: todas estas medidas y otras de igual
naturaleza, dejaban ver que la autoridad, activa y
enérgica, tomaba el camino verdadero para pacificar
la República. Por un decreto de 17 de Enero fueron
suprimidos todos los papeles públicos cotidianos: los
empresarios que quisieron continuar en sus publica-
ciones, hubieron de someterse á censura. El 18 del
mismo mes se pacificó el Vendée por mediación del
abate Bernier, á quien los Cónsules nombraron Obispo de Orleans. En el mes de Febrero de 1800 se creó
el Banco de Francia, tan útil para el crédito del Estado y para el comercio de los particulares. Plantéa-
ronse también las Prefecturas, centros parciales de autoridad, dependientes del Gobierno, que facilitaban la
acción del Poder. Por fin, como si un astro benéfico se
hubiese dejado ver de repente sobre el horizonte, re-
nació la confianza pública. El valor de los créditos
contra el Estado, que durante todo el tiempo de la revolución precedente había venido al último decai-
miento, experimentó al punto una mejora extraordinaria.

Todos cuantos observaban los singulares cálculos de
Bonaparte y su actividad prodigiosa, tenían su Gobierno por duradero y estable; pero en cuanto á las intenciones y miras ulteriores de este personaje, no había
igual conformidad de pareceres. Algunos partidarios
de la antigua dinastía borbónica, conociendo mal al

nuevo Cónsul, tuvieron la simpleza de creer que sería otro Monck y que proclamaría al Conde de Provenza por Soberano legítimo de Francia á la primera ocasión favorable que se presentase. Otros republicanos, por el contrario, no más perspicaces que aquéllos, veían en él un nuevo Washington y le creían dispuesto á trabajar por el triunfo de la igualdad democrática. Los unos y los otros se engañaban. Para todos los hombres sensatos que habían seguido al Cónsul con atención en su carrera, era evidente que aspiraria á mantener la autoridad en sus propias manos, ó, por mejor decir, que sabría apoderarse de ella exclusivamente, y de tal manera que tuviese al mismo tiempo, no solamente el consentimiento, sino el aplauso general de la Francia, cansada de padecer tan prolongado y ansiosa de descanso. Este porvenir, que la esperanza representaba entonces como venturoso y cierto, llenaba los ánimos de contento.

Carta al Rey de la Gran Bretaña.—Respuesta.

Mas suponiendo que se arreglase felizmente el régimen interior, quedaba por determinar otro punto que era de no menor importancia, es á saber, la paz con el Emperador de Austria, la Rusia y la Gran Bretaña. En cuanto á esto, las dificultades que habia que superar eran grandes. La Francia no deseaba con menos ardor terminar la guerra exterior que poner fin á las disensiones intestinas; pero la razón decía que para ajustar la paz con provecho era menester no verse precisado á aceptarla, y que, por consiguiente, se debía apelar aun á las armas con el fin de dictar condiciones ó de no verse por lo menos en la precisión de recibirlas. Por otra parte, el Cónsul era deudor de su nombradía á la pericia que había mostrado en la guerra. A ella debía también principalmente la dignidad encumbrada de que estaba condecorado en la República. Fiado, pues, en su saber y en su estrella, abrigaba el deseo y la esperanza de mejorar la suerte de la Francia por las armas y de engrandecer más y más su propio nombre. Con todo, no conviniéndole manifestar intentos marciales, los ocultaba, aunque con no bien encubierta hipocresía. La circular que el Gobierno de los Cónsules comunicó á todos los Agentes diplomáticos en las Cortes extranjeras, por su Ministro Reinhardt, para darles parte de la revolución del 18 *brumaire*, anunciaba deseos de una paz *honrosa* y *duradera*. Para deslumbrar más á Europa sobre sus verdaderas intenciones, Bonaparte dispuso después que su Ministro Talleyrand, sucesor de Reinhardt, transmitiese al Ministro inglés una carta para el Rey de la Gran Bretaña. En ella proponía á este Monarca entrar en tratos de paz, la cual es, decía, la primera necesidad de los hombres, así como es también la primera entre todas las glorias; y añadía: «Que este paso directo, nacido de pura confianza y dado sin las formalidades de costumbre, era la mejor prueba de su sincero deseo de trabajar por la paz general.» Bonaparte no ignoraba que todos los Gabinetes, y el Gobierno inglés más quizá que otro alguno, no se determinan nunca por simples promesas ó vagas protestaciones. Tampoco se le ocultaba que á un Tratado han de preceder estipulaciones precisas y categóricas. Es, pues, de creer que al escribir su carta tuviese por cierto que no habría ningún convenio. El Gabinete de Saint-James dió, con efecto, á entender en su respuesta que conocía bien la situación de la Francia. A la carta expresada de Bonaparte, á cuya cabeza se leían aún las ominosas palabras *República francesa, soberanía del pueblo, libertad, igualdad,* contestó diciendo «que el Rey británico tenía dadas constantes pruebas de su deseo de restablecer la paz segura y permanente en Europa, y que su único fin era defender los derechos de sus vasallos contra toda agresión; que por esto había tenido que repeler un ataque que él no había provocado; que no se podía esperar feliz éxito de ninguna negociación encaminada á lograr la paz general, mientras que el sistema que había sido origen de las desventuras de la Francia continuase siempre el mismo, y mientras que se conservase intención de trastornar todos los Gobiernos; que los Países Bajos, las Provincias Unidas y los Cantones suizos habían experimentado ese espíritu de destrucción, y que prevaleciendo y continuando tal sistema, el único modo de defenderse contra él era un estado de hostilidad vigoroso; que los Tratados más solemnes, no habiendo servido sino á preparar las vías para nuevas agresiones, S. M. no podía fiarse en simples declaraciones de sentimientos pacíficos; que le sería de particular satisfacción que al cabo de tantos años de crímenes y de miserias hubiesen prevalecido en Francia mejores principios, pero que para convencerse de esta transformación se necesitaban hechos; que la prenda más cierta de su realidad y duración fuera el restablecimiento de aquella casta de Príncipes que por tantos siglos conservaron á la nación francesa su prosperidad interior y su buen nombre en los reinos extraños; que por este medio se allanarían todos los estorbos para las negociaciones y para la paz; que, sin embargo, no limitaba solamente la posibilidad de una sólida pacificación á este acontecimiento, no queriendo prescribir en manera alguna á la Francia la forma de su Gobierno, ni señalar las manos en que la autoridad hubiese de estar depositada. S. M. y sus aliados se prestarán á conciliar una paz general al punto que la situación interior de la Francia ofrezca seguridades para ella; pero ese no es el caso del día. Se ve, pues, obligado á continuar sus esfuerzos con sus aliados, y á no desistir de una guerra que tiene por justa y conservadora.» Por tal respuesta quedaron colmados los deseos de Bonaparte. Libre ya á los ojos d e los franceses de la odiosidad de la guerra por su ofrecimiento aparente de paz, quedaba á su arbitrio presentarse de nuevo en los campos de batalla, y esperaba coger en ellos abundantes laureles.

Bonaparte cuidó también de presentar el ramo de oliva al Emperador de Alemania; pero este Soberano no quiso separarse de sus convenios con Inglaterra, y el paso dado por el Cónsul no tuvo ningún resultado.

Nuestras relaciones con Francia continúan en el mismo estado.

Por lo que respecta á España, la variación ocurrida en el Gobierno de la República no alteró en nada su situación política. Para el Gabinete de Madrid, siempre desalentado y abatido, las vicisitudes que ocurrían en la República francesa venían á ser, si no del todo indiferentes, por lo menos de tenue importancia. La triste condición del Rey Carlos IV era obedecer ciegamente á las exigencias ó, por mejor decir, á las órdenes de sus aliados. Convención nacional, Directorio ó Consulado, todo venía á ser una misma cosa para un Rey que se resignaba á arrastrar siempre cadenas. Con toda la celebridad militar del Jefe que se ponía ahora á la cabeza del Gobierno francés, y la fuerza de poder y unidad que habían de ser consecuencias infalibles de este suceso, contentaron á la Corte de Madrid y la dejaron entrever desde entonces la posibilidad del restablecimiento de la Monarquía en la nación vecina, ya fuese que Bonaparte se propusiese tomar á Monck por modelo, como los crédulos suponían, ó ya fuese que llegase por otros medios á sacar á la Francia de aquella serie tan prolongada de vanos ensayos de formas gubernativas que la tenían flaca y mal parada. En esto Carlos IV y sus adherentes discurrían con tino. Careciendo de fortaleza para llegar á adquirirse existencia propia, más cuenta les traía en verdad depender de un aliado poderoso cuya autoridad fuese monárquica, que continuar siendo juguete de aquella turba de reyezuelos sin grandeza ni dignidad, que habían representado hasta entonces el primer papel en la nueva República. Era de esperar también que la afinidad de los principios políticos en ambos Gobiernos trajese mejor acuerdo entre ellos y ofreciese mayores facilidades para el mantenimiento recíproco de la alianza. El poderío inmenso á que llegó después el Cónsul, y, sobre todo, la perfidia inaudita con que procedió con el más sumiso de sus aliados, no estaban entonces al alcance de Carlos IV ni de su Ministro.

Bonaparte pide 1.200 ó 1.500 españoles para ir á Malta, á lo que el Rey no accede.

El Embajador Guillermardet, al comunicar á la Corte de Madrid la creación del Gobierno consular, cuidó

de indicar las sanas intenciones políticas de que, así
Bonaparte como sus otros dos compañeros, estaban
animados; es á saber: llegar á la conclusión de una
paz sólida y honrosa á la vez; restablecer el orden interior en todos los ramos de la Administración; sosegar los ánimos; usar de la fuerza pública con prudencia, pero con firmeza; en fin, poner una Constitución
propia, así para hacer felices á los franceses inspirándoles respeto y acatamiento á sus disposiciones, como
también para dar mayor confianza á los Gobiernos extraños en sus relaciones con Francia. Y á fin de que
el Gabinete español se convenciese más y más de que
éstas y no otras eran las miras de los nuevos Magistrados franceses, le hicieron éstos saber el paso que se
acababa de dar por el primer Cónsul con el Rey de la
Gran Bretaña, si bien añadían que recelando no conseguir el fin que se habían propuesto y previendo que
estorbos insuperables pudiesen impedir tan loables intentos, al mismo tiempo que ofrecían la paz, tomaban
medidas de guerra. Si la proposición que se ha hecho
de tratar el ajuste con buena fe no es admitida, están
ya prontas todas las tropas de la República para obtener por las armas lo que no se haya podido lograr
por la razón. Carlos IV respondió á estas comunicaciones protestando de su fidelidad inviolable á la
alianza, pero manifestando al mismo tiempo que sus
vasallos clamaban por que cesasen las calamidades de
la guerra. Entre tanto, Bonaparte comenzó por solicitar que el Rey de España enviase 1.200 ó 1.500
hombres á Malta como auxiliares de la guarnición
francesa que estaba bloqueada en aquella isla; pretensión á que nuestro Gobierno no pudo acceder, dando
por razón que el apresto y envío de tal socorro no podrían menos de comprometerle con las otras Potencias

de Europa. Cuando Malta fué entregada á Bonaparte, estuvo ya á punto de estallar un rompimiento entre el Emperador de Alemania y el Rey de España, tan sólo por haber intervenido el Cónsul de S. M. Católica en la capitulación de aquella isla. Para conjurar los malos efectos de esta desavenencia, fué menester que el Gobierno de Madrid desaprobase el proceder del Agente consular y declarase no haber tenido éste nunca instrucciones ni facultades para semejante intervención, por donde nuestro Gobierno hizo ver también que no le había llegado noticia alguna anticipada del proyecto de agresión de los franceses contra Malta, como suponía el Gabinete de Viena. No era, pues, cuerdo exponerse ahora de nuevo á romper con la Casa de Austria y, sobre todo, con la Puerta Otomana, enviando socorros á los franceses de Malta. A parte de esta consideración poderosa, no era tampoco cuerdo esperar que estando la isla bloqueada muy estrechamente por las fuerzas navales británicas, pudiesen los refuerzos arribar á ella, sin gran riesgo de caer en manos de los enemigos.

Carlos IV rehusa también auxiliar al ejército francés de Egipto.—El Cónsul español en París, D. José Lugo, se ve precisado á salir de esta ciudad.

Por iguales razones nuestro Gobierno se negó á enviar á Egipto buques de guerra con soldados, armas y municiones de diversos calibres, como lo pedía el Gobierno consular, porque era claro que semejante acto no podía menos de empeñar al Rey en guerra con la Puerta Otomana, la cual sería extensiva por necesidad á las Potencias berberiscas, con gran daño de las provincias meridionales de España, y señaladamente de Mallorca. Como la navegación fuese entonces de muy corta importancia en el Norte de España por las circunstancias del momento, no quedaba medio de comerciar más que por la costa de Africa, comprando granos y transportándolos al abrigo de nuestro pabellón. A esto se agregaba que el arribo de los buques españoles á Egipto no era probable, hallándose el Mediterráneo enseñoreado por buques ingleses que cruzaban vigilantes por todas partes con el fin de interceptar naos francesas y aliadas. Por más que estos motivos fuesen justos, el primer Cónsul se enojó á vista de la indocilidad del Gabinete de Madrid, y se quejó de que no se mostrase presuroso á poner por obra sus designios. Contribuía también á agriar los ánimos, así de Bonaparte como del primer Ministro Talleyrand, la desconfianza, ó fuese la aversión con que miraban al primer Secretario de Estado, D. Mariano Luis de Urquijo, por su unión íntima con varios miembros de los Consejos de París tenidos por *terroristas*. Azara, que por sus desavenencias con Urquijo acababa de salir entonces de su puesto de Embajador del Rey cerca de la República, se hallaba aún en aquella capital á la llegada de Bonaparte de Egipto, y tuvo con él varias conferencias en que se renovó su antigua amistad de Italia. En ellas le explicó las ideas que dominaban en la Corte de Madrid, haciéndole saber las relaciones de Urquijo con el partido de los perturbadores de Francia. Todos los que componían el Gabinete francés tenían decidida predilección por Azara, y así obraron al punto conforme á sus ideas. A D. José Lugo, Cónsul general de España, criatura de Urquijo y celoso sostenedor de su política, se le dió orden de salir de París; y si bien el Ministro español logró detener el golpe, no pudo evitar que su protegido perdiese el empleo de Cónsul. Urquijo no se atrevió á tomar la defensa de su amigo. A tal atropellamiento, nacido del enfado del Gobierno consular, se siguió el dar también éste muy sentidas quejas al Embajador Múzquiz sobre el mal espíritu del Ministerio de Madrid, y señaladamente de Urquijo, á quien se le achacaba tener mala voluntad al primer Cónsul y desaprobar su Gobierno. El Ministro hizo cuanto pudo por satisfacer á estas quejas en un escrito comunicado al intento al General Mazarredo, que gozaba entonces en París del aprecio del primer Cónsul. Por éste y otros medios logró ir desvaneciendo poco á poco la tempestad que se formaba contra él. En testimonio del sincero deseo que animaba al Rey Carlos IV de complacer á la República, accedió á dos pretensiones de Bonaparte: primera, que se aprontasen en Cádiz dos bergantines de 150 toneladas cada uno de ellos, con provisiones para cuatro meses, destinados á recibir marinería y tropas francesas que los llevasen á Egipto; segunda, que España abriese al Gobierno francés en el Río de la Plata ó en Lima un crédito de 400 á 600.000 pesos. Nuestra Corte aumentó después este crédito hasta millón y medio de dicha moneda. Merced á éstas y otras condescendencias del Rey de España, los dos Gobiernos tornaron á vivir en buena armonía.

D. Ignacio María del Corral es nombrado Ministro plenipotenciario cerca de la Sublime Puerta, con objeto de arreglar la paz con la República francesa.

Para dar al primer Cónsul otro testimonio evidente de la sincera amistad del Rey, D. Ignacio María del

Corral fué nombrado Ministro plenipotenciario cerca
de la Sublime Puerta. El encargo principal que llevaba era inclinar al Reiss—Effendi, por cuantos medios
fuesen posibles, á hacer paces con la República francesa; allanar los estorbos que las Cortes de Londres,
Viena y San Petersburgo opusiesen para el logro de
este designio. Dióse parte del nombramiento de Corral
al Gabinete de las Tullerías; y para que no ignorase
las miras amistosas que el Gobierno de Madrid se
proponía en esta misión diplomática, el Marqués de
Múzquiz tuvo orden de comunicarle las instrucciones mismas transmitidas al nuevo Enviado. El motivo del nombramiento era éste. Cuando el Reiss-
Effendi explicó al Ministro de Estado español las razones que le habían determinado á intimar á D. José
Bouligny, Ministro del Rey en Constantinopla, la resolución de que saliese de los Estados de Turquía, después de haber dicho que la principal causa, por no decir la única, habia sido su amistad con el Ministro
francés Ruffin, aun después de la agresión del Egipto
por Bonaparte, y los servicios que sin ningún disfraz,
y antes bien con la más viva solicitud, había prestado
á los franceses que residían en el Imperio turco, añadía que los Ministros de la Puerta no se proponían
por esto romper con la Corte de España, sino antes
bien querían que subsistiese buena armonía entre ambas Córtes; que fuesen mantenidas en su vigor las
Constituciones imperiales (Tratados), y, en una palabra, que no hubiese ni vislumbre de rompimiento. En
punto á enviar ó no á Constantinopla un Ministro
de S. M. Católica que sucediese á Bouligny, el Reiss-
Effendi dejaba al Gabinete de Madrid en plena libertad para que designase la persona que tuviese por conveniente, asegurándole que la presencia de un Agente

del Rey en aquella capital, ó la ausencia de ella, no alteraría en lo más mínimo la amistad que la Turquía profesaba á España. Por donde se veía claramente que la Puerta no había podido negarse á las instancias de la Rusia para que saliese Bouligny de Constantinopla, y que había hecho este sacrificio sin manera alguna de resentimiento ni contra la persona de dicho Ministro ni contra el Soberano que representaba.

Lo que disipó todo recelo acerca de esto fué la intimación que el Embajador de la Puerta en París hizo al Marqués de Múzquiz para que España nombrase un Ministro que pasase á Constantinopla.

Instrucciones dadas á Corral.

El Gabinete de Madrid vió las cosas como eran en sí y no dudó de los sentimientos afectuosos del Gobierno turco. Achacando, pues, la medida violenta tomada contra el Ministro del Rey en Constantinopla al influjo de otras naciones, resolvió no mostrarse ofendido por ello y nombró nuevo Ministro que pasase sin detención á aquella residencia. Para este encargo designó á D. Ignacio María del Corral, que con el mismo carácter había residido por muchos años en Suecia y en Holanda. La circunstancia de haber sido íntimo confidente del Rey difunto de Suecia, Gustavo III, aliado de la Puerta Otomana, parecía favorable. Los turcos no podrían menos de ver en él un amigo de su Imperio. Pero el objeto verdadero de este nombramiento no era tanto restablecer las relaciones entre España y Turquía, como trabajar con ahínco en separar á la Puerta de las Potencias enemigas de la República francesa y negociar la paz entre ésta y el Im-

perio otomano. Las instrucciones dadas al nuevo Ministro decían «que aprovechase todas las ocasiones
convenientes é hiciese ver á los miembros del Divan
lo mucho que eran de temer el influjo y la preponderancia de la Rusia en los Estados musulmanes; el sistema de monopolio y corrupción tan familiar á-los ingleses, y la coalición de las Cortes de Londres, Viena
y San Petersburgo con el Rey de las dos Sicilias, con
toda Italia, dos terceras partes de la Polonia y una
parte de la Alemania; lo obligada que la Puerta estaba á considerar la proximidad de fuerzas tan respetables á los Estados otomanos, los cuales serían acometidos indudablemente á la primera querella que la
Rusia suscitase con este intento.

»Que trajese á la memoria del Gobierno turco la
política constante del Gabinete de San Petersburgo,
sin miras de hacer pasar fuerzas navales desde el mar
negro al Mediterráneo por los Dardanelos; sus esperanzas, más próximas á realizarse ahora que nunca,
de apoderarse de la isla de Malta, cuya posesión anhela mucho tiempo há con el fin de ser dueño por este medio de todo el comercio del Archipiélago y de
dominar también las comunicaciones entre la Puerta
y la Siria, Chipre, el Egipto y la costa de Africa; en
fin, el proyecto de Catalina II, mal encubierto ahora,
de fijar la capital del Império moscovita en el mismo
Constantinopla. El Gobierno turco no puede haber olvidado que en el viaje último que esta Princesa hizo
á Crimea, se erigió en su honor un arco triunfal con
esta inscripción ambiciosa: *Hac iter ad Byzantium.*

»Por lo que respecta á los ingleses, hará observar
al Reiss-Effendi que, preponderantes en el Mediterráneo, pedirán á la Puerta que les haga concesiones
privilegiadas; que les deje navegar en el mar Negro y

en el mar Rojo, y que se les permita establecer factorías en las costas de Arabia, del mar Caspio y en cuantos parajes convenga al comercio de Inglaterra. Estas pretensiones británicas, al paso que no pueden menos de hacer temer á los buenos musulmanes que se introduzcan en sus Estados doctrinas religiosas y políticas contrarias á su creencia y á su forma de Gobierno, tienen también por objeto directo excluir á todos los demás pueblos de Europa de los mercados de Turquía, y hacer por este medio que los comerciantes ingleses sean árbitros soberanos y tengan en su mano el monopolio de los vastos dominios de Su Alteza del mismo modo que en la India, cuyos pueblos gimen agobiados con la tiranía británica, obra que ellos mismos han hecho por sus divisiones intestinas.

»El caballero Corral hará entender al mismo tiempo al Ministerio del Gran Señor, que puede haber remedio contra los males que le amenazan. El Rey desea, con la más viva solicitud, facilitar al Sultán oportunidad de salir de sus presentes apuros y de conjurar las consecuencias infaustas que habrán de seguirse infaliblemente á la Sublime Puerta, si el Divan no vuelve sin pérdida de tiempo á aquellos principios de prudencia y sabiduría que ha seguido por una larga serie de años.

»En dictamen del Rey, estos medios se han de buscar principalmente en una paz pronta y sincera con Francia. Para ello está el Rey pronto á interponer sus buenos oficios, y ofrece otra vez su mediación.»

El Gabinete de Madrid dió parte del nombramiento é instrucciones de Corral al Gobierno del primer Cónsul y éste comunicó al punto sus órdenes para proporcionar al Enviado español las noticias y medios que pu-

diesen conducir al logro de los fines de su misión. La
Francia, conociendo el provecho que se la seguía de
que hubiese un Ministro español en Constantinopla,
había pedido al Rey que enviase allí una persona con
este carácter á la mayor brevedad.

Bonaparte reorganiza los ejércitos franceses.—Campaña de Italia.—Bonaparte sale de Francia para ponerse á la cabeza de los ejércitos de la República.

Aunque Bonaparte no perdonaba medio ni diligencia para enviar socorros á Egipto y á Malta, su afán
principal fué reorganizar los ejércitos franceses de Europa, que se hallaban en abatimiento y desorden á su
llegada. Imposible parecía presentar por la parte de
Italia fuerzas bastantes para contener á los austriacos,
y mucho menos para vencerlos. El General Melas, que
los mandaba, había hecho sus preparativos para entrar en el territorio francés, de acuerdo con el Almirante inglés Keith, á quien la Corte de Viena consintió en dejar la dirección de su ejército, á resulta del
plan de campaña concertado con Inglaterra. Los ingleses esperaban alzar la Provenza en defensa de la causa de los Borbones, por cuyo restablecimiento los Gabinetes aliados trabajaban entonces con el mayor ahinco. Los partidarios de esta familia prometían el levantamiento de la ciudad de Marsella, poblada de realistas, según ellos decían. Así lo esperaba también la Inglaterra. El Gobierno de la Gran Bretaña perdió entonces de vista que es achaque del espíritu de partido
hacerse ilusiones y tener por apasionados suyos á cuantos por interés, por descontento y quizá por capricho
muestran desvío á la autoridad existente. El ejército

francés de Italia se componía de 40.000 hombres mandados por Massena: con ellos ocupaba á Génova. El 6
de Abril de 1800 fué acometido por varios puntos á un
tiempo, con viveza tal, que no le fué posible conservar el territorio en que se había mantenido hasta entonces. Savona se rindió al Conde de San Julián, General austriaco. El ala izquierda de los franceses quedó así cortada, sin comunicaciones con la derecha,
precisada á encerrarse en Génova. Fácil hubiera sido
al General Melas emprender al punto el sitio de esta
plaza, molestada sin cesar por la armada inglesa, y la
cual, teniendo 25.000 hombres dentro de su recinto,
no hubiera podido darles mantenimientos al cabo de
corto tiempo; pero ansioso de penetrar en Provenza,
se contentó con bloquearla con fuerzas no muy superiores, y marchó contra Suchet, á quien obligó á abandonar á Niza, sin impedir por eso que tomase una posición ventajosa sobre el río Var. Con vivo empeño trabajaba Melas en desalojarle de ella, cuando Bonaparte atraviesa de repente el monte San Bernardo con su
ejército, y por este movimiento atrevido obliga á los
imperiales á replegarse á Italia con precipitación. Fué
esta operación militar una de las más gloriosas de la
vida de este guerrero ilustre. «Cuando en los primeros
días de Enero, dice un escritor contemporáneo (1), los
Cónsules decretaron que se reuniese un ejército de reserva de 40.000 hombres, todos se preguntaron de
dónde se tomarían las tropas que hubiesen de compo-
nerle, el dinero necesario para pagarle y el General
en Jefe que hubiese de mandarle, porque Bonaparte
había hallado á todos los regimientos con muy corta
fuerza, el Tesoro estaba exhausto y la Constitución

_____

(1) *Mémoires tirées des papiers d'un homme d'Etat.*

prohibía que el prime r Cónsul pasase las fronteras de la República. Mas nada podía detener la voluntad impetuosa de Bonaparte. Por todas partes se allegaban recursos imprevistos para Europa y aun para Francia misma. Así fué que el ejército de Dijon, compuesto de 7 á 8.000 quintos sin vestidos ni municiones, del cual se burlaban l os extranjeros y hasta los mismos franceses, reforza do con las tropas que quedaron libres por la pacificació n del Vendée, con la guarnición de Paris y la guardia de los Cónsules, y con otros cuerpos venidos de diversos puntos, creció hasta 40.000 hombres, cuyo número debía aumentarse todavía con 20.000 hombres más, destacados del ejército de Moreau, como también con un parque de artillería. Bonaparte atraviesa el monte San Bernardo con atrevimiento nunca visto, sup era los grandes obstáculos que ponía la naturaleza, se apodera de los reductos del valle de Aosta, cae sobre el Piamonte, y después de pasar el Tessino, entra en Milán el día 2 de Junio. Salir el primer Cónsul del territorio de la República era quebrantar la Constitución abiertamente. Para borrar tan manifiesta infracción de la ley era menester una victoria. El General francés hubo de volver á arriesgar su suerte d e nuevo como en Saint-Cloud.

Habiendo entrado el primer Cónsul en un país en donde el enemigo poseía todas las fortalezas, era interés suyo no perder ni un solo instante para llevar á cabo sus designios. Melas tenía sus tropas reunidas en Alejandría. La vanguardia austriaca, al mando del General Otto, cometió la falta de trabar pelea con el General Lannes, que regía la de Bonaparte, y hubo de retroceder á Montebello con pérdida. Pero Melas no empeñó el grueso de sus tropas por este incidente, y antes bien se mantuvo quieto en sus posiciones. La inacción no podía convenir á Bonaparte, teniendo enfrente á un enemigo superior en número, al cual debían llegar refuerzos de tropas de un instante á otro. El 12 de Junio atravesó, pues, el río Scrivia, con tan buena ventura, que no halló enemigos para disputarle el paso, lo cual habría podido serle muy funesto, pues el río creció de repente y los franceses quedaban sin retirada si eran vencidos. El ejército de Melas, situado entre Tanaro y el Bormida, apoyándose en aquel río y cubierto por éste, tenía puestos atrincherados en el último y un reducto más allá de Marengo. Su número ascendía á 40.000 hombres. Bonaparte llega el 13 delante de Marengo, que ocupaba una vanguardia austriaca, la cual se retiró después de haber hecho ligera resistencia, viniendo así á formarse allí el centro de la primera línea francesa, sostenida por una brigada de caballería. La segunda línea, formada mil toesas más atrás, sostenida por un cuerpo de caballería, estaba á las órdenes de Lannes. En fin, la tercera línea, situada á igual distancia y mandada por Saint-Cyr, se componía de tropas escogidas. El Cónsul se situó en este último puesto.

Batalla de Marengo.

Así estaba situado el ejército francés, cuando los austriacos pasan el Bormida el 14, á las cinco de la mañana, en tres columnas, por puentes que no habían sido reconocidos. Los franceses no pudieron, pues, detenerlos, y se empeñaron tan solamente en defender la aldea de Marengo, que Melas se obstinó en acometer por el frente en vez de haberlo hecho por la espalda. Los austriacos entraron en Marengo después de una muy |viva resistencia, y al mismo tiempo pusieron en fuga á la línea de tropas francesas que estaba encargada de la defensa. Rompieron también la segunda línea; la tercera estaba ya vacilante: gran muchedumbre de fugitivos corría á refugiarse á las espaldas de los cuerpos franceses. El único de éstos que resistía aún era una parte de la segunda línea á las órdenes de Lannes, reforzada por algunos batallones sacados de la tercera. Estas tropas se hallaban en una posición oblicua; lo restante del ejército había desaparecido. Bonaparte estaba resuelto á mandar la retirada; pero aguardaba con impaciencia que llegase la división Boudet, gobernada por Dessaix, que venía de Egipto; y no bien hubo visto á este General, cuando le dijo: *¿Qué le parece á usted esto?*—*Que es una batalla perdida,* respondió Dessaix; *pero tenemos todavía tiempo para ganar otra.* El riesgo crecía por instantes. Si la caballería austriaca hubiera cargado con denuedo á la francesa, á la cual era muy superior en número y calidad, la batalla se hubiera terminado muy pronto en su favor; pero el General Melas, anciano de más de ochenta años, que había estado á caballo por espacio de quince horas, se hallaba muerto de cansancio, y viendo la batalla ganada se volvió á Alejandría á tomar algún descanso. Grandes y vivas aclamaciones resonaron en sus oídos. Al General Zack, Cuartel-Maestre general, le dió orden para no pasar de San Julián y enviar solamente la caballería en seguimiento del ejército francés. Dióse principio á ejecutar la orden con buen éxito, cuando Zack, engañado por la falsa noticia de que la guarnición francesa de Génova corría presurosa al socorro del ejército vencido (1), da otro

---

(1) Por el contrario, Massena había capitulado, y en virtud de convenio sus tropas estaban ya en camino para Francia.

deslino á aquella caballería, que unía á las columnas austriacas, separadas por sus movimientos en diversas direcciones, y la encaminó hacia el paraje por donde se suponía que Massena acometiese. En este estado llega la división Boudet, y Kellerman atraviesa con un cuerpo de caballería por entre las dos columnas austriacas de la izquierda y centro; da con el General Zack, que, siendo corto de vista, supuso que aquella caballería era suya; Zack quedó prisionero. El General francés acomete entonces por el flanco derecho á la columna del centro; la detiene; la corta, dejando así expuesta la cabeza de ella, compuesta de 5.000 granaderos húngaros, al choque impetuoso de Dessaix, que quedó entre los muertos, sin que se supiese cómo ni cuándo había recibido el golpe mortal.

Este contratiempo de los austriacos habría traído quizá la ruina total del ejército francés, si las dos alas victoriosas, que no tenían ya enemigos con quienes pelear, hubiesen cargado sobre él; pero faltaba á los austriacos un Jefe que mandase esta maniobra combinada, porque siete de sus Generales habían sido muertos, heridos ó prisioneros. El centro se retiró, pues, en desorden, y la derecha, al ver que el centro retrocedía, se puso también en retirada sin que nadie la acometiese; la izquierda, aunque intacta, hubo de seguir igual dirección; en fin, las tropas austriacas volvieron á pasar tranquilamente el Bormida, conservando todavía las cabezas de puente y un puesto avanzado delante de Marengo, por manera que las cosas quedaron en el mismo estado que antes de la batalla.

La pelea podía volver á empezar dentro de algunos días, puesto que el Príncipe de Rohan se acercaba con un ejército de 9.000 hombres; podían acudir también 10.000 de Génova, y era además fácil traer al ejér-

cito inglés que estaba en Mahón. La posición de Melas era inexpugnable: aun en caso de perder otra batalla (lo cual no parecía probable), tenía asegurada
su retirada á las plazas fuertes del Mediodía de Italia,
en donde la armada inglesa la hubiera abastecido de
cuanto le hubiere sido necesario; mientras que Bonaparte tenía un río fuera de madre á sus espaldas, y fortalezas enemigas á sus costados. No ganaba nada si
era vencedor, y su ejército perecería sin remedio si
era vencido. Pero el Jefe francés fué tan afortunado
en esta ocasión como lo había sido Championnet delante de Capua. A la mañana siguiente se le presentó
un parlamentario pidiendo entrar en capitulación
para que Melas pudiese retirarse hacia Mantua. Grande era el ardor de las tropas imperiales, y no lo era
menos el descontento y desaprobación de los Generales del Emperador; pero el 15 de Junio quedó firmado
un armisticio por el cual fueron cedidas á los franceses las ciudadelas de Tortona, Alejandría, Milán, Turín, Pizzighitone, Arona, Plasencia, como también
las plazas de Génova, Coni, Ceva, Savona, Urbino, con
la artillería, víveres y municiones que había en ellas;
capitulación que indignó al ejército austriaco, admiró
á Europa, asustó al Gabinete de Viena; conjura que
no se puede explicar sino diciendo que Melas estaba
ya lelo, ó que su Estado Mayor se vendió al oro de
sus enemigos.

Fué esta batalla de Marengo perdida por los franceses primero y después ganada por ellos, como lo
acabamos de referir. Por tanto. las noticias contrarias que llegaron á París alternativamente, ocasionaron tristeza y alegría en esta capital. El primer correo que partió del Cuartel general francés en el momento en que el ejército se retiraba en desorden, sin

resistir á las columnas austriacas, consternó los ánimos. Bonaparte decía en la carta que escribió á su mujer sobre un tambor: *Por la primera vez de mi vida mando tropas cobardes*. Otras cartas decían positivamente que la batalla estaba perdida. Mas pocas horas después llegó el segundo correo anunciando la venturosa mudanza y el armisticio, que ponía toda la Italia á disposición de la República francesa. El gozo fué tan vivo como la consternación había sido antes profunda. Bonaparte, concluido el armisticio, se puso en camino, atravesó en triunfo toda la Francia, y se presentó lleno de gloria en la capital. El alborozo universal del pueblo y sus vivas aclamaciones, impusieron silencio al bando revolucionario que se había regocijado por unas pocas horas, creyendo perdido á Bonaparte y llegado el momento de poder volver á echar mano al timón de la República. Carnot y sus adherentes vieron sus esperanzas desvanecidas.

Convenio entre el General Kleber y Sidney Smith.

Al armisticio firmado por Bonaparte y Melas, por el cual casi toda Italia quedaba á discreción de la Francia, se siguió el de Parsdorf, concluido entre el General Moreau, que tenía el mando del ejército francés de Alemania, y el General Kray, que gobernaba las tropas imperiales. Después de encuentros sangrientos, ya ventajosos, ya adversos, á cada uno de los dos ejércitos combatientes, este convenio vino á fortalecer las esperanzas de próxima paz entre el Emperador y la Francia, que había hecho nacer el primer armisticio de Italia. El Emperador, viendo que la Convención de Alejandría no tenía término fijo y que podría romperse, por tanto, de un instante á otro, envió á París al Conde de San Julián y al Conde de Niepperg con encargo de asegurarse de la continuación de la tregua por medio de negociaciones y propuestas de paz. El Canciller Thugut no pensaba realmente en separar la causa del Emperador de la Gran Bretaña, como Bonaparte deseaba; pero le convenía ganar tiempo, y en todo caso le era fácil negarse á cumplir con cualquier pretexto las promesas ú obligaciones consentidas por ambos negociadores. El Emperador, por su parte, deseaba la paz sinceramente. La Gran Bretaña era la que ansiaba más vivamente que nunca la continuación de la guerra, pues tenía por segura la rendición próxima de la isla de Malta; miraba también como sumamente probable que el ejército francés de Egipto quedase prisionero, no pudiendo la Francia hacer llegar socorros eficaces á ninguno de los dos países. El General Kleber, viendo á su ejército desalentado por la falta de comunicaciones con Francia y molestado por privaciones de todos generos, trató con Sidney Smith, á quien el Visir autorizó para que entrase en acomodamiento. Los Generales Dessaix y Pousielgne firmaron un convenio el 2? de Enero prometiendo que el ejército francés entregaría todas las fortalezas en el término de tres meses, y seria conducido á Francia sin quedar prisionero de guerra. Pero el Gobierno británico se negó á aprobar el convenio con pretexto que Sidney Smith no había tenido poderes para tratar, si bien el motivo verdadero fué el temor de que el ejército francés de Egipto viniese á reforzar las tropas de la República en Europa y la certeza de que se vería al fin precisado á ser prisionero de guerra, pues no le quedaba ningún medio de evitar esta suerte. Se engañó por entonces el Gabinete de Saint-James; Kleber alcanzó el 20 de Marzo una ventaja señalada sobre los turcos en Heliopolis y en Biblis, y sabiendo que no podrían acometerle por algún tiempo, volvió á entrar en el Cairo y restableció allí la dominación francesa. Verdad es que este triunfo pasajero de los franceses de Egipto no variaba esencialmente su posición. Los ingleses esperaban siempre que el ejército expedicionario tendría que rendir las armas, no pudiendo recibir socorros de ninguna especie.

Tratado entre el Emperador de Austria y la Gran Bretaña.— Mudanza en la conducta del Czar Pablo I.

Intereses de tamaña magnitud determinaron al Gobierno inglés á no perdonar sacrificios para mantenerse unido con el Austria. La Gran Bretaña concluyó un Tratado con el Emperador, al cual señalaba un subsidio de dos millones de libras esterlinas. Las dos Potencias contratantes se obligaban á no tratar de paz separadamente antes del mes de Febrero de 1801. El Gabinete de Viena se vió entonces precisado á negar sus dobles manejos. El Conde de San Julián fué destinado á la fortaleza de Carlostad, y su agregado Niepperg á la de Mantua, por haberse excedido ambos en sus facultades, se decía, en las promesas hechas á los franceses. Cuando Bonaparte vió, pues, que era juguete del Ministro Thugut, declaró que iba á dar orden de romper las hostilidades. Mas el Emperador no estaba pronto todavía para entrar en campaña. Por tanto, hubo de hacer nuevos sacrificios y entregó al ejército francés las plazas de Philisburgo, Ulma é Ingolstad. Por esta cesión provisional se proponía lle-

gar hasta la entrada del invierno y ganar algunos
meses para disponerse al rompimiento. En el entretanto tenía intención de hacer, é hizo con efecto, nuevas y más fuertes tentativas que hasta entonces para
determinar al Emperador moscovita á asociarse á las
miras concertadas entre ambos Gabinetes aliados. Pero el Czar, que, cediendo á los impulsos violentos de su
acalorada fantasía, concitó años antes á todos los Gabinetes para acabar de una vez con la hidra revolucionaria, había puesto coto de repente á sus ardorosos
sentimientos; que es propio de las imaginaciones vehementes pasar de la exaltación á la tibieza, y desde
el amor al odio: nubes de verano estrepitosas y recias,
pero pasajeras. Aquella solicitud afectuosa por la antigua familia de los Borbones, aquel noble horror á
los que la persiguieron y destronaron que animaba á
Pablo I, no tenían ya imperio tal en su ánimo, que no
se prestase sin repugnancia á entrar en explicaciones
y aun en conciertos con el Gobierno de la República.
Bonaparte, con su astucia y actividad, no se descuidó
en sacar provecho de estas disposiciones favorables.
Ganó inmediatamente á las dos personas que tenían
mayor influjo con el Emperador de Rusia, es á saber,
á Rostopchin y Koutaizoff. Al primero, que manifestaba grande ambición y deseos de señalar su Ministerio de Negocios extranjeros por una variación completa en los intereses políticos de Europa, persuadido de
que esa era la manera de inmortalizar su nombre, Bonaparte le prometió, por conducto de una francesa maño-
sa, Madama de Bonneuil, que le sostendría con todo su
poder si se firmaba una alianza entre las dos naciones. Al otro, que tenía miras no tan elevadas y se
contentaba con dinero y mujeres, le ganó por medio
de su ayuda de cámara, á quien sedujo por una actriz,

francesa también, llamada Madama Chevalier, la cual
no tardó en tener entrada con el amo. Aparte de estos manejos, se valió de otros medios más decorosos
para a'raerse la voluntad del Czar. Uno de ellos fué
enviarle la espada del Gran Maestre de Malta, Lavalette, reconociendo así indirectamente la dignidad de
cuya posesión el Emperador Pablo se manifestaba
contento y envanecido (1). El Conde de Cobentzel había llegado á San Petersburgo con encargo de inclinar el ánimo del Emperador Pablo á sostener los intereses del Emperador de Austria y del Rey de Inglaterra; pero los dos favoritos del Czar consiguieron que
no fuese presentado á la Corte. El Conde de Pániz le

(1) Bonaparte llegó después á ganarse la voluntad de Pablo I á favor de estos amaños, de tal manera que este Emperador concertó con
él un plan para invadir la India y destruir allí los establecimientos ingleses, en lo cual se vió que la imaginación del Czar no era menos ardiente que la del Cónsul francés. Las principales disposiciones del
plan eran éstas. Un ejército de 35 000 hombres de infantería, con el
tren correspondiente de artillería, saldria de las fronteras de Francia
con acuerdo del Austria para Ulma, en donde hallaría barcos preparados para llevarle al mar Negro. Una escuadra rusa lo conduciría á Ta-
ganzok, desde cuyo punto iría á Tzaritzin sobre el Volga, y disponiendo las embarcaciones necesarias tomaría río abajo hasta Astracán, en
donde se le reuniría un ejército ruso de 35.000 hombres, es á saber,
15.000 de infantería, 10.000 de caballería y 10.000 cosacos (*), con gran
tren de artillería. A los franceses se les proveería allí de caballos para
su artillería y equipajes.

Desde Astracán el ejército aliado iría por mar á Astrabat. Allí habría
almacenes de cuanto el ejército pudiese necesitar. Para la marcha desde las fronteras de Francia á Astrabat se creían necesarios ochenta
días; cincuenta más para llegar á la orilla derecha del Indo con el
cuerpo de ejército que marcharía por Tlerat, Ferah y Candahaz: en
todo, ciento treinta días de marcha ó de conducción para las tropas
francesas que mandaría el General Massena al mismo tiempo que los
rusos, á propuesta del mismo Emperador Pablo.

(*) Pablo I dió orden de reunir 50.000 cosacos para esta expedición, pocos días antes
de su muerte.

insinuó secretamente que pudiera haber todavía medio de entenderse, si se declaraba á nombre de su Soberano que las tres Legaciones de Bolonia, Ferrara y Rávena, con la ciudad de Ancona, serían devueltas al Papa, y el Piamonte restituido al Rey de Cerdeña. Hízoseles esta insinuación antes de que se tuviese noticia de la capitulación de Alejandría. El Ministro imperial respondió que no tenía poderes para hacer tal declaración ni de palabra ni por escrito; que las tres Legaciones quedaron agregadas á la República cisalpina por el Tratado de Tolentino, y que siendo el Austria poseedora de todos aquellos Estados, servían de justa compensación por los gastos que le ocasionaba la guerra. Por lo que hace al Piamonte, dijo ser verosímil que el Emperador le devolviese al Rey de Cerdeña; pero Alejandría y Tortona, habiendo sido separados del Milanesado por las armas, deberían pasar otra vez al dominio austriaco.

A muy pocos días de haber dado el Embajador imperial esta declaración, se supo que Bonaparte era dueño del Piamonte y también de la República cisalpina. La Rusia no manifestó voluntad de auxiliar al Emperador Francisco para recobrar la Italia. Cobentzel hubo, pues, de salir de San Petersburgo con toda su Legación. El Embajador inglés, Lord Withworth, que no estaba tampoco bien visto, le siguió.

La causa que alejó más principalmente al Emperador Pablo de su amistad con la Gran Bretaña y agrió vivamente su ánimo y los de los otros Príncipes del Norte de Europa contra esta Potencia, fué el abuso que hacía de su poder marítimo, pues visitaba todas las embarcaciones pertenecientes á Estados neutrales, sin tener respeto alguno al pabellón que las cubría. Ya en la guerra de la independencia de las colonias

anglo-americanas, la Emperatriz Catalina II, estimu-
lada por el Rey de España, se puso á la cabeza de las
Potencias del Norte, á cuya Liga se le dió el nombre de
neutralidad armada. La alianza tenía por objeto oponerse con la fuerza á las violencias frecuentes que los
ingleses cometían con los buques de los Estados neutrales, y sostener el principio reconocido por todos los
Gabinetes: *el pabellón cubre la mercancía.* No nos de-
tendremos á probar que el derecho de visita á que
pretende la nación británica está fundado tan solamente en la superioridad que cree tener en el mar sobre las otras naciones. Si no se tuviese por la más
fuerte, á buen seguro que invocase tal principio aten-
tatorio á su independencia y comercio. Pero el orgullo de los ingleses, en vez de disminuirse, se acrecentó
con los señalados triunfos alcanzados por sus escuadras sobre las fuerzas navales enemigas, y continuó
en la visita de los buques neutrales con despotismo todavia más escandaloso que hasta allí. La Suecia se dió
por muy ofendida de que las naves inglesas hubiesen
capturado su convoy y conducídole á los puertos británicos, no obstante que estuviese escoltado por un
buque de la marina Real sueca. En 1799 fué detenido
otro buque de la misma nación, y si se libertó al fin,
lo debió á algunas fragatas dinamarquesas. La Dinamarca misma supo con indignación que un convoy suyo, escoltado tambien por una de sus fragatas, había
sido apresado y conducido á Gibraltar, por no haber
querido someterse al derecho de visita. A las reclamaciones del Gobierno dinamarqués respondía el Gobierno británico que el derecho de visita en el mar era
incontestable, fuese la que se quisiese la Potencia á
que el barco perteneciera, á lo cual replicaba el Conde de Bernsdorf que tal derecho no existía, y sí sólo el

de asegurarse de la legitimidad de la bandera que tremolaba en él. El 15 de Julio fué sorprendida otra fragata y conducida á las Dunas con el convoy que protegía. Indignáronse los Gabinetes de Suecia, Dinamarca y Rusia al tener noticia de tan frecuentes atropellamientos. En vano Lord Withworth, Ministro inglés en Copenhague, pretendió justificar la conducta de su Gobierno. El Ministro dinamarqués, constante en negarse á reconocer el derecho de visita, puso por árbitro al Emperador de Rusia. Lord Withworth no lo admitió. Ofendido el Czar de esta afrenta, hizo presente á la Suecia, á la Prusia y á la Dinamarca que era llegado el caso de hacer un convenio para asegurar los derechos de los neutrales. En el día 29 del mismo mes decretó que los capitales ingleses fuesen secuestrados para que con ellos se pudiesen resarcir á sus vasallos las pérdidas ocasionadas por las violencias injustas de la marina británica. Algunas concesiones dilatorias por parte del Gobierno inglés pusieron fin á la querella por entonces, pero los ánimos quedaron vivamente resentidos.

El enojo del Czar contra los ingleses subió de punto cuando supo que se habían apoderado de Malta y tomado posesión de esta isla en nombre de sólo el Rey de la Gran Bretaña. Estaba convenido que, llegado el caso de la rendición, la isla hubiese de ser regida por Comisarios de las tres Cortes de Londres, Nápoles y San Petersburgo, en unión con el Lugarteniente del Emperador Gran Maestre, para cuyo cargo nombró éste de antemano al Baylío Ferrette. Antes de que la plaza capitulase, el Gobierno inglés propuso que quedase en poder del Rey de Nápoles, señor feudal de la isla, de lo cual Pablo I se ofendió y mandó al punto retirar las tropas y escuadras rusas. ¿Cuánto mayor no debió de ser, pues, su resentimiento al saber que por la capitulación de 5 de Septiembre, Malta quedaba exclusivamente en poder de los ingleses? El 7 de Noviembre mandó otra vez poner embargo sobre los buques de esta nación. El Ministro de Inglaterra pretendió que el Czar faltaba en ella á lo pactado, puesto que el Tratado del mes de Febrero de 1797 disponía que los navíos, géneros y tripulaciones no podrían ser apresados ni confiscados en caso de rompimiento entre las partes contratantes; Tratado que el Emperador Pablo había consentido y confirmado formalmente el 3 de Abril del mismo año. Los rusos respondieron que los Tratados eran actos recíprocos. Cuando una de las partes contratantes falta á lo prometido, por el mismo hecho deja á la otra parte libre de todo empeño. Así, pues, decían, no se puede decir que el Emperador Pablo haya quebrantado el pacto. Hallándose ya los ánimos divididos por esta querella, acabó de separarlos y enardecerlos la captura de dos buques de guerra españoles, atraídos fuera del puerto de Barcelona con un ardid reprobado por el derecho de gentes, en lo cual se ultrajó á la bandera sueca.

Los ingleses apresan dos fragatas con bandera española en la rada de Barcelona.

El hecho fué el siguiente. Había en la rada de Barcelona dos fragatas con bandera española. Se las suponía destinadas á una expedición secreta, probablemente á Malta ó Egipto; tenían completas sus tripulaciones y estaban provistas de víveres abundantemente. Algunos Oficiales extranjeros iban á bordo, y todo anunciaba que al primer viento favorable darían la vela.

El 20 de Agosto de 1800 llegó ya de Mahón á la rada una corbeta de guerra napolitana y no se detuvo en ella más de veinticualro horas, como si su venida hubiese tenido por objeto único reconocer la fuerza y situación de dichas fragatas. Sus boles dieron muchas veces la vuelta alrededor de estos buques para-obser- varlos más á su placer. La corbeta se entró en alta mar al día siguiente, y parlamentó largo tiempo con uno de los navíos de guerra ingleses. A pocos días se presentaron á la vista de la rada dos navíos y una fragala de la armada británica y bloquearon constan- temente el puerto. Parece que la dificultad de pasar la barra y la precisión de desembarcar todas las provi- siones y la asistencia que no podían menos de dar á las fragatas españolas las baterías, jabeques de guerra y lanchas cañoneras, les retrajeron de entrar en el puerto. Con efecto, una noche salieron muchas barcas cañoneras, rodearon á las fragatas y las pusieron al abrigo de todo ataque. Las noches siguientes se dejó de tomar esta precaución, sin saber por qué. Lo cier- lo es que hacia la media noche del 4 de Septiembre, un buque americano, que estaba anclado en la rada, hizo señales con faroles á los navíos enemigos para advertirles que ninguna lancha cañonera había salido á proteger la rada; proceder muy criminoso, puesto que estando el puerto bloqueado equivalia á la trai- ción del habitante de una ciudad sitiada que desde el interior de ella hiciese señales al enemigo.

Como quiera que fuese, los ingleses se apoderaron. en la tarde del 4 de Septiembre del dogre sueco *Dic Hoffmuy*, Capitán Martín Rudbart, que llegaba de Alicante en nueve días de ñavegación. Entre cuatro y cinco de la tarde fué visitado por un bote que venía de tierra con frutas y vinos y pertenecía á un navío inglés: reconociéronle los paquetes, y le dijeron que se detuviese hasta que el navío militar del Comandante Louse largase bandera, que sería señal para que pudiese seguir su derrota. El bote fué al navío y volvió cargado de gente. A poco tiempo llegaron ocho más, cargados también de gente. Un Oficial le puso una pistola al pecho y dijo que si hablaba una palabra le mataria, que ni él ni su gente se metiesen en nada. Los ingleses tomaron el timón, maniobrando y haciendo ruta para Barcelona. A las ocho y media, estando cerca de las fragatas, se largaron los nueve botes ingleses con su gente para acometerlas. Estas principiaron á hacer fuego, y entonces el Capitán y sus marineros se metieron bajo cubierta, viendo al piloto herido en un brazo. A los diez minutos subió el Capitan al puente y dejó caer él mismo el áncora, no queriendo hacerlo sus marineros atolondrados. Los ingleses, viéndose descubiertos, subieron al abordaje, y despues de una pelea bastante viva, quedaron dueños de la primera fragata, desde la cual acometieron á la segunda; y aunque ésta se defendió por más de veinte minutos, como no tuviese ningún socorro y los ingleses subiesen á ella en gran número, fué tomada. Apoderados ya de ambas fragatas, cortaron los cables y se hicieron á la vela para alejarse de la rada. Uno de sus navíos de línea se aprovechó de un viento ligero para acercarse á las baterías del puerto y ponerse así entre las baterías y las fragatas que estaban ya á la vela. Entonces comenzó un cañoneo no menos estrepitoso que inútil, puesto que no había posibilidad de recobrar las dos fragatas, sorprendidas por el enemigo por un medio tan desleal é infame. Cuando se supo en Madrid esta desgracia, mandó el Rey destituir á D. Domingo Izquierdo de su cargo de Capitán Gene-

ral de Cataluña, por haber andado negligente en el
cumplimiento de sus obligaciones; ordenó también
que se examinase la conducta de los demás Jefes ante
una Comisión militar, y dió orden de comunicar este
atentado al Rey de Suecia y demás aliados.

Tratado entre Suecia y Rusia.

La Prusia, que se declaró abiertamente por el Gobierno de Madrid, á solicitud del Ministro plenipotenciario Urquijo, vió también apresar y conducir un buque suyo á Cuxhaven, y para vengar tal ultraje hizo
atacar á esta plaza hannoveriana, no obstante las reclamaciones de Lord Carysfort, Ministro inglés. En
vista de tan descaradas piraterías de los ingleses, se
concluyó por fin un Tratado en San Petersburgo el
4–16 de Diciembre de 1800 entre la Suecia y la Rusia
por sus Ministros respectivos el Conde de Rostopchin
y el Barón de Stedin. Constaba de 13 artículos: 1.º La
bandera cubre la mercancía. 2.º No puede visitarse
buque ninguno que vaya escoltado. 3.º El contrabando no se entiende sino con las municiones de guerra.
4.º El derecho de bloqueo no se aplica sino á aquellos
pueblos que estén bloqueados realmente. 5.º Él Capitán y la tercera parte de la tripulación de un buque
neutral habrán de ser naturales del país. 6.º Los navíos
de guerra de una de las dos naciones podrán escoltar
los buques de comercio de la otra. 7.º Una escuadra
combinada mantendrá la ejecución de estos artículos.
Igual convenio quedó ajustado en el mismo día con la
Dinamarca, al que accedió dos días después el Ministro de Prusia. La Inglaterra mandó apresar, por su
parte, todos los navíos rusos, dinamarqueses y suecos,

por más que las declaraciones de las Potencias del
Norte no fuesen hostiles y sí tomadas meramente para
defender los derechos de los neutrales. Por temor de
que la Prusia no entrase con su ejército en los Estados
de Hannover, no fueron los buques prusianos comprendidos en esta medida, lo cual trajo después disgustos al Emperador Pablo.

**Los franceses rompen de nuevo las hostilidades contra el Empe-
rador de Alemania.—Reveses de los austriacos.—Armisticio
de Steyer.**

Esta relación sencilla de las desavenencias entre
Rusia é Inglaterra no deja duda ninguna de que Bonaparte estaba cierto de no tener que pelear en el
continente más que con el Emperador de Alemania,
en caso de que se rompiese el armisticio; circunstancia muy ventajosa para el Cónsul, porque el ejército
francés era más numeroso que el imperial, y mayores
también, por consiguiente, las probabilidades de buen
éxito en la guerra por parte de la República. Bonaparte denunció, pues, el armisticio, así en Italia como
en Alemania. El General francés Moreau marchó contra el Archiduque Juan á la cabeza de 250.000 hombres. Al principio, el ejército de este Príncipe, aunque inferior en número, tuvo ventajas, el 1.° de Diciembre de 1800, en el encuentro de Haag. Alentado
con ellas, acometió de nuevo á los franceses el 3 en
Hollehinden; pero fué completamente deshecho. El
General Augereau en Bohemia, el General Macdonall
en los Grisones y el General Brune en el Trevisano,
ganaron también terreno, y el Archiduque Carlos, que
tomó el mando de los ejércitos imperiales, no pudien-

do ya reorganizarlos, hubo de firmar un armisticio el
25 de Diciembre en Steyer: en él quedó estipulado que
serían entregadas á los franceses las plazas de Wutz-
burgo, Braunan, Koffetein, Schœrnitz y todos los desfiladeros fortificados del Tirol.

¡Venturosa transformación la de la Francia! Regida un año antes por hombres que no inspiraban ninguna confianza; amenazadas sus fronteras por huestes enemigas; perdido ya, en fin, del todo el entusiasmo; disipado el prestigio de sus anteriores victorias,
vuelve ahora á tener, merced á los talentos y energía
del caudillo que está á la cabeza del Gobierno, la autoridad suprema fortalecida, y camina sin estorbo hacia aquel estado de orden y prosperidad, prometido
hasta entonces por los perturbadores con grande ostentación, sin que hubiesen acertado á dársele nunca.
Por las fronteras no tienen ya que temer insultos; antes bien, vencidos los ejércitos del Austria, la República había entrado otra vez en posesión de la mayor
parte de los Estados de Italia. Murat acababa de adelantarse hacia los dominios del Papa por el camino de
Ancona, llenando de consternación á la Corte de Nápoles. Tenía igualmente muchas plazas y fortalezas en
su poder en Alemania. La Prusia le era siempre afecta.
La Rusia, antes tan enemiga, se manifestaba ya deseosa de entablar relaciones de amistad con el primer
Cónsul. Hasta Inglaterra misma se sentía dispuesta
á servirse de cuantos medios fuese posible para poner
fin á la guerra. Otras épocas vinieron después muy
gloriosas, en las cuales resplandecieron el talento y el
poderío de este hombre extraordinario; mas no hubo
ninguna entre todas ellas en que su nombre merecie-
se la gratitud y bendiciones del pueblo francés con
mayor razón que en ésta. No se echaban de ver toda-

vía entonces ni la fatal manía de batallas y conquistas ni aquel sistema de Gobierno militar opresivo, que le aquejaron después con tanto daño de los pueblos.

Los triunfos del Cónsul acrecentaron la amistad entre España y Francia, si se quiere así; fortalecieron más la dependencia en que vivía el Rey Carlos IV del poder de su aliado. La buena estrella de Bonaparte confirmaba más y más á nuestra Corte en su antigua persuasión de que era necesario vivir unida estrechamente con Francia; y como el Gabinete francés no tuviese trabajo en echar de ver esta disposición de los ánimos de los que gobernaban en Madrid, se aprovechó de ella y consiguió que España cediese á Francia la Luisiana. Referiremos los pormenores ocurridos en esta transacción diplomática.

La Francia desea recobrar la Luisiana, que había cedido á la España en el año de 1763.

La Luisiana fué cedida por la Francia al Rey de España en el año de 1763. Por el art. 18 del *Pacto de familia*, firmado entre ambas Cortes en 1761, se prescribía que una de las Potencias daría resarcimiento á la otra por las pérdidas que hubiera podido tener, y que para este efecto servirían las conquistas que hubiese hecho por resultas de la guerra. España acababa de perder la isla de Cuba pocos meses antes de la conclusión del Tratado de paz: los ingleses se apoderaron de ella en 1762. No hay necesidad de decir que semejante pérdida era irreparable para la Monarquía. Abiertas, pues, las negociaciones para la paz con Inglaterra, reclamó al punto la devolución de la isla conquistada; mas el Gabinete británico no consintió en restituirla sino á condición de que el territorio que la España pretendía poseer al Este del Missisipí fuese cedido en cambio, á lo que accedió nuestra Corte. En esta cesión entraba la Florida, que redondeaba las posesiones inglesas completamente: los límites de éstas eran el mar Océano, el Missisipí por el Occidente y el Golfo de San Lorenzo por el Norte. Por tanto, la posesión de la Florida fué del mayor precio para la Inglaterra. Al mismo tiempo que le daba superioridad en el Golfo de Méjico, hacía inexpugnable el territorio de sus colonias.

Sabido es que en la guerra anterior á la paz de 1763, la Francia sufrió grandes quebrantos y pérdidas: no obstante, llegado el tiempo de la paz, no le fué posible desentenderse de las reclamaciones del Rey de España sobre el cumplimiento del art. 18 del *Pacto de familia*, ni negarse á resarcir el sacrificio de la Florida, que se veía precisado á hacer. Pareció justo al Gabinete francés recompensar las pérdidas de su aliado con la posesión de la Luisiana, la cual se veía amenazada por Inglaterra. El Canadá, se decía en Francia, ha caído en poder de los ingleses porque no ha habido fuerzas navales que sostuviesen eficazmente á las tropas de tierra. Igual suerte cabrá á la Luisiana. Cediéndola, pues, al Rey de España, la Francia no se desprende sino de aquello que no puede conservar por largo tiempo. Con efecto, los sucesos de la guerra habían puesto en claro que el sistema cólonial venía á ser sumamente oneroso y perjudicial para Francia, careciendo esta nación de fuerzas navales suficientes para su defensa y conservación. Por tanto, la Luisiana fué cedida al Rey de España por un Tratado particular en el año ya dicho de 1763, si bien se guardó secreto sobre la cesión hasta el 29 de Abril de 1764, en que M. d'Abadie, Gobernador de la colonia, recibió orden de Luis XV para hacer saber el Tratado á los habitantes.

Las Cortes de Madrid y de Versalles estaban entonces unidas muy estrechamente, por manera que la Francia pudo dar á la cesión de esta colonia cierto aire de desprendimiento. Carlos III, por su parte, no tuvo dificultad en confesarse agradecido con noble y honrosa cortesanía. Luis XV escribió de propio puño al Rey de España y le ofreció hacer este sacrificio, no porque se creyese obligado á él por promesa ni por compromiso ninguno personal, sino movido tan solamente por su deseo de hacer paces con Inglaterra. El Marqués de Grimaldi, Ministro de Carlos III, en las consideraciones que preceden á las actas de cesión, dió al proceder del Monarca francés el nombre de *generosidad gratuita* (1). El mismo Carlos III quedó tan penetrado de agradecimiento por la buena voluntad del Rey de Francia, que en respuesta á su carta le decía: «Si no esperase que ha de llegar día en que yo pueda manifestar á la Francia la misma nobleza de sentimientos que muestra ahora por mí, no hubiera aceptado la cesión.» No hay para qué dar á estas palabras mayor importancia que la de mera atención y buena crianza, porque los Gabinetes obran en tales negocios por interés y no por puro desprendimiento; pero de todos modos, desde entonces la Luisiana perteneció á España. Los colonos quisieron oponerse al reconocimiento de la dominación española: el Conde de O'Reilly y los Gobernadores españoles que vinieron después de él, los mantuvieron en la obediencia á nuestro Soberano.

---

(1) *Histoire de la Louisianne*, par Barbé-Marbois, pág. 145.

Se ha de tener presente que cuando la Francia nos
cedió la Luisiana en el año de 1763, los ingleses poseían aún sus vastas posesiones de la América del Norte, y que ese era el verdadero motivo de la cesión,
puesto que la colonia francesa se hallaba expuesta todos los días á ser acometida y sojuzgada por tan pode-
derosos vecinos. Pero pocos años después los colonos
de la Nueva Inglaterra negaron la obediencia á la me-
trópoli y se alzaron contra su autoridad, logrando
hacerse independientes al cabo de una lucha prolongada y sangrienta. Francia y España tomaron parte
activa en la querella, declarándose abiertamente en
favor de las colonias insurgentes. La contienda terminó en 1783, y entonces quedó firmado el Tratado de
Paz en París. Por él se mantuvo el Rey de España en
posesión de las Floridas, conquistadas por sus escuadras durante la guerra. Estas posesiones, que habían
parecido á Inglaterra tan ventajosas para sus establecimientos en el Nuevo Mundo, vinieron, pues, á ser
una carga para ella en cierto modo, cuando sus 13 colonias formaron un Estado independiente. Por otra
parte, como Luis XV no hubiese cedido la Luisiana
á Carlos III sino á título de resarcimiento por la pérdida de sus Floridas, recobradas éstas por el Monarca
español, fué muy natural que los franceses pensasen
en volver á poseer su antigua colonia. A la Gran Bretaña, cuyo poder en América causaba á éstos continuo sobresalto, había sucedido una nación amiga, de
la cual nada tenían que temer. La Francia deseó, pues,
volver á establecerse en el Golfo de Méjico, ponerse
en comunicación inmediata con sus Antillas y dar la
mano á la población francesa de la Luisiana, que había estado tan resistente en pasar á la dominación española. Entre la paz de 1783 y los primeros sucesos

de la Revolución francesa, medió muy poco tiempo.
Por tanto, el Gabinete de Versalles, ocupado en atenciones más graves, no pensó en abrir negociaciones
con España acerca de este particulár. Después de la
guerra entre el Rey de España y la República francesa, las instrucciones dadas por la Convención Nacional al Plenipotenciario Barthélemy, que firmó la
paz de Basilea con D. Domingo Iriarte, Plenipotenciario del Rey de España, le prescribieron que reclamase la Luisiana, ó la cesión de la parte española de
la isla de Santo Domingo, ó la conservación de la provincia de Guipúzcoa, señaladamente San Sebastián y
Fuenterrabía, conquistadas por las armas francesas.
Quedan ya referidos en su lugar los artículos de que
consta el Tratado de Basilea. España no consintió por
entonces en ceder la Luisiana. Restablecida la paz entre Carlos IV y la República, y unidas poco después
ambas naciones por un Tratado de alianza, el Gabinete francés puso al punto la mira en la retrocesión de
aquella colonia. Cada vez que el Gobierno de Madrid
alegaba al de Francia los servicios que hacía á la República, como merecimiento para lograr que los Estados del Infante—Duque de Parma se aumentasen en
Italia, el Gobierno directorial abría al punto negociación, pidiendo formalmente la devolución de la Luisiana. Estas tentativas recíprocas quedaron sin efecto por entonces. Mas cuando Bonaparte hubo echado
mano al timón de los negocios de Francia, insistió con
fuerza en la ejecución del proyecto.

«Uno de los primeros cuidados de Bonaparte (1) fué
volver á abrir una negociación al intento con la Corte de Madrid. Estaba muy lejos de pensar todavía en-

---

(1) *Histoire de la Louisianne.* par Barbé-Marbois, pág. 183.

tonces qué contribuciones sacadas de los Estados de
Europa por la fuerza pudiesen equivaler á lŏs tributos inmensos que se pagan espontáneamente á la industria y navegación de los pueblos comerciantes. La
posesión de la Luisiana le convenía mucho para su
propósito de hacer á la Francia preponderante en
América. Con esta idea iba también unido el pensamiento que trabajó después en poner por obra con el
más ardiente conato, es á saber, la Liga de las Potencias marítimas contra el poder de la Gran Bretaña.
La Francia, decía, no puede contentarse con la existencia inerte ó con la tranquilidad inmóvil de la Alemania ó de Italia. Los ingleses desdeñan mis ofrecí-
mientos de paz y han protegido á los negros rebeldes
de Santo Domingo hasta el punto de darles libertad y
armaries. Convertiré, pues, á esta isla (la Luisiana)
en un vasto campamento, y por este medio tendré allí
un ejército pronto siempre á llevar la guerra á sus
propias colonias.» En tal caso, la razón aconsejaba,
con efecto, poner cerca de Santo Domingo una colonia, desde la cual se pudiese abastecer á esta isla de
los víveres y provisiones que pudiesen faltarle. La
Luisiana llenaba este objeto cumplidamente.

Bonaparte no debió hallar seria resistencia en el
Gabinete de Madrid para la retrocesión de la Luisiana á la Francia, pues el Ministerio español se mostraba dispuesto á desprenderse de esta colonia. El Ministro Urquijo decía al Marqués de Múzquiz, Embajador del Rey en París: «Hablando entre nosotros, la
Luisiana nos cuesta más de lo que vale; y si bien dándola á los franceses caemòs en el inconveniente de
que nos introduzcan por ella los contrabandos en el
reino de Méjico, también ahora lo hacen los ingleses
por medio de los americanos. Por tanto, nos trajera

gran cuenta poner entre éstos y nosotros un antemu-
ral y barrera para sus proyectos ambiciosos de conquistas por medio de una nación, cual es la francesa,
que ni tiene grande espíritu de colonización, ni pro-
porciones para ello por razón de su continente. Sobre
todo, repito, esto nos tuviera cuenta después del último Tratado, por el que les concedimos la libre navegación del Missisipí y los puntos principales que
nos servían de barrera en el seno mejicano, cosa que
al fin ha de traer las resultas que usted verá.» Consideraciones eran éstas én verdad más especiosas que
sólidas, pues poseyendo nosotros la Nueva España,
era preciso, ante todas cosas, enseñorearnos del golfo
de Méjico, y para ello convenía tener á Nueva Orleans. La República americana había de pensar también en extender su territorio por la parte del Mediodía. Para vigilarla, pues, y contenerla, nos era muy
útil la Luisiana. Por lo mismo que las posesiones de
la América española llamaban la atención de los pueblos comerciantes en tan gran manera, y atendiendo
también á que prevalecían aún en nuestro Gobierno
las añejas prevenciones de tener el continente americano cerrado herméticamente, por decirlo así, no pa-
recia buena política abandonar una colonia tan importante como era la Luisiana bajo este aspecto.

Viene desde tiempos muy antiguos la mala ventura
de la Monarquía española en la dirección de su política exterior. Nuestros antepasados pusieron su principal conato en fundar la grandeza nacional sobre la
posesión de Estados lejanos, de la cual no resultó ninguna verdadera ventaja para el reino, y sí sólo contentamiento de la vanidad nacional. Por el contrario,
fué menester tomar parte en las guerras de Europa
por defender nuestro dominio en ellos, ó hacer sacri-

ficios costosos y continuos por su conservación ó engrandecimiento. De ahí ha venido en gran parte la flaqueza y el empobrecimiento de la Monarquía. Mientras que reinaron los Soberanos de la dinastía austriaca, hubo á veces compensaciones de estos males. Las Provincias Unidas, Flandes, Cerdeña, Nápoles, Sicilia, ó mantuvieron comercio con España, ó contribuyeron eficazmente á que fuese formidable nuestra marina. Mas en el tiempo de que hablamos ninguna utilidad política podia seguirse de que el Infante-Duque de Parma poseyese algunas leguas cuadradas más de territorio en el centro de Italia. ¿Por ventura dejaría este Príncipe de ser vasallo de la República francesa ó del Emperador de Alemania, según que las armas de estas dos Potencias fuesen ó vencedoras ó vencidas? No estábamos ciertamente en el caso de volver á enviar nuestros ejércitos á Italia, como en tiempo de Isabel Farnesio, con el solo objeto de contentar á la Familia Real y sin que pudiese alcanzarse ningún provecho para el país.

Negociaciones para la retrocesión de la Luisiana y el engrandecimiento de los Estados del Infante-Duque de Parma.

Las negociaciones sobre la cesión de la Luisiana y el engrandecimiento de los Estados del Infante-Duque de Parma, principiaron en París hacia el tiempo en que el primer Cónsul se apreslaba para atravesar el monte San Bernardo con su ejército. La acreditada capacidad militar de este Jefe inspiraba ciega confianza al Gabinete de Madrid, que tenía ya por seguro el restablecimiento de la dominación francesa en Italia. El Ministro Talleyrand se explicó con el Marqués de

Múzquiz en términos de favorecer los designios de Carlos IV. Para afianzar mejor el buen éxito de las negociaciones, Talleyrand trató reservadamente con D. José Martínez Hervás, Agente del Banco de San Carlos en París, cuya hija estaba casada con el General Duroc, favorecido especial del primer Cónsul. Las miras del Gabinete español eran las siguientes: «La suerte de la Casa de Parma, decía el Ministro Urquijo á Hervás en 22 de Junio, dependerá de la que hayan de tener los ejércitos franceses. Hasta ahora, con gran gozo nuestro se presentan sus armas victoriosas por todas partes. Si lo fuesen también en adelante, el Austria tendrá que soportar las justas condiciones que el primer Cónsul quiera imponerla. Ignoramos cuáles serán sus ideas sobre la totalidad de aquel país; pero á S. M. le parece conveniente que el Papa se quedase con Roma y el Estado eclesiástico, y que sus Legaciones sirviesen de compensación á los Príncipes seculares. Cuando el señor Duque de Parma hizo el Tratado con el antiguo Directorio, quedó decidido que conservaría sus Estados. Posteriormente la República cisalpina le movió una disputa sobre sus posesiones en el *Ultra Po;* mas el mismo Directorio la reconoció injusta y ofreció ayudar á S. A. R., es decir, que cualquiera que fuese la suerte de Italia, S. A. R. debería mantener sus Estados en consecuencia de un Tratado existente, sobre lo que no puede haber la menor disputa.» El Ministro pide, pues, para el Infante-Duque las Legaciones con los ducados de Módena y Reggio. En caso que no hubiese lugar á darle dichos Estados, podría señalársele el Milanesado, «porque España, añadía el Ministro, no tiene otro objeto en esta paz que el que se dé qué comer al Infante-Duque, ahora sumamente escaso de medios, y que se le restituyan á ella sus islas de Mahón y de la Trinidad. La gratitud de los Reyes se manifestará bien, y así lo puede usted exponer si la ocasión se presentare.»

Los agentes franceses que manipulaban en este asunto conocieron muy luego el vivo empeño de la Reina María Luisa por mejorar la suerte de su hermano, y se propusieron sacar ellos mismos provecho de esto. Ofreciendo su cooperación eficaz para el logro de las intenciones del Rey Católico, insinuaron que era menester dar gratificaciones cuantiosas en caso de que el negocio se llevase á cabo. Estaban muy vivas todavía entonces las tradiciones de la venalidad del tiempo de los Directores, ó por mejor decir, las mismas personas acostumbradas á traficar anteriormente con el interés del Estado, se hallaban aún ansiosas de dinero. A la vista tenemos testimonios auténticos y circunstanciados de los manejos que hubo en esta negociación. Nos abstenemos de publicarlos, no tanto por miramiento á los personajes que tuvieron parte en ellos, como por la dignidad de la Historia, de cuyo interés será siempre encubrir tales manejos y no dar ocasión para que haya imitadores de ellos. Diremos tan solamente aquello que convenga para el debido conocimiento de los principales sucesos.

«Confieso de buena fe, decía el Ministro Urquijo á D. José Martínez de Hervás en 22 de Junio, que aunque sé mucho de corrupción de mundo, no deja de sorprenderme la excesiva que veo; pero como es menester jugar con las cartas que haya, diré á usted que si á S. A. el señor Infante-Duque le dejan sus Estados y lo del *Ultra Po* de la disputa, que le pertenece, nada tenemos que dar, pues en tal caso se queda como estaba; si se le dan las Legaciones con Módena y Reggio, no habrá inconveniente en ofrecerles dos ó tres millones de duros; y si se le dejara el Milanesado, la misma cosa: se entiende todo quedándose con sus Estados de Parma, Plasencia y Guastalla. En proporción de la cantidad puede usted ir haciendo ofertas, según lo que le dejen. Cuanto usted ceda habrá de ser con dos condiciones terminantes: primera, que el Emperador y demás partes beligerantes reconocerán por un Tratado solemne las cesiones que se hagan al señor Infante-Duque de Parma; segunda, que este dinero no se podrá dar sino á la paz con Inglaterra, pues no le tenemos aquí en la Península, ó si aún durase la guerra con aquella Potencia, en letras sobre América.»

Plugo á la fortuna volver á poner la suerte de Italia á disposición de Bonaparte, vencedor en Marengo. A su regreso á París, las negociaciones con el Rey de España continuaron con mayor actividad. El primer Cónsul no perdía nunca de vista su proyectada expedición á la isla de Santo Domingo, y quería, por tanto, entrar en posesión de la Luisiana lo antes que fuese posible. Ya el ciudadano Alquier, Embajador de la República cerca de nuestra Corte, había dado principio á la dirección de este negocio con el Ministro Don Mariano Luis de Urquijo. Pero pareció al primer Cónsul de mayor conveniencia para el logro de sus designios enviar á Madrid un Embajador extraordinario que gozase de toda su confianza y fuese expresamente encargado del cumplimiento de sus intenciones. Importaba tranquilizar los ánimos de Carlos IV y de María Luisa sobre la suerte futura del Infante-Duque de Parma, y asegurarles que la Francia se encargaba de atenderle en la partición de los Estados de Italia al hacer la paz con el Emperador, pues Bonaparte sabía bien que ese era el medio de allanar cualquiera estorbo y de terminar la negociación pronta y felizmente.

El General Alejandro Berthier, camarada del Cónsul, partió para Madrid con este objeto. No hubo ninguna suerte de cariñosas atenciones que Carlos IV y María Luisa no tuviesen por este Embajador. Mostráronse admiradores apasionados del primer Cónsul y de sus hazañas incomparables. No hallaban expresiones bastantes para encarecer el cordial afecto que tenían á Bonaparte y su gratitud á este caudillo, por el interés que tomaba en engrandecer los Estados del Infante-Duque de Parma. Berthier decía, escribiendo al primer Cónsul, que no era posible manifestar mayor afecto á la Francia del que dejaban ver el Rey y la Reina. María Luisa no tenía inconveniente en decir algún tiempo después públicamente y con visible alborozo, cuando el Príncipe de Parma fué nombrado Rey de Etruria: *Bonaparte se encarga de dar á mis hijos pan que comer.*

Berthier hace todavía una pintura más animada de la acogida que le hicieron Carlos IV y María Luisa en una carta escrita al General Junot, en el Real Sitio de San Ildefonso, el 28 *fructidor*, año IX, en la cual se puede referir el entusiasmo con que había sido recibido el enviado y camarada del primer Cónsul; añade: «Pero esto no era nada en comparación del recibimiento que me hicieron SS. MM. Católicas. El Rey me abrazó y la Reina me dió su mano á besar, y después me abrazó también; y lo que apenas parece creíble, es el afecto extraordinario que tienen á la República, y particularmente á nuestro amado Cónsul.»

Regalo de 16 magníficos caballos hecho por Carlos IV al General Bonaparte.

Como ligera demostración de la gratitud que los Reyes tenían al primer Cónsul, le enviaron de regalo 16 caballos de montar de las mejores castas y yeguadas de S. M. Para conducirlos y cuidarlos, salieron de las caballerizas Reales criados y dependientes, á los cuales señaló el Rey dietas y gratificaciones, bajo la dirección del picador D. Nicolás Cheli (1).

Deseosos también los Reyes de tener á la vista la imagen del ilustre guerrero, encargaron á París dos retratos suyos al pintor francés David, que gozaba entonces de celebridad. El artista prometió terminarlos con la prontitud posible, por precio de 48.000 francos (200.000 reales escasos). La negociación se abrió al punto entre el General Alejandro Berthier y D. Mariano Luis de Urquijo.

«El primer objeto de mi comisión, dijo Alejandro Berthier, es la retrocesión de la Luisiana y la cesión de las dos Floridas, oriental y occidental, con sus limites actuales, en trueque de un aumento de los Estados de S. A. R. el Infante-Duque de Parma, en virtud del cual pueda ponerse sobre un pie más conforme á su dignidad. El segundo punto, que tiene conexión con el primero, en el cual la Francia pone sumo interés, es el siguiente: la Francia ha sufrido graves pérdidas en su marina: tiene á la verdad Oficiales, marineros y soldados; pero le faltan navíos. Tengo, pues, encargo de pedir 10 navíos de la armada española para reforzar la marina francesa. Al tratar del engrandecimiento del Infante-Duque de Parma, se ten-

(4) DESIGNACIÓN Y RAZA DE LOS DIEZ Y SEIS CABALLOS DE LAS CABALLERIZAS DE S. M. CATÓLICA

QUE DESTINA AL PRIMER CÓNSUL DE LA REPÚBLICA FRANCESA.

Nombre de los caballos.	Pelo.	ALZADA.		Edad. Años.	Razas.
		Pies.	Pulgadas.		
Maroto........	Gris estrellado...........	4	7 1/2	6	De Aranjuez.
Colegial.......	Gris: estrella prolongada.....	4	7 1/2	7	Idem.
Sereno........	Bayo: pelo blanco en la frente	4	4 1/2	6	Idem.
Cigarrero......	Idem id............	4	8	5	Idem.
Cigüeño.......	Bayo...............	4	8 1/2	4	Idem
Romero........	Gris: pelo blanco en la frente.	4	7 1/2	5	Idem
Barquero......	Bayo...............	4	7 1/2	4	Idem
Carpintero.....	Isabel: pelo blanco en la frente.	4	7 1/2	4	Idem.
Cometo........	Tigre estampado.........	4	9 1/2	4	Idem.
Monarca.......	Peria: calzado del pie, fuera del casco de atrás.........	4	8 1/2	6	Idem
Sembrador.....	Isabel............	4	8 1/2	4	Idem.
Platero.......	Gris estampado.........	4	9 1/2	6	De Córdoba.
Gamero.......	Tigre estampado: talón blanco fuera del casco trasero..	4	8	6	Idem.
Fundador.....	Bayo obscuro: pelo blanco en la frente, calzado el casco trasero y digüé el delantero...	4	8 1/2	7	Idem.
Sonajero......	Bayo obscuro...........	4	10 1/2	6	De Altamira.
Contador......	Bayo claro...........	4	10 1/2	4	De Medinaceli.

Yeguadas del Rey.

{ Idem del Conde de este nombre.
Idem id.

drá en consideración este sacrificio. Dichos navíos, con su correspondiente artillería y aparejos, serían tripulados y provistos de víveres y municiones por la Francia, de lo que resultaría que se aumentarían las fuerzas navales contra Inglaterra, y en ello tienen interés las dos Potencias. El tercer objeto es todavía más importante para la paz general, y por esto el primer Cónsul pone el mayor empeño en él. Tengo encargo especial de hacer presente á S. M. Católica que conviene mucho que sus ejércitos se preparen á marchar contra Portugal. Que esta Potencia se haya conducido mal con la República francesa se comprende fácilmente, pues se ha puesto bajo la férula de la Gran Bretaña; mas no se alcanza en verdad su falta de atención con España: mejor diré, la actitud ofensiva que no ha cesado de tener con ella por todo el tiempo de esta guerra, no fuera buena política del Gabinete español sufrirla por más tiempo.

»No podrá usted menos de conocer, señor Ministro, decía Berthier al fin de su nota, que así por provecho de España como por su honor, es preciso tomar medidas que no sean meramente vanas apariencias de preparativos. Amenazas, cuando no se presentan grandes fuerzas para realizarlas, parecen debilidad. Una gran resolución es siempre honrosa y será además muy política en caso de que la guerra vuelva á empezar, puesto que si no fuese posible tomar á Mahón, es indispensable buscar compensaciones para España por todos medios, á fin de resarcir pérdida tan importante en el Mediterráneo. En las provincias meridionales de Francia hay dispuestas ya tropas para apoyar la entrada del ejército español en Portugal, si se creyese conveniente.»

El Ministro Urquijo, respondiendo á esta nota, en—

traba en justas consideraciones sobre los servicios importantes hechos por el Rey á la República, de los cuales deducía que España tenía los más fundados derechos á la protección de la Francia. Viniendo después á las proposiciones presentadas por Berthier, reiteró en nombre del Rey la promesa de la retrocesión de la Luisiana á la República francesa; pero declaró que no era posible acceder á la cesión de las dos Floridas, por ser la llave, por decirlo así, del Golfo de Méjico, y porque hallándose en otras manos que en las de sus primeros conquistadores, podría exponerse, no solamente la seguridad de las colonias españolas, sino hasta de la América toda y aun de Europa, por los recelos y consecuencias graves que no podrían menos de resultar de semejante cesión. Por tanto, la respuesta á la proposición de ceder las Floridas fué declinatoria. En cuanto á la retrocesión de la Luisiana á la Francia, puso las condiciones siguientes:

1.ª Que se formaría y aseguraría por la Francia al señor Infante-Duque de Parma un Estado soberano é independiente en Italia, cuya extensión, bien fuese que se le añadiese otras provincias á su actual territorio, ó bien que se crease un nuevo Estado en aquella Península en virtud de las negociaciones pendientes, contendrá una población de 1.200.000 almas por lo menos. 2.ª Que este Estado podría consistir ó en *la Toscana con el puerto de la Spezzia*, que se le agregaría, ó en *las tres Legaciones romanas*, unidas á los Estados actuales de S. A. R., ó en cualesquiera otras provincias del continente de Italia, que por su reunión y contiguidad formasen un Estado independiente con el territorio y la población que queda dicha. 3.ª En todo caso el nuevo Estado llevará el título Real. La Francia se obligará, no tan solamente u dar, sino también á hacer dar y reconocer por todas las Potencias los derechos y preeminencias que están hoy en uso para los otros reinos y Reyes de Europa. 4.ª Será de cargo de la Francia poner á S. A. R. en posesión de su nuevo reino dentro del término y época determinados por los Tratados generales ó particulares que se concluyan, y saldrá garante de todos los reconocimientos y adhesiones que sean menester, para que dicho Príncipe pueda tomar posesión de su Estado sin dificultad ninguna y mantenerse en él.

»Aceptadas estas condiciones y dada la promesa de cumplirlas, añadió el Ministro Urquijo, el Rey se obligará por su parte á firmar un Tratado preliminar con las formalidades que se quiera, por el cual retrocederá á la Francia, seis meses después de la ejecución plena y entera de las condiciones expresadas, la provincia y la colonia de la Luisiana, tal como la posee actualmente S. M. Católica, en el bien entendido que quedará á cargo de la República francesa asegurarse por negociaciones ulteriores de los medios de ponerse en pacífica posesión, sin que para la ejecución y cumplimiento de esta retrocesión tuviese España que entrar en guerra de nuevo por la oposición que los Estados Unidos de América, ya solos, ya de acuerdo con Inglaterra, pudiesen formar; guerra que expondría á las colonias españolas de América á muchos peligros, y que ni las armadas de Francia y España bastarían á sostener en el mal estado en que se hallan al presente.»

Por lo que hace al segundo punto de la nota de Berthier, relativo á la petición de 10 navíos de línea de la armada española completamente armados para que pasasen á poder de la Francia, el Rey consintió en entregar seis sacados de los arsenales y puertos de América, pero sin armamento.

La tercera petición de Berthier tenía por objeto que se obligase á Portugal por las armas á separarse de la alianza inglesa. El Ministro Urquijo dijo terminantemente, en respuesta á ella, que Portugal, de buen grado ó por fuerza, daría satisfacción completa á las quejas de la Francia. «Si por circunstancias sabidas del Gobierno francés no menos que de S. M. Católica no se ha tenido hasta aquí por conveniente romper con el Gobierno portugués, creyendo determinarle por otros medios, que han sido vanos por desgracia, hay por lo menos una verdad que tranquiliza el ánimo de S. M., es á saber: que su aliado ha tenido igual esperanza; pero el Rey, deseoso de probarle que sabe poner límites á su magnanimidad, me manda deciros, ciudadano General, que podéis avisar inmediatamente al primer Cónsul estar ya dadas las órdenes para juntar un ejército de más de 50.000 hombres, en cuya formación nos ocupamos en este momento. Así, pues, no puede caber duda sobre las sinceras intenciones de S. M. Católica. El Rey lo quiere así, y debe dar á la Francia esta prueba de lealtad. Por esta consideración se ha decidido á hacer los enormes sacrificios que tales medidas piden ahora ó podrá exigir en adelante. Por honra y decoro de España, el Gobierno de S. M. se encargará sólo de reprimir la terquedad de los portugueses si pretendiesen oponerse de un modo ofensivo á lo que se les pide. El Rey debe esperar que las fuerzas destinadas á este objeto serán más que suficientes para lograrlo por las armas, en caso que las negociaciones entabladas no se terminasen como deben.

»El Rey aprecia el ofrecimiento de un Cuerpo de tropas reunido en el Mediodía de la Francia. S. M. tiene esta demostración por conveniente; pero al mismo tiempo confía en el primer Cónsul y tiene muy elevado concepto de los principios del Restaurador de la gloria y de la existencia política de la Francia. Por tanto, no duda traer á la memoria del gran Bonaparte que hay que guardar entre los Estados consideraciones y miramientos recíprocos, los cuales se sienten mucho mejor que se expresan.»

Convenidos, pues, así los negociadores en los puntos principales, firmaron el Tratado siguiente, que fué ratificado después por el Rey Carlos IV y por el primer Cónsul de la República francesa:

Tratado de San Ildefonso.

«*Tratado preliminar y secreto entre la República francesa y S. M. Católica respecto á la aumentación de Estados en Italia de S. A. R. el señor Infante-Duque de Parma y á la retrocesión de la Luisiana.*

»La República francesa, habiendo manifestado hace ya mucho tiempo á S. M. Católica el Rey de España el deseo de volver á ser puesta en posesión de la colonia de la Luisiana, y S. M. Católica, habiendo por su parte demostrado siempre gran solicitud en procurar á S. A. R. el Duque de Parma un aumento de territorio que pusiese sus Estados de Italia en un pie más conforme á su dignidad; los dos Gobiernos, después de haberse comunicado su fin sobre estos dos objetos de interés recíproco, y permitiéndoles las circunstancias contraer sobre este particular las obligaciones que les aseguren, en cuanto esté al alcance de cada uno de ellos, esta satisfacción mutua, han auto-rizado á este efecto:

»La República francesa al ciudadano Alejandro Ber-thier, General en Jefe, y S. M. Católica á D. Mariano Luis de Urquijo, caballero de la Orden de Carlos III y de la de San Juan de Jerusalén, su Consejero de Esta-do, Embajador extraordinario y Plenipotenciario nom-brado cerca de la República bátava, y primer Secre-tario interino del despacho de Estado; los cuales, des-pués de haberse transmitido sus respectivos poderes, han convenido en lo siguiente, salvo posterior ratifi-cación de artículos:

»Artículo 1.º   La República francesa se obliga á procurar á S. A. R. el señor Infante-Duque de Par-ma un aumento de territorio en Italia, que haga as-cender sus Estados á una población de un millón y doscientos mil habitantes, con el título de Rey, y todos los derechos, prerrogativas y preeminencias corres-pondientes á la dignidad Real; y la República fran-cesa se obliga á obtener á este efecto el consentimien-to de S. M. el Emperador y Rey y el de los demás Es-tados interesados, de modo que S. A. el señor Infante-Duque de Parma pueda sin contestación ser puesto en posesión de dicho territorio cuando se efectúe la paz entre la República francesa y S. M. Imperial.

»Art. 2.º   El aumento de territorio que se debe dar á S. A. R. el señor Duque de Parma, podrá consis-tir en la Toscana, en caso que las actuales negocia-ciones del Gobierno francés con S. M. Imperial le per-mitan disponer de ella. Podrá consistir igualmente en las tres Legaciones romanas ó en cualquiera otra pro-vincia continental de Italia que forme un Estado por sí sola.

»Art. 3.º   S. M. Católica promete y se obliga por

su parte á devolver á la República francesa, seis meses después de la total ejecución de las condiciones y
estipulaciones arriba dichas, relativas á S. A. R. el
señor Duque de Parma, la colonia ó provincia de la
Luisiana con la misma extensión que tiene actualmente bajo el dominio de España y que tenía cuando la
Francia la poseía, y tal cual debe estar según los Tratados pasados sucesivamente entre España y los demás Estados.

»Art. 4.º S. M. Católica dará las órdenes oportunas para que la Luisiana sea ocupada por la Francia
al momento en que los Estados que deban formar el
aumento de territorio del señor Duque de Parma sean
entregados á S. A. R. La República francesa podrá
diferir la toma de posesión según le convenga. Cuando ésta deba efectuarse, los Estados directa ó indirectamente interesados convendrán en las condiciones
ulteriores que puedan exigir los intereses comunes ó
el de los habitantes respectivos.

»Art. 5.º S. M. Católica se obliga á entregar á la
República francesa en los puertos europeos de España, un mes después de la ejecución de lo estipulado
relativamente al señor Duque de Parma, seis navíos
de guerra en buen estado, aspillerados para 74 piezas
de cañón, armados y equipados y prontos á recibir
equipajes y provisiones francesas.

»Art. 6.º No teniendo las estipulaciones del presente Tratado ninguna mira que pueda perjudicar, y
debiendo dejar intactos los derechos de cada uno, no
es de temer que ninguna Potencia se muestre resenti-
da. Sin embargo, si así no sucediese y los dos Estados
se viesen atacados ó amenazados en virtud de su ejecución, las dos Potencias se obligan á hacer causa común para rechazar la agresión, como también para

tomar las medidas conciliatorias que sean oportunas para mantener la paz con todos sus vecinos.

»Art 7.º Las obligaciones contenidas en el presente Tratado no derogan en nada las enunciadas en el Tratado de alianza firmado en San Ildefonso el 18 de Agosto de 1796 (2 *fructidor*, año 4.º) Antes, por el contrario, unen de nuevo los intereses de las dos Potencias y aseguran la garantía estipulada en el Tratado de alianza en todos los casos en que deban ser aplicadas.

»Art. 8.º Las ratificaciones de los presentes artículos preliminares serán transmitidas en el término de un mes, ó antes si fuese posible, contando desde el día en que se firme el presente Tratado.

»Y para que conste, los infrascriptos Ministros plenipotenciarios de la República francesa y de S. M. Católica, en virtud de nuestros poderes respectivos, signamos y firmamos los presentes artículos preliminares y los sellamos con nuestros sellos.

»Fecho en San Ildefonso el 9 *vendimiaire* del año 9.º de la República francesa (1.º de Octubre de 1800). —*Alejandro Berthier.*—*Mariano Luis de Urquijo.*»

En el Tratado nada se dice sobre Portugal; pero quedó acordado entre los negociadores que continuarían los preparativos militares para forzar al Príncipe Regente á que se separase de la alianza con Inglaterra.

Como la ejecución de las disposiciones del precedente Tratado dependiese del porvenir, no pasaron á ser definitivas hasta que se verificó la creación del nuevo Estado para el Príncipe de Parma. Los artículos del convenio volvieron á confirmarse en Madrid á 21 de Mayo de 1801. El art. 1.º del nuevo Tratado decía así: «El Duque reinante de Parma será puesto en posesión de la Toscana, con el título de Rey de Etruria, en cambio del dicho ducado y en virtud de la cesión que el Rey de España hace de la Luisiana á la Francia.» Más adelante veremos cómo Bonaparte agregó los Estados de Parma á la Francia al fallecimiento del Infante, fundado en este artículo. Hablaremos también en otro lugar de la ejecución del Tratado, en cuanto al nuevo establecimiento prometido al Infante-Duque de Parma en Toscana.

Un escritor francés (1) piensa que Bonaparte no tuvo nunca intención sincera de conservar al Príncipe de Parma en el trono de Toscana, y que en este Tratado llevó dos fines, es á saber: contentar al Rey de España para que entrase de lleno en las ideas de la Francia, y humillar al mismo tiempo á los Borbones, haciéndoles ver que les daba un reino de limosna. No es esto plausible. Bonaparte, como todos los hombres que han regido y rigen los imperios, variaría con frecuencia de pensamientos á medida que los sucesos le fuesen favorables ó adversos y según que su poder disminuyese ó aumentase. Tal sistema, que le parecía conveniente y quizá grandioso en determinadas circunstancias, se presentaría ya á sus ojos como poco satisfactorio y aun como mezquino en otras. Aun suponiendo que desde su elevación al Consulado la idea de dominar á Europa le trajese ya inquieto y atormentado, todavía necesitaba tiempo para preparar la toma de posesión de tan extendido Imperio. Entre tanto, la Luisiana era un resarcimiento precioso de la soberanía de Etruria, cualquiera que hubiere de ser en lo venidero la suerte del nuevo Estado y del Monarca

---

(1) M. Capefigue, *L'Europe pendant le Consulat et l'Empire*, tomo III, páginas 75 y 76.

que debía regirle. Así, pues, la elevación del Príncipe de Parma no puede decirse que fuese hecha de limosna.

El efecto inmediato de este Tratado fué estrechar más la unión entre Francia y España. El primer Cónsul francés, viendo las buenas disposiciones del Gabinete de Madrid, entró en conferencias con el General Mazarredo para concertar las operaciones que las armadas francesa y española debiesen emprender contra los ingleses.

El General Mazarredo pasa á París con objeto de tratar con el Gobierno francés sobre las operaciones de las dos escuadras.

El lector sabe que el General Mazarredo arribó á Brest, mandando 17 navíos de línea españoles, en unión con la armada francesa del Almirante Bruix. Como el Directorio hubiese manifestado deseo de concertar con el acreditado marino español todos los planes sobre las operaciones de las dos escuadras, el Rey le dió orden de trasladarse á París y le concedió poderes ilimitados para que obrase como le pareciese más conveniente al bien de su servicio. La llegada del Almirante español hizo sensación en la capital de la República. Distinguíase por la gravedad de su semblante, por su cortesía y por aquellos modales, nobles y sencillos á un mismo tiempo, que recordaban los buenos tiempos de los guerreros de Castilla. Lo que llamó más particularmente la atención del público parisién, fué la exactitud de Mazarredo en el cumplimiento diario de sus deberes de cristiano. Todas las mañanas se le veía en la iglesia parroquial de San Ro-

que ayudar á misa vestido con su uniforme de General
de Marina. Tal proceder no pudo menos de parecer extraño á gentes que habían abjurado toda creencia religiosa en los primeros tiempos de la Revolución, y que,
si consentían ya en que volviesen á abrirse los templos, lo hacían tan solamente por mero cálculo de política, sin ninguna suerte de persuasión ni convencimiento. Las iglesias estaban entonces muy poco con-
curridas; pero el General no iba á ellas por ser visto,
sino por cumplir con los deberes de su conciencia, y
no faltaba ningún día á aquel ejercicio de piedad. ¡Qué
espectáculo éste, en tiempo en que se hacía alarde de
incredulidad y se escarnecía principalmente entre todos los cultos el de la religión católica! Por fortuna la
cristiandad del General, que pasaría entonces por pequeñez ó tonteria (*niaserie* era la voz favorita), no le
quitaba su saber y experiencia en las materias náuti-
cas, por lo que su dictamen era siempre de gran peso
en ellas, aun para los mismos que censuraban su devoción.

Conferencias.

Las ocurrencias de Holanda impidieron por algún
tiempo que el Directorio consultase á Mazarredo y á
Bruix sobre las operaciones ulteriores de las escuadras. El 13 de Septiembre de 1799 se verificó, por fin,
la primera sesión, á que concurrieron los dos Generales, el Director Barrás y el Ministro de Marina. Sentado por éste que convenía hacer un desembarco en
Inglaterra, Bruix entró en prolijas consideraciones
acerca de dicha empresa, partiendo del principio que
50.000 franceses puestos en territorio inglés obliga-

rían á esta Potencia á una paz digna de España y Francia, y que la escuadra combinada podría verificar la conducción y desembarco de estas fuerzas terrestres. Poco tuvo que trabajar Mazarredo para demostrar que este proyecto no podía ejecutarse. Dejando aparte la fanfarronada de que 50.000 franceses pudiesen dar la ley á una nación de tan acendrado patriotismo y bizarría como la inglesa, en la que los partidos olvidan sus divisas é intereses particulares siempre que el Estado se ve en peligro, ni se podía fijar un punto para un desembarco probable, ni era fácil tener primero los vientos de Levante para la salida de las escuadras y después los de Poniente, lo cual era indispensable para conducir tan inmensa expedición al Canal de la Mancha, peligroso ya por falta de puertos en la costa de Francia, y mucho más por la superioridad de las fuerzas navales inglesas.

En la respuesta del Gobierno de Madrid á un oficio de Mazarredo sobre esta primera sesión, el Ministro Urquijo aprobaba las razones del General y decía: «Incline V. E. al Directorio á que adopte los partidos más ventajosos, aconsejándole cuanto V. E. crea oportuno, sobre todo la expedición de Irlanda ú otra cualquiera que juzgue provechosa; pero bien combinada y pronta, pues de no haber medios para ella, mejor será quizá que V. E. incline al Directorio á la venida de las escuadras á Cádiz.» Muy lejos de tal pensamiento estaba el Directorio, aunque vacilante ya y falto de energía para ejecutar grandes empresas. Su único objeto era tener á las dos escuadras en Brest, con el fin de guarnecer las costas occidentales de Francia. Mazarredo presentó las credenciales del Rey el día 11 de Octubre: en ellas se decía que, en virtud de sus conocimientos teóricos y de su experiencia en el mando y dirección de la armada, le autorizaba S. M. para que pudiese tratar por sí plenamente con la República francesa de las operaciones de las escuadras aliadas que tuviese por convenienles, y de cualquiera objeto, destino ó comisión en que juntas ó separadamente creyese dicho General oportuno emplearlas, ya en los mares del Norte, ya en el Océano ó Medilerráneo, asegurando á la República que, en virtud de la entera confianza que tenía en los conocimientos, celo y fidelidad de D. José Mazarredo, no dudaría aprobar cuanto creyese éste conveniente adoptar y practicar, pues sabía la situación de los reinos y marina de España, y conocía no menos la de la República francesa y los puntos de ataque en que, hiriendo al enemigo común, se podía obligarle á una paz sólida y decorosa. El discurso que el General pronunció en el acto de su presentación fué el siguiente:

«Apenas se empeñó España en la presente guerra, cuando la Francia, no ya tan solamente tuvo en el Rey mi señor un aliado, que á la vez facilitase y exigiese los auxilios para recíprocos intereses, sino también un amigo y defensor especial que, desatendíendo por entonces los suyos propios, se dedicó á abrir á la Francia su más importante reconquista. La escuadra de S. M. se internó en el Mediterráneo, y al punto abandonaron este mar las de Inglaterra. De aquí el recobro de Córcega; de aquí resultó también que el General Bonaparte concibiese la escalada del Apenino y le rindiese el fruto de sentar los preliminares de paz del continente cerca de Viena; tomar quieta posesión de las islas antes venecianas, del Adriático, y trasladar á Tolón los navíos y pertrechos navales de la extinguida República veneciana. No hubiera vuelto la escuadra inglesa al Mediterráneo en 1798, ni se—

guídose los reveses de Abukekir y de Menorca si hubiesen prevalecido los constantes deseos de S. M. de que obrasen unidas nuestras escuadras. La de Tolón con la de Cádiz no sólo hubieran cerrado el paso para aquel mar, sino aun dominado sus inmediaciones al Océano. Todavía el presente año hubiera reparado con usura aquellas quiebras, si al designio de la Francia de hacer pasar la suya al Mediterráneo, hubieran precedido las medidas de concierto para la segura combinación de fuerzas que infaliblemente debían barrer los mares meridionales de Europa de cuantas tenía el enemigo en ellos, destruir las que sucesivamente pensase enviar y llenar los dos primeros grandes objetos: el recobro de Menorca y el socorro de Malta. ¡Qué faz tan distinta para la causa de las dos naciones aliadas, y qué situación tan ventajosa la de nuestra marina, comparada con la del enemigo común!»

Poco tiempo después llegó de Egipto el General Bonaparte y se apoderó del Gobierno de la República. Con él trató Mazarredo de las operaciones marítimas que convendría emprender. El proyecto del desembarco en Inglaterra estaba ya olvidado, al parecer; pero Mazarredo entró á probar muy de propósito que no era posible hacerle, atendida la superioridad naval de esta Potencia, y que, por el contrario, no habría dificultad de importancia para hacerlo en Irlanda, de lo cual infería que no debían estar las dos armadas en Brest, en donde no se conseguía más ventaja que tener ocupados 42 navíos ingleses. Para bien de las dos Potencias aliadas, tenía por más conveniente reconquistar á Menorca y arrojar á los ingleses del Mediterráneo. Era preciso para esto el mayor secreto. En Cádiz deberian tomarse 4 ó 5.000 hombres y pertrechos, con cuatro navíos y las embarcaciones mercan-

tes oportunas, echando la voz de que se iba á reconquistar la isla de la Trinidad. Ni en Alicante ni en
Barcelona se debía hacer el más mínimo movimiento,
pues para lo que hubiese que tomar allí bastaría an-
ticipar el aviso de la salida de la escuadra de Brest.
Los 45 navíos aliados de este puerto, se reunirían con
otros siete ú ocho al paso delante del Ferrol, y con
otros cuatro delante de Cádiz. Á la vista de tan crecidas fuerzas habrían de retirarse los cruceros ingleses,
de manera que, sin detención sensible en el placer de
Rota, no habría más que dirigirse á Alicante, tomar
allí el resto de las fuerzas navales que hubiese y desembarcar en Menorca, en donde la guarnición inglesa tendría que encerrarse en el castillo de San Jorge.
De Barcelona y Mallorca sería fácil tomar el tren de
artillería y de hospitales. Tres ó 4.000 hombres em-
barcados en Brest podían luego socorrer á Malta. No
teniendo Inglaterra ni á Menorca ni á Malta, y estableciéndose en Cádiz una fuerte escuadra combinada,
perdería los mares meridionales de Europa, pues Gibraltar no puede ser fondeadero de estancia de escuadra grande, que sería destruída con bombas y bala
roja. En Francia mismo era menester hacer creer que
se intentaba una expedición contra Irlanda, llamando la atención por medio de preparativos en el Havre y Saint-Maló. Mazarredo, proponiendo este plan,
obraba conforme á los designios de su Corte; pero eran
muy otros los planes de Bonaparte. Las miras del Cónsul francés consistían en tener á la escuadra española en Brest, para servirse de ella en alguna empresa
importante á las de la Francia. El primer Cónsul respondió á la propuesta de Mazarredo, que tenía necesidad de mantener crecidas fuerzas navales en el puerto de Brest.

Firmeza de carácter de Mazarredo.

No era fácil engañar ni intimidar al General Mazarredo, sin cuyo consentimiento era cierto que la escuadra española no cooperaría á la ejecución de los
planes marítimos de Bonaparte. Para atraerle, pues,
á sus designios, nombró el Cónsul al General Clarke,
negociador hábil y flexible, encargándole que templa-
se la rigidez del marino español. Los puntos de operaciones que Bonaparte se proponía eran el Egipto y
Malta; expediciones ambas que no convenían á la escuadra española, porque hubieran atraído infaliblemente al Rey de España la guerra con la Turquía,
con las Regencias berberiscas y aun con otras naciones de Europa. Las instrucciones de Mazarredo eran
terminantes acerca de esto. No por eso se desalentó
Bonaparte. So pretexto de dar caza á los navíos ingleses que cruzaban delante de Brest, pidió que la escuadra española estuviese pronta á dar la vela con
este objeto. Ofició con la mayor premura á Mazarredo para que pasase inmediatamente órdenes por el telégrafo á Gravina, segundo Comandante de la escuadra, y le dijese que con sus 15 navíos se uniese á los
17 franceses para dar caza á los 21 ingleses que bloqueaban á Brest. No se dejó deslumbrar Mazarredo
por lo especioso de este pretexto: al punto fué á abocarse con el Ministro de Marina y se cercioró de lo
fundado de sus sospechas. Vió luego al Cónsul mismo, al cual, como esforzase de palabra la necesidad
de la caza, Mazarredo contestó que si tal era, con efecto, el designio y así lo aseguraba Bonaparte, daría sin
detenerse la orden á Gravina, y que él mismo iba á

ponerse en camino para Brest. Cambió entonces el Cónsul de lenguaje, persuadido de que con Mazarredo en la escuadra no dispondría á su antojo de los navíos españoles. La salida de Brest no pudo verificarse por entonces por el mal temporal. La orden transmitida en esta ocasión al General Gravina por Mazarredo era positiva: dar caza á los navíos ingleses que bloqueaban á Brest, y nada más. Pero á poco tiempo todo estuvo ya pronto otra vez para la salida de la escuadra, y Mazarredo, no queriendo que la armada española fuese empleada en operaciones contrarias á las miras de su Gobierno, avisó á Gravina por el telégrafo que iba á salir para Brest pocas horas después; resolución que comunicó también al primer Cónsul, diciéndole sin rebozo que el motivo de ponerse en camino para tomar el mando de la escuadra, era la completa seguridad en que estaba de los proyectos que le querían ocultar; que su intención era salir con todas sus fuerzas, recoger los navíos del Ferrol y aguardar órdenes del Rey frente á Cádiz. Cuando Bonaparte recibió este oficio, envió inmediatamente al General Clarke á Mazarredo para que le dijera que suspendiese su partida, porque ya no saldría la escuadra francesa de Brest, habiendo llegado recientemente 45 navíos ingleses delante de este puerto.

Convencido Mazarredo de que las intenciones del Gobierno francés eran torcidas y de que la escuadra española podría verse comprometida de un instante á otro en expediciones lejanas, contrarias á los designios de su Gobierno, pensó seriamente en volver con ella á España, sin detenerse por la llegada verdadera ó falsa de los 45 navíos ingleses que Bonaparte decía haberse aparecido delante de Brest. Para ello propuso al primer Cónsul el plan siguiente:

Plan propuesto por Mazarredo al primer Cónsul.

Ante todas cosas, sentaba que Brest no era el verdadero punto estratégico de las escuadras combinadas. Establecido este principio, proponía que se aprovechasen del primer viento favorable para obligar á
la estación inglesa á internarse en el Canal de la Mancha, poder dar la vela con todas las fuerzas reunidas
y recoger los seis navíos del Ferrol. Delante de Cádiz se separarían 15 navíos franceses para el socorro
de Malta; la delantera tomada por 15 navíos de línea
sobre la estación inglesa, bastaría para asegurarles y
también para la vuelta á Tolón después de verificado.
Los otros 16 franceses y 21 españoles entrarían en Cádiz, en donde, con los ya existentes, se reunirían 41
navíos de las dos Potencias, lo cual obligaría á los ingleses á los inmensos gastos de un crucero de 60 navios tan lejos de sus puertos, sin contar el de otros
20 á que les obligarían los 15 de Tolón que fuesen al
socorro de Malta, y las otras fuerzas aliadas de aquellos mares. Si este plan no merecía la aprobación del
primer Cónsul, Mazarredo debía aprovecharse del primer viento favorable para volver con su escuadra al
puerto de Cádiz. En cualquiera de los dos casos, pedía
al Cónsul le fijase hora para despedirse para Brest. La
salida de este puerto era fácil en la manera indicada,
es á saber, con propósito de no buscar combate con
la presente inferioridad de fuerzas; pero que si la ocasión se presentaba, era menester pasar por él, y lo
mismo pensaba y se proponía para el caso de haber
de salir él solo con sus 15 navíos. Bonaparte llamó á
Mazarredo; convino en la necesidad de la traslación

total de las fuerzas á los mares del Mediodía; pero quiso que fuesen en totalidad hasta Malta, para revolver después con ellas sobre Cádiz; dijo que necesitaba un mes para el armamento de sus 31 navíos y el bastimento de galleta, y que era inútil que Mazarredo partiese para Brest inmediatamente, pues que el proyecto daba un mes de tregua, y que de todos modos convenía no tomar la última resolución antes del regreso de Luis Bonaparte de Brest, adonde su hermano, el primer Cónsul, le había despachado, y que no tardaría en llegar más de una semana. Bonaparte estaba también pendiente entonces de las noticias de Viena, y esperaba que le permitiesen emplear más medios efectivos en su marina. «No puede realmente comprenderse, escribía el General Mazarredo al Ministro Urquijo, el fin de la comisión de Luis Bonaparte, joven de veintidós años, Jefe de escuadra que nada puede entender de lo que vea de Marina para formar un juicio que funde informe, y á la verdad que es demasiada señal de lo poco sólido de las ideas del principal en la materia.

»Hallé prudente no decir cosa alguna al primer Cónsul contra su indicación de que todas las fuerzas unidas fuesen á Malta; cosa verdaderamente inútil, pues los 15 navíos que yo señalo no pueden tener tropiezo, y pasando con los cuatro que hay en Malta á Tolón, se formaría allí una escuadra respetable, siendo más ventajosa la división que resulta de los 19 allí y 41 en Cádiz, que tenerlos todos unidos aquí, porque fuerza á llamar la atención grande del enemigo á dos parajes, siendo lo mismo 41 que 60 al efecto en Cádiz, y porque yendo todos á Malta se malograría el encuentro posible con fuerzas que llegasen sucesivamente, inferiores á los 41 que quedasen reunidos delante de Cádiz. Pero estas razones no le hubieran hecho fuerza entonces, y las hubiera tenido por mera contradicción á su pensamiento, y tal vez por contrarias á lo que he dispuesto yo mismo anteriormente de unión y masa de fuerzas, por no hacer la distinción debida de circunstancias y objetos. No obstante, las insinuaré sin insistencia más adelante; y si persevera en su idea, accederé á ella. Pero S. M. graduará y resolverá si, como yo creo mejor, debe ordenarme, para mi llegada delante de Cádiz, que su escuadra no siga al Mediterráneo, por la absoluta necesidad de ella allí, y que sepa el Almirante Bruix que han de ir á Malta sólo 15 navíos franceses, y si no se prestase á ello, que se váya con los suyos todos y maniobre á su arbitrio, sobrevire después á Tolón ó se vuelva á Cádiz. Creo que no habrá motivo ni retardo para finalizar el acuerdo luego que regrese Luis Bonaparte.»

Mudóse después esencialmente el aspecto de las cosas con la victoria alcanzada en Marengo por el primer Cónsul. Los asuntos del continente llamaban entonces la atención del afortunado guerrero; por manera que las tentativas de Mazarredo para tratar con él de las escuadras, fueron vanas. Al regreso del Cónsul á París, el 2 de Julio, procuró nuestro marino volver á recordarle la ejecución de los antiguos planes; pero las circunstancias no eran ya favorables. En vez de haber adelantado en los aprestos marítimos, había en Brest cinco navíos de menos que tres meses antes entre los que estaban prontos á dar á la vela. En las conferencias, Bonaparte hablaba de mil proyectos y no se fijaba en ninguno. La reconquista de la Trinidad; una expedición á las Indias orientales ó al Cabo de Buena Esperanza; un desembarco en Inglaterra. Mazarredo le demostró la inutilidad del primero, pues la Trinidad se volvería á perder muy luego; le hizo ver también la imposibilidad del desembarco en la India ó en Inglaterra. Lo único que le pareció de posible ejecución fué la expedición al Cabo de Buena Esperanza, ya que Bonaparte quería coger á los ingleses una prenda por la que hiciesen sacrificios en un Congreso después de la paz. Pero el Cónsul nada determinaba. Durante esta irresolución, el General austriaco Saint-Jullien llegó á París con encargo de ajustar las condiciones de un armisticio entre el Emperador y la República francesa.

Los ingleses hacen un desembarco en Doñinos y atacan al Ferrol, de donde son rechazados.

Cualesquiera que fuesen las determinaciones que se tomasen para arreglar las cosas en el continente, la resolución firme de Bonaparte era no dejar salir de Brest á la escuadra española. Aunque vacilante acerca del uso que hubiese de hacer de las dos armadas, quería que la del Rey estuviese siempre á sus órdenes, sin miramiento ninguno á los riesgos á que España misma quedaba expuesta por la ausencia de sus fuerzas navales. Con efecto: los ingleses hicieron un desembarco en Doñinos, cerca del departamento del Ferrol, con un cuerpo de 10.000 hombres; se pusieron en marcha contra esta plaza, y aunque se logró el reembarco de la expedición enemiga por los esfuerzos combinados del Teniente General D. Francisco Javier de Negrete, Comandante General interino del reino de Galicia; del Comandante General de la escuadra, Don Francisco Melgarejo, y del Mariscal de Campo, Conde de Donadío, á cuyas órdenes estuvieron las tropas que defendieron la ciudad, quedó siempre el temor de que pudiese renovarse la tentativa, siendo respetables las fuerzas inglesas que se aparecieron en aquella costa, puesto que constaba el armamento de seis navíos de guerra, entre ellos tres de tres puentes; cinco fragatas, y hasta 70 transportes con 10 ó 12.000 hombres de tropas de desembarco. El objeto primitivo de la expedición no había sido el Ferrol. El Gabinete inglés se propuso auxiliar las operaciones de los aliados al principio de la campaña y hacer un desembarco en las costas de Francia con este designio; plan que desbarató la batalla de Marengo. Y como se tuviese noticia en Londres después de esta victoria de que los Gobiernos de España y Francia querían acometer á Portugal, los Ministros ingleses enviaron el armamento contra el Ferrol, con el fin de apoderarse de aquel departamento ó inquietar por lo menos aquella costa. Los navíos españoles que estaban anclados en este puerto no eran ciertamente el menor de los atractivos para el Gabinete británico. Por fortuna, todo estaba previsto en la costa para el caso de ataque de Galicia, y las tropas del Rey se presentaron prontamente á la defensa en mayor número del que los ingleses suponían; lo cual, unido al buen estado en que estaban las fortificaciones de la plaza, determinó á los enemigos á la retirada. Para contrarrestar, pues, á tan vivas agresiones de los ingleses contra las costas españolas, era claro que se necesitaba reforzar nuestros departamentos marítimos.

Mazarredo insta de nuevo porque vuelvan las escuadras á Cádiz.

A esto se añadía que amenazaba con efecto un rompimiento próximo con Portugal. Por tanto, Mazarredo instó de nuevo al primer Cónsul para la traslación de las escuadras á Cádiz, y declaró que si esto no era posible, partiría con la suya solamente. Bonaparte, viendo á Mazarredo resuelto á partir, apeló á todos los medios imaginables para detenerle. Le dijo que esperaba llegar en breve á un ajuste de paz con Inglaterra, y que, en todo caso, Mazarredo le era necesario á su lado, porque no quería resolver nada por sí en cosas de mar; que harían juntos un viaje á Nantes y á Brest. Gran provecho se hubiera podido seguir de él, á la verdad, para el bien de la alianza, pues hablando el primer Cónsul una y otra vez con el experimentado marino español, habría recogido nociones útiles sobre principios de armamento y disposición marítima, como también sobre maniobras de escuadras, aplicables á los planes generales de la alianza. Pero Bonaparte no contestaba nunca á la propuesta sobre el apostadero en Cádiz, y quería solamente la conducción de fuerzas navales al Mediterráneo para Egipto y Malta. Esta isla vino á caer, por fin, en manos de los ingleses, y Mazarredo insistió con mayor empeño en regresar con su escuadra á Cádiz.

Bonaparte dispone de la escuadra española sin conocimiento de. Mazarredo.—Este reconviene por ello al General Gravina.

Entre tanto el Cónsul empleó la escuadra española sin que Mazarredo lo supiese, y comprometió al General Gravina haciéndole concurrir á maniobras sueltas con toda probabilidad de mal éxito. El General Mazarredo reconvino por ello á Gravina y le amonestó que no lo volviese á hacer en lo sucesivo. En la orden que le transmitió decía «que la escuadra debía estar siempre uniformemente pronta para un caso interesante de salida, y que el caso no podía ser más de uno solo, á saber: el de que una división aliada, salida á crucero, se hallase atacada por fuerza mayor contra la cual pudiésemos salir componiendo una superior á la del enemigo, ó si de resultas de un temporal tuviesen los enemigos algún desastre y se conociese de importancia evidente correr á batir y recoger desmantelados. En todo otro caso es necesario precedente concierto aquí, para que se comuniquen instrucciones acordes.»

Nada tenían que responder ni el primer Cónsul ni el Ministro Talleyrand á las demostraciones de Mazarredo sobre la diversa suerte que había tenido la alianza, si reunidas las dos armadas se hubieran ejecutado sus planes marítimos desde el principio; mas siempre que manifestaba, por conclusión, el propósito de regresar á Brest á tomar el mando de su escuadra, Bonaparte le oponía el especioso pretexto del mal efecto que causaría su salida de París, en el momento de tratarse de ajuste de paz; los ingleses sospecharían que se había turbado la buena armonía entre España y Francia. Rompióse entonces el armisticio con Aus—

fria, y aunque Mazarredo, obedeciendo las órdenes de
la Corte, se despidió por fin de Bonaparte, le retuvo
éste todavía con buenas razones. Entre tanto la Francia puso conato en separar á D. Mariano Luis de Urquijo del Ministerio de Estado de Madrid, que desempeñaba interinamente, suponiendo que la resistencia de Mazarredo no tanto provenía de la entereza de
su carácter, como de la fiel obediencia á las órdenes
de su Gobierno; lo cual no llevaba camino, porque el
parecer de Mazarredo regía las determinaciones del
Gabinete, en cuanto al uso que convenía hacer de
nuestras fuerzas marítimas. La costosa é inútil permanencia de ellas en Brest sacaba de quicio al marino acreditado que las mandaba.

El Gobierno manda á Mazarredo que volviese á Cádiz con su escuadra.

El Gabinete de Madrid, cansado de los continuos
pretextos con que el primer Cónsul retenía la escuadra española en Brest, tomó por fin la resolución de
mandar á Mazarredo que partiese de París y se en-
cargase del mando de ella para conducirla á Cádiz;
acto de vigor, quizá el primero después de la malha-
dada alianza, el cual, viniendo principalmente del Ministro y no teniendo apoyo en la voluntad del Rey,
debía costar y costó, en efecto, á Urquijo la pérdida
de su Ministerio, y le trajo los rigores que hubo de sufrir después. Como el lenguaje de la independencia
nacional era tan raro en aquel tiempo, pondremos
aquí la orden transmitida por Urquijo al General Mazarredo el 18 de Noviembre de 1800.

Real orden.

«No solamente ha encontrado el Rey muy justas y fundadas las observaciones de V. E. y los pasos dados con ese Gobierno sobre traer la escuadra de su mando á Cádiz, sino que viendo S. M. que, con pretexto de negociaciones y de ser contraria á ellas la ida de V. E. á Brest, se ha querido detenerle, cuando si los enemigos se hubiesen de alarmar, más deberían hacerlo con la salida de la expedición á Santo Domingo, de la cual ese Gobierno no ha dicho una palabra á S. M., me manda decirle que, inmediatamente que reciba ésta, se despida, vaya á Brest, tome el mando de su escuadra y se venga á Cádiz, en donde se ha extinguido ya la epidemia.

»Para esto es excusado decir á V. E. que aproveche la primera y más segura ocasión; es ocioso igualmente indicarle los medios y modos de que debe valerse, pues el Rey tiene plena confianza en el celo y pericia que le adornan; pero sí deberé advertir á V. E. que procure hacer la cosa de modo que evite, al menos en apariencia, todo aire de resentimiento de ese Gobierno, á quien puede usted decir que no habiéndose adoptado el plan propuesto de la Martinica y la Trinidad, y resolviendo ellos su expedición separada, no quedando, por consiguiente, buques prontos con que hacer otra, V. E. no puede sufrir ya más detención; que el Rey su amo no se halla en disposición de hacer más gastos en un país extranjero; que los ingleses le amenazan invadir sus costas; que las tiene, sin escuadras, en el mayor peligro; que en Portugal se hallan muchos navíos con tropas de desembarco, sin que se sepa á dónde ni cómo irán; que la epidemia se ha llevado en Cádiz la tripulación entera de los buques que allí había para su defensa provisional; en fin, que aun para el rompimiento con la Corte de Lisboa la escuadra nos es precisa, indispensable, si se verifica, y que de todos modos V. E. tiene que venirse. Tal vez propondrán á V. E. nuevos planes ó esperanzas lisonjeras con que entretenerle; pero V. E. sabrá rechazarlas con modo. En suma, el viaje de V. E. se ha de verificar viniendo V. E. mismo con la escuadra hasta Cádiz, á no ser que la Inglaterra tratase seriamente de paz al momento de recibir V. E. esta orden, lo que no es probable, y que el Embajador lo supiese sin quedarle duda, y que ambos estuviesen VV. EE. persuadidos de que esta venida podría perjudicarnos.

»V. E. amontonará las razones de gastos insoportables; de la inutilidad de la permanencia en Brest y de la imposibilidad de sostener allí la escuadra este invierno; de la urgente necesidad que hay de ella aquí; en fin, cuanto haya que decir para dulcificar esta resolución, que siempre les ha de ser amarga, á pesar de que por tanto tiempo nos han hecho su víctima.»

No dejó de sorprenderse Bonaparte cuando tuvo noticia de tan decidida resolución, que no estaba acostumbrado á ver que el Gabinete español tuviese voluntad propia, y sí á continuas manifestaciones de su docilidad y sumisión á los designios de la Francia; mas luego reflexionó que Urquijo no podía estar apoyado por el Rey para esta orden y que sobraban á la Francia medios de separarle del Ministerio. Carlos IV y María Luisa pendían entonces del engrandecimiento de los Estados del Infante-Duque de Parma, convenido ya con la Francia por un Tratado solemne. Ciertamente no era la intención del Rey Católico indisponerse con el primer Cónsul, de quien esperaba este beneficio á sus ojos tan señalado. El Príncipe de la Paz, aunque lejos de los negocios al parecer, tenía siempre el mismo influjo en el ánimo de la Reina. Dió pasos para ganarse la voluntad del primer Cónsul: éste, sagaz y advertido, se aprovechó de ello y se aseguró más y más de la obediencia del Gabinete de Madrid. Urquijo, confiado en demasía, persuadido de que él solo tenía el timón de la nave del Estado, no creyó en peligro su propio valimiento, y no vió, ó no quiso ver, el poder del favorito, al cual trataba á veces con desdén ó poco miramiento. Sobraban, pues, á Bonaparte medios de desconcertar los proyectos del Ministro español y de asegurarse en lo sucesivo de la docilidad del Gabinete de Madrid.

Luciano Bonaparte es nombrado Embajador en Madrid para pedir la separación de Urquijo y arreglar los asuntos de Portugal.—Urquijo se queja de este nombramiento.

Luciano Bonaparte, hermano del Cónsul, á la sazón Ministro del Interior en Francia, fué nombrado Embajador extraordinario de la República cerca del Rey Carlos IV, y partió precipitadamente para este destino. Las instrucciones comunicadas á Luciano Bonaparte le prescribían la separación de Urquijo del Ministerio: para ella, así como también para la agresión proyectada contra Portugal y para los demás asuntos pendientes, se le decía que se acercase al Príncipe de la Paz, único conducto seguro por donde se podía dominar la voluntad del Monarca español. Urquijo veía la tempestad que se iba formando contra él; pero no dudó tener fuerzas bastantes para resistirla y estar sobrado de medios seguros de disiparla. Así es que habló todavía al primer Cónsul, por medio del Embajador Múzquiz, el lenguaje de un Ministro altivo que creía gozar de la confianza de su Soberano. El nombramiento de Luciano Bonaparte para Embajador le pareció ofensa hecha al Rey, ó cuando menos transgresión de aquellas recíprocas atenciones acostumbradas entre los Gobiernos, los cuales suelen darse parte privadamente y con anticipación de las personas que envían como representantes, con el fin de asegurarse de que no son odiosas ó desagradables. La circunstancia de ser Luciano hermano del Cónsul no detuvo á Urquijo para quejarse abiertamente de su nombramiento. El del ciudadano Desportes para Secretario de Embajada, le causaba no menos desagrado que el del Embajador. Urquijo recelaba que el Embajador y el Secretario venían con intención de perturbar el reino (1).

(1) Luciano estaba lejos de traer á España pensamientos de revoluciones ni trastornos políticos: sus ideas no eran por cierto subversivas. Entonces acababa de dar á luz un escrito intitulado *Cotejo entre César, Cromwell* y *Bonaparte*, en el cual predicaba abiertamente la Monarquía hereditaria. El nombramiento á la Embajada de Madrid vino, según parece, de un altercado que tuvo con su hermano el primer Cónsul, el cual tenía pretensión de gobernar, y no dejarle otro mando que el militar. Por las *Memorias* de personajes contemporáneos que rodeaban al primer Cónsul, y tuvieron motivo de estar enterados de las interioridades de su Palacio, sabemos que la ambición de Luciano era tan desmedida como la de su hermano, con el cual tenía continuas disputas acerca del Gobierno; y que creyéndose más apto que Napoleón para dirigirle, llevó su atrevimiento hasta proponerle que el Poder fuese dividido entre ambos, y que quedando el Cónsul con la facultad de gobernar en todo lo que tocase á lo militar, se confiase á él la autoridad en lo que fuese de Gobierno interior. Fouché, que era entonces Ministro de Policía, dice que habiendo él mandado que no se permitiese la circulación del escrito ya dicho, *Cotejo entre César, Cromwell* y *Bonaparte*, añadió en la orden que este papel era *obra nacida de un enredo vil y*

«El Rey me manda advertir á V. E., decía el Ministro desde San Lorenzo el 10 de Noviembre al Marqués de Múzquiz, Embajador del Rey en Paris, cuán de desaprobar es la elección de Luciano Bonaparte, conociendo sus principios, conducta y relaciones, y que no se puede prescindir de este dilema: ó que se le envía aquí con designios de ejecución, que si bien no son temibles por la fidelidad de sus vasallos y seguridad y confianza que en ellos tiene, sin embargo no dan idea justa de las de ese Gobierno ni de su gratitud á los beneficios de S. M. y deseos de conservar la alianza; ó de que se le envía por desgracia y como una persona de la que se trata de deshacerse por su sistema, lo cual tampoco prueba el respeto y consideración á S. M. ni es un don estimable, debiendo por consecuencia padecerlo los mismos negocios. Elija ese Gobierno el medio que quiera y verá lo irregular de su conducta, no siéndolo menos el que, al propio tiempo, se le insinúe á V. E. por el ciudadano Talleyrand que el primer Cón-

culpable. Cuando Luciano hubo leído estas palabras, creyó que el Ministro no las empleaba sin tener autorizacion para ello, y corrió presuroso á la Malmaison á provocar una explicación, que fue muy acalorada. Desde entonces la oposición de los dos hermanos pasó á ser animosidad, y dió lugar á escenas muy violentas. Es positivo que Luciano, después de un vivo altercado, echó sobre la mesa de su hermano, con cólera, la bolsa en donde llevaba al despacho los papeles y expedientes de su Ministerio, diciendo que dejaba todo carácter público, con tanta mayor satisfacción, cuanto que no había tenido sino desazones y disgustos con semejante tirano. Por su parte, el hermano ofendido llamo á sus edecanes de servicio para que hiciesen salir de su cuarto al *ciudadano* que insultaba al primer Cónsul. Los Ministros procuraron aplacar la tormenta; al cabo se compuso, y Luciano partió para Madrid con título de Embajador y con expreso encargo de hacer variar las ideas del Rey de España y de determinarle á romper guerra contra Portugal, cuyo reino deseaba el primer Cónsul separar de la influencia inglesa.—(*Memorias* de Fouché, Duque de Otranto, tomo I, página 201.)

sul espera que SS. MM. le tratarán como á su hermano; se advierta por terceras é impropias manos para
el caso y sin soltar prenda que pueda alegarse en un
caso preciso; que este nuevo Embajador viene, por desgracia, sin la menor confianza, y que se pinte su conducta y carácter con los colores más negros, siendo
aún más singular que en la misma comunicación haya
la cláusula de que se esté, sin embargo, á la mira por
si trae algunas ideas relativas á los planes ulteriores y
personales de su hermano, lo cual prueba que conserva el favor de éste; favor que de fijo, y apartándose
los odios presentes, podrá crecer ó renacer; y, en fin,
que aun haya la contradicción con tal dato de querer
que se le oculte lo tratado con respecto á S. A. R. el
señor Infante-Duque de Parma, cosas á la verdad incompatibles, y que ponen á S. M. en el mayor embarazo y á mí en los mayores peligros, por no saber al
tratar cuáles puedan ser las pretensiones de ese Gobierno, hasta qué, grado puede medirse la confianza, ni,
en fin, qué sesgo deba tomarse con tal sujeto.» Repro-
duce después el Ministro sus quejas sobre haber faltado el Gabinete francés á las atenciones acostumbradas
entre los Gobiernos amigos en casos semejantes, y prosigue así: «V. E. habrá expuesto sin duda ninguna estas consideraciones tan obvias y que se presentan á
primera vista, no menos que sus justos temores de que
este Embajador pudiese ser detenido en la frontera de
estos reinos, y más viniendo acompañado de un Secretario ya ducho y práctico en el sistema de revoluciones; que si bien, como queda expresado, no son aquí
temibles, siempre sirven de fomento de mal contentos,
de que ningún Gobierno está libre, por justo y equitativo que sea. Cree, pues, S. M. que V. E. se haya esforzado en manifestar estos temores de la inadmisión

y de su justicia, y que así ya estarán prevenidos sus deseos; pero como por cartas del Cónsul de Bayona ha visto que V. E. ha recomendado que se le obsequie, teme también, á su pesar, que V. E. habrá podido sofocarlos acaso por consideraciones que en tales casos no debe haber, y así me manda decir á V. E._que inmediatamente que reciba este correo, cuyo principal objeto es el de esta elección, pida una conferencia al primer Cónsul y otra al Ministro de Estado, y á ambos les haga sentir con la dulzura y modo conveniente, pero con la noble energía y firmeza que le proporcionan las circunstancias del caso, las razones tan poderosas de él, y sobre todo el alto y noble carácter que representa lo poco acertado de esta conducta, motivándola en las razones expuestas; que se haga sentir que S. M., por no dar un escándalo general en Europa y porque ésta no tome motivo para encender más la llama de la discordia, como también y principalmente por consideraciones personales al primer Cónsul, por ser justamente su hermano el elegido, ha querido ahogar sus justos sentimientos y que quede sólo entre los dos Gobiernos, violentándose en la admisión del Embajador y Secretario, que se hará sin novedad; pero que espera que se le den instrucciones tales, que él no dé lugar á que haya que mantener altercados desagradables, ó lo que es mejor, que puesto que la cosa tiene un aire de intimidad, pues como tal se ha conferido el Ministerio del Interior al Consejero de Estado Chaptal, se le remueva prontamente con su Secretario, enviándole otros dos sujetos en cuya elección no se mezcla S. M.....»

Caída de Urquijo.—Su traslación á la ciudadela de Pamplona en calidad de preso.

Era de suponer que las quejas de Urquijo causasen desagrado, ó por mejor decir, enojo al primer Cónsul, de suyo mal sufrido é imperioso. Con efecto, al punto dió aviso á su hermano Luciano, el cual se acercaba ya á las fronteras de España, del lenguaje del Ministro Urquijo y de sus amenazas de inadmisión, previniéndole que acelerase su viaje y diese el golpe proyectado. Luciano dejó su comitiva en Vitoria y llegó al sitio de San Lorenzo en posta á caballo, seguido solamente de un criado. A poco tiempo de su arribo, Urquijo, exonerado del cargo de Ministro interino de Estado, se hallaba ya en camino para la ciudadela de Pamplona. La animadversión del Gobierno consular y el resentimiento del Príncipe de la Paz por los desdenes que había sufrido de Urquijo, pusieron á éste en tan mal trance. Entonces echó de ver su falta en no haberse congraciado con el favorito, y desde el pueblo de Las Rozas, distante dos leguas y media de Madrid, escribió al Príncipe de la Paz invocando su protección; mas ya fuese que el Valido deseara satisfacer al primer Cónsul, irritado con el orgullo de Urquijo; ó ya porque le fuese sabrosa la humillación del indócil Ministro; ó ya fuese, en fin, porque procediese de acuerdo con el Nuncio del Papa, el cual solicitaba también con vivas instancias que fuese separado del mando el enemigo de la Curia Romana, como vamos á ver, Urquijo hubo de proseguir su camino á la prisión adonde iba destinado. D. Pedro Cevallos, casado con una parienta del Príncipe de la Paz, fué nombrado primer Secretario de Estado.

Se intenta formarle proceso.

Á la llegada de Urquijo á la ciudadela de Pamplona, se siguió recia tempestad contra él. El odio de sus enemigos andaba en busca de motivos para acusarle judicialmente por los hechos que habían pasado durante su Gobierno, y á falta de otros cargos se fijaron en el de haber malversado los caudales públicos y satisfecho la codicia y corrupción de los Agentes del Gobierno francés cuando se hizo el Tratado relativo á la Toscana. Luciano Bonaparte avisó á París que se iba á abrir proceso formal al ex-Ministro por este motivo, noticia que asustó á algunos de los participantes en las larguezas pasadas; y temerosos de que sus cohechos fuesen puestos en claro, trabajaron por detener los procedimientos judiciales contra el Ministro Urquijo. El General Alejandro Berthier despachó de orden del Cónsul un correo á Luciano Bonaparte, y le envió instrucciones por las cuales se le prescribía que detuviese el proceso á todo trance.

Noticias sobre Urquijo.

Urquijo permaneció algún tiempo en el castillo de Pamplona y al fin tuvo permiso de retirarse á Bilbao, en donde residió hasta las turbulencias ocurridas en esta villa en el año de 1804, á las cuales se les dió el nombre de la *zamacolada*. El Gobierno, receloso del influjo que Mazarredo y Urquijo podían tener con el pueblo de Bilbao, hizo salir á ambos á diversos parajes de Castilla hasta que la Vizcaya quedase en paz.

Al cabo de algún tiempo regresó á aquella ciudad, en donde residió cuando el Rey Fernando VII pasó á Francia en 1808, atraído por Napoleón; Urquijo salió desde Bilbao á Vitoria, y allí se presentó al nuevo Monarca. Desde esta ciudad escribió una carta á su amigo el Teniente General D. Gregorio de la Cuesta, Gobernador que había sido del Consejo de Castilla, dándole parte de los riesgos que amenazaban á España. D. Juan Antonio Llorente insertó este papel en las *Memorias de Nellerto*. Es dudoso que la carta estuviese tan elaborada ni fuese tan extensa como está allí; antes bien parece haber sido escrita después de los sucesos de 1814, cuando ya estaba el Rey Fernando VII repuesto en su trono. El autor, que escribiria, sin duda ninguna, en 1808 al General Cuesta, y entraría en consideraciones políticas acerca de la violencia de Napoleón, querría acaso amplificarlas después de consumados los sucesos. Como quiera que fuese, al arribo de José Bonaparte á Bayona ya estaba Urquijo siendo Secretario de la Junta de *Notables españoles* que Napoleón mandó reunir en aquella ciudad, con el fin de dar á sus tropelías ciertos visos de legalidad y conveniencia. Posteriormente José le nombró Ministro Secretario de Estado, cuyas funciones consistían en firmar y transmitir á los Ministerios las órdenes ó decretos del Rey, sin tener otra intervención alguna en el Gobierno. Mantúvose en este puesto hasta el año de 1813.

Urquijo obtuvo del Rey Carlos IV permiso para que el sabio Humboldt pudiese recorrer nuestras posesiones de las Indias occidentales. Comunicáronse órdenes á los Virreyes y Gobernadores de aquellos dominios para que hiciesen al viajero la mejor acogida, le pusiesen de manifiesto los archivos y le procurasen cuantas noticias é instrucciones pudieran sobre todo lo que desease saber tocante á aquellos países, cerrados hasta entonces á las investigaciones del extranjero. Cuánto haya contribuído este viaje al adelantamiento de las ciencias naturales y cuán útiles nociones haya difundido por Europa, nadie hay que lo ignore. Basta sólo leer la relación publicada por el Barón de Humboldt. Una parte no pequeña de la gloria de la expedición de este sabio pertenece, pues, al Ministro que la facilitó.

Con todo, la instrucción de Urquijo no era ni tan exquisita ni tan vasta como lo ha pretendido D. Juan Antonio Llorente, que ha dejado en sus escritos testimonios de su admiración por este Ministro. Tendría para ello motivos de gratitud personal, ó le lisonjearía sobradamente quizá el vivo ardor con que Urquijo sostuvo á los enemigos de la Curia Romana, entre los cuales se señaló Llorente; que las sectas no olvidan nunca los servicios que se les hacen.

Urquijo debió los principios de su carrera á la protección del Conde de Aranda. Siendo el Conde Ministro interino de Estado, Urquijo, que era entonces muy mozo y había hecho algunos estudios, movido de admiración por Voltaire, dió á luz una traducción en español de una de las tragedias del filósofo francés *(La muerte de César)*, con un discurso preliminar sobre el origen del teatro castellano y sobre el influjo que había tenido en las costumbres; trabajo superficial y baladí, propio de la edad del traductor. La tragedia fué denunciada al Santo Oficio y los inquisidores dieron principio á una sumaria reservada, acompañada de una información de testigos, relativa á las opiniones de Urquijo en materia de religión. Algunos de ellos le favorecieron tan poco y supusieron que era tan inclinado á las máximas anti-cristianas de los filósofos modernos, que se preparaba ya el auto de prisión en las cárceles secretas. En provecho le entró á Urquijo, dice Villanueva (1), la caída del Conde de Floridablanca, porque el Conde de Aranda, que le sucedió en la jornada de Aranjuez, influyó para que Carlos IV le eligiese Oficial de su Secretaría. Trocóse entonces el auto de prisión en lo que llamaban los inquisidores *audiencias de cargos* en la Sala del Tribunal. Con ellas terminó su causa, siendo condenado como sospechoso á abjurar de *levi* é imponiéndole una secreta penitencia. Consintió además en que se prohibiese su traducción de la tragedia y el discurso preliminar; mas en el edicto se ocultó su nombre. El miramiento por el Conde de Aranda, nada devoto al Santo Oficio y que era entonces Ministro de Estado, fué la causa principal del proceder suave de los inquisidores. Hubo el Ministro de prendarse del desparpajo del joven Urquijo, si ya no fué que éste supiese buscar útiles recomendaciones para el Mecenas. Urquijo pasó algún tiempo después á Londres como agregado á aquella Embajada. Á su tránsito por París, parece que hizo amistad con algunos de los terroristas franceses. Á esa causa se atribuyó la buena armonía que mantuvo con este partido cuando fué Ministro del Rey.

Después de seis años de guerra, José Bonaparte se vió obligado por fin á salir de España con una parte de sus empleados y afectos. Urquijo le siguió y fijó su residencia en París, en donde falleció en el año de 1817 á la edad de cuarenta y siete años. Murió víctima del sistema absurdo del Dr. Broussais, que ordenaba el uso de las sanguijuelas en todas las enfermedades sin

_____

(1) *Vida literaria*, pág. 64.

distinción. Urquijo tuvo una indigestión, y un médico español le desangró y le envió al sepulcro. En el cementerio del Este de aquella ciudad, llamado *del Padre Lachaisse*, se ve un magnífico monumento sepulcral en mármol de Carrara, en el cual están depositadas sus cenizas: fué costeado por una señora francesa afecta al ex-Ministro. Llorente cargó este monumento de inscripciones y alabanzas hiperbólicas en honor del finado, por encargo especial, sin duda ninguna, de la misma persona, á cuyos sentimientos hizo el sacrificio de las reglas del buen gusto.

Con el enojo del primer Cónsul contra Urquijo por la resistencia que el Ministro le opuso sobre el mantenimiento de la escuadra española en Brest, coincidió otra causa quizá más poderosa y que indispuso vivamente al Rey Carlos IV contra él. Referiremos con alguna detención lo ocurrido entonces, porque es interesante para la historia de este reinado.

El espíritu de hostilidad que Urquijo manifestó contra la Corte papal en las pretensiones que entabló con ella, y sobre todo el Decreto Real expedido al fallecimiento de Pío VI, por el cual se mandó á los Obispos dispensar en los impedimentos de matrimonio durante el tiempo en que la Sede pontificia estuviese vacante; su empeño en restablecer los derechos primitivos del Episcopado, indispusieron vivamente los ánimos de los romanos contra él. Mientras que la Santa Sede estuvo vacante, no fué posible á la Curia oponer resistencia seria al Ministro español ni á los que andaban en torno de él. Pero la elección del Papa Pío VII dió ánimo á los defensores de las prerrogativas pontificias. El nuevo Pontífice no tardó en hacer ver la entereza noble de su carácter: sin pérdida de tiempo reclamó el cumplimiento de los convenios con la Corona de España.

En Madrid reinaba opinión contraria á la del Ministro. Eran tachadas públicamente sus pretensiones de
inoportunas, y no tardó en alarmarse la piedad y devoción del Rey por la Santa Sede, á vista de las invectivas continuas de Urquijo.

Apenas se supo en Madrid la elección de Pío VII, que
fué grata á Carlos IV, un Decreto Real declaró restablecidas las antiguas relaciones con la Santa Sede. En
él se decía que se tratase con Su Santidad de los grandes
objetos que pedían las circunstancias para afianzar la
buena armonía entre las dos Cortes. Urquijo no había
salido todavia del Ministerio; tenía siempre amor á las
reformas eclesiásticas; daba oídos á los consejos y designios del Canónigo Espiga, su amigo, cuyo rigorismo
en materias de gobierno eclesiástico no perdía nunca
de vista la confirmación antigua de los Obispos. Mas el
nuevo Pontífice comenzó por captarse la voluntad del
Rey Carlos IV, y le hizo concesión de un noveno extraordinario de toda especie y propiedad de frutos decimales por su Bula de 3 de Octubre de 1800; acto de
generosa condescendencia, de que el Rey quedó agradecido en gran manera. El Pontífice se mostro, por su
parte, sumamente afecluoso hacia S. M.; y teniendo
por cierto que las circunstancias eran propicias para
lograr el pleno restablecimiento de las antiguas relaciones de sus predecesores con la Corona de España,
le hizo presente que era muy de lamentar el espíritu
de innovación con que algunos de sus Consejeros parecían abusar del amor que profesaba á sus súbditos,
y que era muy doloroso que aquéllos esparciesen, ó de-
jasen gratuitamente esparcirse, doctrinas depresivas
de la Silla romana; recordaba las persecuciones terribles que la Iglesia acababa de padecer, y la obligación
en que estaban los Soberanos católicos de reparar los

males causados por sus enemigos. Después de sentidas quejas sobre el proceder de algunos Obispos, Su Santidad terminaba por pedir al Rey que apartase de su lado aquellos hombres que, engreídos por una falsa ciencia, pretendían hacer andar á la piadosa España por los caminos de perdición, donde nunca había entrado en los siglos de la Iglesia, y que cerrase sus oídos á los que, so color de defender las regalías de la Corona, no aspiraban sino á fomentar el espíritu de resistencia, primero al blando Juez de la Iglesia, y después á la autoridad de los Gobiernos temporales. Aunque estas expresiones indicasen ya claramente al Rey que debía separar á su Ministro, es probable que el Nuncio lo habría pedido formalmente de palabra.

Urquijo no tenía en el ánimo del Rey apoyo ninguno que pudiese preservarle de tan recio ataque. El Soberano era piadoso y no podía resolverse á vivir reñido con el Padre común de los fieles. ¿Qué medios había, pués, de aquietar á Pío VII y de restablecer las antiguas relaciones? El primero era alejar de la Corte y de los negocios al Ministro, que era protector de los contrarios á la Curia. Carlos IV abrazó al punto esta determinación. Además, para afianzar mejor la amistad de la Santa Sede se juzgó necesario darla una prueba indudable de sumisión y obediencia; y sobre esto el Príncipe de la Paz, que tomó abiertamente parte en la dirección de los negocios públicos, luego que Urquijo salió del Ministerio, cuenta el modo con que él dió cima á la tan deseada reconciliación con el Santo Padre. Habiéndole encargado S. M. que le quitase el grave peso que tenía sobre sí, y que compusiese el asunto al modo que mejor le pareciese, fuése á ver al Nuncio de Su Santidad. «Yo acepté, dice el Príncipe de la Paz, esta comisión con gran contento mío, por la esperan-

za que me daba de evitar males y de salvar á muchas
personas estimables. En verdad, estaba el Nuncio, no
solamente querelloso, sino envalentonado con la ocasión que veía en sus manos de oprimir á sus enemigos
ó á los que juzgaba tales. Tenía una loma de papeles
de conclusiones escolásticas, de consultas en derecho,
de investigaciones atrevidas, de críticas acaloradas de
la Curia Romana, y lo que era más, de sarcasmos pér-
sonales contra él mismo, y aun algunas caricaturas.
Yo le dejé que se desfogase, y sin contradecirle le pregunté si en su sabiduría y cristiana mansedumbre no
encontraría medio de ver el fin de las disputas y de satisfacer al Papa sino los rigores y los ruidos.—Si pudiera encontrarle yo, le adoptaría, me respondió; pero
¿dónde está ese medio?—Y bien, le dije yo: ese medio yo le he encontrado.—¿Y cuál es? me preguntó
con interés y con muestras de un buen ánimo no cerrado para la paz.—La recepción, le contesté, en estos
reinos de la Bula *Auctorem fidei:* darla paso en el Consejo y dirigirla á la adhesión de los Obispos; salvar,
dije, señor Nuncio, las regalías de la Corona y nuestra legislación canónica sobre todos los puntos en que
estaban concordados con la Silla Romana ó hay costumbre legítima.—El sol de la mañana después de
una tormenta no le causa más alegría al navegante
como la que ví brillar en los ojos del Nuncio.—La
Bula *Auctorem fidei*, seguí yo todavía, recibida en España en los términos que he dicho, será un testimonio relevante de la paz de nuestra Iglesia con la Santa
Sede, muy más bien que retractaciones y castigos sobre tal naturaleza de opiniones que en bien ó en mal
dependen del sentido bueno ó malo con que las profesa cada uno.—¿Y se podrá esperar, replicó el Nuncio,
que no habrá protestaciones ni escritos en contrario?

—Yo he estado en el Gobierno algunos años, respondí; conozco bien á esos Prelados, que una cáfila de enemigos suyos ha llamado *jansenistas:* yo respondo de todos ellos, y respondo de la España entera si se adoptan mis consejos.—El Nuncio me apretó la mano, me abrazó muchas veces, me afirmó que una tan félíz idea para llegar al fin propuesto por un medio tan sencillo no se le había ocurrido; díjome que Dios me había inspirado; que sería un dia de gozo para el Papa aquél en que tuviese la nueva de tan piadoso arbitrio de conciliación; que iba á escribir á Roma, y que, en su modo de pensar, era un negocio terminado. Todo fué hecho en paz y con gran satisfacción del Pontífice Romano.»

Concédese el «plácito regio» á la Bula «Auctorem fidei.»—El Consejo de Castilla, el Colegio de Abogados de Madrid y una Junta compuesta de canonistas y teólogos opinan que no se debe dar paso á la Bula.

Concédese, pues, el *plácito regio* á la Bula *Auctorem fidei*, después de haberlo negado el Rey por espacio de nueve años. Había sido expedida por el Papa Pío VI en 28 de Agosto de 1794, y tenía por objeto principal condenar las Actas del Concilio de Pistoya, Sínodo Diocesano, en que el Obispo Scipion Ricci se propuso obtener la aprobación de sus doctrinas. El Concilio fué de muy corta duración, puesto que dió principio á sus sesiones en 18 de Septiembre de 1786 y las cerró en 24 del mismo mes, cuando la Bula llegó á España; el examen de ella fué sometido al Consejo de Castilla, y este sabio Cuerpo, que se señaló siempre en defender la autoridad Real contra las agresiones de la autori-

dad eclesiástica, opinó que no se diese el pase á la Bula.
Del mismo dictamen fueron el Colegio de Abogados de
Madrid y una Junta compuesta de canonistas y teólogos. Era sabido en España que la Bula había tenido
contradictores entre los católicos desde el momento
mismo de su publicación. El célebre Profesor de Bru-
selas, José Le Plat, dió á luz en 1796 sus *Cartas de un
teólogo canonista á nuestro Santo Padre el Papa
Pío VI.* No se ignoraba tampoco que en el mismo año
el sabio Obispo de Noli, Fr. Benito Sola, la denunció al
Senado de Génova, y que separadamente escribió una
Memoria, exponiendo los motivos de su oposición á
admitir la Bula, lo cual dió ocasión á una obra en defensa de ésta, que publicó el Cardenal Gerdil, y á otra
apología, escrita por Salari. Conocíase también el aná-
lisis de la Bula por el doctor genovés Delgola, y varios otros escritos de literatos católicos que se oponían
á las doctrinas contenidas en ella. Aparte de este cú-
mulo de oposiciones contra la Bula, se hizo también
presente al Rey que aquel Breve autorizaba como le-
gales así el de Inocencio XI como el de Alejandro VIII,
en que reprobando la declaración del clero de Francia
de 1682 sobre la potestad eclesiástica, se intentó ca-
nonizar los falsos principios de la autoridad temporal
de los Papas sobre todos los Príncipes, hasta para des-
tronarlos, y absolver á sus súbditos del juramento de
fidelidad. Cediendo á tan poderosas consideraciones,
el Rey se había resistido con firmeza á que se diese
paso á la Bula. Mas ganada la voluntad del Valido,
Carlos IV cedió y mandó que la Bula se circulase, como
queda dicho.

Pío VII llama al Príncipe de la Paz «columna de la fe.»

Agradeció el Papa el celo que el Príncipe de la Paz había mostrado en defensa de la causa pontificia, y le expidió un Breve alabando su proceder y exaltando sus cristianos sentimientos. En él le llamaba *columna de la fe;* Breve que borró, como era natural, la impresión que pudieron haber dejado los que algunos llamaban escándalos, como también las notas que le puso el *libro verde* de la Inquisición (1).

El Príncipe de la Paz, no tan solamente logró que se diese el plácito regio á la Bula, sino que se calificase también el mérito intrínseco de ella. En el Decreto Real expedido en el Real Sitio de San Lorenzo á 10 de Diciembre de 1800, se encargó á los Obispos que no permitiesen defender pública ni privadamente opiniones contrarias á la condenación fulminada por la Bula *Auctorem fidei;* que fuese puntualmente obedecida, y se procediese contra los infractores, imponiéndoles las penas convenientes, sin exceptuar el extrañamiento. Quedaban sujetos á las mismas penas aquellos Obispos y Prelados que, contra toda apariencia y contra la esperanza de S. M., se hiciesen reos de afectada inacción ó de cubierta inobediencia á las órdenes sobre este punto; que la Inquisición prohibiese y recogiese todo libro ú obra impresa que contuviese proposiciones en que fuese defendida la doctrina que prohibía la Bula, y que procediese contra los que osasen contravenir á sus disposiciones, sin distinción de estados ni clases. Las Universidades no permitirían

(1) Villanueva, *Vida literaria*, tomo I, pág. 6.

sostener proposiciones que propendiesen á inspirar duda acerca de las condenadas en la Bula. El Rey concluía diciendo que procedería contra los inobedientes *con todo el poder que Dios le había dado.*

El triunfo de los partidarios de la Curia Romana no podía ser más completo. Sostenida tan ardientemente su causa, nada tenían que temer de la mala voluntad ni de los esfuerzos de sus enemigos en España.

D. José Antonio Caballero es nombrado Ministro de Gracia y Justicia.

Ocurrió también otro suceso que fué muy favorable para afianzar más la buena armonía del Gobierno español con la Corte papal. Después de la salida del Ministro Urquijo, que ocasionó una reacción en las ideas sobre disciplina eclesiástica, entró en la Secretaría del despacho de Gracia y Justicia D. José Antonio Caballero, hombre activo y de manejo, que se hizo lugar en la Corte. Dotado de agudeza para adelantar sus intereses, conoció que el celo activo por el servicio del Rey y por el mantenimiento de las antiguas leyes del reino, no podía menos de granjearle el aprecio del Soberano. Aunque quizá no alcanzase á conocer ni distinguir lo que podía haber de verdadero ó falso, de útil ó perjudicial en las reformas políticas, de que los espíritus comenzaban á ocuparse en España, su tendencia era oponerse en general á todas ellas. El Rey, satisfecho del celo y actividad de su Ministro, admirado también de su prodigiosa actividad para desconcertar las maquinaciones y enredos de los que él tenía por enemigos de la Religión y de la Monarquía, llegó á persuadirse de que era necesario reprimir toda tentativa de los que directa ó indirectamente trabajasen contra estas sagradas instituciones. Caballero, viéndose bien acogido en la Corte, redobló de celo y actividad, y cada día se mostró más contrario á toda idea de reforma. Este espíritu dominante en el Palacio del Rey por influjo del Ministro fué grato al Papa Pío VII. De ahí nació amistad más íntima entre el Rey y la Cabeza de la Iglesia y deseo de mantener mancomunidad entre ambas potestades, temporal y espiritual, para resistir á sus enemigos comunes. En otro lugar se hablará de las bajezas y amaños de Caballero, y del uso que la Reina María Luisa hacía de los servicios y complacencias de este personaje.

Mazarredo es separado del mando de la escuadra de Brest y enviado de cuartel á Bilbao.

Tras la caída de Urquijo, vino la separación de Mazarredo del mando de la escuadra de Brest. Habíase opuesto constantemente á los designios de Bonaparte sobre las fuerzas navales combinadas. Cansado, pues, el Cónsul de oir las reflexiones de este marino, contrarias á sus miras, envió al Almirante Lemarrois á Madrid para que tratase directamente de los asuntos marítimos, y pidió que Mazarredo cesase en la misión que tenía en París y en el mando de la escuadra de Brest. El Príncipe de la Paz condescendió en ello al punto. Dióse orden á Mazarredo en 18 de Febrero de 1801 para que volviese á encargarse de su departamento de Cádiz. D. Federico Gravina quedó mandando la escuadra. Se hablará más adelante del desastre horroroso que sufrieron las dos escuadras, española y francesa, en el año de 1805 en Trafalgar. Quizá si Mazarredo hubiera continuado en el mando de la escuadra española, se hubiera evitado esta desgracia, pues su experiencia en el mar y su tesón hubieran retraído al Almirante Villeneuve de la inconsiderada salida de las armadas del puerto de Cádiz. Mazarredo, no siendo del agrado de Napoleón, perdió también al fin el favor de la Corte. Habiendo presentado á Carlos IV un pequeño escrito sobre la organización de la marina y sobre el uso que debía hacerse de ella, el Príncipe de la Paz, que quería adular á Bonaparte, le obligó á hacer dimisión del mando del departamento de Cádiz y á pedir permiso para trasladarse á Bilbao, cuya pretensión le fué otorgada.

Noticia sobre Mazarredo.

Mazarredo fué, sin duda ninguna, el General de marina español que más se distinguió por sus servicios en el último tercio del siglo anterior. Los que hizo fueron muchos é importantes. En el año de 1775 era primer Ayudante del Mayor general de la escuadra enviada contra Argel. Los planes para la navegación y ancladero, fueron obra suya. Cuando llegó el caso de reembarcar el ejército, él fué quien dió las más acertadas disposiciones para verificarle. En 1.º de Noviembre de 1780, siendo Mayor general de la escuadra, salvó de grandes descalabros, y probablemente de muchos naufragios, á dos escuadras de 66 navíos y del correspondiente número de fragatas: la una, española, de 28 navíos, y la otra, francesa, de 38, con más 13 buques mercantes de esta bandera, emprendiendo con todo conocimiento lo que ni en el navío

Santísima Trinidad ni en los demás buques nadie se atrevió á hacer, es á saber: dirigir con cerrazón y temporal y sin vista de tierra las escuadras y el convoy á Cádiz, de donde habían partido la tarde antecedente.

En 31 de Agosto de 1781 era Mayor general de la armada combinada del mando de D. Luis de Córdova, compuesta de 49 navíos, 30 españoles y 19 franceses, con algunas fragatas, y la salvó de una pérdida inevitable en las Sorlingas, pues se marchaba sin orden regular y con la dispersión propia de la situación á la capa con tiempo recio de S.SO.: Mazarredo puso la señal de negación hecha dos veces al anochecer por el Conde de Guichen, Comandante General de la escuadra francesa, de riesgo en la derrota, añadiendo que todos la repitiesen, lo cual quería decir que se debía virar; lo exigía con tal violencia, que llamaba con cañonazos la atención á sus señales segundas, en manifestación de tener por errónea la que se había hecho por parte de Mazarredo de negación. «Fué necesaria *toda mi firmeza*, dice Mazarredo en la *Representación al señor Rey D. Carlos IV*, para negar también esta segunda vez, estando cierto de que era precisamente lo contrario, esto es, que virando hubiera sido infalible la pérdida de las dos marinas, si continuaba el mismo tiempo aquella noche y no habia riesgo en la bordada, como se acreditó, confesándonos después el Conde de Guichen lo primero.»

El 10 de Febrero de 1782, siendo también Mayor general de la escuadra española, de 36 navíos de línea y varias fragatas con otros buques menores, arribando á Cádiz, la salvó de una entera ó casi entera pérdida sobre sus costas, no solamente por el mérito de las maniobras de la noche anterior para la arribada de aquel día, sino por el de la previsión de quince anteriores de no hacerla en el momento del riesgo, que hubiera sido insuperable de otra manera.

Por último, en las noches del 3 y 5 de Julio de 1797 preservó á Cádiz de ser reducida á escombros por el bloqueo de los ingleses, ó de tener que redimirse con alguna gruesísima contribución. En la citada *Representación á Carlos IV*, Mazarredo confiesa que en la resistencia á los ataques del enemigo en aquellas noches, la gloria fué común con él á todos sus subalternos, pues que todos hicieron lo que debían hacer; «pero ¿á qué se debió, dice, el operar así? A mi previsión, á mi *catalejo*, que siempre ha sido el instrumento de mi celo en los cargos del servicio de V. M. y de la causa pública (1).»

O'ro mérito del General Mazarredo, el más señalado quizá, fué contener al Directorio y á Bonaparte para que no abusasen de la permanencia de la armada española en el puerto de Brest.

Dejamos aparte una multitud de providencias y órdenes expedidas por Mazarredo para el buen gobierno de la marina.

Queda ya referida la entereza con que defendió sus opiniones en París contra los designios marítimos del primer Cónsul. Hemos dicho también que llamó allí la atención pública por la pureza de sus costumbres y por sus nobles procederes. Ouvrard cuenta en sus *Memorias* el hecho siguiente como muy honroso para el General español. Después de haber hecho ganancias enormes en el abastecimiento de la escuadra española de Brest, al mando del General Mazarredo, quiso el

_____

(1) Los que quieran ver expuestas detenidamente estas operaciones, pueden leer la dicha *Representación á Carlos IV*. Esta impresa en Madrid en 1810.

proveedor francés, según la costumbre de su profesión y el uso recibido en aquel tiempo en Francia, mostrarse reconocido al Jefe con quien había acordado las contratas para la provisión de la escuadra. Al intento mandó construir un hermoso coche, con vajilla de plata dentro para el servicio, con un reloj magnifico y con otras muchas prendas de valor. Cuando Mazarredo se halló en su casa con un regalo de esta especie, creyó mancillada su honra, pues entre los que hasta el reinado de Carlos IV habían tenido grandes mandos en España, apenas se hallaría quien hubiese admitido regalos ni entrado en cohechos con los proveedores. Mas no queriendo, por otra parte, desairar al que le hacía aquel obsequio, le expuso las razones que no le permitían aceptar tal ofrenda; y en prueba de que no por eso dejaba de estimar su atención, hizo sacar del coche los objetos de valor que habia dentro de él, devolviéndoselos, y se quedó con el coche vacío ya de sus preciosidades.

Desde que hizo dimisión del mando del departamento de Cádiz, vivió retirado en Bilbao. Vino el año de 1808, y con él la caida del Príncipe de la Paz y las abdicaciones de la Familia Real en Bayona. Mazarredo, persuadido, como otros buenos españoles, de la imposibilidad de resistir al poder de Napoleón con feliz éxito, reconoció á su hermano José por Rey de España, quien le nombró Ministro de Marina. Todos saben la rectitud y honradez con que se condujo en el desempeño de sus cargos; pero lo que es ciertamente menos conocido es el hecho siguiente, que manifiesta su sinceridad y franqueza. Llegó Napoleón á Vitoria con su ejército de Alemania en el mes de Noviembre de 1808, después de haberse abocado en Erfurt con el Emperador de Rusia y convenido con él en que Alejandro I reconocería las mudanzas hechas en España. José se hallaba también en Vitoria con sus Ministros, después de haber abandonado á Madrid por consecuencia de la batalla de Bailén. Al día siguiente del arribo del Emperador Napoleón, todos los Ministros de José y demás sujetos distinguidos de su Corte le fueron presentados; la concurrencia de Mariscales del Imperio, Generales y Oficiales superiores franceses á la Corte del Emperador, fué también aquel día muy numerosa. Napoleón habló con particular aprecio á Mazarredo, y le preguntó delante de toda su Corte cuál era su parecer sobre las Indias: si creía que se mantendrían obedientes á la madre patria. *Señor*, respondió Mazarredo, *tanto España como América se someterán con tal que los Generales de V. M. se conduzcan bien* (1). Napoleón, á quien tan singular respuesta hubiera podido disgustar, no pareció incomodarse por ella, y se contentó con decir: *Es de esperar que lo hagan así.* Hablando después José á uno de sus Ministros de la franqueza inconsiderada de Mazarredo, decía que no conocía en Europa ninguna persona de quien el Emperador hubiera sufrido una salida semejante á la suya. Tal era el concepto de honradez y buena fe en que era tenido Mazarredo, y tan grande y tal también el respetuoso homenaje que se profesaba á sus virtudes.

Para alimentar su piedad, había buscado y adquirido en la lectura de los libros sagrados gran copia de sentencias y versículos de que hacía uso frecuente hasta en las conversaciones familiares. En uno de los

---

(1) El General quería hacer alusión á los vejámenes y atropellamientos ocurridos en algunos pueblos á la entrada de las tropas francesas.

discursos que pronunció en Galicia, adonde fué enviado por José como Comisario regio, á fin de traer á aquellos habitantes á la obediencia, fué tal la multitud de textos de la Escritura y de los Santos Padres de que se valió para exhortarles á la sumisión, que pocos eclesiásticos de aquella provincia se hallarían-quizá en estado de ostentar tan varia y sagrada erudición.

Nada diremos de los últimos años de su vida. Creyó, como otros muchos, que debía ceder á una necesidad inevitable, y no se negó á colocarse en un puesto donde pudiese contribuir á aliviar los males de su patria. Los sentimientos de amor á ella y á sus conciudadanos, y el sagrado afecto de la caridad cristiana que dominaron siempre en el corozón de Mazarredo, tuvieron grande ocasión de manifestarse en los infortunios que afligieron á nuestra nación durante la guerra de la Independencia. Empleó constantemente su influjo y los medios que le proporcionaba su situación, en disminuir los males de su patria. En el Señorío de Vizcaya hubo un levantamiento contra el Gobierno intruso en el año de 1808. Sofocado aquel movimiento, los vencedores pidieron víctimas, y Mazarredo las salvó. El Corregidor de Vizcaya, D. N. Yermo; el Diputado D. Francisco de Borja Corcuera, y el Mariscal de Campo D. José Benito Zarauz, estaban ya designados para el suplicio. Otras muchas personas hubieran perecido en esta proscripción si se hubieran seguido los trámites de la legislación militar. Mazarredo cortó por sí y ante sí, con una firmeza invencible, aquellos procedimientos que hubieran sido funestísimos á muchas familias, y el ascendiente de su virtud mitigó el rigor que los franceses creian necesario para su seguridad.

En Galicia manifestó los mismos sentimientos con

igual buen éxito. Un gran número de personas se hallaban en las cárceles de la Coruña, y temblaban ser víctimas del rigor del Mariscal Ney. Mazarredo les volvió la libertad y las sustrajo á la ira de aquel guerrero. Ni se limitaba su beneficencia á salvar á los infelices de la inhumanidad de los enemigos; procuraba al mismo tiempo por todos los medios posibles aliviar á los que perecían por falta de socorros. que tenían derecho de exigir del Gobierno, fuese legítimo ó intruso. El departamento de Marina del Ferrol no debe olvidar los esfuerzos que hizo para socorrerle en su extrema necesidad, como lo hubiera efectuado á no haber acelerado Ney su retirada de Galicia. Aún deben conservar la memoria de su beneficencia dos pueblos de las cercanías de la Mota de Toro, cuyas contribuciones pagó de su bolsillo, y otras muchas personas y corporaciones que libertó de los vejámenes propios de una invasión. Los odios que produce la divergencia de opiniones, no tuvieron poder sobre aquella grande alma; su deber era hacer bien á sus conciudadanos, y no omitió medio ni recurso alguno para ponerse en estado de cumplir con él. Murió en Madrid en 29 de Julio de 1812, á los sesenta y siete años de su edad.

Doña Juana Mazarredo y Moyua, hija del General, ha dejado un soneto á la memoria de su padre. El motivo de la composición honra su amor filial. Convencido del gran mérito del autor de sus días y de los servicios eminentes que hizo á su patria, veía con dolor que no hubiese un monumento público en su honor, ni testimonio alguno que recomendase su gloriosa carrera.

Un día oyó leer el soneto que Moratín compuso á la memoria del célebre comediante Máiquez; y senti-

da de que un actor hubiese tenido tal muestra de aprecio y no hubiese sido concedida al ilustre marino, dió
libre carrera á su imaginación, y compuso el soneto
que sigue:

> Quien holló siempre el adorado encanto
> Del oro seductor, Marte en la guerra,
> Naval Numa en la paz (1); quien de Inglaterra
> Bajo auspicios mejores fuera espanto (2);
> Quien á Cádiz libró de eterno llanto
> Y veraz nuncio al poderoso aterra (3),
> ¿Mayor tributo no obtendrá en la tierra
> Que el débil homenaje de mi canto?
> ¿Habréis, Musas de Iberia, enmudecido?
> ¿Verá ingrata la Patria en su desdoro
> Hundirse un claro nombre en el olvido?
> Vuestros acentos en favor imploro
> Del héroe en quien Bazán (4) ha renacido:
> Cantad al Mazarredo que yo lloro.

Bonaparte pide á Carlos IV que ponga á sus órdenes la armada española.

Después de la separación del Teniente General Mazarredo del mando de la escuadra española, Bonaparte, cada vez más firme en su pensamiento de molestar
y enflaquecer á la Gran Bretaña, solicitó del Gobierno
de Madrid que la armada española obrase de acuerdo

---

(1) Compuso las Ordenanzas de la marina española.

(2) Fué el marino de más crédito en su época en España y muy
considerado en las Cortes extranjeras.

(3) Alude al Príncipe de la Paz y á la Reina María Luisa, que, aun
queriéndole mal, le respetaban.

(4) El Marqués de Santa Cruz, uno de los más distinguidos Generales de mar entre los españoles.

con la francesa y en unión con ella, obedeciendo á las
órdenes que pluguiese al primer Cónsul comunicar al
Jefe encargado de mandarla. Íbale en la unión íntima
de las fuerzas navales de España y Francia, decía, el
logro de todos sus designios contra Inglaterra. Ocupado estaba con incesante afán en buscar medios para
conseguir este objeto, cuando le llegó la noticia de
haberse concluído por fin la tan deseada paz con el
Emperador de Alemania.

El Austria desea la paz.—Tratado de Luneville.

Al cabo de largas negociaciones, el Emperador
Francisco, perdida ya la esperanza de atraer al Emperador de Rusia de nuevo á la alianza, no tuvo por
conveniente empeñarse en guerra contra la República francesa. El deseo de no separarse del Gabinete
británico, sin cuya anuencia estaba obligado por Tratados solemnes á no ajustar paz con Francia, le determinó para no comprometerse con el primer Cónsul;
pero los ingleses mismos conocieron por fin que en
aquella situación de Europa no había por qué exponer á su aliado á que perdiese sus dominios, y hubieron de dar su consentimiento para que entrase en negociaciones. El Tratado entre el Emperador y la República quedó firmado en Luneville el 9 de Febrero
de 1801, por el Conde de Cobentzel, á nombre del Emperador, y por José Bonaparte, hermano del primer
Cónsul, en el de Francia. Por este convenio, el Austria salió garante de la independencia de las Repúblicas Bátava, Helvética, Cisalpina y Liguriana; la Cisalpina, habiéndose extendido hasta el Adige, el Emperador tuvo que sacrificar una parte de su territorio

para este engrandecimiento. La cláusula del Tratado que había ocasionado hasta allí mayores debates, es á saber, la cesión de la orilla izquierda del Rhin á la Francia en nombre del Imperio, salvo hacer resarcimientos cuando se verificaran las secularizaciones de los Principados de Alemania, quedó entonces admitida y sentada, por más que el Emperador careciese de legítima facultad para hacerla. En fin, el Emperador cedió la Toscana; y para indemnizar al Gran Duque por esta pérdida, se señaló el Ducado de Salzburgo, al cual estaría aneja la dignidad electoral.

Tratado entre S. M. Siciliana y la República francesa.

La situación del Rey de Nápoles era también muy crítica. No pudiendo contar ya S. M. Siciliana con el auxilio del Emperador de Alemania, pensó en entenderse con el primer Cónsul. El Tratado fué concluído y firmado en Florencia el 28 de Marzo por el ciudadano Alguier, en nombre del pueblo francés, y por el señor Antonio de Micheroux, en el de S. M. Siciliana. Por el art. 3.º se estipulaba que todos los puertos de los reinos de Nápoles y Sicilia se cerrarían á los buques de guerra y de comercio turcos é ingleses hasta la paz definitiva entre la Inglaterra y las Potencias del Norte de Europa, y en especial entre Rusia é Inglaterra; y que, por el contrario, los mencionados puertos estarían abiertos á todos los buques de guerra ó de comercio, así de S. M. Imperial de Rusia y de los Estados comprendidos en la neutralidad marítima del Norte, como de la República francesa y sus aliados. Si el Rey de las Dos Sicilias se hallase expuesto á los ataques de turcos é ingleses, la Francia enviaría para su defensa un cuerpo auxiliar de tropas, igual en número al que enviase S. M. Imperial de Rusia con el mismo objeto. El Rey de Nápoles cedía á la Francia Porto Longone, en la isla de Elba, con cuanto pudiese pertenecerle en ésta; los presidios de Toscana, y el Principado de Piombino; el Gobierno francés podría disponer de estos territorios y cederlos, como fuese su voluntad.

Creación del reino de Toscana para el Infante-Duque de Parma. —Azara es de nuevo nombrado Embajador en París.

Asegurada de este modo la paz en Italia, era llegado el caso de contentar los deseos del Rey Carlos IV sobre el establecimiento de sus hijos en Toscana. Este ducado, con algunos de los territorios cedidos en el último Tratado, formaba la nueva soberanía en que debía establecerse el señor Infante–Duque de Parma, quedando así cumplido por parte de la Francia el Tratado con el Rey sobre la cesión de la Luisiana. Satisfacción muy verdadera causó á la Corte de Madrid el cumplimiento de los deseos que había manifestado de mejorar la suerte de aquel Príncipe. Mas pasado el primer contento, se echó de ver que el Infante-Duque de Parma, al entrar en la posesión de la Toscana, habría de renunciar á los Estados que poseía, siendo la intención de Bonaparte no conservárselos; circunstancia de suyo embarazosa, porque era de creer que el Infante no consintiese en separarse de sus vasallos, habiendo mostrado ya en ocasiones anteriores viva repugnancia á romper los vínculos que le unían con ellos. Por tanto, por parte de España se dieron algunos pasos con Bonaparte, á fin de que conservase al

Duque de Parma sus Estados; pero muy luego se tuvo
certeza de que su resolución acerca de esto era irrevocable. Mientras que se trataba este asunto con el
Gabinete de las Tullerías, se sintió en Madrid la necesidad de tener un buen negociador en París. A Don
José Nicolás de Azara, que vivía retirado en Barbu-
ñales, pueblo de su naturaleza, en el reino de Aragón,
le llegó un expreso despachado por el Príncipe de la
Paz, diciéndole que se presentase inmediatamente en
Madrid, pues el Rey quería que volviese á la Embajada de Francia. Hízolo así Azara, y al cabo de pocos
días de estancia en la Corte, salió para su destino.
Convenía sobremanera este nombramiento para mantener la buena armonía entre ambos Gobiernos y facilitar la ejecución de sus mutuos designios, por ha-
liarse Azara bien quisto con el primer Cónsul desde las
campañas de éste en Italia, y por gozar también de la
estimación del Ministro Talleyrand y de otros personajes entre los franceses y los demás extranjeros, á
lo cual se agregaba su práctica de negocios y su capacidad conocida.

Azara tuvo, con efecto, en París la acogida más cariñosa del primer Cónsul. En la primera conversación
con él en la *Malmaison*, el Embajador entró ya francamente á tratar de los asuntos de Parma é hizo presente á Bonaparte que el Infante no renunciaría á sus
Estados, y que, por tanto, el Rey querría que le fuese
dado conservárselos, fijando de una vez las incerti-
dumbres que habia en este asunto. «No hay incertidumbre ninguna, respondió Bonaparte; los Reyes, sus
amos de usted, deben saber cuanto hay en él. El Duque
de Parma renunciará á aquella soberanía, y su hijo
será Rey de la Toscana, con lo que quedará cumplido
el Tratado que yo he hecho con España. El nuevo So-

berano vendrá aquí, á París: sé que es Príncipe muy instruido y amable. *Yo le coronaré Rey de Toscana y le daré una Constitución para gobernar aquel Estado.*»

Enemistad de Bonaparte con la Infanta-Duquesa de Parma.

El primer Cónsul se había propuesto quedar en libertad de disponer de los Estados de Parma para redondear los planes ulteriores que tenía sobre Italia; y como si le fuese necesario buscar pretextos para colorear ó encubrir sus designios políticos, achacó su resolución al descontento que le ocasionaba el proceder de la Infanta, á la cual acusó de haber traído males al ejército francés, haciéndose centro de todos los enredos austriacos en Italia y de haber urdido y apadrinado el levantamiento de Fontanalcona, que había costado la vida á tantos millares de franceses. Añadió que antes de salir de Italia había hablado de ello al señor Infante, declarándole que los procederes de su mujer merecían que los franceses le echaran de su Estado y le confiscaran; pero que los respetos que profesaba á unos parientes como el Rey y la Reina de España, tan amigos de la República francesa, le impedían tomar este partido; que no convenía á la Francia que una austriaca tan *fanática* conservase influjo en Italia, cuando la política exigía que se echase fuera de ella á todos los agentes austriacos, y que con esta mira se había concluído el Tratado de Luneville y quedaba el Archiduque Fernando desposeído de la Toscana. Azara, que creía dispuesto al Cónsul Bonaparte á tratar de algún temperamento á pesar de su enojo, le propuso que el Infante padre quedase Duque de Parma durante su vida, añadiéndole el título de

Rey de Toscana, y que ésta podría ser gobernada por su hijo como su Teniente, y si aún se quería así, con entera independencia de sus padres; pero que convendría añadirle el pequeño Estado de Luca, á lo cual contestó Bonaparte diciendo que tenía empeño contraído sobre aquel Estado.

En los mismos términos de prevención y mal querer contra la Infanta-Duquesa se explicó el primer Cónsul con el Encargado de Negocios de Parma en París, Bolla. «La Duquesa, le dijo, equivale á una guarnición enemiga por su odio á la Francia, pues la inclinación del Infante á la vida retirada le deja en plena libertad en sus acciones.» No hace á nuestro propósito manifestar lo infundado de las quejas y temores de Bonaparte. Diremos tan solamente de paso que la Duquesa no tenía influjo ninguno en los negocios; que el Infante—Duque y ella vivían separados á distancia de diez y ocho millas el uno de la otra; que se pasaban meses sin verse, y que jamás había permitido el Infante que sus hijas estuviesen con la madre. Por lo que hace al Infante, celoso de su autoridad, no permitía que nadie gobernase sino él. Además era uno de los Príncipes más instruídos de Europa, que á un fondo de religión sin hipocresía, unía una bondad y nobleza de ánimo que le hicieron el ídolo de sus vasallos. Las prevenciones de Bonaparte eran, pues, infundadas, si ya no fué que quisiese valerse de este pretexto para sus fines.

Al principio causó cierto descontento en Madrid el saber que en el Tratado de Luneville no se hubiese reconocido formalmente el título de Rey del nuevo Soberano de la Toscana, como estaba convenido entre España y Francia; pero Bonaparte reiteró las seguridades de que sería reconocido ciertamente por to-

·das las Potencias continentales, y que al efecto esperaba la llegada á París del Embajador ruso Kalicheff.
En este asunto todo dependía de la voluntad del primer Cónsul. Por tanto, el Rey Carlos IV consintió por
fin en que el Príncipe heredero de Parma fuese puesto en posesión de la Toscana, convencido de que Bonaparte quería que así fuese, y no menos cierto de que
el Infante-Duque de Parma no se separaría nunca de
sus vasallos. La única pretensión del Rey acerca de
esto fué que el Infante-Duque conservase los Estados
de Parma durante su vida; solicitud que Bonaparte no
concedía ni negaba por entonces. Algún tiempo después accedió á los deseos del Rey Carlos IV.

Por lo que hace á la fuerza armada que hubiese de
mantener el orden de los Estados del nuevo reino,
Bonaparte dijo á Azara que el Rey de Toscana debía
tener una guardia de honor española, compuesta de
cien hombres á caballo y cien á pie, *bien habillée et
bien galonnée*, la cual se podría enviar, ó por mar,
ó atravesando la Francia; pero que él desearía que
fuese esto último, porque quería festejar á los españoles á su paso por el territorio de la República. En
cuanto á la fuerza armada que se necesitaba para la
defensa de Liorna y Portoferrago y para la policía y
seguridad del país, España vería si tenía fuerzas que
enviar, ó si el nuevo Principe podría levantarlas por
sí; y siendo difíciles ambos medios, ofreció dar la legión polaca, ó si se creyese más conveniente una media brigada de franceses mandados por un General
prudente y moderado y con Oficiales de buenas máximas que no inquietasen al país ni al Soberano.

Convenio de Aranjuez, firmado por el Príncipe de la Paz y Luciano Bonaparte.

Aunque la elevación del Príncipe de Parma á la dignidad de Rey de Toscana hubiera contentado al Rey y á la Reina de España, que veían coronada á su hija, no dejaron de observar que por el Tratado de Madrid quedó convenida la creación de un nuevo Estado en Italia para el Infante-Duque de Parma, ó bien la agregación de otros Estados al que ya poseía este Príncipe, en tal manera que en uno ú otro caso la nueva Monarquía hubiese de tener de un millón á un millón doscientas mil almas; y por cálculos que parecían fundados, la población de la Toscana no pasaba de ochocientos mil individuos. Hízose, pues, presente al Gabinete de las Tullerías tan considerable desfalco, y nuestra Corte pidió con instancia la ejecución de lo tratado. Al principio la eludieron los franceses, diciendo que la Toscana tenía más de ochocientas mil almas y que su población podía evaluarse sin temor de exageración en un millón; mas se cortó de una vez la disputa por el convenio concluído en Aranjuez, firmado por el Príncipe de la Paz y Luciano Bonaparte, sobre el cambio de la parte de la isla de Elba, que el Rey de Toscana cedía á la Francia. En él se disponía que el Principado de Piombino fuese agregado á la Toscana. El feudo de Piombino pertenecía, no á la Casa Real de Nápoles, como se dijo equivocadamente en el convenio, sino á la casa de Boncompagni, la cual estaba en posesión de él desde tiempos antiguos, en que el Emperador cedió este feudo especial á los Reyes de España, con facultad de su transmisión. La familia Boncompagni había sido por este motivo dependiente de la Corona de España y gozado de la grandeza de primera clase.

Aunque este Principado fuese parte integrante de los llamados *Presidios*, no los comprendía todos. La capital de ellos es Orbitello, plaza que desde los tiempos más remotos se ha tenido por la más fuerte de Italia, parecida á la de Gibraltar, rodeada además de lagunas que hacen mortífera su vecindad. San Esteban y Porto Ercole son de poca importancia militar, pero no dejan de ofrecer otras ventajas. Si otro Soberano, pues, que no fuese el Rey de Toscana hubiese de poseer aquel país, la existencia del nuevo Monarca sería mal segura, porque en tiempo de guerra el enemigo podría situarse en el corazón de sus Estados, y durante la paz era fácil dañar al comercio. Por tanto, el Rey pidió al primer Cónsul una declaración, en la cual se dijese que los *Presidios* cedidos á la Toscana comprendían dichas plazas. Era tanto más plausible esta agregación, cuanto que aquel país había pertenecido á España por espacio de cuatro siglos, es á saber, desde que los aragoneses conquistaron el reino de Nápoles. España había tenido siempre una guarnición allí, hasta que hacia mediados del siglo XVIII, no teniendo ya en Italia los mismos intereses directos que tuvo en otro tiempo, permitió al Rey de Nápoles, que era un Infante de España, que pusiese guarnición napolitana. Bonaparte prometió redondamente que los *Presidios* quedarían reconocidos como parte integrante del Principado de Piombino.

Bonaparte quiere que los nuevos Reyes de Toscana pasen por París al ir á tomar posesión de su Corona.

Arreglados así los principales puntos tocantes al reino de Toscana, se hubo de pensar en que el Príncipe heredero de Parma, que estaba en Madrid, pasase á tomar posesión de aquel Estado, en compañia de la Infanta su esposa. Carlos IV hubiera deseado que hiciesen el viaje por mar, yendo desde Barcelona á Liorna; pero Bonaparte quiso que los nuevos Reyes pasasen por París. Desde que se publicó el Tratado de Luneville, el primer Cónsul estuvo siempre afanoso porque se cumpliese su voluntad. Lo pedía *militarmente* y con la mayor premura, poniendo en ello grande empeño. ¿Quería, por ventura, hacer ver á los franceses y á todos los potentados de Europa que, lejos de tener nada que temer de la familia de los Borbones, se bajaba ésta hasta mendigar su protección? ¿Ó se proponía preparar los ánimos de los franceses para que aprobasen la dominación monárquica que él meditaba ya, mostrándose á ellos, no solamente como creador de un Rey, sino también como su padrino y director, cuidadoso de instruirle en el arte de gobernar su reino? ¿Fué su intención hacer ver que el partido republicano era débil, y obligarle á que fuese testigo de los festejos con que el representante é hijo predilecto de la Revolución francesa recibía en la capital á un Príncipe de la antigua dinastía, elevado á la dignidad Real? En fin, ¿quiso tranquilizar á los Reyes de Europa haciéndoles ver que la anarquía había cesado en Francia y que la intención de Bonaparte era reconstruir el edificio social sobre fundamentos esta-

bles? Es probable que algunas de estas miras deter-
minasen su resolución. Á no ser así, no habría puesto
tanto esmero ni tan cariñosa solicitud en obsequiar á
los nuevos Reyes, pues él mismo fué el que previó y
arregló los pormenores del viaje, y sobre todo de la
estancia en París. Por uno de sus propios deudos no
hubiera tenido ciertamente mayores atenciones ni
cuidados más afectuosos.

Bonaparte pide por esposa á la Infanta Doña Isabel, hija del Rey de España.

No todos saben que por aquel tiempo (1801) Bonaparte pensaba ya en enlazarse con las testas coronadas, creyendo al parecer que tales relaciones de parentesco pudiesen servir para asegurarle en el primer
puesto que ocupaba en Francia. Lo más singular es
que entre las familias reinantes diese la preferencia á
la de Borbón, y que no le detuviesen ni las recientes
desgracias que esta familia acababa de padecer, ni el
odio declarado de las facciones contra ella. ¿Á qué in-
consecuencias y contradicciones no está sujeto el espiritu humano? Aquel mismo que dos años después
hizo morir injustamente al Duque de Enghien en los
fosos de la fortaleza de Vincennes, tan sólo por dar á
los partidarios de la revolución pasada una prenda de
sangre que les asegurase de su divorcio eterno con la
familia de Borbón y con los principios de su gohier-
no; aquél que escandalizó y horrorizó el mundo por
desmentir toda transacción ó acuerdo con la antigua
dinastía, trataba ahora de enlazarse con ella. En el
tiempo de que hablamos (1801), resuelto ya á hacer
pronunciar el acto de divorcio con Josefina Beauhar-

nais, pidió por esposa á la Infanta Doña María Isabel, hija del Rey Carlos IV, la cual fué después Reina de Nápoles. Luciano Bonaparte tuvo encargo de explicarse sobre este particular con el Príncipe de la Paz, y se explicó con él, en efecto; pero ya fuese que el Gabinete de Madrid fijase la vista en el mal efecto que este enlace produciría en España y en todas las otras Potencias, ó ya fuese que Bonaparte exhalase todavía olor subido de revolucionario y no pareciese digno de unirse con la hija del Soberano que regía una monarquia antigua y poderosa, el Ministro eludió la propuesta con buenas razones. Para prevenir nueva tentativa de parte del Cónsul al mismo intento, propuestas por Luciano se concertaron al punto las bodas de la Infanta con el primer heredero de las Dos Sicilias. La historia podrá quizá señalar algún día la causa del *borbonismo* inesperado del nuevo Cónsul. Por lo que hace al presente no nos es conocida. Cuanto á los Reyes de Toscana, la ternura y cuidado que Bonaporte mostró por ellos fueron verdaderamente singulares.

Acogida hecha por Bonaparte á los Reyes de Toscana.

«Me ha dicho el Cónsul, escribía Azara al Gobierno de Madrid, que lo que convenía á los dos Gabinetes, para que la Europa se persuadiese de la estrecha unión que nos anima, era que viesen la confianza y unión que había entre él y el Rey de Toscana; que en esta virtud, luego que S. M. se apease, le condujese á la *Malmaison*, enviando antes un Gentilhombre al General Lannes, Comandante de la Guardia consular, haciéndole saber su llegada y deseos de ver al primer Cónsul; que dicho General respondería que podía ir á la *Malmaison* siempre que gustase y á cualquiera hora del día y de la noche; que hecha esta visita, convenía que al día siguiente visitase á los otros dos Cónsules (que le recibirían) y dejase un billete de visita á todos los Ministros, porque así lo había practicado el Emperador José II cuando estuvo en París, cuyo ceremonial convenía seguir; que aquel día se reposasen Sus Majestades y al día siguiente diese yo una comida, convidando á ella á los Cónsules y á los Ministros, á la familia de Bonaparte y á los miembros principales del Cuerpo diplomático. Entró sobre esto en tales pormenores, que me dictó la lista del convite y hasta señaló los asientos que habían de ocupar los convidados.

»Tratamos de si vendría él ó no á la comida, y resolvió que no; pero que, sin embargo de eso, para cumplir con el público le convidase yo, yendo en persona á la *Malmaison*, y que convidase igualmente á su mujer. Así lo hice, y marido y mujer me respondieron en presencia de los Generales con sumo agrado, excusándose con su permanencia en el campo y con las ocupaciones del Gobierno.

»Estando así dispuesto, me llamó ayer á toda prisa para decirme que había reflexionado que íbamos á hacer una cosa muy impropia, porque juntando en mi convite á los Cónsules y Ministros de la República, parecería ser dado al Gobierno, y que sería mejor dividir los asistentes, convidando el primer día al segundo Cónsul, Cambaceres, con la mitad de los Ministros y Cuerpo diplomático, y dos dias después al Cónsul Lebrun con lo restante del Ministerio. Así está dispuesto.

»Tratamos además de la visita que debía de hacer el Cónsul á SS. MM., en que insistí con eficacia que me pareció conveniente á la clase y dignidad de las personas. Le hallé acerca de esto lleno de dudas y dificultades, que me hubieran sorprendido si no estuviera persuadido interiormente de los temores que agitan su ánimo cada vez que ha de poner los pies en París. La cuestión, siendo, pues, tan delicada, quedó medio indecisa; pero convino en que el día 15 después de la parada vendría á visitar á SS. MM.

»Encargóme mucho que llevase al Rey á la *Malmaison* cuantas veces fuese posible y á cualquiera hora, pero siempre en tono de confianza y llaneza, y que si fuese hora de comer le rogaría que se quedase allí sin ceremonia; por lo cual me arriesgué yo á proponerle que él podía hacer lo mismo, viniendo algún día á coger de improviso á SS. MM. á la hora de ponerse á la mesa, y que para eso bastaría que él y yo nos entendiésemos secretamente, haciendo creer al público que la cosa había sido de repente. Gustóle mucho la especie y me la aplaudió; pero con las dudas que siempre tiene en la cabeza sobre esta materia, dejó también la cosa indecisa para que la volviésemos á tratar más adelante.

»Me dictó asimismo la conducta que era menester observar en los teatros, diciéndome que en Burdeos había habido algún desorden (fueron aplausos y gritos de *viva el Rey),* y que aquí pudiera nacer algún inconveniente grave, y que para prevenirle juzgaba necesario que en los dos grandes teatros de la Opera y de la *República* (hoy *Teatro Francés)* fuesen los Reyes las dos primeras veces á su palco, en el cual se hallaría el Cónsul Cambaceres con solas SS. MM., mi persona y la del Gentilhombre de Cámara, porque así los aplausos podría suponerse que iban dirigidos á los representantes de la República; que las demás noches irían también á sus palcos, pero que se echa-

rían las celosías; que en los demás teatros menores
podrían los Reyes asistir del modo que más les aco-
modase. No obstante tantas precauciones, no respondo
yo de que no haya algún desorden.

»Me había el Cónsul propuesto enviar á mi casa
una guardia de honor á pie y á caballo, explicándome
cómo la había de colocar y en qué manera se habían
de construir los cuarteles de madera para ella. Todo
estaba ya hecho conforme á su plan y por su arqui-
tecto mismo, cuando ayer me manifestó que la guardia á caballo tendida en la calle con espada en mano,
del mismo modo que los que hacen la guardia á los
Cónsules, daría en ojos á los parisienses y pudiera
causar algún alboroto, por lo que creía prudente suprimir la guardia á caballo y dejar la de á pie.

»Estando las cosas así dispuestas, llegaron SS. MM.
anoche, y como era tan tarde, no fué posible ir á la
Malmaison; pero lo hice saber al Cónsul, y que esta
mañana iríamos á verle (26 de Mayo). Así se ha hecho.
El recibimiento ha sido muy cordial y decente. El Rey
y el General han estado solos más de media hora, y
S. M. dará naturalmente cuenta á sus padres de la conversación que han tenido. Por mi parte, he procurado
instruir antes al Rey del genio y carácter del hombre.

»Mañana daré yo mi primera comida, aunque en
esto también ha querido Bonaparte hacer novedad en
los convidados. Pasado mañana irán los Reyes conmigo á la *Malmaison* como para visitar á Madama
Bonaparte simplemente, y ésta les rogará que se queden á comer como por casualidad y sin que sepan el
concierto más que los Reyes y yo. Conozco mejor que
nadie la singularidad de estas visitas y pasos; pero las
creo consecuencia necesaria de la venida de los Reyes
de Toscana á París, y aun los gradúo única causa del

viaje. Las medidas tomadas son tantas y tales, que la venida de los Reyes no ha ocasionado en París el menor desorden.»

Fueron después sucediéndose las funciones y festejos á los Reyes, según lo disponía el primer Cónsul. En la fiesta que les dió el Ministro Talleyrand, hubo una iluminación que representaba el palacio Pitti en Florencia; alusión de buen gusto, en cuyo género han sobresalido siempre los franceses. Cuando el objeto de Bonaparte en el viaje de los Reyes toscanos en París estuvo al parecer conseguido, se pusieron en marcha para sus Estados. Conviene observar que aunque la acogida que se les hizo en París fuese como Soberanos, el Príncipe heredero de Parma viajó con el título de *Conde de Liorna*, conforme al uso que siguen en esto los Reyes.

El retrato que el primer Cónsul hizo del Rey de Etruria no es halagueño por cierto. «Es un triste Rey, decía; no es posible formarse idea de su indolencia. Mientras que ha permanecido aquí, no he podido conseguir que diese atención á sus negocios ni que tomase una pluma. No piensa sino en diversiones, en el teatro, en el baile. El buen Azara, que es hombre de mérito, hace cuanto puede; pero pierde el tiempo. El Príncipe le trata con altivez. Todos estos Príncipes se asemejan. Éste se imagina que ha nacido verdaderamente para reinar. Trata mal á los que le sirven: ya había esto dicho el General Leclerc en Burdeos, que era *falso y avariento*. Viniendo ayer á comer aquí, tuvo un insulto de mal de corazón. Estaba sumamente descolorido cuando entró; le pregunté qué tenía, y me respondió mal de estómago. Por los de su servidumbre se supo que padecía con frecuencia dicho accidente. En fin, va á ponerse en camino, sin tener siquiera idea de lo que va á hacer. Por lo demás, es un hombre vano y adocenado. Le he hecho varias preguntas y no ha podido responder á ellas. Su mujer tiene juicio y finura. Los de su servidumbre la quieren. Algunas veces, aparentando estar ocupado en otra cosa, observo y escucho al marido y á la mujer. Ella le dice ó le indica con los ojos lo que ha de hacer. Como quiera que sea, no deja de ser político haber traído á un Príncipe á las antesalas del Gobierno republicano y haber mostrado cómo se hacen los Reyes jóvenes, que no lo sabían. No hay por qué quedar aficionado á las monarquías (1).»

Josefina había celebrado muy de veras la noticia de la próxima llegada del Rey y de la Reina de Toscana á París, porque pertenecían á la casa de Borbón, á cuya familia había profesado desde su niñez veneración y afecto. «Vamos á tener aquí, decía, á un Rey y Borbón. ¿Cómo estaré yo entre tales grandezas? No sé cómo tengo de hacer para representar el papel de mujer del primer Cónsul.» Parece que, no obstante su temor, le representó bien. De contado, el respeto á la estirpe regia no le impidió prepararse á brillar más que la Reina de Etruria en sus trajes y joyas; triunfo que no tuvo dificultad en conseguir.

Lo particular es que la duración y aun el reconocimiento de la soberanía de Etruria, tan festejada en París, no ofrecia todavía entonces completa seguridad.

La Rusia, que se acababa de unir estrechamente con el Gabinete de Berlín, no había reconocido al Rey de Toscana, como tampoco el Rey Federico Guillermo: el reconocimiento mismo del Emperador de Alemania dependía de que el Archiduque Fernando fue-

(1) *Mémoires sur le consulat,* par M. Capefigue.

se puesto en posesión del Ducado de Salzburgo. A lo cual se agregaba que el crecido número de personas afectas á la Casa de Austria en los Estados de Toscana, vería con satisfacción cualquiera incidente que no permitiese á la Casa de Borbón establecerse en ellos. El sostén único de la nueva Monarquía era, pués, la Francia, la cual, aunque estuviese decidida á llevar á cabo lo convenido, volviendo á tomar las armas, si era necesario, no podía saber si la suerte le sería favorable ó adversa en la contienda. No obstante, nuestra Corte vivía con halagueñas esperanzas, y no dudaba de la solidez del Tratado, por lo cual seguía mostrándose agradecida á la política del primer Cónsul. Lejos de sospechar el Rey Carlos IV que pudiese venirse abajo la obra cimentada en el Tratado, ocurría sin cesar á Bonaparte, recordándole sus promesas, sea en cuanto á la suerte del Infante-Duque de Parma, sea sobre la agregación total de los *Presidios* al Principado de Piombino. No parece que gustasen al primer Cónsul estos recuerdos, que miraba como inoportunos. En una de las audiencias públicas que tenía costumbre de dar en aquel tiempo, se acercó al Embajador español, y le dijo con tono áspero é imperioso: *Me estrechan fuertemente de España con mis promesas; pero una cosa es prometer y otra dar.* Apotegma que hubiera hecho bien no tomar por regla de conducta, y que, sobre todo, no habría debido dejar salir de su boca. Tan lejos estaba Bonaparte de hacer sacrificios por el Rey de España, que, por el contrario, aguardaba nuevos favores de este Soberano en recompensa de la creación del reino de Etruria.

«Bien puede España cedernos alguna vena de las minas de Méjico ó del Perú, en pago de lo que hemos hecho por el Rey de Etruria.»

Partida de París de los Reyes de Toscana.

A la partida de los Reyes toscanos de París, la
Reina hizo algunos regalos de buen gusto á Josefina,
mujer del primer Cónsul, á los cuales correspondió
ésta al punto con otros no menos finos y delicados.
La despedida fué muy cordial. Los Reyes salieron de
París en el coche mismo de Bonaparte, y de su orden
fueron acompañados hasta su destino por el General
Grouchy. No hubo dificultad ninguna en el acto de
tomar posesión de los nuevos Estados. Los habitantes
de Toscana se sometieron á lo tratado entre el Emperador y la Francia. Las fuerzas que guarnecían el
país eran francesas, si bien luego que se firmaron los
preliminares de paz entre Inglaterra y el primer Cónsul, propuso éste al Rey de Etruria que formase tropas de sus propios dominios para mantener el orden
y la policía de su reino, como se verificó en efecto;
mas como durase poco tiempo el buen acuerdo de los
franceses con la Gran Bretaña, pasó también veloz-
mente la bonanza de los Estados toscanos y se vieron
ocupados por crecidas fuerzas francesas, situadas allí
por el Cónsul para atender á la defensa del puerto de
Liorna. La Toscana les pagaba y mantenía, por más
que tuviese pocos medios para ocurrir á tan cuantiosos gastos. Clamaba el Rey de Etruria (se le dió este
nombre al cabo de poco tiempo) porque cesase este
gravoso vejamen: ¡vanos clamores! El primer Cónsul
le miraba como uno de sus vasallos y le trataba como
tal; consideración que hubiera debido tenerse presente en Madrid para no solicitar el engrandecimiento

de los Estados de Parma, siendo claro que el Príncipe había de ser siempre vasallo del que por esta razón no hallaba inconveniente en aumentarlos.

El Embajador de Francia, Luciano Bonaparte, pide tres fragatas españolas para socorrer á Liorna, seguidas de tres navíos de línea.

No fué ésta la sola prueba que tuvo Carlos IV de que su política había sido falta de previsión y desacertada. No bien la cesión de Toscana estuvo convenida con el Emperador, cuando el Embajador de Francia en Madrid, Luciano Bonaparte, hizo ya presente que el puerto de Liorna estaba bloqueado por una fragata inglesa, y que perteneciendo al Duque de Parma, y siendo también del interés de las tres naciones y del decoro de España que se desbloquease, quería el primer Cónsul que enviásemos tres fragatas seguidas de tres navíos de línea para verificarlo, y añadió que el Almirante Dumanoir estaba ya en camino para apresurar esta expedición. La pretensión era en verdad extraordinaria. Pedir tres fragatas y tres navíos de línea para desbloquear un puerto delante del cual no se hallaba más que una fragata enemiga, y enviar á un Almirante francés para apresurar la expedición, sin que hubiese de tomar parte en ella, anunciaba intenciones ocultas por una parte y falta de confianza y de respeto por otra. No fué posible aprontar estas fuerzas, porque las cuatro únicas fragatas armadas en el puerto de Cartagena se hallaban entonces en comisión reservada con el objeto de traer á la Península 2.500 hombres de Mallorca. En este departamento hubiera podido armarse un navío de línea; pero eso pedía tiempo. De los navíos de Cádiz no había posibilidad de destacar ninguno al intento, teniendo los ingleses bloqueado aquel puerto y cerrado el paso del estrecho de Gibraltar. El Rey hizo presentes estos obstáculos; pero los franceses insistían siempre en su petición, y hubo disgustos con este motivo.

Es de advertir que esta demanda de fuerzas navales venía en pos de un convenio entre el Príncipe de la Paz y Luciano Bonaparte, por el cual se disponía de todas las escuadras del Rey de España; circunstancia que hacía más difícil la ejecución del armamento. Retirado D. Mariano Luis de Urquijo del Ministerio de Estado, y separado también el Teniente General D. José Mazarredo del mando de la escuadra de Brest, los cuales se habían opuesto, como queda dicho, á que nuestra armada concurriese á los descabellados designios de la Francia, quedó el campo libre al primer Cónsul para emplear como quisiese nuestros navíos. El Príncipe de la Paz, á quien Bonaparte ganó fácilmente el albedrío, se prestó á cuanto el Cónsul había deseado, en vano hasta entonces. Bonaparte envió desde París á su hermano Luciano un plan de campaña naval, ó sea convenio, para que le firmasen él y el Príncipe de la Paz. Hízose como lo ordenaba. El convenio fué el siguiente:

Convenio marítimo.

Convenio entre el primer Cónsul de la República francesa y S. M. Católica.

«El primer Cónsul de la República francesa y S. M. Católica, deseando combinar sus fuerzas marítimas y las de sus aliados de una manera activa contra la Inglaterra, han convenido en los artículos siguientes, por medio del ciudadano Luciano Bonaparte, Embajador de la República francesa, y el Excmo. Señor Príncipe de la Paz, Generalísimo de los ejércitos de S. M., los cuales Plenipotenciarios han sido autorizados especialmente á este efecto:

»Artículo 1.° Cinco navíos españoles que están en Brest se reunirán á cinco navíos franceses y á cinco bátavos, y partirán al instante con ellos para el Brasil y la India. Esta división la mandará un General español.

»Art. 2.° Los otros diez navíos españoles que están en Brest, con diez navíos franceses y diez bátavos, estarán prontos para amenazar á la Irlanda, ó si llega el caso, para obrar según los planes hostiles de las Potencias del Norte contra la Inglaterra. Esta división la mandará un General francés.

»Art. 3.° Cinco navíos del Ferrol y 2.000 hombres de desembarco estarán prontos para partir hacia últimos del *Ventoso* (mediados de Marzo), y el primer Cónsul reunirá á ésta dos escuadras de igual fuerza, la una francesa y la otra bátava. Esta flota partirá para reconquistar primero á la Trinidad, bajo el mando de un General español, y luego á Surinam, bajo el mando de un General francés ó bátavo, conviniendo después entre sí para que los cruceros se hagan oportunamente.

»Art. 4.° El resto de las fuerzas marítimas de S. M. Católica que está hoy día en disposición de hacerse á la vela, se unirá á la escuadra francesa en el Mediterráneo, á fin de combinar sus movimientos, si se puede, con la escuadra rusa, y forzar á los ingleses á tener en el Mediterráneo el mayor número de navíos que sea posible. Se dispondrá sobre el mando de estas fuerzas cuando estén reunidas.

»Art. 5.° Si la falta de pertrechos impide que la escuadra española de Brest entre en campaña, el primer Cónsul se obliga á proveerla de ellos en forma de empréstito.

»Art. 6.° El primer Cónsul formará para últimos del *Ventoso* (mediados de Marzo) cinco ejércitos para apoyar, según lo pidan los sucesos, las fuerzas combinadas. Cuatro de estos ejércitos se reunirán en Brest, en Batavia, en Marsella y en Córcega; el quinto se reunirá sobre las fronteras de España, para servir de segunda línea auxiliar contra Portugal.

»Art. 7.° Las ratificaciones respectivas de la presente convención serán cambiadas en el término de quince días.

»Hecha doble en Aranjuez á veinticuatro pluvioso, año nono de la República francesa (13 de Febrero de 1801).—El Príncipe de la Paz.—Luciano Bonaparte.—Aprouvé et ratifié.—Le Premier Consul Bonaparte.—Par le Premier Consul.—Le Ministre de Relations Exterieures.—Ch. M. Talleyrand.»

Se echa de ver por este documento que el Cónsul, al escribirle, tuvo designios que no realizó después, y que poco entendido, por una parte, en operaciones navales, y llevado, por otra, de su invencible fantasía, trazaba planes ligeramente, sin detenerse á considerar los estorbos que pudiese haber para su ejecución: así lo tenía ya observado anteriormente con razón el General Mazarredo. De todos modos, nuestra marina quedó por semejante convenio á discreción de la Francia, expuesta á todos los riesgos que eran consiguientes á su falsa dirección. Así, pues, Bonaparte, por su complacencia en elevar al Príncipe heredero de Parma, no menos que por sus halagos al Príncipe de la Paz, consiguió disponer á su arbitrio de todas las fuerzas marítimas del Rey de España, sin limitarse á los socorros determinados en el Tratado de alianza de 1796. Merced á la flaqueza de nuestro Gobierno, la prepotencia que la Francia llegó á arrogarse en este punto fué tal, que Luciano Bonaparte no tuvo reparo en decir al Gabinete español, en una de sus notas diplomáticas, que la dirección de la guerra marítima de los aliados contra Inglaterra tocaba al primer Cónsul, en lo cual no se sabe qué deba admirarse más: si la osadía del Embajador, ó el apocamiento de nuestro Gabinete que lo toleraba.

Apuros de España.

Se alcanza fácilmente cuán grandes serían las angustias y tribulaciones de la Corte. Repetíanse á cada instante las exigencias de la Francia sobre los armamentos marítimos, y el Erario se hallaba exhausto é imposibilitado de atender á los cuantiosos gastos que necesitaban. El Comandante del departamento ·del

Ferrol, á quien se comunicaron órdenes para la habi-
litación de algunos buques, dijo en respuesta que se
estaba debiendo á los marinos y empleados el prest de
diez y ocho meses. En tal situación, no era posible encontrar quien se prestase gustoso al servicio. La guerra impedía la llegada de los caudales de América.
Eran éstos en verdad de mucha menor consideración
de lo que se creía generalmente, y no bastaban para el
dispendioso coste de nuestros armamentos; pero al menos hubieran podido cubrir las atenciones más urgentes. El comercio padecía también muy gravemente.
Por manera que el Gobierno se veía reducido á los cortos productos de su mal entendido sistema en la Hacienda del continente, sin resultar ningún otro medio
de hacer frente á sus urgentísimas necesidades. El
mantenimiento solo de la escuadra española en Brest,
costaba ya no poco trabajo y solicitud, por el punto de
honra de que no viesen los extraños nuestra pobreza. ¿Cómo era posible, pues, acudir á los desembolsos
que se necesitaban para las continuas instancias de
Bonaparte sobre armamentos? Por tanto, el Gobierno
se veia en los mayores conflictos. «Esa Potencia (la
Francia), decía el Ministro Ceballos á D. José Nicolás·
de Azara en carta de Aranjuez de 12 de Mayo, lejos
de reconocer debidamente los favores que ha merecido á España en los tiempos en que más los ha ne-
cesitado, saca partido de nuestra debilidad, elevando
demasiadamente sus pretensiones, á medida que nosotros nos mostramos más propensos á favorecerles, con
atropellamiento de tratados, arreglos, pactos y toda
suerte de combinaciones.» ¡Lamentable suerte, que
aguijó á España sin interrupción después de la mal-
hadada alianza con la República francesa!.
Además de los tres navíos de línea y tres fragatas

que pidiesen los franceses para desbloquear al puerto de Liorna, como dejamos dicho, solicitaron que estuviesen prontas cuatro fragatas en Barcelona á disposición del primer Cónsul para una expedición secreta. Al mismo tiempo instaban vivamente al Príncipe de la Paz para que hiciese salir del Ferrol cinco navíos de linea con dirección á Cádiz y para los fines partículares que ellos tenían, porque en cuanto al *convenio marítimo* por el mismo hecho quedaba del todo abandonada su ejecución, puesto que la división naval del Ferrol, con igual número de buques de guerra franceses, estaba destinada por el convenio á la reconquista de la isla de la Trinidad, para lo cual había prevenidas tropas de tierra. Bonaparte mostraba tener ya otros designios. Además reclamaba la entrega Inmediata de los seis navíos de linea que el Rey se obligó á darle por el Tratado de San Ildefonso de 1.º de Octubre de 1800, tomándolos entre los que hubiese en Cádiz. En fin, el Cónsul pedía que España armase y tripulase cuantos buques tuviese y que se hallasen prontos para cooperar á sus designios. Todo esto era aparte del uso que le conviniese hacer de la escuadra española de Brest. En una palabra, Bonaparte se proponía disponer de nuestros departamentos marítimos de Cádiz, el Ferrol y Cartagena, como de los de Brest y Tolón, y al intento envió á España al Almirante Dumanoir para que los reconociese y examinase con el mayor cuidado. Tal dependencia de la Francia causaba vivo dolor aun á aquel mismo que inconsideradamente había tomado la alianza por base de su política. El Príncipe de la Paz gemía en vano, agobiado con tan grave peso.

Y si por lo menos el primer Cónsul de Francia hubiese mostrado confianza al Gobierno de Madrid y le hubiese dado parte de sus proyectos marítimos; si el Rey de España hubiera sabido que entre ellos se hallaba la reconquista de Mahón ó de la isla de la Trinidad, de que eran dueños los ingleses, le habrían sido más llevaderos los continuos sacrificios. Pero Bonaparte disponía de las fuerzas de su aliado, sin concertarse con él sobre el uso que hubiese de hacer y sin pensar tampoco en el recobro de las posesiones españolas. Todo el afán del primer Cónsul era socorrer al ejército francés de Egipto, que se veía cada vez más hostigado, así por los cruceros ingleses que bloqueaban aquellas costas, como por el ejército otomano que aumentaba su fuerza, al paso que los franceses disminuían las suyas. Al considerar que se iba á malograr aquella expedición, que fué su obra predilecta, no había género ninguno de sacrificios que no estuviese dispuesto á hacer para impedirlo. Mas su actividad prodigiosa, sus planes, sus preparativos, todo venía á estrellarse contra el riesgo á que era menester exponerse. Si las escuadras que habían de entrar en el Mediterráneo llegaban á tener un encuentro desgraciado con los ingleses, no solamente quedaba el ejército francés de Egipto en la misma estrechez y precisado siempre á rendirse, sino que la Gran Bretaña cobraría por necesidad mayor ascendiente y poderío de los que ya tenía. Entre ese temor y el vivo deseo de conservar á Egipto, estaba vacilante sin cesar el General Bonaparte. Además, los ingleses tremolaban ya su bandera en Malta, cuya isla hubiera ofrecido un punto de descanso y de abrigo á cualquiera expedición francesa destinada á Alejandría. Y lo que, sobre todo, enfrenaba la osadía de Bonaparte en este punto, era la fuerza de las escuadras inglesas que cruzaban delante de Brest y de Cádiz. Para empeñar combates con ellas con probabilidad de buen éxito, se habían menester muchas combinaciones y un concurso de circunstancias felices. Así, pues, lo único que parecía menos peligroso era la salida de alguna división compuesta de pocos navíos, que sin llamar la atención del enemigo, pudiese arribar á la costa de Egipto. Por desgracia ni aun esto pudo verificarse, pues el Almirante· Genthanne, que partiendo de Brest con siete navíos de línea y 5.000 hombres de desembarco se aventuró á surcar el Mediterráneo con dirección á la costa de Egipto, fué descubierto por los ingleses y vivamente perseguido por ellos; apenas tuvo tiempo para hacer entrar en Alejandría una parte de las tropas que conducía, y de refugiarse á Tolón con sus navíos con suma precipitación. El año, pues, se pasó en hacer preparativos y crecidos gastos, sin obtener ventajas y sin llegar á conseguir ningún resultado.

Hallándose las escuadras de Brest en completa inacción, quiso Bonaparte que D. Federico Gravina, Comandante de la nuestra, fuese á París para conferenciar con él sobre sus planes marítimos, esperando hallar más manejable á este Jefe que al General Mazarredo. Gravina llegó á aquella capital, en la que así el primer Cónsul como las demás personas que tenían parte en el Gobierno, le recibieron con agasajo y distinción; pero la situación de las cosas era tal, que todo siguió en el estado que tenía anteriormente. Fué de satisfacción para Bonaparte conocer á Gravina, que era hombre de mundo y menos inflexible, en efecto, que Mazarredo. Pero Gravina observó que no era posible acometer empresa ninguna importante con las escuadras de Brest, hasta que el equinoccio de otoño no hubiese obligado á los buques enemigos á alejarse de la costa.

Combate de Algeciras.

El único combate naval que hubo algunos meses
antes fué el de Algeciras entre los ingleses y franceses, al cual se siguió otro pocos días después entre ingleses y españoles. Tres navíos de línea franceses y
una fragata al mando del Contralmirante Linois, se
hallaban anclados delante de Algeciras, lugar de refugio en el cual no podían caer en manos del enemigo.
El 6 de Junio salen de repente de Gibraltar seis navíos para alcanzarlos. El Almirante Saninarez, que los
mandaba, creyó que los buques franceses, aunque
protegidos por la batería de la costa, estaban á bastante distancia de ella para que él pudiese emprender
la acción con esperanza de incendiarlos ó rendirlos.
Engañóse en ello, y su error acarreó el malogro de
su acometida. Dieron principio á la pelea tres navíos
ingleses, á los cuales siguieron después los otros tres:
el principal conato del Almirante britano fué contra
el navío almirante francés el *Formidable*, que recibió
á dos navíos enemigos muy inmediatos con un fuego
vivísimo, sostenido por la batería de tierra, llamada
de *Santiago*, la cual fué servida con mucha inteligencia y bizarría, á pesar del fuego que le hacía uno de
dichos navíos. El combate duró desde las nueve de la
mañana hasta las dos de la tarde, en cuya hora se retiraron los ingleses bien escarmentados de su arrojo,
pues tuvieron que sacar á remolque de catorce botes y
dos cañoneras á uno de los navíos que atacaba al *Formidable*. Además, perdieron otro navío de 74 cañones,
el *Aníbal*, que tocó en tierra, desarbolado el mastele-

ro, y hubo de arriar bandera. Ambas escuadras tuvieron crecido número de muertos y heridos. En la francesa ascendió á 800. Las fuerzas inglesas eran de un navío de 84 cañones, cinco de 74 y varios buques menores (1).

Pérdida de varios de los buques de la armada española enviados de Cádiz para defensa de la escuadra francesa.

Pocos días después de haberse retirado los ingleses de la bahía de Gibraltar para reponerse de su descalabro, se les proporcionó ocasión de repararle por una ventaja señalada que alcanzaron sobre nuestros buques. Fueron desde Cádiz á Algeciras algunos navíos españoles con el objeto de defender á los franceses ó de escoltarlos hasta Cádiz. El 9 de Julio, al rayar el día, la armada española levó anclas para acompañar á los buques del General Linois, y el Almirante inglés forzó de vela, deseoso de tomarles la delantera; pero en la tarde, Linois volvió á anclar en la bahía de Algeciras, y el Comandante inglés regresó á Gibraltar. Al día siguiente, al mediodía, Linois se dejó ver con dos navíos de tres puentes y otros siete de línea, tres fragatas, un lugre y algunas barcas cañoneras. Á la una, el *César*, con bandera inglesa, salió del muelle de Gibraltar, en donde le habian provisto de pólvora, balas y municiones, é hizo señales para correr tras la

---

(1) En algunas relaciones francesas sobre este combate, escritas con parcialidad, se niega, ó se rebaja cuando menos sin razón, el mérito de la asistencia y protección de las baterías de la costa; pero es muy cierto que sin los fuegos acertados de ellas, el Contralmirante Linois no habría podido resistir á los vigorosos y reiterados ataques de la escuadra inglesa.

escuadra franco-española. Al cabo de algunas horas, la armada inglesa había alcanzado ya á la combinada. El Comandante inglés Keats se acercó al *San Carlos*, navío español de tres puentes, y abrió contra él un fuego tan terrible, que algunas de sus balas iban hasta el *San Hermenegildo*, otro navío español que era el segundo de la línea. Esto ocasionó confusión en ambos navíos, y al fin se hicieron fuego entre ellos mismos por algún tiempo. En el *Real Carlos* se prendió fuego. Keats acometió después al *San Antonio*, de 74 cañones, que era el más inmediato, y este navío se rindió al cabo de una pelea de treinta minutos. Hubo también la mala ventura de que el *Rey Carlos* diese contra el *San Hermenegildo* y que saltasen ambos con un ruido horroroso: de 2.000 hombres que componían sus tripulaciones, apenas pudieron salvarse 300. El combate y la voladura de los navíos españoles fueron de noche.

Aunque, por lo que dejamos dicho, pueda ya formarse concepto cabal del imperio y prepotencia con que Bonaparte trataba al Gabinete español, hay todavía otra prueba más manifiesta de su ascendiente sobre él, es á saber, la resolución que logró de Carlos IV de hacer la guerra á Portugal. Continuas y muy vivas instancias se habían hecho hasta entonces al Rey por los precedentes Gobiernos de Francia para que forzase á la Corte de Lisboa á separarse de la alianza inglesa; pero cuantas gestiones hicieron al intento, ya la *Junta de Salud pública*, ya el Directorio, no habían bastado á superar la repugnancia de Carlos IV, á quien le parecía odioso declarar guerra á sus propios hijos. Cada vez que la Francia amenazaba con una invasión en Portugal, el Rey de España buscaba solícito los medios de alejar la tempestad que venía sobre ellos, mediando con su aliado á fin de suspender la agresión; entre tanto, que el Rey interpusiese la autoridad de sus consejos para traer á la razón á los portugueses.

Asustaba á Carlos IV la entrada de un ejército auxiliar francés en España, cuyo contacto con el pueblo le parecía peligroso por los principios subversivos que no dejaría de comunicarle.

Tratado para la invasión en Portugal.

Esta política del Gabinete de Madrid fué muy errónea. Carlos IV obró por los sentimientos que tenía hacia su familia, y por ellos hubiera merecido el título de buen padre; mas no podía pretender en ninguna manera el de Soberano prudente é ilustrado sobre sus intereses. Puesto que se veía obligado á hacer tantos y tan costosos sacrificios por su alianza con la República francesa, hubiera sido conveniente aprovecharse de la buena ocasión que se le venía, por decirlo así, á la mano para resarcirse de sus pérdidas y contratiempos, prefiriendo los intereses de su pueblo á los afectos de familia. Sin necesidad de tropas auxiliares francesas y sin exponer á sus pueblos al contagio de las ideas revolucionarias, con sólo el ejército español hubiera podido hacerse dueño de Portugal, ó cuando menos de algunas de las provincias de aquel reino, habiendo guardado así medios de compensación por las islas que nos habían tomado los ingleses. Por desgracia del reino, el amor de padre impuso silencio á las obligaciones de Rey.

Bonaparte logró por fin superar la poderosa resistencia que el cariño paternal de Carlos IV había opuesto por tan largo tiempo. Desde entonces los afec-

tos de familia perdieron, al parecer, en el ánimo de
este Príncipe toda su fuerza anterior ó gran parte de
ella. Ya fuese por la necesidad de tener contento al
primer Cónsul, interesándole más y más en defender
y consolidar el nuevo reino de Etruria, ya fuese porque la tendencia monárquica de las palabras y acciones del Jefe de la Francia atenuase ó desvaneciese el
temor ocasionado por los precedentes Gobiernos revolucionarios, ó ya fuese quizá también porque el Príncipe de la Paz, que era árbitro verdadero del reino,
quisiese conciliarse el afecto y la protección de Bonaparte, el Gabinete de Madrid se prestó á los designios de la Francia y quedó resuelta la guerra contra
Portugal. El Tratado siguiente fué concluído en Madrid, á 29 de Enero de 1801, entre D. Pedro Cevallos,
Ministro de Estado, y Luciano Bonaparte, Embajador
de la República francesa.

«Artículo 1.º   S. M. Católica expondrá por última
vez sus intenciones pacíficas á la Reina Fidelísima y
le fijará el término de quince días para que se determine. Pasado este término, si S. M. Fidelísima se
niega á hacer la paz con Francia, se tendrá la guerra
por declarada.

»Art. 2.º   En el caso que S. M. Fidelísima quiera
hacer paces con Francia, se obligará: 1.º, á separarse
totalmente de la alianza de Inglaterra; 2.º, á abrir todos sus puertos á los navíos franceses y españoles, pro-
hibiendo que entren en ellos los de la Gran Bretaña;
3.º, á entregar á S. M. Católica una ó más provincias,
correspondientes á la cuarta parte de la población de
sus Estados de Europa, como prenda de la restitución
de la isla de la Trinidad, Malta y Mahón, ó á resarcir
los daños y perjuicios sufridos por los vasallos de Su
Majestad Católica, y á fijar los límites de los términos

que proponga el Plenipotenciario de esta Potencia al tiempo de las negociaciones.

»Art. 3.º Si la paz no se realizase, el primer Cónsul auxiliará á S. M. Católica con 15.000 hombres de infantería, con sus trenes de campaña correspondientes y un Cuerpo facultativo para servicio de éstos, bien armados, equipados y mantenidos completamente por la Francia, la cual deberá reemplazarlos lo más pronto que sea posible según lo exijan los acontecimientos.

»Art. 4.º Como el enunciado número de franceses no sea el mismo que se halle estipulado en el Tratado de alianza, el primer Cónsul le aumentará hasta el que determina dicho Tratado, si así lo pidiese la necesidad. S. M., no creyendo necesario por ahora el número de tropas que está estipulado, se limita provisionalmente al socorro que queda dicho, sin derogar por esto el Tratado, haciéndose cargo de las dificultades que la guerra contra el Emperador no podrá menos de favorecer á la Francia.

»Art. 5.º Hecha que sea la conquista de Portugal, S. M. Católica quedará obligada á ejecutar el Tratado que la Francia propone al presente á la Reina Fidelísima; y para que sea cumplido en todas sus partes, el primer Cónsul se prestará, ó á diferir su ejecución por dos años, y si este término no bastase, á que S. M. Católica perciba de la parte de *aquel reino que haya de ser reunida como provincia á sus Estados,* las sumas convenidas, las cuales S. M. Católica podrá quizá suplir con las que saque de otras provincias, ó á tratar amistosamente acerca del modo de ejecutar las expresadas condiciones.

»Art. 6.º Si la conquista no abrazase todo el reino y sí sólo una parte suficiente para resarcir los perjui-

cios, en tal caso S. M. Católica no pagará nada á la
Francia, ni ésta podrá reclamar el pago de los gastos
de la campaña, puesto que está obligada á mantener
sus tropas en concepto de Potencia auxiliar y aliada.

»Art. 7.º Este socorro será considerado del mismo
modo si, después de haberse principiado las hostilidades, S. M. Fidelísima viniere á hacer la paz; y en este
caso, el primer Cónsul verá cómo ha de reintegrar á
S. M. los gastos de la guerra por otro medio ó en otros
países, siendo cierto que esta guerra no podrá menos
de tener influjo inmediato en las negociaciones en general, y acrecentará al mismo tiempo las fuerzas de
la Francia.

»Art. 8.º Las tropas francesas obrarán desde su entrada en España conforme á los planes del General español (1), Comandante en Jefe de todos los ejércitos,
sin que los Generales franceses alteren sus ideas. Su
Majestad espera, conociendo la sabiduría y experiencia del primer Cónsul, que dará el mando de dichas
tropas á sujetos que sepan acomodarse á los usos de
los pueblos por donde pasen, hacerse amar y contribuir así al mantenimiento de la paz; pero si ocurriese
algún disgusto (lo que Dios no quiera) ocasionado por
uno ó por muchos individuos del ejército francés, el
Comandante francés les hará regresar á Francia, al
punto que el General español le haya declarado ser
conveniente, sin discusión ni contestación que se deben tener por ociosas, puesto que el buen acuerdo es
la base del bienestar que se anhela por ambas partes.

»Art. 9.º Si S. M. Católica creyese no tener necesidad del auxilio de las tropas francesas, ya sea que
las hostilidades hayan comenzado ó que deban ser

(1) El Príncipe de la Paz.

terminadas por la conquista ó por la conclusión de la paz, en tal caso el primer Cónsul conviene en que las tropas vuelvan á Francia sin aguardar sus órdenes, luego que S. M. Católica lo juzgue conveniente y advierta de ello á los Generales.

»Art. 10. La guerra de que se trata, siendo de tan grande interés y de muy más grande todavía para Francia que para España, puesto que ha de traer la paz de la primera y que la balanza política se inclinará de su lado, no se aguardará al término que fija el Tratado de alianza para enviar las tropas, sino que se pondrán en marcha, pues el término señalado á Portugal es solamente de quince días.

»Art. 11. Las ratificaciones de este Tratado se verificarán en el término de un mes, contado desde la firma.

Madrid 29 de Enero de 1801.—*Pedro Cevallos.*— *Luciano Bonaparte.*

Declaración de Bonaparte al ratificar el Tratado.

Al ratificar este Tratado, Bonaparte explicó de nuevo su pensamiento acerca de Portugal. «El blanco de las dos Potencias, dijo, debe ser asegurarse de equivalente á lo que ha adquirido la marina inglesa en esta guerra. Por consiguiente, el primer Cónsul cree que las fuerzas combinadas de España y Francia deben ser empleadas en obligar á Portugal á dejar en posesión del Rey de España, hasta que llegue el tiempo de hacer paces con Inglaterra, una parte del reino de Portugal como prenda de la restitución de Mahón y de la isla de la Trinidad á España, y de la isla de Malta, para que se disponga de ella en la paz general conforme á lo tratado ya anteriormente sobre este asunto.

»Desea el primer Cónsul que se tengan presentes los intereses de la España en el Tratado que haya de hacerse con Portugal. Para no pasar por el Tratado concluído y no ratificado entre Portugal y la República en el año quinto, se ha de considerar el proceder que ha tenido la Corte de Lisboa desde aquella época; la constante cooperación de su marina con la inglesa en los cruceros y expediciones de la Inglaterra á las costas de España, y, finalmente, su constancia en no querer ni hacer proposiciones de paz á la Francia, ni admitir la mediación del Rey de España.

»En esta virtud, el primer Cónsul, accediendo á lo pedido por S. M. Católica, aprueba las disposiciones contenidas en los precedentes artículos, y da orden para que 20.000 hombres se pongan al punto en marcha hacia Bayona y Burdeos para que estén á la disposición de S. M. Católica. Y si antes que los ejércitos combinados hubiesen entrado en Portugal, S. M. Fidelisima, siguiendo el ejemplo del Emperador y de otras Potencias continentales, abandonase la alianza de la Inglaterra, el primer Cónsul pide que le imponga por condición de paz con las dos Potencias que entregue á S. M. Católica una ó varias provincias, que formen la cuarta parte de su población en Europa, para que sirvan de garantía para la restitución de Mahón, de la Trinidad y de Malta. Se exigirá además que los puertos de Portugal se abran á los navíos de España y Francia, quedando cerrados para los de Inglaterra.

»Por último, el primer Cónsul ha sido de parecer que S. M. Católica tenía derecho, aprovechándose de las circunstancias, para terminar sus disensiones con Portugal de un modo favorable á su engrandecimien—

to, imitando en esto á todos los grandes Estados de Europa.—*Bonaparte.*»

Para inteligencia de estos documentos, se ha de tener presente que al tomar el primer Cónsul las riendas del Gobierno en Francia hizo propuestas de paz á Inglaterra, y que no se olvidó tampoco de traer á una composición al Príncipe Regente de Portugal, aliado de la Gran Bretaña. El Ministro Talleyrand procuró hacer entender al Gabinete de Lisboa, por conducto del de Madrid, que convendría volver á ajustar el Tratado que se proyectó años atrás y á cuya ratificación se había negado el Gobierno portugués. Sentando aquellas mismas bases, la Francia estaba pronta á firmar la paz con dicha Potencia. La cantidad que la Corte de Lisboa debería dar á la Francia, se fijó al principio en diez millones de francos. El caballero Noronha, que estuvo en Paris posteriormente, dejó entender que Portugal aumentaría seis millones; pero el Ministro Talleyrand quería que se añadiesen todavía dos millones más, por manera que la suma fuese de diez y ocho millones. Las antiguas pretensiones de la República sobre los límites de las posesiones de Portugal en América, quedaban abandonadas. Lo único que exigía era que no pudiesen entrar en los puertos de Portugal más que seis navíos de línea ingleses, y que se negase á las escuadras de la misma nación el albergue que habían hallado hasta entonces en los puertos del Príncipe Regente. El Marqués de Múzquiz transmitió al Gobierno de Madrid estas proposiciones para que tratase de hacer que el Gabinete de Lisboa las admitiese. Pero el Ministro Pinto respondió que el Principe Regente estaba ligado por Tratados con el Rey de Inglaterra y con el Emperador de Rusia, y que mientras que subsistiesen estas alianzas no se admitirían las propuestas de la República francesa. Entre tanto, el Emperador Pablo I de aliado de Inglaterra había pasado á ser amigo y admirador del General Bonaparte. Además, las ventajas conseguidas por éste en la guerra contra la Casa de Austria trajeron la paz de Luneville. No habiendo, pues, quedado á la Francia en el continente de Europa enemigo ninguno, le era fácil forzar al Rey de España á hacer guerra á Portugal y enviar un cuerpo de tropas que le auxiliase en esta empresa; he dicho *forzar*, porque es cierto que de buen grado Carlos IV nunca hubiera declarado guerra á los portugueses por entonces.

Manifiesto ó declaración de guerra del Rey de España contra Portugal.

El manifiesto del Rey de España que contenía la declaración de guerra contra S. M. Fidelísima fué firmado en Aranjuez el día 27 de Febrero de 1801. «La República francesa, se decía en él, justamente irritada contra Portugal, intentaba tomar satisfacción de los procederes hostiles de esta Potencia, y sus armas, victoriosas en todas partes, hubieran en mil ocasiones sembrado la desolación en sus provincias, si su fraternal interés por la Reina Fidelísima y sus augustos hijos no hubiese logrado hasta ahora que la República mi aliada suspendiese el golpe. Los franceses se han detenido siempre en la barrera de mi mediación. Mi amor paternal por aquellos Principes, haciéndome olvidar á cada uno de sus agravios los hechos ya anteriores, me inspiraba la idea de aprovecharme de los sucesos favorables de las armas francesas para persuadir la paz con dulzura, representar con viveza á la Corte de Portugal los peligros á que se exponía, y emplear con toda la efusión de mi corazón el lenguaje enteramente de la dulzura paternal y de la amistad más sincera para conseguirlo.

»La obstinación de Portugal me obligó después á tomar un estilo más severo, y procuré con amonestaciones fundadas, con amenazas de mi enojo y con intimaciones respetables, volverle á sus verdaderas obligaciones; pero la Corte de Portugal, siempre sorda á mi voz, sólo ha procurado ganar tiempo haciendo vanas promesas, enviando una y más veces Plenipotenciarios con poderes ó con facultades limitadas, retardando sus contestaciones y usando de todos los subterfugios que dicta una politica mezquina y versátil. La ceguedad del Príncipe Regente ha llegado hasta el punto de llamar aliado al Rey de la Gran Bretaña en una carta dirigida á mi persona, olvidando lo que debía á la santidad de los vínculos que le unen conmigo y faltando á mi respeto, y llamando alianza lo que en realidad no es sino un abuso indecoroso del ascendiente que la Inglaterra ha tomado sobre él.» El Príncipe Regente de Portugal hubiera podido decir con igual razón que si el Rey de España se separaba de la politica paternal seguida hasta entonces, era por no poder ó no saber resistir al ascendiente de la Francia.

Reúnense las tropas españolas en la frontera de Portugal.—El Príncipe de la Paz tiene el mando de ellas y de las francesas auxiliares.

Resuelta ya la guerra por parte de España, se dieron las órdenes convenientes para juntar y ordenar el ejército en las fronteras de Portugal. El cargo de

regirle fué confiado por el Rey al Príncipe de la Paz,
Generalísimo de sus ejércitos. Hasta el cuerpo auxiliar
que los franceses enviaron á las órdenes del General
Leclerc, cuñado del primer Cónsul, debió también ser
mandado por el Generalísimo español. Sus tropas
aguerridas y sus Generales acreditados, quedaron á
las órdenes de este Jefe. El resultado de la guerra no
podía ser dudoso, considerando la desproporción entre las fuerzas de Portugal y las de España y Francia.
Por tanto, la terminación de la contienda no podía
menos de ser pronta y feliz. Por otra parte, en los
Gabinetes de Madrid y Lisboa reinaban siempre los
mismos afectos de familia, por lo cual el Principe de
la Paz, depositario de la confianza ilimitada del Rey
y Reina de España, ofrecía también la mejor de todas
las salvaguardias á los Príncipes de la Casa de Braganza. Sin embargo, era tal la impopularidad del Privado entre los españoles, y tan hondas las prevenciones de éstos en punto á su ineptitud para el mando
militar, que se tomaba á risa verle hacer del guerrero y del triunfador. El escarnio y la algazara subieron
todavía de punto cuando en el primer parte dado al
Rey, publicado por *Gaceta extraordinaria*, sobre la
abertura de la campaña, escrito con hinchazón y jac-
tancia, en imitación de los Generales franceses de
aquel tiempo, concluía diciendo: «Las tropas, que ata-
caron al momento de oir mi voz, luego que llegué á
la vanguardia, me han regalado, de los jardines de
Yelves, *dos ramos de naranjas*, que presento á Su
Majestad la Reina.» Desde entonces no se designó
ya esta guerra en España sino con el nombre de la
guerra *de las naranjas*, porque cuando las imaginaciones se hallan vivamente preocupadas de una
idea, el incidente más pequeño los agita y remueve.

Los portugueses no podían resistir á las fuerzas reunidas contra ellos. Una división española de 10.000 hombres se situó en los confines del reino de Galicia, con orden de mantenerse solamente con la lealtad del pueblo; invocó su patriotismo, estimulándole á la defensa del país; mas los portugueses no tuvieron por sincera la enemistad de los españoles, y creyeron que Carlos IV y el Príncipe Regente se entenderían para terminar la desavenencia.

En vano el Principe Regente publicó una proclama llamando á los lusitanos á las armas. «España, decía, quiere penetrar en el reino, y pretende que sus tropas hayan de guarnecer todos los puertos de Portugal; pero una nación que supo hacer frente á los romanos, que conquistó el Asia, abrió el camino hacia mares lejanos, sacudió el yugo de los extraños y mantuvo en todo tiempo su independencia contra un vecino poderoso, sabrá también, por su invencible denuedo y fiel al honor que heredó de sus mayores, resistir á este injusto ataque.» El patriotismo portugués no se encendió con estas frases pomposas; los habitantes no hicieron esfuerzo alguno para la defensa del país.

El Gabinete de Lisboa, viendo, pues, ya la guerra inminente, recurrió, por último, á negociaciones con Francia, y envió al caballero Araujo á París con encargo de renovar el Trátado concluido por él con el Directorio algunos años antes. Mas no bien hubo sabido el primer Cónsul la llegada de este Plenipotenciario al puerto de Lorient, al punto dió orden al Prefecto marítimo de preguntarle si tenía poderes suficientes para firmar las condiciones propuestas en España, con la entrega de una ó dos provincias en rehenes á las tropas combinadas, y que no teniéndolos, le notificase que se volviese en la misma fragata que había venido. Araujo salió de Francia y las hostilidades comenzaron poco tiempo después.

Débil resistencia opuesta por los portugueses.

Las disposiciones de defensa del Ministerio portugués fueron muy limitadas é insuficientes para cubrir las fronteras. Jurumeña, puesto de tanta importancia á causa del paso del Guadiana, no tenía más de 60 hombres de guarnición. En Olivenza, plaza de nueve bastiones, seis cañones solamente se hallaban en estado de servir. Para mandar el ejército que se trató de reunir en la frontera y contaba 30.000 hombres sobre la defensiva..... (1). El cuerpo principal del ejército, que constaba de 40.000 hombres, se reunió en las cercanias de Badajoz. Las tropas francesas á las órdenes de Leclerc, después de haber atravesado las provincias del Norte de España, se acantonaron en las inmediaciones de Ciudad-Rodrigo, siguiendo las fronteras hasta Zarza la Mayor: su número era de 15.000 hombres. El Príncipe Regente de Portugal no podía oponer á tan crecidas fuerzas sino sus propios y escasos recursos, pues la Gran Bretaña no tuvo por conveniente enviar tropas inglesas para defender el territorio de su aliado. En aquel mismo tiempo, el General Albercombrie partía de Gibraltar con 14.000 hombres para las costas de Egipto; atención muy más urgente para el Gobierno británico que la defensa de los lusitanos, porque no se le ocultaba que en cuanto al arreglo de las desavenencias de Portugal con España y Francia, las conexiones de parentesco entre el Rey Carlos IV y los Príncipes portugueses pondrían

(1) Hay un blanco en el original, sin duda por distracción del autor ó de su amanuense.

prontamente fin á la guerra. Así, pues, el Príncipe Regente de Portugal, contando tan escasos medios, se nombró por General en Jefe al Duque de Lafoens, ya muy anciano y, sobre todo, prevenido contra la organización que tenían las tropas. Además, el Duque de Lafoens era de opinión contraria á la guerra. «¿Por qué reñir? decia el General portugués á D. Francisco Solano en una conferencia que tuvo con él; ustedes y nosotros somos dos cabalgaduras. A nosotros nos arrea la Inglaterra; á ustedes les da espolazos la Francia. Marchemos; resuenen en buen hora las campanillas; pero por Dios bendito no nos hagamos mal, porque se reiría todo el mundo de nosotros á carcajadas (1).»

Las operaciones militares comenzaron por fin; pero no merecieron este nombre ni fueron de larga duración. Los soldados portugueses miraron aquella guerra como simple fantasmagoria convenida entre los dos Gobiernos, y cedieron el terreno sin resistencia. Nuestras tropas, que por la superioridad numérica debian prometerse el triunfo, aun cuando hubieran hallado sería resistencia en sus enemigos, obtuvieron fáciles ventajas.

Tratado de paz firmado en Badajoz.—El primer Cónsul se niega á ratificar el Tratado.—Enojo del Príncipe de la Paz.

Las dos partes se pusieron muy pronto de acuerdo para dejar las armas. La campaña se abrió el día 20 de Mayo, y el Tratado de Badajoz quedó firmado el 6 de Junio por el Principe de la Paz á nombre del Rey de España, por Luciano Bonaparte como representan-

(1) *Histoire de la guerre de la Peninsule*, por el General Foy.

te de Francia y por D. Luis de Pinto como Ministro del Príncipe Regente de Portugal. Por él se obligó la Corte de Lisboa á cerrar los puertos de la Lusitania á los buques ingleses. El único sacrificio de territorio impuesto á la Casa de Braganza, fué la cesión de Olivenza al Rey de España. Viva satisfacción causó al Rey y á la Reina de España el pronto fin de la guerra, debido, en su entender, al valor y capacidad del favorito. Deseosos, pues, de felicitar á éste por sus victoriás, se pusieron SS. MM. en camino para Badajoz. A su llegada hubo revistas y simulacros de guerra, á los cuales asistieron los Reyes, gozosos de ver la gentileza y ardor del joven General, en quien habian puesto su confianza. SS. MM. tomaron posesión de Olivenza, y al cabo de algunos días regresaron á Madrid. Lejos estaban, en medio de tales satisfacciones, de pensar que la obra de la pacificación pudiese no ser duradera. Pero cuando vivían más entregados á los regocijos consiguientes á tan faustos sucesos, supieron, con no menos extrañeza que disgusto, que el primer Cónsul se negaba á ratificar el Tratado de Badajoz, y que hacía cargos al Gabinete de Madrid por haberle ratificado sin su previo conocimiento. Ambos Gobiernos descubrieron entonces sus fines muy claramente. El Rey Carlos IV, al emprender la guerra, se había propuesto tan solamente obligar á Portugal á que se apartase de la alianza inglesa, y lograr que los buques británicos no pudiesen hallar abrigo en los puertos de esta Potencia en lo sucesivo. Como por el Tratado de Badajoz se hubiese conseguido plenamente este objeto, la Corte de Madrid se mostraba satisfecha y gozosa. No así Bonaparte. Su fin había sido tomar en rehenes algunas provincias de Portugal, que sirviesen de prenda para obtener mejores y más seguras condiciones de paz con Inglaterra, y que pudiesen también resarcir los gastos de la campaña. Por tanto, el Tratado de Badajoz le pareció insuficiente, y se negó resueltamente á su ratificación. De miras tan contrarias en los Gabinetes de Madrid y París nacieron al punto graves disgustos y vivas desavenencias. El Príncipe de la Paz, enojado al ver destruída su obra y frustradas las miras de su Soberano, salió por un instante de su habitual sumisión á los franceses y llegó casi hasta el punto de retarlos, sin temor de un rompimiento con ellos. La nota que comunicó al Embajador Luciano Bonaparte en 26 de Julio, decía así:

Su nota comunicada á Luciano Bonaparte.

«*El Príncipe de la Paz al señor Embajador de Francia.*—Señor Embajador: El objeto de la guerra con Portugal fué el de procurarse la paz con la Inglaterra, cerrándole los puertos de esta Potencia; pero no el de indemnizarnos con sus provincias las pérdidas que hubiésemos tenido en la guerra con la Gran Bretaña.

»S. M. me nombró para mandar las tropas: V. E. sabe cuál ha sido el resultado, y que unas condiciones no adquiridas en negociaciones fueron conseguidas por el ejercicio de las armas; hicimos, pues, los Tratados según lo pactado en nuestros preliminares, y me retiré dejando acantonado el ejército. Mi comisión espiró, y ya no me toca entrar en materias políticas; pero debiendo V. E. dirigirse en adelante al primer Secretario de Estado, puede responder á éste sobre los puntos siguientes:.

»S. M. Católica mirará como una violación de su territorio la entrada de tropas francesas que excedan al número de 15.000 hombres, según lo pactado, y, por consecuencia del mismo Tratado, quiere que estos 15.000 hombres regresen á sus destinos con la mayor prontitud, pues está satisfecho el objeto de la guerra.

»Los excesos de estas tropas, no pudiéndose contener, según acreditan las quejas de los Magistrados y Justicias de los pueblos remitidas á V. E. y á su Gobierno, hacen temer á S. M. unas consecuencias que su paternal amor á sus vasallos debe evitar, y por eso interesa á su sosiego lo demandado.

»Faltando además los artículos de subsistencias, no puede disponer alojamientos en aquella provincia á su ejército, que debe retirarse de los puntos hasta aquí ocupados, ni facilitarlas tampoco á las tropas auxiliares.

»Por el último suceso de la Marina, habiendo perdido S. M. Católica dos de los mejores navíos de su escuadra, hacen más imperiosa la necesidad de emplear la de Brest para guardar sus Américas y proteger el comercio, que se ha destruido rápidamente por falta de convoyes.

»Su alianza con la Francia le ha separado del trato con las demás Potencias de Europa, pues estando todas en guerra ó mala inteligencia con la República, no era posible adelantase S. M. Católica proposiciones que no pareciesen sospechosas; la guerra con Inglaterra destruye sus Américas, y la de Rusia inhabilita sus expediciones al Levante: exige, pues, de necesidad este estado de cosas que S. M. vuelva á abrir sus correspondencias antes que los daños sean mayores.

»Sin pérdida de tiempo transmito á la Corte de Lisboa la proposición que V. E. le hace sobre su Tratado, y deseando feliz éxito en todo, concluye asegurando á V. E. su sincero afecto.—*El Príncipe de la Paz.*— Madrid 26 de Julio de 1801.»

Se alcanza fácilmente el efecto que produciría tal lenguaje en el ánimo de Bonaparte. «Esta nota, dijo, es una *declaración de guerra.*» Nuestro Embajador Azara, que hubo de entrar en explicaciones con el Cónsul sobre asunto tan arduo y que podía traer de resultas muy funestas consecuencias, refiere las ansiedades que sufrió y da cuenta después de la conversación que hubo entre él y el primer Magistrado de la República.

Conversación tenida por el primer Cónsul con el Embajador D. José Nicolás de Azara sobre la nota.

«¿Es posible, amigo Azara, me dijo el Cónsul, que sus amos de usted estén tan cansados de reinar que quieran exponer su trono, provocando una guerra cuyas resultas pueden ser las más funestas?—No quieren ciertamente tal cosa, repliqué yo; antes al contrario, no aspiran sino á provocar la paz y felicidad de sus reinos: este cuidado tan sólo es el que les ocupa día y noche.—¿Pues cómo no he de tener yo por una declaración de guerra la nota que el Ministro español ha presentado á mi Embajador en Madrid, en la que se me atribuye una violación de territorio, se me notifica el retiro de la escuadra de Brest y se me amenaza de hacer la paz con el enemigo común?—Tengo copia de dicha nota, dije yo, y no la interpreto tan criminalmente como usted. La idea de mi Ministerio es hacer ver demostrativamente el estado infeliz á que se ve reducida la Monarquía por su fidelidad en cumplir lo prometido y la imposibilidad en que está de continuar si no toma las medidas que apunta y si no se remedian los gravámenes que el ejército francés causa en España.—Sobre este último punto creo haber satisfecho plenamente, dijo el Cónsul, en las notas que Talleyrand ha entregado de mi orden, y particularmente en la última, que he querido leer yo mismo y aprobarla, y no me parece que deja la menor duda sobre mis disposiciones las más cordiales por la España, y los deseos que tengo de vivir en la más estrecha amistad con el Rey, pues conozco que la naturaleza y el interés deben mantener eternamente unidas dos naciones que por su situación tienen que sostenerse mutuamente. ¿Cuando una ruína universal amenaza á la familia de los Borbones con un total exterminio, me he declarado yo el amigo de la rama principal que queda de ella y he trabajado para mantenerla y extender su dominación, procurándole un nuevo trono, y en esta precisa circunstancia me amenaza con una declaración de guerra?—A todo satisfice yo con cuantas razones y protestas podía sugerirme mi celo y el conocimiento de las cosas.—Continuó el Cónsul repitiéndome de modo más tranquilo y amistoso las razones que cree tener para no haber ratificado el Tratado de Badajoz, y que no obstante el agravio que piensa haberle sido hecho en precipitar nuestra ratificación, está dispuesto á concluir su paz bajo la mediación del Rey con las condiciones que me propuso; que ha dado las órdenes á su hermano al intento, y que si se llega á firmar el Tratado, inmediatamente retirará el ejército de España.

«Me dijo, finalmente, que el General Leclerc le escribía haber recibido un oficio del Príncipe de la Paz, proponiéndole que dividiese su ejército para tener más proporción de alimentarle y alojarle, la cual, en máxima de guerra, era lo mismo que exponerse á ser batido y pasado á cuchillo con más facilidad,—Yo mostré todo el horror de semejante sospecha y la infamia que en sólo pensarlo se hacia al honor y lealtad española. Volvió el Cónsul á protestar en el modo más expresivo que deseaba vivir en muy estrecha amistad con nosotros, para lo cual sacrificaría cuantos enredos y chismes pudiesen nacer; pero que no disimulará nunca y romperá con España, siempre que ésta trate con Inglaterra. Encargóme mucho que lo escribiese yo así, pues era resolución irrevocable. Me dijo, además, que la amenaza de retirar la escuadra de Brest le parecía absurda militarmente, porque no se halla en estado de emprender tal retiro, y que aunque lo estuviera, nunca podría ejecutarlo á la vista de una escuadra enemiga tan superior en fuerzas que impediría salir del puerto hasta el menor barco; pero que si contamos sacar la escuadra de Brest asegurados por algún Tratado con el Inglés, no era él tan imbécil que nos lo hubiese de permitir.»

Claro está que el Príncipe de la Paz, sostenido hasta entonces y mimado, digámoslo así, por la Francia, á fin de que favoreciese la causa de la alianza, cargó con todo el peso de la indignación del primer Cónsul, luego que éste le creyó ladeado hacia la Gran Bretaña. El pensar sólo que pudiese entrar en negociación con ella, le hacía prorrumpir en fuertes amenazas. «Está tan irritado de esta sospecha, decía el Embajador Azara (1), que me dijo en el tono más decidido que si los manejos ingleses hallaban acogida en España, ó si

(1) Carta á D. Pedro Cevallos (23 de Julio de 1801).

ocurriese algún insulto á la Francia, se vería obligado, aunque con sumo dolor suyo, á tomar el último
partido, que era romper guerra contra nosotros; pero
que tenía puesta toda su confianza en los afectos personales del Rey y en su rectitud.»

**Amenaza de Bonaparte contra los Borbones españoles.—Res-
puesta de D. Pedro Cevallos.**

Continuas eran las quejas y amenazas del primer
Cónsul. En una de sus conversaciones con el Embajador del Rey, dijo sin ningún rebozo que la autoridad
de Carlos IV estaba mal segura, y que si llegaba el
caso de rompimiento entre Francia y España, el trono
de los Borbones pudiera venirse abajo; lenguaje del
todo contrario á sus repetidas protestaciones de afecto
á esta familia al crear pocos meses antes el reino de
Toscana para el Príncipe heredero de Parma. Mas con
satisfacción se ve que en medio del abatimiento de los
que gobernaban entonces la Monarquía, los retos de
Bonaparte no causaron gran sobresalto. «Me manda
el Rey, decía el Ministro D. Pedro Cevallos al Embajador Azara (1), prevenir á V. E. que si el primer
Cónsul fuese tan osado que le repitiese el capítulo de
su última nota sobre la duración del reino, le respon-
da con la energía y dignidad que corresponde, á saber: que Dios dispone de la suerte de los imperios, y
que más fácilmente dejará de existir un Gobierno na-
ciente que un Rey anciano y ungido.» Estas nobles
palabras serían dictadas á Cevallos por el Príncipe de

(1) San Ildefonso 19 de Agosto de 1801.

la Paz, sin duda ninguna, como lo eran también cuantas notas diplomáticas ó comunicaciones importantes al Embajador Azara se escribían en la Secretaría de Estado, mientras que estuvo en ella este Ministro. Por desgracia, los sentimientos de dignidad nacional los despertaba el enfado momentáneo del Valido, y no eran duraderos como lo hubieran sido si se hubiese considerado el estado del reino con el debido detenimiento. ¿De qué provecho podian ser estas veleidades de independencia cuando, pasado el primer momento de enojo, se volvía á caer en la misma humillación que antes? Otra hubiera sido la conducta de los franceses con España, si éstos hubiesen visto constantemente capacidad, juicio y ánimo resuelto en su Gobierno.

Entre tanto llegaban cada día á España nuevas tropas francesas sin miramiento alguno á lo convenido por los Tratados. Aunque el objeto de este aumento de fuerza fuese amenazar á Portugal para traerle á un convenio más ventajoso, Carlos IV y su Valido llegaron á temer que hubiese quizá ocultas siniestras intenciones contra la España misma. Por tanto, valiéndose de la mediación que Bonaparte había propuesto al Rey para que lograse un ajuste con Portugal, no se perdió instante en obtener del Gabinete de Lisboa un consentimiento. El ejército portugués se habia reunido en las cercanías de Abrantes, á las órdenes del Conde de Gorta, en número de 25.000 hombres, para oponerse á la agresión francesa; mas habiéndose dado oídos á los consejos de la Corte de Madrid, cesaron todas las demostraciones hostiles.

Tratado entre Portugal y la Francia, firmado en Madrid.

Luciano Bonaparte por la Francia, y el Sr. Cipriano Ribeyro Freyre, del Consejo de Estado de S. M. Fidelísima, firmaron en Madrid un Tratado entre Portugal y la Francia el dia 29 de Septiembre de 1801. Los puntos convenidos fueron: 1.°, paz perpetua y buena armonía entre las dos partes contratantes; 2.°, exclusión de los ingleses de los puertos de Portugal; 3.°, promesa de no suministrar navíos, dinero, víveres ó municiones á los enemigos de la Francia; 4.°, nueva y más favorable demarcación en las fronteras de la Guayana francesa, y como explicación de este artículo, cesión de 60 millas de territorio en esta parte de la América del Sur; 5.°, entre tanto que se firmase un Tratado de comercio, serán restablecidas las agencias comerciales y el goce de ellas por parte de los negociantes franceses. Por lo que toca al Arancel de Aduanas, se reconocían á la Francia los privilegios concedidos á las naciones más favorecidas. Además de estas disposiciones del Tratado, había otras secretas. Portugal se obligó á pagar á la Francia 25 millones de francos, aparte de crecidas sumas en diamantes para el negociador (cinco ó seis millones de dicha moneda). También tuvo provecho en este ajuste el General Leclerc, cuñado del primer Cónsul, Comandante en Jefe del ejército. Fouché dice en sus *Memorias* que además del sacrificio de los diamantes de la Princesa del Brasil, fueron enviados también 10 millones de francos á la caja particular del Cónsul, y que eso fué lo que le hizo flexible para el Tratado.

«El primer Cónsul, dice Fouché en el tomo I de sus *Memorias*, pág. 242, que quería apoderarse de Lisboa, se incomodó mucho, viendo ya concluído el Tratado de Badajoz y que quedaba íntegro el territorio de Portugal. Talleyrand y yo le hicimos presente que si no se ratificaba el Tratado, no podría menos de levantarse una polvareda horrible. Talleyrand se fundó para defender las bases asentadas en el Tratado, en que iba en ellas el interés de nuestra alianza con España; en que por él nos poníamos en excelente situación para venir á entendernos con Inglaterra, la cual, arrojada de los puertos de Portugal, desearía ocasión de volver á entrar en ellos. Talleyrand proponía con suma sagacidad que se hiciesen algunas variaciones al Tratado. En fin, el abandono de los diamantes de la Princesa del Brasil y el haber enviado al primer Cónsul 10 millones de francos para su bolsillo particular, templaron su rigor, y el Tratado definitivo se pudo concluir en Madrid.»

Carlos IV se halla de repente gravemente enfermo.—Comunicación secreta del Consejero D. Bernardo Iriarte á su amigo el Embajador Azara sobre la enfermedad del Rey.—Si Carlos IV hubiese fallecido, Bonaparte se proponía sostener al Príncipe de Asturias contra el Príncipe de la Paz.—Un correo llegó al día siguiente con la noticia de estar el Rey fuera de peligro.

Pocos días antes la Corte de Madrid se consternó sabiendo que el Rey se hallaba enfermo gravemente de dolor de costado en San Ildefonso. En los primeros momentos se temió que la violencia del mal acabase con la vida del Soberano; pero los socorros del arte hicieron ceder poco á poco la dolencia, y el Rey recobró su salud. S. M. dispuso que se diesen públicas gracias al Todopoderoso por su pronto y feliz restablecimiento. Al saber que el Rey de España se hallaba enfermo de gravedad, el primer Cónsul Bonaparte tomó una resolución, que referiremos aquí, fundados en el testimonio de una persona fidedigna. Apenas se supo en Madrid que la dolencia del Rey era grave, expidió el Gobierno un correo para París, portador de la noticia. D. Bernardo Iriarte, Consejero de Hacienda, hermano de D. Tomás el *fabulista* y de D. Domingo, Plenipotenciario del Rey para el Tratado de Basilea, no perdió la ocasión y escribió á su íntimo amigo D. Nicolás de Azara, Embajador en París, y por medio de nombres supuestos convenidos entre ellos de antemano para su correspondencia, le anunciaba que el Rey estaba en el mayor peligro; que había hecho testamento, por el cual nombraba Regentes del Reino á la Reina y al Príncipe de la Paz, hasta que su hijo Fernando, que tenía entonces diez y siete años (podía reinar á los catorce), se hallase en estado de gobernar la Monarquía, pues hasta entonces no había descubierto la capacidad necesaria para desempeñar cargo tan importante. Se daba por cierto que este testamento le habían aconsejado y aun escrito la Reina y el Príncipe de la Paz. Qué grado de verdad hubiese en esto, no es posible saberlo; si bien la ambición desmedida que manifestó después el Privado y el interés de su protectora hacen verosímil el pensamiento, por más que á primera vista aparezca descabellado. Azara, nada afecto al Príncipe de la Paz y en aquella sazón mal contento por el capricho y altanería con que el Valido obraba en la dirección de los negocios; sabedor también de que el primer Cónsul miraba al favorito de mal ojo, creyó que era llegado el momento oportuno de derribarle. La carta original de D. Bernardo Iriarte fué puesta en manos de Bonaparte; y habiendo éste tomado conocimiento de su contenido, entró al punto á tratar con Azara de los medios de estorbar la Regencia de la Reina y del Príncipe de la Paz. «¿Quién es el ayo del Principe de Asturias?—preguntó el Cónsul á Azara. Habiéndole respondido éste que era el Duque de San Carlos y que este sujeto era su amigo é inspiraba la mayor confianza,—Escríbale usted, dijo el Cónsul; yo enviaré la carta á mi Embajador: dígale usted que dentro de muy poco tiempo habrá en las provincias meridionales de Francia un ejército de 50.000 hombres para sostener los derechos del Príncipe Fernando, y que si fuese menester se aumentará hasta 100.000; que sin descubrir miedo ni fijar de manera alguna la atención de la Reina y del Príncipe de la Paz, observe cuanto pase y se entienda con el Embajador de Francia, á quien se le envían las instrucciones convenientes.» Azara escribió su carta en los términos indicados por el Cónsul, y al día siguiente se la llevó; pero en aquel momento mismo llegaba otro correo de Madrid con la noticia de estar el Rey fuera de peligro. *Las cosas mudan ya de aspecto*, dijo el primer Cónsul, y la carta para San Carlos no fué puesta en sus manos. Con todo, Azara conservó la carta. Algún tiempo después este hombre de Estado enfermó y murió en París. Por consecuencia de su fallecimiento, todos los papeles de la Embajada fueron entregados á su debido tiempo al Marqués de Almenara, Encargado de negocios del Rey, á quien el Ministro Talleyrand previno que reclamase los que perteneciesen á la Legación de Toscana, hasta tanto que la Reina le nombrase sucesor, pues Azara al morir era aún Ministro de esta Soberana cerca del Gobierno francés, y convenía poner en cobro documentos que suelen importar á las familias para asegurar sus derechos y herencias. El hermano de Azara (D. Félix), á quien la Historia natural debe un trabajo sobre los pájaros que habitan los bosques de América meridional, llamó á D. Antonio de la Cuesta, Arcediano titular de Avila, que residía entonces en Paris á causa del proceso que se formaba contra él por la Inquisición de Valladolid, y le rogó que hiciese escrutinio de los papeles de su hermano, antes de que llegasen los comisionados para examinarlos. Cuesta halló la carta al Duque de San Carlos en uno de los secretos del escritorio, y la guardó. En 1808 la entregó al Duque de San Carlos en Madrid, no sin haberse quedado con copia de ella, la cual habrá debido hallarse entre sus papeles.

Proyecto de casamiento del Príncipe de Asturias con la Princesa electoral de Sajonia.

Antes de que el Rey hubiese caído enfermo, se habían dado pasos para el casamiento del Príncipe de Asturias con la Princesa electoral de Sajonia. El Rey y la Reina deseaban vivamente este enlace; la politica le aconsejaba, pues casándose la Princesa con uno de los Archiduques de Austria, hubiera habido un motivo más de unión entre la Sajonia y el Emperador. Por eso el primer Cónsul, más interesado que el mismo Rey de España en favorecer el proyectado casamiento, se manifestó muy dispuesto á contribuir al logro de los deseos de Carlos IV y de su esposa. Encargóse él mismo de la negociación, y al intento dispuso que con apariencias de viajar por asuntos de comercio, Laborie, que era uno de los principales empleados del Ministerio de Relaciones exteriores, pasase á Sajonia con encargo de llevar á cabo el pensamiento. El Rey, por su parte, mandó á su Embajador en París para que la Infanta solicitase la radiación del Príncipe Javier de Sajonia, inscripto en la lista de los emigrados franceses y privado, por tanto, de todos los bienes que le pertenecían en Francia. La intención del Rey era valerse de estos buenos oficios para acercarse á tratar del casamiento con el Elector de Sajonia. La radiación, habiendo sido al punto concedida por el Cónsul, el Príncipe Javier hubiera vuelto á entrar inmediatamente en el goce de todos sus derechos, sin un incidente que hubo de suspender la ejecución del decreto. Se había dado orden al mismo tiempo por el Gobierno consular para que quedase rayada de la lista de los emigrados una Princesa, no menos ilustre por sus desventuras que por sus virtudes, es á saber, la respetable Duquesa de Orleans, deportada á España, la cual estaba muy lejos de creerse comprendida en la categoría de los emigrados. Los que habian usurpado sus bienes, y sobre todo el Gobierno mismo, á titulo de confiscación gratuita, disfrutaba de un capital de más de 100 millones de francos, se alarmaron con la providencia de la radiación y lograron suspenderla por entonces. Así la gracia al Príncipe Javier tampoco no tuvo efecto. Sin embargo, se hicieron en Dresde las gestiones convenientes para el enlace del Príncipe de Asturias, á las que respondió el Conde de Lors, en nombre del Elector, que le era grata en extremo tan encumbrada alianza; pero que el Rey de España, habiéndose dignado consentir en que se difiriese toda resolución sobre el matrimonio hasta la paz general, y no habiendo llegado todavía tan feliz época, rogaba á S. M. Católica que se dejase la determinación para aquel tiempo. Las cosas mudaron después de aspecto, y el Príncipe de Asturias se enlazó al año siguiente con una Princesa de la Casa Real de las Dos Sicilias, para impedir que Bonaparte pidiese otra vez la mano de la Infanta Doña María Isabel, más formalmente que lo había hecho ya por su hermano Luciano en Valencia.

Cuerpos de Milicias provinciales que el Rey quiso crear en el reino de Valencia.

En este año de 1801 el Gobierno de Madrid tuvo pensamiento de levantar en el reino de Valencia cierto número de cuerpos de Milicias provinciales, á ejemplo de los 42 regimientos con que sirven al Rey las provincias de Castilla. Diéronse las órdenes al intento, pues aunque el Intendente manifestaba temores de resistencia por parte del pueblo, suponía que no habria de ser ni general ni obstinada, y que los ánimos cederían á la autoridad Real. Con todo, para mayor seguridad pidió tropas, no habiendo otra fuerza en Valencia por entonces que un corto número de milicianos del regimiento provincial de Alcázar de San Juan, no bien dispuestos en favor de la nueva creación. En Madrid los temores del Intendente parecieron mal fundados, y en consecuencia no le enviaron ningún refuerzo. Dióse principio á la creación de los nuevos regimientos; formáronse las planas mayores de ellos; fueron nombrados los Jefes, y en la ciudad de

Valencia estuvo adelantada la operación hasta el punto de designar cuarteles en la plaza de San Jorge y de tener banda de tambores y música que daban su retreta á la hora acostumbrada, como si el regimiento estuviese ya existente y acuartelado. El pueblo veía estas disposiciones con desaprobación, y lo manifestaba así todas las noches con silbidos. Algunos dias después apedreó ya la retreta; y como se reuniese número considerable de gente en desorden, una noche se disparó un tiro de fusil, no se sabe por quién, y quitó la vida á un hombre del pueblo. Se extendió la voz de que el tiro había sido disparado por el Barón de Albalat; y aunque no fuese cierto, la muchedumbre lo creyó y guardó rencor con él, lo cual ocasionó su desgraciada muerte á manos del populacho en el año de 1808, al tiempo del levantamiento de los valencianos contra Napoleón y sus tropas. Como quiera que fuese, hubo un alzamiento en la ciudad de Valencia, y el pueblo pidió que se sobreseyese en la creación de las Milicias provinciales, amenazando con alborotos y desórdenes si se llevaba adelante el pensamiento. Los Magistrados, á vista de tan gran suceso, se detuvieron en sus providencias, y dieron parte al Gobierno, que aprobó su conducta. Quedó así aplacada la cólera del pueblo por algún tiempo; pero se encendió otra vez cuando supo que en la orden del Rey que mandaba sobreseer en la formación de los regimientos provinciales se trataba á los valencianos de rebeldes. *El justo enojo,* se decía en la orden, *del Rey por la rebeldía de sus vasallos, no puede ser mayor.* Además, el Principe de Monforte, nombrado Capitán General poco tiempo antes, fué separado de su cargo, por haberse mostrado condescendiente con las peticiones de la muchedumbre. La irritación de la plebe llegó entonces á su colmo y resultó una conmoción horrorosa. El Intendente Corregidor hubo de huirse, amenazado por los turbulentos que querían arrancarle la vida.

En vista de esta explosión y recelando fundadamente que continuasen los desórdenes, el Gobierno desistió de su proyecto.

El Príncipe de la Paz se interpuso como mediador, y en una representación á S. M. achacó los alborotos de Valencia, no á falta de respeto y profunda obediencia á la autoridad regía, sino á un modo equivocado de entender los designios del Gobierno. Después de decir que Valencia en todos tiempos había contribuído á la defensa del reino con crecido número de soldados voluntarios, muy aptos para el servicio de tropas ligeras, concluía manifestando el pensamiento de que así las provincias de Valencia, como las de Aragón, Cataluña, Navarra y Vizcaya, mantuviesen y completasen las tropas que cada una pudiese mantener, pues la experiencia hacía ver que un cuerpo veterano bien y sólidamente instruído y con Oficiales hechos, no degenera porque se aumente con muchos reclutas. El Generalísimo añadía que lejos de rehusar ninguna de las provincias expresadas este servicio, se esmerarían todas á porfía en la perfección y completo y buen estado de los cuerpos que les pertenezcan.

El Rey aprobó lo propuesto por el Generalísimo y le autorizó para que compusiese las cosas de Valencia, asegurando á aquellos vasallos de su paternal amor y de que *les daba la mayor prueba de ello en aquella resolución.*

El Gobierno ocultaba mal su vencimiento por esta providencia.

Después de haber el Rey ajustado paces con Portugal, no le quedaba ninguna otra Potencia del continente que fuese su enemiga sino la Rusia; y aunque la distancia que separa á ambas naciones no hubiese dado lugar á hostilidades, Carlos IV resolvió ajustar paces con este Imperio.

Pablo I, Emperador de Rusia, se reconcilia con la Francia.

Pablo I declaró la guerra al Rey de España sin verdaderos ni justos motivos, arrebatado solamente por la violencia de su carácter. Pero el genio voluble del Czar había traído de pronto una variación esencial en su política. De enemigo mortal de la Francia, pasó á serlo muy afecto en el espacio de pocos meses, ó por mejor decir, muy apasionado del Gobierno que la regía. Aquel mismo Soberano que antes solicitó vivamente de todos los Gabinetes de Europa la formación de una cruzada contra los revolucionarios franceses; aquél que clamaba por el restablecimiento de la familia de Borbón en la posesión de sus derechos al trono, olvidado ya del ardor con que había trabajado en esta coalición, se declara de repente por la nueva República, y lo que es más notable todavía, instigado por las personas que había ganado el primer Cónsul Bonaparte en San Petersburgo, tiene la inhumanidad de echar de sus dominios al Conde de Provenza, á quien llamaba antes su *desventurado amigo*. Para que el acto llevase el sello de la más refinada barbarie, la crueldad del Czar se extendió hasta notificar al pretendiente á la Corona de Francia la orden de salir de sus Estados en el día 21 de Enero, octavo aniversario de la muerte de Luis XVI; proceder que parece increíble de parte de un Soberano

conocido y admirado hasta entonces por sus sentimientos nobles y elevados, á pesar de sus rarezas (1).

Muerte violenta del Czar.

La reconciliación de Pablo I con la República francesa, nuestra aliada, fué seguida de abertura de conciliación con España. La Francia propuso al Gabinete

(1) Deseoso el sucesor de Pablo I de borrar la odiosa acción de su
padre, cuidó de enviar socorros pecuniarios al pretendiente á la Corona
de Francia. No contento con manifestarle así el afectuoso interés que
tomaba por su persona y familia, mandó comunicar una circular á los
Ministros rusos en las Cortes de Viena, Londres, Nápoles y Berlín, pres-
cribiéndoles que no perdonasen diligencia para determinarlas á suministrar al Conde de Lila los socorros de que tenía necesidad para vivir
con la dignidad conveniente. El celo del Emperador Alejandro por el
bienestar de los Príncipes Borbones, llego hasta mandar que se diese
igual paso con la Corte de Madrid. A punto estuvo de mostrarse ofendido nuestro Soberano por ello, y con razón, pues de tal insinuación
podía inferirse que hasta allí el Rey no había hecho bastantes sacrificios para atender al socorro de los Príncipes sus parientes. Carlos IV
no descuidó por cierto el cumplimiento de sus deberes en este punto.
Cuantiosas fueron las sumas que llevaba distribuidas á toda esta augusta familia desde los primeros tiempos de la revolución de Francia. El
Conde y la Condesa de Lila tenían asignados desde su emigración, el
primero 30.000 reales mensuales y la segunda 40.000, pagados con la
mayor puntualidad en Hamburgo. La Condesa de Artois gozaba desde
aquella misma época para sí y su familia 60.000 reales mensuales, satisfechos con la misma puntualidad por el Ministro del Rey en Génova.
Las desgraciadas tías de Luis XVI tuvieron en la misma proporcion
iguales testimonios de la munificencia del Rey hasta su fallecimiento.
Subidas fueron también las asignaciones que el Rey hizo á una parte
de los emigrados de su servidumbre. Carlos IV podía, pues, estar cierto
de haber cumplido con sus obligaciones hacia sus parientes y de haber
seguido los impulsos de su tierno afecto. No por esto dejó Carlos IV de
prodigar otras nobles pruebas de interés y amistad á los Príncipes de
la augusta Casa de Francia (*).

(*) Despachos de oficio.

de Madrid que lejos de hostilizar á los navíos rusos que se presentasen delante de los puertos españoles, les socorriese y aun les diese acogida, no habiendo ya motivo para que las dos naciones se mantuviesen en guerra por más tiempo. En este estado se hallaban las cosas cuando ocurrió la muerte trágica del Czar. Referiremos aquí lo que se tiene por más cierto acerca de tan sangrienta catástrofe, después de haber consultado lo que se ha escrito sobre ella.

Pablo Petrowitch, de ánimo recto y generoso, despierto é instruído, sin poder decir por eso que fuese ilustrado, pues no es dado á las pasiones el serlo, había desvanecido desde los primeros días de su reinado los temores que dió su advenimiento. Grande fué su satisfacción al saber, por una carta que se conservaba del Conde de Orloff, que su madre no habia tenido parte ninguna en el asesinato de su esposo. Indulgente para con los asesinos de su padre, á los cuales había puesto en un cadalso en su primer movimiento, bastó una reflexión de la señorita Nelidoff para perdonarles, es á saber: que habiendo tenido entonces en su mano darle muerte, le respetaron. Esa sola palabra le aquietó. En fin, la libertad que dió á los polacos, indignamente llevados á la Siberia; el haber ido él mismo á abrir las puertas de la prisión de Kosciusko, y varios otros rasgos de un ánimo noble y franco, tranquilizaron los ánimos. Pero estas dulces impresiones fueron de corta duración; porque queriendo el bien y no sabiendo hacerle, al punto que el Príncipe engañado en su juicio hallaba estorbos á sus impetuosos deseos, la violencia de su carácter le hacía maltratar de palabra, desterrar y hasta golpear á veces á los mismos que acababa de colmar de favores. Para él la sospecha de un crimen equivalía á la evidencia. Todo había venido á ser en su Corte un verdadero suplicio, hasta el cargo mismo de Ministro extranjero.

Lo que excitaba principalmente en Pablo I aquellos movimientos vivos é instantáneos que cualquiera podía tener por accesos de locura, era su odio á los principios y efectos de la Revolución francesa, de los cuales creía preservarse exigiendo respetos y atenciones que, sin ser provechosos á la autoridad, cansaban al público. Era en esto de nimiedad pueril. La forma de los vestidos, la hora del descanso, estaban prescritas, so pena de prisión ó destierro. Además de las pesquisiciones de la Cancillería secreta, obra inquisitorial de Alejo Mikhaëlovitz, habia espías por todas partes, hasta en los estrados, y lo interpretaban todo, aun el silencio mismo. Cuenta con que ninguno diese muestras de querer al que el Czar parecía no estimar. El Príncipe más sensible, el más noble y el más amable de todos llegó á ser el más aborrecido, y, por tanto, el más desventurado de todos los Soberanos.

Todos huían de verle: el que tenía tiempo ó facilidad de ausentarse de San Petersburgo, se daba priesa á hacerlo; bajó considerablemente el alquiler de las casas de esta capital, porque estremecía pensar que se había de vivir cerca del poder autocrático (1). Este Monarca tan temido tenía miedo á todos: á su mujer, á sus hijos, á sus Ministros, á sus cortesanos; la memoria de su madre le hacía sospechosa á sus ojos hasta á su misma esposa. Así, pues, no bien entró á habitar el palacio *San Miguel* que acababa de levantar, poniendo en torno de él un simulacro de fortificaciones, cuando cuidó de cerrar la comunicación entre su cuarto y el de la Emperatriz, circunstancia que hizo

(1) *Mémoires tirées des papiers d'un homme d'état.*

más fácil el asesinato que contra el Emperador se meditaba.

El que primero concibió y aconsejó el proyecto fué Ribas, aquel aventurero italiano que con pérfida maña puso en poder del Conde de Orloff á la Princesa Tarakanoff, hija de la Emperatriz Isabel Petrówna y del Conde Rasomowsks: sabido es que la infeliz fué encerrada en las casamatas de la ciudadela de San Petersburgo, y que murió allí ahogada en la terrible inundación de 1777, año en que murió Alejandro I. Pero el que estaba destinado á poner por obra tan atroz designio, pronosticado por los autores del *Viaje de dos franceses al Norte* (1) antes que Pablo hubiese subido al solio, era un noble curlandés, Phon-der-Patlen, que, habiendo nacido pobre, se unió al favorito Zoubow, por cuyo protectorado logró el Gobierno de las provincias alemanas, en donde supo hacerse estimar. Pablo le había conocido y apreciado á su paso por Riga; le hizo venir á San Petersburgo, luego que fué Emperador, y le dió el Gobierno de la capital, cargo de confianza cuyas obligaciones cansaron á Patlen; porque aparte de una infinidad de pormenores militares que el Emperador quería que pasasen por manos del Gobernador, éste tenía también que darle todos los dias noticias é informes sobre las acciones y palabras, y hasta sobre los pensamientos de los habitantes de la capital con suma prolijidad. El Czar habia colmado á Patlen de favores; pero Patlen sabía que la menor veleidad podía hacerle pasar desde una posición brillante á un destierro; que cualquiera negligencia verdadera ó imaginaria, el más ligero capricho del amo, le privaría quizá de su rango, de sus bienes y de

(1) El Conde Fortia de Piles y el caballero de Boisgelin.

su libertad. No obstante las riquezas naturales de la Rusia, veía que el Estado iba perdiendo rápidamente su prosperidad territorial; que el comercio y la industria sufrían, y que esto provenía tanto de los gastos inútiles del Soberano, como de sus disturbios con Inglaterra; estremecíase al considerar que una guerra iba á consumir los últimos recursos del Imperio, pues se habia guardado mal el secreto; temía también las resultas de una lucha sangrienta contra Prusia, ya por la parte de Polonia, y ya por la de Curlandia, en cuya provincia había obtenido bienes de grande importancia. Además, no se le podía ocultar que el miedo y el odio fermentaban en los corazones de los que en Rusia son todo y poseen todo.

Los que regían entonces los diversos Estados de Europa, excepto Bonaparte, miraban á la Rusia como arruinada y próxima á un estado de completa impotencia. Eso era lo que tranquilizaba al Gabinete de Saint-James cuando oía las amenazas y proyectos del Czar, porque su caída le parecía inmediata.

Lo primero que hizo Patlen fué ver de qué manera podría alzar el destierro de Zoubow, para valerse del influjo que tenía con los guardias, sumamente descontentos, así por las penalidades y molestias del servicio, como porque se hubiesen introducido en el Cuerpo un crecido número de aventureros que Pablo habia recogido en su palacio de Gatchina, cuando era Gran Duque. Con este intento aconsejó al Príncipe Platón (el mayor de los hermanos Zoubow) que pidiese la mano de una de las hijas del ayuda de cámara Kontaitzoff. Envanecido éste de tal pretensión, logró el regreso del hombre cuyo ascendiente sobre los descontentos había de ser tan funesto á su amo. El alma de la conjuración era Patlen, aunque secretamente, pues él no podía obrar al descubierto; los Zoubows se encargaron de reunir conjurados. Sin tardar se declararon por cómplices suyos los Ouvasoffs, Argamakoffs, Scaveti- nes, Mourawieffs, Ivacheffs, Poltaraskis, Tatarinoffs, con otros varios no tan conocidos como ellos. Acor- dándose de la impunidad de los asesinos de Pedro III, se tranquilizaban, ó por mejor decir, el alto rango y riquezas de aquéllos servían de estímulo á la ambición de éstos. Por lo que hace á su conciencia, sentimientos que tenían por patrióticos, les absolvían de toda cul- pabilidad. Mas necesitaban un jefe que fuese hombre de cabeza, y también de ejecución. Pusieron, pues, la mira en Benigsen, mal visto entonces de Pablo por la misma razón que se granjeó su favor antes, es á sa- ber, porque había nacido vasallo del Rey de Inglate- rra; por lo demás, era buen Oficial, pero mal contento y resuelto ya á irse de Rusia. Los Zoubows, á quienes no estimaba, como ni ellos á él, no le habrían arras- trado á este crimen; Patlen y los otros conjurados le ganaron.

Ante todas cosas, era preciso contar con Alejandro, que era el heredero del Imperio, si bien encubriéndo- le los medios y las consecuencias de la conjuración; cosa que no era fácil, estando como este Príncipe al- tamente penetrado de las obligaciones que impone la obediencia filial. Su interés personal no bastaba á de- terminarle. Al cabo se le pudo decidir, ponderándole las desgracias de su pais y los riesgos á que su virtuo- sa madre se hallaba expuesta. Entre tanto, la conspi- ración llegó á hacerse tan pública, que Pablo I, ha- biendo tenido algunas sospechas, habló de ellas á Pat- len. Éste confesó llanamente que estaba entre los conjurados, pero con el fin de conocer á los culpables y de asegurar la vida de su Soberano, al cual pidió, como consecuencia de esta revelación, el permiso de entrar en su cuarto á cualquiera hora del día ó de la noche. Un aviso del Procurador general Abalianoff dió al Príncipe nuevas sospechas, que le movieron á llamar cerca de su persona al General Aratcheieff, que estaba entonces en sus haciendas, hombre en cuya fidelidad tenía la mayor confianza; pero este mensaje, habiendo sido interceptado, aceleró la catástrofe. Con todo, faltó poco para que uno de los conjurados trastornase el plan. El Príncipe Mecherscki, hombre vil y de muy mala reputación, por arrepentimiento, por miedo ó por avaricia, escribe á Pablo denunciándole la conjuración y los que hacían parte de ella; entrega la carta á Kontaiteoff, el cual, llamado á la mesa del Emperador, la deja olvidada en la casaca que se acababa de quitar; quiere volver á buscarla, pero siendo llamado por segunda vez y temiendo disgustar al árbitro de su suerte, abandona el precioso papel, cuyo contenido ignora. Desde entonces el Monarca no pudo sustraerse á su fatal destino.

Llega la noche. Pablo está solo. Los asesinos entran en su habitación por una escalera excusada, mientras que Patlen, á la cabeza de un fuerte destacamento de guardias, se sitúa en el jardín para acabar con sus cómplices si yerran el golpe y parecer en tal caso el salvador del Czar. Los dos húsares que estaban de centinela á la puerta del cuarto del Emperador, caen muertos á estocadas. Pablo, asustado, quiere huirse al cuarto de la Emperatriz. La pared que sus injustos recelos le habian hecho construir le detiene, y se esconde detrás de la colgadura. *Se ha huído*, dicen los asesinos. *No: allí está*, dice Beningsen; *ánimo, ó acabo con todos vosotros.*

—«Señor, dice entonces Beningsen acercándose á

Pablo y saludándole con su espada: es inútil llamar á Patlen, que está por nosotros. Además, vuestra vida no corre ningún riesgo: todo lo que hay es que estáis preso en nombre del Emperador Alejandro.

—»¿Quién sois? preguntó el Emperador, que por su sobresalto y escasa luz de la lámpara no conocía á los que le hablaban.

—»¿Quiénes somos? respondió Zoubow presentándole el acta de abdicación: somos los enviados del Senado. Toma ese papel, lee y pronuncia tú mismo tu suerte.»

Zoubow le da entonces el papel con una mano, y con la otra pone la lámpara en el extremo opuesto de la chimenea para que el Emperador pueda leer el papel. En efecto, Pablo le toma, comienza á leerle, y leída como la tercera parte de él, se para, y levantando la cabeza y encarándose á los conjurados, dice: «¿Pero qué es lo que yo he hecho para que me tratéis de esta manera?»—«Hace cuatro años que nos tiranizáis, dijo una voz.» El Emperador tornó á su lectura.

A medida que va adelantando en ella, los cargos son cada vez más graves, las expresiones más ofensivas. El Emperador no puede contener su enojo. La ira le hace olvidar su dignidad; no echa de ver que está solo, desnudo y sin armas, y que le rodean hombres con el sombrero puesto y espada en mano; hace pedazos el acta de abdicación, y arrojándola á sus pies, *jamás*, dice, *jamás: primero morir.* Dichas estas palabras, hace un movimiento para echar mano á su espada, que estaba á pocos pasos sobre una silla. En aquel mismo momento llegaba un segundo tropel de conjurados, compuesto en gran parte de jóvenes ó degradados ó despedidos del servicio, entre los cuales el principal era el Príncipe Tatessvill, que había jurado ven-

garse de esta afrenta. Apenas entra, cuando se arroja
sobre el Emperador, lucha y cae con él, derribando la
lámpara y la mampara. El Emperador dió un grito al
caer, pues tocó en la esquina de la chimenea con la
cabeza y se hizo una profunda herida. Temiendo que
el grito se hubiese oído desde afuera, otros conjurados
se precipitan sobre el desgraciado Emperador. Pablo
se levanta un instante y vuelve á caer. Esto pasaba
en total obscuridad y en medio de gritos y gemidos.
Por fin, el Emperador aparta la mano que le cierra la
boca, y dice en francés: *Señores, denme ustedes el
tiempo de encomendarme á Dios.* La última letra de
esta palabra no fué pronunciada: uno de los conjurados, habiéndose quitado la faja, la pasa alrededor del
cuerpo de la víctima, no queriendo ahogarle por el
cuello, porque él cadáver había de ser expuesto, y se
quería que la muerte se tuviese por natural. El Emperador luchó un instante contra las agonias de la
muerte; y cuando Beningsen entró con luces, Pablo
había ya rendido su último aliento.

Echemos un velo sobre esta escena de horror, en la
que habiendo el Czar visto el uniforme de Ouvarow,
cree que es el más querido de sus dos hijos, y este
tierno y desgraciado padre pronunció estas últimas y
dolorosas palabras: *¡ Y tú también, Constantino!* Inmediatamente cayó sin sentido. Llamóse á un cirujano
inglés, el cual había impedido á la Emperatriz que
fuese á socorrer á su esposo, y para acabar con la vida
del Emperador le cortó las arterias.

Alejandro, su hijo, estaba aguardando en el patio
del palacio San Miguel el acta de la abdicación que
él creía haber sido presentada á su padre; mas luego
que el asesinato fué consumado, las cuatro personas
que le acompañaban, las cuales no nombraremos por

el rango elevado que tienen, le proclamaron Emperador. *Déjenme ustedes: yo quiero ver á mi padre.* Dícenle la suerte de este Príncipe, prorrumpe en llanto y se arranca el cabello. Conducido al palacio de invierno, en aquella misma noche le prestaron juramento de fidelidad la Corte, los Ministros y el Senado. -.

La Emperatriz, cediendo al primer movimiento del dolor, quiere arrojarse á los pies de su hijo y pedirle venganza contra los criminales; pero la señorita de Nelidoff, que había ya libertado á los asesinos de Pedro III, la detiene, haciéndole presente que los conjurados son dueños de todo, capaces de todo y que se envanecen á la faz de todos de lo que acaban de hacer. La Emperatriz hubo, pues, de limitarse á derramar abundantes lágrimas sobre la frente de su esposo, que por cierto no la había dado vida muy feliz.

Alejandro I sucede á su padre en el Imperio.

Tal fué el triste fin del Emperador de Rusia, Pablo I; trágico suceso que horrorizó á Europa por aquel tiempo. Y lo que sobre todo llenó los ánimos de indignación, fué el hecho infame de los que no solamente arrancaron la vida al desgraciado Emperador, sino que hicieron alarde de su crimen y aspiraron á tener honras y recompensas por él. Suponiendo que Pablo I fuese caprichoso, duro, y si se quiere así, demente, ¿quién pudo dar á los conjurados el derecho de matarle? ¿Cómo de acción tan horrorosa puede resultar nunca más que vilipendio y deshonor para los que la cometieron? ¡Cruel dolor debió sentir el hijo de Pablo I al sentarse en un solio en el cual humeaba todavía la sangre de su padre!

Paz entre el Rey Carlos IV y Alejandro I.

Pero el carácter de dulzura y moderación que Alejandro I dejó ver desde su advenimiento, tranquilizó á los amantes de la paz. Su política en los negocios de Europa fué conforme con la de su padre, pues mantuvo como éste buena armonía con Bonaparte. En cuanto á los desaciertos de Pablo I, el hijo puso particular cuidado en repararlos. Uno de ellos había sido ciertamente la declaración de guerra al Rey de España, sin motivo ninguno verdadero de queja contra el Gabinete de Madrid. Desde el tiempo de Carlos III, primer Soberano de la Casa de Borbón que hubiese dado tratamiento de Emperatriz á Catalina II, la Rusia y la España habían mantenido amistad sincera. Ningún interés contrario las dividía. Carlos IV vivia unido con la República francesa, cuando Pablo era mortal enemigo de ésta, es verdad; pero la razón decía que faltaba la espontaneidad de la alianza del Rey de España, puesto que, temeroso de agresiones á que no tenía valor de resistir, se había visto precisado á ganarse á cualquier precio la voluntad de sus temibles vecinos para conjurarlas. El Maestrazgo de Malta no era tampoco motivo bastante poderoso para un rompimiento. Por grande que fuese el singular empeño que el Czar tenía de ser Gran Maestre de la Orden de San Juan de Jerusalén, no debía extrañar que el Gabinete de Madrid procediese con circunspección en reconocer por Jefe de un Instituto católico á un Príncipe que estaba fuera del gremio de la Iglesia. Y de todos modos, este miramiento no podía ser nunca causa indispensable de guerra entre España y Rusia. Así, pues, la declara-

ción de guerra del Czar á Carlos IV fué uno de los ex-
travagantes caprichos de que su mente adolecía. Alejandro I, su sucesor, convencido de la irreflexión de su
padre, se determinó á participar al Rey de España su
exaltación al trono, dándole en ello una prueba manifiesta de su deseo de paz. Su Embajador en París, el
Conde de Marcoff, tuvo también encargo de concluir
formalmente la paz en esta capital con D. José Nicolás
de Azara. Ambos Plenipotenciarios estuvieron al punto de acuerdo en todo: lo único que les ofreció alguna
dificultad fué la manera de extender el Tratado, pues
el Emperador Alejandro deseaba salvar, en cuanto fuese posible, el honor de su padre; y conociendo que la
declaración de guerra que hizo á España, así como
otros varios actos de su Gobierno, probaban algún des-
concierto en su cabeza, proponía que en la revocación
que se veía obligado á hacer no fuese comprometido
el nombre de Pablo I. Por tanto, era de parecer que se
hiciese un acto declaratorio, diciendo no ser verdad
que hubiese habido guerra entre las dos naciones, á
lo cual no fué posible acceder, puesto que existían declaraciones formales por ambas partes. El Tratado
convenido por fin entre los Plenipotenciarios y firmado por ellos en París el día 4 de Octubre de 1801, disponía: 1.º, que hubiese desde aquel instante paz, amistad y buena inteligencia entre S. M. el Emperador de
todas las Rusias y S. M. el Rey de España; 2.º, que
para mantener y cultivar este orden de cosas, tan felizmente restablecido, las dos Cortes nombrarían Ministros y los harían residir la una cerca de la otra, según el uso antiguo, y que se procedería á ello recíprocamente al principio del año inmediato de 1802, ó
antes si fuese posible; 3.º, que luego que los dos Soberanos aprobasen el Tratado, publicarían en sus Esta-

dos decretos que, revocando lo pasado, mandasen á sus respectivos vasallos que se tratasen como súbditos de naciones amigas, y que observasen entre ellos proceder amistoso en todas las relaciones, ya comerciales, ó ya de cualquiera otra naturaleza.

No obstante el Tratado de paz, Carlos IV no consiente en admitir las convocatorias del Emperador Alejandro para los Grandes Priores españoles, llamándoles á la elección de un Gran Maestre de Malta.

Hacia el tiempo en que se firmó el Tratado, el Conde de Kavischeff, predecesor del Conde de Marcoff, entregó al Embajador del Rey cuatro pliegos para que los remitiera á los Grandes Priores de la Orden de San Juan en España. Por ellos se convocaba un Capítulo general de la Orden para elegir un nuevo Gran Maestre, suponiendo que esta dignidad se hallaba vacante por muerte de Pablo I. No se ocultaba al nuevo Emperador la extravagancia del pensamiento de su padre de declararse Gran Maestre de dicha Orden; mas se creía obligado á sostenerle por razones políticas. Al advenimiento al trono manifestó su intención de hacerse, no ya Gran Maestre, sino Protector de la Orden, y de procurarle un Jefe según las antiguas y católicas instituciones, dejando al Capítulo la libre elección de él. En cuanto al Gran Priorato de Rusia, que su padre fundó y dotó ricamente, estaba resuelto á conservarle. Si la elección de Gran Maestre se hacía, pues, en el Capítulo que convocaba el Príncipe de Kourakin como Secretario, ó si se declaraba en él nula la renuncia forzada del último Gran Maestre, Hompech: en cualquiera de estos dos casos, era de suponer

que el Papa accedería también, viendo que la mayor
parte de los Estados católicos concurrirían al Capítulo.
Así parecía estar ya convenido entre Bonaparte y el
Nuncio de Su Santidad en París, Monseñor Spina. Sin
embargo, el Rey no consintió en recibir las convocatorias para nuestros Grandes Priores, y mandó que se
devolviesen. Pues que la isla de Malta debía quedar
bajo la protección de una Potencia tercera, era claro
que la Religión viviría también subordinada á ella, y
el Rey juzgaba muy conveniente que en tal estado de
dependencia de la Religión, las rentas de los Prioratos españoles no saliesen del reino. Mudó después de
pensamiento el Emperador Alejandro acerca del pretendido Capítulo de Malta, pues se contentaba ya con
que cada Priorato en su casa nombrase un candidato
para el Maestrazgo con entera libertad: cuando la elección estuviese hecha, el Emperador enviaría la lista
al Papa para que Su Santidad nombrase á quien mejor
le pareciese. No tuvo tampoco efecto este pensamiento, y el Rey, que se había propuesto tomar una resolucion definitiva sobre la Religión de San Juan, expidió
por fin el decreto siguiente en Aranjuez á 17 de Abril
de 1802: «Hubo tiempos en que la inclita y sagrada
Religión de San Juan de Jerusalén hizo apreciables
servicios á todos los pueblos cristianos y se granjeó á
costa de ellos los favores y gracias que profusamente
le dispensaron la Iglesia y los Soberanos. Prescindiendo de los auxilios que desde su origen franqueó á
los cristianos que por espíritu de devoción pasaban á
Asia, proporcionándoles hospicio y seguridad, sus esfuerzos posteriores para quebrantar los ímpetus de la
Puerta Otomana y hacer frente á los corsarios berbe-
riscos, eran muy dignos del reconocimiento de Europa; y así, desde más de dos siglos há la consolidación.

de grandes y poderosos Estados en esta parte del globo hacía inútiles sus fuerzas para el principal objeto de reprimir al Turco; todavía la memoria de sus antiguos hechos inspiraba el deseo de conservar en su lustre un cuerpo brillante, que había trabajado tanto por la seguridad común, y que aún continuaba atendiendo á ella con hacer incesantes esfuerzos por impedir sus lastimosos robos á los piratas más desapiadados y temibles. Pero aun en esta parte, una política bien entendida vino á dispensar á los pueblos de la necesidad de su auxilio, por el estado de paz en que se vive con las Regencias; fuera de que si hubiera continuado el estado de guerra, el poder de la Religión había venido tan á menos, que los Gobiernos no podían poner en él gran confianza de ser protegidas las propiedades y personas de sus súbditos. Ello es que en el sistema político últimamente adoptado para con las Potencias berberiscas, no podía ser que esta orden se mantuviese en estado permanente de guerra con ellas, con lo que ha venido á faltar el primer elemento de su constitución actual. Este estado de la Orden debió hacer pensar á los Príncipes, en cuyos dominios tenia ésta encomiendas, en hacer de modo que estas rentas, sin salir de su destino, fuesen más útiles á los pueblos que las producían, y ésta fué, sin duda, la mira del Elector de Baviera, que dispuso de las encomiendas de la Orden en sus Estados. A mí estas mismas causas me inspiraron también el designio de poner orden en que los bien dotados Prioratos y encomiendas de España no rindiesen en adelante tributo á Potencias ni corporación extranjera, teniendo presente que si ya este tributo era muy crecido cuando toda Europa acudía con él á Malta, no podía menos de agravarse en proporción de los pueblos que al mismo se habían sustraído, y hacerse á países extranjeros mucha mayor extracción de la riqueza nacional, con grave perjuicio de mis vasallos: cuando estos fondos que salían de España sin esperanza de que volviesen á refluir en su suelo, pueden tener dentro de ella utilísima aplicación, destinándose á objetos análogos, ó por mejor decir, idénticos con los que fueron el blanco de la fundación de esta misma Orden, como es la dotación de colegios militares, hospitales, hospicios, casas de expósitos y otros piadosos establecimientos. Así hace tiempo que tomé el partido de dar disposiciones para que se observase en las Asambleas de España cierto régimen provisional, desentendiéndome de las que podían tomarse por otros Prínçipes y Estados. Puse en deliberación el incorporar estas Asambleas á la Corona, y muy luego me decidi por este partido, bien cierto de que si la utilidad pública aconsejó el de unir á ella los Maestrazgos de las Órdenes militares nacionales, la utilidad pública es también ahora la que impone la necesidad de recurrir á la misma medida saludable. Llevándola, pues, á efecto, en uso de la autoridad que indudablemente me compete sobre los bienes que hacen en mis dominios la dotación de la Orden de San Juan, para hacer que sirviendo á este fin resulte del modo de dispensarlos ventaja y utilidad á mis pueblos, vengo en incorporar é incorporo perpetuamenle á mi Real Corona las Lenguas y Asambleas de España de la precitada Orden militar de San Juan de Jerusalén, declarándome Gran Maestre de la misma en mis dominios, para invigilar sobre su buen gobierno y dirección en la parte externa, dejando lo conveniente al régimen espiritual y religioso á la autoridad de la Iglesia y del Sumo Pontífice Romano, que no ha desaprobado esta providencia.»

Así acabó la Religión de los caballeros de Malta, uno de los institutos más célebres entre los que nacieron de las guerras de las Cruzadas. Decimos que acabó, porque reducida ya la Orden á gozar de existencia parcial en los dominios de los Soberanos de Europá, quedó sin la unidad y soberanía á que debió su lustre en los tiempos anteriores.

Rompimiento de la «neutralidad marítima» concertada entre las Potencias del Norte.—Expedición inglesa contra Copenhagüe. —El Tratado entre el Emperador de Rusia y la Inglaterra determina las condiciones de la «visita de los buques» en lo sucesivo.

La muerte del Emperador Pablo I trajo en pos de sí otras variaciones no menos esenciales en la política de los Estados de Europa. Rompióse la *neutralidad marítima* concertada entre Rusia, Prusia, Suecia y Dinamarca en defensa de los derechos de las Potencias neutrales, cuyos buques los ingleses pretendían visitar en tiempo de guerra, aun teniendo izada la bandera de sus respectivos Soberanos. Grande fué la crisis que esta neutralidad ocasionó en la Gran Bretaña. En virtud de ella, tenía ya que combatir, no tan solamente contra las armadas de España y Francia, sino contra las fuerzas marítimas considerables de aquellas Potencias. La nación británica se mostró á la verdad denodada y magnánima en este apuro de que la sacó su buena estrella. Para prevenir la cooperación activa de la Dinamarca á los designios de la Rusia, salieron de los puertos de Inglaterra 17 navíos de línea, tres fragatas y sobre 20 bombardas y bergantines, á las órdenes de Sir Hyde Parker y Lord Nelson. Estas fuerzas dieron la vela de Jarmouth el día 12 de

Marzo, y después de atravesar el estrecho del Sund, se presentaron á la vista de la capital de Dinamarca. Copenhague se halla defendida en gran parte por un banco de arena llamado *Middele Ground:* entre este banco y la ciudad, en una extensión de 600 toesas, habia al ancla baterias flotantes amarradas las unas á las otras, montadas con 70 piezas de artillería; los costados de esta formidable batería se hallaban defendidos por navios de linea, fragatas y otros buques de línea rebajados, que era muy difícil de doblar, peligrosísima de atacar de frente y ciertamente inexpugnable si las escuadras rusas y suecas la hubiesen completado; pero la derecha no se hallaba bastantemente defendida, y Nelson, más atrevido que Parker, osó acometerla poniéndose á la espalda de los bancos y sus defensas. Á riesgo de perder toda su división, consiguió por fin apoderarse de la batería grande flotante. Muchos de los navíos ingleses estaban desarbolados; otros varados en el *Middele Ground*. Viendo esto el Almirante Parker, mandó suspender el fuego; pero el osado vencedor de Abukekir, sin dejar de obedecer, intimó al Gobierno dinamarqués que cesase las hostilidades, amenazándole que, de no consentir en ello, haría volar los buques tomados, con toda su tripulación, si bien prometía al mismo tiempo que respetaría la ciudad. Un armisticio de tres meses fué firmado el 4 de Abril en consecuencia de este mensaje. Los ingleses salieron por este medio de una posición sumamente critica, y los dinamarqueses tuvieron también tiempo de reponer sus pérdidas, preparándose de nuevo á combatir si era necesario. Desde Copenhague la escuadra inglesa se dirigió á Carloscrona, en donde el Almirante inglés hizo saber el armisticio concluido con Dinamarca, y preguntó al Gobernador si el Rey de Suecia tenía

intención de adherirse al armisticio, ó si se proponía
obrar hostilmente contra Inglaterra de acuerdo con la
Rusia. El Rey respondió que sin separarse de lo concertado con sus aliados, daría oídos á las propuestas de
paz que le fuesen hechas por Plenipotenciarios autorizados competentemente á tratar. Mas lo que contribuyó sobre todo á mejorar la posición de los ingleses,
fué la muerte del Emperador de Rusia el 23 de Marzo y
advenimiento de su sucesor. Pocos días después de este
suceso, el nuevo Emperador mandó suspender las hostilidades; siguióse prontamente un Tratado que Lord
Santa Elena fué á concluir á San Petersburgo. De contado se levantó el embargo puesto en los puertos de
Rusia sobre los navíos ingleses. El Tratado con Lord
Santa Elena quedó firmado el 17 de Junio. Por él se
arregló el derecho de visita en la manera siguiente.
El derecho de visitar fué reservado á los buques que
estuviesen del todo al servicio del Gobierno, es decir,
á los navíos de guerra. Estas embarcaciones observan
disciplina más severa; sus Comandantes deben hallarse mejor informados, y ofrecen también mayor responsabilidad que la raza de aventureros de los corsarios
armados en guerra. Cuanto más grande sea el número
de restricciones que se impongan á estos piratas, otro
tanto será mayor el provecho que redundará de ello
á la humanidad. Así este artículo del Tratado era muy
conforme á razón. Ni era menos digno de alabanza el
modo con que quedó arreglado el derecho de visita
para evitar disputas en lo venidero. Todo buque de
comercio, perteneciente á una Potencia neutral, que
se aproveche de la escolta de un convoy, ha de tener
un pasaporte ó patente que exprese su cargamento, la
cual ha de ser presentada al Oficial que mande el convoy. Con estas precauciones, el convoy pasará sin ser

molestado por entre los navíos de guerra de la parte contratante, cuando ésta se halle en guerra con otra nación. Lo único que queda derecho de hacer es inspeccionar los papeles y asegurarse de que el Comandante de la escolta está completamente autorizado á convoyar á aquellos navíos cargados con géneros que no son de contrabando para tal puerto. Si el Comandante de un navío tuviese sospecha fundada de algún buque mercante, podrá detenerle; mas si le detuviese sin justo motivo, habrá de satisfacer á los propietarios del navío todos los daños y perjuicios que se les hayan podido ocasionar por su detención. Disposiciones todas muy equitativas, entre tanto que no queda determinada definitivamente esta cuestión entre la Gran Bretaña y las Potencias marítimas. La Dinamarca siguió el ejemplo de la Rusia y abandonó las ciudades de Lubeck y Hamburgo, que había ocupado con sus tropas. La Prusia, que había entrado en el Electorado de Hannover, consintió también en retirar sus soldados. Por manera que aquella tormenta que amenazaba á la Gran Bretaña por la parte del Norte, quedó totalmente desvanecida en el espacio de pocos meses.

Preliminares de paz entre Inglaterra y Francia.—Capitulación del ejército francés de Egipto.

Esta ventura y la de tener estrechado tan vivamente al ejército francés de Egipto, que la rendición próxima se tenía por cierta, facilitó las negociaciones pendientes entre la Inglaterra y el primer Cónsul. El pueblo inglés deseaba ardientemente la paz. La administración de Pitt, tan contraria á todo Tratado con la República francesa, se había visto precisada á re—

tirarse, y los Ministros que le sucedieron querian, por el contrario, poner fin á la guerra, al punto que pudiesen tratar sin menoscabo del honor y del bienestar de la Gran Bretaña. Con juicio prudente deseaban detenerse en el camino de sus triunfos, no contando con los favores de la fortuna, que es diosa muy mudable. Las operaciones marítimas contra Francia habían sido de poca importancia desde algún tiempo. Nelson, que quiso destruir el puerto de Boulogne y los buques anclados en él, halló vivísima resistencia, y tuvo por fin que retirarse después de ver malograda su tentativa. Por manera que todo conspiraba, al parecer, para llegar al suspirado momento de la paz. Hacia ya algún tiempo que el primer Cónsul había enviado á Londres al ciudadano Otto, sujeto reflexivo y capaz, de muy conocida aptitud para el difícil encargo de una negociación con la Gran Bretaña. Lord Hawkesbury era sujeto de notoria inteligencia y buenas prendas. Estos dos Plenipotenciarios entraron, pues, á examinar las pretensiones recíprocas de sus dos Gobiernos. Ambos llevaron las conferencias con el mayor secreto, sin que nadie tuviese conocimiento de ellas, y al fin los preliminares se firmaron en Londres el día 1.º de Octubre de 1801 por el ciudadano Otto á nombre de la República francesa, y por Lord Hawkesbury en el de S. M. Británica. Inglaterra consintió en devolver todas sus conquistas, á excepción de la isla de la Trinidad y de las posesiones holandesas de Ceylán. El cabo de Buena Esperanza quedó puerto libre para todas las partes contratantes, las cuales gozarían en él de iguales franquicias. Las tropas británicas entregarían la isla de Malta á los caballeros de la Orden de San Juan de Jerusalén. El Egipto volvía á la Puerta Otomana. El territorio de Portugal debia quedar íntegro (á excepción de Olivenza, que las dos partes consentían por un artículo secreto en que perteneciese al Rey de España, como lo dispuso el Tratado de Badajoz). Las tropas francesas saldrían de los territorios de Roma y Nápoles. La República de las Siete Islas quedaba reconocida por la Francia. En cuanto a la pesca de Terranova, todo debía ponerse en el pie antiguo. En fin, para que se hiciese un Tratado solemne con asistencia de los aliados de las dos partes, se designó la ciudad de Amiens. El día después de firmados los preliminares se supo en Londres que el General Menon, Comandante del ejército francés de Egipto, había capitulado; suceso que, sabido el día anterior, hubiera podido variar los artículos firmados por los Plenipotenciarios.

Dolor del Rey Carlos IV por la pérdida de la isla de la Trinidad.

Con vivo dolor supo el Rey Carlos IV que la Francia hubiese consentido en abandonar á la Gran Bretaña la isla de la Trinidad. Era ésta una de las más importantes en el Archipiélago americano. Además de la notoria fertilidad de su suelo, admiraba por su situación topográfica. Su vecindad al continente de América ofrecía un excelente establecimiento, mayormente teniendo facilidad para construir un puerto en que, abrigadas las escuadras, pudiesen acudir adonde fuese conveniente, por hallarse á barlovento de todas las posesiones de España en aquella región. El Gobierno británico no dudaba un instante acerca de las grandes ventajas de esta isla. La autoridad del más célebre de sus hombres de Estado le prescribía no desprenderse de tan preciosa posesión. «La Trinidad, decía Pitt en el Parlamento, es de la más grande importancia en las Indias occidentales: allí tendremos un puerto avanzado, desde el cual partirán en lo venidero nuestras agresiones contra España en la América del Sur. Necesitábamos de un puerto naval en aquellos mares. De los cuatro que se conocen, es á saber, Guadalupe, la Martinica, Santa Lucía y la Trinidad, los dos mejores son la Trinidad y la Martinica; y entre estos dos, la Trinidad es el de mayor importancia sin duda ninguna.»

Después que la Trinidad cayó en poder de los ingleses, se habían hecho por parte de nuestro Gobierno costosos y continuos sacrificios por recobrar esta isla, sin haber podido determinar nunca á la República aliada á que las fuerzas navales de ambos Estados intentasen su reconquista. Cada vez que el Gobierno del Rey instaba por el recobro de esta posesión, aseguraba el primer Cónsul que nos sería devuelta á la paz general, añadiendo, para alejar toda desconfianza, que bien notoria había sido la noble y firme entereza con que la República sostuvo los intereses de sus aliados en las conferencias de Lila. La víspera de recibirse en París los preliminares de Londres, el Ministro Talleyrand prometió todavia formalmente al Embajador del Rey de España que la Francia no consentiría en la cesión de la isla de la Trinidad por ningún motivo. Se deja conocer cuán sentidas serían las quejas del Gabinete de Madrid. «La marina de España, decía (1), fué armada, mantenida, aumentada y puesta, por decirlo así, á disposición de la Francia en fuerza

(1) Carta del Ministro Cevallos á D. José Nicolás de Azara (14 de Octubre).

superior á la que prescriben los Tratados, á pesar de las fatales consecuencias que podían resultar y con efecto han resultado á la conservación y defensa de los Estados de S. M. Dividió las atenciones hostiles de la Inglaterra; puso á las costas de Francia al abrigo de todo ataque, por más que la España quedase sin medios de resistir á las tentativas de Inglaterra contra las costas de Galicia é islas Canarias, pues si pudieron librarse de la irrupción británica, debido fué esto al valor y fidelidad de sus tropas. Si estas fuerzas hubieran servido á las órdenes de España y en defensa de sus intereses, hubiera el reino recobrado las islas de Mahón y de la Trinidad; hubiera remediado los apuros de su Real Hacienda y mantenido las posibles relaciones comerciales en tiempo de guerra por la protección de sus fuerzas marítimas.

»Tantos sacrificios hechos por España; tal constancia, lealtad y firmeza en el sistema de su alianza con Francia en medio de las convulsiones y riesgos de la República por sus querellas con las principales Potencias de Europa; la guerra declarada por la Rusia á la España sin otro motivo más que su amistad con la Francia; la interrupción de las relaciones políticas con la Puerta Otomana sin más causa que la misma amistad; tantos sacrificios, digo; tan costosas pruebas de buena correspondencia, ¿han podido ser olvidadas por la Francia en el crítico momento de acreditar su gratitud á la España? Es posible que cuando toda Europa está asombrada de la lealtad incomparable del Gobierno español, haya de ver tal olvido de sus intereses por parte de su aliado.»

Bonaparte previó de antemano estas quejas, si bien no tuvo nunca intención de reparar los agravios que las producían; que tal es el proceder de los poderosos con los débiles, señaladamente en materias de Estado, miradas siempre por el prisma del interés, y á veces sin aquella delicadeza que suelen observar los hombres en las acciones comunes de la vida. Lo único que el primer Cónsul dijo en su abono, fué que la paz de Portugal había sido la causa de no haber recuperado la Trinidad, y que si se hubiese ocupado á Oporto y á la parte septentrional de Portugal, este territorio hubiera servido infaliblemente de compensación; que tal era su fin, cuando así lo propuso al Gabinete de Madrid; que no teniendo ningún resarcimiento que ofrecer ni ninguna conquista que dar, ni tampoco escuadra bastante fuerte para intentar el recobro de la Trinidad, la necesidad era más fuerte que todas las razones y conveniencias. Respuesta que sería ó no sincera, pero que á la verdad no dejaba de ser plausible. Con todo, para acallar por entonces al Gobierno español, Bonaparte aconsejó que se ocurriese al Congreso de Amiens, en el cual dió palabra de apoyar la pretensión.

Nombramiento del Conde de Campo de Alange, Embajador del Rey en Viena, para pasar al Congreso de Amiens con igual concepto.—El Cónsul declaró que no admitiría la Embajada del Conde del Campo de Alange.

Á nadie se ocultaba que en Amiens las dos naciones contratantes mantendrían su obra, y que la isla de la Trinidad quedaría aplicada á la Inglaterra por el Tratado definitivo, del mismo modo que lo había sido en los preliminares; pero el Rey, abrigando todavia quizá alguna esperanza remota, resolvió que pasase un Plenipotenciario suyo á dicho Congreso. Azara parecía la persona más apta y también la mejor relacionada para el desempeño de este encargo. El primer Cónsul, acostumbrado á tratar con él todos los negocios, así lo quería; pero el Príncipe de la Paz, contrapunteado entonces vivamente con Bonaparte con motivo de la paz de Portugal y ofendido de la cesión de la Trinidad, no hallaba en Azara la aprobación ni la flexibilidad que él deseaba para sus designios, y antes, por el contrario, tenía á este Embajador por afecto al Jefe del Gobierno francés. En vez, pues, de nombrarle para asistir al Congreso de Amiens, envió credenciales al intento al Conde de Campo de Alange, Embajador del Rey en Viena, al cual hizo acompañar de tres Secretarios de Embajada, que fueron D. Pedro Labrador, Ministro plenipotenciario en Roma; D. Leonardo de Terán, Ministro cerca de la República Ligura, y Don N. Vallejo, Intendente de Ciudad-Real; lujo desmedido de cancillería que no bastaba á encubrir ni á reparar la flaqueza real del Gabinete que les enviaba (1). Impacientóse el primer Cónsul con la tardanza indispensable que tan pomposa Embajada, compuesta de personas procedentes de países lejanos, debia traer en las operaciones del Congreso de Amiens, y con su habitual prepotencia llamó á Azara; le dijo que partiese sin demora para aquella ciudad, á fin de que el Tratado quedase prontamente concluido. No tenía el Embajador órdenes ni poderes del Rey, y así se negó á contravenir á sus obligaciones. Pero el primer Cónsul no desistió por eso de su pensamiento. Habituado á mirar al Gobierno español como servidor, á las veces mal contento, pero siempre temeroso y obediente, hizo que

(1) Este lujo parecía á la verdad pobreza, en cotejo con el de las otras Legaciones. La Embajada francesa en Amiens contaba *diez Secretarios*.

Azara despachara un correo á Madrid, pidiendo á nombre suyo que el Rey mandase á este Embajador pasar á Amiens inmediatamente á firmar la paz con Inglaterra al mismo tiempo que lo hiciese la Francia; declaró que no admitiría la Embajada del Conde de Campo de Alange, como demasiado tardía, y que si al cabo de quince días no volvía el correo con esta resolución, estaba resuelto á firmar él mismo la paz de España á nombre del Rey. Hízose en Madrid lo que pedía el Cónsul, y Azara se presentó en el Congreso de Amiens.

Después de firmados los preliminares de paz con Inglaterra, salieron de Brest una fuerte escuadra y un ejército crecido para recobrar la isla de «Santo Domingo.»

No aguardó el Cónsul á que se formalizase el Tratado definitivo entre Inglaterra y Francia, para hacer salir de los puertos de la República una fuerte expedición naval contra los negros de la isla de Santo Domingo. Después del alzamiento de éstos contra los blancos, aquella isla había padecido cuantos desórdenes y horrores son imaginables; pero al cabo de muchas vicisitudes, el mando general de ella había venido á parar á manos del negro Toussaint Louvertoure, el cual, astuto y circunspecto, concibió un plan de legislación, conveniente para asegurar su poder. Al intento convocó una *Asamblea central*, compuesta de Diputados de cada una de las Municipalidades en que había dividido la isla, y le dió el encargo de formar una Constitución. Por lo que respecta á la autoridad de Toussaint, no tuvo por oportuno decir que era independiente, por más que estuviese bien resuelto á gobernar sin intervención de la Francia. Pero Bonaparte no era hombre que se dejase engañar por las reticencias, ambiguedades y amaños del General negro. Al punto que estuvieron firmados los preliminares de paz con Inglaterra, activó todos los preparativos para la salida de Brest de una fuerte escuadra y de un numeroso ejército destinado á conquistar aquella rica y feraz colonia, cuya pérdida era tan sentida en Francia. Muy lejos hubiera estado por cierto el Cónsul de aventurar expedición tan considerable, á no haber tenido el beneplácito de la Inglaterra para ello; pero los ingleses no tuvieron inconveniente en permitir que la Francia intentase la reducción de su antigua colonia, y aun prometieron que cooperarían á ella si fuese necesario (1). La cesión de la parte española á la República, convenida por el Tratado de Basilea, que la Inglaterra rehusó reconocer hasta entonces, había merecido al fin su aprobación desde que por los preliminares de Londres se vió ella misma en posesión de la isla de la Trinidad. En cuantas negociaciones hubo antes de este ajuste, la Gran Bretaña se apoyó siempre para negar su consentimiento en uno de los artículos del Tratado de Utrecht, por el que España se obligó á no ceder ni enajenar parte alguna de sus posesiones de Indias, y se rehusó constantemente á reconocer la cesión de la parte española de la isla de Santo Domingo á la República francesa, á menos que en compensación no lograse también ella alguna isla ó territorio equivalente en aquellas regiones. La Trinidad satisfacía completamente sus deseos. Esa fué la causa por que convino con la Francia en que saliese su expedición para posesionarse de la isla de Santo Domingo. La sumisión de los negros era, por otra parte,

(1) Carta de Azara á D. Pedro Cevallos.

objeto de utilidad general, y en ello ganaba también la Inglaterra. Bonaparte dió el mando de las tropas de tierra al General Leclerc, su cuñado; la armada fué á las órdenes del Almirante Villaret Joyeuse. Cinco navíos españoles y una fragata formaron la división auxiliar del Rey de España, bajo el mando del General Gravina, es á saber: el navío *Neptuno*, capitán D. Cayetano Valdés; el navío *Guerrero*, capitán D. Vicente Julián; el navío *San Francisco de Paula*, capitán Don Agustín Figueroa; el navío *San Pablo*, capitán D. Bernardo Muñoz; el navío *San Francisco de Asís*, capitán D. José Meléndez; la fragata *Soledad*, capitán D. José Quesada; el bergantín *Vigilante*, capitán D. Diego Butrón (1).

España quiso libertarse de la cooperación de sus navíos á la expedición, por creer terminada ya la alianza; pero Bonaparte amenazó seriamente, y fué menester ceder.

Hiciéronse en Madrid vanos esfuerzos para libertarse de prestar este servicio, al cual no parecía que España estuviese ya obligada, por haber puesto fin los preliminares de paz con Inglaterra, así al Tratado de alianza con Francia de 1796, como al *convenio marítimo* firmado pocos meses había por el Principe de la Paz y Luciano Bonaparte. En vez de emplear la escua-

(1) El General Gravina era de grado más antiguo que el Almirante francés; mas no pudiendo tomar el mando de la expedición, confiada a éste por el Gobierno consular, ni tampoco servir en concepto de subalterno, se adoptó el término medio de que Gravina mandase la división española con el título de *escuadra de observación*, del mismo modo que se practicó en otro tiempo en la reunión de la escuadra española al mando del General Córdova con la francesa á las órdenes del Conde d'Orvilliers.

dra española de Brest en expediciones lejanas, que ninguna cuenta traían al reino, el Rey ansiaba por hacerla venir á los puertos de España, poniendo así fin á los crecidos gastos que habia ocasionado su larga é inútil permanencia en Francia, porque, como dejamos ya insinuado, fué surtida dicha escuadra por contratas hechas con proveedores franceses, y se cumplieron en esta parte los Tratados religiosamente; no así el Gobierno consular, que envió á España un ejército francés para invadir á Portugal, y obligó al Rey á que le mantuviese á sus propias expensas, contra lo dispuesto formalmente en los convenios entre ambos Gabinetes (1). Bonaparte contestó con el más insolente descaro á las observaciones en que la Corte de Madrid se apoyaba para quedar libre de sus anteriores empeños, diciendo que si el Embajador Azara no daba las órdenes para que los cinco navíos salieran de Brest y se reunieran con los del Almirante Villaret, mandaría él mismo apoderarse de ellos y servirse como le pareciese, ni permitiría tampoco que saliesen de dicho puerto los diez navíos españoles restantes; avilantez que el Gobierno de Madrid aguantó con su natural menguada resignación. El resto de la escuadra permaneció en Brest á las órdenes del General D. Juan Villavicencio.

El número de buques que la componían era el siguiente: el *Reina Isabel*, capitán D. José Arambúrez; el *Príncipe de Asturias*, capitán D. Francisco Uriarte; el *Concepción*, capitán D. José de Rojas; el *Mejicano*, capitán D. José Gardoqui; el *Bahama*, capitán Don

(1) Por fin, a instancias del Rey se nombraron Comisarios de ambas naciones para liquidar el importe de los suministros hechos al ejército francés.

Francisco Vázquez Mondragón; el *San Joaquín*, capitán D. Marcelo Spinola; el *San Telmo*, capitán Don Francisco Moyna; el *Nepomuceno*, capitán D. Joaquín Gómez Barreda. El *Conquistador* y el *Pelayo* fueron entregados á la República. La fragata *Perla*, capitán D. José Quesada; la fragata *Atocha*, capitán D. Salvador del Castillo; el bergantín *Descubridor*, capitán D. Juan Coronado.

Aunque el Gobierno de Madrid no tuviese la fortaleza necesaria para sacudir el yugo de la tiranía de Bonaparte, como no la tuvo tampoco en tiempos anteriores para resistir al Directorio, muy menos de temer que este caudillo, no por eso dejaba de reconvenir agriamente al Embajador Azara porque consentía en las imperiosas voluntades del Cónsul, como si el representante del Rey hubiese de tener mayor influjo y resolución que su propio Soberano, ó como si el trato antiguo y amistoso entre Azara y Bonaparte pudiera bastar á contener la impetuosa ambición y prepotencia de éste. El Gabinete de Madrid, no solamente se mostraba en ello débil, sino también injusto hacia uno de sus principales y más entendidos agentes.

Restablecimiento del culto católico en Francia.—Concordato entre el Sumo Pontífice Pío VII y el primer Cónsul francés.

Por más que la dependencia de la voluntad del Cónsul fuese penosa para nuestro Gobierno, no dejó de haber algunas consideraciones que le ayudaron á sobrellevarla. Del buen régimen que Bonaparte establecía en Francia, no podían menos de seguirse resultados ventajosos para la paz y bienestar de los demás Estados de Europa, y señaladamente de España. Veíasele dar cada día algún paso hacia el restablecimiento de la autoridad con aplauso universal del pueblo francés, que estaba ansioso de borrar de sus anales, si era posible, la memoria de aquellos amargos días de delirios y desórdenes anteriores á la magistratura consular. Bonaparte penetró al punto, con su natural perspicacia, la conformidad que había entre los intereses verdaderos de la Francia y los designios de su ambición personal; porque se ha de confesar que si fueron grandes en verdad las facultades intelectuales de este hombre extraordinario, y si hizo servicios eminentes al orden público, la restauración social de la Francia se debió no tanto á su capacidad como al horror que dejó en los ánimos la era lamentable de los excesos revolucionarios. Quien intentase poner á la nación á cubierto de iguales trastornos en lo venidero, valiéndose de medios eficaces para conseguirlo, podía estar seguro, no solamente de la obediencia de los franceses, sino también de su gratitud, y hasta del reconocimiento de los demás pueblos. He dicho de *los demás pueblos*, porque todos los Estados de Europa se estremecieron á vista de las bacanales sangrientas de la libertad francesa, y todos temieron que viniese á descargar sobre ellos algún día la furiosa tempestad que veían devastar á un reino hasta entonces poderoso y culto. Por tanto, aun cuando no prorrumpiesen en aclamaciones ni rindiesen públicamente aplausos al que restablecía los fundamentos de la sociedad civil, no hubo entre ellos ninguno que no viese en esta política del Cónsul un beneficio insigne hecho á la causa de la humanidad. Sobre todo en España, pais de antiguas y firmes creencias, en donde escandalizaron tanto así la impiedad sanguinaria de los tiranos populares de Francia, como sus atentados contra el Rey y contra las instituciones monárquicas, fué admirado más vivamente todavia el héroe que derrocaba al monstruo de la anarquía con tan bizarro denuedo. Con placer le veía Carlos IV restablecer un trono para sus hijos en Italia y levantar al mismo tiempo los altares en Francia. Satisfacción increíble tuvo este Monarca al saber el modo con que Bonaparte se declaró por entonces protector de la Iglesia católica. El Directorio había ya mandado abrir los templos; pero aquel Gobierno débil no inspiraba confianza. Por otra parte, permitir meramente el culto sin restituirle su decoro y esplendor, sin proveerle de Ministros ni asegurar la subsistencia de éstos, era una providencia estéril, por no decir irrisoria. Bonaparte, conociendo la importancia de poner á su Gobierno bajo la salvaguardia de la Religión, entabló negociaciones con el Sumo Pontífice á fin de arreglar todo lo conveniente al culto. Alborozóse el Santo Padre al ver que amanecían dias de bonanza para la Iglesia, tras del horroroso temporal de las pasadas persecuciones, y sin perder instante puso mano á la obra que solicitaba el Cónsul. Con sensatez muy loable se dieron al olvido en Roma los públicos obsequios hechos en Egipto por el General Bonaparte á la religión de Mahoma, y en muy breve tiempo quedó concluido un Concordato.

Luego que el convenio entre las dos autoridades, eclesiástica y secular, estuvo revestido de las formalidades acostumbradas en semejantes actos, se convocó extraordinariamente el Cuerpo legislativo de Francia; y congregados que fueron sus miembros, se presentaron ante él los oradores del Gobierno para dar cuenta de lo convenido entre el Papa y el primer Cónsul de la República francesa. Al traer á la memoria los delirios y crímenes de este pueblo en los años precedentes, sirve de consuelo el ver cómo el irresistible imperio de la verdad le vuelve á traer poco á poco al buen camino, y en qué manera las nociones necesarias al bienestar de los hombres prevalecen por fin sobre los paralogismos y sofisterías de los mentidos fiilósofos. ¿Qué satisfacción no se experimenta al oir proclamar otra vez en Francia los principios de nuestra creencia después de aquel torbellino de errores religiosos, morales y políticos que amenazaban acabar con el orden social, desvanecer toda esperanza de civilización en tan hermoso país? Uno de los oradores del Gobierno, el ciudadano Portalis, expuso á la Asamblea consideraciones tan sublimes y justas en esta ocasión, que, en loor de su nombre y en provecho de los pueblos, conviene recordar aquí.

Sublimes consideraciones presentadas por M. Portalis, orador del Gobierno.

«Nacemos, dijo, en sociedades antiguas, en las que hallamos ya un Gobierno, instituciones, leyes, costumbres y máximas reconocidas; y sin detenernos á examinar la conexión que pueda haber entre estas cosas; sin considerar el orden con que se han establecido, ni el influjo que hayan tenido en nuestra cultura y costumbres, ufános con los conocimientos que hemos adquirido, engreídos con el estado de perfección á que hemos llegado, nos imaginamos que, sin perjuicio ninguno de la utilidad común, podremos renunciar en lo sucesivo á todo lo que llamamos *preocupaciones añejas,* y olvidar de una vez lo que nos ha hecho cultos. De ahí viene la indiferencia con que nuestro siglo mira las cosas de religión y todo cuanto no tiene conexión inmediata con las ciencias, artes, industria, comercio, etc. Muy de celebrar son, por cierto, los descubrímientos de los tiempos modernos; pero aun concediendo que llevamos ventajas á los antiguos, y que sea mayor en nuestros días la perfección de la especie humana, todo hombre sensato habrá de confesar que ninguna sociedad civil puede subsistir sin moral, sin magistrados, sin leyes. ¿La utilidad, la necesidad de la Religión, de dónde provienen sino de que es imposible que los hombres vivan unidos entre sí sin moral? ¿No es tan esencial á la inteligencia humana la idea de un Dios legislador, como lo es al mundo físico la de un Dios criador, primer móvil de las causas segundas? ¿El ateo que no ve plan ninguno en el universo y que sólo usa de su razón, al parecer, para ponerlo todo en manos de una ciega fatalidad, predicará por ventura con fruto reglas de costumbres, cuando con sus falsas doctrinas haya agotado el manantial de todas las buenas acciones?....

»Las leyes y la moral no alcanzan por sí solas á hacer que el hombre obre bien. Aquéllas dan reglas solamente para algunas acciones, la religión las abraza todas; las leyes gobiernan los brazos, la religión mueve y encamina el corazón; las leyes hablan únicamente al ciudadano, la religión habla al hombre. ¿De qué serviria que la moral estuviera relegada allá en la región de las ciencias, si los maestros de la religión no la popularizasen para hacerla entender á todos? La moral, no dictando preceptos positivos, dejaría sin regla á la razón; y careciendo de dogmas religiosos, no sería más que una justicia sin tribunales. Y cuando hablamos de la fuerza de las leyes, ¿sabemos bien lo que decimos, y que consiste no tanto en su conveniencia como en su poder? La conveniencia, por sí sola, fuera siempre asunto de controversia. Más duradera, mejor recibida será la ley cuando sea buena, sin duda ninguna; pero su mayor mérito está en ser ley, es decir, en no ser un raciocinio, sino una decisión; no una simple tesis, sino un hecho. Por consiguiente, la moral religiosa que se expresa por preceptos formales, lleva consigo una fuerza que no puede tener la moral filosófica, porque á la muchedumbre le hace mayor impresión lo que le mandan que lo que le demuestran. Los hombres han menester fijarse en alguna cosa, y antes necesitan reglas que demostraciones.

»Hay una religión natural, cuyos dogmas y preceptos llegaron á traslucir los sabios de la antigüedad, para cuyo descubrimiento bastan las solas fuerzas de la razón; mas ¿una religión puramente intelectual y abstracta podrá hacerse nunca popular? ¿No decaería prontamente una religión sin culto público? ¿No encaminaria infaliblemente á la muchedumbre hacia la idolatría? En buena hora que se haya de juzgar del culto por la doctrina; ¿pero no se habrá de conservar también la doctrina por el culto? ¿Cómo habría de hablar á los corazones una religión que no hablase á los ojos y á la imaginación? Faltando un vínculo que uniese á los que profesan la misma creencia, ¿no habria tantos sistemas religiosos como personas al cabo de pocos años?

»Constantemente han manifestado los sabios y filósofos de todas las edades el loable deseo de enseñar solamente lo bueno y lo razonable. ¿Pero están conformes sobre lo que haya de entenderse por esas palabras? ¿Hay acuerdo entre los que han tratado y tratan en el día de los dogmas de la religión natural? ¿No tiene cada cual su opinión y su sistema? Desde la admirable obra de los *oficios* del Cónsul romano, ¿qué descubrimiento se ha hecho en la moral que se haya debido únicamente á los esfuerzos de la ciencia humana? ¿Han ocurrido menos dudas en la metafísica después de las disertaciones de Platón? Si hay algo en que todos convengan sobre la existencia y unidad de Dios, sobre la naturaleza del hombre y su destino, ¿no son cabalmente los dogmas de los que profesan un culto y están hermanados con los vínculos de la religión positiva?

»Los Gobiernos tienen, pues, interés en proteger las instituciones religiosas, así porque la conciencia interviene por ellas en todas las acciones de la vida, como porque la moral y las grandes verdades que la sancionan y apoyan, no parten del espíritu de sistema y son objeto de la creencia pública. Añádase que por ellas la sociedad entera queda bajo la salvaguardia del Autor de la naturaleza. Los Estados deben maldecir la superstición y el fanatismo, sin la menor duda; mas ¿quién no sabe lo que sería una nación de escépticos y de ateos? Es verdad que el fanatismo de Muncero, cabeza de los Anabaptistas, fué más funesto á los hombres que el ateísmo de Spinosa; es cierto también que algunas naciones, llevadas del fanatismo, se han dado de tiempo en tiempo á excesos y horrores que estremecen. Pero la cuestión sobre la preferencia entre la religión y el ateísmo, no consiste en saber si ha habido casos en que un fanático haya sido más perjudicial que un ateo, ni en determinar si en tal ó cual coyuntura no valiera más que una nación fuese atea que supersticiosa, sino en saber si en todos tiempos y respecto á los hombres en general no vale más que los hombres abusen alguna vez de la religión que no el que no tengan ninguna. *Efecto inevitable del ateísmo,* dice un grande hombre, *es conducirnos á la idea de nuestra independencia y, por consiguiente, de nuestra rebelión.* ¡Qué escollo éste para todas las virtudes que son indispensables al orden social!

»El escepticismo del ateo aísla á los hombres otro tanto como la religión los hermana; los hace ser no tolerantes, sino perturbadores; rompe todos los vínculos que nos unen á los otros; sacude lejos de sí todo lo que le sujeta é incomoda, y desprecia todas las creencias; apaga la sensibilidad; ahoga todos los afectos espontáneos de la naturaleza; fortalece el amor propio y le convierte en egoismo adusto; arma las pasiones y no tiene fuerzas contra los errores; no estableciendo sistema ninguno, da á cualquiera la facultad de crear el que se le antoje; sin esclarecer á los hombres, los llena de engreimiento; abre el camino para todos los vicios por medio de sus opiniones licenciosas; marchita las almas; rompe todos los vínculos, y, en una palabra, destruye la sociedad.....

»Las ideas religiosas son las que han contribuido á la civilización del mundo más que ninguna otra cosa, pues siendo sociables por nuestros afectos aún más que por nuestras ideas, ¿no es claro que los primeros legisladores se propusieron moderar y dirigir las pasiones y afectos humanos por medio de las ideas religiosas? Las leyes de Minos, las de Zaleuco, las de las Doce Tablas se fundan en el temor de los Dioses. Cicerón establece la Providencia como base de todas las legislaciones en su *Tratado de las leyes;* Platón recurre á la divinidad en cada una de las páginas de su escritos; Numa hizo á Roma ciudad sagrada para que fuese ciudad eterna. No se estableció la religión en Roma por superstición ni por fraudes religiosos, sino por la necesidad que experimentan todos los pueblos de tener creencias.

»Lo repito en beneficio de mi patria y para el bien de la edad presente y de las venideras: el escepticismo, el espíritu de irreligión, convertidos en sistema político, raya en barbarie mucho más de lo que se cree. Quítese la religión, y los hombres no reconocerán ni patria ni sociedad, pues cuando se ven independientes sólo se sienten con fuerzas para abusar de su libre albedrío.

»El Gobierno no podía, pues, dudar ni por un instante acerca del principio general que le había de servir de regla en los asuntos religiosos, como ni tampoco á cuál de las religiones conocidas debería dar la preferencia.

»Cuando se estableció el cristianismo, el mundo tomó un aspecto nuevo, porque los preceptos del Evangelio anunciaron la moral verdadera al universo; por sus dogmas, las naciones, ya convertidas al cristianismo, vieron con satisfacción que su religión vengaba á la divinidad y á la razón humana de la humillación que llevaban consigo las groseras supersticiones de los pueblos idólatras. Y como, por otra parte, el cristianismo juntase con las verdades espirituales que son objeto de su enseñanza, las demás ideas sensibles que encierra su culto, fué extremada la afición de los hombres á la nueva religión, que hablaba á un mismo tiempo á la razón y á los sentidos. Notado está por todos los escritores el provechoso influjo que tuvo la religión cristiana en las costumbres de Europa y de las demás regiones adonde penetró: si es verdad que el descubrimiento de casi todo el universo sea debido á la brújula, también lo es que las mejoras y adelantamientos de la vida social son debidos al cristianismo.»

Concordato entre el Papa Pío VII y el primer Cónsul.

Después de otras consideraciones, el orador pasó á demostrar que el catolicismo era la religión de la mayor parte de los franceses, y que siendo el Papa Cabeza de la Iglesia y centro de unidad de ella, el primer Cónsul había debido tratar del restablecimiento del culto, y ajustar un convenio con él, no como potentado politico, sino como Jefe de la religión. El Concordato fué firmado en París, el 15 de Julio de 1801, por el Cardenal Hércules Cousalvi y Carlos Caselli, en nombre de la Santa Sede, y por José Bonaparte y Carlos Cretel, Consejeros de Estado, y el Abate Bernier, Cura de Saint-Laud de Angers, en el de la República. Los principales articulos fueron los siguientes: 1.º Se profesará libremente en Francia la religión católica apostólica romana; su culto será público, conformándose á los reglamentos de policía que el Gobierno creyese necesarios para la tranquilidad general. 2.º Se hará por la Santa Sede, de acuerdo con el Gobierno, un nuevo señalamiento de diócesis francesas. 3.º Su Santidad declara á los titulares de los Obispados franceses (1) que espera de ellos con firme confianza, por el bien de la patria y de la unidad, toda suerte de sacrificios hasta el de sus Sedes. Si después de esta exhortación se negasen á hacer el sacrificio recomendado por el bien de la Iglesia (lo que no cree Su Santidad), se proveerá por medio de nuevos titulares el gobierno de los Obispados de la nueva demarcación, en la manera siguiente. 4.º

(1) Los que no habian querido jurar la *Constitución civil del clero.*

El primer Cónsul de la República nombrará, en los tres meses siguientes á la publicación de la Bula de Su Santidad, para los Arzobispados y Obispados de dicha demarcación. Su Santidad conferirá la institución canónica según la forma establecida con respecto á Francia antes de la mudanza de Gobierno. 5.º Los nombramientos de los Obispados que en adelante vacaren serán igualmente hechos por el primer Cónsul, y la institución canónica será dada conforme al artículo precedente. 6.º Los Obispos, antes de ejercer sus funciones, prestarán directamente en manos del primer Cónsul el juramento de fidelidad que era de uso antes de la mudanza de Gobierno, expresado en los términos siguientes: «Juro y prometo á Dios, sobre los Santos Evangelios, guardar obediencia y fidelidad al Gobierno establecido por la Constitución de la República francesa. También prometo no tener inteligencia, ni asistir á ningún Consejo, ni mantener liga ninguna, interior ni exteriormente, que sea contraria á la tranquilidad pública; y si en mi diócesis ú otra parte se maquina alguna cosa en daño del Estado, lo pondré en noticia del Gobierno.» 7.º Los eclesiásticos de segundo orden prestarán el mismo juramento en manos de los Magistrados civiles nombrados por el Gobierno. 8.º En todas las iglesias católicas de Francia se recitará al fin del oficio divino la fórmula de oración siguiente: *Domine, salvam fac Republicam: Domine, salvos fac consules.* 9.º Los Obispos harán nueva demarcación de las parroquias de su diócesis, la cual no tendrá efecto sin previo consentimiento del Gobierno. 10. Los Obispos nombrarán los Curas, y no podrá recaer su elección sino en sujetos aprobados por el Gobierno. 11. Los Obispos podrán tener un Cabildo en su Catedral y un Seminario para su diócesis, sin que el Gobierno se obligue á dotarlos. 12. Todas las Iglesias metropolitanas, catedrales, parroquiales y otras no enajenadas, necesarias al culto, se entregarán á disposición de los Obispos. 13. Su Santidad, por el bien de la paz y el feliz restablecimiento de la religión católica, declara que ni él ni sus sucesores turbarán en manera alguna á los poseedores de bienes eclesiásticos enajenados, y que, en consecuencia, quedarán inalterables en sus manos, ó de los que hagan sus veces, así la propiedad de estos mismos bienes, como los derechos y rentas anejas á ellos. 14. El Gobierno asegurará un situado conveniente á los Obispos y á los Curas cuyas diócesis y parroquias estuviesen comprendidas en la nueva demarcación (1). 15. También tomará el Gobierno providencias para que los católicos franceses puedan hacer, si quieren, fundaciones en favor de las iglesias. 16. Su Santidad reconoce en el primer Cónsul de la República francesa los mismos derechos y prerrogativas de que gozaba el antiguo Gobierno con respecto á la autoridad eclesiástica. 17. Dado caso que alguno de los sucesores del Cónsul actual no fuese católico, las dos partes contratantes convienen en que los derechos y prerrogativas mencionados en el artículo anterior, y el nombramiento para los Obispos, se arreglarán por un nuevo convenio.»

Tras de estas disposiciones generales, venian muchos títulos reglamentarios que abrazaban todas las relaciones entre el clero católico y la República, es á saber: Título 1.° Del gobierno de la Iglesia católica con

---

(1) Por artículos posteriores, el situado de los Arzobispos fué de 15.000 francos, el de los Obispos de 10.000, curas de primera clase 1.500 francos, y 1.000 los de la segunda. Después ha habido nuevos arreglos y disposiciones.

respecto al Estado. 2.º De los Ministros de la religión. 3.º Del culto. 4.º De la demarcación de los Arzobispados, Obispados y feligresías; de los edificios destinados al culto, y del situado de los Ministros.—Artículo reglamentario sobre los cultos protestantes.—Cada uno de estos títulos encerraba un gran número de artículos.

«Te Deum» en la Iglesia metropolitana de París, á cuya ceremonia asistió el primer Cónsul y todas las autoridades superiores.

Para dar á convenio tan memorable la solemnidad que merecía, el primer Cónsul dispuso que se cantase el *Te Deum* en la Iglesia metropolitana de París, con asistencia de todas las autoridades civiles y militares, presididas por él, sellando, por decirlo así, con homenaje á la religión, tan público y respetuoso, lo prometido en el Concordato. Grande y majestuosa fué la pompa de esta solemnidad. El pueblo de París, testigo de las continuas diatribas y ultrajes contra Dios y sus Ministros por espacio de algunos años, tuvo por fin delante de la vista el espectáculo consolador de su primer Magistrado seguido de los principales agentes del Gobierno, yendo á prosternarse ante los altares á reconocer así la suprema autoridad del Criador del universo. Que hubiese quizá en el Concordato como en este testimonio de piedad cálculo bien meditado de interés político ó personal por parte del Cónsul, no hay por qué dudarlo, pues por este medio se fortalecía más y más su poder; mas como en las acciones humanas, y sobre todo en las grandes determinaciones políticas, no hayan de tenerse presentes los fines particu-

lares y ocultos, ni deba considerarse más que el bien
ó el mal que resulten de ellas, esta restauración religiosa puede tenerse por uno de los más eminentes servicios que hiciese Bonaparte á la nación francesa y á
la Europa toda. Desventura grande fué por cierto que
la pasión del Cónsul por la guerra y la desmedida ambición que siempre le aquejó no le hubiesen permitido
gozar en paz por largos años del fruto de tan sabia
providencia. Para realzar aún más el mérito contraído por el Cónsul en esta ocasión, es justo decir que el
error contaba todavía entonces en Francia, bajo sus
banderas, crecido número de prosélitos. Tantos años
de irreligión triunfante y de escarnio continuo de las
creencias habían llegado á entronizar, por decirlo así,
el escepticismo entre algunas clases de la sociedad, las
cuales no vieron con placer el movimiento retrógrado
á las ideas proscriptas por ellas. El Embajador Azara
refiere que en el acto mismo de cantarse el *Te Deum*,
á que asistió Napoleón, estuvieron presentes muchos
Generales y Oficiales que de palabra, ó por señales y
demostraciones, se mofaban de la ceremonia misma á
que asistían contra su voluntad. El Cónsul no ignoraba estos pasajeros desahogos; pero no los compri-
mía, porque estaba cierto de que la reflexión desvane-
cería por fin en los ánimos aquellas deplorables preocupaciones, nacidas y propagadas en los años anteriores. Así ha sucedido, con efecto, en gran parte. Á Dios
sólo es dado saber si la verdadera creencia se halla
más extendida hoy en Francia que lo estaba en aquel
tiempo; pero lo que vemos todos los días es que el respeto exterior á la religión y á sus Ministros crece visiblemente; y ya sea por convencimiento interior, ó
ya sea por respeto meramente humano, los principios
religiosos tan convenientes para la felicidad de los in-

dividuos como para la paz y el bienestar de los pue—
blos, se propagan y fortalecen entre los franceses.
Para el primer Cónsul Bonaparte será siempre título
de gloria muy verdadero haber adelantado y promo—
vido esta obra de reparación moral en cuanto estuvo
de su parte.

FIN DEL TOMO XXXIV
Y SEXTO DE ESTA HISTORIA.

ÍNDICE GENERAL ALFABÉTICO.

A

ABAD Y LASIERRA (D. Manuel).—II. 224.—IV. 154.

ABADIE (M. d') —VI. 66.

ABRANTES (La Duquesa de), Madame Junot.—I. 61.

ACTON, primer Ministro de Fernando IV de Nápoles.—V. 47, 48, 54.

ACUÑA (D. Pedro de).—I. 225.

ADORNO (D. José de).—I. 113.

AGUIRRE Y VILLALBA (D. Juan de).—I. 113.

AIGUILLON (El Duque d').—I. 82.

ALAVA (D. Ignacio María de). — I. 113.

ALBA (El Duque de).—IV. 139.

ALBALAT (El Barón de).—VI. 191.

ALBERCOMBRI (El General).—III. 206, 207, 208.—VI. 174.

ALBERONI (El Cardenal).—I. 219.

ALEJANDRO I, Emperador de Rusia. —VI. 197, 199, 201, 203, 204.

ALMENARA (El Marqués de).—II. 200. —VI. 187.

ALMODÓVAR (Duque de).—II. 204.

ALQUIER (El ciudadano).—VI. 74.

ALTAMIRA (El Conde de).—III. 74.

ALVAREZ DE FARIA (Doña María Antonia), madre de D. Manuel Godoy.—II. 48.

ALVINCI (El General).—III. 161, 163, 164, 165, 166, 177, 179, 180, 181, 214.

ALLENDE (D. José).—II. 139, 140.

AMARILLAS (El Marqués de las).— II. 136, 137.

AMAT (D. Felipe).—IV. 170.

AMAT (D. Félix).—V. 27.

ANDRÉS (Sebastián).—II. 156.

ANDUAGA (D. José), Secretario del Consejo de Estado.—II. 204, 217, 218, 224, 225.

ANGIOLINI (El caballero) —IV. 54, 55.

ANGULO (D. Ramón).—V. 11.

ANSON (Jaime).—I. 107.

ANTONELLI (El Cardenal).—V. 176.

ANTONIO (El Infante D.)—I. 12, 224. —III. 50.—V. 171.

ANTONIO PASCUAL (El Infante D.)— III 91.

APODACA (D. Sebastián de).—I. 113.

ARACENA (El Príncipe de), Conde de Altamira.—III. 74, 75.

ARAMBÚREZ (D. José).—VI. 223.

ARAMBURU (D. José).—V. 201.

ARANDA (El Conde de) —I. VII, VIII, 214, 217, 222, 225, 226, 227, 229, 234, 235, 236, 238, 240, 273, 276, 279.—II. 36, 37, 38, 39, 40, 41, 42, 51, 85, 86, 98, 202, 203, 204, 205, 214, 215, 217, 222, 230, 231, 232, 235, 239, 240, 241, 242, 243, 245.— III. 104.—IV. 120.—VI. 113, 114.

ARAUJO (El correo de gabinete).— III. 25, 26, 53.

ARAUJO DE ACEVEDO (El caballero).— IV. 11, 12, 16, 19, 20 —VI. 173.

ARIAS MONTANO (Benito).—IV. 133.

ARION (El Duque de).—II. 96.

ARISTIZÁBAL (D. Gabriel).—I 112.— II. 149.

ARLÉS (El Arzobispo de).—II. 13.

ARTAUD (M. d').—V. 179.

ARTOIS (El Conde de).—I. 140, 143, 144, 145, 150, 178, 181.

ASTORGA (El Marqués de).—II. 204.

AUGEREAU (El General).—II.137, 249 —III. 120, 121, 230.—IV. 101.— VI. 62.

AUTRÁN (D. Pedro).—I. 113.

AZANZA (D. Miguel José de).—IV. 110.

AZARA (D. Félix de).—VI 188.

AZARA (D. Jose Nicolás de).—I. VIII. —II. 199.—III. 134, 135, 136, 137, 138, 139, 142, 143, 145, 150, 151, 158, 188, 194.—IV. 44, 78, 82, 102, 122, 123, 126, 187, 188.—V. 21, 42, 44, 68, 84, 85, 87, 88, 90, 93, 94, 104, 151, 152, 153, 163, 174, 181, 190, 193, 194, 195, 196, 202 —VI. 37, 135, 136, 138, 143, 147, 156, 179, 181, 182, 183, 186, 187, 188, 205, 216, 218, 219, 220, 221, 223, 224, 237.

B

BAILLY (M. de).—I. 74.

BAJAMAR (El Marqués de).—II. 231. —IV. 142.

BAÑOS (El Duque de).—IV. 139.

BARBE-MARBOIS (M.)—VI. 66, 68.

BARDAJÍ (D. Eusebio de).—VI. 25.

BARNAVE (M. de). — I. 76, 154, 155, 159.

BARRÁS (El Director).—II. 105, 184. —III. 230.—IV. 19, 91, 167.—V 36. —VI. 88.

BARRÉRE (M de).—II 61.

BARRINGTON (El Almirante).—I. 116.

BARROETA Y ALDAMAR (D Joaquín).— II. 251.—III 50, 70.

BARTHÉLEMY (El ciudadano Francisco).—III. 25, 26, 30, 32, 33, 35, 36, 37, 45, 49, 54, 229.—V. 36, 37.— VI. 68.

BASURTO (D. Antonio).—I. 114

BAUSÁ (D. Felipe).—II. 153.—IV. 157.

BEAUHARNAIS (El General).—II. 124. —III. 122.

BEAUHARNAIS (Josefina). — VI. 142, 148, 150.

BEAULIEU (El General).—II 127.— III. 123, 129.

BEAUVAN (Mme de).—II. 20.

BEAUVAIS (El Obispo de).—II. 14, 15.

BEGUELIN (M.)—I. 260.

BEIRA (La Princesa de).—III. 91.

BELMONTE (El Príncipe de) —III. 133, 136.

BERENGUELA (La Reina Doña).—I. 16.

BERNARDOTTE (El General).—III. 215. —IV. 85, 163, 164, 165.

BERNIER (El Abate).—VI. 29, 233.

BERTHIER (El General Alejandro).—

III. 183.—IV. 56, 57, 63, 70, 73.— VI. 75, 76, 78, 83.

BERTHIER DE LAVIGNY (M.)—I. 75.

BESENVAL (El Barón de).—I. 79.

BETANCOURT (D. Agustín de).—I. 239.

BEURNONVILLE (El General).—II. 28

BILLAUD DE VARENNES.—II. 160.

BISCHOFSWERDER (El Barón de) —I. 181, 232, 252.

BLUMENDORF (M. de).—I. 248.

BOISSY D'ANGLAS.—III 20, 22, 59.

BOLTON (M.)—I. 239.

BONAPARTE (Luciano).—VI. 105, 106, 107, 110, 111, 139, 143, 151, 152, 153, 155, 164, 175, 177, 184, 222.

BONAPARTE (Luis).—IV. 150.—VI. 96, 97.

BONNEUIL (Mme. de).—VI. 53.

BONOLA (El Abate).—V. 172.

BORBÓN (El Duque de).—I. 256

BORJA (D. Francisco de).—I. 112, 114, 115, 118.—II. 104.

BOUILLÉ (El Marqués de).—I. 150, 151, 152, 154, 173, 176, 179, 181, 253, 254, 256.

BOULIGNY (D. José).—IV. 181, 182, 187.—VI. 14, 15, 24, 25, 39.

BOULIGNY (D. Juan de).—I. 148.

BOURGOING (M. de).—I. 211, 212, 213, 236, 237.—II. 39, 40, 41, 82, 83.— III. 18, 19, 24, 27.

BOURRIENNE (M.)—VI. 21.

BOUTELOU (D. Esteban).—IV. 144.

BRASIL (La Princesa del).—VI. 184, 185.

BRENNER (El Conde de).—I. 260.

BRETEUIL (El Barón de).—I. 138.

BREZÉ (El Marqués de).—I. 66.

BRIDPORT (El Almirante).—IV. 199.

BRIENNE (M. de), Arzobispo de Tolosa.—I. 49, 50.

BRISSOT (El ciudadano).—II. 120.

BROUSSAIS (El Dr.)—VI. 114.

BRUEYS (El Contralmirante).—IV. 161, 169, 176, 178.

BRUIX (El Almirante) —V. 193, 199, 205, 207, 210, 211, 212, 213, 214 — VI. 9, 87, 88, 97.

BRUNE (El General).—V. 72, 148.

BRUNSWICK (El Duque de).—I. 248, 249, 253, 254, 256, 259, 262, 264, 269, 272.—II. 26, 27, 28, 29, 31, 34, 35, 128

BURNE (El General).—V. 38.

BUSTILLO CUEVA (D. Fernando).—V. 204.

BUTE (Lord).—III. 81.

BUTRÓN (D. Diego) —VI. 222.

C

CABALLERO (D. Jerónimo).—II. 204, 215, 216, 231.—IV. 118, 119, 120, 153.

CABALLERO (D. José Antonio).—VI. 122, 123.

CABANTOURS.—IV. 144.

CABARRÚS (El Conde de).—III. 193, 217, 220, 222, 225, 226, 227.—IV. 20, 21, 22, 25, 26, 40, 91, 92, 93, 94, 95, 96, 100, 101, 116, 139.—V. 11, 12.

CABARRÚS (Doña Teresa), hija del Conde de Cabarrús.—IV. 91, 92, 93, 94.

CÁDIZ (Fr. José de).—IV. 138.

CALOMARDE (D. Tadeo).—I. 29, 30, 31, 33.

CALONNE (M. de).—I. 47, 143, 150, 181, 262.

Calvo (D. Baltasar).—IV. 152.—V. 171.

Cambaceres (El Cónsul). — VI 144, 145.

Cambden (Lord).—IV. 196.

Campo (El Marqués del).—III. 83, 84, 93, 125, 126, 123, 132, 135, 139, 142, 150, 151, 157, 189, 217, 220, 221, 222, 224, 225.—IV. 13, 19, 20, 25, 26, 30, 31, 35, 78, 88, 91, 93, 96, 102.

Campo de Alange (El Conde de) — II. 204, 217.—III. 67 —IV. 166, 188. —V. 173.—VI. 218, 219, 220.

Campomanes (El Conde de) —Véase Rodríguez Campomanes (D. Pedro).

Canga Arguelles (D. Felipe) — I. 216 —V. 11.

Cañada (El Conde de la).—I. 215 — II 117, 231

Capefigue (M de).—I 194.

Carlos I, Rey de España y V Emperador de Alemania —I 23.

Carlos II, Rey de España —I. 16, 103, 104, 109.

Carlos III, Rey de España —I. 3, 4, 5, 11, 23, 25, 26, 221.—II. 46, 47, 244, 245, 248.—III. 54, 66, 102, 106, 208, 223.—IV. 85, 135, 140, 153.— V. 47

Carlos X, Rey de Francia.—I 31, 32.

Carlos Manuel IV, Rey de Cerdeña.—V. 69, 70, 71, 79, 82, 83

Carlos María Isidro (El Infante D.) —I. 27, 30, 33.

Carlota (La Infanta Doña) —I. 23. —III. 65.

Carnot (El ciudadano). — II, 127, 128 —III. 121, 175.—IV. 67 —VI. 50.

Caro (D. Ventura).—I. 224.—II. 97, 103, 141, 142, 203, 257.

Carriere (El ciudadano) —II. 167, 168, 169.

Carvallo (D Juan).—I. 106, 107.

Casas (D. Simón de las).—I. 145.

Cassaro (El Príncipe de), Ministro del Rey de Nápoles.—I. 29, 30, 32.

Caselli (Carlos).—VI. 233.

Cassoni (El Nuncio Mons.)—V. 171.

Castelcicala (El Príncipe de).—I. 31.

Castelfranco (El Príncipe de).—II. 203, 255, 258, 260.

Castillo (D. Salvador del). — VI. 224.

Castro (D Ramón de).—III 207.

Catalina II, Emperatriz de Rusia. —I. 32, 33, 38, 101, 138, 147, 196, 256, 257 —II. 57, 58, 59, 245.— III 84, 176.—IV. 38.—VI. 41, 56, 204.

Ceán Bermúdez —IV. 116.

Ceragni (El ciudadano).—IV. 45.

Cevallos (D. Pedro). — VI. 110, 164, 181, 182, 216

Cisneros (D. Baltasar).—I. 114.

Clarke (El General).—III. 175.—VI. 93, 94.

Clavijo (D José).—I. 210.

Cobentzel (El Conde de).—I. 261.— III. 233.—VI. 132.

Cobourg (El Príncipe de).—II. 121, 122, 123, 126, 129.

Colenet (Jacobo).—I. 107.

Colomera (El Cònde de) —II. 142, 143, 145, 146, 204.

Colón de Larreategui, del Consejo de Castilla.—II. 117.

Colón (D. Mariano).—I. 217, 218.

Collot de Herbois (El ciudadano). —II. 108, 160.

Condé (El Príncipe de).—I. 256.— IV. 86, 87.

Consalvi (El Cardenal).—V. 177.— VI. 233.

Cook (M.)—I. 10.

Corcuera (D. Francisco de Borja). —VI. 129.

Córdoba (El General).—VI. 222.

Córdoba (D. José de).—III. 197, 198, 199, 200, 201.—V. 201.

Córdoba (D. Luis de).—I. 115.—III. 81.—VI. 125.

Córdoba Lasso (D. Antonio).— I. 9.

Cordón (D. Juan).—I. 216.

Coronado (D. Juan).—VI. 224.

Corral (D. Ignacio María del).—VI. 38, 40.

Cortés (Manuel).—II. 156.

Courten (El General).—II. 138.

Cosa Llatazo (D. Pablo de la).—I. 115.

Cotiella (D. Pedro).—II. 111.

Coxe (William).—I. vi

Crespo (El General).—II. 258.

Cretel (Carlos).—VI. 233.

Crillon (El Duque de).—IV. 191.

Crillon (El General).—Véase Mahon-Crillon (El Duque de).

Cuesta (D. Antonio de la), Arcediano de Avila.—III. 193.—V. 171.— VI. 188

Cuesta (D. Gregorio de la).—II. 261. —III. 9.—VI. 112.

Custine (El General).—II. 93, 118.

Ch

Chabot (El ex-capuchino) —II. 73.

Chacón (D. José María).—III. 206.

Championnet (El General).—V. 58, 60, 61, 63, 64, 65, 66.

Chaptol (El Consejero).—VI. 109.

Charrette (M.)—III. 119.

Chaudron Rousseau.—II. 254.

Chauvelin (M. de).—II. 118, 119, 120.

Cheli (D. Nicolás).—VI. 76.

Chenier.—V. 57.

Chevalier (Mme)—VI. 54.

Chimay (El Príncipe de).—IV. 92.

Choiseul (M. de).—I. 152.

Choquet de Isla (D. Diego).—I. 115.

Churruca (D. Cosme Damián).—III. 203.—V. 201.

D

Dagobert (El General).—II. 101.

Dampierre (El General).—II. 123.

Danton.—II. 8, 126, 161.

Daoiz (D. Fernando).—I. 112.

David (El pintor francés).—VI. 76.

Deflers (El General).—II. 100.

Delacroix (M.)—III. 83, 84, 170, 171, 189, 195.—IV. 12, 16, 37, 159.

Delambre (M.)—I. 240.

Delsola (El Dr.)—VI. 120.

De Seze (M.)—II. 61, 62.

Desirée (Mlle.)—IV. 47, 51.

Desloyer (D. Juan Domingo).—V. 201.

Desportes (El ciudadano).—VI. 106.

Despuig y Dameto (D. Antonio), Arzobispo de Sevilla.—III. 192, 195.

Dessaix (El General).—VI. 11, 47.

Dillon (Teobaldo).—I. 251.

Donadío (El Conde de).—VI. 98.

Doria (El Cardenal José).—IV 50.

Drazzo (El Coronel).—I. 12.

Droz (M.)—I 28

Dugommier (El General).—II. 110, 115, 134, 137, 249.—III. 12, 13, 16.

Dumanoir (El Almirante).—VI. 151.

Dumas (El Presidente).—II. 164.

Dumaugin (El Dr.)—III. 35.

Dumouriez (El General).—I. 240, 241, 243.—II. 26, 27, 28, 29, 33, 93, 121, 122, 123, 192, 193.

Duphot (El General). — IV. 47, 49, 55

Durfort (El Conde Alejandro de). — I. 150.

Duroc (El General).—VI. 72.

Durtubise (M. de).—I. 188, 208, 213.

Dusseaux (El ciudadano).—III. 35.

E

Effendi (Reiss).—IV. 182.

Eleta (Fr. Joaquín de).—IV. 145.

Elie (M)—I. 71.

Elisabeth (Mme.)—II. 13, 21.

Emparán (D. Manuel).—I. 115.

Emparán (D. Ramón).—IV. 110.

Enghien (El Duque de).—VI. 142.

Ensenada (El Marqués de la).—I. 219.

Entraigues (M. d').—IV. 86.

Erthal (Federico Carlos, Barón de).—I. 176

Escaño (D. Antonio).—II. 149.—III. 203, 205.—V. 201.

Escaño (D José de).—V. 201.

Escóiquiz (D. Juan de).—IV. 119.

Escolano de Arrieta (D. Pedro).— I. 15.

Espiga (El Canónigo).— V. 161. 170. —VI. 116.

Espinosa (D. Manuel Sixto) —V. 11.

Espinosa (El Consejero de Castilla).—II. 117.

Espinosa y Tello (D. José de).—III. 203.

Estrada (D. Antonio de)—I. 115.

Estrada (D. Nicolás).—V. 201.

Evangelisti, agente de Pío VI.—III. 140.

Evora-Monte (El Conde de).—IV. 21.

F

Federico el Grande, Rey de Prusia. —I. 34, 38.

Federico Guillermo, Rey de Prusia. —I. 34, 35, 101, 171, 177, 247, 253, 257.—II. 34, 35, 127, 128.—III. 61, 63.—V. 97.

Felipe II, Rey de España.—I. 23, 26.

Felipe III, Rey de España.—I. 26.

Felipe IV, Rey de España.—I. 26, 28.—III. 75.

Felipe V, Rey de España.—I. 6, 7, 16, 17, 20, 21, 22, 24, 26, 23.

Felipe (El Infante D.), hijo de Felipe V.—I. 25.

Felipe María Francisco (El Infante D.), hijo de Carlos IV.—I. 224.

Feraud (El ciudadano).—III. 60.

Fernán-Núñez (El Conde de).—I. 122, 123, 155, 160, 163, 164.—II. 37, 231, 241.

Fernández (El P.), agustino.—V. 172.

Fernández Navarrete (D. Martín) — II. 236.—IV. 158.

Fernández Vallejo (D. Felipe).—IV. 147.

Fernando III *el Santo.*—III. 91.

Fernando V *el Católico.*—I. 16, 23

Fernando VI, Rey de España.—I. 6, 7, 25.—II. 139.—IV. 158.

Fernando (El Príncipe de Asturias D.)—I. 12, 13, 15, 27, 29, 30, 31, 32. —II. 233.—III. 91, 92.

Fernando IV, Rey de Nápoles.—V. 41, 42, 45, 47, 54, 58, 62, 63, 65.

Ferrer de Maldonado (Lorenzo).— II. 150.

Ferrette (El Bailío).—VI 57.

Figueroa (D. Agustín).—V. 201.— VI. 222.

Fitcherbert (A.)—I. 128, 129.

Flores (El Consejero).—II. 204.

Floridablanca (El Conde de). —I. vi, 4, 5, 20, 23, 27, 116, 127, 128, 129, 135, 145, 146, 147, 148, 164, 168, 169, 170, 187, 189, 190, 197, 203, 204, 206, 210, 213, 214, 215, 216, 217, 218, 219 220, 221, 222, 223, 224, 225, 228, 229.—II. 49, 51. —IV. 120, 142.—VI. 114.

Forbes (D. Juan).—II. 132.

Fouché (El ciudadano).—II. 108.— VI. 106, 184, 185.

Foulon (M.)—I. 75.

Fouquier Tinville.—II. 79, 163, 167.

Francisco I, Emperador de Austria. —I. 232, 241, 246, 248, 258, 259.— III. 179.—VI. 132.

Francisco I, Rey de Nápoles.—I. 12, 29.

Francisco de Paula (El Infante D.) —I. 27, 33.

Francisco de Paula Antonio (El Infante D.)—II. 148.

Franklin (M.)—I. 41.

Fuca (Juan de).—I. 241.

G

Gabriel (El Infante).—I. 23.—IV. 138.

Galiano (D. Dionisio).—I. 241.—II. 151.

Gallo (El Marqués del).—III. 141, 177, 178, 216, 233.—V. 60, 65.

Garasa (Bernardo)—II. 156.

García del Postigo (D. Antonio).— I. 114.

Gardoqui (D. Diego).—II. 204.—V. 11.

Gardoqui (D. José).—V. 201.—VI. 223.

Gascón Cisneros (D. Basilio).—I. 133.

Gayangos (D. Tomás).—I. 113.

Genthanne (El Almirante).—VI. 159.

Gerdil (El Cardenal).—VI. 120.

Gil (El Padre), clérigo menor de Sevilla.—III. 90.

Gilbert (M.)—III. 66.

Godoy (D. José), padre de D. Manuel.—II 48.

Godoy (D. Manuel), Príncipe de la Paz.—I. vii, 4, 211, 215, 216, 223, 224, 225, 226, 236 —II. 42, 43, 47, 48, 49, 50, 51, 54, 55, 72, 82, 83, 97, 98, 109, 116, 117, 141, 145, 202, 203, 204, 214, 215, 222, 223, 234, 254, 255, 256, 261, 262, 263.—III. 25, 26, 29, 32, 46, 49, 51, 53, 54, 56, 59, 72: —(Es nombrado Príncipe de la Paz).—75, 76, 77, 80, 82, 83, 84, 89, 93, 99, 115, 128, 157. 172 190, 194, 193, 194, 195, 212, 213, 217, 226, 227, 228.—IV. 13, 18, 19, 21, 32, 33, 36, 38, 40, 82, 83, 84, 85, 88, 90, 91, 93, 101, 102, 103, 106, 112, 113: —(Separado de los negocios).— 114, 115, 116, 118. 119; 120, 121,

123, 124, 127, 154, 192.—V. 13, 30, 87, 88, 182, 183.—VI. 105, 110, 117, 121, 123, 124, 135, 143, 152, 153, 164, 171, 172, 175, 177, 180, 181, 183, 186, 187, 192, 219, 222.

GOGUELAS (M. de).—I. 152, 153.

GOICOECHEA (D. José (Lorenzo).—I. 115.—V. 201.

GÓMEZ BARREDA (D Joaquín).—VI. 224.

GONZÁLEZ ORTIZ (D. José).—V. 201.

GONZÁLEZ SALMÓN (D. Juan).—VI. 16.

GONZÁLEZ SALMÓN (D. Manuel).—I. 30.

GONZÁLEZ VALLEJO (D. Felipe).—V. 11.

GORRIOLA (D. Francisco).—I. 114.

GORTA (El Conde de).—VI. 183.

GOUPILLEAU DE FONTENAY.—III. 19, 23.

GRAHAM (El Dr.)—V. 49.

GRAMEDO (El Conde de).—I. 26.

GRAVINA (D. Federico).—I. 201.—II. 106, 111, 250.—VI. 93, 94, 101, 123, 159, 222.

GRENVILLE (Lord).—II. 119, 120.—III. 219.

GRENVILLE (M. Carlos).—V. 49, 50.

GRIMALDI (El Marqués de).—I. 4.— VI. 66.

GROUCHY (El General).—VI. 150.

GUERRA (D Gabriel).—I. 113.

GUERRERO (P. Juan)—IV. 152.

GUERRERO (El P), Prior del Convento del Rosario de Madrid.—V. 171.

GUICHEN (El Conde de).—III. 81.— VI. 125.

GUILLERMARDET (El ciudadano).—V. 86, 87, 89, 90, 92, 192, 203.—VI. 34.

GUSTAVO ADOLFO, Rey de Suecia.— I. 232, 233.—II. 97.

GUTIERREZ (D. Antonio)—III. 210.

GUTIÉRREZ DE RUBALCAVA (D. Joaquín).—I. 114.

GUZMÁN, adicto á la Revolución francesa.—II 194.

GUZMAN (D Gaspar de), Conde-Duque de Olivares.—III 75.

H

HAMILTON (William).—V. 48, 49, 50, 60.

HAMILTON (Lady).—V. 48, 49, 51, 52, 53.

HANGWITZ (El Conde de).—V. 100, 101.

HARDENBERG (M.)—III. 62.

HARDY (El Almirante).—III. 81.

HARNIER (M)—I. 176.

HARVEY (El Almirante).—III. 206, 207.

HAUGWITZ (El Conde de).—I. 261.

HAVRÉ (El Duque de).—IV. 88, 121.

HAWKESBURY (Lord).—VI. 214.

HERMOSILLA.—I. VIII

HEYMANN (M)—I. 138.

HIDALGO DE CISNEROS (D. Baltasar).—V. 201.

HÍJAR (El Duque de).—IV. 139.

HOCHE (El General).—III. 119, 120, 229.—IV. 194, 195.

HOMPECH (El Barón de).—IV. 169, 172, 173.—VI. 206.

HONTHEIN (J. N.)—V. 164.

HOOD (El Almirante inglés).—II 105.

HOUCHARD (El General).—II. 127.

HUGUT (El Barón).—IV. 85, 86.

HUICI (D. Martín de).—V. 11.

HUMBERT (El General).—IV. 198, 199.

HUMBOLDT (El Barón de).—VI. 112, 113.

HYDE PARKER (Sir).—VI. 210, 211.

I

IGNACIO DE LOYOLA (San).—III. 110.

IRANDA (El Marqués de).—II. 260.— III. 29, 30.—V. 11.

IRIARTE (D. Bernardo). — VI. 186, 187.

IRIARTE (D. Domingo de).—I. 188, 208, 209, 212.—II. 37, 264.—III. 18, 25, 26, 27, 29, 30, 32, 33, 36, 37, 39, 45, 46, 51, 52, 58, 67, 76, 80, 83: Su fallecimiento. 93.—VI. 68, 186.

IRIARTE (D. Tomás).—VI. 186.

ISABEL I (Doña), Reina de Castilla. —I. 16, 23.

ISABEL II (Doña), Reina de España. —I. 32.

ISABEL FARNESIO (La Reina Doña).— I. 24.—IV. 85.—VI. 71.

ISABEL (La Infanta Doña), hija de Carlos IV.—I. 11, 12.—VI. 142, 143.

ISABEL, Reina de Inglaterra.—II. 56.

IZQUIERDO (D. Domingo), Capitán General de Cataluña.—VI. 60.

IZQUIERDO (D. Eugenio). — IV. 101. 102.

J

JANES (D. Juan Vicente).—V. 201.

JERVIS (El Almirante), Conde de San Vicente.—III. 198, 202 —IV. 12, 103, 108, 109, 162, 174.—V. 183, 197, 209.

JIMÉNEZ DE CISNEROS (El Cardenal Fr. Francisco).—I. 219.

JOSÉ BONAPARTE (El Rey) —I. v.—II. 141, 200.—IV. 42, 43, 47, 51, 52. —VI. 112, 114, 127, 128, 129, 132, 223.

JOSÉ BONAPARTE (Mme.)—IV. 47.

JOSÉ II, Emperador de Austria.—I. 32, 33, 34, 100.—VI. 144.

JOSEFINA (La Emperatriz).—III. 67.

JOUBERT (El General).—III. 182.— V. 72, 73, 74, 76.—VI. 9.

JOURDAN (El General).—II. 128.—III. 169.

JOVELLANOS (D. Melchor Gaspar de). —IV. 101, 114, 115, 116, 117, 118, 119, 120, 128, 129, 132, 135, 136, 139, 146, 147, 148, 153, 155, 156.— V. 18, 182.

JUAN (D.), Príncipe del Brasil.—I. 23.

JUAN (D. Jorge).—IV. 158.

JULIÁN (D. Vicente).—VI. 222.

JUNOT (El General).—VI. 75.

K

KALICHEFF (El Embajador ruso).— VI. 138.

KAUNITZ (El Príncipe de).—I. 172, 244.

KAVISCHEFF (El Conde de).—VI. 206.

KEATING (D. Marcos).—II. 139, 140.

KEITH (El Almirante).—VI. 43.

KELLERMAN (El General).—II. 28, 29, 30, 31, 32.

KILMAINE (El General).—V. 196.

KLEBER (El General).—VI. 23, 26, 50, 51, 52.

KORSAKOFF (El General).—V. 142, 143, 144.

KRAY (El General).—VI. 50.

L

LABORIE (M. de).—VI. 189.

LABRADOR (D. Pedro).—V. 157, 158, 159, 160, 161, 163.—VI 219.

LACY (El Conde de).—I. 223.—II. 227

LAFAYETTE (M. de).—I. 41, 49, 75, 94, 95, 96, 150, 154, 157, 158, 172, 248, 252.—II. 25, 26.

LAFOENS (El Duque de).—VI. 175.

LAGUSINS (M.)—I. 231.

LAHORA, Cónsul español en Marsella.—III. 193.

LALANDE (M. de).—I. 10.—IV. 158.

LAMBALLE (La Princesa de).—II. 17, 20

LAMBERE (El Príncipe de).—I. 162.

LAMBERT.—V. 67.

LÁNGARA (D. Juan de).—II. 105, 106, 111, 112, 113, 115, 149, 153, 195, 198.—IV. 157.—V. 186, 187, 188, 189.

LANNES (El General).—VI. 45, 143.

LANZÓS (D. Francisco), Conde de Maceda.—II. 240.

LAPEYROUSE (M.)—I. 10.

LARDIZÁBAL (D. Manuel de).—II. 117. —IV. 138, 139.

LAREVEILLERE (M. de).—V. 159.

LASCY (El Mariscal).—I. 178.

LAUNY (M. de).—I. 70

LAVALETTE, Edecán de Napoleón I. —III. 230.—IV. 184.

LAVANGUYON (El Duque de), Embajador de Luis XVI en Madrid.—I. 29, 236, 237.

LAX (José).—II. 156.

LEBRUN (M.)—II. 38.

LECLERC (El General).—IV. 150.—VI. 147, 172, 174, 180, 184, 222.

LEICESTER (El Conde de).—II. 56.

LEIZAUZ (D. José).—I. 115.

LEMARROIS (El Almirante).—VI. 123.

LEOPOLDO, Emperador de Austria. —I. 101, 143, 144, 150, 170, 171, 180, 187, 196, 197, 230, 231, 242.

LE PLAT (José).—VI. 120

LESSART (M. de).—I. 203, 206, 208, 209, 212, 241, 242, 243.

LETOURNEUR DE LA MANCHA (M.)—III. 219.

LICHTENEAU (Condesa de), Mme. de Ritz.—II. 35.

LIHENHORN (M.)—I. 233.

LIMON (Geoffroi, Marqués de).—I. 262, 263.

LINOIS (El Contralmirante). — VI. 160, 161.

LIRA (D. Benito de).—I. 113.

LISTA (D. Alberto).—I. VIII.

LOBATO (D. Nicolás).—I. 113.

LÓPEZ DE CARRIZOSA (D. Felipe).—I. 121.

LÓPEZ DE MENDOZA (D. Iñigo), Marqués de Santillana.—II. 56.

LORENZANA (El Cardenal).—III. 191, 192, 193, 194.—V. 151, 153, 176.

LORENZANA (D. Tomás de), Obispo de Gerona.—III. 83.

LORS (El Conde de).—VI. 189.

LOUVERTOURE (Toussain).—VI. 220.

LUCKNER (El General).—I. 248.

LUGO (D. José), Cónsul español en París.—V. 85.—VI. 36, 37.

LUIS I, Rey de España.—II. 46.

LUIS XIV, Rey de Francia.—I. 16, 28.

LUIS XV, Rey de Francia —I. 29.

LUIS XVI, Rey de Francia.—I. 29, 36, 42, 43, 44, 45, 51, 62, 67, 96, 97,

101, 137, 145, 149, 150, 151, 155, 185, 207, 271.—II. 20, 21, 37, 60, 61, 64, 65 (su muerte).—V. 13.

Luis XVII.—III. 97, 32, 34, 35.

Luis (El Infante D.)—I. 25.—IV. 21.

Lyon (Emma).—V. 48, 49.

Ll

Llaguno y Amírola (D. Eugenio).— I. 227.—II. 204.

Llorente (D. Juan Antonio).—IV. 152, 155.—V. 27, 28, 30, 31.—VI. 112, 113, 115.

M

Maceda (El Conde de).—Véase Lanzós (D. Francisco).

Mack (El General).—V. 53, 54, 55, 60, 61, 66, 67.

Mahon-Crillon (El Duque de).—II. 203.—III 19, 21.

Maillart.—II. 17.

Malaspina (D. Alejandro).—I. 10.— II. 150, 153.—III. 88, 89, 90.—IV. 157.

Malesherbes (M de) —I. 43, 44.—II. 61.

Malmesbury (Lord).—III 165, 169, 170, 171, 175, 219, 231, 232.

Malouet (M.)—I 58, 90.

Malta (Maestrazgo de).—IV. 36.— VI. 206, 207, 208, 209, 210.

Mallet-Dupan (M.)—I. 255, 261.

Mallo, Guardia de Corps.—IV. 83.

Manca (El Marqués de).—I. 216.

Manfredini (El Marqués de). — V. 154.

Marchena (D. José).—II. 195, 200, 201.

Maret (M.)—III. 220

María Amalia (La Infanta Doña).— III. 91.

María Cristina (La Reina Doña), mujer de Fernando VII.—I. 32.

María Luisa (La Reina Doña), mujer de Carlos IV.—II 45, 46, 47, 49, 51, 55, 58, 59, 148.—III. 89, 211. —IV. 82, 83, 84, 115, 117, 118, 120, 126, 159.—V. 182.—VI. 73, 75, 104, 105, 123, 131, 187.

María Luisa (La Infanta Doña), hija de Carlos IV.—II. 149.—III. 50.— VI. 190.

María Luisa Fernanda (La Infanta Doña).—I. 32.

María Luisa (Orden de Damas nobles de).—I. 225.

María Teresa (La Infanta Doña), hija de Carlos IV.—I. 136.

María Teresa de Austria (Doña), mujer de Luis XIV.—I. 16, 20.— II. 129.

Mariana (La Infanta de Portugal Doña).—I. 23.

Mariana (El P. Juan de) —I. 33.

Marcoff (El Conde de).—VI. 205, 206.

Marmont (El General).—VI. 21.

Marruecos (El Rey de).—I. 131, 133, 197, 199.

Martínez (D. Esteban) —I. 106.

Martínez (D. Juan José).—I. 114.— V 201.

Martínez de Hervés (D. José).—III 70.—VI 72, 73.

Maserano (El Príncipe) —II 156.

Massena (El General).—III.121, 182, 183.—V. 143.—VI. 44, 47, 48.

Massini (El Marqués).—IV. 53, 56.

MATALLANA, dama de la Reina María Luisa.—III. 89.

MATTEI (El Cardenal).—III. 148, 158.

MAURY (El Cardenal).—I. 61, 62.

MAZARREDO (D. José de).—I. 112, 113. —III. 81, 82, 196, 197, 202, 203, 204, 205.—IV. 103, 106, 107, 109, 110, 158, 192.—V. 48, 183, 185, 193, 199, 200, 203, 205, 207, 208, 209, 210, 211, 212, 213, 214 —VI. 87, 88, 89, 90, 91, 92, 93, 94, 95, 96, 97, 100, 101, 102, 111, 123, 124, 125, 126, 127, 130, 131, 152, 155, 159.

MAZARREDO Y MOYNA (Doña Juana), hija del General Mazarredo.—VI. 130.

MECHAIN (M.)—I. 240.

MELAS (El General).—VI. 43, 44, 45, 49.

MELÉNDEZ (D. José).—VI. 222

MELÉNDEZ VALDES (D. Juan).—IV. 129, 137, 140.

MELGAREJO (D. Francisco).—V. 196, 199, 201, 202, 208, 212, 214, 215.— VI. 98.

MENDÍVIL.—II. 201.

MENDOZA (D. Diego de).—I. 114.

MENDOZA (D. José de).—I. 239.

MENDOZA (D. Juan de).—I. 114.

MENON (El General).—VI. 215.

MERLÍN (El Director).—IV. 67.

MICHEROUX (Antonio de).—VI. 133.

MIKHAELOVITZ (Alejo).—VI. 196.

MILLÁN (D. Francisco).—I. 114.

MIÑANO (D. Sebastián).—I. VI, VIII.

MIRABEAU (El Conde de).—I. 66, 76, 86, 88, 90, 99, 123, 126, 249.

MIRALLES (D. Antonio).—III. 204.

MIRANDA (El General).—II. 122, 191.

MOEICK (El General).—V. 62, 63.

MOELLENDORF (El Mariscal).—I. 257.

MONCEY (El General).—II. 142, 143, 147, 254, 260.—III. 9, 27.

MONFORTE (El Príncipe de).—VI. 191.

MONGE, Ministro de Marina de Francia.—II. 121.

MONNIER (M. de).—I. 90.

MONTEMAYOR (D. Fulgencio).—I. 114.

MONTIJO (El Conde del).—IV. 136.

MONTIJO (La Condesa de).—V. 171.

MONTMORIN (El Conde de).—I. 122, 123, 164, 172, 180, 194.—II. 16, 17.

MORALES (D. Bruno).—I. 112.

MORALES (D. Francisco Javier).—I. 112, 198.

MORALES DE LOS RÍOS (El Conde).— III. 204.

MOREAU (El General).—II. 198.—III. 154.—VI. 50, 62.

MORENO (D. Juan).—I. 112.

MORLA (El General).—II. 260.

MOUSTIER (M. de).—I. 137.

MOYNA Y MAZARREDO (D. Francisco de).—III 203.—V. 201.—VI. 224.

MUÑOZ (D. Bernardo).—V. 201.—VI. 222.

MUÑOZ Y GOOSENS (D. Francisco).—I. 114.

MUÑOZ PERCEBAL (D. Antonio).—V. 201.

MURAT (El General).—IV. 70.—VI. 63.

MURIEL (D. Andrés). —I. V, VI, VII, VIII.

MÚZQUIZ (El Marqués de).—V. 100, 175.—VI. 38, 39, 40, 69, 72, 106, 107, 169.

MÚZQUIZ (D. Rafael de), Arzobispo de Seleucia y confesor de la Reina María Luisa. —III. 192, 493, 195.

N

NAPOLEÓN I (El Emperador). — I. 218.—II. 110, 121, 127.—III. 63, 107, 108, 117, 121, 122, 123, 125, 129, 131, 136, 145, 146, 155, 161, 164, 165, 180, 181, 183, 186, 188, 215, 230, 232.—IV. 20, 36, 98, 99, 150, 159, 169.—V. 36, 37, 70, 163. —VI. 9, 11, 17, 20, 22, 26, 27, 28, 34, 43, 50, 52, 76, 91, 95, 100, 101, 104, 124, 127, 131, 136, 137, 140, 141, 142, 143, 157, 166, 179, 182, 186, 189, 193, 207, 217, 218, 220, 222, 223, 224, 226, 233, 236, 237.

NAVA (D. Domingo).—I. 114.

NECKER (El Barón).—I. 45, 46, 47, 51, 52, 57, 59, 63, 69, 79.

NEGRETE (D. Francisco Javier).— VI. 98.

NELIDOFF (La señorita). — VI. 195, 203.

NELSON (El Almirante). — III. 199, 204, 209, 210.—IV. 174, 175, 177, 178.—V. 49, 51, 52, 53, 59, 65, 186, 188, 208.—VI. 210, 211, 214.

NEY (El Mariscal).—VI. 130.

NIEPPERG (El Conde de).—VI. 51.

NOAILLES (El Duque de).—I. 82, 172, 180.

NORMANTE (El Catedrático). — IV. 138, 139.

NORONHA (El caballero).—VI. 169.

O

OBANDO (D. Juan).—I. 114.

OBREGÓN (D. Pedro).—I. 115.

OCÁRIZ (D. José).—II. 37, 65, 72, 73, 74, 75, 76, 78.—III. 18, 24, 25, 27.

O'FARRILL (El General D. Gonzalo). —I. VI.—II. 250.—V. 196, 211.

OLAETA (D. Ignacio).—V. 201.

OLAVIDE.—III. 106.

ORANGE (El Príncipe de).—II. 127.

ORDÓÑEZ (D. Francisco).—I. 115.

O'REILLY (El General Conde de) — I. 223, 224.—II. 132, 133, 203.—III. 208.—V. 47.—VI. 66.

ORLEANS (El Duque de).—I. 28, 71, 262.—II. 47.

ORLEANS (La Duquesa de).—VI. 189.

ORLOFF (El Conde de).—VI. 195, 197.

ORTÚZAR (D. Vicente).—II. 139, 140, 141.

ORVILLIERS (El Conde d').—VI. 222.

OSUNA (El Duque de).—II. 96, 97, 260.—IV. 101.

OTTO (El General).—VI. 45, 214.

P

PABLO I, Emperador de Rusia.- II. 98. — III. 176.—IV. 171, 172. — V. 33, 60, 94, 95, 96, 142, 144, 148 — VI. 14, 52, 170, 193, 194, 203, 204, 210.

PACHECO (El Consejero).—II. 204.

PAGANEL.—V. 85.

PALAFOX (El Venerable).—IV. 146.

PALAFOX (D. Antonio), Obispo de Cuenca.—V. 171.

PANTOJA (D. Pedro).—V. 201.

PAREDES, Ordinario de Jaén. — II. 220.

PARMA (El Infante-Duque de).—II. 149.—III. 50, 65, 91, 130, 131, 155, 211, 236.—IV. 22, 23, 24, 25, 26, 30, 32, 34, 35, 41, 82, 89, 98.—V. 43, 45, 83, 157, 207.—VI. 68, 71, 76,

82, 83, 108, 134, 135, 136, 137, 138, 139, 147, 149, 155, 182.

PARQUE (El Duque del).—IV. 101.

PATLEN (Phon-der).—VI. 197, 198, 199, 200.

PAÚLES (D. Jorge).—II. 220.

PAZ (El Príncipe de la).—Véase GODOY (D. Manuel).

PELLETAN (El ciudadano).—III. 35.

PEÑALVER (D. Juan de).—I. 240.

PEREDA (D. José).—I 115.

PÉREZ BAYER.—IV. 134, 138.

PEREZ DE MECA (D. Antonio).—I. 114.

PERIGNON (El General).—II. 249.—III. 13, 17, 19, 23, 93, 99, 192, 212, 213.—IV. 13, 37.

PERROCHEL (El ciudadano).—IV. 90, 125.

PETHION (M.)—I. 205, 206.

PETRONIO.—II. 196, 197.

PICKNEY (M. Tomás).—III. 99.

PICORNEL (Juan).—II. 155, 156.

PICHEGRU (El General).—III. 229.—IV. 86.

PIERACHI (El Conde).—III. 139, 148, 150.

PIGNATELLI (D. Francisco).—IV. 45.

PINEDA (D. Antonio).—II. 153.

PINO (El ciudadano).—IV. 34.

PINTO (D. Luis).—IV. 18.—V. 88, 89.—VI. 176.

Pío VI.—III. 134, 135, 136, 137, 151, 158, 159, 180, 187, 190.—IV. 24, 41, 42, 43, 62, 78, 79.—V. 41, 150, 151, 154, 155, 156, 157, 158, 159, 162, 163, 164, 165, 166, 167.—VI. 28, 119.

Pío VII.—III. 138.—IV. 150, 152.—V. 165, 176, 178.—VI. 121, 224, 233.

PIRANESI (El Abate).—IV. 48.

PITT (M.)—II. 54, 55, 117, 118, 121.—III. 169.—VI. 213, 215, 216.

PIZARRO (La), Dama de la Reina María Luisa.—III. 89.

POLIGNAC (El Príncipe de).—I. 31.

PONS IZQUIERDO (Juan).—II. 156.

PORTALIS (El ciudadano).—VI. 227.

PRAT (Señor de).—II. 97.

PROVENZA (El Conde de).—I. 74, 99, 140, 174, 175.—II. 108, 109.—III. 80.—IV. 86, 87.—VI. 193.

PRUDHOMME.—II. 188.

Q

QUESADA (D. José).—VI. 222, 224.

QUINDOS (D. Juan).—I. 115.

QUIÑONES (El P.), General de la Orden de Santo Domingo.—IV. 30.

QUIRINI, Ministro de Venecia en París.—IV. 20

R

RABAUD DE SAINT-ETIENNE (M.) — I. 89, 166.

RAMOND (M)—I. 237.

REINHART (El Ministro).—VI. 31.

REINOSO (D. Fernando).—I. 113.

REPUIN (El Príncipe de).—V. 34, 98, 99, 100, 102.

REVELLIERE LEPAUX, Presidente del Directorio.—IV. 42, 67, 68, 69.

REVILLAGIGEDO (El Conde de). — I. 108.

RIBAS, aventurero italiano. — VI. 197.

RIBEIRO FREYRE (D. Cipriano).—VI. 184

RICARDOS (El General D. Antonio).—

I. 223, 224.—II. 97, 99, 100, 101, 102, 103, 106, 107, 116, 130, 131, 203.—III. 83.

Ricci (El Obispo Scipión).—VI. 119.

Richelieu (El Cardenal).—I. 64.

Riquelme (D. Francisco).—II. 111, 112.

Rivas (D. Joaquín de).—I. 114.

Robespierre.—I. 206.—II. 8, 107, 148, 157, 161, 170, 175, 180, 182, 183, 184, 186, 187.—III. 10, 59.

Rochambeau (El General).—I. 248.

Roda (D. Manuel de).—IV. 134, 137, 139.

Rodríguez Campomanes (D. Pedro), Conde de Campomanes.—I. 15, 19, 27, 217.—II. 204, 231.—IV. 139, 445.

Rohan (El Príncipe de).—VI. 48.

Rojas (D. José de).—VI. 223.

Roll (El Barón de).—I. 175, 178.

Romero (D. Santiago).—V. 26.

Romero, Diputado de la provincia de Guipúzcoa.—II. 251, 254 —III. 50.—IV. 99.

Ronelli (El Duque).—IV. 45.

Roquesante (El General).—III. 24.

Rosambó (Mme. de)·—II. 61.

Rousseau (J. J.)—I. 81.—II. 173, 204. —III. 113.

Rubí (El Marqués de).—I. 223, 224.

Rubín de Celis.—II. 201, 202.

Ruchena (El Marqués de).—II. 50.— IV. 113.

Ruffin (M.)—VI. 39.

Ruiz (D. Pascual).—IV. 109.

Ruiz de Apodaca (D. Sebastián).— III. 206.

Ruta (D. Carlos).—I. 216.

S

Saavedra (D. Francisco).—II. 199. —IV. 82, 101, 102, 113, 115, 116, 117, 118, 128, 139.—V. 9, 11, 18, 20, 85, 87, 90, 104, 182, 190, 191.

Saint-Priest (M. de).—I. 29, 30, 31, 32.

Saintes (El Obispo de).—II. 14.

Sajonia (El Príncipe Javier de).— VI. 189.

Salazar (D. José).—I. 115.

Salcedo (D. Justo).—IV. 110.

Salinas (D. Juan Antonio).—I. 113.

Salmón (D. Antonio).—VI. 16.

Salucci (D. Vicente).—I. 216.

Sambucca (El Marqués de).—V. 48.

San Carlos (El Duque de).—VI. 187, 188.

San Felipe (El Marqués de).—I. 24.

San Fernando (El Duque de).—II. 236.

Saninárez (El Almirante).—VI. 160.

San Julián (El Conde de).—VI. 44, 51, 52, 98.

San Simón (El Marqués de). — II. 260.

Santa Cruz (El Marqués de).—IV. 139.

Santa Cruz de Marcenado (El Marqués de).—I. 134.

Santa Elena (Lord).—VI. 212.

Sarriá (El Marqués de).—II. 240.

Sarti (D. Manuel).—I. 114.

Scherer (El General).—II. 249.

Segui, Agente del Directorio.—IV. 125.

Segur (M. de).—I. 41.—II. 245, 246.

Senart (M.)—II. 74.

Sentenay (M. de).—IV. 91.

Sentmanat (El Cardenal).—I. 224.

Serna (D Fernando de la).—III. 70.

Serrano (D. Jacinto).—I. 115.

Serrano Valdenebro (D. José).—I. 115.

Servan (M.)—III. 30.

Sidney Smith (Sir).—VI. 18, 20, 21, 50, 51.

Sieyes (El Abate).—I. 55, 86, 90, 249.—V. 97, 98, 99, 101.

Silvela.—II. 201.

Simonin (El ciudadano).—III. 12, 13, 17, 24.

Socorro (El Marqués del).—I. 112, 115, 116, 117, 120, 121.—II. 204

Sola (Fr. Benito), Obispo de Noli. —VI. 120.

Solano (D. Francisco). — I. 128.— VI. 175.

Soler (D. Miguel Cayetano).—V. 11, 20, 27, 28.

Sotomayor (El Duque de).—IV. 139.

Sousa (D. Miguel de).—I. 112.

Souwarow (El General). — V. 142, 143, 144.

Spielmann (El Barón de).—I. 172, 181.

Spina (Mons.)—V. 158.—VI. 207.

Spínola (D. Marcelo). — V. 201.— VI. 224.

Squilache (La Marquesa de).—II. 47.

Stael (Mme. de).—II. 245.—III. 230.

Suchet (El General).—VI. 44.

T

Tacon (D. Miguel).—I. 114.

Talleyrand (M. de).—II. 118.—III. 70, 224, 228.—IV. 16, 19, 35, 42, 98, 99, 160.—V. 85, 175, 195.—VI. 31, 71, 72, 101, 135, 147, 169, 180, 185, 216.

Tallien, el Comisario de la Convención.—IV. 91.

Tarakanoff (La Princesa).—VI. 197.

Tavira y Almazán (D. Antonio), Obispo de Osma.—III. 113.—IV. 131, 132, 138, 144, 147.—V. 171.

Tavira (D. Vicente).—IV. 132.

Tejada (D. Félix de).—I. 114.

Tello (D. José).—II. 153.

Terán (D. Leonardo de).—VI. 219.

Teresa de Jesús (Santa).—III. 111.

Theot (Catalina).—II. 179.

Thugut (El Barón de).—III. 176, 177.—V. 45.—VI. 51, 52.

Thuriot (M.)—II. 72.

Tofiño (D. Vicente). — I. 10. — IV. 158.

Torrepalma (La Condesa viuda de), Condesa de Troullás.—II. 102.

Torres (D. Alfonso de).—I. 143.— IV. 109.

Torres (D. Andrés de).—II. 139, 140.

Torres, Catedrático de la Universidad de Salamanca.—IV. 128.

Toscana (El Gran Duque de).—III. 132, 141.

Tourzel (Mme. de).—I. 159.

Treillard (El ciudadano).—III. 59. —IV. 67.—V. 44.

Trejo (El Conde de).—II. 217.

Tronchet (M.)—II. 61, 62.

Troullás (Condesa de).—II. 102.

Truguet (El ciudadano).—IV. 95, 96, 97, 103, 104, 111, 114, 120, 121, 124, 125, 126, 127, 159.—V. 184.

Tudó (Doña Josefa) —II. 141.

Túnez (El Bey de).—I. 202.

U

UCHACOFF (El General).—IV. 186.

UCLÉS (El Prior de).—IV. 142.

ULLOA, Ministro del Rey Católico en la corte de Turín.—III 125.

UNIÓN (El Conde de la).—II. 133, 134, 135, 136, 137, 250.—III. 13, 15.

URBINA (D. Luis de).—I. 132, 201.

URBISTONDO (D. José).—IV. 100.

URBISTONDO (D. Sebastián).—IV. 100.

URETA, Escribano de la Diputación de Guipúzcoa.—II. 254.

URIARTE (D. Francisco).—VI. 223.

URQUIJO (D Mariano Luis de).—IV. 107, 156, 192.—V. 84, 85, 88, 89, 91, 93, 151, 161, 170, 172, 173, 175, 192, 203, 213.—VI. 17, 37, 38, 64, 69, 72, 73, 74, 76, 78 80, 81, 83, 89, 96, 102, 104, 105, 106, 110, 111, 112, 113, 114, 115, 116, 117, 122, 152.

URRUTIA (D. José).—II. 250, 251.—III. 14, 19, 20, 21, 23.

URRUTIA (D. Juan).—I. 201.

V

VALDERRAMA (D Joaquín).—I. 115.

VALDÉS (D. Antonio).—I. 9, 10, 116, 118, 240.—II. 52, 150, 153, 204, 217.—III. 201.—IV. 157.

VALDÉS (D Cayetano).—I. 244.—II. 151.—V. 201.—VI. 222.

VALETA (D. José de la).—V. 201.

VALORY (M. de).—I 156.

VALLEJO (D. N.)—VI. 219.

VARELA (D. Pédro).—III. 196, 198.—V. 11.

VARGAS LAGUNA (D Antonio).—II. 220, 224, 231.

VASALLO (D. José).—II. 230.

VAUBOIS (El General).—IV. 173.

VAUGUYON (El Duque de la).—IV. 86, 87.

VÁZQUEZ MONDRAGÓN (D. Francisco).—VI. 224.

VENTURA (El Conde).—IV. 26, 32.

VÍCTOR AMADEO, Rey de Cerdeña.—I. 250, 251.—III. 120, 122, 123, 124, 125, 127, 185, 214, 236.—V. 70.

VILCHES (D. Gonzalo).—II. 249.

VILLABRIGA (D. Luis).—I. 113.—V. 201.

VILLAFAÑE, Oficial de la Secretaría de Estado.—III. 30.

VILLANUEVA (D. Jaime).—VI. 114.

VILLARET JOYEUSE (El Almirante) — VI. 222, 223.

VILLAVICENCIO (D. Juan de). — III. 205.—VI. 223.

VILLAVICENCIO (D. Rafael).—V. 201.

VILLENEUVE (El Almirante).—VI. 124.

VINCENTI (El Cardenal).—III. 192.

VOLTAIRE.—I 38 —III. 113.—VI. 113.

W

WALL (D Ricardo).—IV. 95.

WALPOLE (M)—V. 88.

WATT (M)—I. 239.

WITHWORTH (Lord).—VI. 55, 57.

WOLF TONE (Theobaldo).—IV. 193, 198, 199.

WUMSER (El General).—II. 128.—III. 145, 146, 148, 154, 155, 163, 179, 184.

Y

YÁÑEZ (D Juan Vicente).—I. 113.

YEREGUI (D. José).—V. 171.

Yermo (D. N.)—VI. 129.

York (El Duque de).—II. 121, 126, 127.—V. 145, 146.

Z

Zamora (D. Bernardo).—II. 254, 255, 256, 261, 262, 263.—III. 54.

Zamora, Catedrático de la Universidad de Salamanca.—IV. 134.

Zarauz (D. José Benito). —VI. 129.

Zoubow.—VI. 197, 198, 201, 202.

Zuazo y Bustamante, del Consejo de Castilla.—II. 117.

ÍNDICE.

Páginas.

Variación del Gobierno en Francia.......................... 8
Carta del Almirante Bruix al ciudadano Bonaparte........... 9
Bonaparte en Egipto.. 11
La Sublime Puerta declara la guerra á la Francia.............. 12
Firman del Gran Turco contra los franceses................. 17
Sidney Smith.. 18
Sublevación del Gran Cairo.—Expedición contra San Juan de
    Acre... 19
Derrota de los otomanos................................... 20
Bonaparte sabe por un Oficial inglés la desgraciada campaña de
    los franceses en Italia.—Bonaparte da la vela de Egipto para
    volver á Francia...................................... 22
La Puerta Otomana desea negociar la paz con Francia......... 24
Bonaparte arriba á Francia................................. 26
Bonaparte arroja de Saint-Cloud á los Consejos y se proclama
    primer Cónsul.. 27
Gobierno de Bonaparte.................................... 28
Carta al Rey de la Gran Bretaña.—Respuesta................ 30
Nuestras relaciones con Francia continúan en el mismo estado. 33
Bonaparte pide 1.200 ó 1.500 españoles para ir á Malta, á lo que
    el Rey no accede...................................... 34
Carlos IV rehusa tambien auxiliar al ejército francés de Egipto.
    —El Cónsul español en París, D. José Lugo, se ve precisado á
    salir de esta ciudad.................................. 36
D. Ignacio María del Corral es nombrado Ministro plenipotencia-
    rio cerca de la Sublime Puerta, con objeto de arreglar la paz
    con la República francesa.............................. 38
Instrucciones dadas á Corral............................... 40
Bonaparte reorganiza los ejércitos franceses.—Campaña de Ita-
    lia.—Bonaparte sale de Francia para ponerse á la cabeza de
    los ejércitos de la República........................... 43
Batalla de Marengo.. 46
Convenio entre el General Kleber y Sidney Smith........... 50
Tratado entre el Emperador de Austria y la Gran Bretaña.—Mu-
    danza en la conducta del Czar Pablo I................. 52

Los ingleses apresan dos fragatas con bandera española en la
rada de Barcelona 58
Tratado entre Suecia y Rusia............................ 61
Los franceses rompen de nuevo las hostilidades contra el Empe-
rador de Alemania.—Reveses de los austriacos.—Armisticio
de Steyer.. 62
La Francia desea recobrar la Luisiana, que había cedido á la Es-
paña en el año de 1763................................. 64
Negociaciones para la retrocesión de la Luisiana y el engrande-
cimiento de los Estados del Infante-Duque de Parma........ 71
Regalo de 16 magníficos caballos hecho por Carlos IV al General
Bonaparte... 76
Tratado de San Ildefonso 82
El General Mazarredo pasa á París con objeto de tratar con el
Gobierno francés sobre las operaciones de las dos escuadras. 87
Conferencias 88
Firmeza de carácter de Mazarredo 93
Plan propuesto por Mazarredo al primer Cónsul.............. 95
Los ingleses hacen un desembarco en Doñinos y atacan al Fe-
rrol, de donde son rechazados 98
Mazarredo insta de nuevo porque vuelvan las escuadras á Cádiz. 100
Bonaparte dispone de la escuadra española sin conocimiento de
Mazarredo.—Éste reconviene por ello al General Gravina.... 101
El Gobierno manda á Mazarredo que volviese á Cádiz con su es-
cuadra.. 102
Real orden.. 103
Luciano Bonaparte es nombrado Embajador en Madrid para pe-
dir la separación de Urquijo y arreglar los asuntos de Portu-
gal —Urquijo se queja de este nombramiento.............. 105
Caída de Urquijo.—Su traslación á la ciudadela de Pamplona
en calidad de preso..................................... 110
Se intenta formarle proceso............................... 111
Noticias sobre Urquijo 111
Concédese el plácito regio á la Bula Auctorem fidei.—El Conse-
jo de Castilla, el Colegio de Abogados de Madrid y una Junta
compuesta de canonistas y teólogos opinan que no se debe
dar paso á la Bula..................................... 119
Pío VII llama al Príncipe de la Paz columna de la fe.......... 121
D. José Antonio Caballero es nombrado Ministro de Gracia y
Justicia... 122
Mazarredo es separado del mando de la escuadra de Brest y
enviado de cuartel á Bilbao............................. 123
Noticia sobre Mazarredo.................................. 124

Páginas.

Bonaparte pide á Carlos IV que ponga á sus órdenes la armada
española... 131
El Austria desea la paz.—Tratado de Luneville............. 132
Tratado entre S. M. Siciliana y la República francesa......... 133
Creación del reino de Toscana para el Infante-Duque de Parma.
—Azara es de nuevo nombrado Embajador en París........ 134
Enemistad de Bonaparte con la Infanta-Duquesa de Parma..... 136
Convenio de Aranjuez, firmado por el Príncipe de la Paz y Lu-
ciano Bonaparte... 139
Bonaparte quiere que los nuevos Reyes de Toscana pasen por
París al ir á tomar posesión de su Corona 141
Bonaparte pide por esposa á la Infanta Doña Isabel, hija del Rey
de España 142
Acogida hecha por Bonaparte á los Reyes de Toscana.......... 143
Partida de París de los Reyes de Toscana................... 150
El Embajador de Francia, Luciano Bonaparte, pide tres fragatas
españolas para socorrer a Liorna, seguidas de tres navíos de
línea... 151
Convenio marítimo 153
Apuros de España 155
Combate de Algeciras....................................... 160
Pérdida de varios de los buques de la armada española envia-
dos de Cádiz para defensa de la escuadra francesa.......... 161
Tratado para la invasión en Portugal....................... 163
Declaración de Bonaparte al ratificar el Tratado.............. 167
Manifiesto ó declaración de guerra del Rey de España contra
Portugal.. 170
Reúnense las tropas españolas en la frontera de Portugal.—El
Príncipe de la Paz tiene el mando de ellas y de las francesas
auxiliares.. 171
Débil resistencia opuesta por los portugueses 174
Tratado de paz firmado en Badajoz.—El primer Cónsul se niega
á ratificar el tratado.—Enojo del Príncipe de la Paz........ 175
Su nota comunicada á Luciano Bonaparte................... 177
Conversación tenida por el primer Consul con el Embajador
D. José Nicolás de Azara sobre la nota 179
Amenaza de Bonaparte contra los Borbones españoles.—Res-
puesta de D. Pedro Cevallos 182
Tratado entre Portugal y la Francia, firmado en Madrid....... 184
Carlos IV se halla de repente gravemente enfermo.—Comunica-
ción secreta del Consejero D. Bernardo Iriarte á su amigo el
Embajador Azara sobre la enfermedad del Rey.—Si Carlos IV
hubiese fallecido, Bonaparte se proponía sostener al Príncipe

Páginas.

de Asturias contra el Príncipe de la Paz.—Un correo llegó al día siguiente con la noticia de estar el Rey fuera de peligro.. 185

Proyecto de casamiento del Príncipe de Asturias con la Princesa electoral de Sajonia.................................... 188

Cuerpos de Milicias provinciales que el Rey quiso crear en el reino de Valencia.................................... 190

Pablo I, Emperador de Rusia, se reconcilia con la Francia..... 193

Muerte violenta del Czar 194

Alejandro I sucede á su padre en el Imperio 203

Paz entre el Rey Carlos IV y Alejandro I................... 204

No obstante el Tratado de paz, Carlos IV no consiente en admitir las convocatorias del Emperador Alejandro para los Grandes Priores españoles, llamándoles á la elección de un Gran Maestre de Malta 206

Rompimiento de la *neutralidad marítima* concertada entre las Potencias del Norte.—Expedición inglesa contra Copenhague. —El Tratado entre el Emperador de Rusia y la Inglaterra determina las condiciones de la *visita de los buques* en lo sucesivo.. 210

Preliminares de paz entre Inglaterra y Francia.—Capitulación del ejército francés de Egipto.......................... 213

Dolor del Rey Carlos IV por la perdida de la isla de la Trinidad. 215

Nombramiento del Conde de Campo de Alange, Embajador del Rey en Viena, para pasar al Congreso de Amiens con igual concepto.—El Consul declaró que no admitiría la Embajada del Conde del Campo de Alange 218

Después de firmados los preliminares de paz con Inglaterra, salieron de Brest una fuerte escuadra y un ejército crecido para recobrar la isla de *Santo Domingo.*...................... 220

España quiso libertarse de la cooperacion de sus navios á la expedición, por creer terminada ya la alianza; pero Bonaparte amenazó seriamente, y fué menester ceder................. 222

Restablecimiento del culto católico en Francia.—Concordato entre el Sumo Pontífice Pío VII y el primer Cónsul francés 224

Sublimes consideraciones presentadas por M. Portalis, orador del Gobierno.. 227

Concordato entre el Papa Pío VII y el primer Cónsul.......... 233

Te Deum en la Iglesia metropolitana de París, á cuya ceremonia asistió el primer Cónsul y todas las autoridades superiores.. 236

Índice general alfabético. 239

Lightning Source UK Ltd.
Milton Keynes UK
UKHW021249210119
335934UK00012B/727/P